国家重点档案专项资金资助项目

抗日战争档案汇编

巴中抗战优抚档案汇编

四川省巴中市巴州区档案馆 编

中華書局

图书在版编目（CIP）数据

巴中抗战优抚档案汇编 / 四川省巴中市巴州区档案馆编 . －北京：中华书局，2021.7
（抗日战争档案汇编）
ISBN 978-7-101-15210-4

Ⅰ．巴… Ⅱ．四… Ⅲ．抗日战争－军属－档案资料－汇编－巴中 Ⅳ．D693.66

中国版本图书馆 CIP 数据核字 (2021) 第 098608 号

书　　名	巴中抗战优抚档案汇编
丛 书 名	抗日战争档案汇编
编　　者	四川省巴中市巴州区档案馆
策划编辑	许旭虹
责任编辑	李晓燕
装帧设计	许丽娟
出版发行	中华书局 （北京市丰台区太平桥西里38号 100073） http://www.zhbc.com.cn E-mail:zhbc@zhbc.com.cn
图文制版	北京禾风雅艺文化发展有限公司
印　　刷	天津艺嘉印刷科技有限公司
版　　次	2021年7月北京第1版 2021年7月第1次印刷
规　　格	开本889×1194毫米 1/16 印张31
国际书号	ISBN 978-7-101-15210-4
定　　价	500.00元

抗日战争档案汇编编委会

四川省抗日战争档案汇编编纂出版领导机构

编纂出版工作领导小组

组　长　丁成明

副组长　罗亚夫

编纂委员会

主　任　丁成明

副主任　罗亚夫　周书生　张辉华　蒋希霖

委　员（按姓氏笔画为序排列）

王　勇　付荣江　付德健　刘文明　刘启章

刘淑华　杨世洪　李德勇　陈　波　陈吉学

罗国雄　罗曙光　庞红梅　袁　俊　夏长蓉

黄晓燕　韩家翼　栗　辉　舒建明　熊丽静

编纂出版工作领导小组办公室

主　任　张晓芳

副主任　曾声珂

成　员　张　强　刘金霞　刘严付　米晓燕

巴中抗战优抚档案汇编编委会

总序

为深入贯彻落实习近平总书记「让历史说话，用史实发言，深入开展中国人民抗日战争研究」的重要指示精神，国家档案局根据《全国档案事业发展「十三五」规划纲要》和《「十三五」时期国家重点档案保护与开发工作总体规划》的有关安排，决定全面系统地整理全国各级综合档案馆馆藏抗战档案，编纂出版《抗日战争档案汇编》（以下简称《汇编》）。

中国人民抗日战争是近代以来中国反抗外敌入侵第一次取得完全胜利的民族解放战争，开辟了中华民族伟大复兴的光明前景。这一伟大胜利，也是中国人民为世界反法西斯战争胜利、维护世界和平作出的重大贡献。加强中国人民抗日战争研究，具有重要的历史意义和现实意义。

全国各级档案馆保存的抗战档案，数量众多，内容丰富，全面记录了中国人民抗日战争的艰辛历程，是研究抗战历史的珍贵史料。一直以来，全国各级档案馆十分重视抗战档案的开发利用，陆续出版公布了一大批抗战档案，对揭露日本帝国主义侵华罪行，讴歌中华儿女勠力同心、不屈不挠抗击侵略的伟大壮举，弘扬伟大的抗战精神，引导正确的历史认知，发挥了积极作用。特别是国家档案局组织有关方面共同努力和积极推动，「南京大屠杀档案」被联合国教科文组织评选为「世界记忆遗产」，列入《世界记忆名录》，捍卫了历史真相，在国际上产生了广泛而深远的影响。

全国各级档案馆馆藏抗战档案开发利用工作虽然取得了一定的成果，但是，在档案信息资源开发的系统性和深入性方面仍显不足。正如习近平总书记所指出的：「同中国人民抗日战争的历史地位和历史意义相比，同这场战争对中华民族和世界的影响相比，我们的抗战研究还远远不够，要继续进行深入系统的研究。」「抗战研究要深入，就要更多通过档案、资料、事实、当事人证词等各种人证、物证来说话。要加强资料收集和整理这一基础性工作，全面整理我国各地抗战档案、照片、资料、实物等……」

国家档案局组织编纂《汇编》，对全国各级档案馆馆藏抗战档案进行深入系统地开发，是档案部门贯彻落实习近平总书记重要指示精神，推动深入开展中国人民抗日战争研究的一项重要举措。本书的编纂力图准确把握中国人民抗日战争的历史进程、主流和本质，用详实的档案全面反映一九三一年九一八事变后十四年抗战的全过程，反映中国共产党在抗日战争中的中流砥柱作用以及中国人民抗日战争在世界反法西斯战争中的重要地位，反映国共两党「兄弟阋于墙，外御其侮」进行合作抗战、共同捍卫民族尊严的历史，反映各民族、各阶层及海外华侨共同参与抗战的壮举，展现中国人民抗日战争的伟大意义，以历史档案揭露日本侵华暴行，揭示日本军国主义反人类、反和平的实质。

编纂《汇编》是一项浩繁而艰巨的系统工程。为保证这项工作的有序推进，国家档案局制订了总体规划和详细的实施方案，明确了指导思想、工作步骤和编纂要求。为保证编纂成果的科学性、准确性和严肃性，国家档案局组织专家对选题进行全面论证，对编纂成果进行严格审核。

各级档案馆高度重视并积极参与到《汇编》工作之中，通过全面清理馆藏抗战档案，将政治、军事、外交、经济、文化、宣传、教育等多个领域涉及抗战的内容列入选材范围。入选档案包括公文、电报、传单、文告、日记、照片、图表等多种类型。在编纂过程中，坚持实事求是的原则和科学严谨的态度，对所收录的每一件档案都仔细鉴定、甄别与考证，维护档案文献的真实性，彰显档案文献的权威性。同时，以《汇编》编纂工作为契机，以项目谋发展，用实干育人才，带动国家重点档案保护与开发，夯实档案馆基础业务，提高档案人员的业务水平，促进档案馆各项事业的发展。

守护历史，传承文明，是档案部门的重要责任。我们相信，编纂出版《汇编》，对于记录抗战历史，弘扬抗战精神，发挥档案留史存鉴、资政育人的作用，更好地服务于新时代中国特色社会主义文化建设，都具有极其重要的意义。

抗日战争档案汇编编纂委员会

编辑说明

巴中县（今四川省巴中市巴州区），地处四川省东北部。抗日战争时期，巴中县人民积极响应抗日救国的号召，与全国各族人民一道，齐心协力，踊跃参军、保家卫国，奔赴战场。据巴州区档案馆馆藏档案记载，本县有十六个乡镇，共计一十六万三千五百零七人。巴中出征壮丁一万六千四百六十四人，优待出征军人家属九千七百八十四户，发放优待金一百五十余万元。

为了客观、真实地反映抗日战争的历史，巴州区档案馆按照国家档案局的相关要求，对馆藏抗战档案进行全面、系统的梳理、鉴定。全书按照「主题—时间」体例编排，内容包含优待机构、人事安排、优待政策、兵役概况、案件办理，节选了优待证书、凭单及名册，直接按形成时间排序。

选用档案均为本馆馆藏原件全文影印，未做删节，如有缺页，为档案自身缺页。

档案中原标题完整或基本符合要求的使用原标题；无标题的加拟标题。标题中人名使用通用名，机构名称使用机构全称或规范简称，历史地名沿用当时地名。档案所载时间不完整或不准确的，作了补充或订正。档案无时间且无法考证的标注「时间不详」，时间只有年份、月份而没有日期的档案，排在本年或本月末。

本书使用规范的简化字。对标题中人名、历史地名、机构名称中出现的繁体字、错别字、不规范异体字、异形字等，予以径改。限于篇幅，本书不作注释。

由于时间紧，档案公布量大，编者水平有限，在编辑过程中可能存在疏漏之处，考订难免有误，欢迎方家斧正。

编者

二〇二〇年五月

目录

四川省政府关于检发优待出征抗敌军人家属办法及四川省各市县优待出征抗敌军人家属实施细则致巴中县政府的训令（一九三八年四月六日）

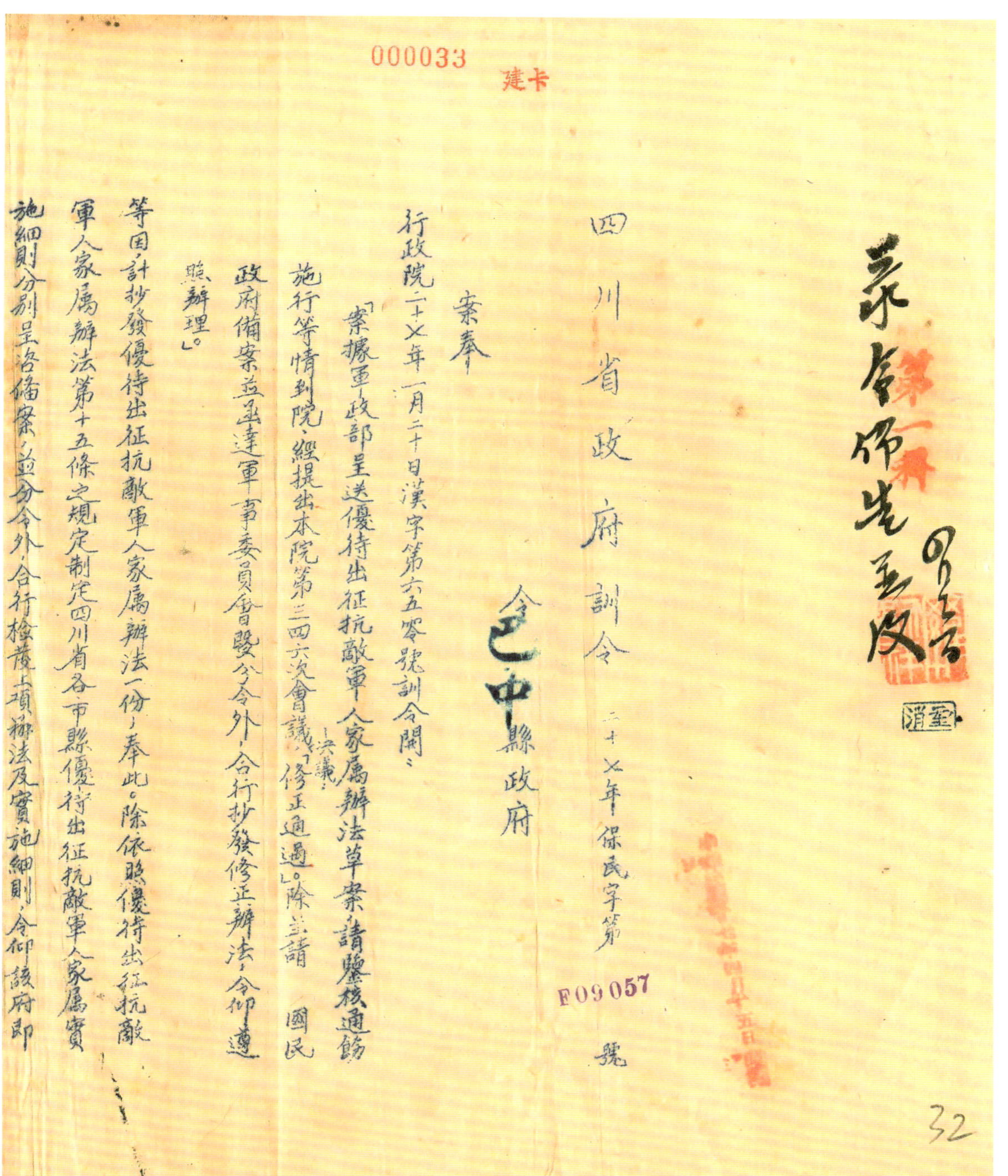

四川省政府訓令　二十七年保民字第　號

令巴中縣政府

案奉

行政院二十七年一月二十日漢字第六五零號訓令開：

「案據軍政部呈送優待出征抗敵軍人家屬辦法草案，請鑒核通飭施行等情到院，經提出本院第三四六次會議決議：修正通過。除呈請國民政府備案並函達軍事委員會暨分令外，合行抄發修正辦法，令仰遵照辦理。」

等因，計抄發優待出征抗敵軍人家屬辦法一份。奉此。除依照優待出征抗敵軍人家屬辦法第十五條之規定制定四川省各市縣優待出征抗敵軍人家屬實施細則，分別呈咨備案，並分令外，合行檢發上項辦法及實施細則，令仰該府即

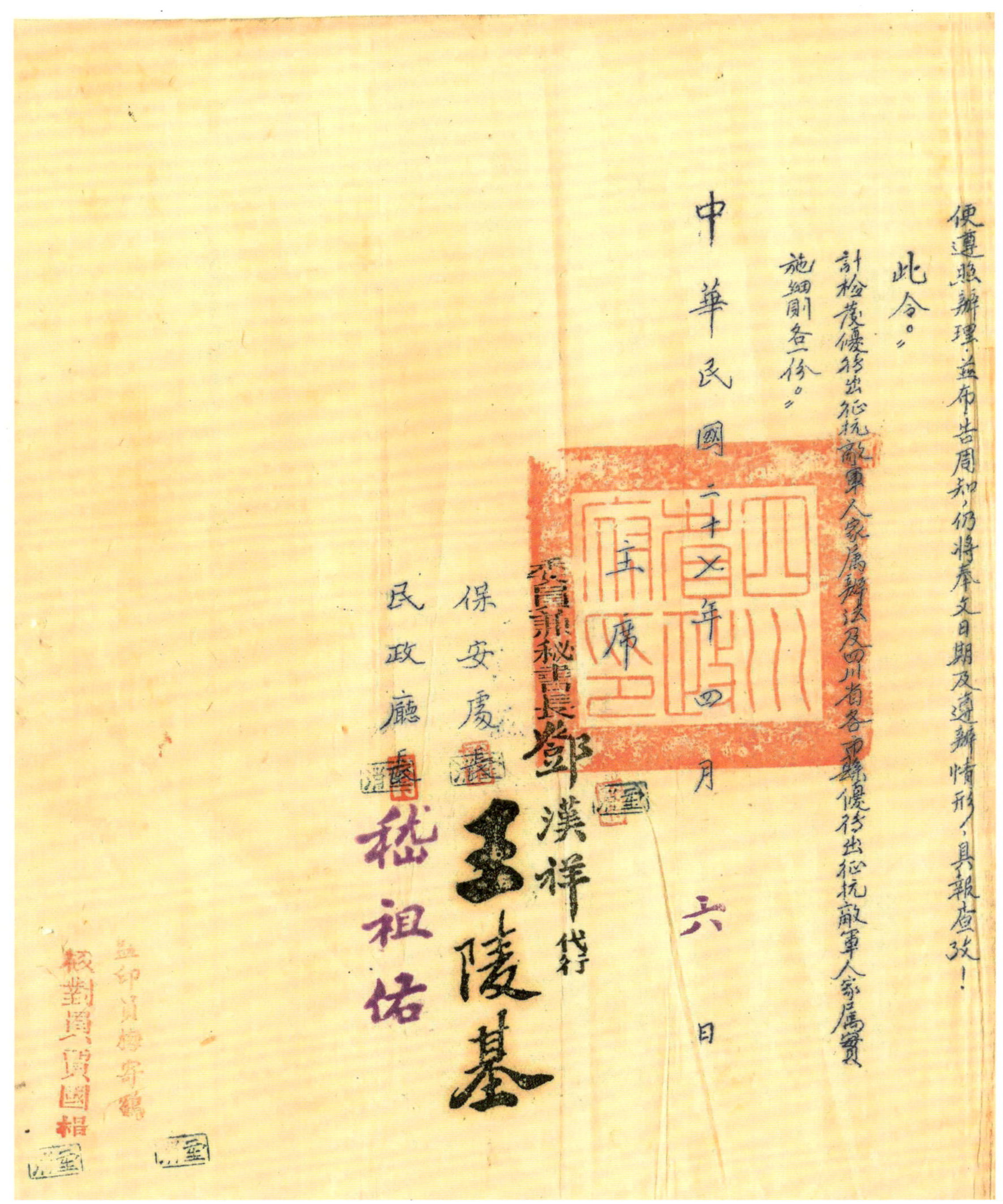

便遵照辦理，並布告周知，仍將奉文日期及遵辦情形，具報查考！

此令。

計檢發優待出征抗敵軍人家屬辦法及四川省各縣優待出征抗敵軍人家屬實施細則各一份。

中華民國二十七年四月六日

主席 王陵基

委員兼秘書長 鄧漢祥 代行

保安處長 王陵基

民政廳長 嵇祖佑

監印員 楊寄鶴

校對員 賀國楫

優待出征抗敵軍人家屬辦法　第三四六次院會修正通過

第一條　凡出征抗敵軍人家屬，其所在地之縣（市）政府及法團應照本辦法予以優待。

第二條　享受本辦法權利之出征抗敵軍人家屬，以直接參與作戰之軍人之配偶及其直系親屬為限。

第三條　對於出征抗敵軍人家屬之優待事宜，由各縣（市）政府組織出征抗敵軍人家屬優待委員會（以下簡稱優待委員會）辦理之，以各縣（市）長為委員長，各公法團負責人員及當地紳耆為委員。

第四條　優待委員會對於本縣（市）出征抗敵軍人之家屬狀況應調查明確，列冊備查。

第五條　出征抗敵軍人家屬除擔負法定賦稅外，得酌量減免其攤派各項臨時捐款。

第六條　出征抗敵軍人家屬應准免服勞役，並准儘先享受一切公益設施。

第七條　凡出征抗敵軍人之家屬有左列情形之一者，得由保甲長或逕向優待委員會請求救濟：

一、家庭赤貧不能維持生活者；

二、患病無力治療者；

一、家庭赤貧不能維持生活者
二、患病無力治療者
三、死亡不能埋葬者
四、生產子女無力撫養者
五、遭遇意外災害者

第八條 前項請求經優待委員會查明屬實後應酌量予以金錢或物品之扶助及權利之保障

第九條 凡出征抗敵軍人因作戰陣亡或受重傷致成殘廢時除按照陸海空軍撫恤條例呈請撫恤外得將其忠烈事蹟編入志乘或給匾刊碑以資褒揚之其家屬並得繼續享受本辦法所規定之權利至其子女成年為止無子女者至其配偶死亡為止無配偶及子女者至其父母死亡為止

第十條 關於救濟所需基金得由優待委員會按地方情形酌量捐募負責保管不足時由縣(市)政府負責籌集呈由省政府核准施行

第十一條 凡出征抗敵軍人或其家屬有受徒刑處分及褫奪公權者不得享受本辦法之權利

第十二條 如有假冒抗敵軍人家屬希圖規避各種勞役或減少擔負及請求救濟者一經查明應

由縣（市）政府予以懲罰

第十三條　各縣（市）政府辦理本辦法所規定各事項應按月列表報由省政府彙報內政軍政兩部查核

第十四條　直隸於行政院之市其優待委員會之組織及關於優待出征抗敵軍人家屬各項應比照本辦法之規定辦理

第十五條　本辦法之實施細則由各省市政府斟酌地方情形訂定咨報內政軍政兩部備案

第十六條　本辦法施行後應徵（召）入營士兵家庭救濟暫行辦法應即廢止

第十七條　本辦法自公布日施行

附（二）四川省各市县优待出征抗敌军人家属实施细则

000036

四川省各市縣優待出征抗敵軍人家屬實施細則

第一條　本細則依照

行政院頒布優待出征抗敵軍人家屬辦法第十五條制定之

第二條　本省各市縣政府優待所屬出征抗敵軍人家屬除遵照前條優待辦法

辦理外依本細則辦理

第三條　享受本細則權利之出征抗敵軍人家屬以直接參與作戰之軍人之配偶及其

直系親屬為限

第四條　本省各市縣先後征送之義勇壯丁經驗收合格者視同出征抗敵軍人其

家屬得依本細則予以優待

第五條　各市縣出征抗敵軍人家屬優待事宜於各市縣政府內組織出征抗敵軍人

家屬優待委員會（以下簡稱優待委員會）負責辦理之

第六條　優待委員會以市縣長為委員長並聘各公法團負責人員及當地紳耆

七人至九人為委員市縣政府內第一科長兵役股主任各區區長為當然委

員並得利用圖記以昭信守

第七條 優待委員會為辦公便利起見得分設下列各股由委員長指定委員二人兼正副股長承辦各股應辦事宜

一、總務股 辦理文書、庶務及不屬其他各股一切事項

二、調查股 辦理調查登記統計宣傳等事項

三、經濟股 辦理款項之籌集保管出納及優待事項

四、審核股 辦理應行優待出征抗敵軍人家屬之審核事項

優待委員會及各股為辦事便利起見得自訂辦事細則，呈報省政府備查

第八條 優待委員會委員均為無給職其各股辦事人員應就縣政府及各機關調用不另支薪亦不得支給津貼至辦公開會費用每月不得超過五十元由地方公款項下挹注支給之

第九條 各市縣出征抗敵軍人之家屬狀況由優待委員會製訂調查表式分發各區調查明確列冊備查

000037

第十條　各市縣出征抗敵軍人家屬除擔負法定賦稅外，得酌量减免其攤派各項臨時捐款

第十一條　各市縣出征抗敵軍人家屬應准免服勞役，並准儘先享受一切公益設施（如農村合作貸款及各種倉儲義振急振應優先貸與或提早發放暨子弟之免費或减費入學及赴公立醫院之免費治療等）。

第十二條　各市縣出征抗敵軍人家屬有左列情形之一者，得由保甲長或逕函優待委員會請求救濟

一、家庭赤貧不能維持生活者

二、患病無力治療者

三、死亡不能埋葬者

一、家庭赤貧不能維持生活者

二、患病無力治療者

三、死亡不能埋葬者

四、生產子女無力撫養者

五、遭遇意外災害者

六、田土無人耕種者

第十三條　前項請求，經優待委員會查明屬實後，應酌量予以金錢或物品之扶助，及權利之保障

第十四條　各市縣出征抗敵軍人所負債務，在出征期間，債權人應暫免催收，如有未了案件，在出征期間亦不得向其家屬追問

第十五條　各市縣優待委員會應分區組織慰問團，按期分赴出征抗敵軍人之家庭，報告有關消息，詢問家屬疾苦，設法安慰，或酌量救濟，並責飭保甲人員諭知民眾對其家屬特別尊敬，如有故事欺凌者，照普通法例加倍處罰

第十六條　各市縣軍隊出征抗敵及征募壯丁出發時，應由市縣政府領導民眾熱烈歡送，其過境時亦應熱烈迎送，並不分畛域，盡量協助之

第十三條　前項請求經優待委員會查明屬實後應酌量予以金錢或物品之扶助

權利之保障

第十四條　各市縣出征抗敵軍人所負債務在出征期間債權人應暫免催收如有未了案件在出征期間亦不得向其家屬追問

第十五條　各市縣優待委員會應分區組織慰問團按期分赴出征抗敵軍人家庭報告有關消息詢問家屬疾苦設法安慰或酌量救濟並責飭保甲人員諭知民眾對其家屬特別致敬如有故事欺凌者照普通法例加倍處罰

第十六條　各市縣軍隊出征抗敵及征募壯丁出發時應由市縣政府領導民眾熱烈歡送其過境時亦應熱烈迎送並不分畛域盡量協助之

第十七條　凡出征抗敵軍人因作戰陣亡或受重傷致成殘廢時除按照陸海空軍撫卹條例撫卹外各市縣政府得將其忠烈事蹟編入志乘或給匾刊碑以褒揚之其家屬並得繼續享受本細則所規定之權利至其子女成年為止無子女者至其配偶死亡為止無配偶及子女者至其父母死亡為止

第十八條　關於救濟所需基金由各市縣政府會同優待委員會負責捐募或籌集並

000038

六、妥為保管專作優待及救濟出征抗敵軍人家屬之用其基金數目及籌集方法並須呈報省政府核定之

第十九條　凡出征抗敵軍人或其家屬有受徒刑處分及褫奪公權者不得享受本細則規定之權利

第二十條　如有假冒抗敵軍人家屬希圖規避各種勞役或減少負擔及請求救濟者一經查明應由各市縣政府予以懲罰

第二十一條　各市縣政府辦理優待出征抗敵軍人家屬各項應按月列表報由省政府彙報內政軍政兩部備查

第二十二條　四川省政府前發頒應征（召）入營士兵家庭救濟暫行辦法依照優待出征抗敵軍人家屬辦法第十六條之規定函即廢止

第二十三條　本細則施行後四川省政府及川康綏靖主任公署會頒之四川省出征將士及義勇壯丁優待條例亦廢止

第二十四條　本細則自公布後施行並分別呈咨

行政院及內政軍政部備案

國民政府軍事委員會委員長行營

四川省政府关于颁发出征抗敌军人家属优待委员会图记样式致巴中县政府的训令（一九三八年五月四日）

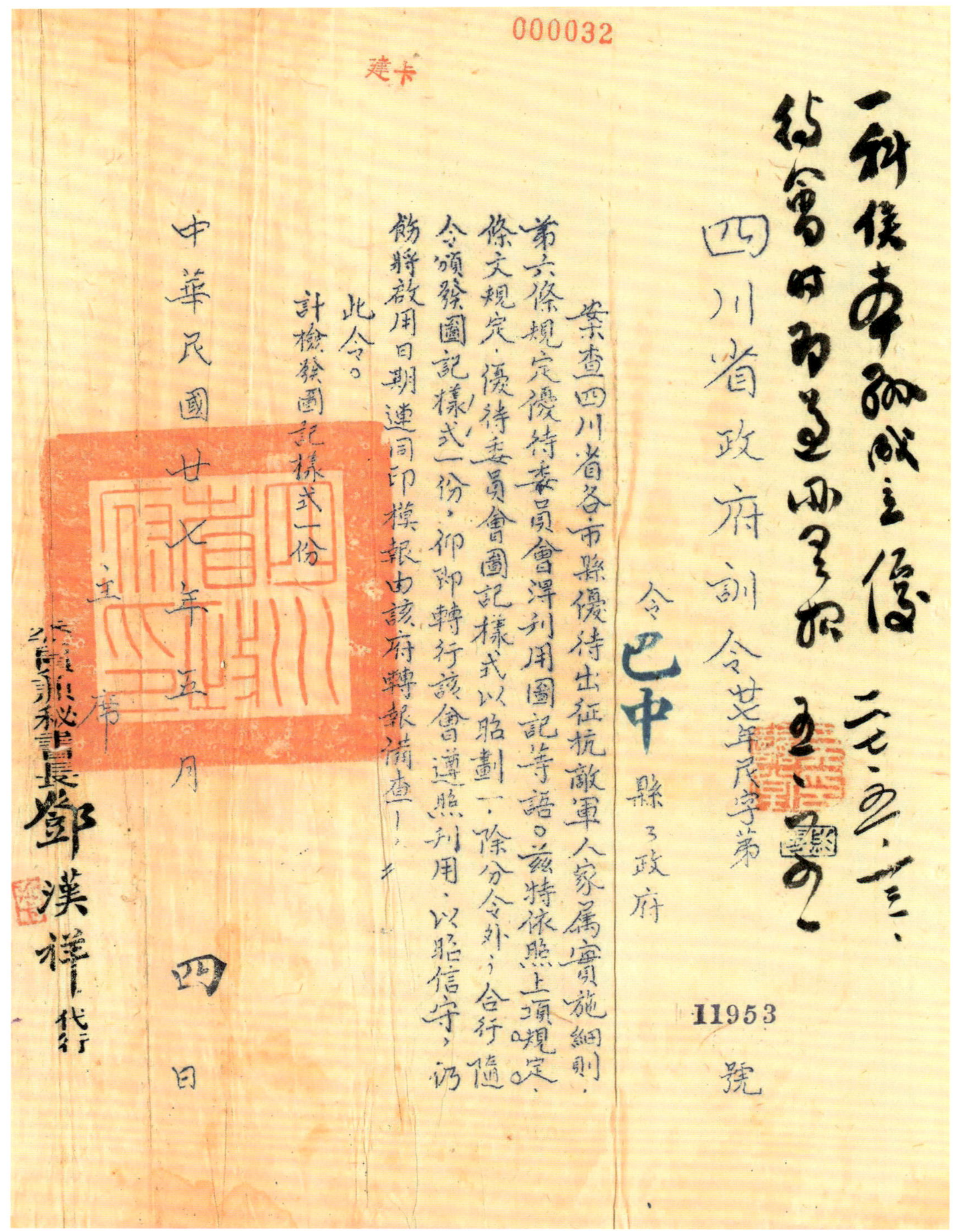

000032

一科俟本府成立優待會時再遵照辦 二七、五、十三、

四川省政府訓令 廿七年民字第 11953 號

令巴中縣政府

案查四川省各市縣優待出征抗敵軍人家屬實施細則第六條規定「優待委員會得刊用圖記」等語。茲特依照上項規定、條文規定、優待委員會圖記樣式，以昭劃一。除分令外，合行隨令頒發圖記樣式一份，仰即轉行該會遵照刊用，以昭信守，仍飭將啟用日期連同印模報由該府轉報備查！

此令。

計檢發圖記樣式一份

中華民國廿七年五月四日

主席

兼秘書長鄧漢祥代行

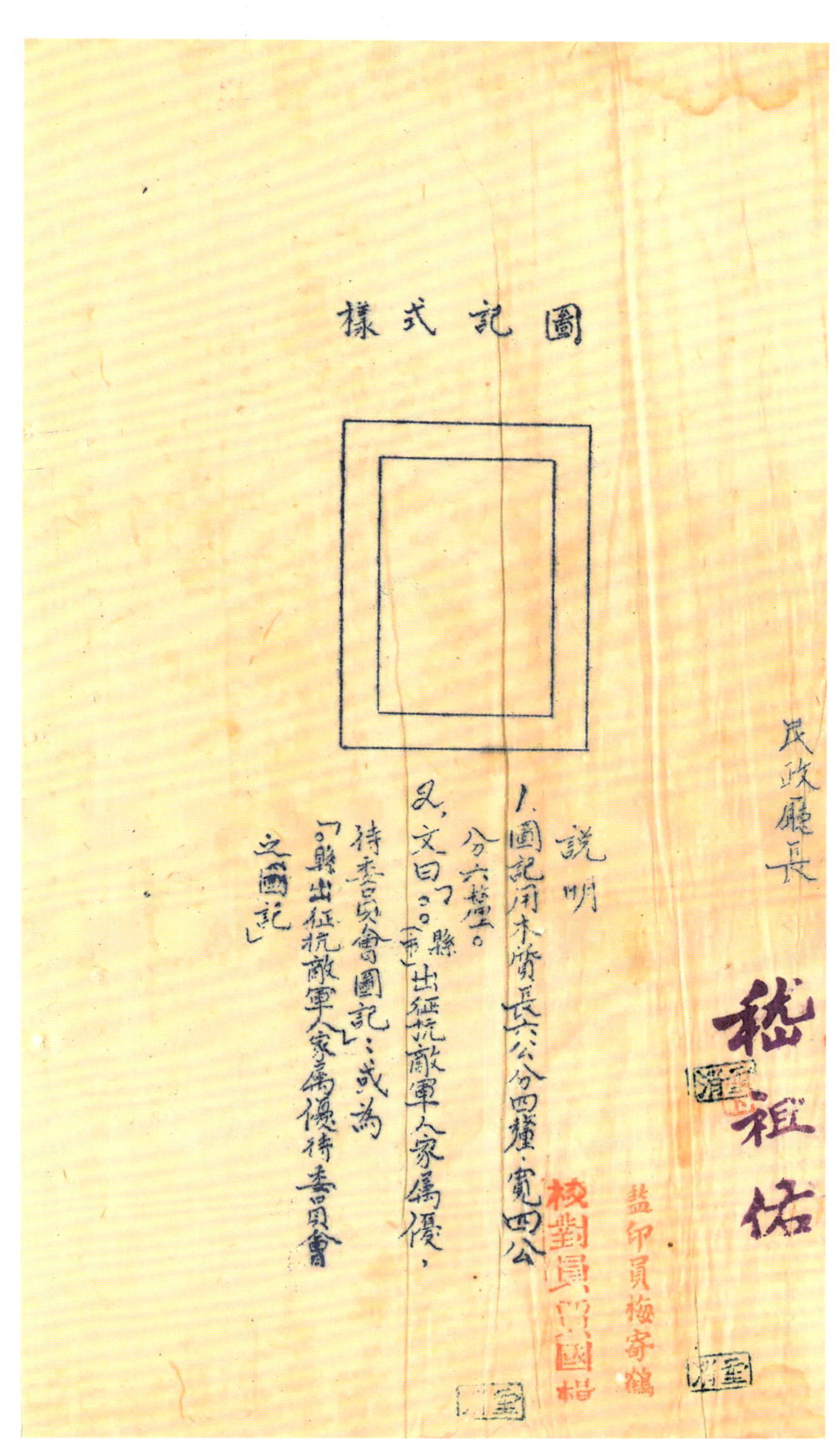

圖記式樣

說明

1.圖記用木質長六公分四釐，寬四公分六釐。

2.文曰「□□縣(市)出征抗敵軍人家屬優待委員會圖記」，或為「□□縣出征抗敵軍人家屬優待委員會之圖記」

民政廳長 嵇祖佑

校對員 □國楫

監印員 梅寄鶴

巴中县政府关于转送陆军第一六二师四八六旅出征军官易其华住地表致在城乡的训令（一九三八年五月十一日）

附：巴中县政府致陆军第一六二师四八六旅的公函

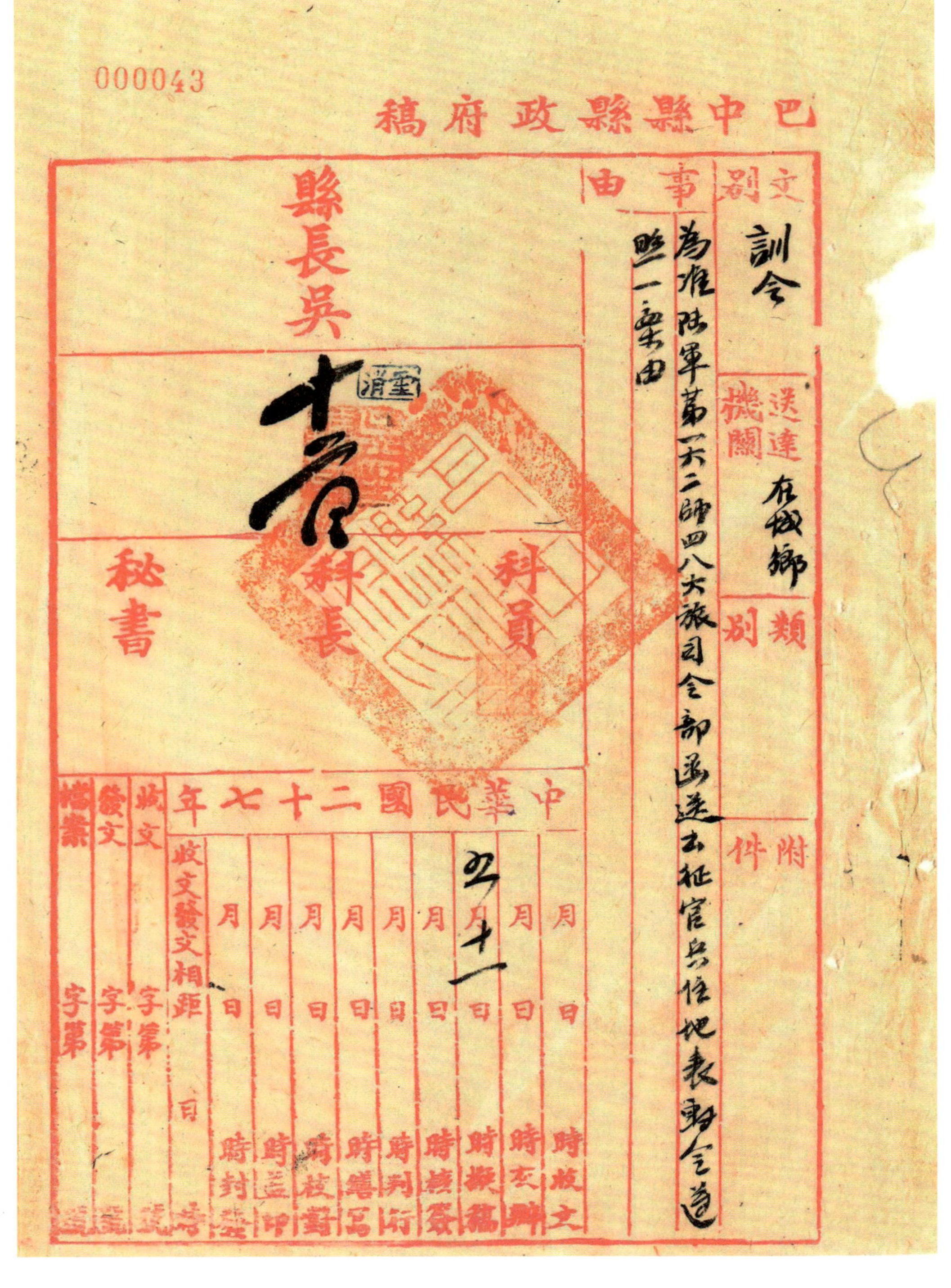

000043

巴中縣政府稿

文别：訓令

送達機關：在城鄉

事由：為准陸軍第一六二師四八六旅司令部函送出征官兵住地表飭令遵照一案由

縣長吳

秘書　科長　科員

中華民國二十七年五月十一日

仝

衔訓令　二十七年民智字第103號

令在城鄉聯保主任王述惠

案准

陸軍第一六二師四八六旅司令部公函開：

「密查敝旅……云云，此致。」

等由附送——辦法一份，准此，除函覆外，合行抄發原表及辦法令仰該主任即便遵照。

此令。

計抄發出征官兵家屬狀況住地表一份，優待抗敵軍人家屬辦法一份

全衔公函　二十七年民智字第23號

案准

貴部秘字第五號公函抄送出征官兵家屬狀況住地調查表及優待办法，請予查照辦理。等由，准此，查表列敝縣出征軍官易其華係在城鄉人，除飭令該鄉保甲遵办外，相應函覆希

查照為荷。〇二

此致。

陸軍第一六二師四八六旅司令部

中華民國元年四月十七日

国民政府军事委员会战地服务团成都办事处自贡区分处关于检发优待自贡战地服务团家属办法及参加战地团人员表致巴中县政府的公函（一九三八年七月十三日）

科存七、二六

花 七、二五、

國民政府軍事委員會戰地服務團成都辦事處自貢區分處公函　總字第　號

逕啟者：查本區分處，為應戰時需要，除動員物力財力協助抗戰效能外，茲特動員人力，招收區屬十三市縣愛國青年男女五十名，開辦戰地服務訓練班，施以短期集團訓練一月，授以看護救護宣傳組織訓練等科，以期實地參加前線工作。茲該班訓練結束，業於本月八日出發東下，轉赴戰區去訖。所有優待服務團員家屬計，特由本區分處擬定「優待自貢戰地服務團家屬辦法」一份，除交本區分處常會審核通過，并呈報

軍委會戰地服務團成都辦事處備查外，用特隨函檢上該辦法一份，即希

貴府會同新運會

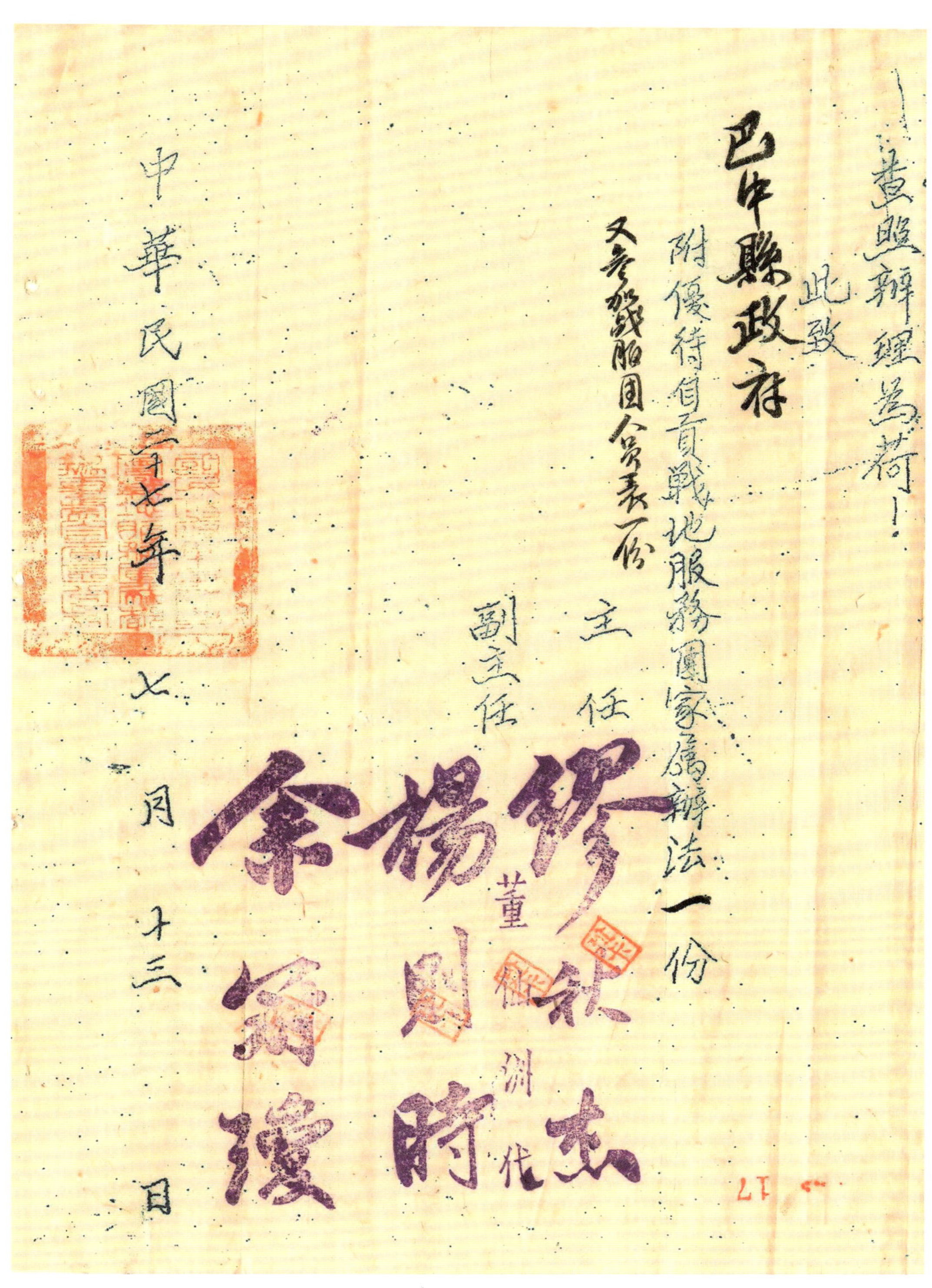

查照辦理爲荷！

此致

巴中縣政府

附優待出征抗戰地服務團家屬辦法一份

又參加戰地服務團人員表一份

主任　繆秋杰

副主任　楊則時　董□洲代

　　　　余籍傳

中華民國二十七年七月十三日

陆军第十四师司令部关于送达出征军人李永章、兵岳远、胡玉元、周凤、杨孝忠五人家属状况调查表致巴中县政府的公函（一九三八年八月四日）

附：出征军人家属状况调查表（五人）

000045

陸軍第十四師司令部　公函

事由	擬辦	批示	備考
爲函送本師出征軍人家屬狀況調查表請查照優待辦法辦理由。			
附件：附件同內			

撫字第　號

廿七年八月十五日　時到

收文　字第　號

陸軍第十四師司令部 公函

恭撫字第1045號

案奉

軍政部總信（文）第三九八五號訓令開：

「查優待出征抗敵軍人家屬辦法，業奉

軍事委員會頒布施行，並分飭各省市政府遵照辦理在案。茲檢發此項辦法及出征軍人家屬狀況調查表格式各一份，令仰遵照辦理。此令！」

等因，附發辦法及表格式各一份，奉此。業經本部將此種調查表翻印轉發各部隊，查塡清楚。相應將籍隸

貴縣之出征抗敵軍人李永年等五員名，一併函達

000046

貴縣政府，請煩

查照優待出征抗敵軍人家屬辦法辦理爲荷！

此致

巴中縣政府

計附出征抗敵軍人李等五員名家屬狀況調查表五份

師長陳烈

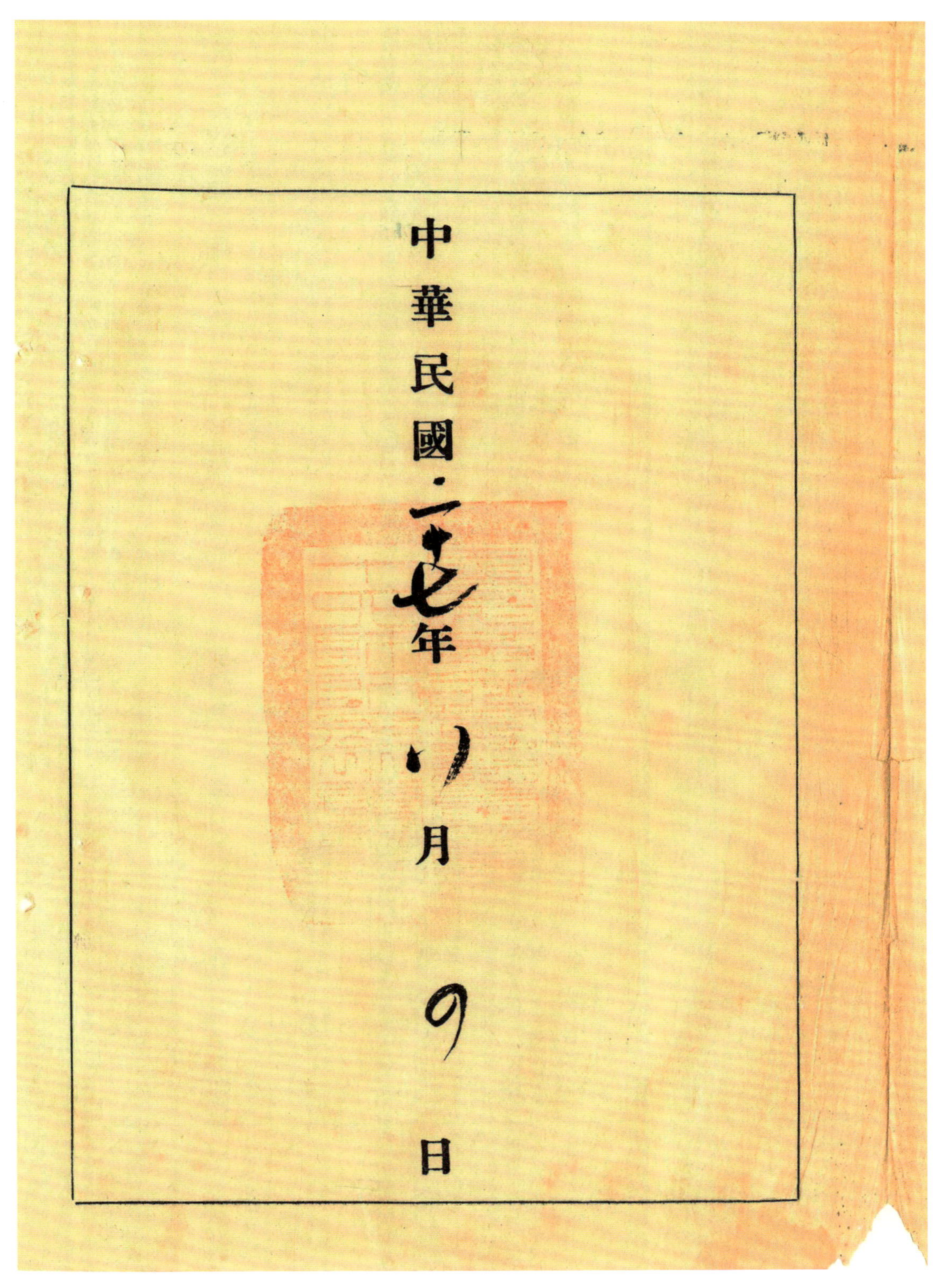

中華民國二十七年 八 月 ○ 日

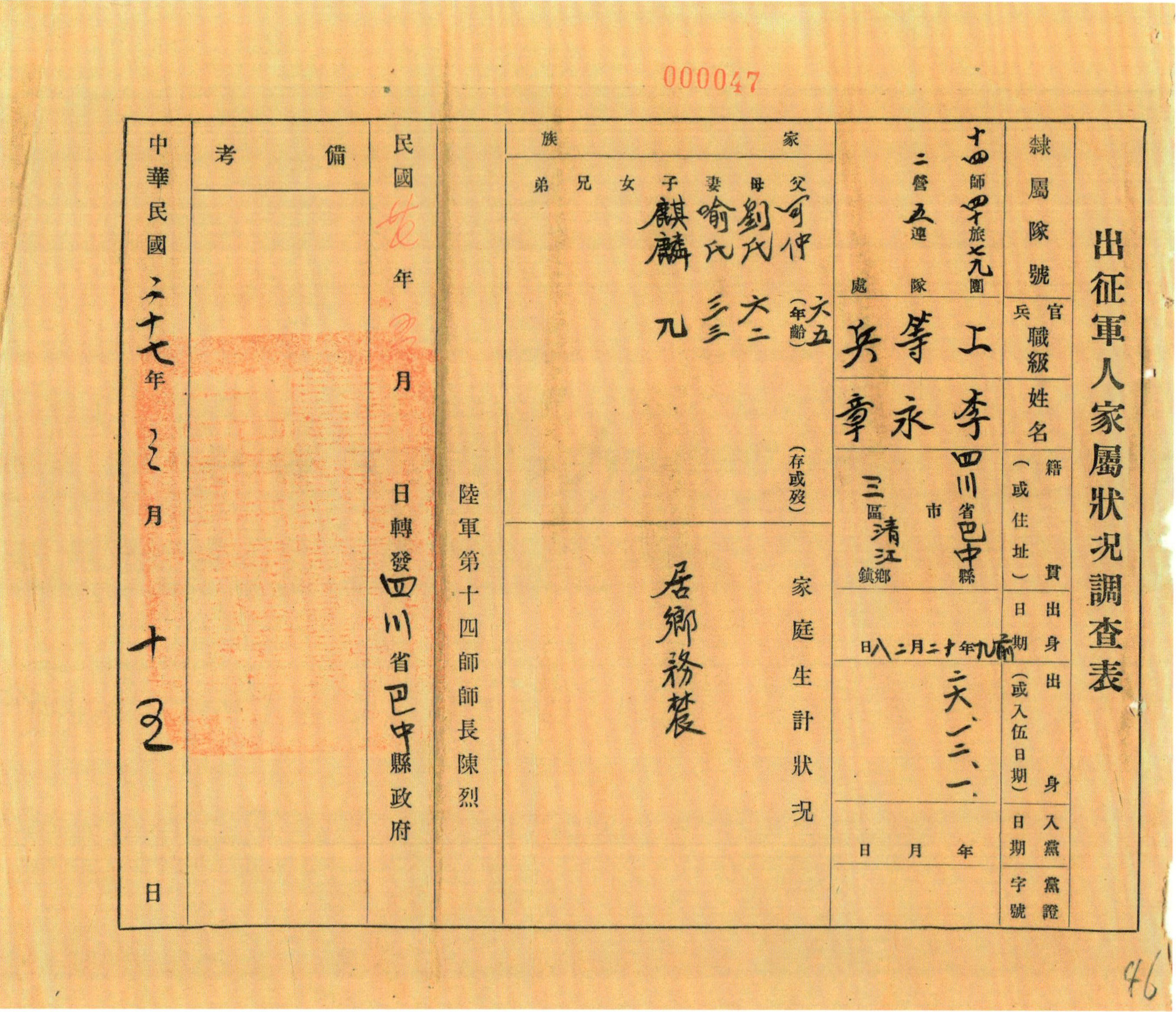

000047

出征軍人家屬狀況調查表

隸屬隊號	十四師四十旅七九團 二營 五連 隊 處
官兵職級	上等兵
姓名	李永章
籍貫（或住址）	四川省巴中縣 市 三區清江鎮鄉
出身日期	民九年十二月二八日
出身（或入伍日期）	二六、一二、一
入黨日期	年 月 日
黨證字號	

家族	姓名	（年齡）	（存或歿）
父	可仲	六五	
母	劉氏	六二	
妻	喻氏	三三	
子	麒麟	九	
女			
兄			
弟			

家庭生計狀況：居鄉務農

陸軍第十四師師長陳烈

民國廿七年三月　日轉發四川省巴中縣政府

備考

中華民國二十七年三月十五日

46

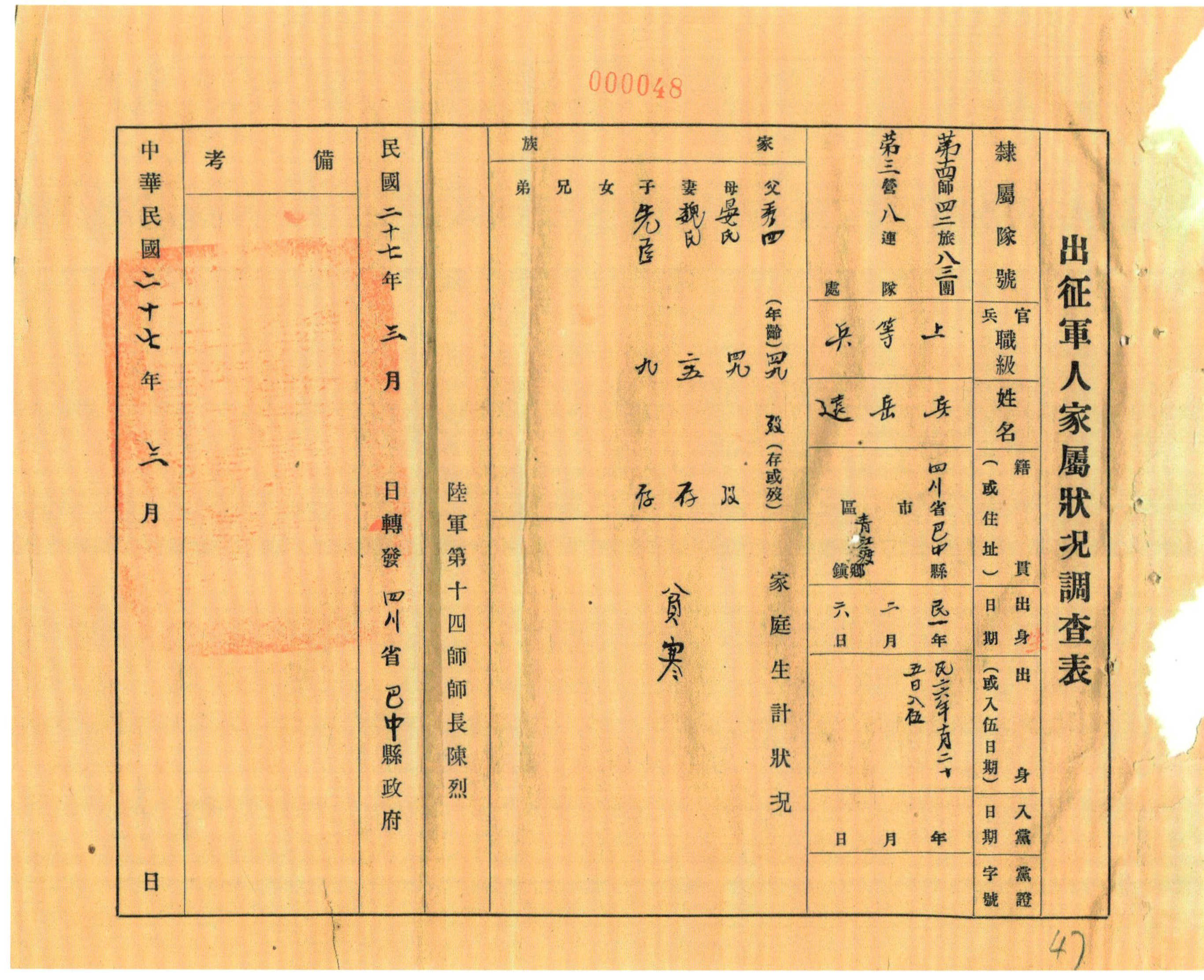

000048

出征軍人家屬狀況調查表

隸屬隊號	第十四師四二旅八三團 第三營八連 隊 處
官兵職級	上等兵
姓名	岳岳逵
籍貫（或住址）	四川省巴中縣 市 青江鄉 區 鎮
出身日期	民一年二月六日
出身（或入伍日期）	民二六年十月二十五日入伍
入黨日期	年 月 日
黨證字號	

家族	姓名	（年齡）	（存或歿）
父	秀四	四九	歿
母	晏氏	四九	歿
妻	魏氏	二五	存
子	先臣	九	存
女			
兄			
弟			

家庭生計狀況：貧寒

陸軍第十四師師長陳烈

民國二十七年三月 日轉發四川省巴中縣政府

備考

中華民國二十七年三月 日

47

000049

出征軍人家屬狀況調查表

隸屬隊號	十四師四十旅七九團 一營二連 隊 處
官兵職級	一等兵
姓名	胡玉元
籍貫（或住址）	四川省巴中縣 市 區 鄉鎮
出身日期	七年 二月 八日
出身（或入伍日期）	二十六年一月一日入伍
入黨日期	年 月 日
黨證字號	

家族	姓名	（年齡）	（存或歿）
父	顯晉	四〇	歿
母	苟氏	三八	
妻			
子			
女			
兄			
弟			

家庭生計狀況：作工

陸軍第十四師師長陳烈

民國二十七年五月 日轉發四川省巴中縣政府

備考

中華民國二十七年三月 日

48

出征軍人家屬狀況調查表

隸屬隊號	十四師四十旅八十團 三營 連 隊 處
官兵職級	下士傳達
姓名	周鳳
籍貫（或住址）	四川省巴中縣 龍崗市寺南 鄉鎮 子埡 區
出身日期	民七年 八月 十六日
出身（或入伍日期）	民二十六年 二月一日入伍
入黨日期	年 月 日
黨證字號	
家族	父 丕訓 四七（年齡）歲 存（存或歿） 母 張氏 四九歲 存 妻 子 女 兄 弟 緒成 二一歲 存
家庭生計狀況	貧

陸軍第十四師師長陳烈

民國二十七年五月 日轉發四川省巴中縣政府

備考

中華民國二十七年五月 日

49

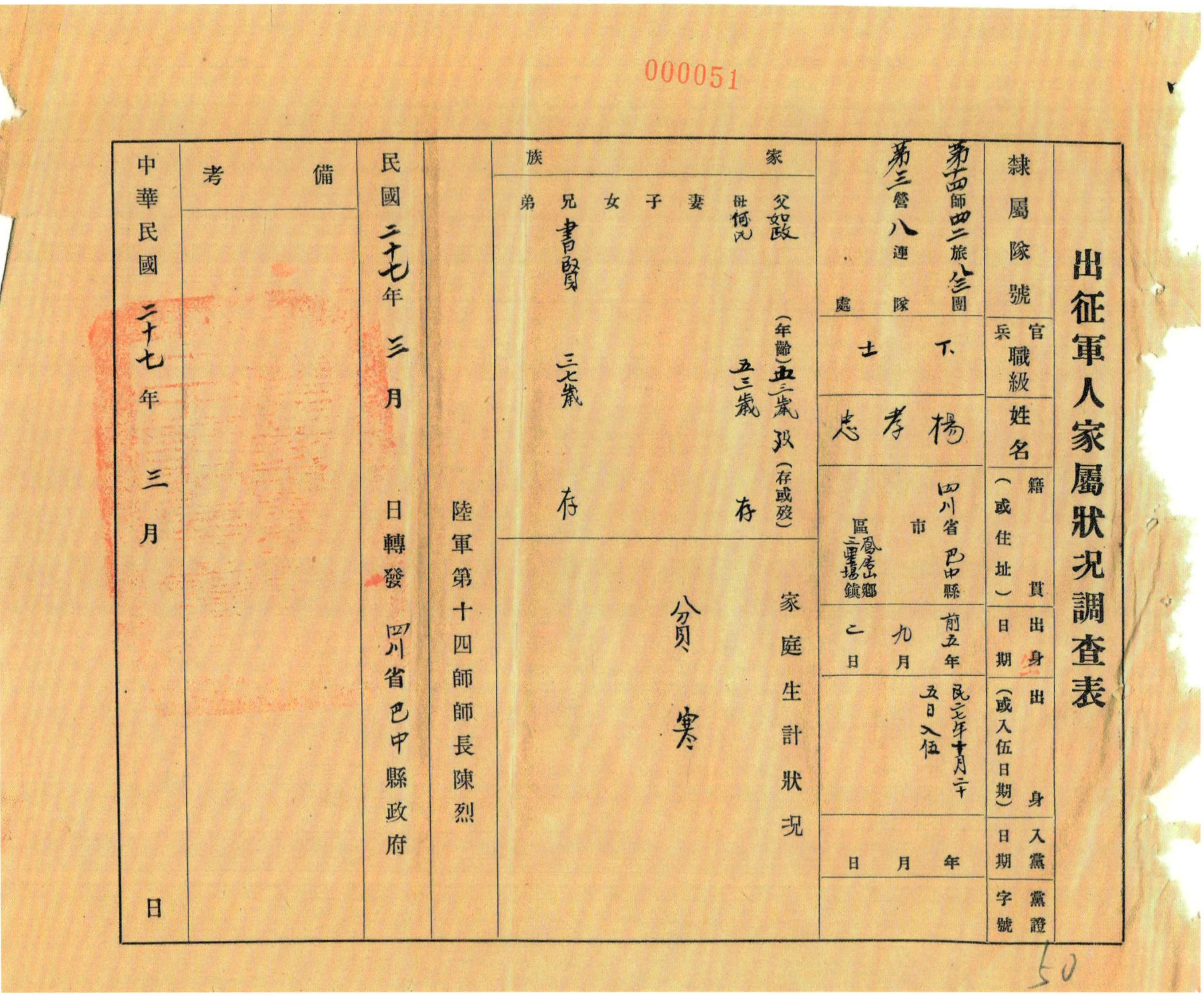

000051

出征軍人家屬狀況調查表

隸屬隊號	第十四師四二旅八三團第三營八連隊處
官兵職級	下士
姓名	楊孝忠
籍貫（或住址）	四川省巴中縣市區鳳凰山鄉三星場鎮
出身日期	前五年九月二日
出身（或入伍日期）	民二七年十月二十五日入伍
入黨日期	年月日
黨證字號	

家族	年齡	（存或歿）
父 智政	五三歲	存
母 何氏	五三歲	存
妻		
子		
女		
兄 書賢	三七歲	存
弟		

家庭生計狀況：貧寒

陸軍第十四師師長陳烈

民國二十七年三月日轉發四川省巴中縣政府

備考

中華民國二十七年三月日

50

四川省政府关于在川所募新兵及征送壮丁分拨情形造册以便慰问优待致巴中县政府的训令（一九三八年八月二十日）

附：巴中县出征抗敌壮丁花名清册

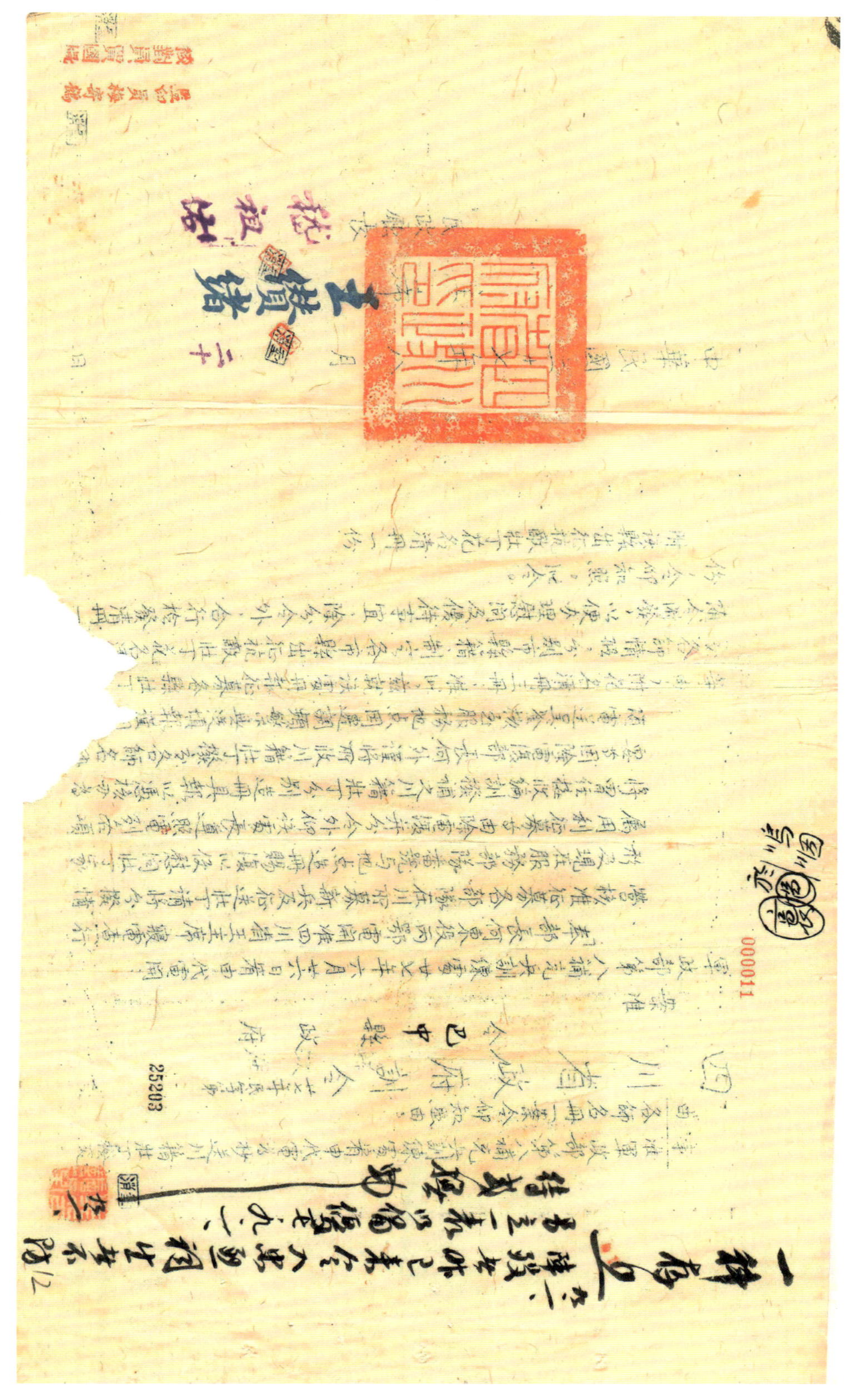

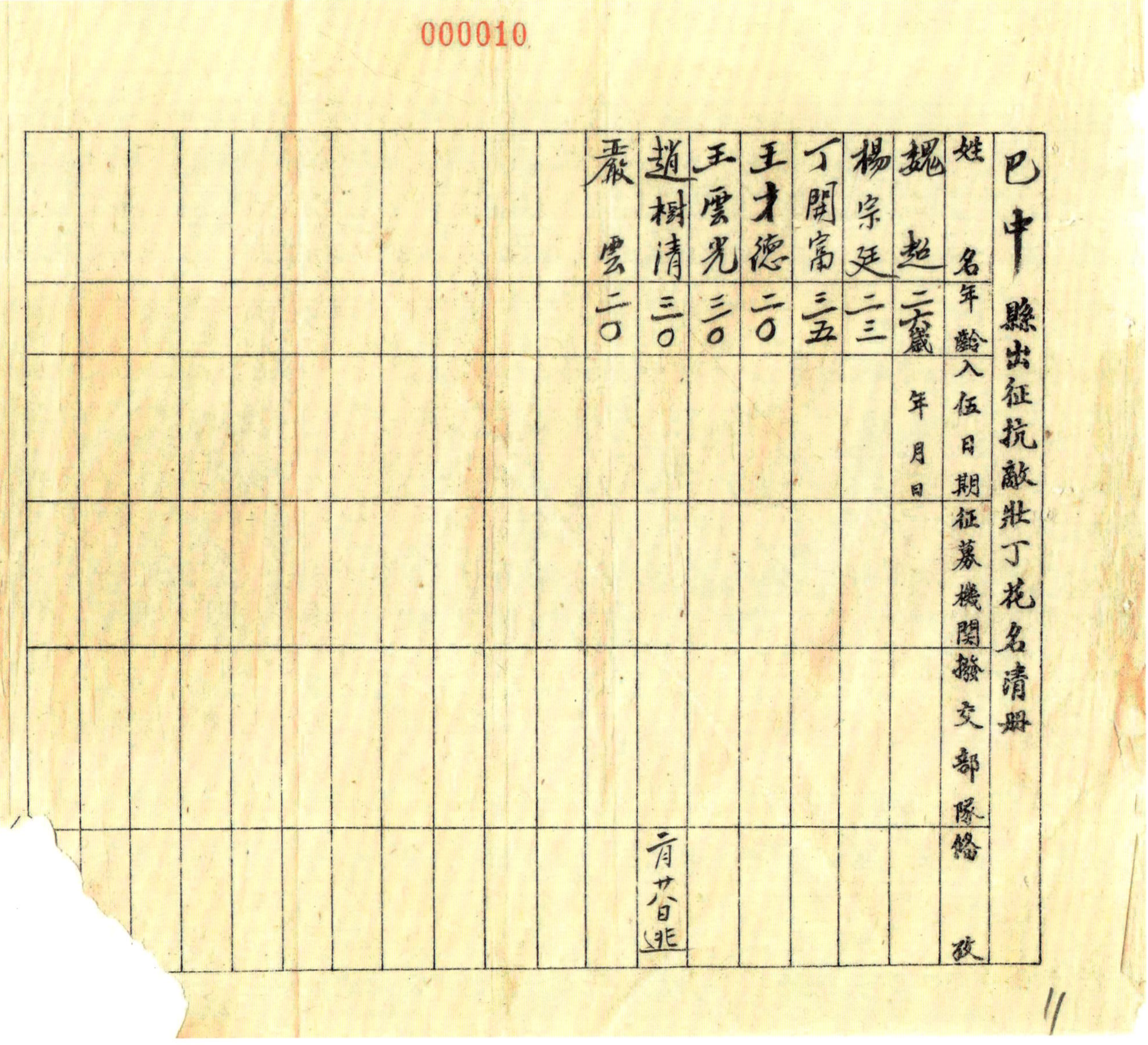

000010

巴中縣出征抗敵壯丁花名清冊

姓名	年齡	入伍日期（年 月 日）	征募機關	撥交部隊	備攷
魏超	二六歲				
楊宗廷	二三				
丁開富	三五				
王才德	二〇				
王雲光	三〇				
趙樹清	三〇				二月廿日逃
嚴雲	二〇				

陆军第四十七军第一零四师司令部关于出征抗敌官佐士兵苟载寿、饲养兵王廷禄等家属享受减免摊派临时捐款等项优待致巴中县政府的公函（一九三八年八月二十六日）

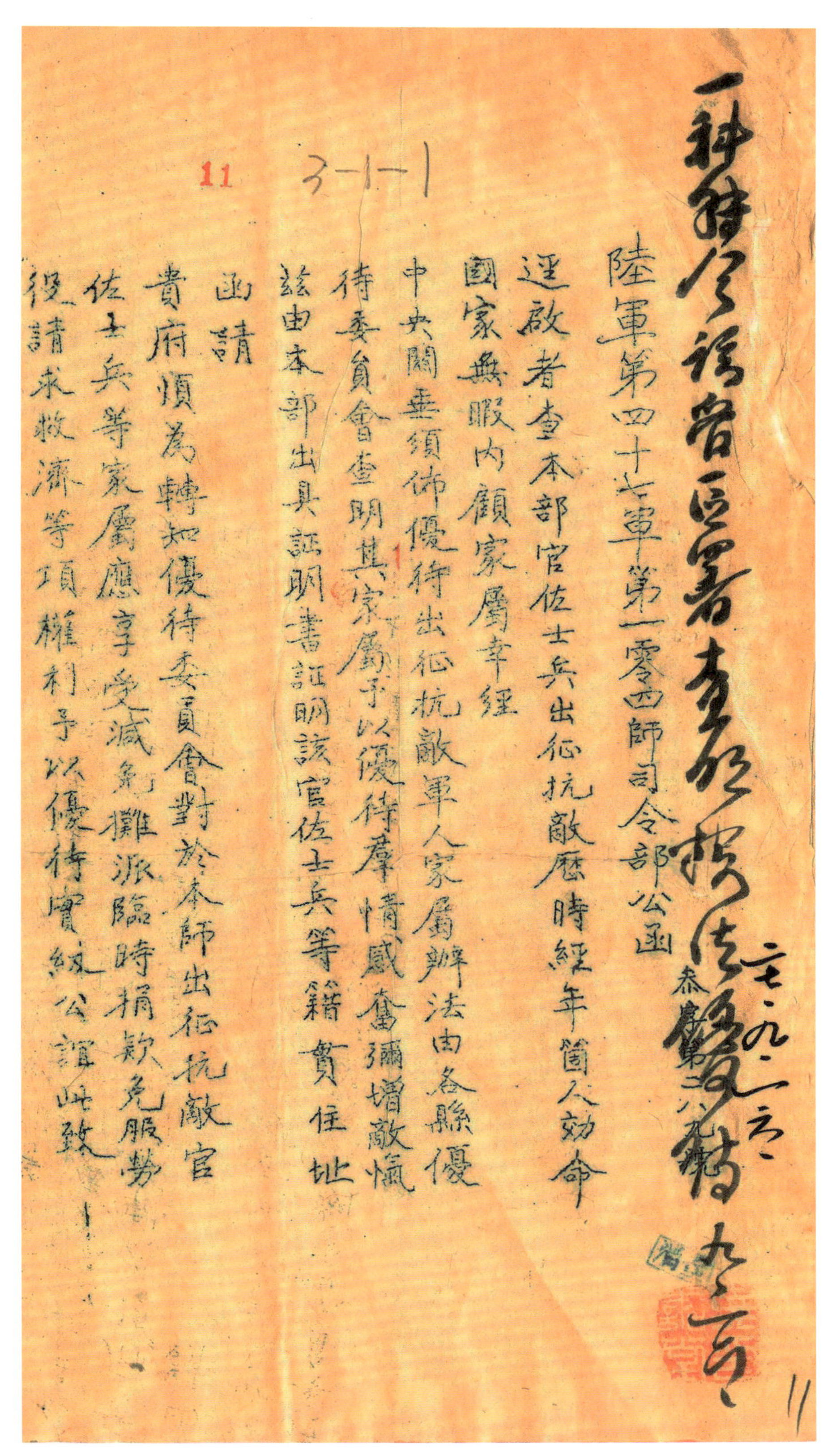

陸軍第四十七軍第一零四師司令部公函

逕啟者：查本部官佐士兵出征抗敵，歷時經年，箇人効命國家，無暇内顧，家屬幸經中央關垂，頒佈優待出征抗敵軍人家屬辦法，由各縣優待委員會查明其家屬，予以優待，摩情感奮，彌增敵愾。茲由本部出具証明書，証明該官佐士兵等籍貫、住址，函請貴府頒爲轉知優待委員會，對於本師出征抗敵官佐士兵等家屬應享受減免攤派臨時捐款、免服勞役，請求救濟等項權利，予以優待，實紉公誼。此致

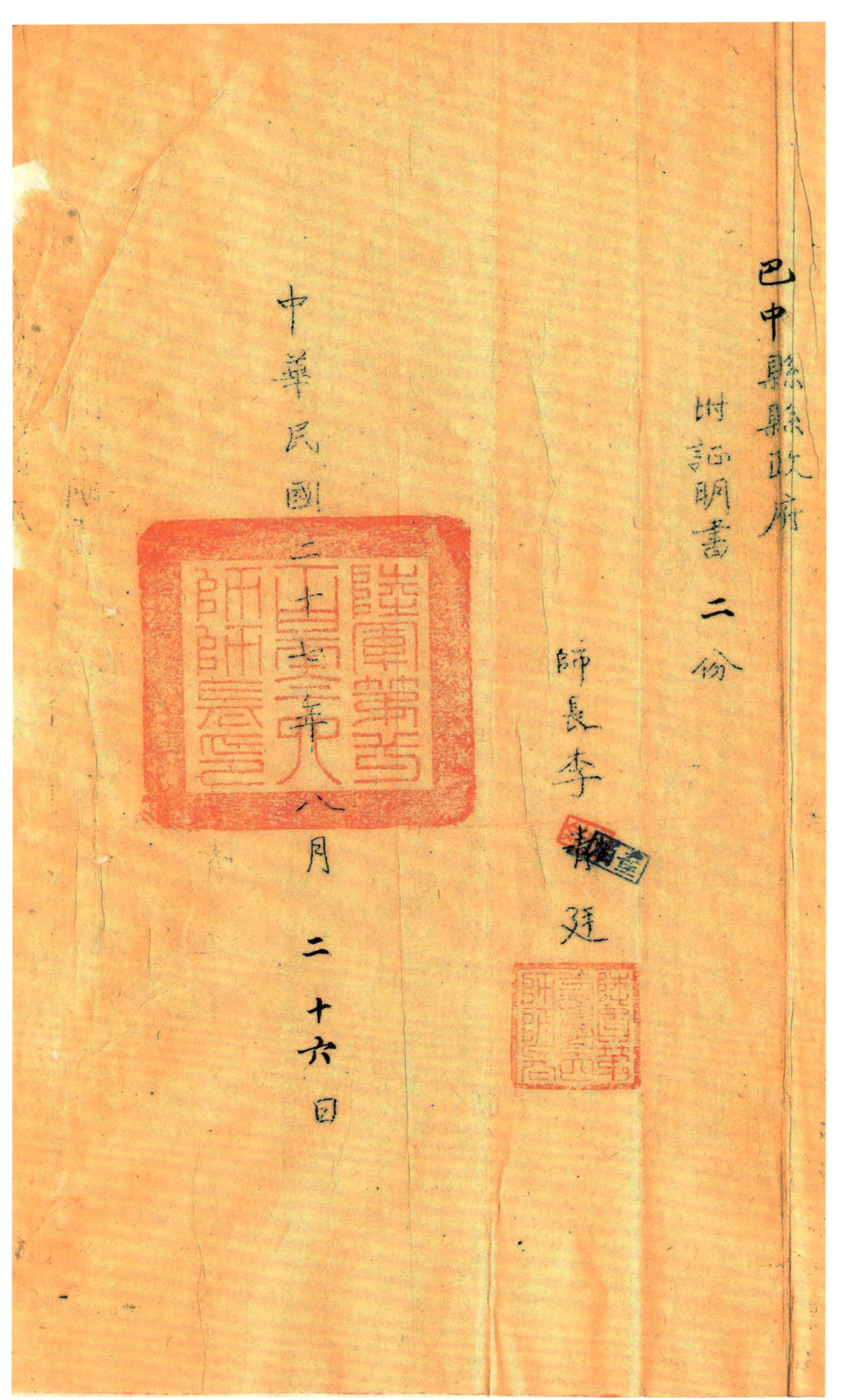
巴中縣縣政府
附証明書 二份
師長李□廷
中華民國二十七年八月二十六日

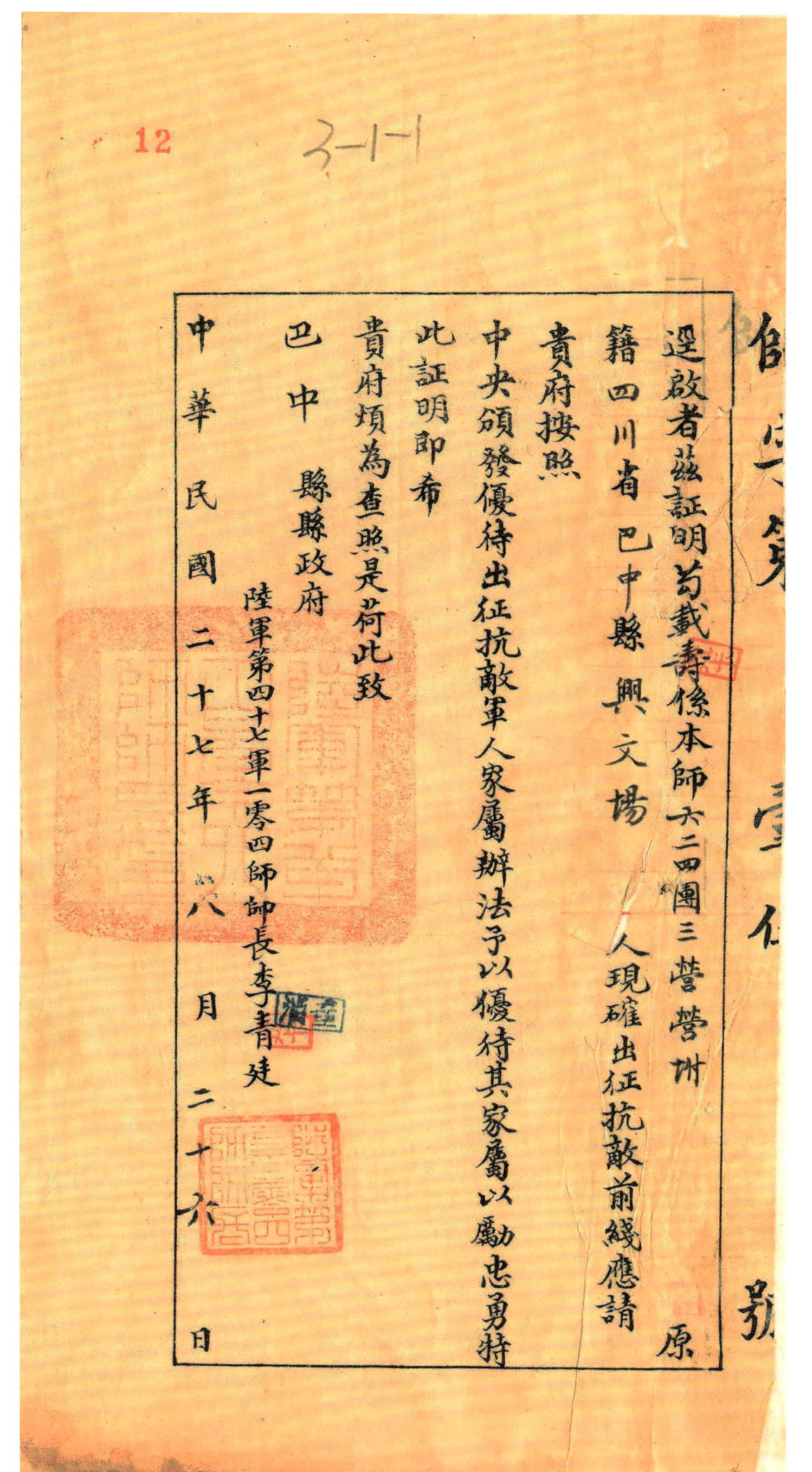

12

3-1-1

逕啟者茲証明苟載壽係本師六二四團三營營附原籍四川省巴中縣興文場人現確出征抗敵前綫應請
貴府按照
中央頒發優待出征抗敵軍人家屬辦法予以優待其家屬以勵忠勇特此証明即希
貴府煩為查照是荷此致
巴中縣縣政府

陸軍第四十七軍一零四師師長李青廷

中華民國二十七年八月二十六日

附（二）王廷禄证明书（一九三八年八月二十六日）

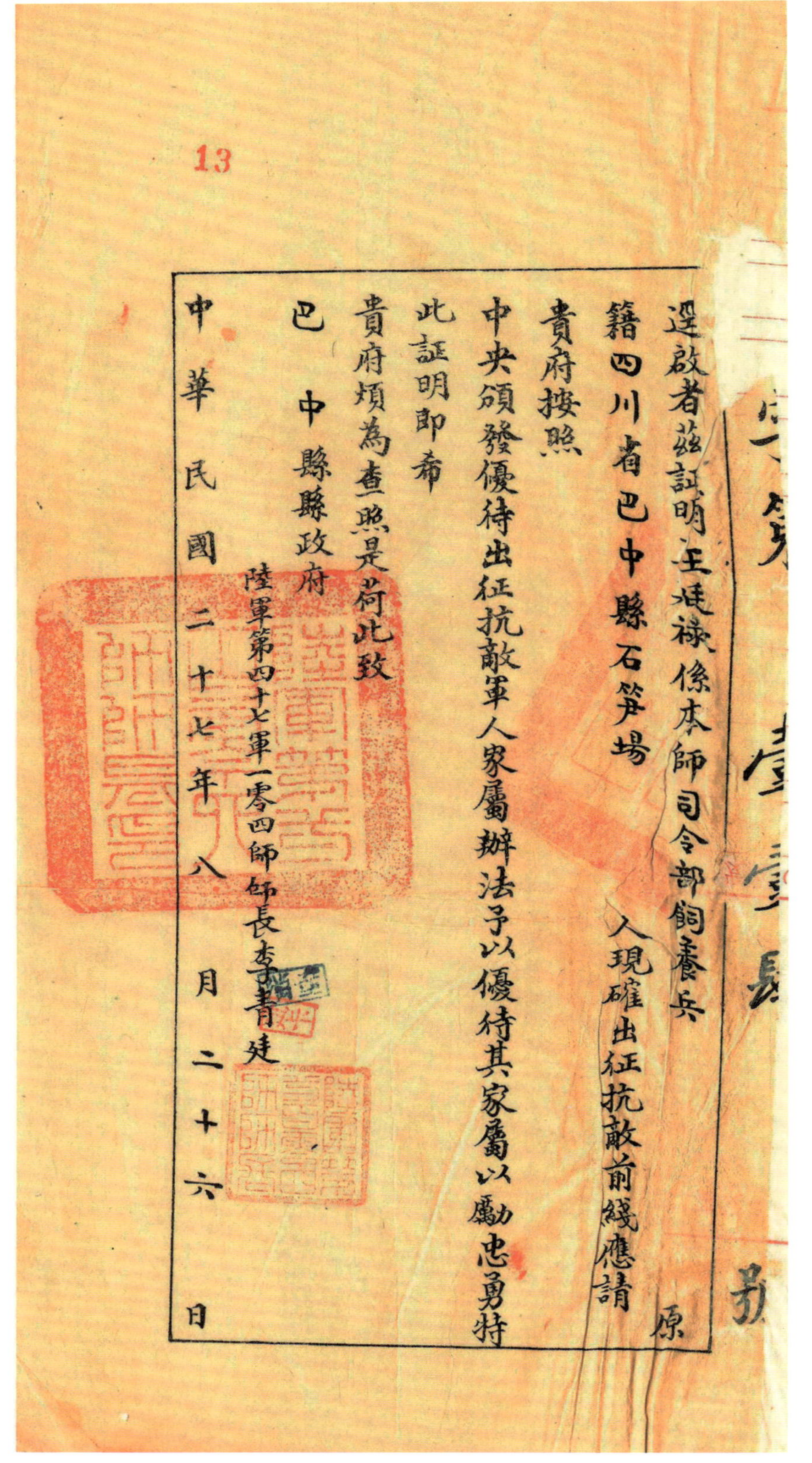

13

逕啟者茲証明王廷祿係本師司令部飼養兵原籍四川省巴中縣石笋場人現確出征抗敵前綫應請
貴府按照
中央頒發優待出征抗敵軍人家屬辦法予以優待其家屬以勵忠勇特此証明即希
貴府煩為查照是荷此致
巴中縣縣政府

陸軍第四十七軍一零四師師長李青廷

中華民國二十七年八月二十六日

四川省政府关于颁发四川省征送壮丁及出征抗敌军人家属优待办法致巴中县政府的训令（一九三八年九月十九日）

附：四川省征送壮丁及出征抗敌军人家属优待办法

政策法规

四川省政府训令　廿七年民字第28973号

令巴中县县政府

查本府前奉

行政院令颁优待出征抗敌军人家属办法业经依照办法第十五条之规定制定实施细则通饬遵办在案惟查实施细则对于出征抗敌军人家属生活确感困难必须以物质救济者尚未有具体有效之规定兹特斟酌本省实际情形制定四川省征送壮丁及出征抗敌军人家属优待办法经提奉本府委员会第二五九次会议议决修正通过俾资补充除呈报

行营并分令外合行检发原优待办法令仰遵照参酌前颁实施细则办理为要此令

附发四川省征送壮丁及出征抗敌军人家属优待办法一份

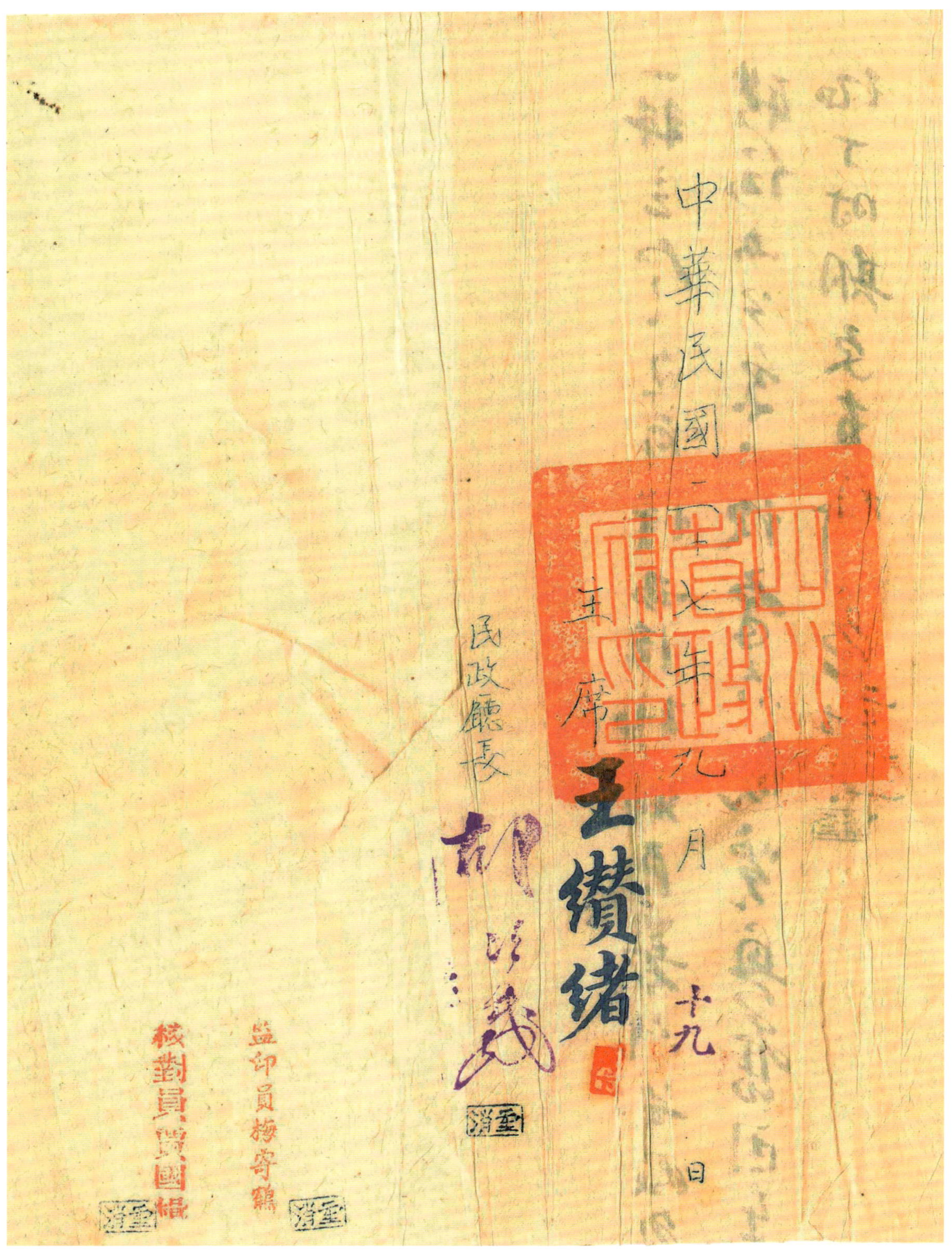

中華民國二十七年九月十九日

主席 王纘緒

民政廳長 胡次威

監印員 梅寄鶴

校對員 賈國楨

000021

四川省征送壯丁及出征抗敵軍人家屬優待辦法

第一條　本省為鼓勵人民踴躍應征及解除出征軍丁家屬困苦起見特訂定本辦法

第二條　本省各市縣對於先後征送壯丁均應確切調查其家庭狀況及經濟情形分別填發榮譽優待証及物質優待証凡領有物質優待証者得持向該管縣市政府請求優待

第三條　本省出征抗敵各部隊之軍人（招募部隊）家屬生活確感困難必須救濟者由其直屬師司令部（獨立旅同）以上機關填發正式証明書加蓋印信関防交其家屬持向該管縣（市）政府請求優待

第四條　物質優待以發給糧食為定則由各縣市政府就征足積穀項下統籌分發其在稻谷缺乏之縣得以襍粮折代

20

第五條　從本年九月份起各縣市征送壯丁於出征之際即按名發給一次優待谷新量二石滿三月後即按季發給稻谷九斗預定以三季為止如滿三季後尚須優待時其優待數量另行酌定之

第六條　本年八月底以前已征壯丁之家屬不論征調先後從十月份起每名按季發給新量稻谷九斗亦暫預定三季為止如有延長必要時另行酌定之

第七條　本省出征部隊之軍人家屬經其直屬師部以上之機關照本辦法第三條規定出具正式證明書者每名發給一次優待谷一石

第八條　前列五六七各條應領優待谷之壯丁或招募部份之軍人家屬承領優待谷時以物質優待證或正式證明書為憑由縣市政府統籌發給後須按季公布周知并呈報省府備查

第九條　縣市政府每期發給優待谷時須於憑證上加蓋發訖戳記由領谷家屬親具收條如期滿應將優待證一併繳縣彙存

第十條　征送壯丁及出征軍人如中途因抗戰傷亡已由政府發給撫卹金者即停止發給優待谷

第十一條　本辦法由省政府會議通過施行并呈報
行營備案

巴中县政府关于优待陆军第四十七军一零四师三一二旅旅部炊事上等兵张子贵的家属致第一区区署的训令

（一九三八年九月二十四日）

附：张子贵的证明书（一九三八年八月二十日）

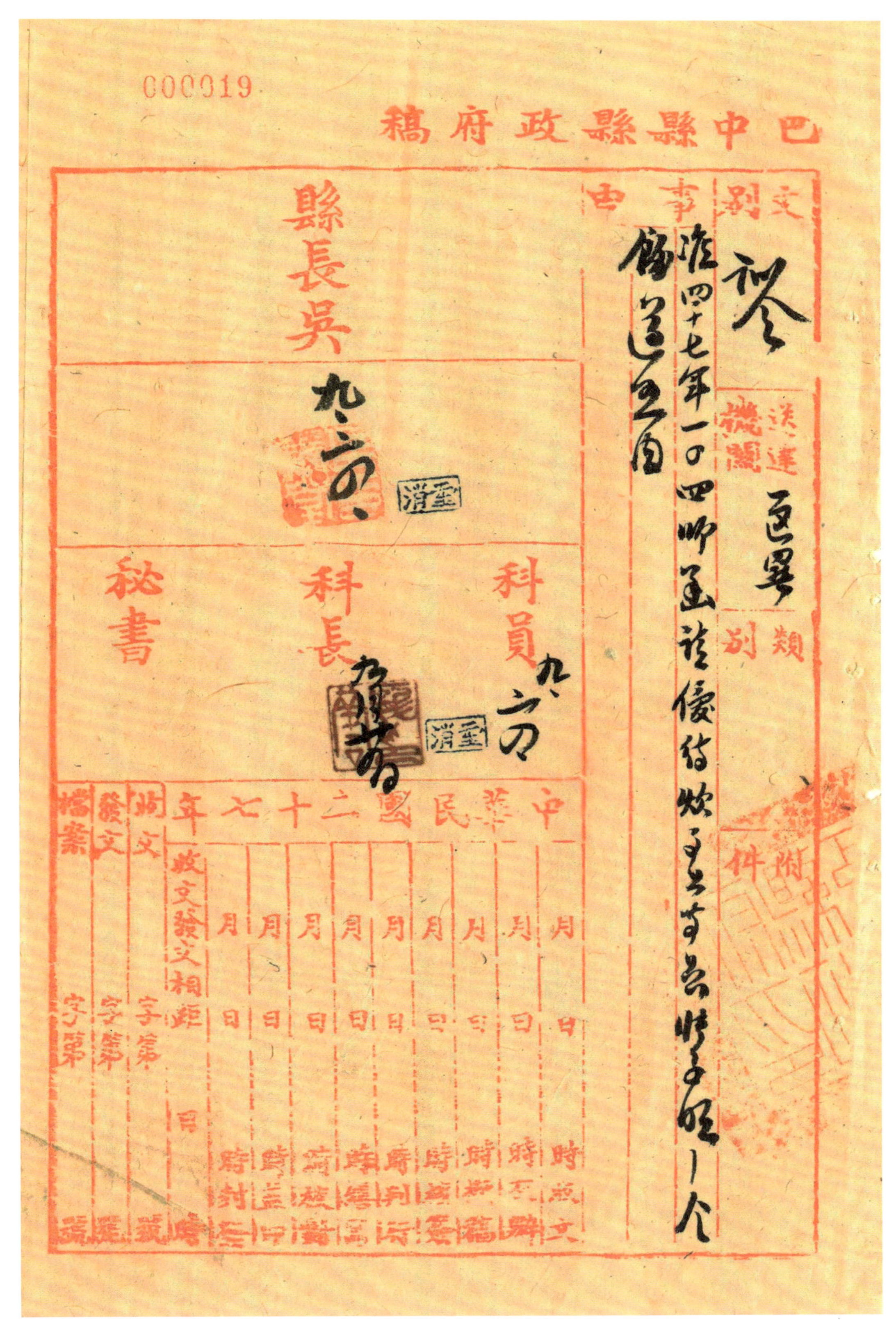

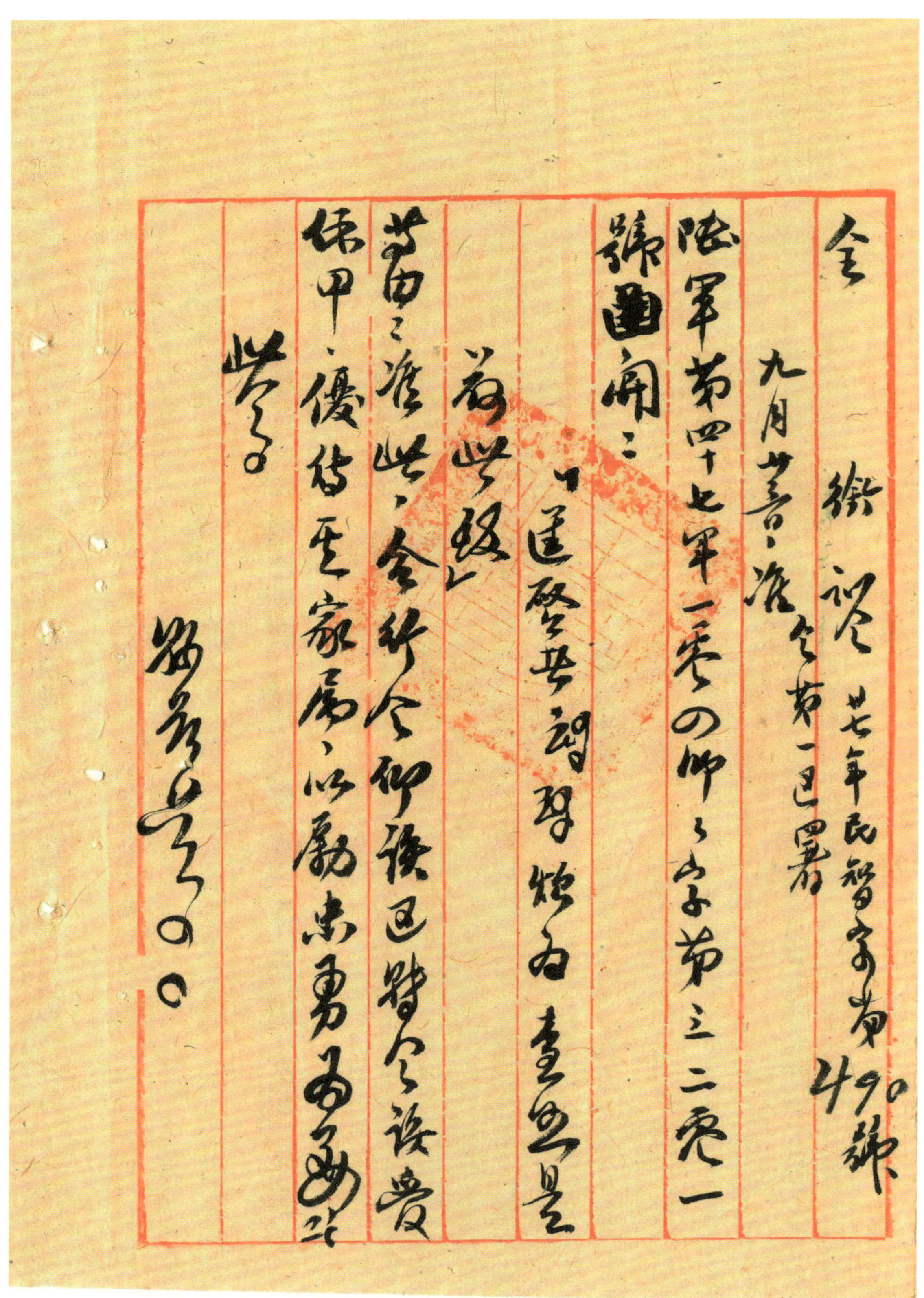

令　衔　讳

廿七年民智字第490號

九月廿八日准

陸軍第四十七軍一零四師師字第三二零一號函開：「逕啟要詢理煩為　查照是」

等由；准此，

等，准此，合行令仰該區轉令該管保甲，優待其家屬，以勵忠勇為要。此令。

縣長　[illegible]　○○

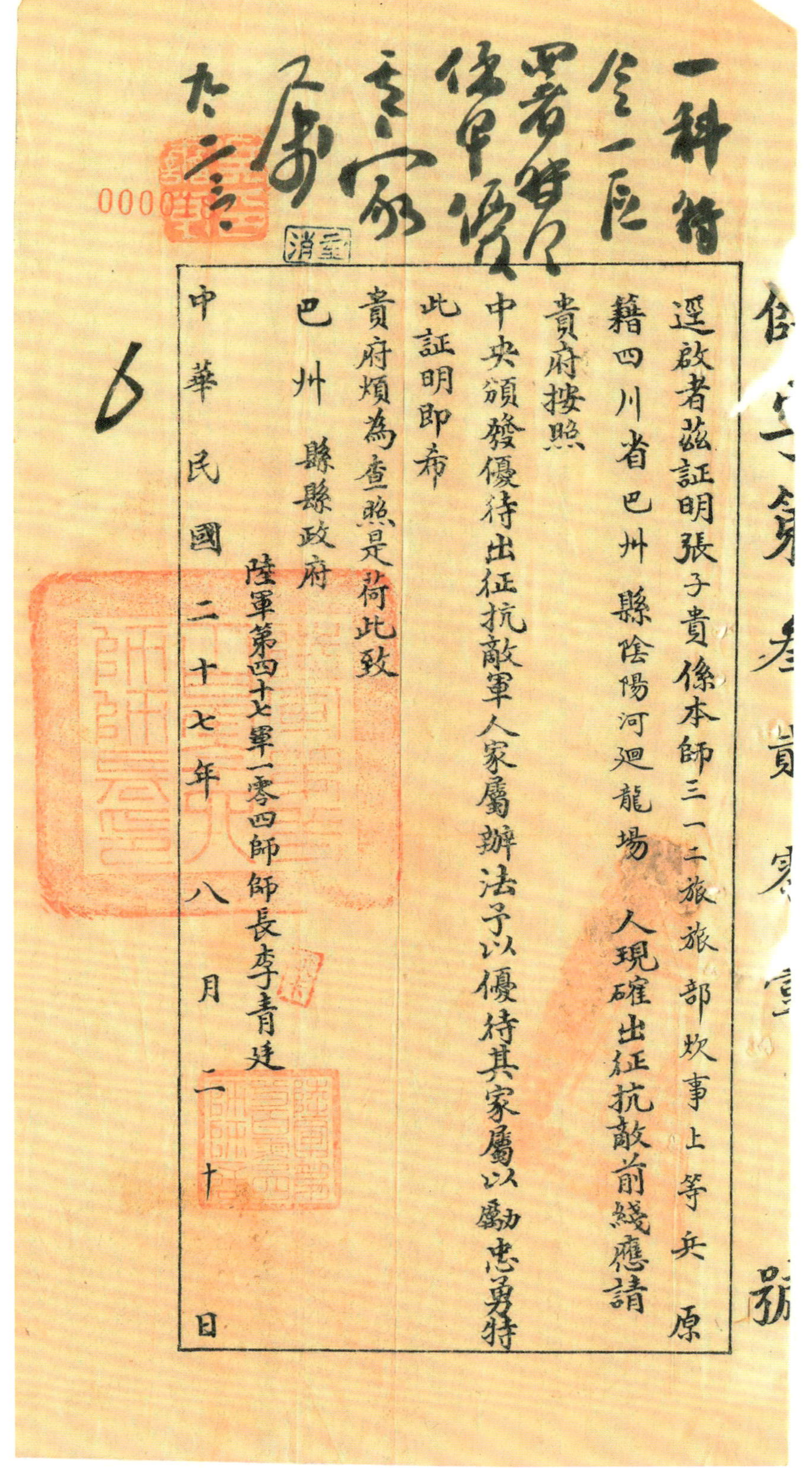

[illegible]字第叁貳[illegible]號

逕啟者茲証明張子貴係本師三一二旅旅部炊事上等兵原籍四川省巴州縣陰陽河迴龍場人現確出征抗敵前綫應請

貴府按照

中央頒發優待出征抗敵軍人家屬辦法予以優待其家屬以勵忠勇特此証明即希

貴府煩為查照是荷此致

巴州縣縣政府

陸軍第四十七軍一零四師師長李青廷

中華民國二十七年八月二十日

一科辦 令一區署保甲優待家屬 九、二三

6

四川省政府关于抄发四川省各市县优待出征抗敌军人家属实施细则第十四、十五两条修正条文致巴中县政府的训令（一九三八年十月十四日）

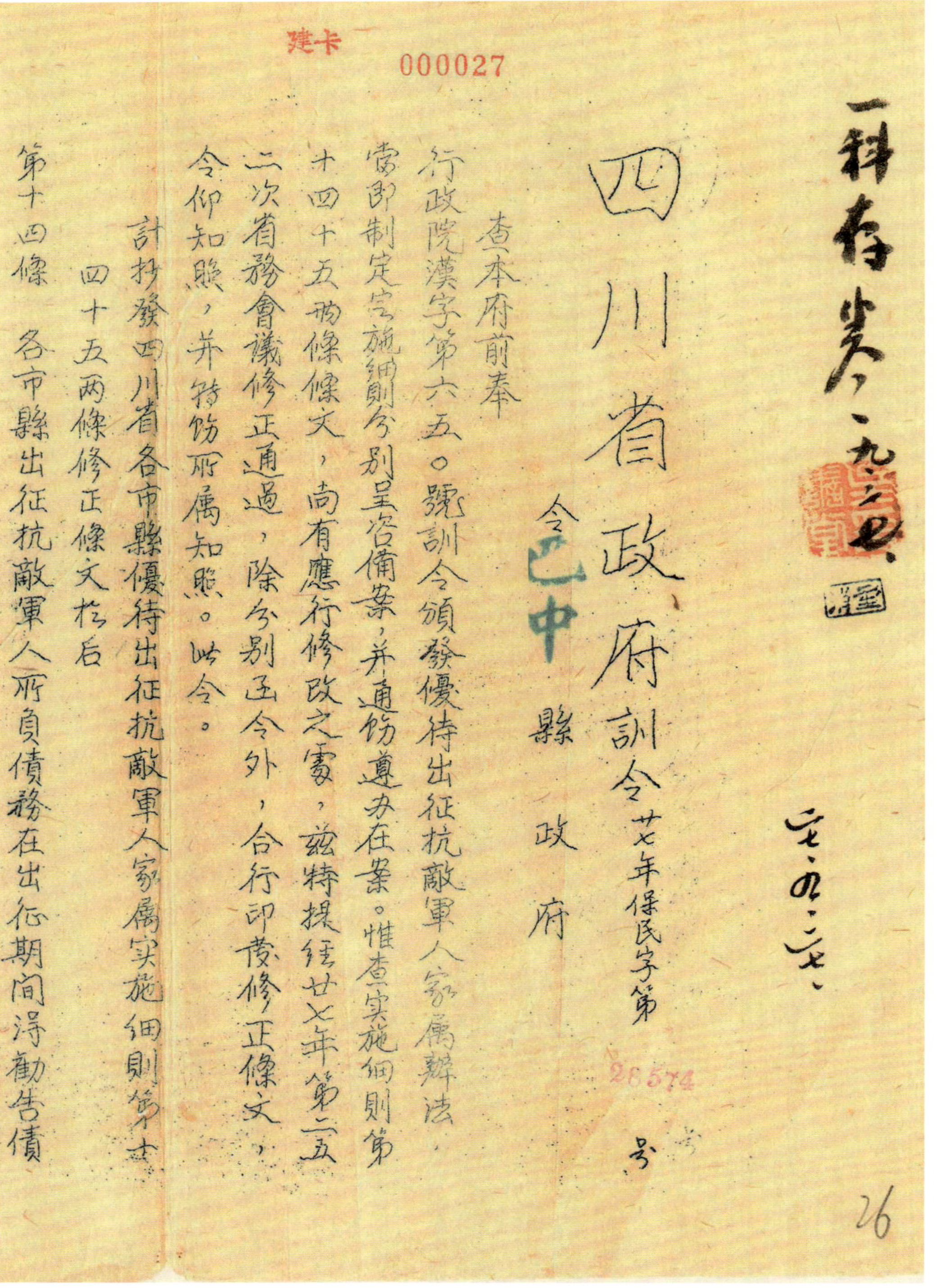

建卡　000027

四川省政府訓令　廿七年保民字第26574号

令巴中縣政府

查本府前奉

行政院漢字第六五〇號訓令頒發優待出征抗敵軍人家屬辦法，當即制定實施細則分别呈咨備案，并通飭遵办在案。惟查实施細則第十四十五兩條條文，尚有應行修改之處，茲特提經廿七年第二五二次省務會議修正通過，除分别函令外，合行印發修正條文，令仰知照，并轉飭所屬知照。此令。

計抄發四川省各市縣優待出征抗敵軍人家屬实施細則第十四十五兩條修正條文於后

第十四條　各市縣出征抗敵軍人所負債務在出征期間得勸告債

權人暫緩向其家屬催收如有未了案件除依法律明文
規定程序辦理外其在出征期間亦不得向其家屬追問

第十五條（原條文中將「加倍」二字改為「從重」二字餘照舊）

中華民國二十七年十一月十四日

主席 王纘緒

民政廳長 胡次威

監印員 梅寄鶴

四川省政府关于抄发四川省各市县优待出征抗敌军人家属实施细则第十一条之释义致巴中县政府的训令（一九三八年十一月二十一日）

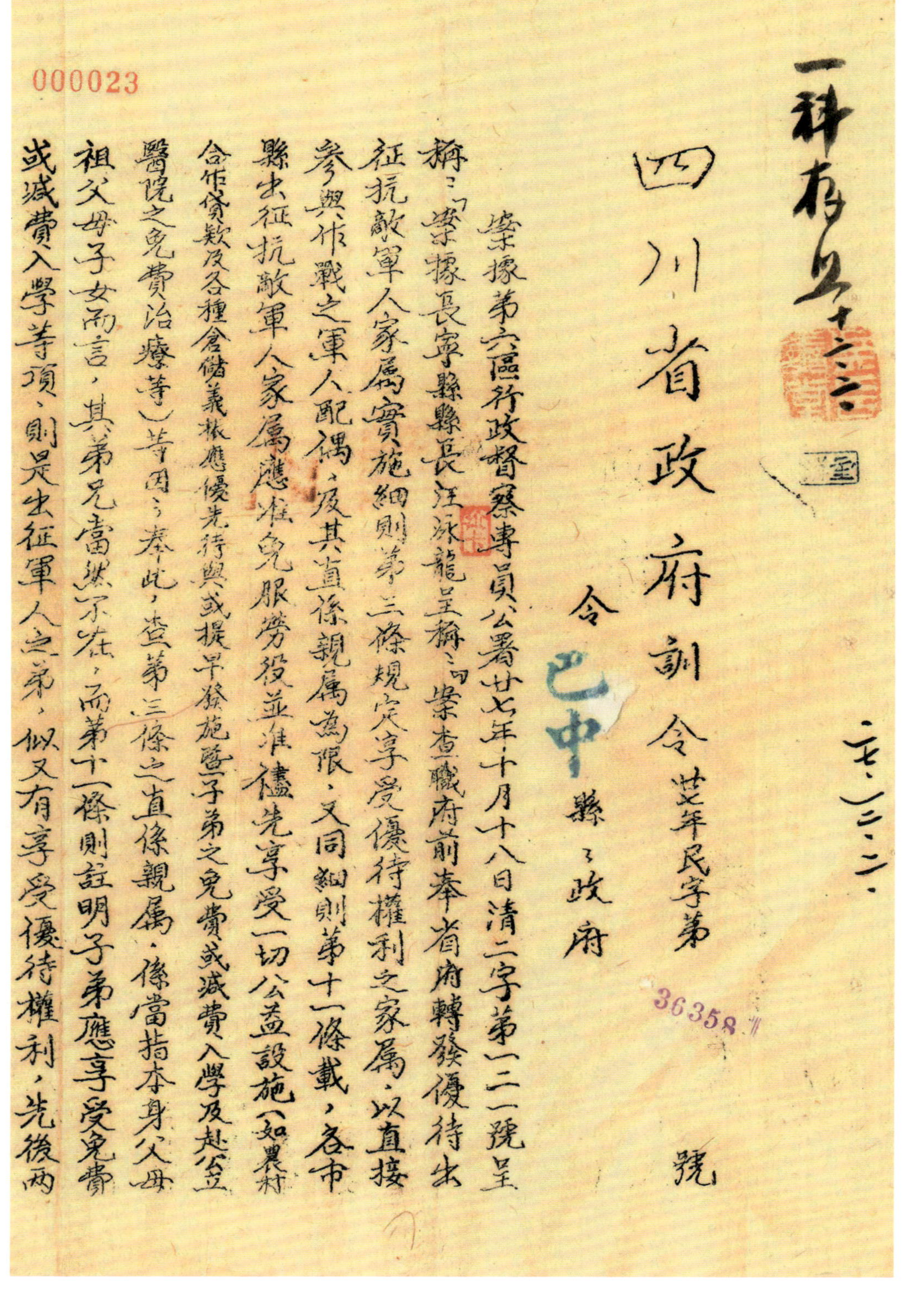

000023

一科存 十二、二

四川省政府訓令　廿七年民字第　　號

令巴中縣政府

案據第六區行政督察專員公署廿七年十月十八日清二字第一二一號呈稱：「案據長寧縣縣長汪泳龍呈稱：『案查職府前奉省府轉發優待出征抗敵軍人家屬實施細則第三條規定，享受優待權利之家屬，以直接參與作戰之軍人配偶，及其直系親屬為限。又同細則第十一條載，各市縣出征抗敵軍人家屬應准免服勞役，並准儘先享受一切公益設施（如農村合作貸款及各種倉儲義穀應優先待與，或提早發施，暨子弟之免費或減費入學及赴公立醫院之免費治療等）等因；奉此。查第三條之直系親屬，係當指本身父母祖父母子女而言，其弟兄當然不在，而第十一條則註明子弟應享受免費或減費入學等項，則是出征軍人之弟，似又有享受優待權利，先後兩

36358

除、畧有出入，究出征者之弟兄或單限於出征者之弟，可否照規定給

與減免學費等項，職府不敢擅専，理合具文呈請鈞署鑒核，指令祇遵。」

等情。據此，查出征抗敵軍人之兄弟，應否享受優待，關係法令解釋

，未敢擅專，理合具文轉請鈞府鑒核指令，俾便飭遵。」等情。據此，除

以呈悉。查四川省各市縣優待出征抗敵軍人家屬實施細則第十一條括號

內載子弟之免費或減費入學，子弟二字係為「子女」二字之誤，應予改

正，除通飭知照外，仰即知照。此令。等語，指令印發，並分令外，合行

令仰該府即便知照。此令。

中華民國廿七年十一月廿一日

主席 王纘緒

民政廳長 胡次威

四川省政府关于按期发放征送壮丁及出征抗敌军人家属优待谷致巴中县政府的训令（一九三八年十一月二十三日）

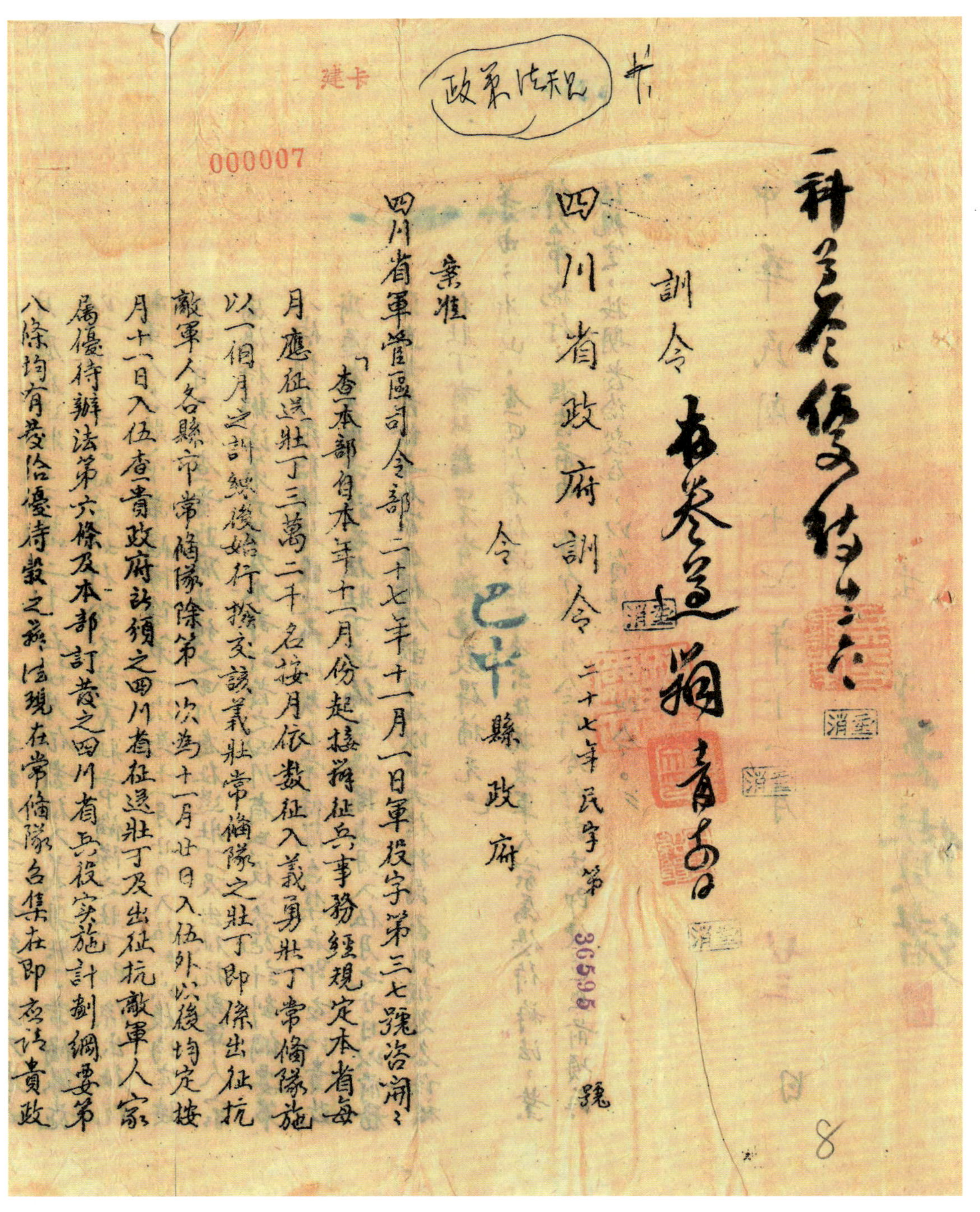

訓令

四川省政府訓令　二十七年民字第36595號

令巴中縣政府

案准

四川省軍管區司令部二十七年十一月一日軍役字第三七號咨開：「查本部自本年十一月份起接辦征兵事務，經規定本省每月應征送壯丁三萬二千名，按月依數征入義勇壯丁常備隊，施以一個月之訓練後始行撥交。該義壯常備隊之壯丁即係出征抗敵軍人，各縣市常備隊除第一次為十一月廿日入伍外，以後均定按月十一日入伍。查貴政府訂頒之四川省征送壯丁及出征抗敵軍人家屬優待辦法第六條及本部訂發之四川省兵役實施計劃綱要第八條均有發給優待穀之規定，現在常備隊召集在即，應請貴政

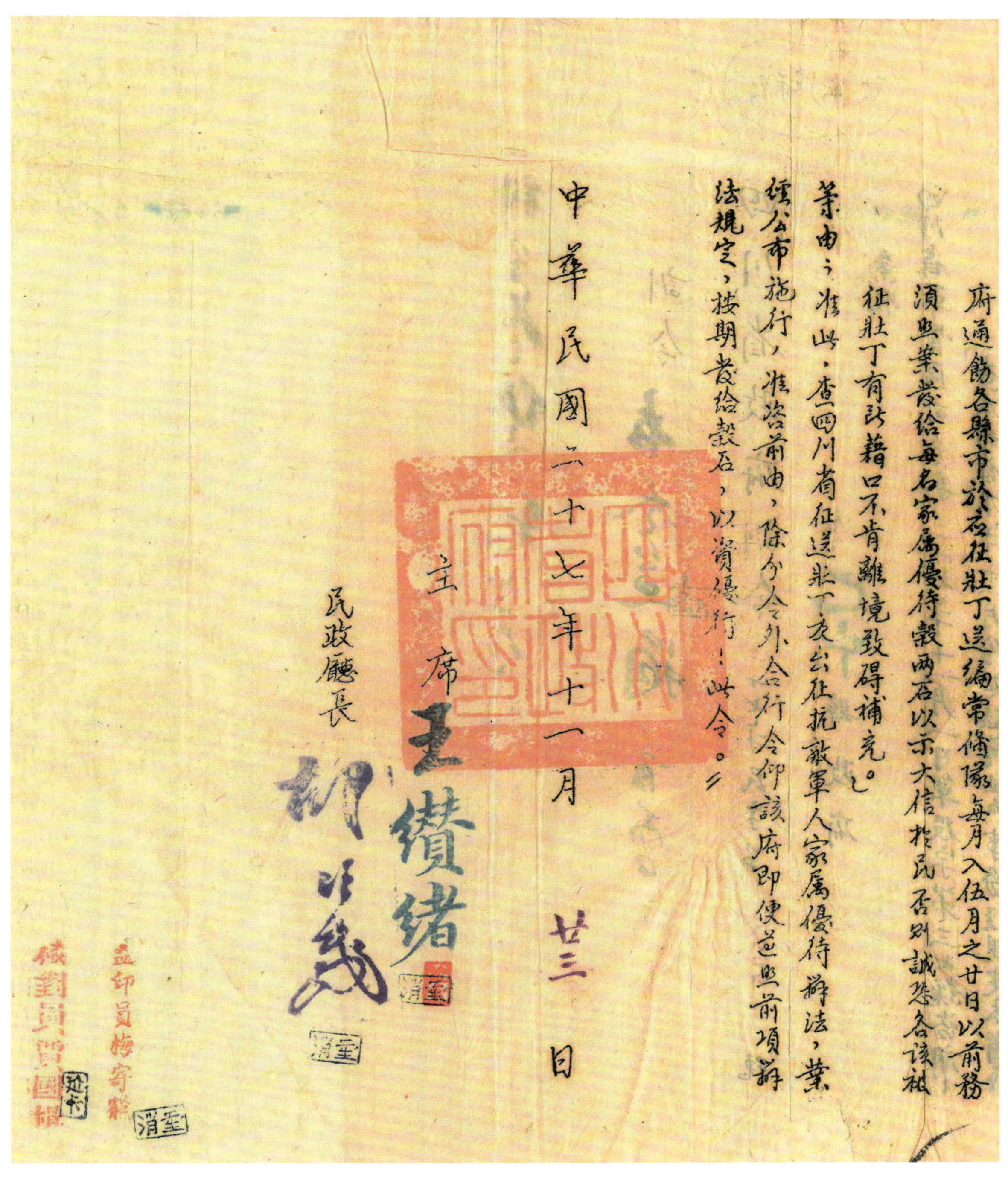

府通飭各縣市於應征壯丁送編常備隊每月入伍月之廿日以前務須照案發給每名家屬優待穀兩石以示大信於民否則誠恐各該被征壯丁有所藉口不肯離境致礙補充。」

等由；准此，查四川省征送壯丁及出征抗敵軍人家屬優待辦法，業經公布施行，准咨前由，除分令外，合行令仰該府即便遵照前項辦法規定，按期發給穀石，以資優待！此令。

中華民國二十七年十一月廿三日

主席 王纘緒

民政廳長 胡次威

監印員梅寄鶴

校對員曾國楨

陆军新编第十六师一旅第二团关于优待巴中县三十三名出川抗敌士兵家属致巴中县政府的公函（一九三八年十一月）

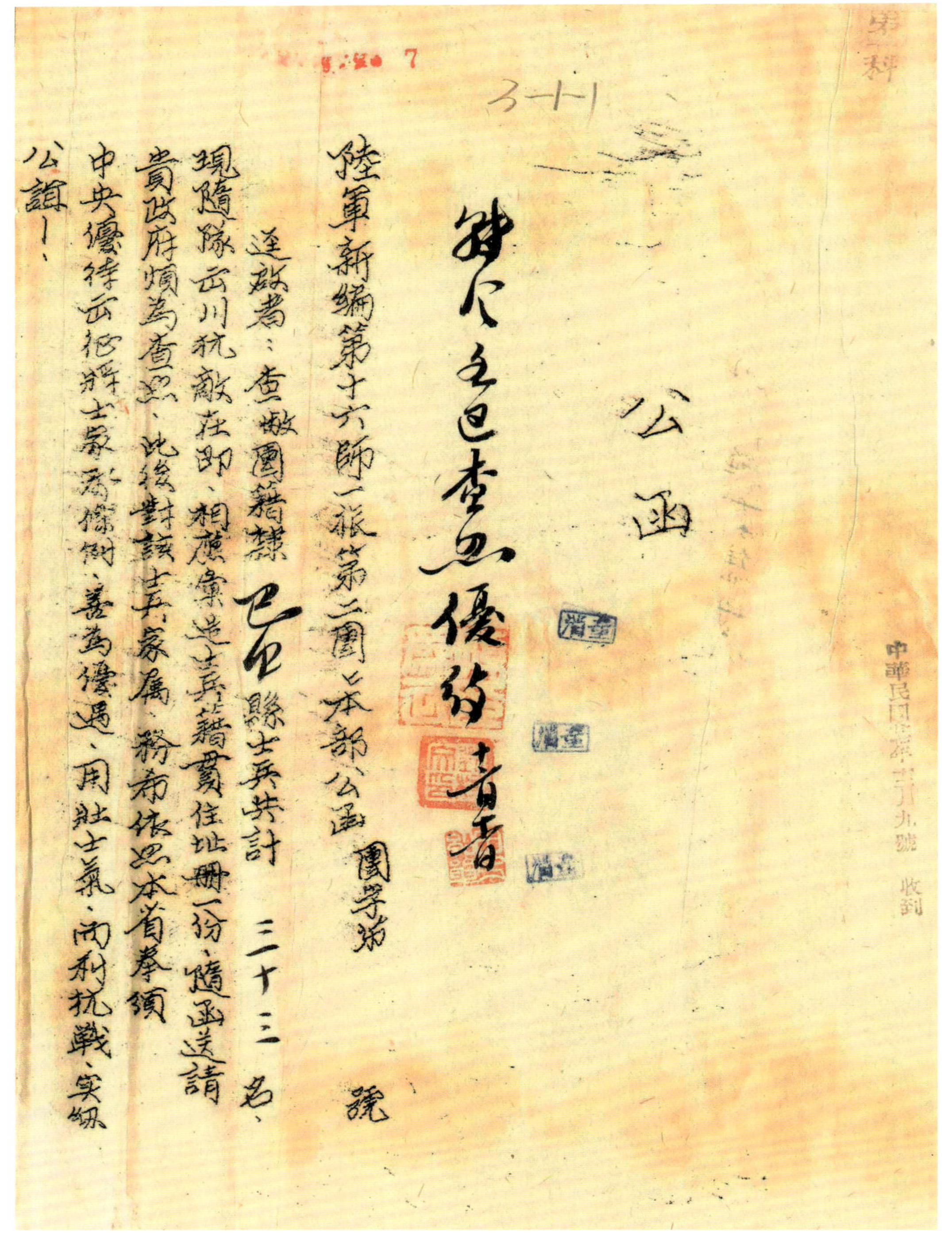

公函

陸軍新編第十六師一旅第二團公函　團字第　　號

逕啟者：查敝團籍隸巴中縣士兵共計三十三名，現隨隊出川抗敵在即，相應彙造士兵籍貫住址冊一份，隨函送請貴政府煩為查照，此後對該士兵家屬務希依照本省奉頒中央優待出征將士家屬條例，善為優遇，用壯士氣，而利抗戰，實紉公誼！

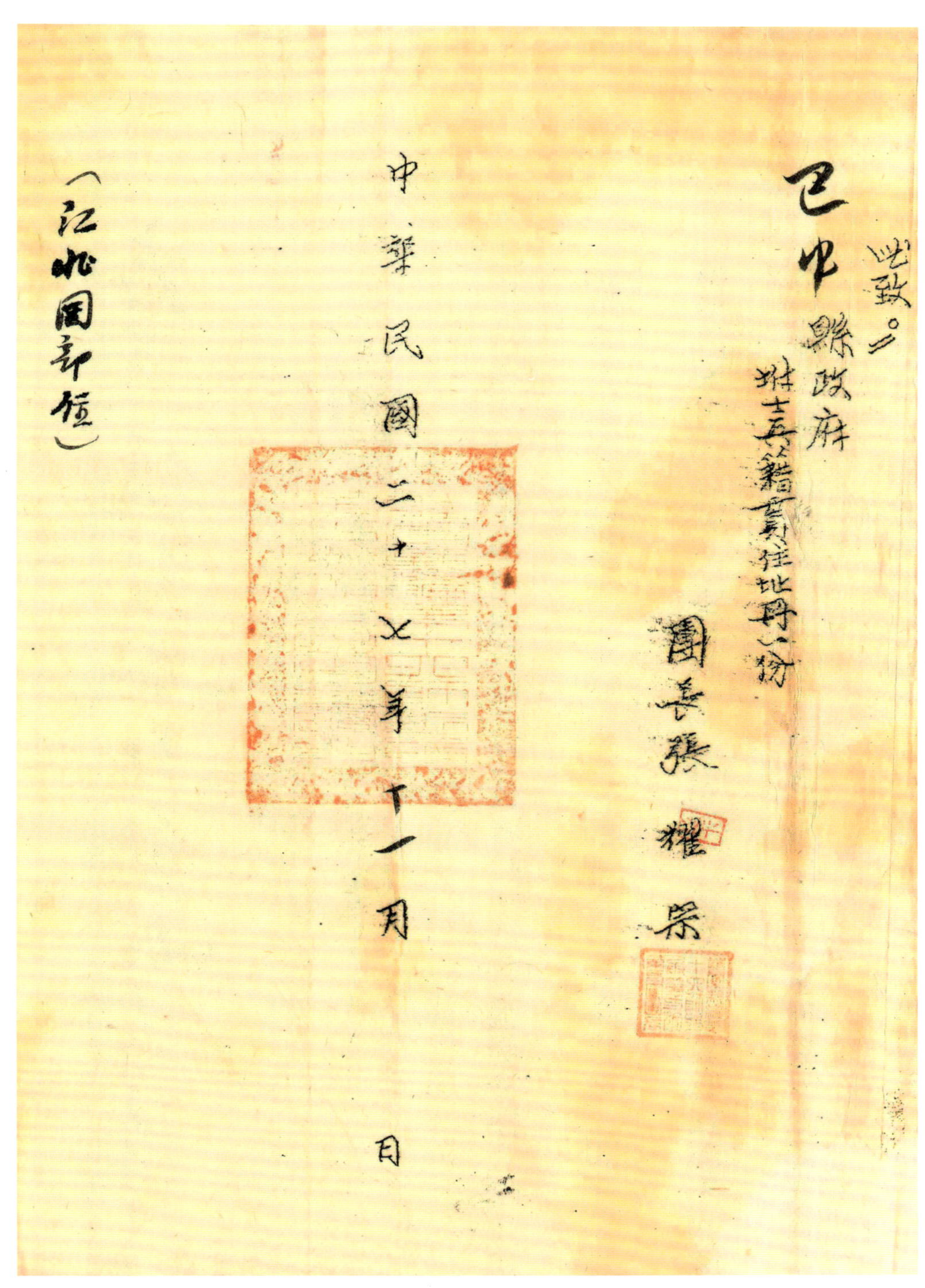

此致

巴中縣政府

辦士兵籍貫住址冊乙份

團長張耀宗

中華民國二十七年十一月　日

（江北團部箋）

陆军第四十七军关于函送乔长兴等抗敌军人家属状况三联证明表致巴中县出征抗敌军人家属优待委员会的代电

（一九三八年十二月二十五日）

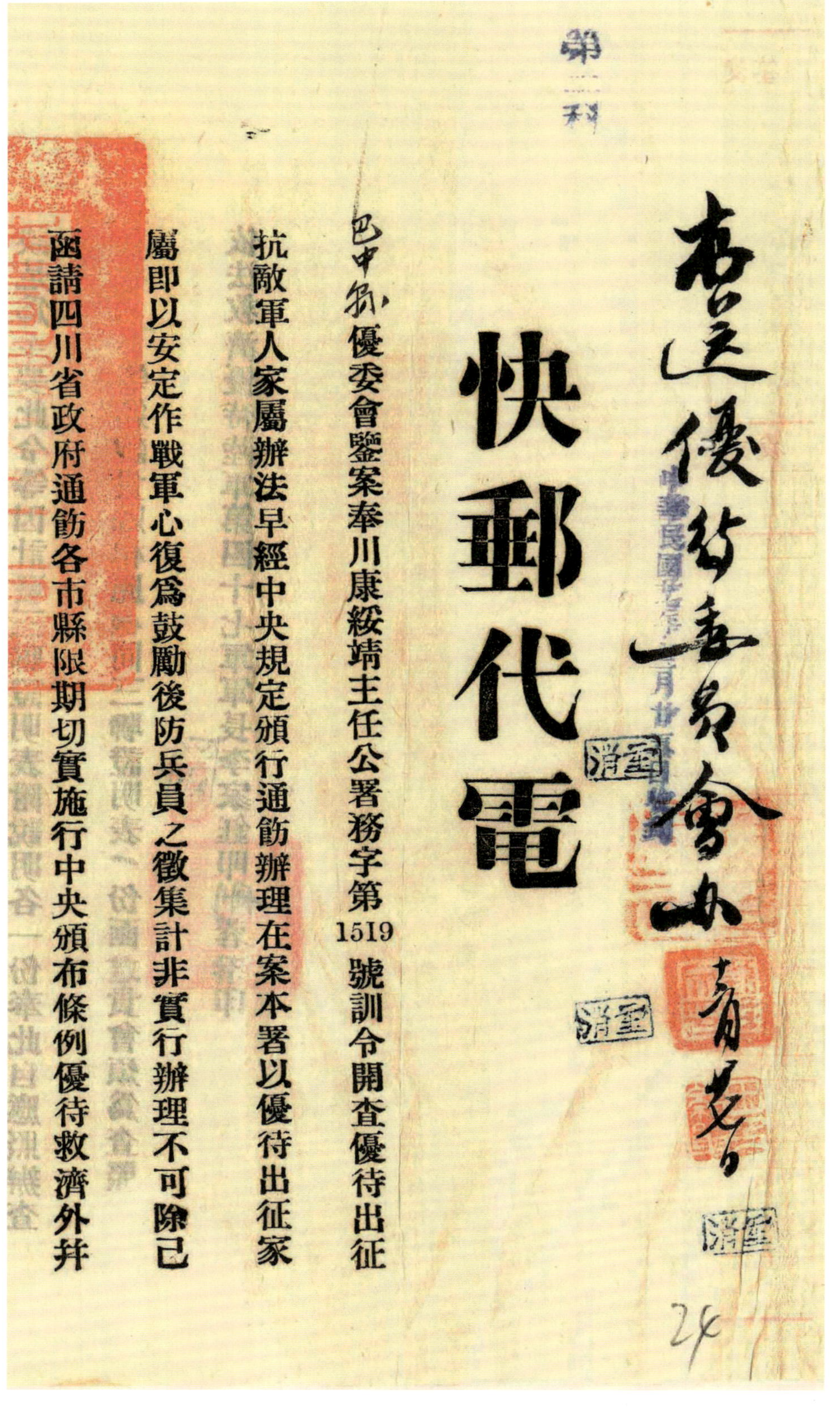

第二科

快郵代電

巴中縣優委會鑒案奉川康綏靖主任公署務字第1519號訓令開查優待出征抗敵軍人家屬辦法早經中央規定頒行通飭辦理在案本署以優待出征家屬即以安定作戰軍心復爲鼓勵後防兵員之徵集計非實行辦理不可除已函請四川省政府通飭各市縣限期切實施行中央頒布條例優待救濟外并

000025

爲確查出征軍人家俾屬無遺漏盲誤起見特制定抗敵軍人家屬狀况三聯證明表式另附說明令發該部仰即遵照製印轉發所屬依照說明塡淸各表分別轉寄家屬及呈由主辦機關彙寄原籍市縣優待委員會嗣後各縣委員會即憑此項表式與家屬執存者查對無訛始能給予優待救濟毋得延忽貽誤是爲至要此令等因計發三聯證明表附說明各一份奉此自應照辦查天臺長與等籍隸貴縣相應檢同三聯證明表一份函送貴會煩爲查照依法救濟優待陸軍第四十七軍軍長李家鈺叩删蓉恭印

巴中县出征抗敌军人家属优待委员会、巴中县政府关于成立及启用图记日期的往来公函

巴中县出征抗敌军人家属优待委员会致县政府的公函（一九三九年一月十二日）

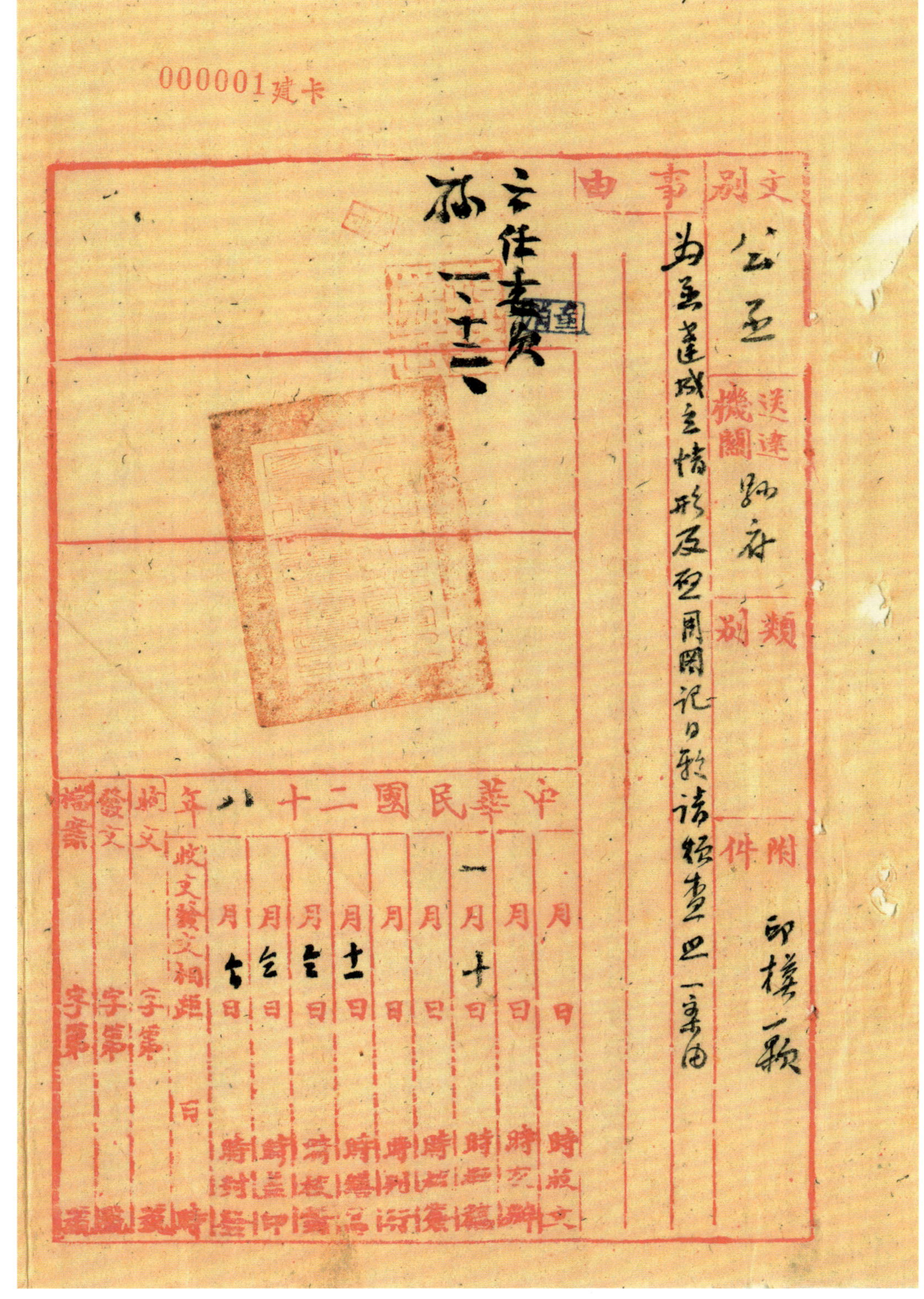

000001建卡

文别：公函

送达机关：县府

事由：为呈达成立情形及启用图记日期请核查由

附件：印模一颗

中华民国二十八年一月十日

巴中縣出征抗敵軍人家屬優待委員會公函 第　　號

查本會各委員業經

貴府函聘並指定分任總務、調查、經濟、審核各股正副股長在案，本會即於本年一月十日正式成立開始辦公，並遵照規定自刊木質圖記一顆，文曰"巴中縣出征抗敵軍人家屬優待委員會圖記"，隨於是日起用，以昭信守。除佈告並分函外，相應函達，將成立情形及起用圖記日期，並墨摩印模一顆，隨函送請

貴府煩為查照為荷。此致

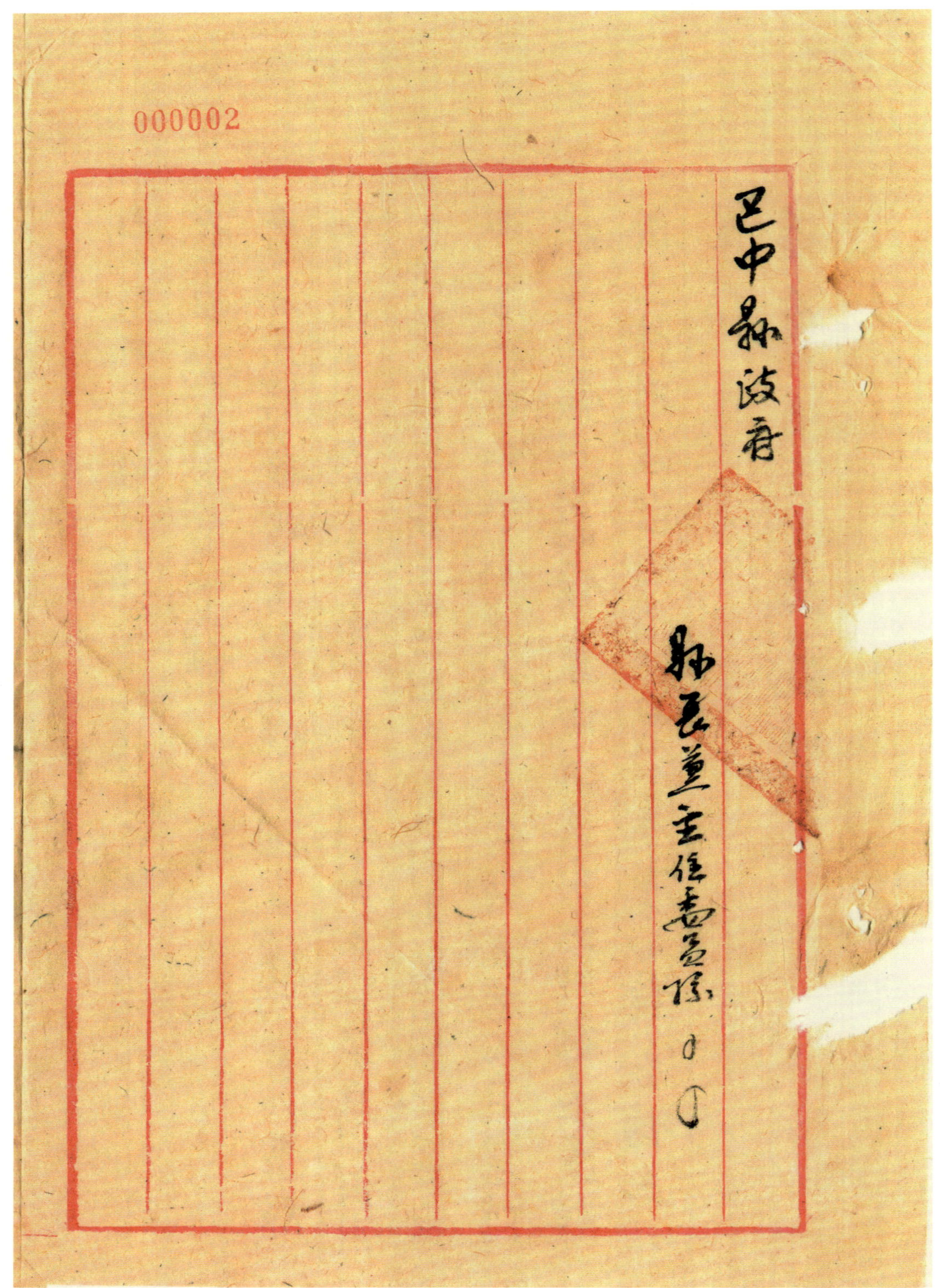
000002

巴中县政府

县长董主任委员孙〇〇

巴中县政府致县出征军人家属优待委员会的复函（一九三九年一月十九日）

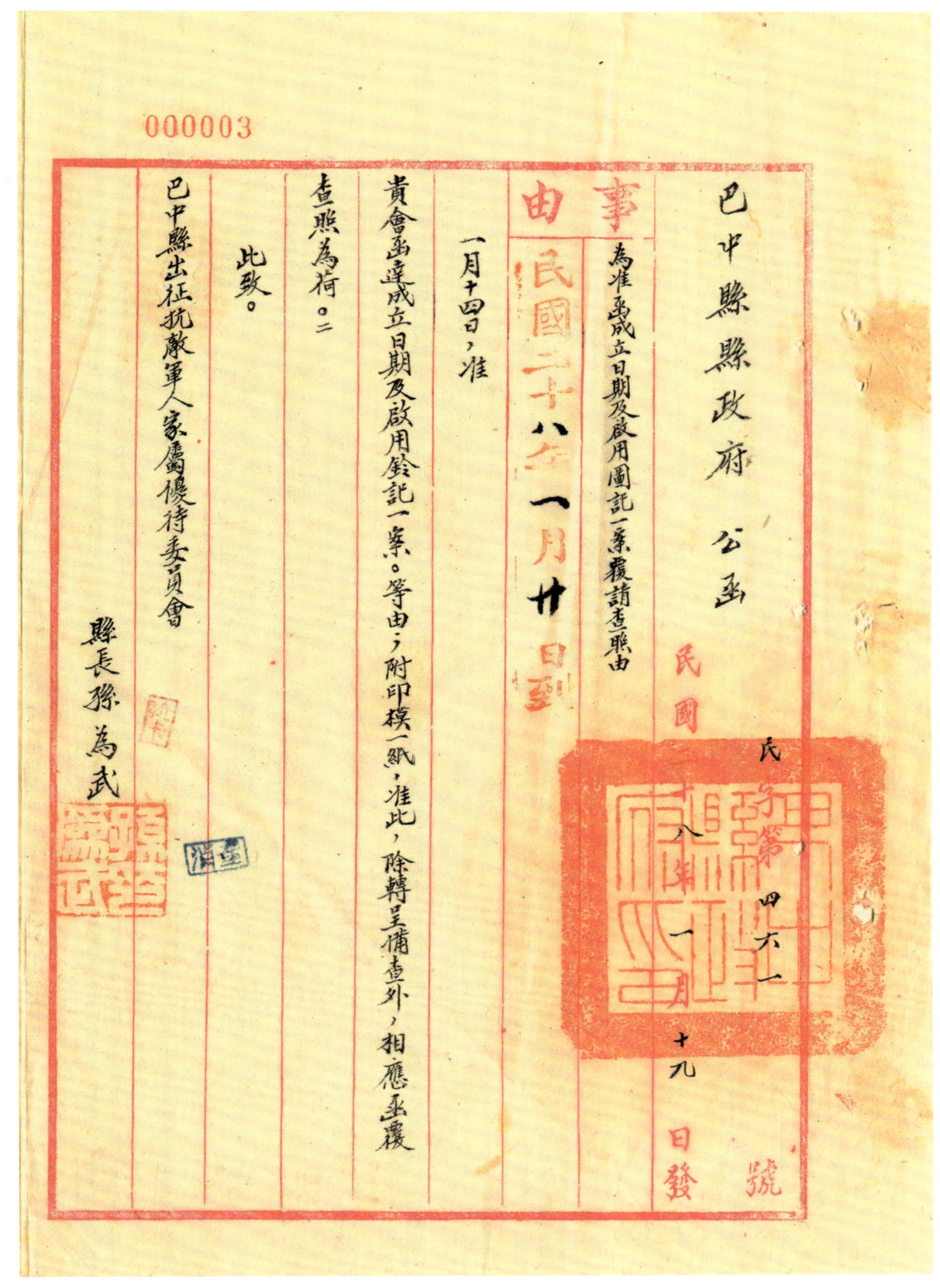
000003

巴中縣縣政府　公函

事由：為准函成立日期及啟用圖記一案覆請查照由

民國二十八年一月廿日到

民國二十八年一月十九日發　民字第四六一號

一月十四日，准

貴會函達成立日期及啟用鈐記一案。等由；附印模一紙，准此，除轉呈備查外，相應函覆

查照為荷。

此致。

巴中縣出征抗敵軍人家屬優待委員會

縣長孫為武

巴中县出征抗敌军人家属优待委员会关于通报成立就职情形致县城各机关的公函（一九三九年一月十三日收）

000004

文别：公函

事由：函達成立就職情形請查照一案由

送達機關：各機關

類別

附件

主任委員孫一之

中華民國二十 年 月 日

巴中县出征抗敌军人家属优待委员会公函　第　号

查本会奉令成立，遵照法令规订，除县长为主任委员、财务局局长及第一科科长、兵役股主任为当然委员外，应设委员九人，前经开会推出〔蔡庚非……廿八人〕，业由县府函聘，并分别兼任总务、调查、经济、监察〔审核〕各股正副股长，并请尅日成立。兹由值此尚（？）武当以全民抗战期间，义不容辞，爰於本年十月十日就县城三圣宫地址正式成立，到职视事，并遵照规定自刊木质图记一颗，文曰巴中县出征抗敌军人家属优待委员会〔图记〕，即日启用，除分别函令并佈告外，相应函达

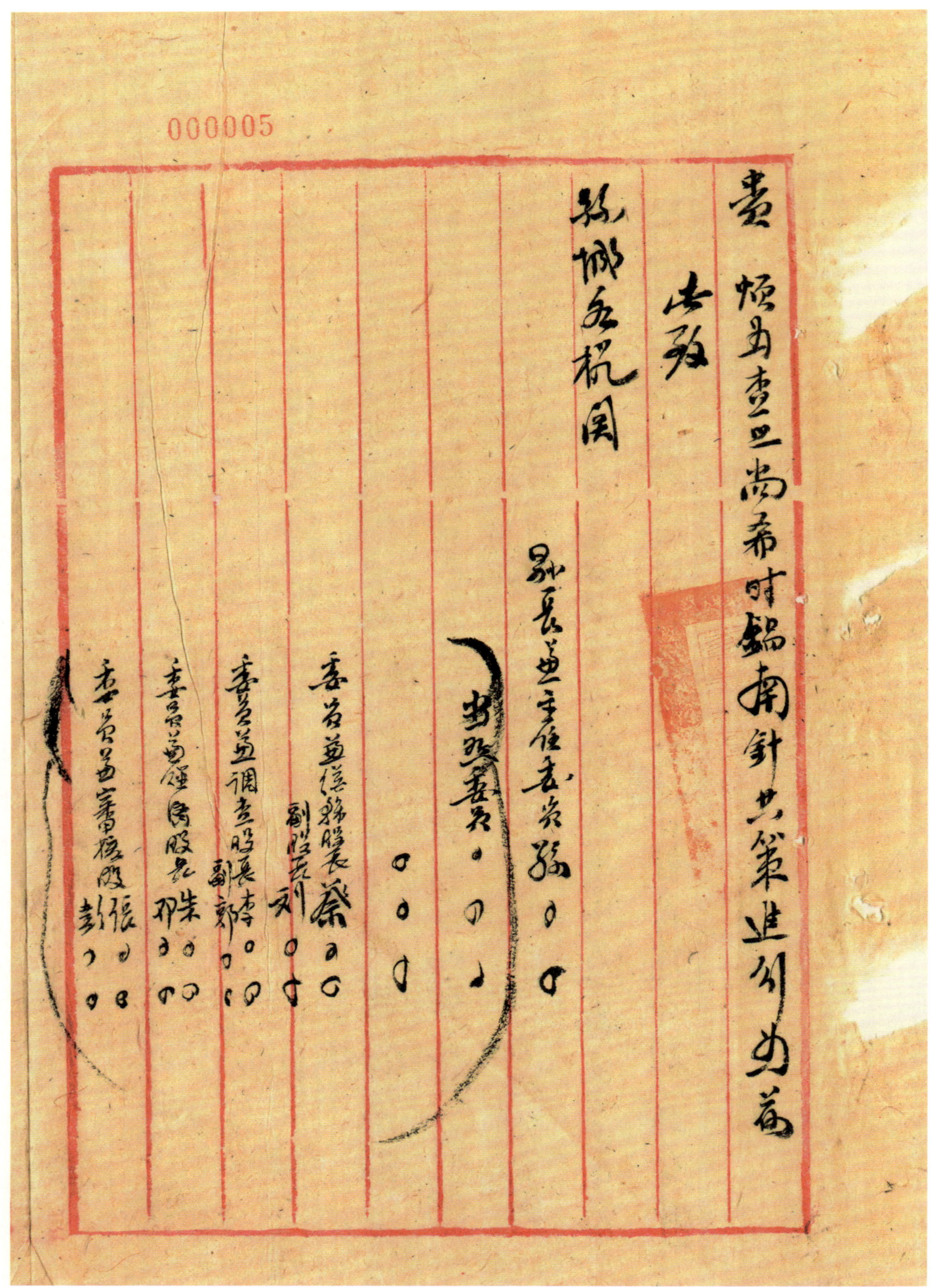

000005

貴 煩為查照尚希時錫南針共策進行為荷

此致

縣城各機關

縣長兼主任委員孫○○

出征委員○○○

○○○

委員兼保務股長蔡○○

副股長劉○○

委員兼調查股長李○○

副股長郭○○

委員兼經濟股長朱○○

邢○○

委員兼審核股張○○

彭○○

稿

巴中縣出征抗敵軍人家屬優待委員會办事細則

一、本細則遵照 省頒各市縣優待出征抗敵軍人家屬實施細則第七條末段之規定擬訂之

二、本會以縣長兼主任委員暨第一科科長兵役科科長各區區長為當然委員並由縣函聘士紳九人為委員

三、本會自刊木質圖記一顆文曰「四川省巴中縣出征抗敵軍人家屬優待委員會之圖記」以昭信守并呈報備查。

四、本會為辦事便利起見得分設下列四股由主任委員指定委員二人兼任正副股長承办各股應办事宜

一、總務股　办理文書庶務及不屬其他各股應办事項

二、調查股　办理調查登記統計宣傳等事項

三、經濟股　办理款項之籌集保管出納及優待事項

四、審核股　办理應行優待出征抗敵軍人家屬之審核事項

五、本會各股共設办事員四員、錄事二員，均由縣府及各機關職員內調用，不另支薪，但調办事員一員常川駐會，專司收發文件及經管會內一切責任

六、本會办公時間訂每日午前十一時起至午后二時止

七、本會應設置劃到簿，由值日保管，於開始办公前交出簽到，办公半小時後，送呈主任委員核銷後，仍由值日保存。

八、本會各股正副股長及各職員均須輪流值日，并襄備工作

日記簿，暫將辦理事項逐項記入每星期日由總務股呈送主任委員核閱以資考核。

九、本會收到文件應由總務股分別摘由登記依事務性質分送其他各股簽擬辦法交由總務股彙送主任委員核定後再交辦事員辦理之。

各股簽擬辦法遇有疑難事件應先向主任委員請示再行擬辦

十、本會辦事員將文稿擬定交由各主管股長核定蓋章再交由總務股彙登送稿簿呈主任委員判行

前項稿件判行後即發交繕寫由總務股核對蓋印發行歸檔

十一、本會各職員工作勤惰隨時由各股股長考核報請主任委員

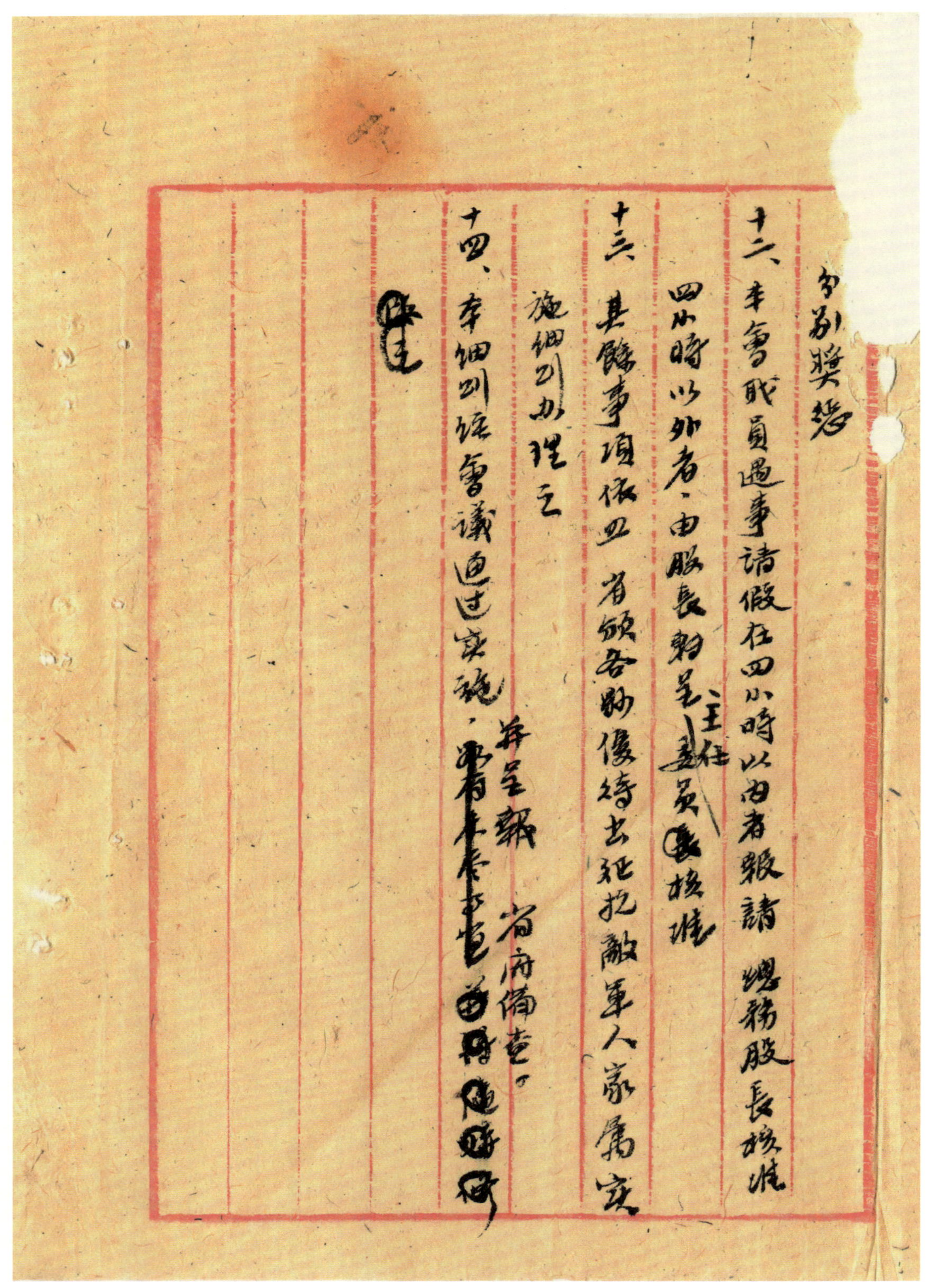

分別獎懲

十二、本會職員遇事請假在四小時以內者報請總務股長核准，四小時以外者，由股長轉呈主任委員核准。

十三、其餘事項依照省頒各縣優待出征抗敵軍人家屬實施細則辦理之。

十四、本細則經會議通過實施，并呈報省府備查。

建卡 000008

優待委員會臨時籌備會議紀錄

時間 同日午后二时

地點 县府礼堂

出席 鄧友鶴 劉性根 趙煥季 蘇祿非

列席 李載華 田紹榮

主席 孫縣長 田紹宗代

記錄 子玖

議之地點

決議

设事务缮写员今后

经济组股长写发签兼职太多并缺应另改推

决议　推郑善员友鹤兼任经济股长

由县府函聘以专责成

优待股副股长彭继齐提请改聘彭子

英继任优待股副股长

决议　通过

经费开支

决议　函请县府令饬财委会按月拨支

经费五十元以便开支

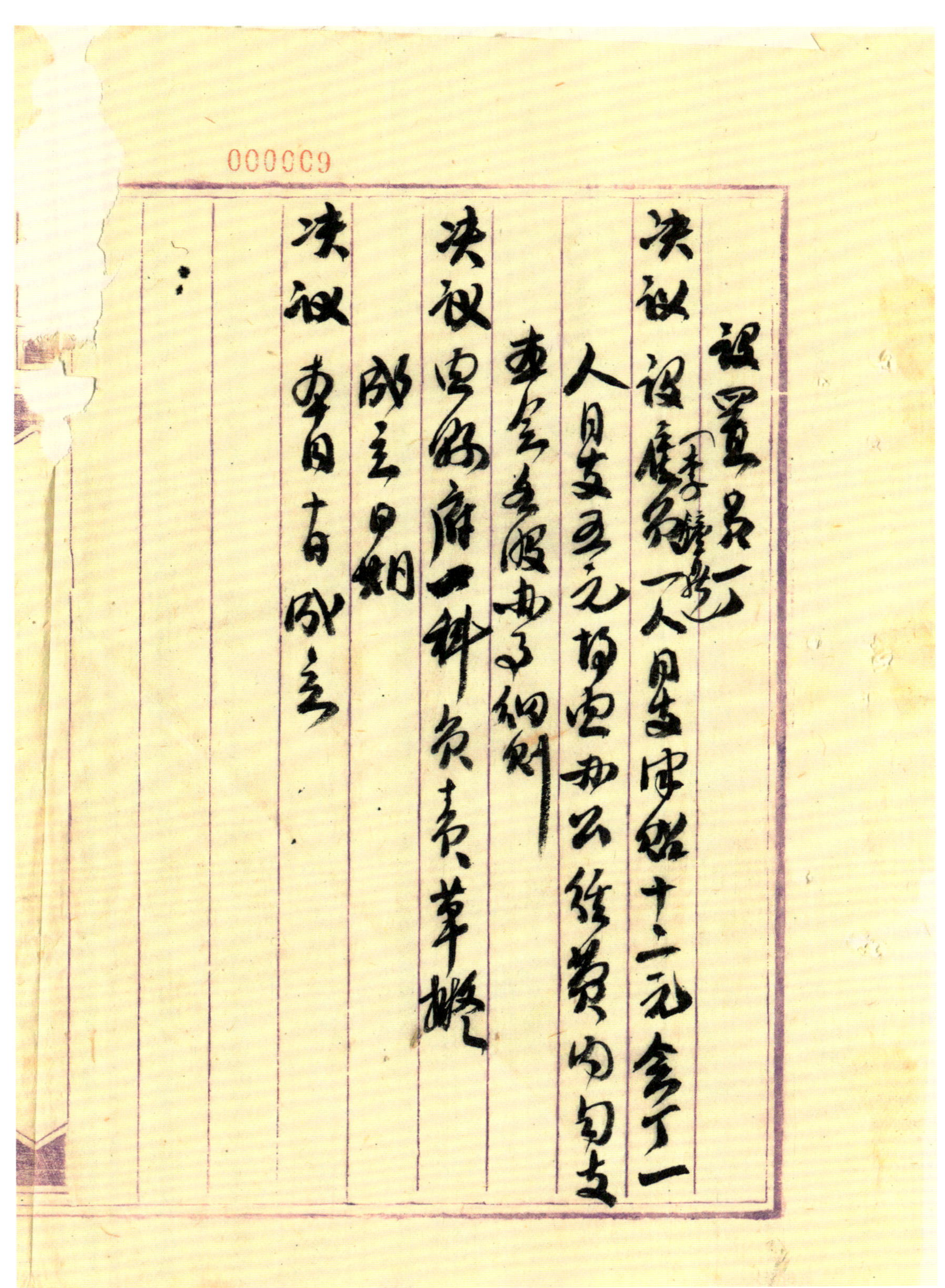

000009

設置員一

決議　設庶務（李鍾聲）一人，月支津貼十二元，余丁一人月支五元，均由辦公經費內匀支

本會各股辦事細則

決議　由總務負責草擬

成立日期

決議　本月十日成立

巴中县政府关于抄送四川省推行兵役补充办法四项致县出征抗敌军人家属优待委员会的公函（一九三九年一月十八日）

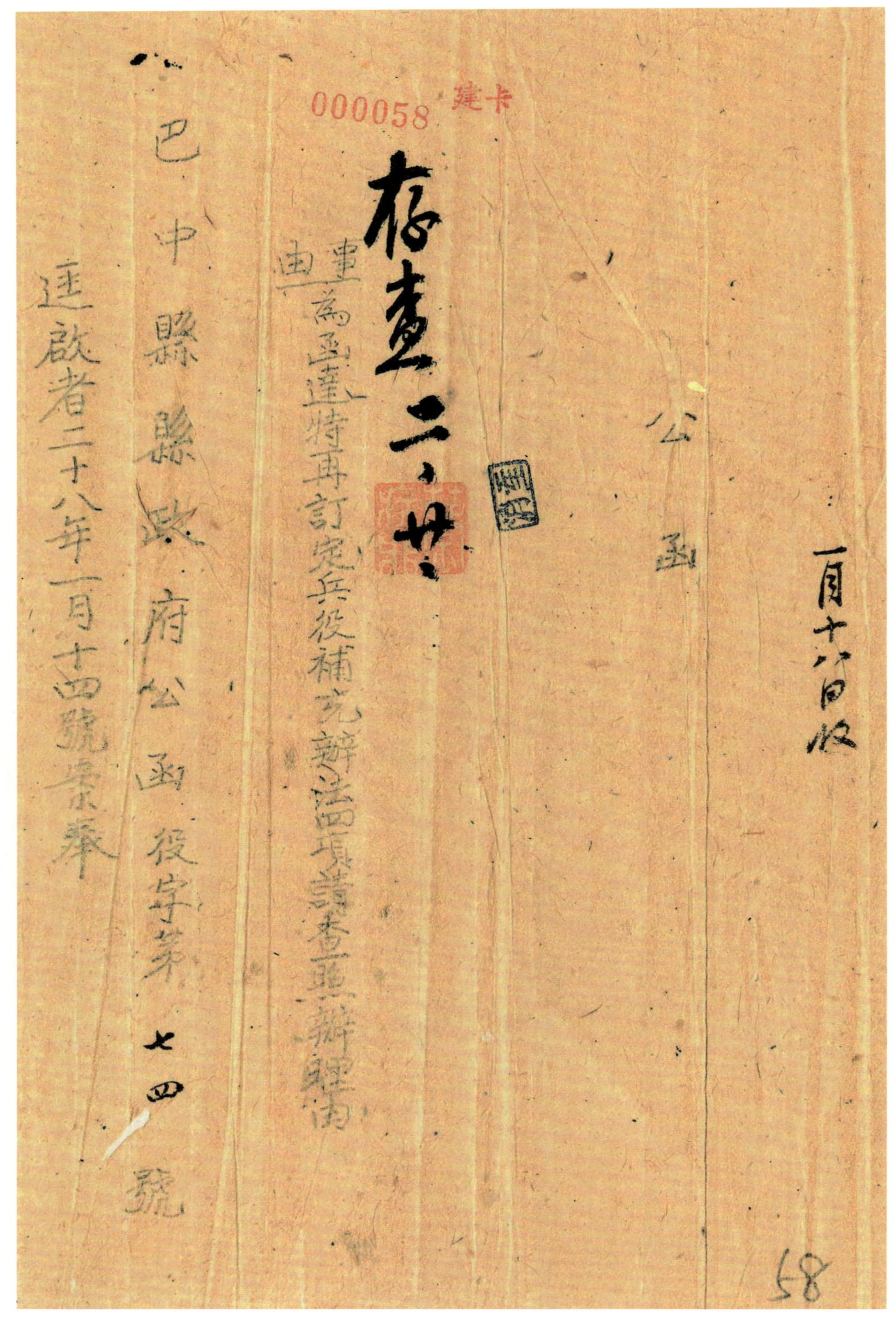

一月十八日收

公函

000058 卡建

存查 二十三

事由：为函达特再订定兵役补充办法四项请查照办理由

巴中县县政府公函 役字第七四号

迳启者：二十八年一月十四号奉

58

四川省軍管區司令部軍役(天)字第三三號訓令開：

「查本省推行兵役各項辦法，早經制定專章，頒行遵守

在案。惟該等事体大，本

部為求推行盡利起見，特訂定補充辦法如下：

(一)甲、關於征調之補充辦法

一、原定抽籤辦法之辦妥者，及尚在辦理中具有特殊困難

者，均應一律照舊辦理。

二、各縣市對於第一次抽籤辦理有特殊困難者，可將每月提

配賦征兵額數，由縣市分攤各聯保，轉行各保，召開

户長大会，決定應征人選，每保以一人應征為原則，其

法可視當地情形，由户長大会決定，採用「抽籤」「推舉」

「選派」三種方法之任一種均可，但「推舉」「選派」應以志願

者係先應征，其應征者，均以上着為限，而身体尤須健全，年齡務須合格，倘格至低須合修正檢查身體標準之規定，且須負責，不有逃亡。

三、各縣市抽籤已定，而征集時尚有特殊困難，及抽籤後發覺中籤壯丁，因相驚惧紛亂者，仍可依上項辦法辦理。

乙、關於壯訓之補充辦法：

一、壯丁訓練，除抽籤完成之縣市，仍以中籤之壯丁，分别照規定施行壯丁訓練外，餘則以按月訓練各保、戶長大會決定應征之壯丁，即每保應出一名之壯丁，其[illegible]是項，戶長大會決定應[illegible]甲月[illegible]乙月施訓，丙月受征，施訓每日二小時，共訓一月，其集訓之地方，總以壯丁往返食宿便利為準，如征調期短不及按此規定施訓時，可提前或縮短其受訓期間，或予免訓，視情形决定之。

二、義壯常備隊組訓，仍照舊辦理。

丙、關於優待之補充辦法：

一、應征壯丁有非本人不能維持生活者，可由聯保向所屬各保殷富，按其需要，酌募捐款，以補助之。此項捐款，應於聯保增設優待委員會負責主持，聯保優待委員會，以聯保兵役監查委員會，及聯保之倉儲委員會，共同組織之，隸屬於縣優待委員會。此外如對壯丁，貸種，贈送生活必須物品及簡切而又崇敬之精神優待辦法，亦須斟酌實際情形，盡力辦理。

二、民廳所擬積谷優待辦法，仍照原案辦理。

丁、關於宣傳之補充辦法：

一、兵役宣傳應注重文告，由各團管區將本省兵役實施辦法，撰擬簡明布告，發貼各鄉村，務使家喻戶曉。此項布告，須責成各縣兵役科，隨時考查有無貼到，不得視同具文。

二、動員委員会、抗宣組之兵役宣傳，仍舊舉行。

三、增加高中以下學校兵役講話，由各地主辦兵役人員義務担任之，寒假期間，各學校當局應責成學生回鄉作廣大之兵役宣傳。

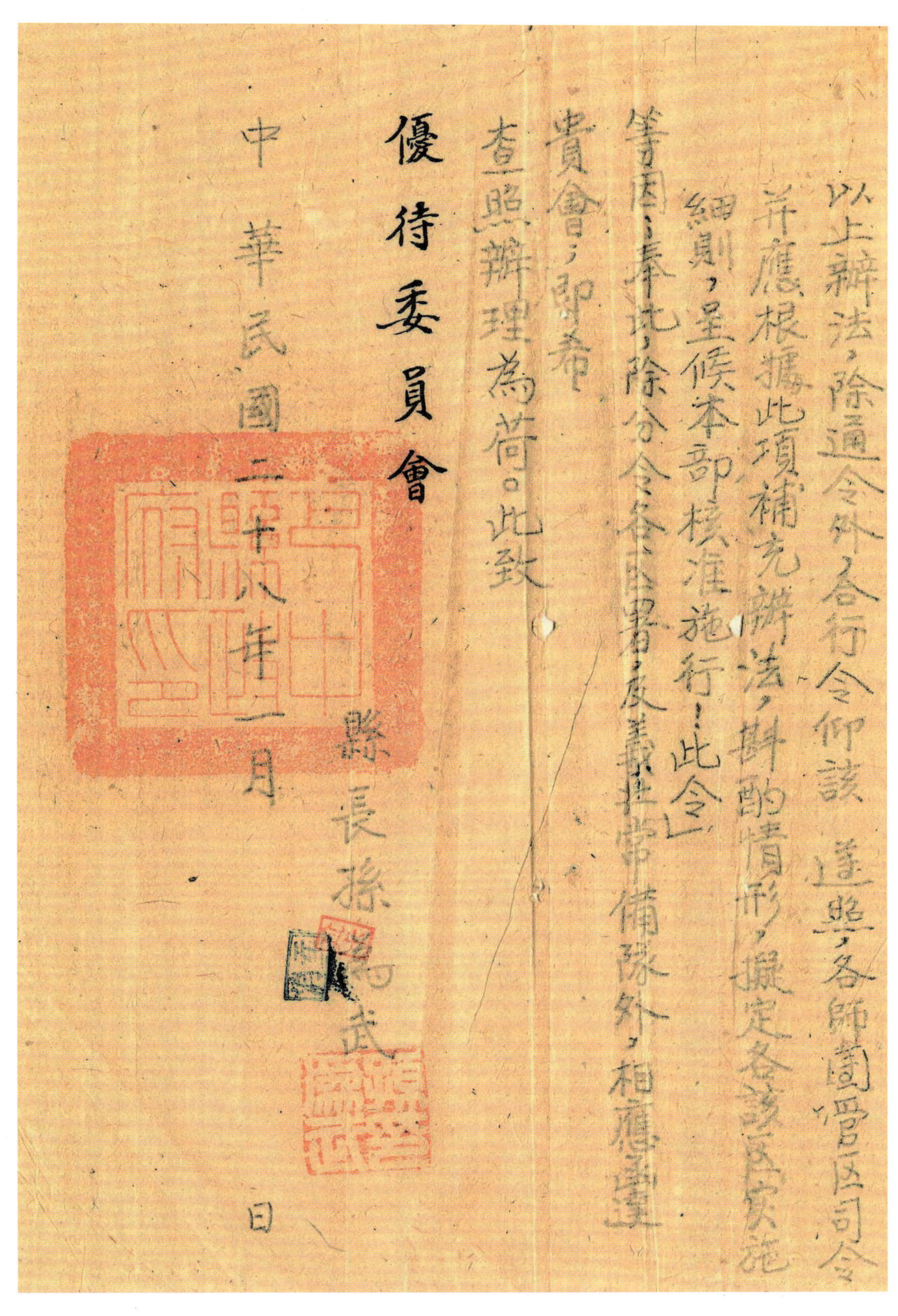

以上辦法，除通令外，合行令仰該　逕與各師團管區司令并應根據此項補充辦法，斟酌情形，擬定各該區實施細則，呈候本部核准施行！此令」等因，奉此，除分令各區署及義務常備隊外，相應函達

貴會，即希

查照辦理為荷。此致

優待委員會

縣長孫[illegible]武

中華民國二十八年一月　日

巴中县政府关于奉令抄送出征抗敌军人家属分爨者应由其配偶子女平均享受优待致县出征抗敌军人家属优待委员会的公函（一九三九年一月二十八日）

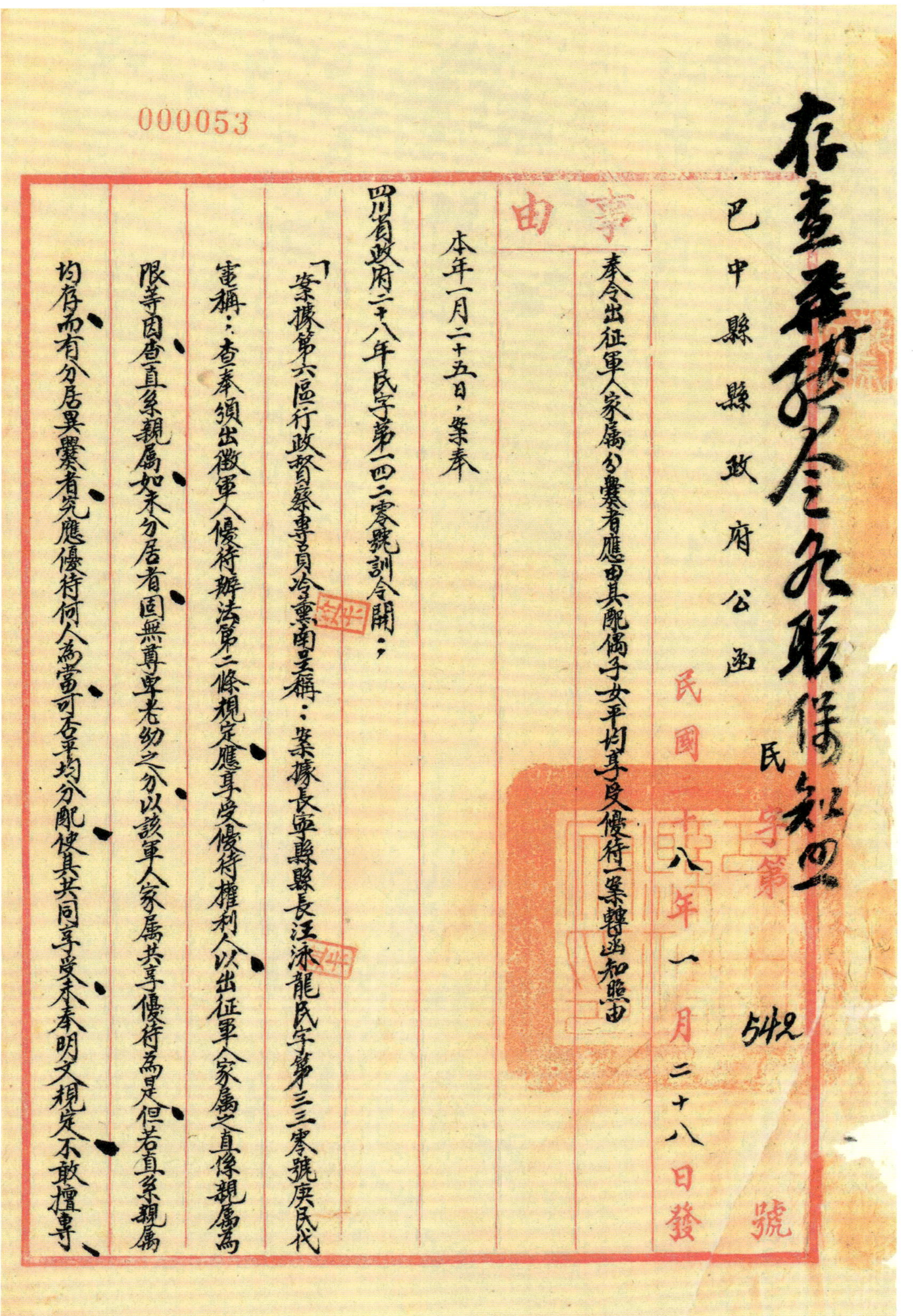

000053

巴中縣縣政府公函

民　字第542號

民國二十八年一月二十八日發

事由：奉令出征軍人家屬分爨者應由其配偶子女平均享受優待一案轉函知照由

本年一月二十五日，案奉

四川省政府二十八年民字第一四二零號訓令開：

「案據第六區行政督察專員冷薰南呈稱：『案據長寧縣縣長汪沐龍民字第三三零號庚民代電稱：查奉頒出徵軍人優待辦法第二條規定應享受優待權利人，以出征軍人家屬之直係親屬為限，等因。查直系親屬如未分居者，固無尊卑老幼之分，以該軍人家屬共享優待為是；但若直系親屬均存，而有分居異爨者，究應優待何人為當？可否平均分配，使其共同享受？未奉明文規定，不敢擅專，

理合電請示遵等情據此除以代電悉仰候據情轉請省府核示并通令飭遵俾歸劃一此令等
語指令印發外理合呈請鈞府俯賜察核指令祗遵等情正核辦間復據潼南縣長趙專衡宥代電
稱：查發放積谷優待出征軍丁家屬本縣業於本月二十日起派員分赴各鄉鎮開始監放惟查奉頒
優待辦法關於出征軍屬軍佐未予明白規定前經奉轉行政院二十七年七月十四日漢字第三一一五號
訓令解釋凡為直接參與抗敵作戰部隊中之軍人軍屬其家屬均得享受本辦法之權利此項解釋是
否與鈞府頒訂優待積谷辦法同樣實施應請核示又查出征軍人家屬請求物質優待應持有其
直屬師司令部或獨立旅以上機關所填發之正式證明書向該管縣市政府請求優待外多數均未填
發各家屬生活困難常有以信件請由聯保轉呈本府優待者此種情形可否顧念出征將士為國忘
家贍食無着從權先行給證發谷以示優待之處理合電請示遵各等情據此除以呈電均悉查出征
抗敵軍人家屬如有分居异爨者應由其配偶及子女平均享受優待權利無配偶及子女者始由其

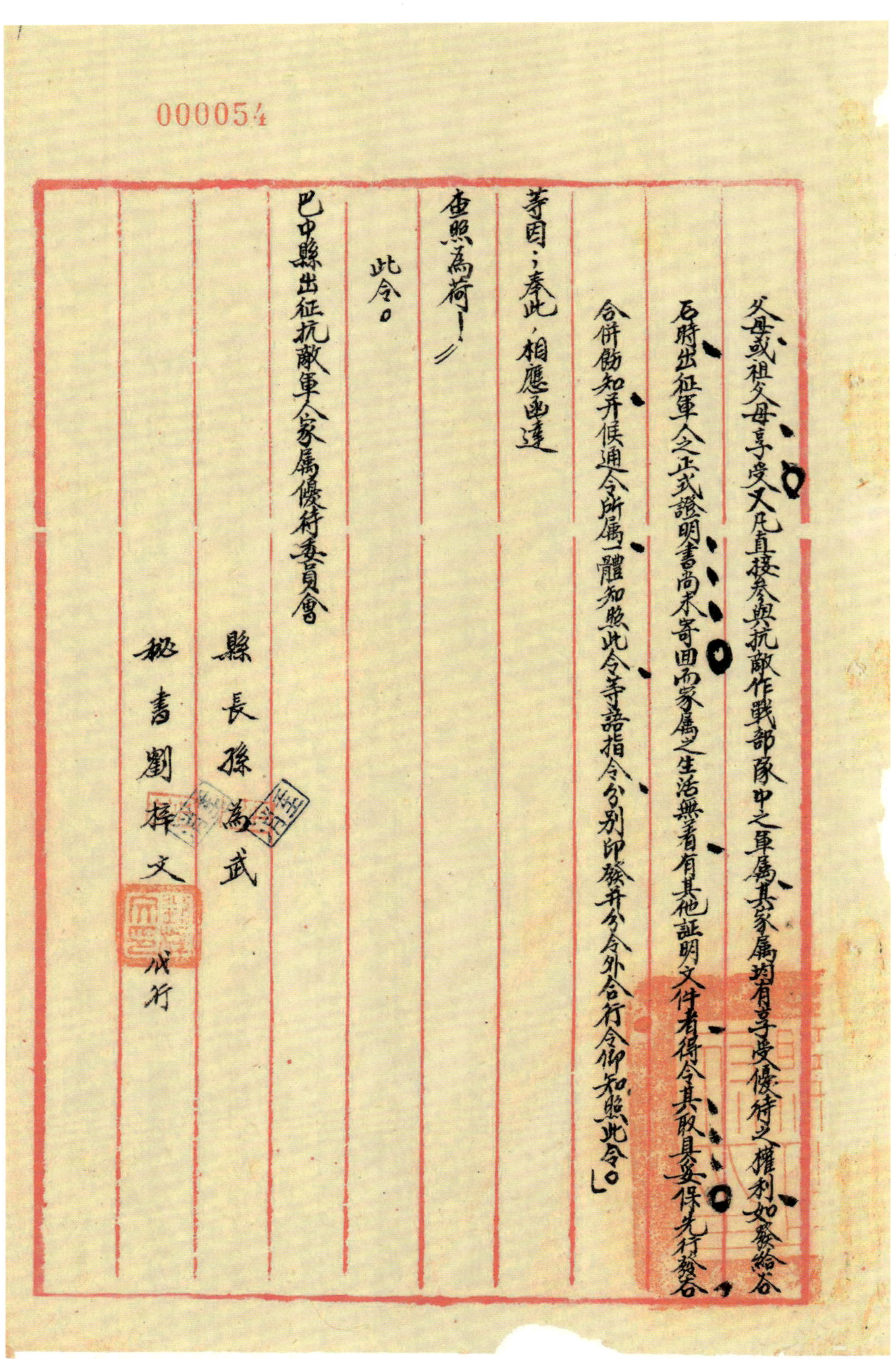

000054

父母或祖父母享受。又凡直接參與抗敵作戰部隊中之軍屬，其家屬均有享受優待之權利。如發給谷石時，出征軍人之正式證明書尚未寄回，而家屬之生活無着，有其他証明文件者，得令其取具妥保，先行發谷。合併飭知，并候通令所屬一體知照。此令。等語，指令分别印發，并分令外，合行令仰知照。此令。」

等因；奉此，相應函達

查照為荷！

此令。

巴中縣出征抗敵軍人家屬優待委員會

縣長　孫為武

秘書　劉梓文　代行

中華民國二十八年一月二十八日

巴中县政府关于转送陆军第四十七军出征中尉附员文树森证明书致县出征抗敌军人家属优待委员会的公函

（一九三九年一月三十日）

G00058

事由：為准陸軍第四十七軍軍司令部函送出征中尉附員文樹森証明書轉函辦理優待由

附件

擬辦：附卷存查 三、十六

批示

備攷

呈　字第　號　年　月　日　時

收文　字第　號

巴中縣縣政府公函　二十八年民字第564號

案准

陸軍第四十七軍軍司令部軍字第一四五五號公函開：

「逕啟者：查本部官佐士兵出征抗敵，歷時經年，箇人效命國家，無暇內顧，家屬業經 中央關垂，須佈優待出征抗敵軍人家屬辦法，由各縣優待委員會查明其家屬予以優待，羣情感奮，獨增敵慨。茲由本部出具證明，該官佐士兵等籍貫住址，函請 貴府煩為轉知優待委員會，對於本軍出征抗敵官佐士兵等家屬應享受減免攤派臨時捐款，免服勞役，請求救濟等項權利，予以優待，實紉公誼。此致。」

等由，附證明書一份，准此，相應檢同原證明書函請

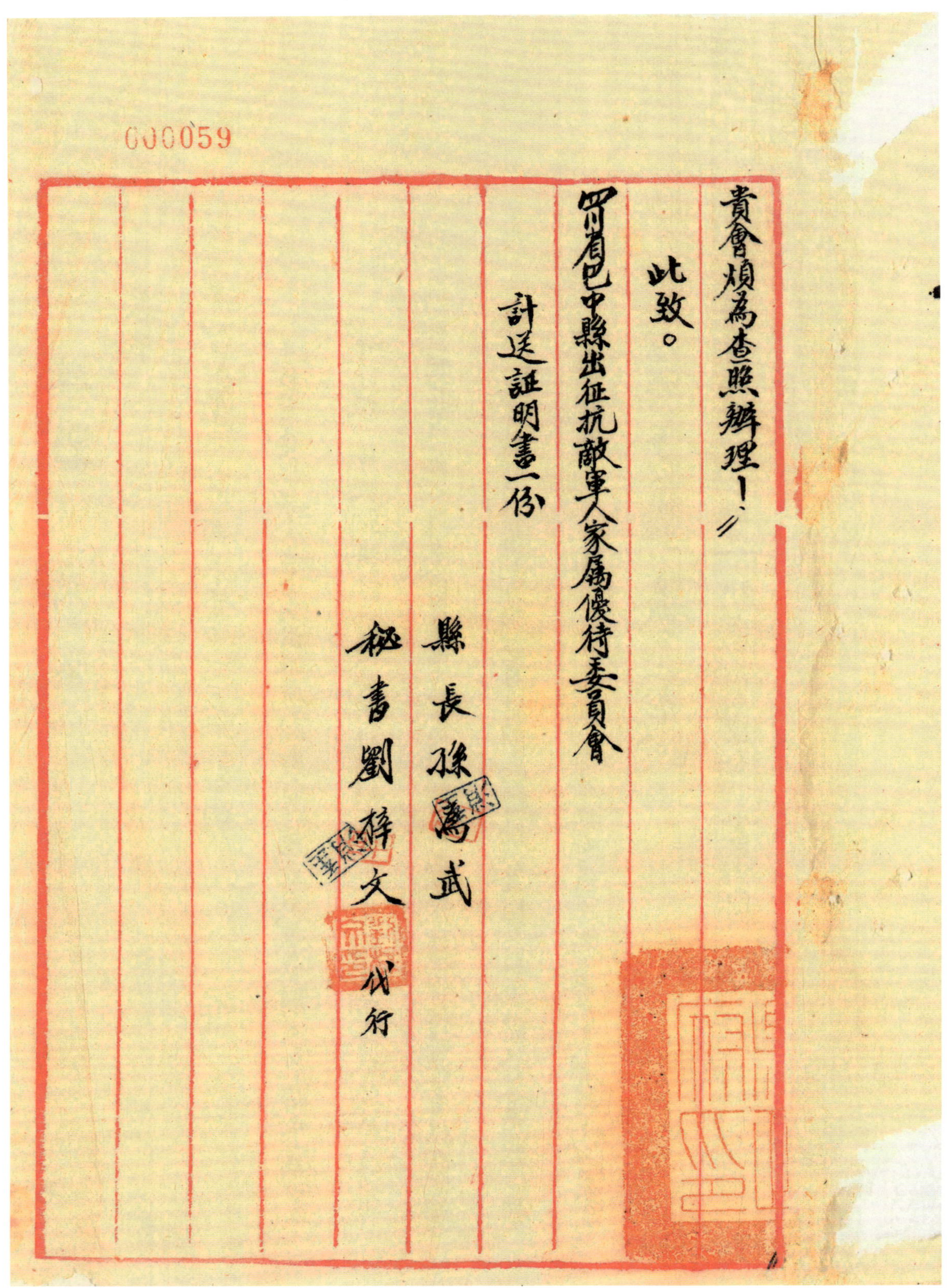
000059

貴會煩為查照辦理！

此致。

四川省巴中縣出征抗敵軍人家屬優待委員會

計送證明書一份

縣長 孫爲武

秘書 劉梓文 代行

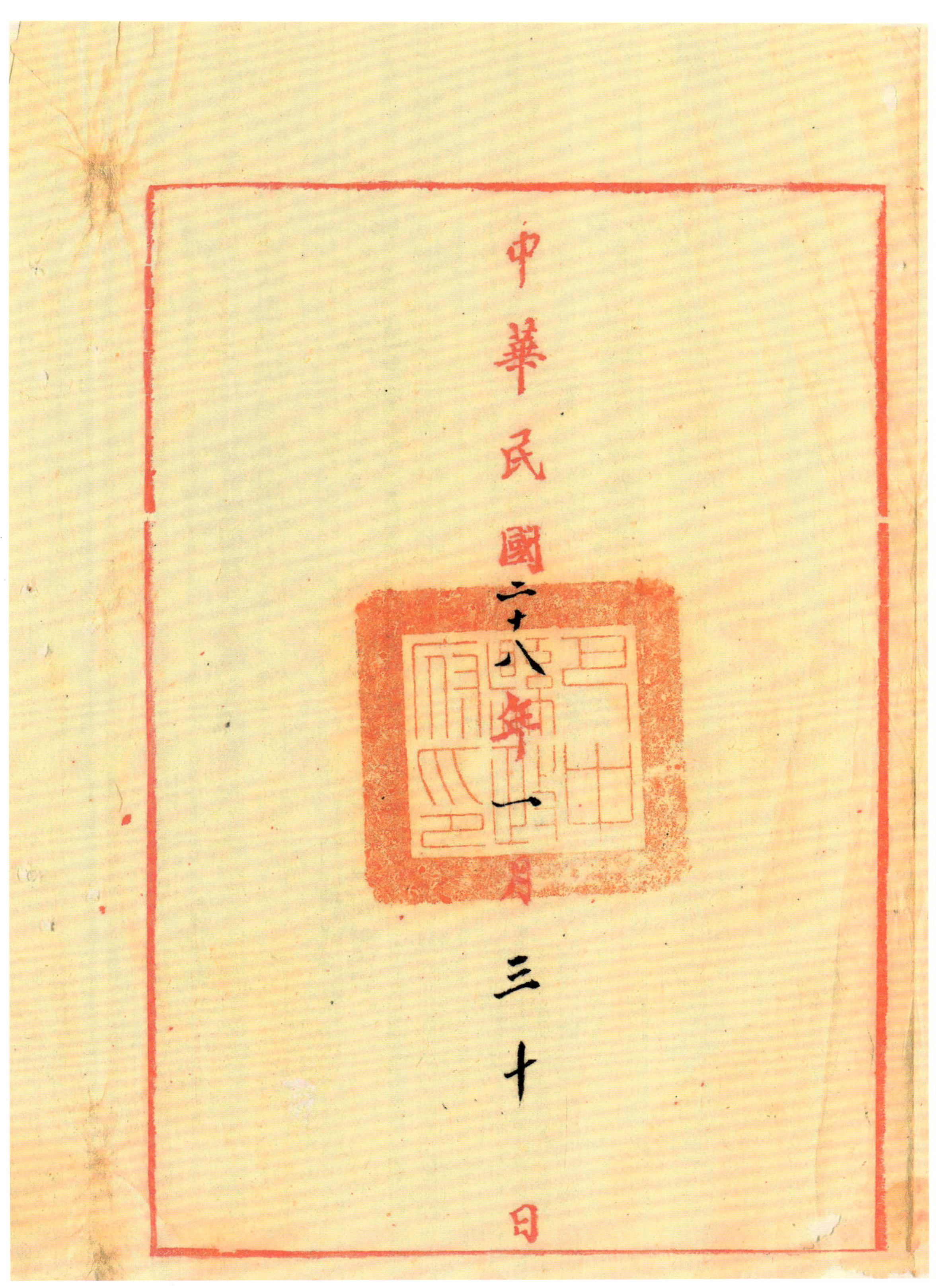

中華民國二十八年一月三十日

巴中县政府关于要求各联保遵照组织规程成立联保优待委员会致各联保的训令（一九三九年一月三十一日）

附：各联保出征抗敌军人家属优待委员会组织规程

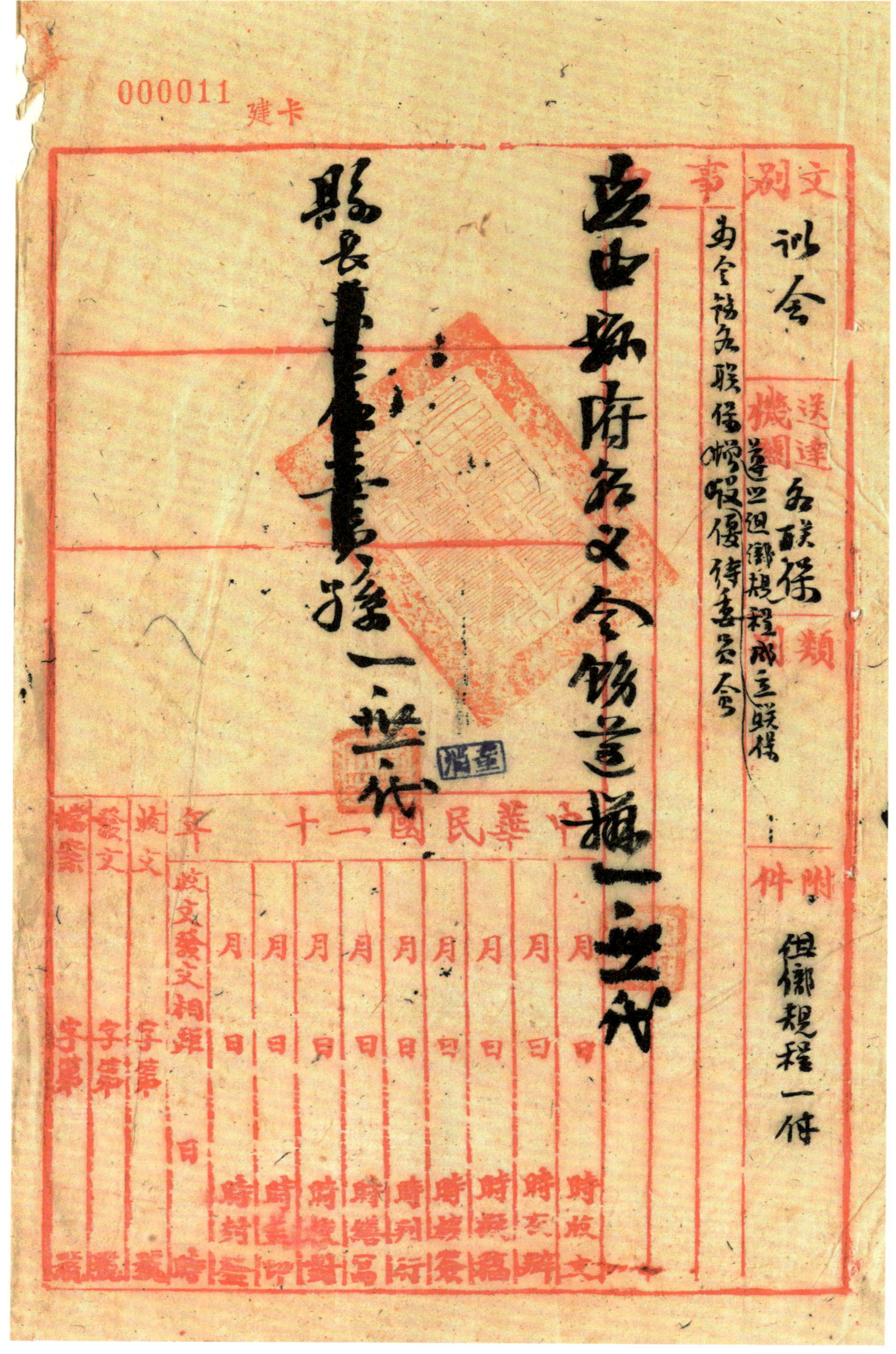

全衔训令　优字第　　号

令各区长

案查四川省军管区司令部颁发再行完兵役补充办法第三项各县应联保得择设优待委员会以联保兵役监查委员会及联保仓储委员会合併同组乡之隶属于县优待委员会等语前查本[illegible]业已遵令成立而有优待出征抗敌军人家属办法及实施细则早经本府于民廿七年民字第三五三号令饬遵照在案並各联保出征抗敌军人家属优待委员会应即依法组设以符规定除分令外合行将组织规程附发令仰该区长即便遵照[illegible]自组织[illegible]

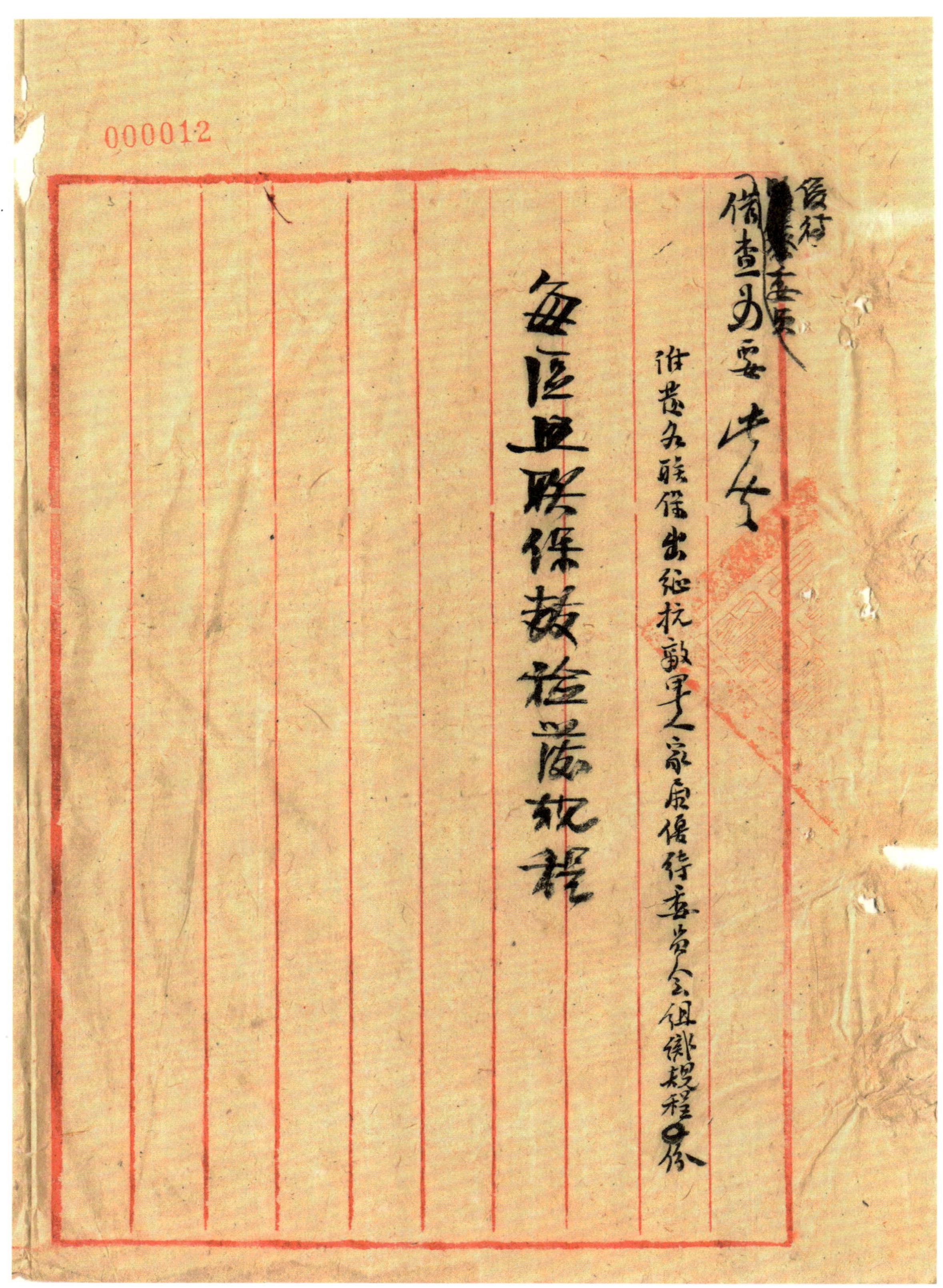

000012

附存

备查为要 此令

附发各联保出征抗敌军人家属优待委员会组织规程一份

每区县联保救济院规程

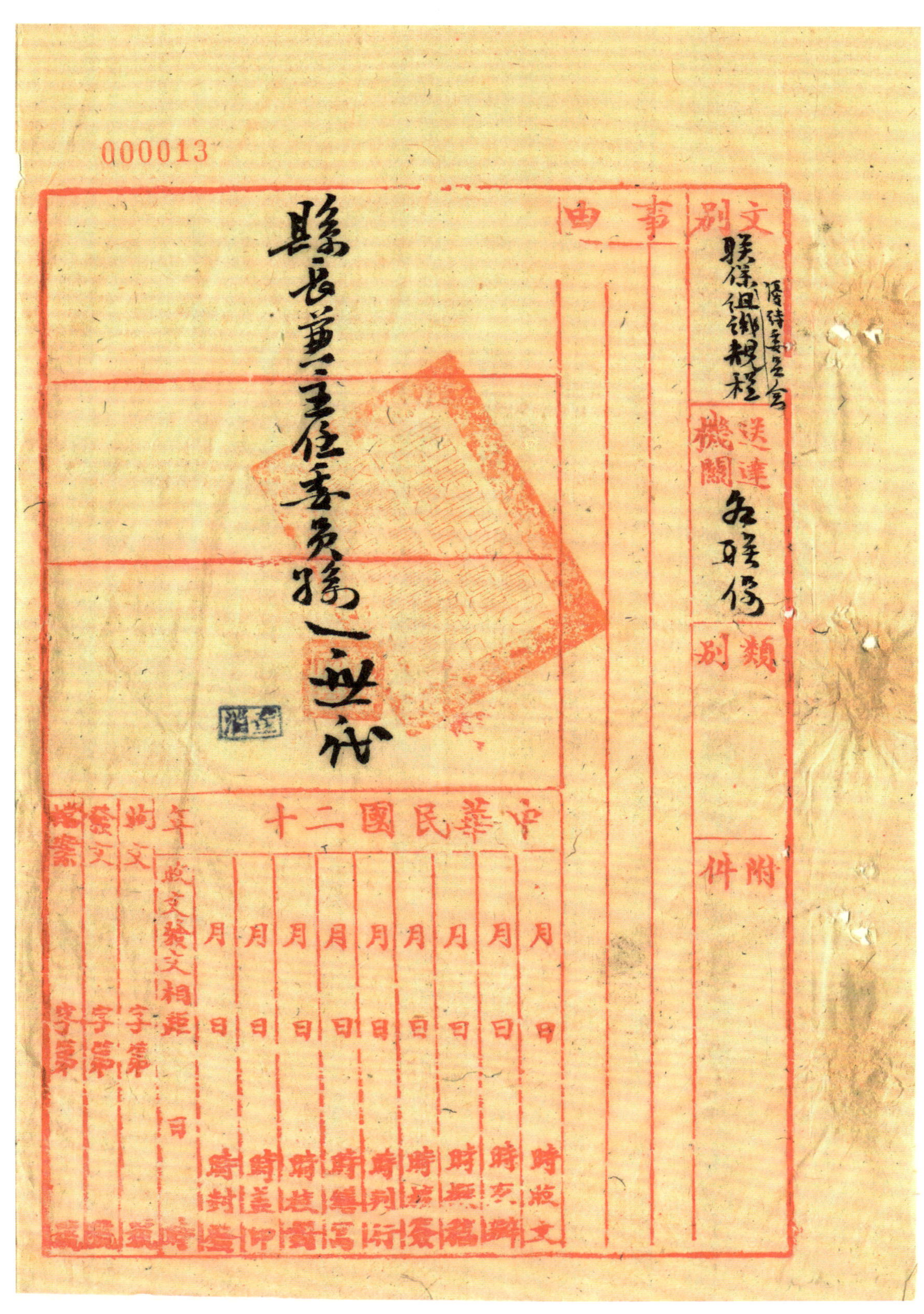
000013

文別：聯保組鄉規程　隨待委令

事由：

送達機關：各聯保

類別：

附件：

縣長兼主任委員孫一亞代

中華民國二十　年　月　日

收文　月　日　時
交辦　月　日　時
擬稿　月　日　時
核稿　月　日　時
判行　月　日　時
繕寫　月　日　時
校對　月　日　時
蓋印　月　日　時
封發　月　日　時

收文發文相距　日　時

收文　字第　號
發文　字第　號
檔案　字第　號

巴中縣第○區○○聯保出征抗敵軍人家屬優待委員會

組織規程

第一條　本規程依照本年頒四川省各市縣優待出征抗敵軍人家屬實施細則擬定之

第二條　各聯保出征抗敵軍人家屬優待事宜於各聯保內組織出征抗敵軍人家屬優待委員會（以下簡稱優待委員會）負責辦理之

第三條　聯保優待委員會以聯保兵役監查委員會及聯保倉儲委員會之負責人共同組織之隸屬於縣優待委員會

第四條　聯保優待委員會除各保之長及監查委員會倉儲委員會之負責人為當然委員外得公推當地公正士紳一人至三人

為委員聯保主任為主任委員

第五條 聯保優待委員會之圖記未奉發以前暫借用聯保辦公處圖記

第六條 聯保優待委員會為辦公便利起見得分設下列各股

由委員中互推委員一人兼股長承辦各股應辦事宜

一總務股 辦理文書及其他不屬各股一切事項

二調查股 辦理調查登記統計宣傳等事項

三經濟股 辦理款項之籌集保管出納及優待事項

四審核股 辦理關於優待出征抗敵軍人家屬之審核事項

優待委員會及各股為辦事便利起見得自訂辦事

細則呈請備查

第七條 聯保優待委員會委員均為無給職所需辦

公開会员用得於联保办公费项下拨注支给之

第八条　各保甲内出征抗敌军人之家庭姓名丁口及生活状况由联保优待委员会调查明确按月填报县优待委员会备查

第九条　各联保仓储积谷及公款联保优待委员会仅能妥为保管不得擅行挪移派拨必须拨给优待时应即呈报县优待委员会明令指拨否则照数赔偿

第十条　本规程自公布后施行

巴中县政府关于奉令成立兵役科致县出征抗敌军人家属优待委员会的公函（一九三九年一月）

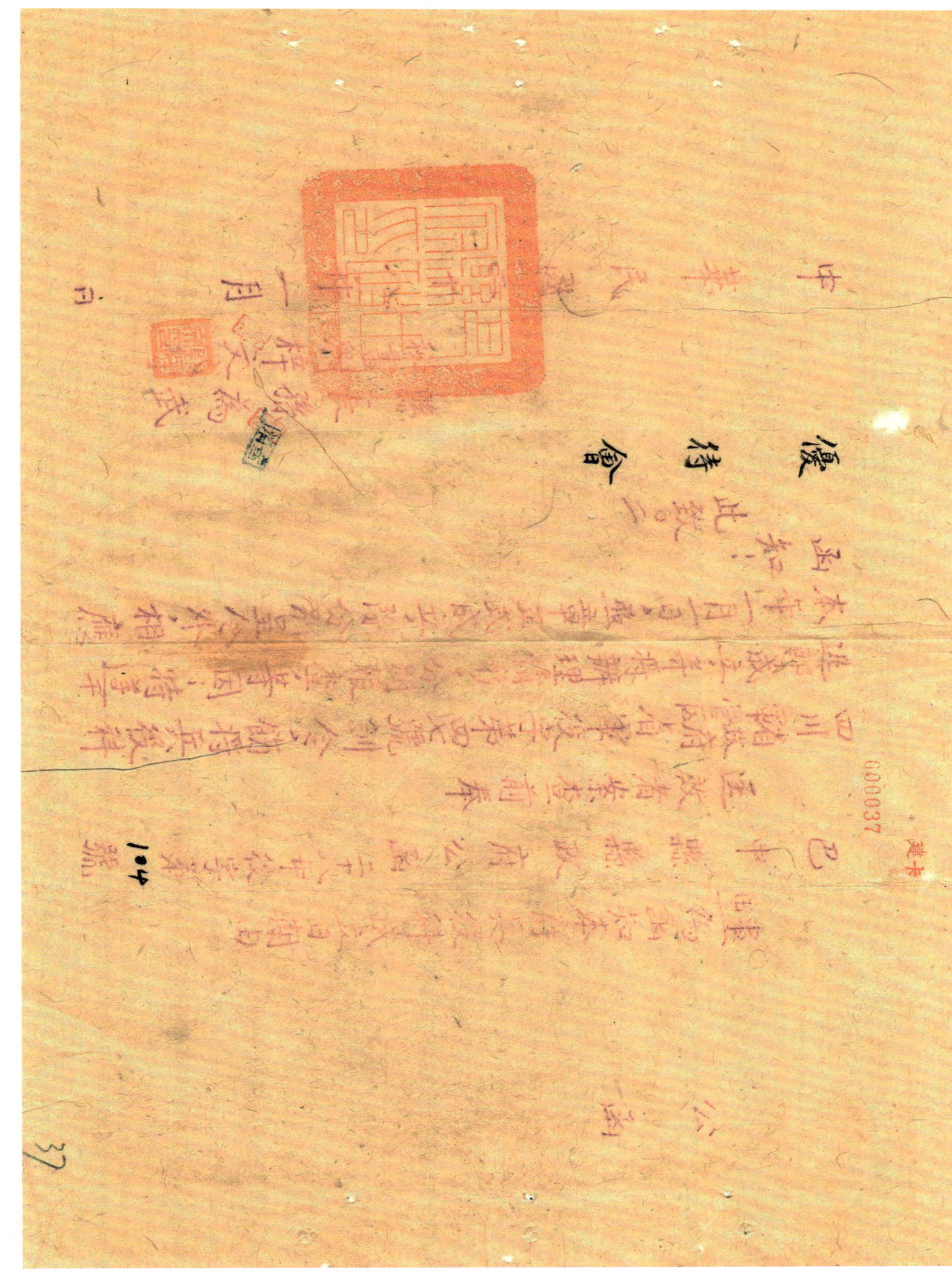

巴中县政府关于奉电实行兵役法及优待出征抗敌军人家属致县出征抗敌军人家属优待委员会的公函

（一九三九年一月）

存查 二十六

公函

巴中縣縣政府公函 二十八年役字第九七號

案奉

69

夔綏師管區巴中團管區司令部電字八零號代電開、

案奉夔綏師管區司令汪佼甲字第九一六號代電開案奉

四川省軍管區令王佳軍役天字第九八號代電轉奉

軍政部々長何十一月文役丙電開據報四川拉兵問題非常嚴重人民恐怖社會不安請轉令實行兵役法及優待抗敵軍人家屬得到民衆擁護庶壯丁源々而來等情除分電渝行營外請查照飭屬遵辦等因到部

除分電外合行電仰遵辦為要等因奉此除分電外合行電仰轉飭所屬一體遵照辦理為要

等因。奉此。除分令各區外。相應函達

貴會請煩查照辦理為荷！

此致

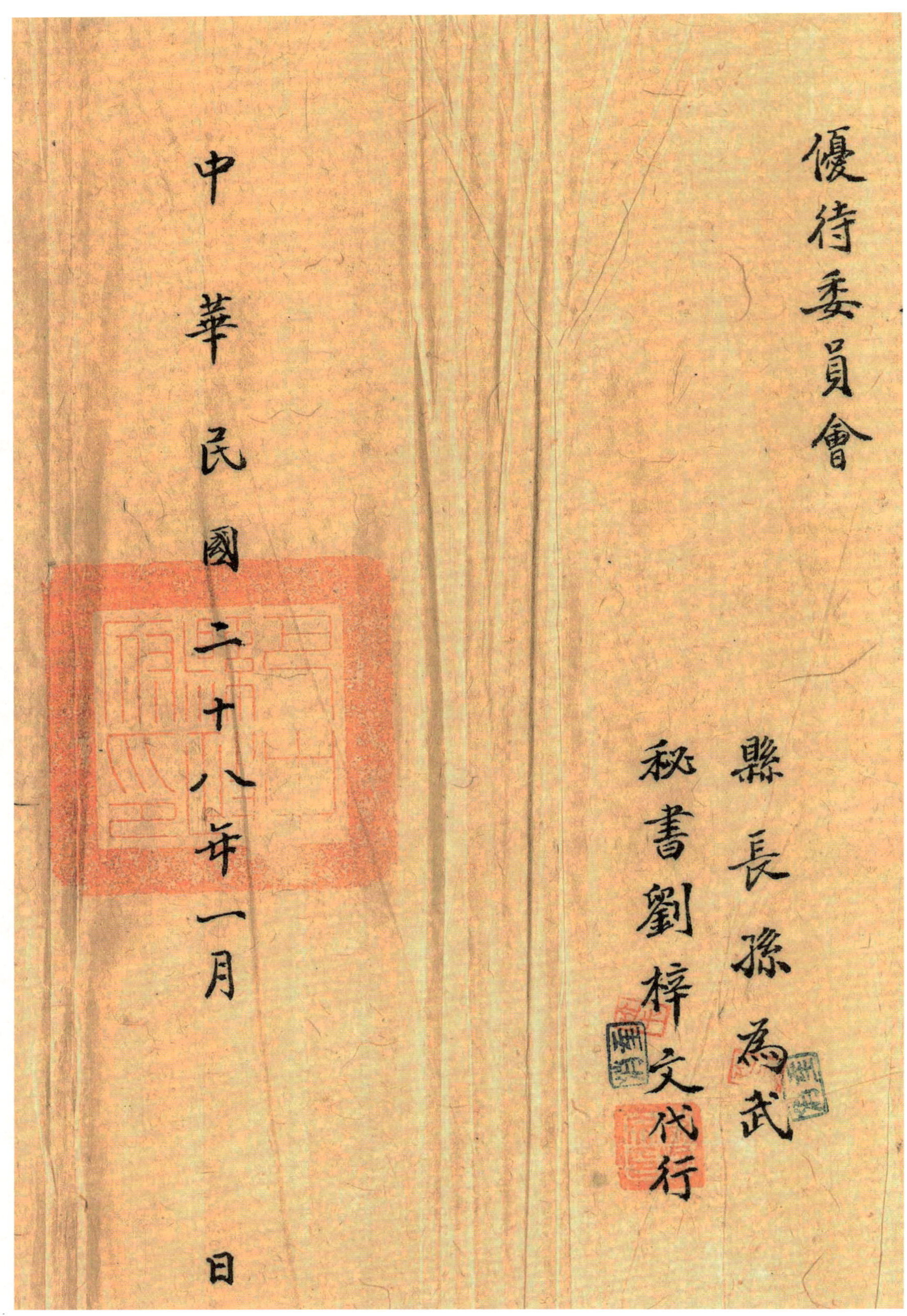
優待委員會

縣長孫爲武
秘書劉梓文代行

中華民國二十八年一月　日

巴中县兵役监察委员会关于查照办理民妇李魏氏恳请免役一案致巴中县第一区恩阳乡联保主任罗成钧的训令（一九三九年二月五日）

附：民妇李魏氏致县兵役监察委员会的呈（一九三九年二月）

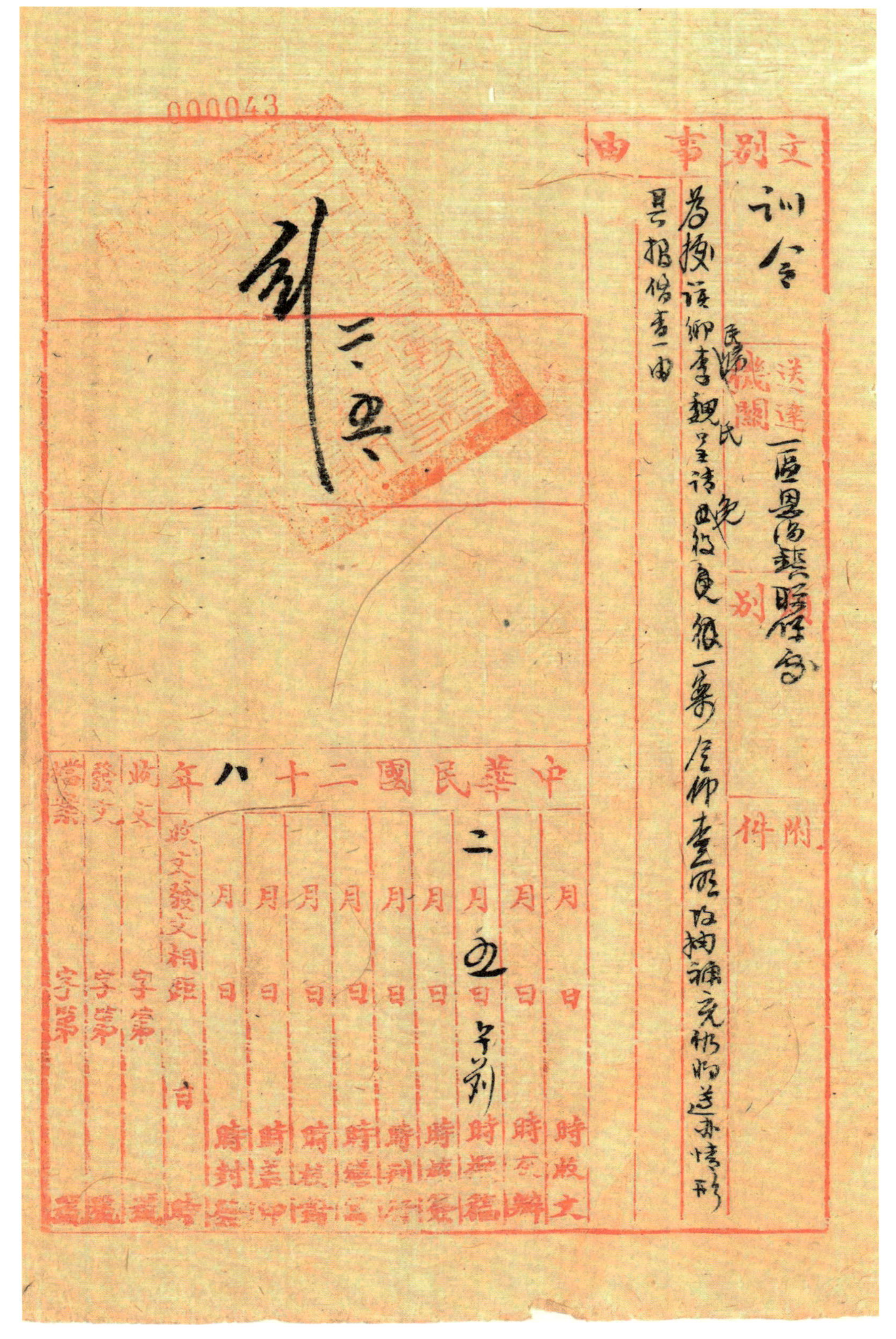

000043

文别：训令

送达机关：一区恩阳联保主任

事由：为据该乡民妇李魏氏呈请免役缓服一案，令仰查照收拘补充所拘送办情形具报备查一由

中华民国二十八年二月五日午前

到三兵

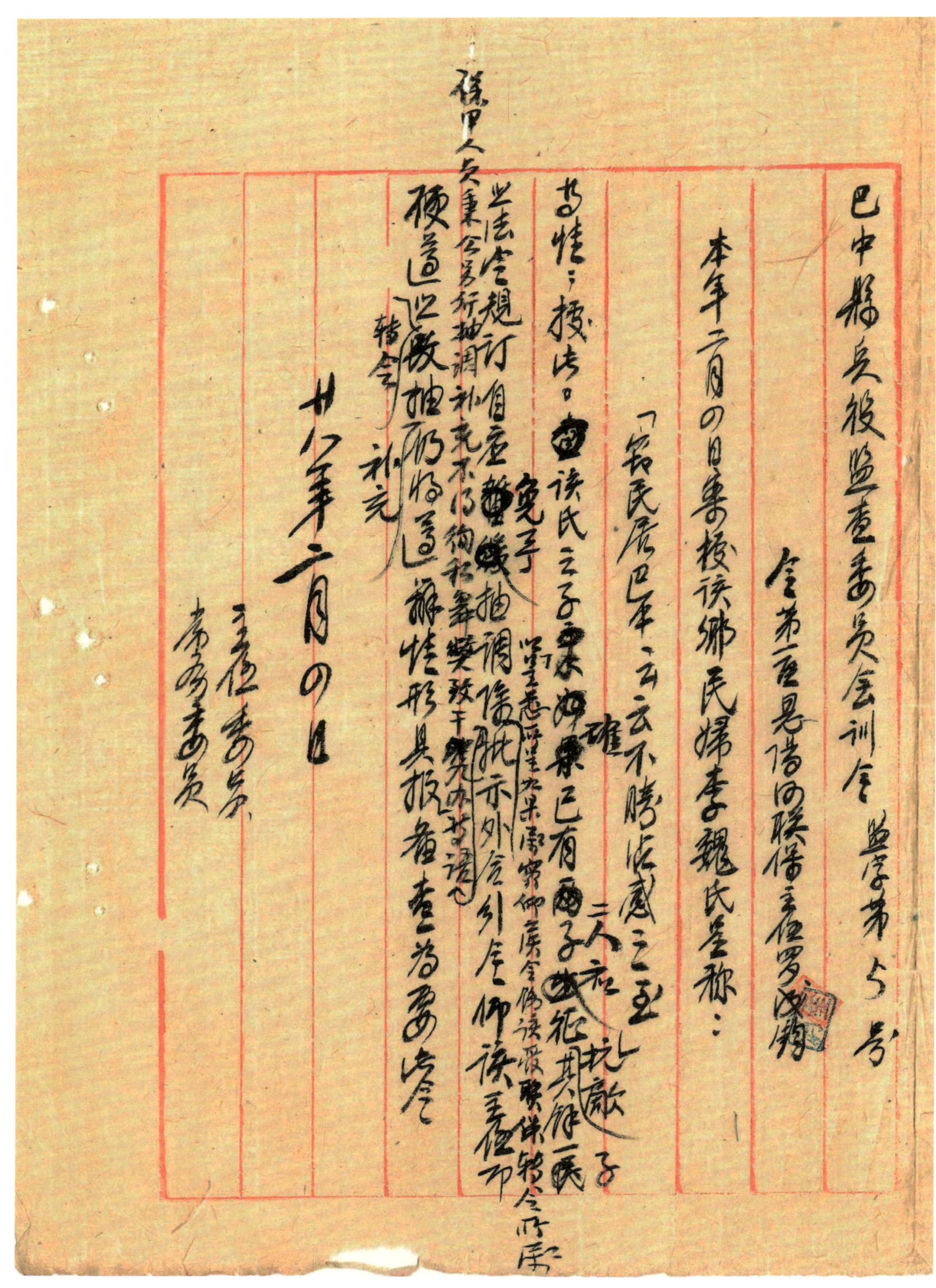

巴中县兵役监查委员会训令　监字第　号

令第一区吴信乡联保主任罗汝霖

本年二月四日案据该乡民妇李魏氏呈称：

「窃民居巴年[illegible]云云不胜感激之至」

等情。据此。查该氏三子，[illegible]如果已有两子二人应征抗敌，其余一子[illegible]

[illegible]如果属实，仰该乡保[illegible]除批示外，合行令仰该主任即

依法令规定自应免予抽调，仍饬保甲人员秉公另行抽调补充，不得徇私舞弊致干[illegible]

凛遵以后抽调[illegible]，转令补充，将遵办情形具报备查为要。此令

廿八年二月四日

主任委员

常务委员

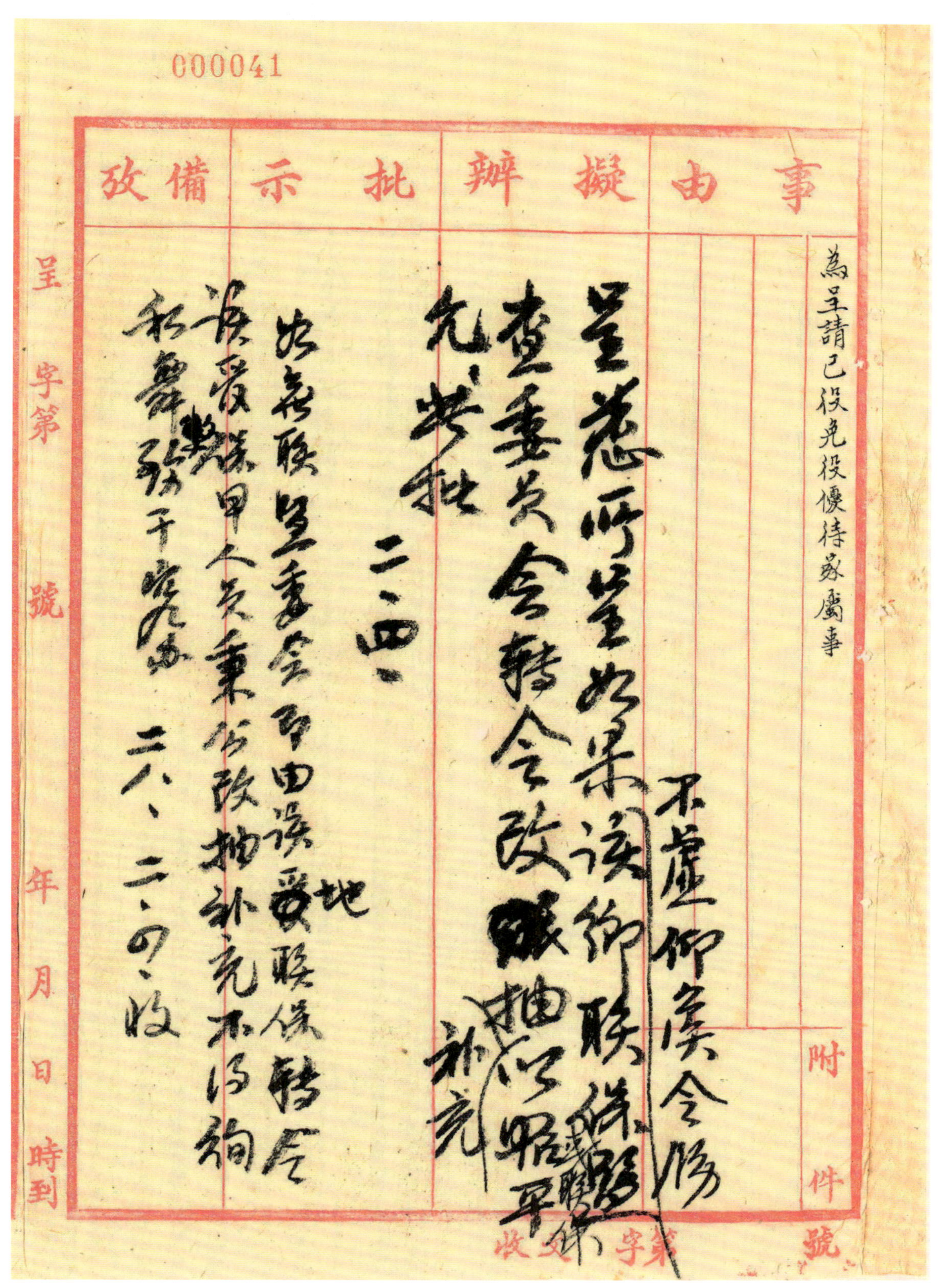

000041

事由	擬辦	批示	備攷
為呈請已役免役優待務屬事	呈悉所呈如果誤鄉聯保代聯保長 不虞仰侯令……（此行原件難辨）	查委员会转令改戳抽所昭举 补充 先安批 二、四	如屬聯保呈委会事由該聯保轉 地 該處保甲人員乘公改抽補充不得徇私舞弊仰于疏凡為 二八、二、四收

呈　字第　號　年　月　日　時到

附件

收文第　字　號

呈　字第　號　年　月　日　時到

為呈請已役免役優待家屬事竊民居巴中縣第一區恩陽鄉元富子第五保第一甲民有子三人長子李元先次子李海先均於去歲先後出川殺敵實不虛言但於本月民地保甲忽言民三子李樹先亦應出征現值國難之時凡屬國民均應徵調殺敵奈民已至晚年而此子謀生以度殘年今懇乞鈞處主張公道民不勝沾感之至。

兵役監察委員會台鑒

000042

具呈人　李魏氏　住巴中縣恩陽鄉第五保第一甲

中華民國二八年二月　日

巴中县政府关于优待四十七军出征军人赵青云的家属致县出征抗敌军人家属优待委员会的公函（一九三九年二月九日）

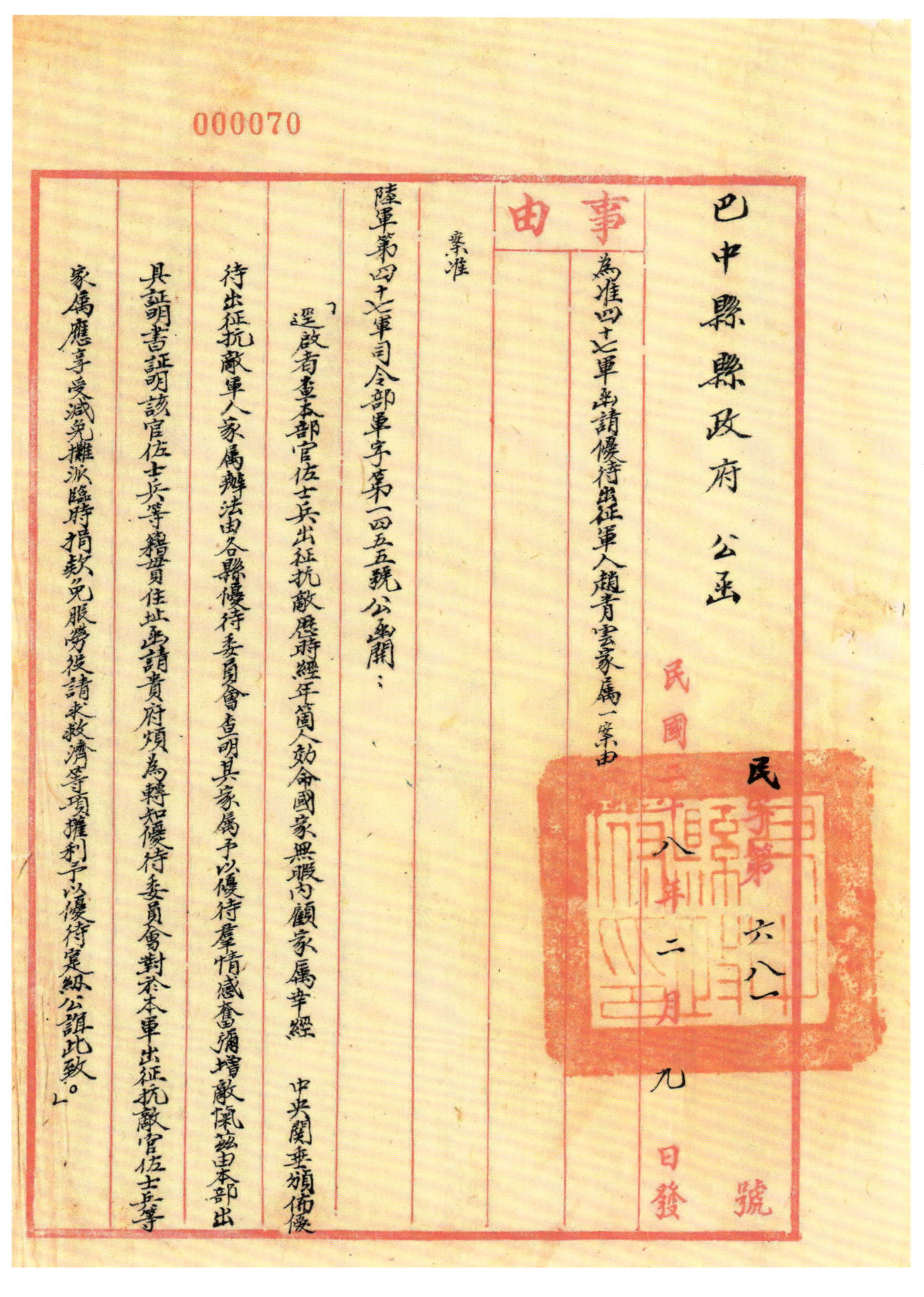

000070

巴中縣縣政府 公函

民字第 六八一 號

民國二十八年二月九日發

事由 為准四十七軍函請優待出征軍人趙青雲家屬一案由

案准

陸軍第四十七軍司令部軍字第一四五五號公函開：

「逕啓者查本部官佐士兵出征抗敵歷時經年，簡人効命國家，無暇内顧家屬，幸經

中央闓垂頒佈優待出征抗敵軍人家屬辦法，由各縣優待委員會查明其家屬予以優待，羣情感奮，殉增敵愾。茲由本部出具證明書，證明該官佐士兵等籍貫住址，函請貴府煩為轉知優待委員會，對於本軍出征抗敵官佐士兵等家屬應享受減免攤派、臨時捐款、免服勞役、請求救濟等項權利，予以優待，寔紉公誼。此致。」

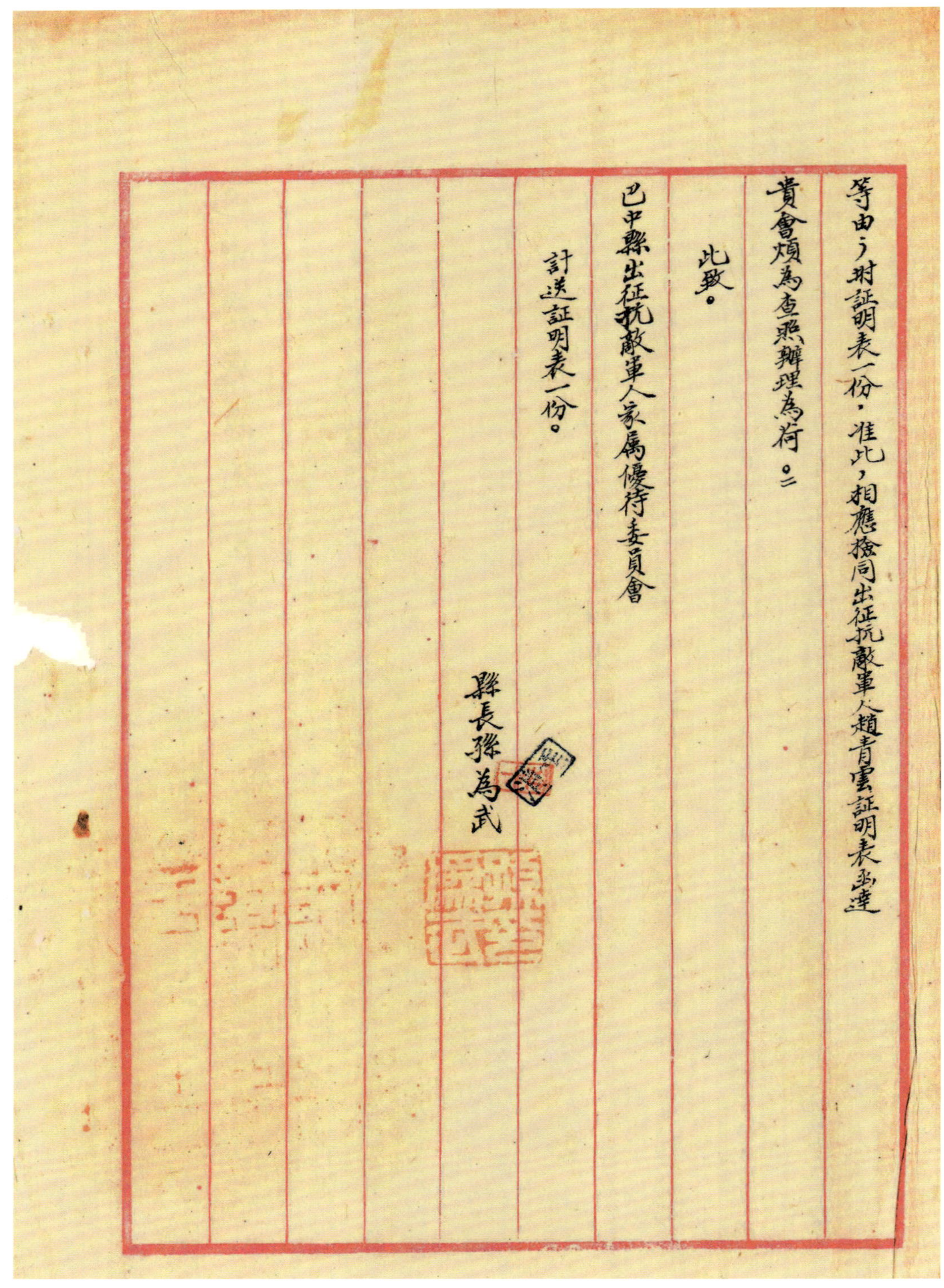
等由，附証明表一份。准此，相應捡同出征抗敵軍人趙青雲証明表函達
貴會煩為查照辦理為荷！
此致
巴中縣出征抗敵軍人家屬優待委員會
計送証明表一份。
縣長孫為武

巴中县出征抗敌军人家属优待委员会（县政府）关于附发各联保出征抗敌军人家属调查表并催报成立联保优待委员会致各联保主任的训令（一九三九年二月十日）

附：巴中县联保出征抗敌军人家属调查表式

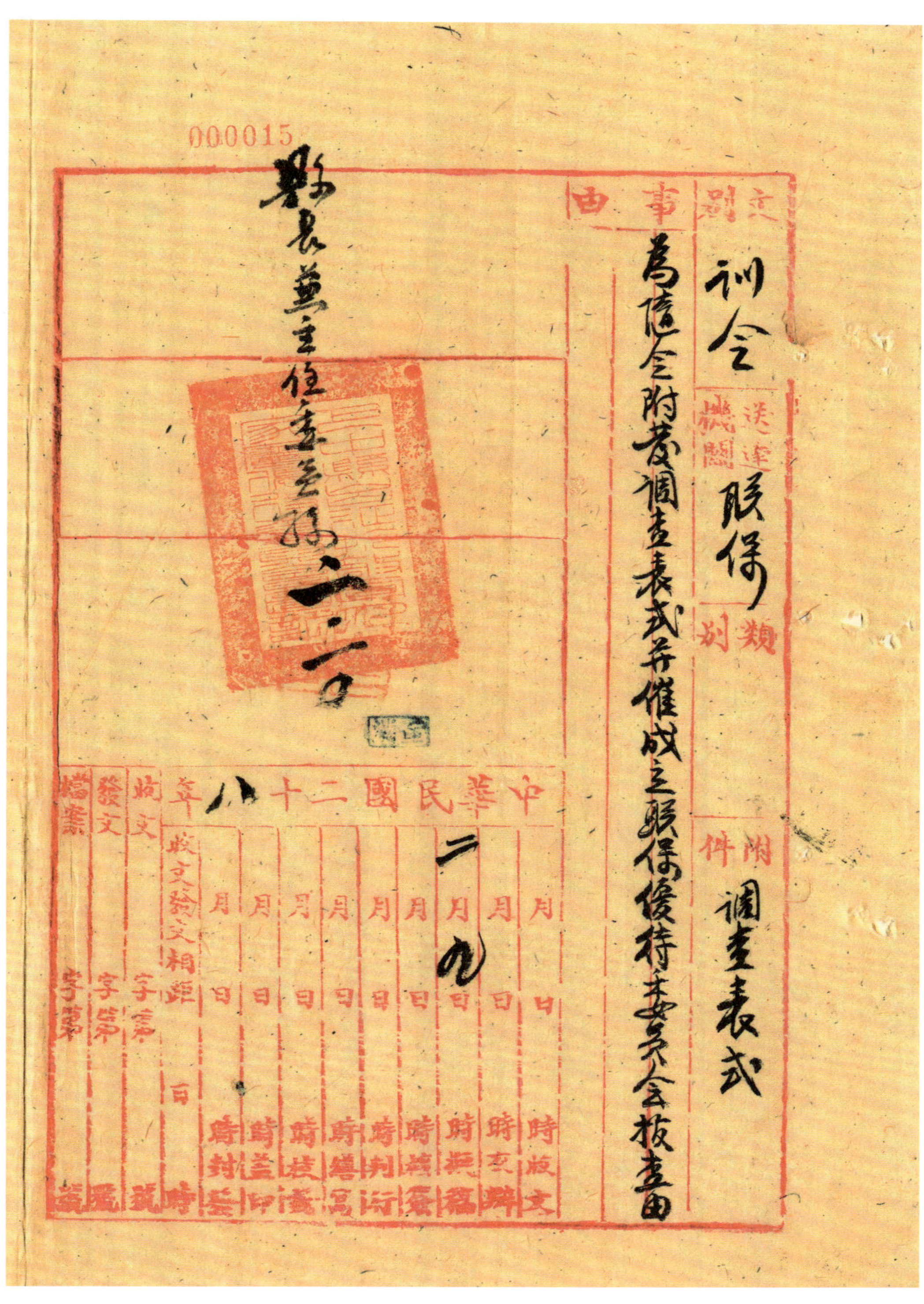
000015

文别：训令

送达机关：联保

附件：调查表式

事由：为遵令附发调查表式并催成立之联保优待委员会报查由

县长 萬主任委员

中华民国二十八年 二 月 九 日

巴中縣政府訓令　優字第二號

令　聯保主任

案查出征抗敵軍人家屬亟應成立優待委員會業經本府通令辦理在案為日已久各聯保仍未將組織情形具報殊屬玩忽已極正值抗戰緊急之際所有抗戰軍人之家屬應予切實優待以資勸慰除由縣優待委員會製表分出征抗敵軍人家屬調查表式隨令分發外合行令仰該主任統限文到三日內遵照本府前頒組織規程迅將聯保優待委員會成立就地報往縣優待委員會備查用便着手辦理優待為宜切勿疏延干究為要此令

附調查表式乙份

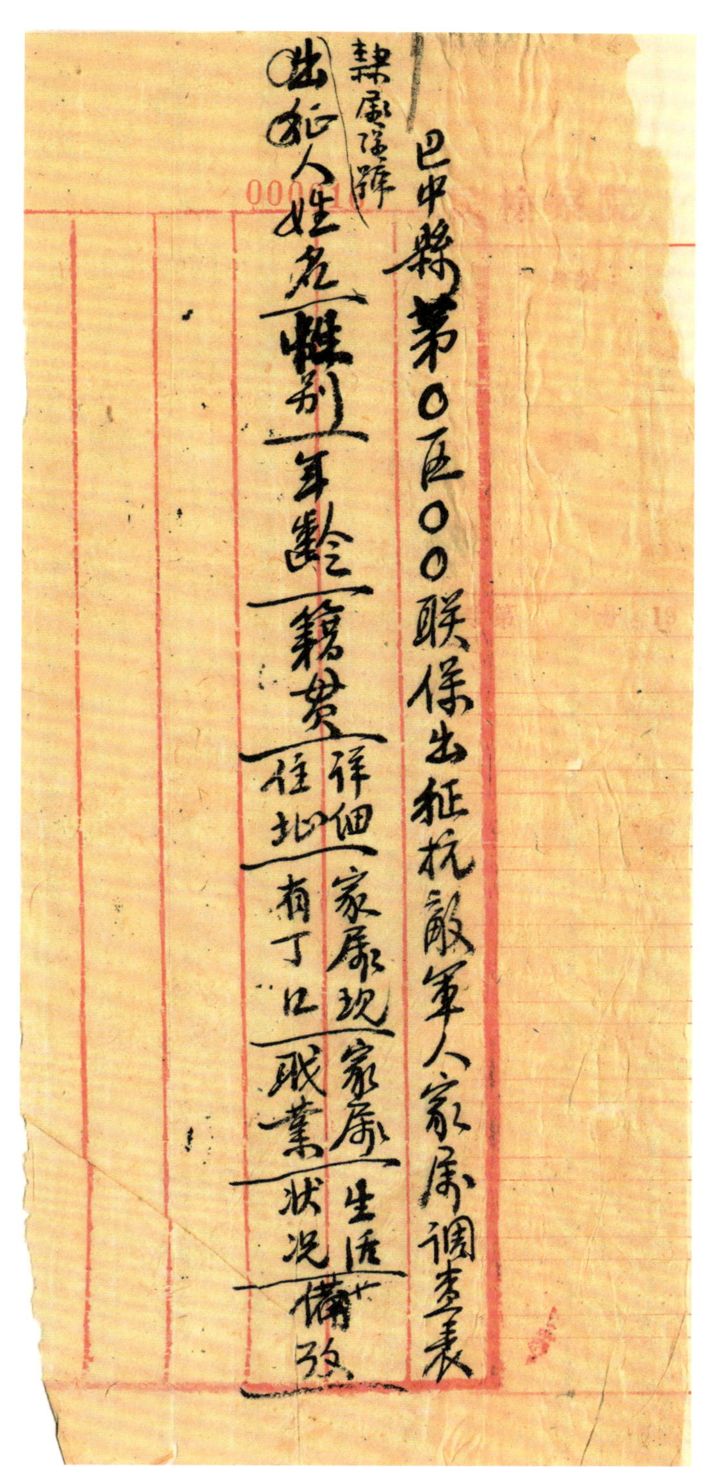

巴中縣第○區○○联保出征抗敵軍人家屬調查表

隸屬保牌

出征人姓名	性別	年齡	籍貫	詳細住址	家屬現有丁口	家屬職業	生活狀況	備攷

巴中县政府关于奉令办理凡直接参加作战之军人其配偶及直系血亲均应一体优待致县出征抗敌军人家属优待委员会的公函（一九三九年二月十四日）

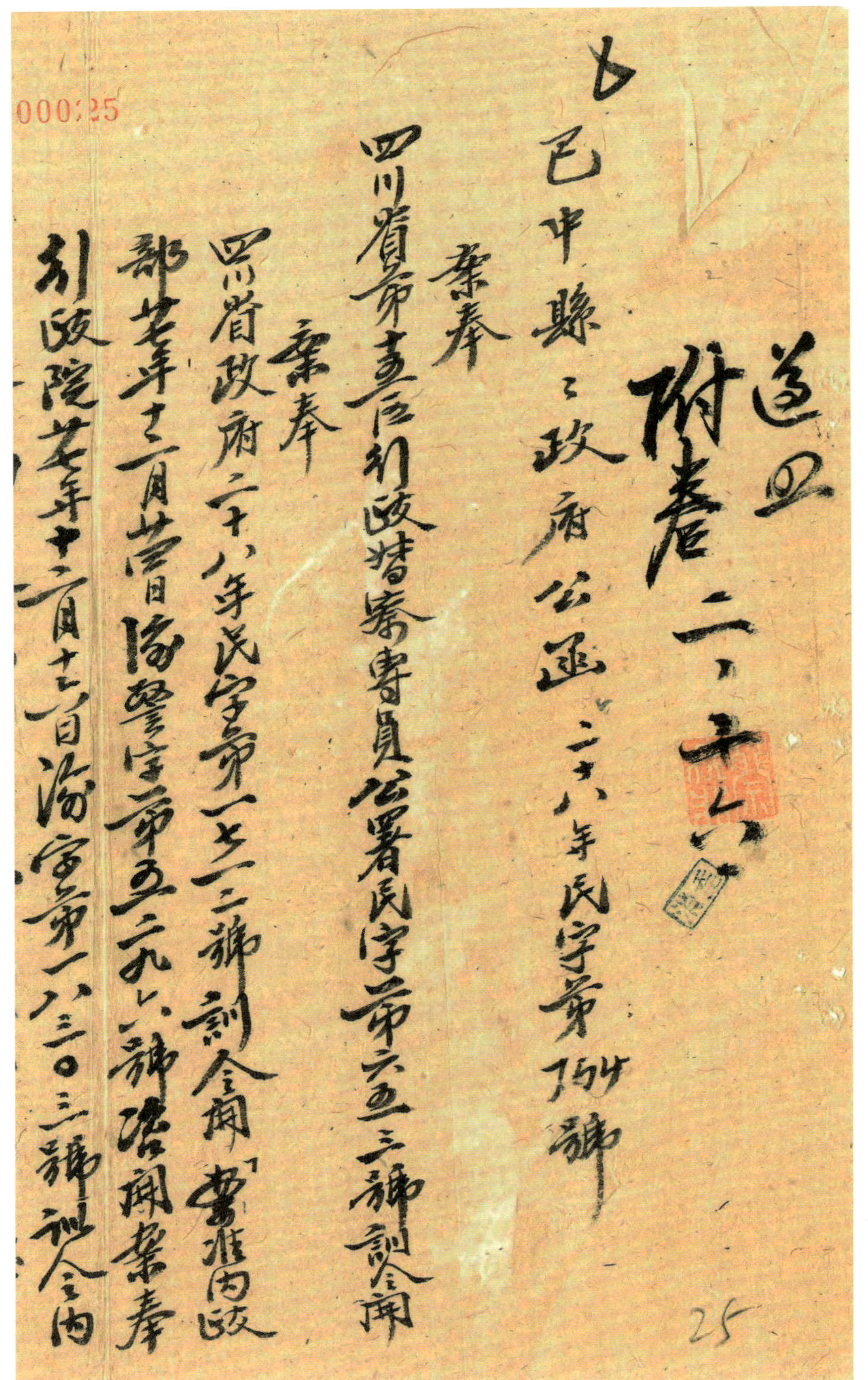

巴中縣政府公函 二十八年民字第 號

案奉

四川省第十五區行政督察專員公署民字第六五三號訓令開：

案奉

四川省政府二十八年民字第一七一二號訓令開：案准內政部二十七年十二月廿七日渝警字第五二九六號諮開：案奉

行政院二十七年十二月十七日渝字第一八三〇三號訓令內

關案准湖南省政府本年十二月皓省動代電請示優待
出征抗敵軍人家屬是否以列入政府征兵名冊者為限抑或
自九一八以後出征抗敵者一律予以優待等情到院除
批電悉凡直接參與作戰之軍人其配偶及直系血
親均應一律優待至征募期限或入伍先後之次序但
不拘有無市政府征兵名冊者應有該管直屬長官
（師司令部或獨立旅司令部以上）之證明除令行軍政
部轉飭各部隊一律遵照并令知內政部外仰即知
照此令等語抄令仰即分別軍政部轉飭各部隊
一律知照此外合行令仰知照此令等因奉此除分令外相
應咨請查照并轉飭所屬一律知照並希查照等由准此
除分令外合行令仰該縣長知照并轉飭所屬一律知

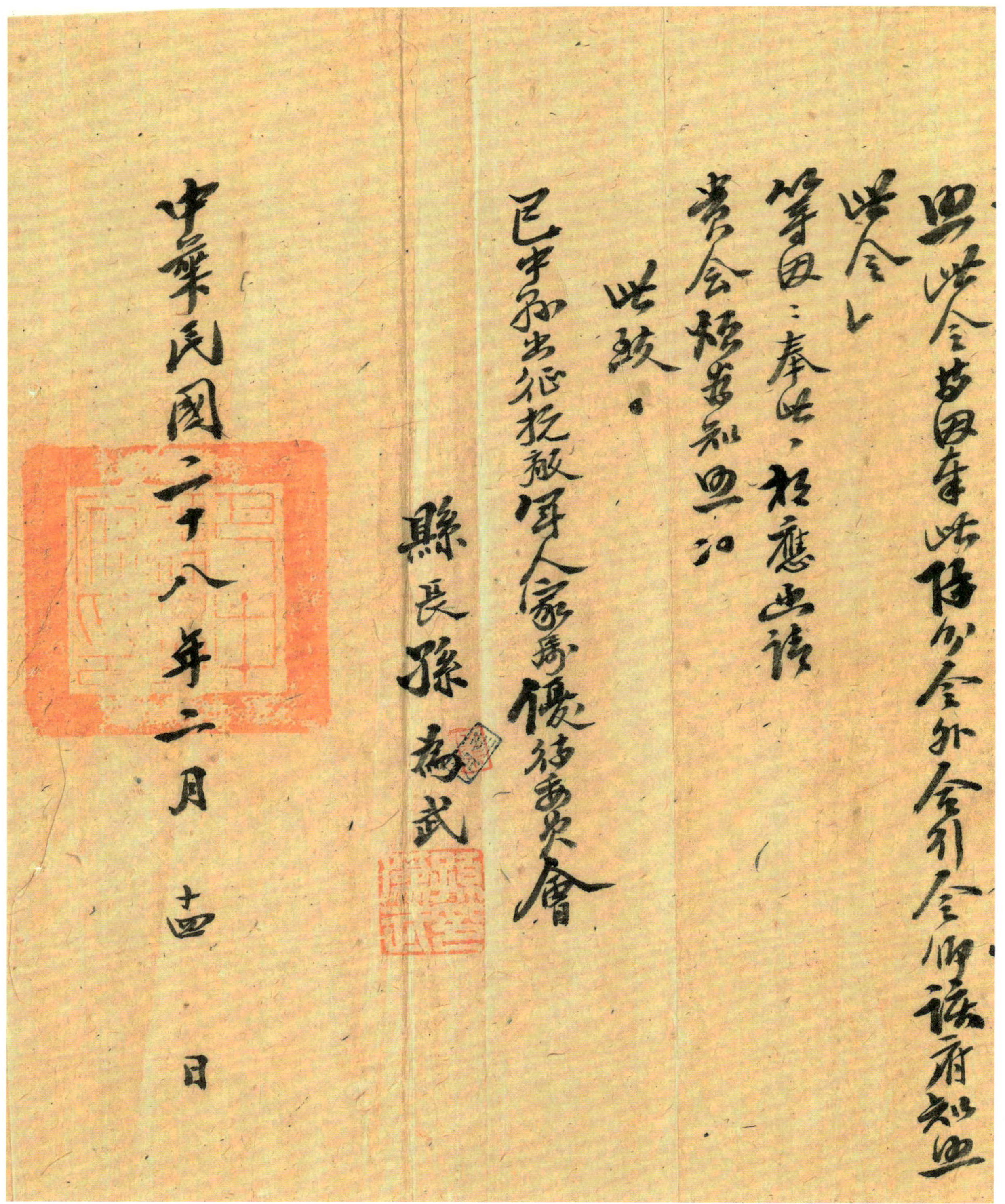

照准令节因奉此除分令外合行令仰该府知照

此令。

等因。奉此，相應函請

貴會按照知照為荷

此致

巴中縣出征抗敵軍人家屬優待委員會

縣長 孫為武

中華民國二十八年二月十四日

巴中县政府关于奉电切实办理优待出征军人家属致县出征抗敌军人家属优待委员会的公函
（一九三九年二月十五日）

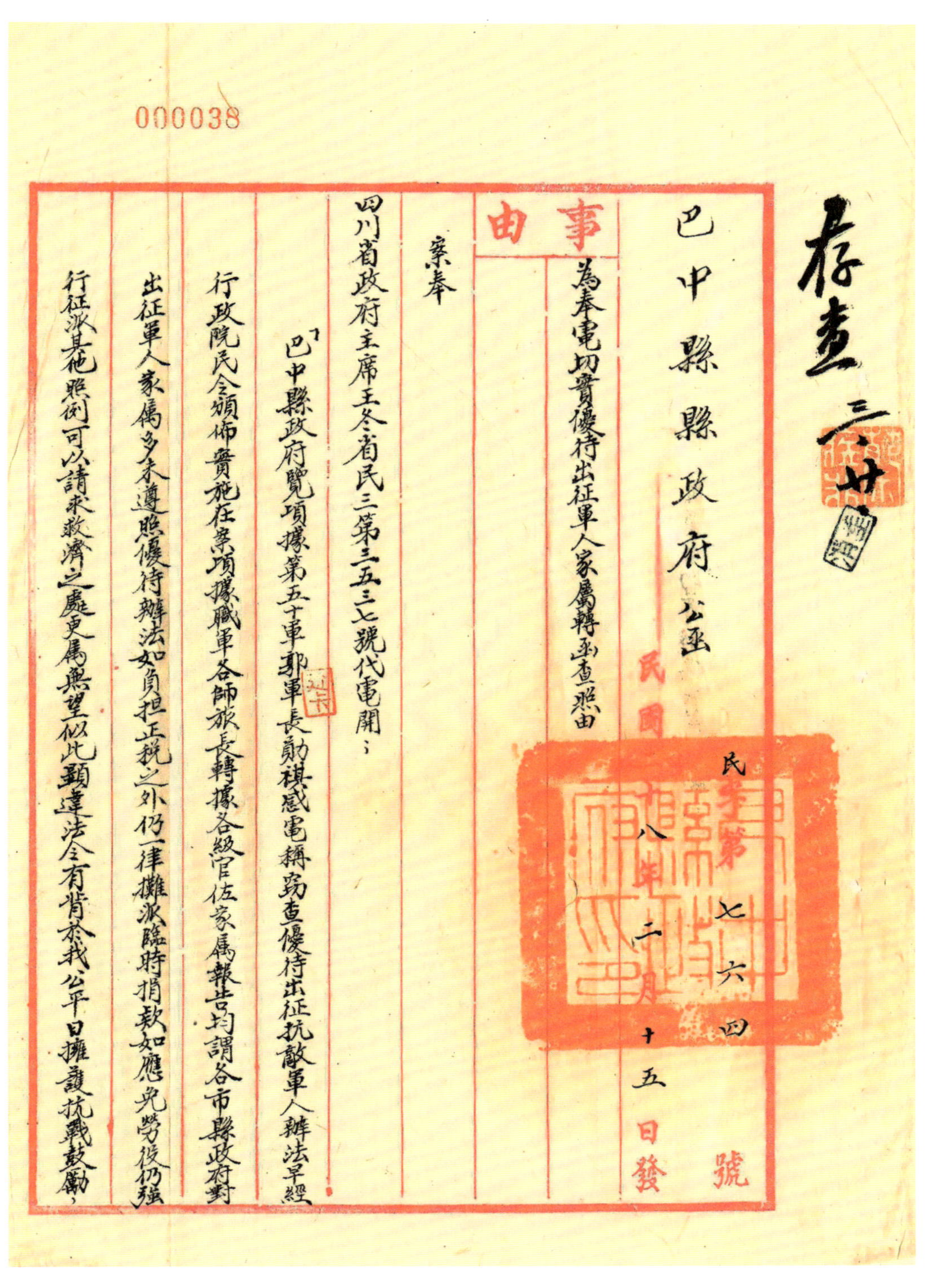
000038

存查 三、廿

巴中縣縣政府公函

民字第七六四號

民國廿八年二月十五日發

事由　為奉電切實優待出征軍人家屬轉函查照由

案奉

四川省政府主席王冬省民三第三五三七號代電開：

「巴中縣政府覽：頃據第五十軍郭軍長勛祺感電稱：竊查優待出征抗敵軍人辦法早經

行政院明令頒佈實施在案，頃據職軍各師旅長轉據各級官佐家屬報告，均謂各市縣政府對

出征軍人家屬多未遵照優待辦法，如負担正稅之外，仍一律攤派臨時捐款，如應免勞役仍強

行征派，其他照例可以請求救濟之處，更屬無望。似此顯違法令，有背於我公平日擁護抗戰鼓勵、

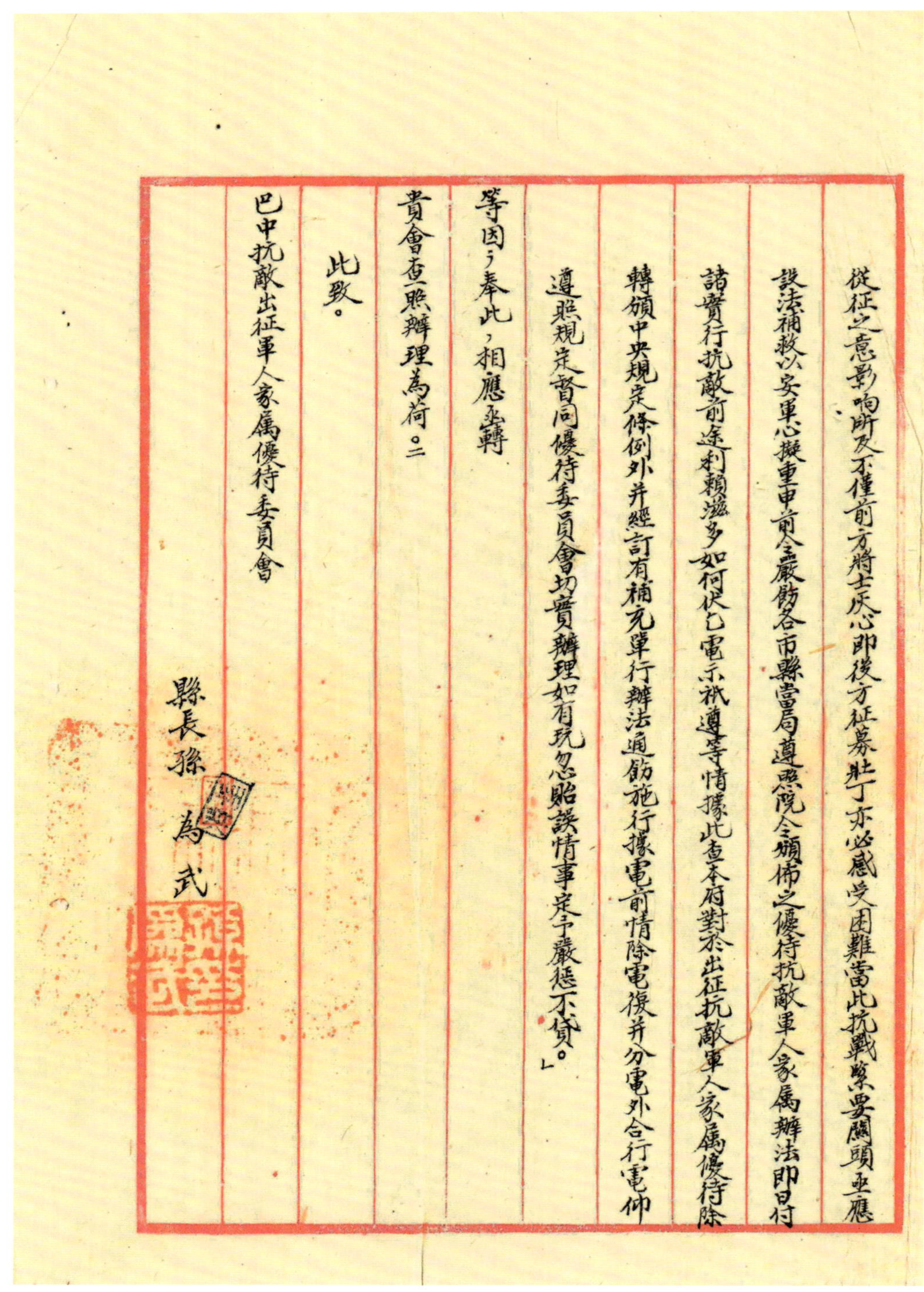

從征之意影响所及不僅前方將士灰心即後方征募壯丁亦必感受困難當此抗戰緊要關頭亟應設法補救以安軍心擬重申前令嚴飭各市縣當局遵照院令頒佈之優待抗敵軍人家屬辦法即日付諸實行抗敵前途利賴滋多如何伏乞電示祇遵等情據此查本府對於出征抗敵軍人家屬優待除轉頒中央規定條例外并經訂有補充單行辦法通飭施行據電前情除電復并分電外合行電仰遵照規定督同優待委員會切實辦理如有玩忽貽誤情事定予嚴懲不貸。」

等因；奉此，相應函轉

貴會查照辦理為荷。

此致。

巴中抗敵出征軍人家屬優待委員會

縣長孫為武

巴中县政府关于奉令成立优待出征壮丁家属代耕队致县出征抗敌军人家属优待委员会的公函

（一九三九年二月）

附：仁寿县第二区优待壮丁家属代耕办法

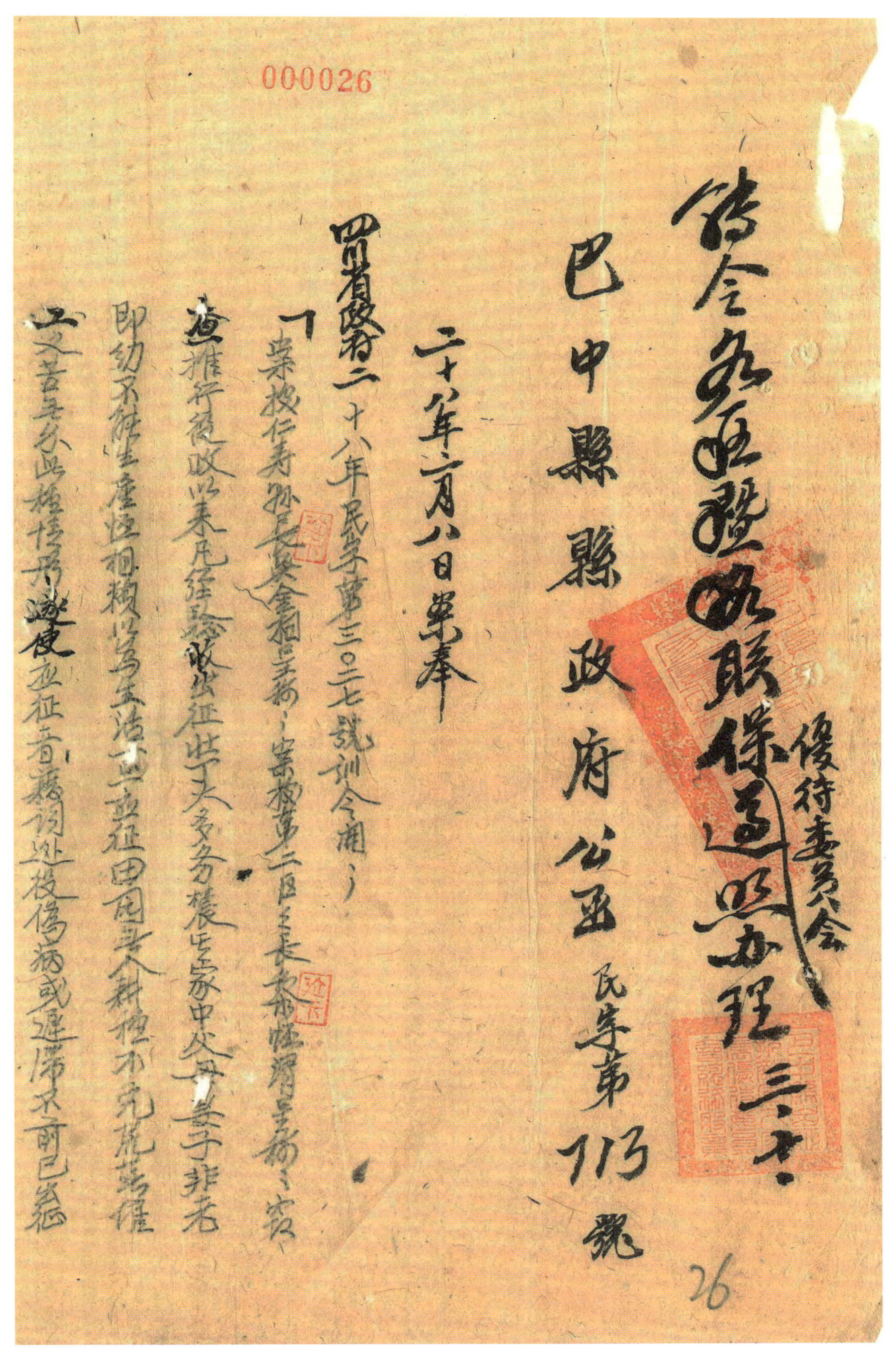
000026

[illegible]

優待委員會 [illegible]

巴中縣政府公函 民字第113號

二十八年二月八日案奉

四川省政府二十八年民字第三〇二七號訓令開：

「案據仁壽縣縣長吳金相呈稱：『案據第二區區長[illegible]呈稱：竊

查推行役政以來，凡經應徵出征壯丁，大多務農為生，家中父母妻子非老

即幼，不能生產經營，賴以為生活之田，一旦應征，田園無人耕種，不免荒蕪，擬

[illegible]

26

者，皆多乘间营图渔利之现象，时有所闻，若不设法补救，殊有影响
役政。柳县有鉴于此，拟令区乡公所保甲长组织征壮丁
家属代耕队，特规定代耕办法，以昭一致，施行是否有当，理合备同办法
具文呈请钧府鉴核示遵，并恳俯准通令
各地遵办，以利役政，并候呈办法一份。据此，查该区长所拟代耕办法尚
属妥善，除通令各区一律仿办外，是否有当，理合检同原办法一份
随文赍请钧府俯赐鉴核备查，并乞指令祗遵，计呈办法一
份。等情，据此，查所拟代耕办法尚属可行，自准予备查，仍
候通饬各县参酌办理，仰即知照。此令。件存。等语，指令印发。准此，除分令
外，合行抄发原办法，令仰遵照参酌办理为要。此令。」
等因，计抄发原办法一份，奉此，除分令外，相应抄送原办法
函请
查照。

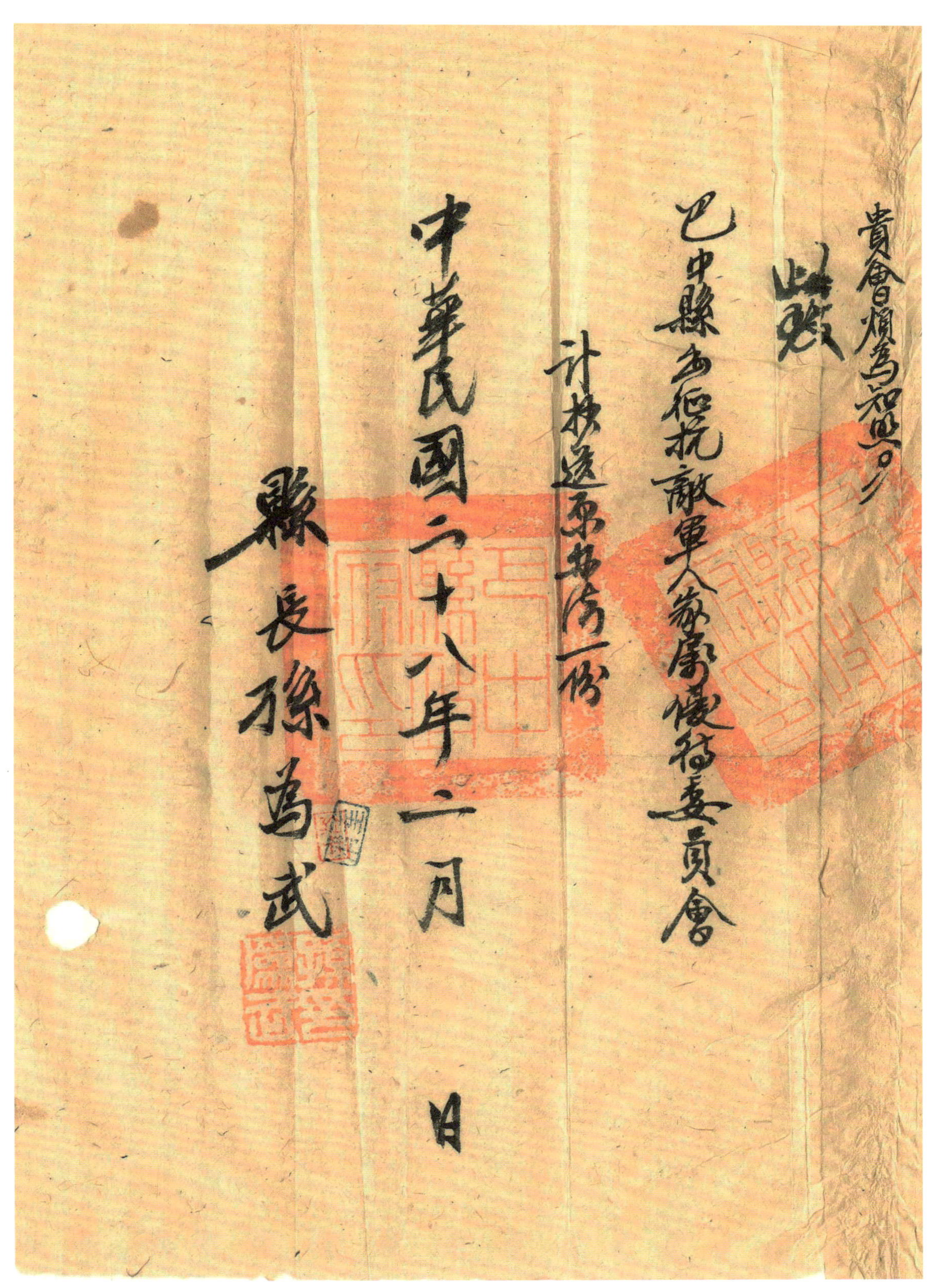
貴會煩爲知照（？）

此致

巴中縣各界抗敵軍人家屬優待委員會

計抄送原呈清一份

中華民國二十八年二月　日

縣長孫爲武

仁寿县第二区优待出征壮丁家属代耕办法

第一条　本区为促进役政推行顺利起见，特成立优待出征壮丁家属（以下简称其家属）代耕队，制定本办法

第二条　本区出征壮丁，一经政府查验合格，收编入营后，即由其家属报请该管保保长，编入代耕队，均得享受代耕权利，未经验收者，不在此例

第三条　代耕队之组织：

一、区长为代耕队区队长，综理并指导全区代耕事宜

二、联保主任为中队长，负承办联保一切代耕之责

三、保长为分队长，负召集全保壮丁及备办之责

四、全保甲长及农民，主备负责充为代耕队队丁，负实施耕种之责

五、各级兵役监查委员会负督促考核之责

六、其系統表示如左

鄉鎮兵役監委員會——保兵役監查委員

區隊長——中隊長——分隊長——隊丁

第四條　隊長隊丁……等，均無薪餉，代耕時并不得接受出征家屬之一切招待，或些微需索。

第五條　凡春耕、夏耘、秋收、冬藏……諸事，隊長、隊丁，均須先將出征壯丁家屬之田土辦竣後，然後及己。如耕地過寬或過窄，得由分隊長酌量情形，分班分組辦理之。

第六條　隊長隊丁前往代耕時，須各自帶犁並用農具，不得迫出征家屬供給。

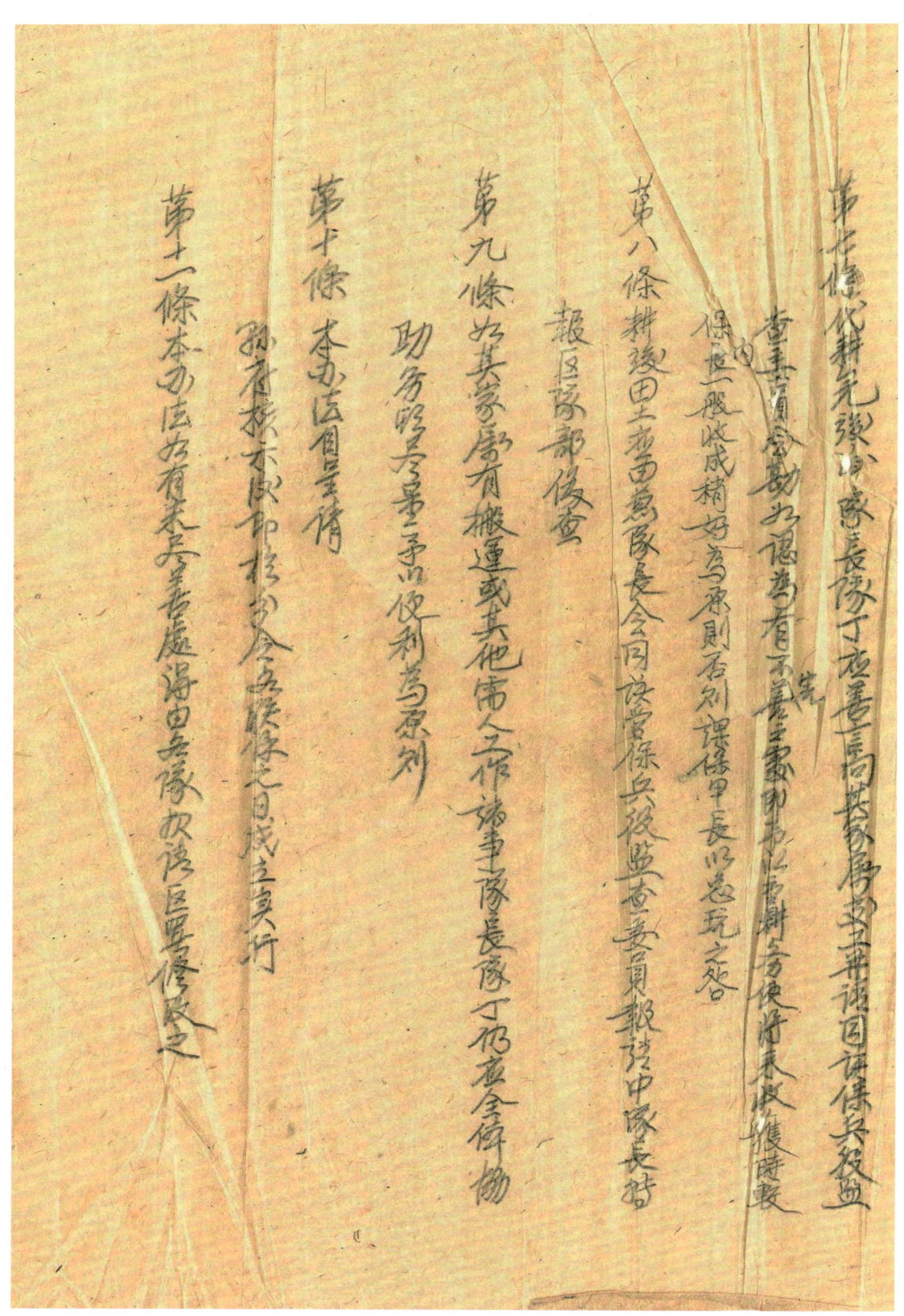

第七條 代耕先鋒隊隊長隊丁應善言向其家屬說明並請因該保兵役監
查委員會勸其認為有不善之處即予以改耕之方使將來收穫時較
保內一般收成精好為原則否則課保甲長以怠玩之咎
第八條 耕後田土應由該隊長會同該管保兵役監查委員報請中隊長轉
報區隊部備查
第九條 如其家屬有搬運或其他需人工作該事隊長隊丁仍應全體協
助務將其予以便利為原則
第十條 本辦法自呈請
縣府核示即於本分會兵役協會之日成立實行
第十一條 本辦法如有未盡善處得由兵隊報請區署修改之

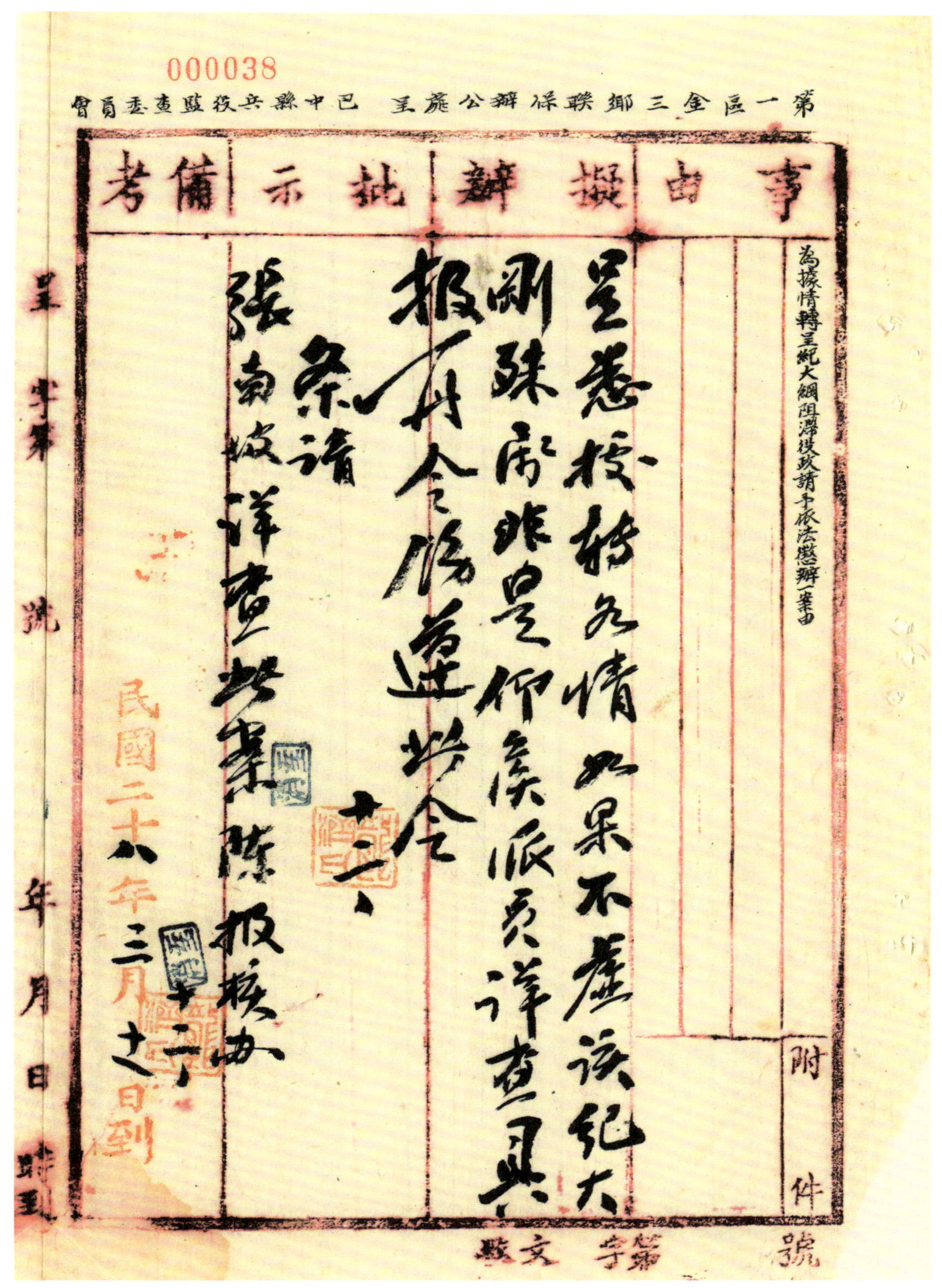

000038

第一區金三鄉聯保辦公處　呈　巴中縣兵役監查委員會

事由	擬辦	批示	備考
為據情轉呈紀大綱阻滯役政請予依法懲辦一案由	呈悉。據稱各情如果不虛，該紀大綱殊屬非是，仰候派員詳查具報再令飭遵。此令。十三	簽請張南坡詳查此案，隨報核辦。十二	

附件

第　字　號　文數

呈　字第　號　年　月　日發

民國二十八年三月十二日到

巴中县第一区金三乡联保办公处关于纪大纲阻滞役政请予依法惩办致县兵役监察委员会的呈（一九三九年二月）

呈　字第　號　年　月　日收到

竊職于二十八年二月十二日案奉

巴中縣兵役監查委員會監字第四號訓令除原文有案邀免全錄外後開仰該主任即便遵照轉令改抽補充仍將遵辦情形具報備查為要此令等因奉此職遵即抄錄原令轉知所屬保長遵照兵役法規辦理仍將辦理情形及中籤壯丁姓名具報備查為要甫于令到後旋據所屬保長葉明新及該保兵役主任委員周敬甫呈稱：

「為據實呈明請祈轉詳以利兵役進行而免影響全保事

竊職保第一號中籤壯丁為蒲國典之三子蒲從禮該丁原有弟兄四人全處一家年齡俱在應役之例兼又中籤職應照章申送殊職保紀大綱既非保甲又無兵役職責因蒲國典係伊至戚兼受賄賂竟挺身向國典誇口伊子被送我可一概使休等語該大綱所呈原文內載僕子一語以文義解釋僕子即大綱之子但抽送之丁又為蒲國典之子僕與蒲天淵之別若能僕作蒲又與紀大綱有何關係似此圖賄捏誣朦控阻滯不但影響職保即全鄉役政恐亦因此不能進行若不具文呈請作主轉詳依法懲處恐職保以後役政決難進行理合具文呈請鈞處轉詳上峯鑒核示遵謹呈」

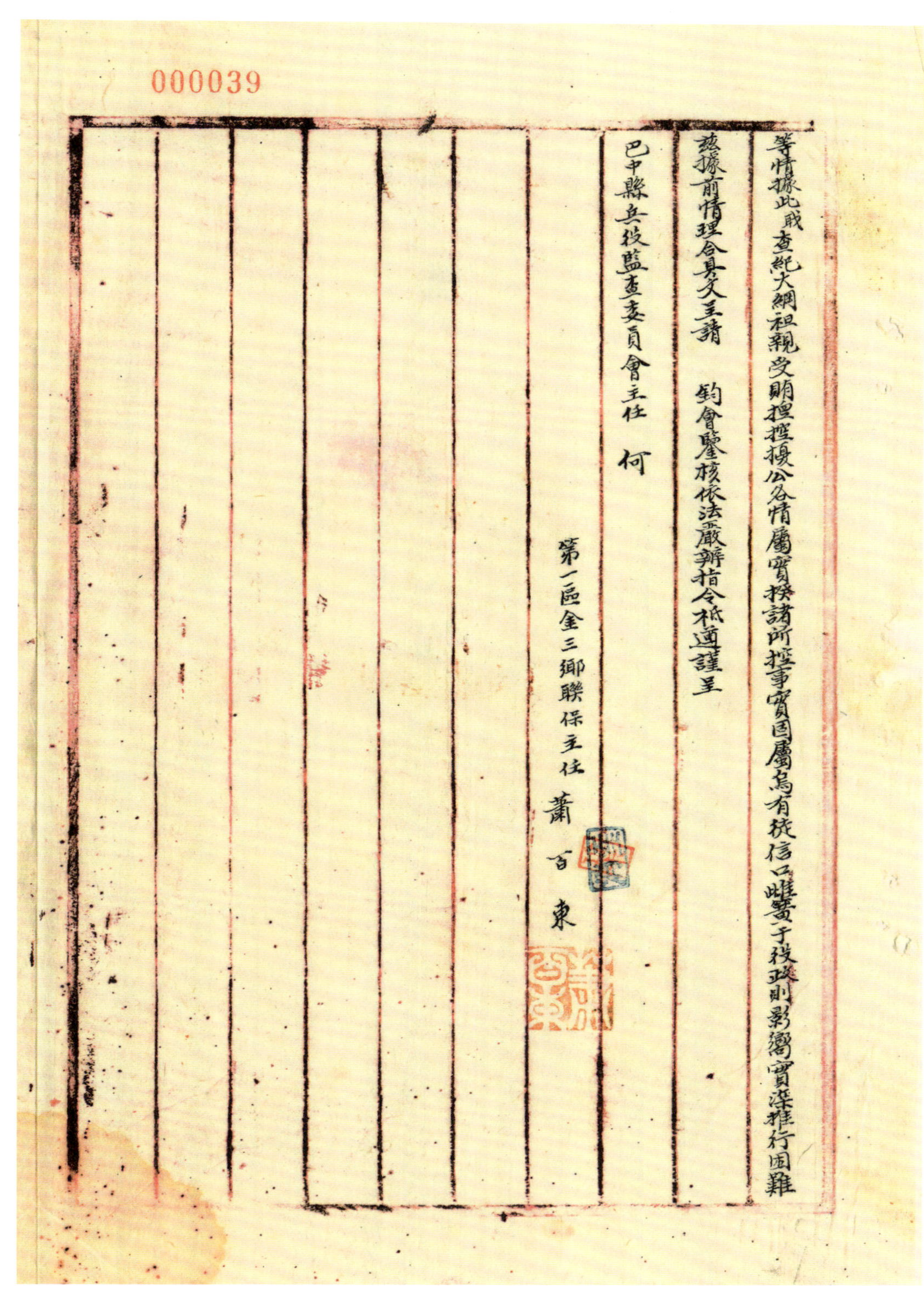

000039

等情據此職查紀大綱袒親受賄捏控損公各情屬實揆諸所控事實固屬烏有挾信口雌黄于役政則影響實深推行困難

茲據前情理合具文呈請　鈞會鑒核依法嚴辦指令祇遵謹呈

巴中縣兵役監查委員會主任　何

第一區金三鄉聯保主任　蕭百東

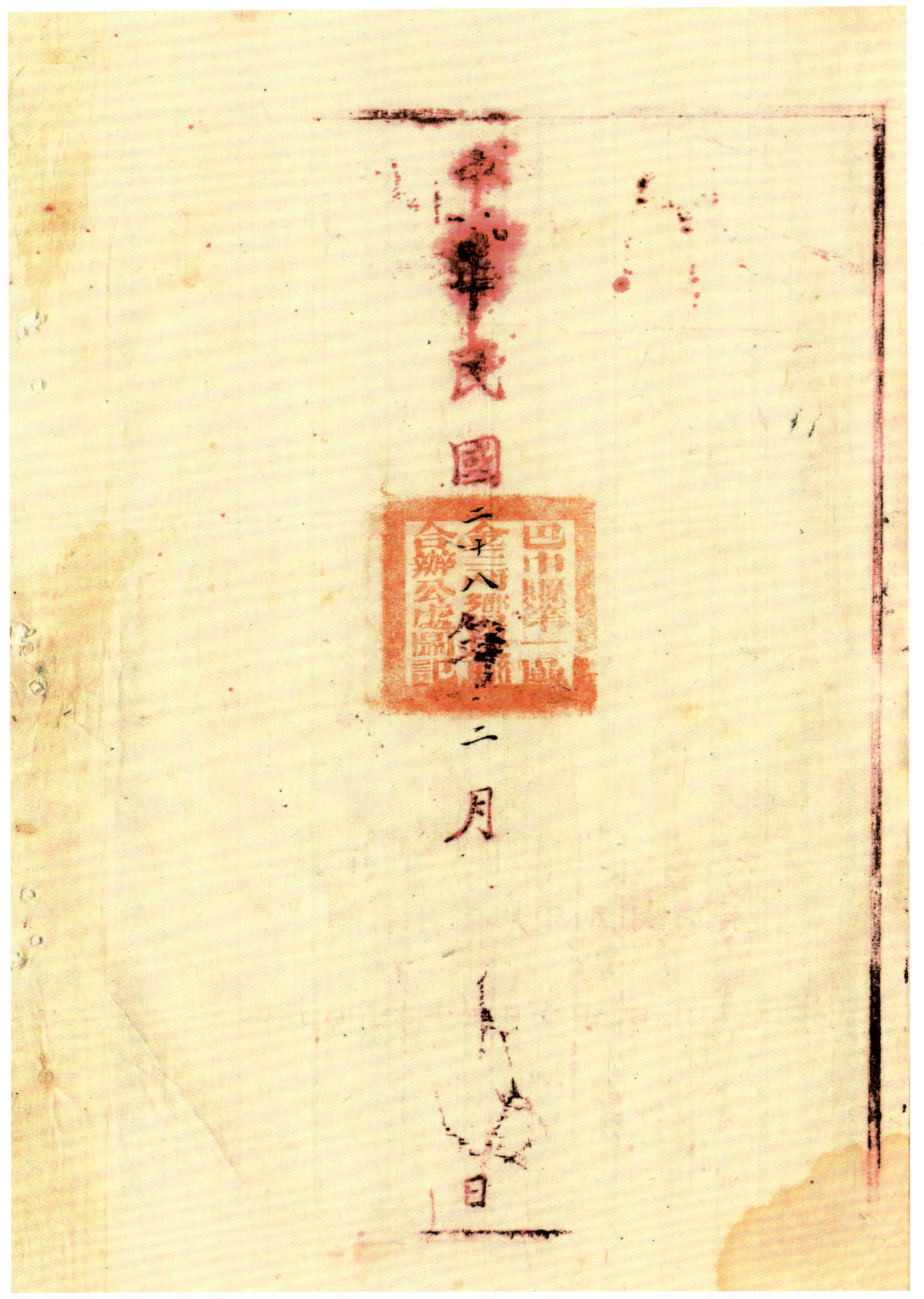

中華民國二十八年二月 日

巴中县各乡镇保长联合办公处、县出征抗敌军人家属优待委员会关于成立优待委员会情形的呈

巴中县第三区泥凤乡保长联合办公处的呈（一九三九年三月六日收）

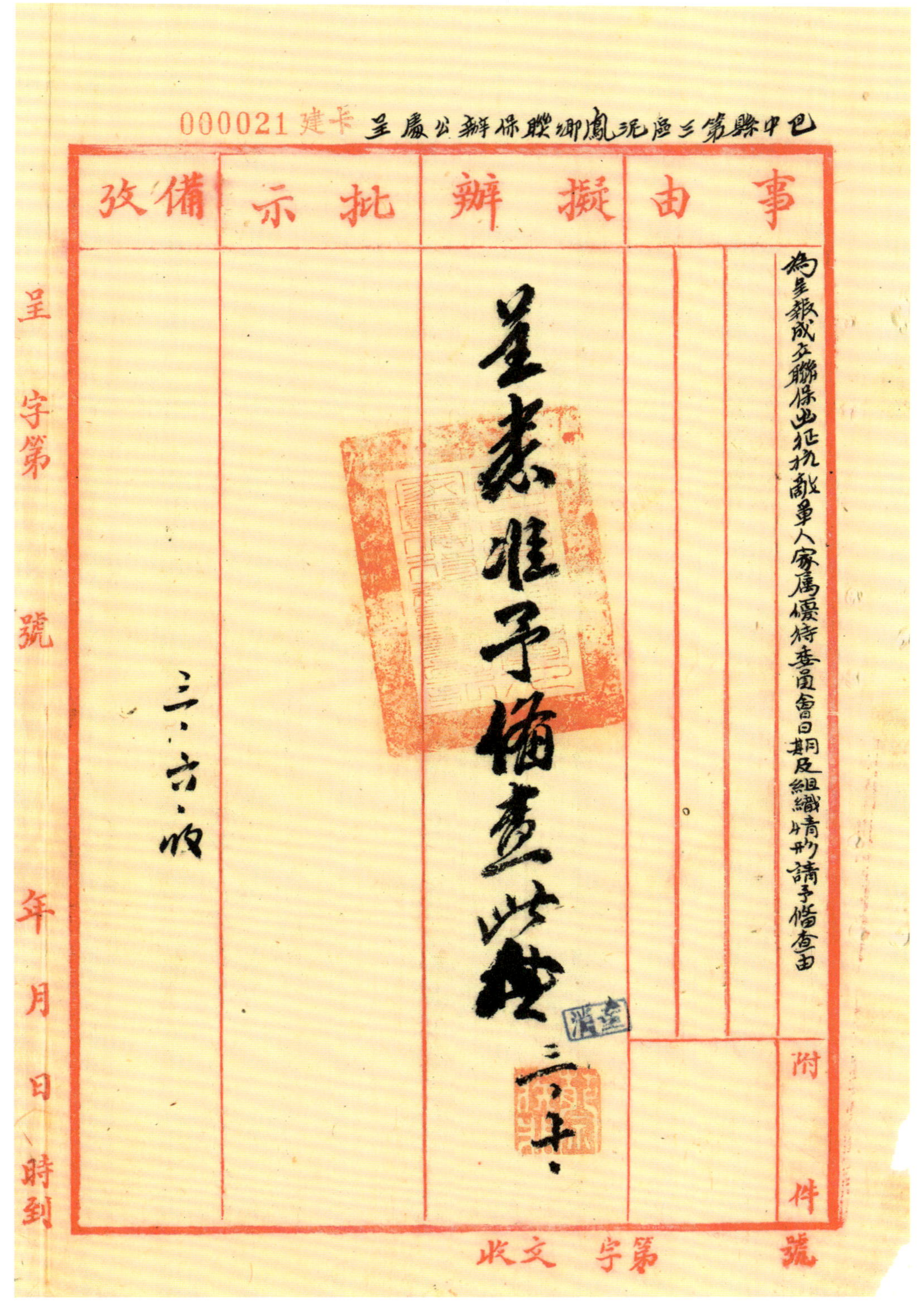
巴中縣第三區泥鳳鄉聯保辦公處呈 000021 建卡

事由	擬辦	批示	備攷
為呈報成立聯保出征抗敵軍人家屬優待委員會日期及組織情形請予備查由	呈來准予備查此批 三、六		三、六收

附件

呈字第號 年月日時到

收文字第號

呈　字第　號　年　月　日　時到

二十八年二月二十四日案奉

巴中縣政府優字第叁號訓令飭成立聯保出征抗敵軍人家屬優待委員會，按開：合行令仰該主任統限於文到三日內遵照本府前頒組織規程迅將聯保優待委員會成立，就緒報請　縣優待委員會備查，用便着手辦理優待事宜，切勿疏延干究，為要。

等因，附調查表一份。奉此，遵即函請聯保兵役監察委員會、各委員會、倉儲保管委員會各委員以及地方正紳，并召集各保保長於二月二十七日就聯保辦公處遵照奉頒組織規程依法成立，同時公推林樹森、張子誠、張政　等三人為委員。奉令前因，除呈請　縣府備查外，理合將成立日期暨組織情形具文報請

鈞會鑒核，准予備查，伏乞

示遵。

000022

謹呈

縣長兼主任委員孫

巴中縣第三區泥鳳鄉聯保主任兼主任委員張烈

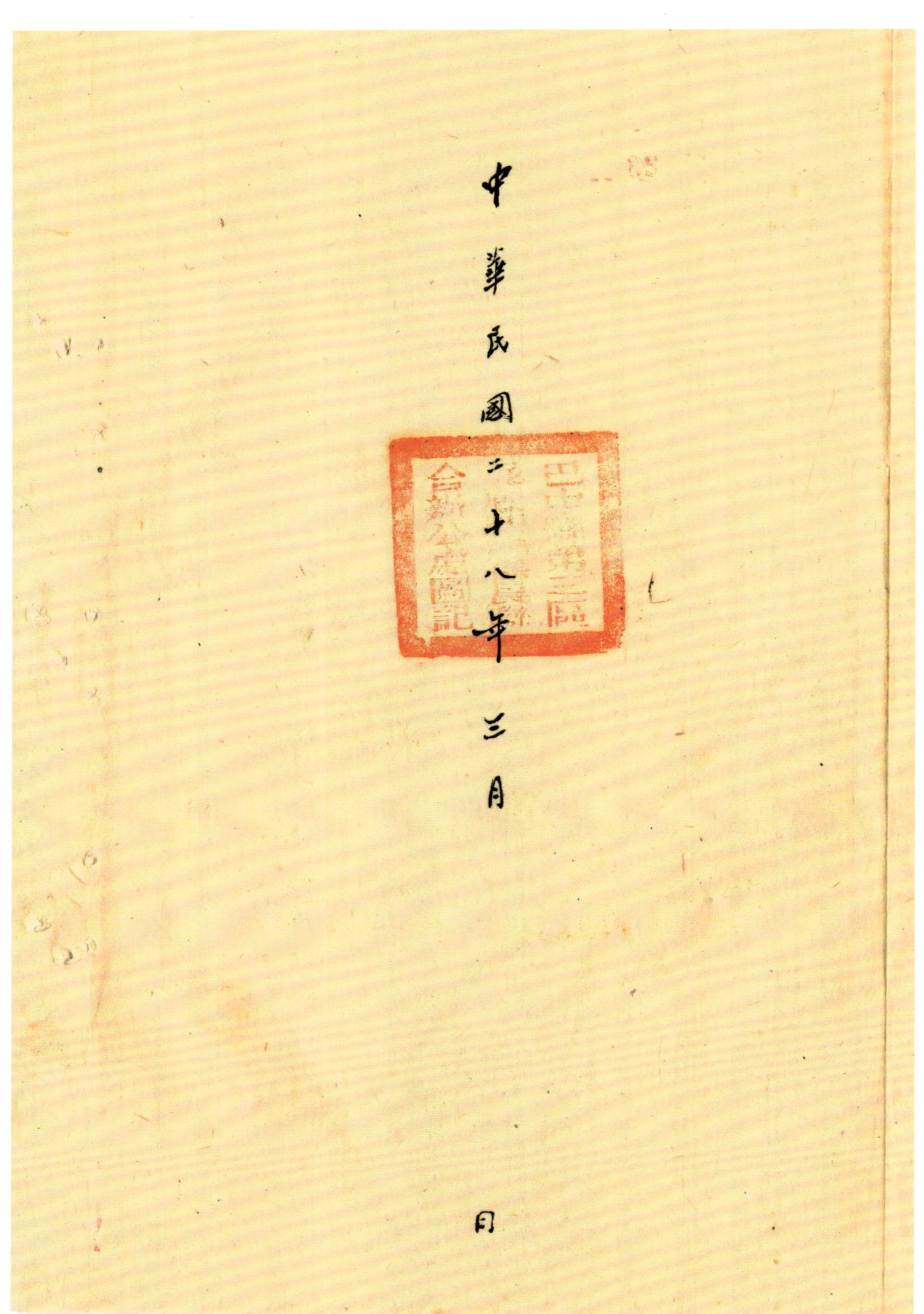

中華民國二十八年三月　日

巴中县第一区天七礳乡保长联合办公处的呈（一九三九年三月二十四日）

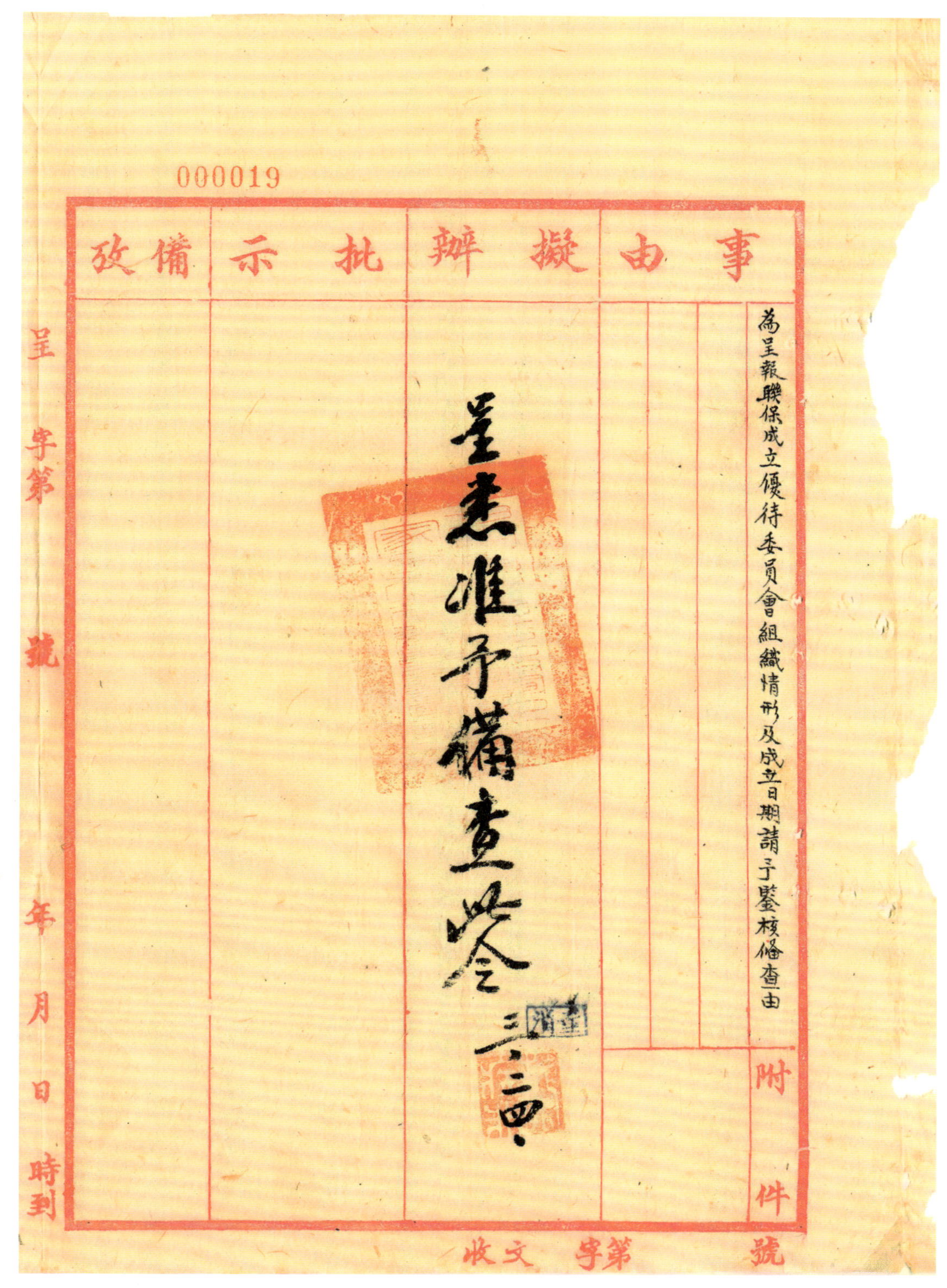
000019

事由	拟办	批示	备考
为呈报联保成立优待委员会组织情形及成立日期请予鉴核备查由	呈悉。准予备查。此令。三、二四		

附件

呈字第　号　年　月　日　时到

收文　字第　号

呈　字第　號　年　月　日　時到

竊職奉到　縣府訓令：

「查各聯保亟應成立優待委員會，至今為日已久，并未具報，殊屬玩忽已極，仰該主任，迅將聯保優待委員會成立就緒，報縣優待委員會備查，用便着手辦理優待事宜，切勿疏延干咎為要。此令。」

等因；奉此。職遵即於三月十六日，召集保甲會議，議決。依照兵監會第四條之規定，除各保長及倉儲委員會兵役監查委員會之負責人，為當然委員外。由眾公推當地正紳，吳登熊楊方策趙仕富三人為委員，由委員中，互推吳登熊為辦理會內一切文書，調查登記，宣傳等項。其餘應辦事宜，由各會員共同担任，業已成立就緒，理合將會情形及成立日期，呈報

鈞會鑒核備查示遵謹呈

000020

縣優待委員會

天七塘鄉聯保主任兼委員楊　濟川

中華民國廿八年三月　日

巴中县第一区万明兴乡联合办公处的呈（一九三九年三月二十五日收）

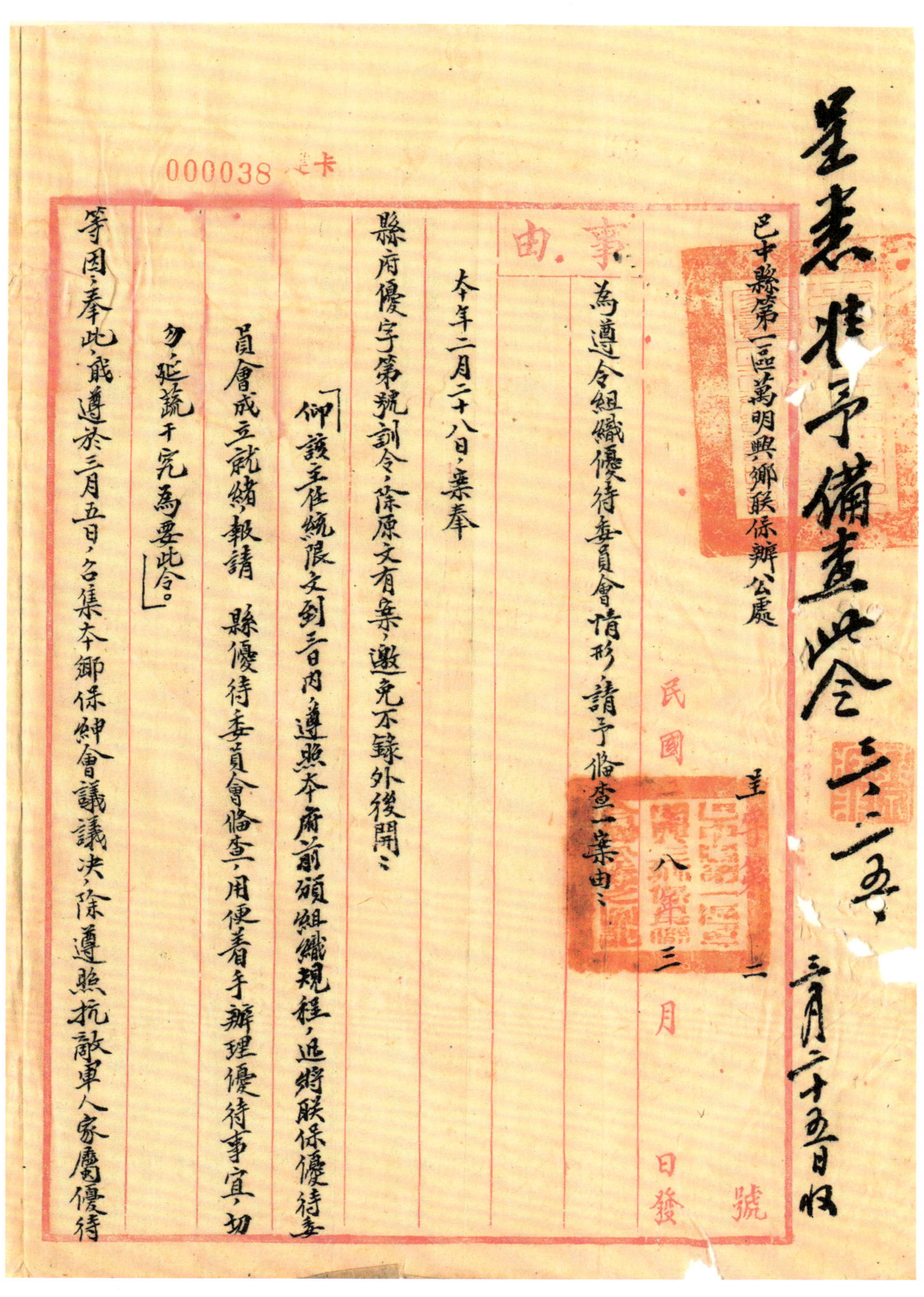

呈悉。准予备查。此令。三、二、一五。

三月二十五日收

巴中縣第一區萬明興鄉联保辦公處

呈 第 二 號

民國 八 三 月 日發

事由

為遵令組織優待委員會情形，請予備查一案由。

本年二月二十八日，案奉

縣府優字第號訓令，除原文有案，邀免不錄外，後開：

「仰該主任統限文到三日內，遵照本府前頒組織規程，迅將联保優待委員會成立就緒，報請

縣優待委員會備查，用便着手辦理優待事宜，切勿延疏干究，為要。此令。」

等因，奉此，戚遵於三月五日，召集本鄉保紳會議議決，除遵照抗敵軍人家屬優待

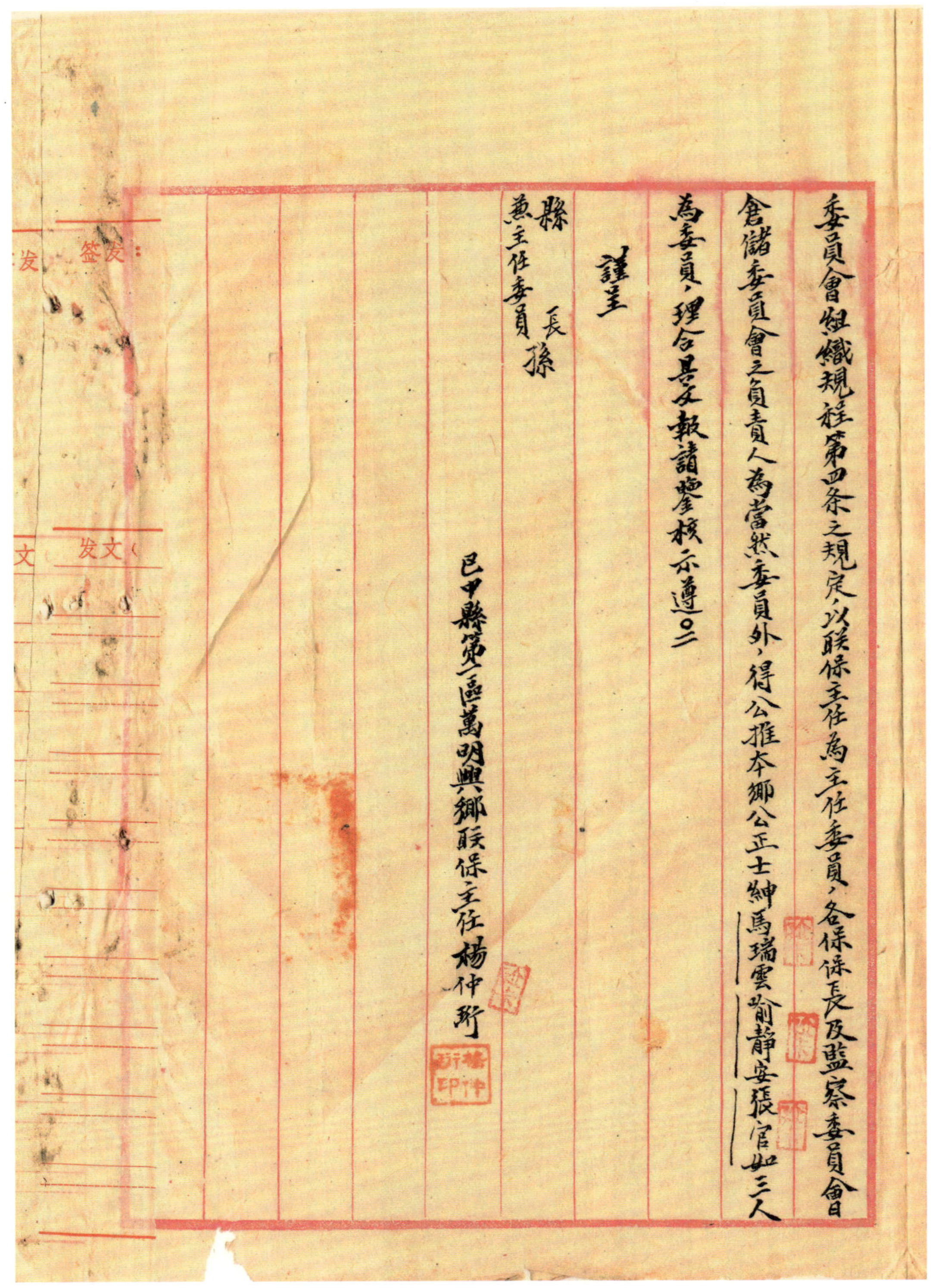
委員會組織規程第四條之規定，以聯保主任為主任委員，各保保長及監察委員會倉儲委員會之負責人為當然委員外，得公推本鄉公正士紳馬瑞雲、喻靜安、張官如三人為委員，理合具文報請鑒核示遵。

謹呈

縣長孫

兼主任委員

巴中縣第一區萬明興鄉聯保主任楊仲新

巴中县第四区关偏群三乡保长联合办公处的呈（一九三九年三月二十五日）

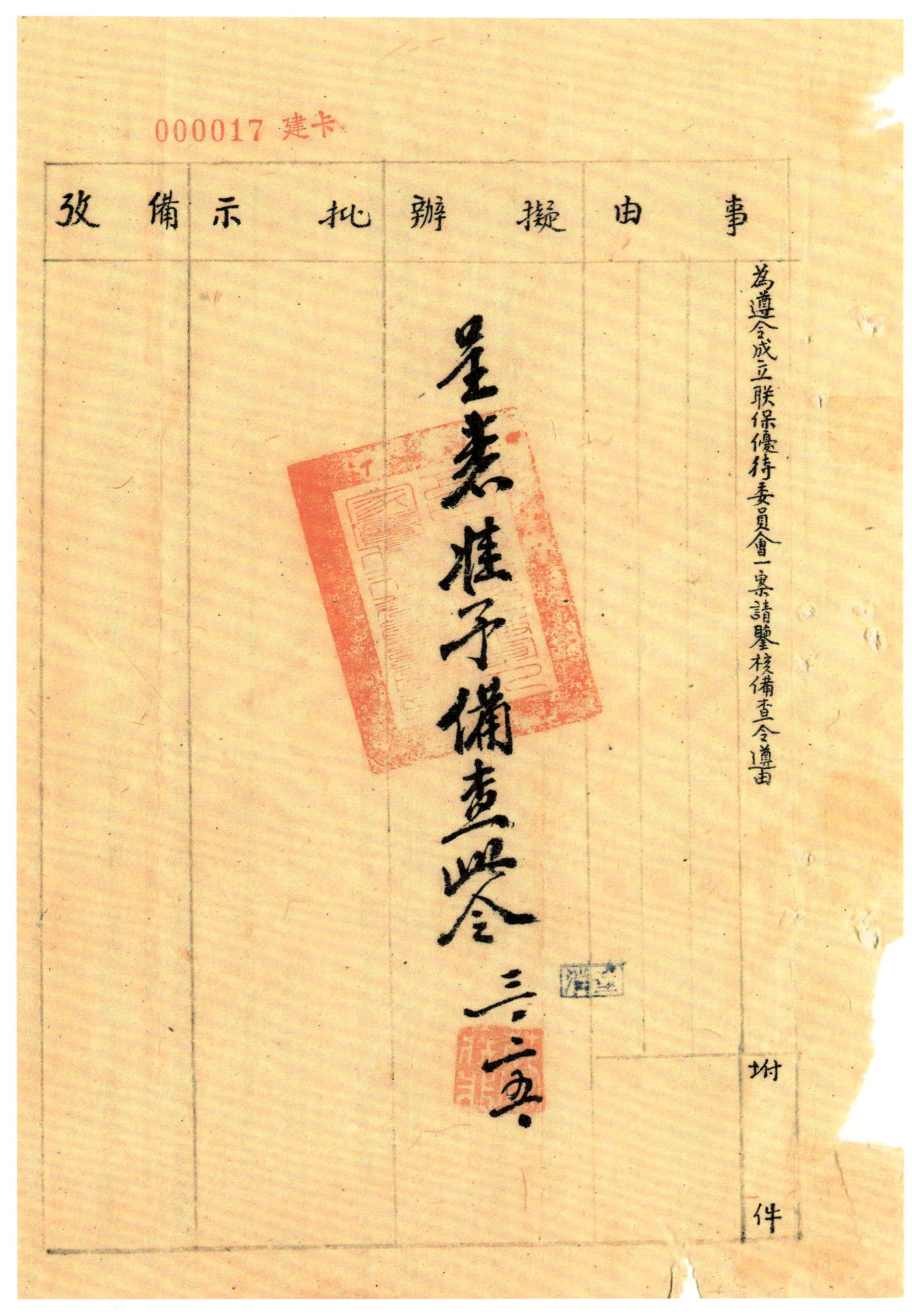

000017 建卡

事	由	擬	辦	批	示	備	攷
為遵令成立聯保優待委員會一案請鑒核備查令遵由				呈悉，准予備查，此令。三、二五			

附件

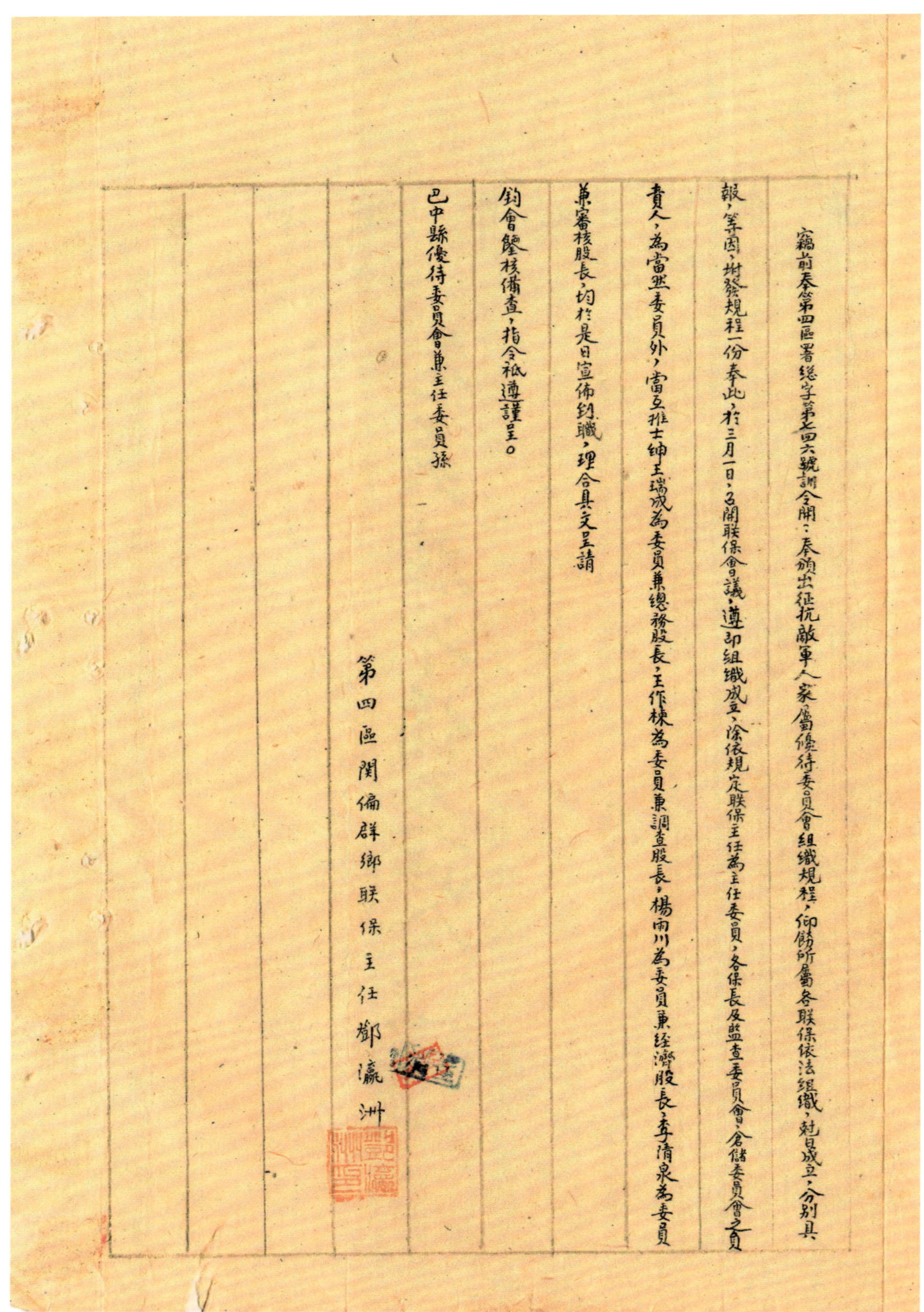

竊前奉第四區署総字第七四六號訓令開：奉頒出征抗敵軍人家屬優待委員會組織規程，仰飭所屬各联保依法組織，尅日成立，分別具報，等因，附發規程一份奉此，於三月一日，召開联保會議，遵即組織成立，除依規定联保主任為主任委員，各保長及監查委員會、倉儲委員會之負責人，為當然委員外，當互推士紳王瑞成為委員兼總務股長，王作棟為委員兼調查股長，楊雨川為委員兼經濟股長，李清泉為委員兼審核股長，均於是日宣佈到職，理合具文呈請

鈞會鑒核備查，指令祗遵謹呈。

巴中縣優待委員會兼主任委員孫

第四區閬倫群鄉联保主任鄧瀛洲

中華民國二十八年三月　日

巴中县第二区花新板太乡保长联合办公处的呈（一九三九年三月二十六日）

呈悉准予備查此令 三、廿九、

000033 建卡

巴中縣第二區花新板太鄉保長聯合辦公處呈 役字第 號

事由 為呈報聯保優待委員組織成立日期暨辦理情形請予備查一案由

民國二十八年三月二十六日發

案查本處迭奉
層峯明令頒發組織規程飭即成立聯保出征抗敵軍人家屬優待委員會仰即赶日成立報查
等因查此案關係推行役政優待重件亟應遵照成立共勷讚助茲於三月五日召集保甲士紳會
議遵照規程辦理以倉儲委員吳薪傳李嶽青李紹基劉子厚為當然委員外公推正紳邱厚坤
謝珩安王蔚南李精一為委員當即分別函聘各委員於三月十五日假聯保辦公處為該會辦
公地點即於是日各委員當衆就職成立暫擬就各委員分担工作以王蔚南邱厚坤李精一謝珩安為

實行勸募捐款以備優待吳蕭侍李獻青李紹基劉子厚為實行調查出征壯丁家屬狀况報
請優待工作除通告所屬知照並分別呈報備查外謹將組織成立日期辦理情形理合報請
鈞會察核備查伏候令遵謹呈
巴中縣出征抗敵軍人家屬優待委員會
兼主任委員 吳 純一

中華民國二十八年三月日

巴中县第三区江口镇保长联合办公处的呈（一九三九年三月二十九日）

江口鎮聯保辦公處　呈

事由	擬辦	批示	備考
為遵令組織聯保優待委員會呈報成立日期與組織情形請予鑒核備查由		准予備查　此令　三·廿九	
附件			

呈　字第　號　年　月　日

發　第　字　文

竊職處於三月十五日案奉 三區署役字第九號訓令內開：除原文有案不錄外，后開：仰該主任即便遵照，剋日組織
成立，并分別具報備查為要。等因，附發優待委員會組織規程一份，奉此。遵於三月二十二日召集本鎮各機關法團執事、聯
保內士紳及保長等齊集職處，正式成立，即將奉令原文交會議決，當經在會出席人員，除遵規章以聯保主任為主任委
員，各個保長與兵役監察委員會及倉儲委員會之委員為當然委員外，公推鄭智仙、彭勳銑、丁仿堯三人為該會委員，仍照規
程分設四股，總務股即推羅含章、丁仿堯負責，調查股即推彭勳銑、潘雄負責，經濟股即推潘樹森、廖虞欽負責，審核股
即推王仁風、彭佩鳴負責。所有公推之人選，均由眾當會表决，且由本人樂從於事，無異。查各個委員與各股執事，頭腦清
晰、鄉望素著，均以特長選任。奉得前因，除將成立日期與組織情形分呈縣府、區署外，理合具文呈報
鈞會鑒核備查。謹呈
巴中縣出征抗敵軍人家屬優待委員會

江口鎮聯保主任兼
優待委員會主任委員 杜子奇

中華民國二十八　三月　日

巴中县第一区三南乡保长联合办公处的呈（一九三九年四月十二日）

000027 建卡

事由	拟办	批示	备考
为呈报联保优待委员会成立日期请予存查示遵一案由			

呈　字第　号

年　月　日　时发

附件号

三南乡联保设立

呈　字第　號　年　月　日　時到

二十八年二月十八日案奉

區署役字第三一號訓令轉奉

縣府訓令除有案邀免全錄外節開、、茲查本縣出征抗敵軍人家屬優待委員會業已遵令成立所有優待出征抗敵軍人家屬辦法及實施細則早經本府令飭遵照在案至各聯保出征抗敵軍人家屬優待委員會應即依法分別組織以符規定除分令外合行將組織規程附發令仰該區長即便遵照轉飭所屬各聯保依法組織成立分別呈報備查為要此令等因奉此除分令外合行檢發出征抗敵軍人家屬優待委員會規程一份令仰該主任即便遵照辦理分別具報備查此令。

等因、、奉此。遵於本年春季聯保會議，即依法組織聯保出征抗敵軍人家屬優待委員會，以聯保主任為主任委員，兵役監查委員王謨李次偉等、倉儲

000028

保管委員黃紱生等、保長彭鏡涵王海三等，均為當然委員外，由眾公推本地公正紳耆彭鎮原謝福特張鵬楊善齋四人為常務委員，本會為辦公便利起見，分設四股，彭鎮原為總務股長，謝福特為調查股長，張鵬為經濟股長，楊善齋為審核股長，遵於二十八年二月一日在聯保辦公處大禮堂開會成立，茲將組織情形、及成立日期，理合呈報

鈞會鑒核存查，請予示遵！！

謹呈

縣長兼主任委員孫

巴中縣第一區三南鄉聯保主任兼優待委員會主委劉月如

中華民國二十八年四月　日

巴中县第二区雨神仁乡保长联合办公处的呈（一九三九年四月十七日收）

卡建 000029

巴中縣第二區雨神仁鄉聯保辦公處呈

主任委員 孫

事由	擬辦	批示	備攷
呈爲遵令成立優待委員會請予備查一案	呈悉。准予備查。此令。五、一		

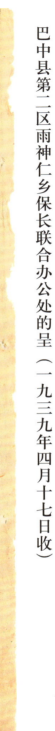

附件

呈 字第 號 年 月 日 時到

收文 字第 號

呈　字第　號　年　月　日　時到

案奉區署役字第二零七號訓令開案奉

縣政府二十八年訓令開案查四川省軍管區司令部頒發再定保兵役補充辦法第三項各縣屬聯保得設優待委員會以

聯保兵役監察委員會及聯保倉儲委員會共同組織之隸屬於縣優待委員會等語除原文有案不錄外后開仰該主任即

便遵照限本月內成立將組織情形成立日期分別呈報以憑彙轉為要此令等因奉此遵於三月六日召集各保士紳會議公推

劉伯泉劉紹基彭雨生三人為委員除呈報區署備查外理合具文呈報

鈞會鑒核備查并乞示遵謹呈

巴中縣優待委員會主任委員孫

兩神仁鄉聯保主任劉伯珩

中華民國二十八年四月　日

巴中县第二区梓柳乡保长联合办公处的呈（一九三九年四月二十九日）

000025 建卡

事由	擬辦	批示	備攷
為呈報聯保優待委員會成立日期懇予存查一函	呈悉准予備查此令 四、廿九		

附件

呈　字第　號　年　月　日　時到

竊職前於四月八日案奉區署轉奉

縣府訓令，附發出征抗敵軍人家屬優待委員會組織規程一份，飭即遵照成立聯保優待委員會，分別呈

報等因一案；職遵於四月十日召集所屬九保保長，及兵監委會，倉保委會各委員，開會組織依照奉頒規程，第四條之規定，除以九保保長，及兵監倉保各委會之委員為當然委員，職為主任委員外；當公推裴華封陳厚安、屈茂修等三人為委員，並經衆互推傅介仁兼總務股股長，陳輝宇兼調查股長，裴華封兼經濟股股長，李忠銘兼審核股股長，即於是日正式成立，除呈報區署備查外；理合將組織情形，及成立日期

報請

鈞會鑒核備查指令祗遵！謹呈

縣長兼主任委員孫

二區梓柳鄉聯保主任兼主任委員李輝莩

中華民國二十八年四月　日

巴中县第二区得鹿乡保长联合办公处的呈（一九三九年五月十四日）

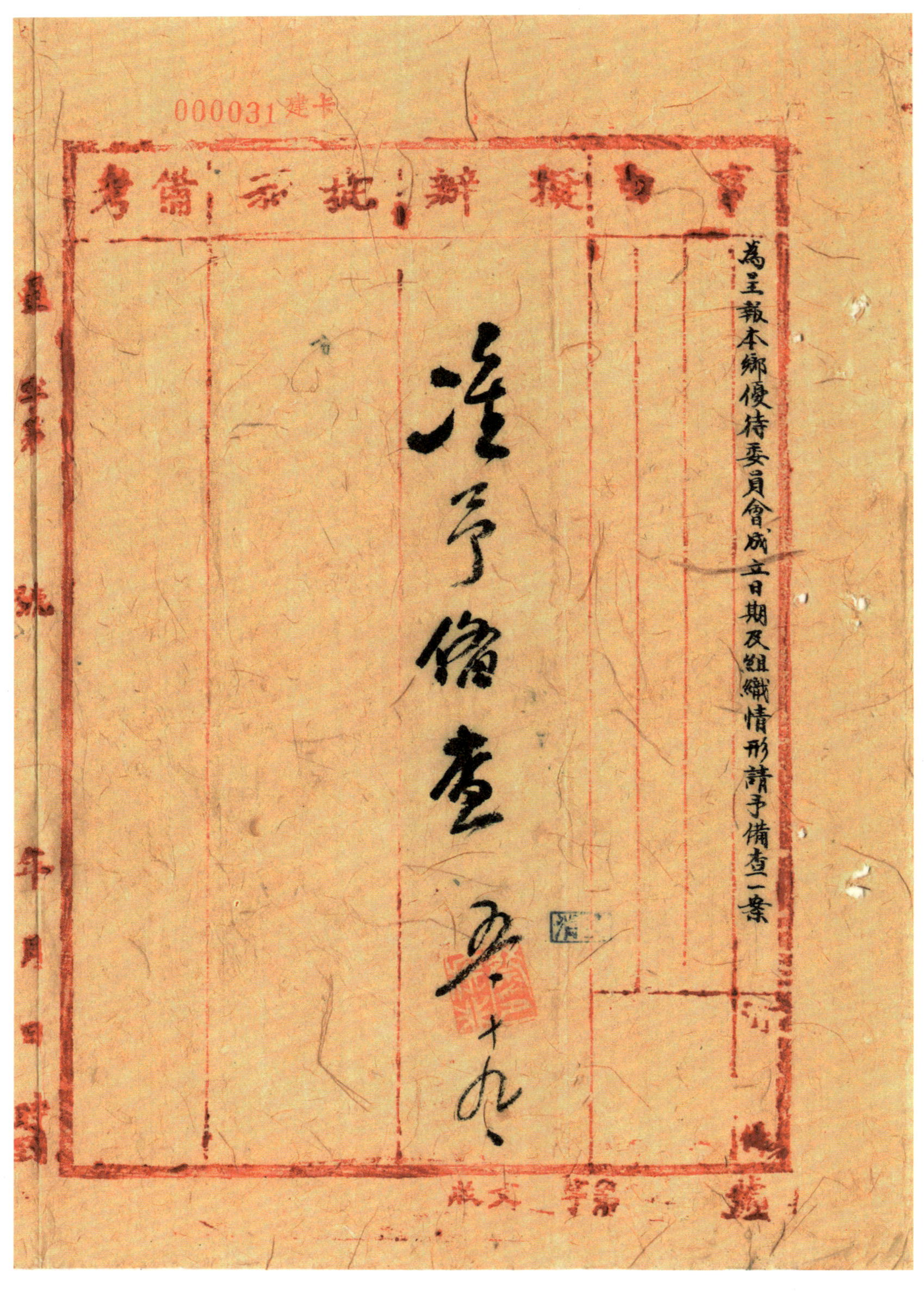
000031 建卡

事由 拟办 批示 备考

为呈报本乡优待委员会成立日期及组织情形请予备查一案

准予备查

五、十九

案奉區署役字第二零七號訓令內開：令飭成立聯保優待委員會、並將組織及成立日期、分別呈報、以憑彙轉一案、等因：附發出徵抗敵軍人家屬優待委員會組織規程一份、奉此。遵於三月十八日、遵令開會成立、並按照組織規程第四條之規定、除職鄉各保保長及監察委員會、倉儲委員會之負責人、為當然委員外、公推職鄉公正士紳冉茂林為委員、兼任總務股長事項、調查股則由各保保長負責、經濟股推倉儲委員李秉圭兼任、審核股推監察委員李紹庚兼任、跟即進行辦理、至辦事細則、俟擬定後另案呈報、奉茲前因、除分呈區署外、理合將職鄉優待委員會成立日期、及組織情形、具文呈請備查、伏祈

察核令遵。

謹呈

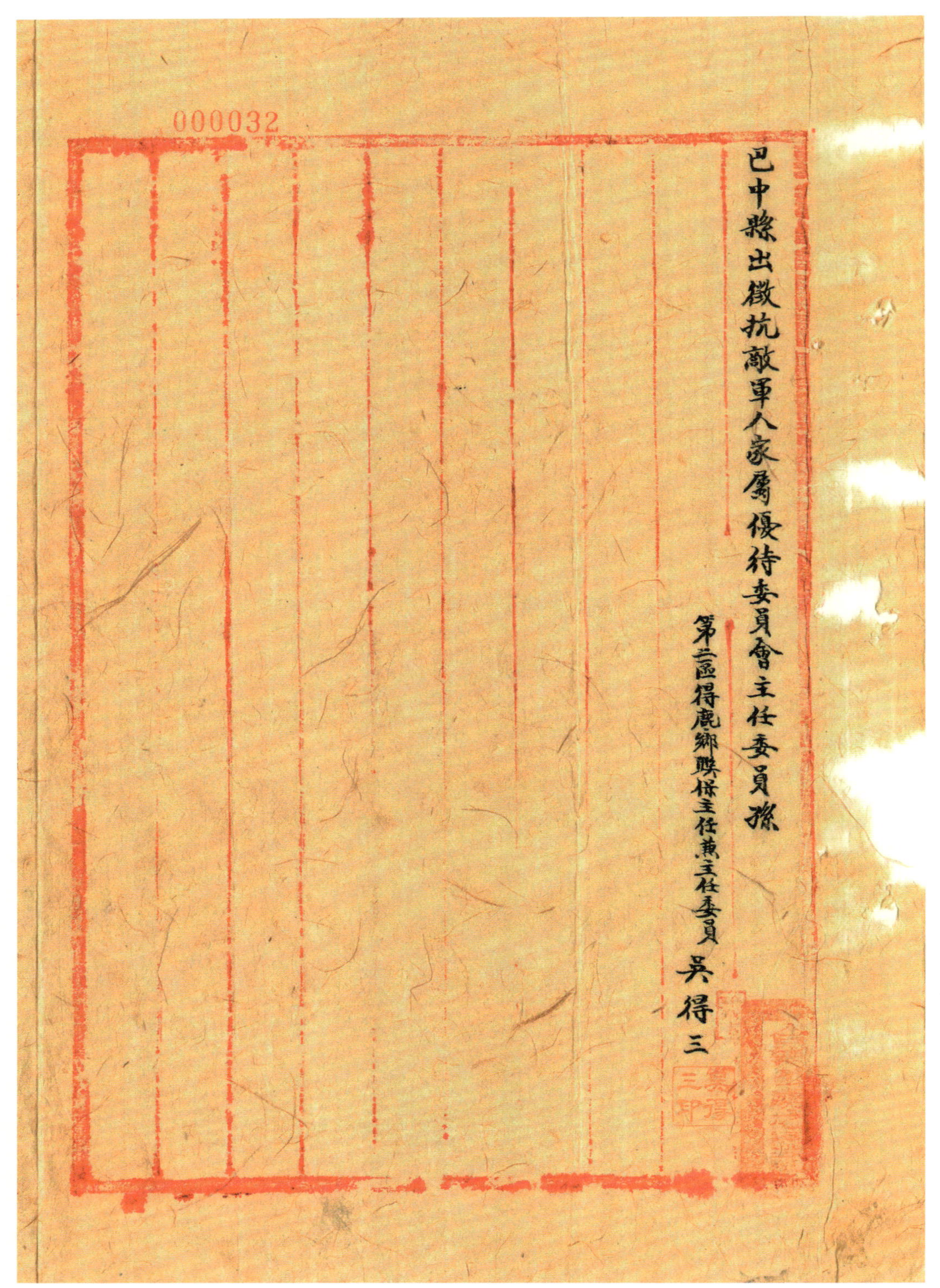
000032

巴中县出征抗敌军人家属优待委员会主任委员孙

第二区得胜乡联保主任兼主任委员　吴得三

中華民國二十八年五月十四日

巴中县第一区金三乡联保处关于中签壮丁藉故隐匿特申送家长请查办致县兵役监察委员会的呈

（一九三九年三月十一日收）

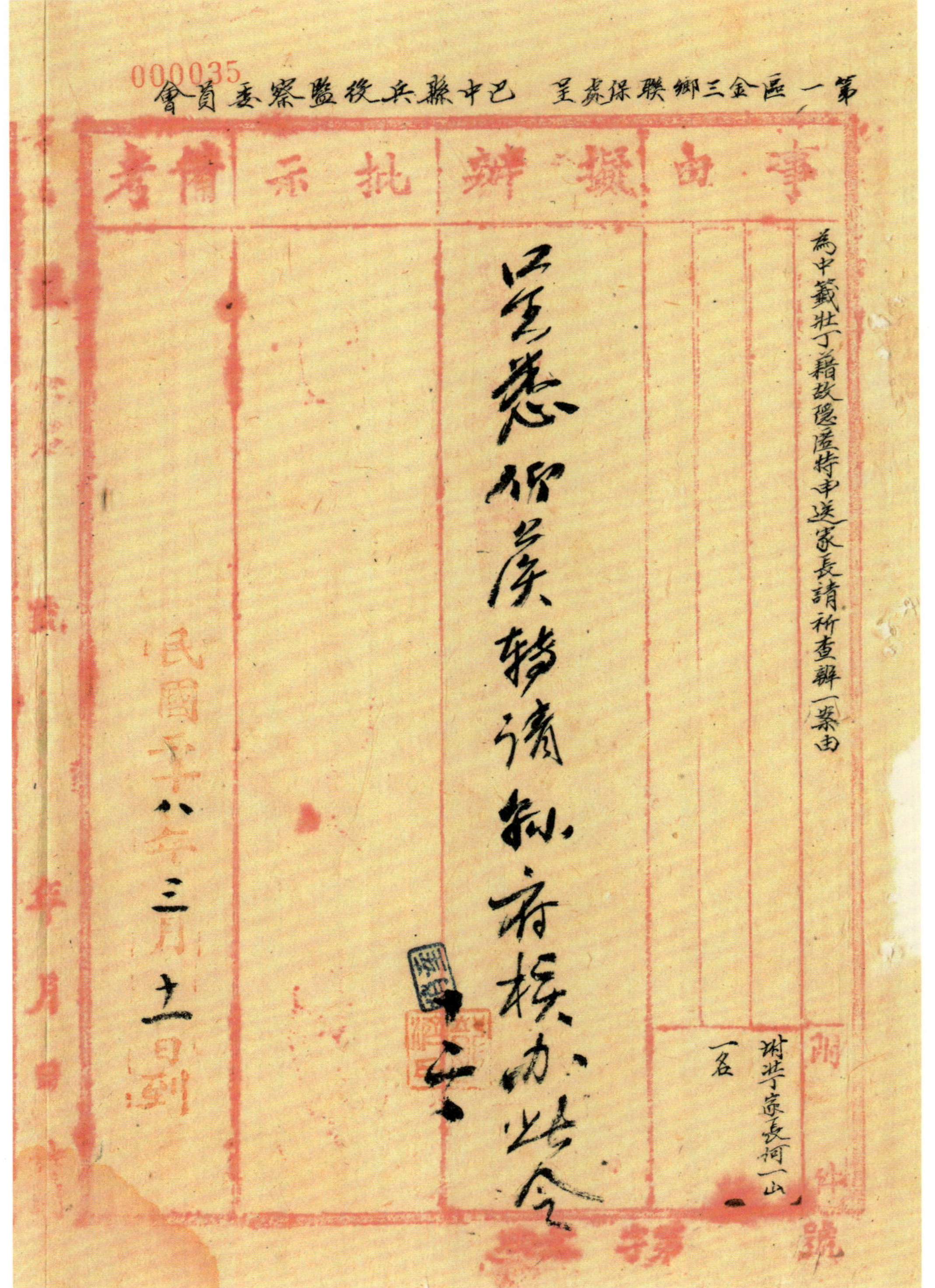

000035

第一區金三鄉聯保處呈　巴中縣兵役監察委員會

事由	擬辦	批示	備考
為中籤壯丁藉故隱匿特申送家長請祈查辦一案由	呈悉，仰候轉請縣府核辦，此令		民國二十八年三月十一日到

附件：附中籤壯丁家長何一山　一名

竊職鄉奉令初抽壯丁各保先已用抽籤法抽定之後由
鈞府派員來處復抽各保中籤次序已有案可核職鄉前曾申送八名此次應申送巴中縣常備第二
中隊壯丁一名原應中第九籤之保申送查中籤第九者爲一九二保保長劉厚安該保抽中第一籤之
丁爲何元富該丁家屬藉故支吾匿丁不現以致職無法申送若以第十號中籤之丁更換恐以後兵役法令
決難進行理合具文將該丁何元富之家長何一山隨文送請
鈞會鑒核查辦以儆效尤實沾公便上呈各情是否有當伏候
鈞會鑒核示遵謹呈
巴中縣兵役監察委員會主任何
附壯丁家長何一山一名
第一區金三鄉聯保主任蕭百東

中華民國二十八年三月 日

巴中縣第一區
鈐記

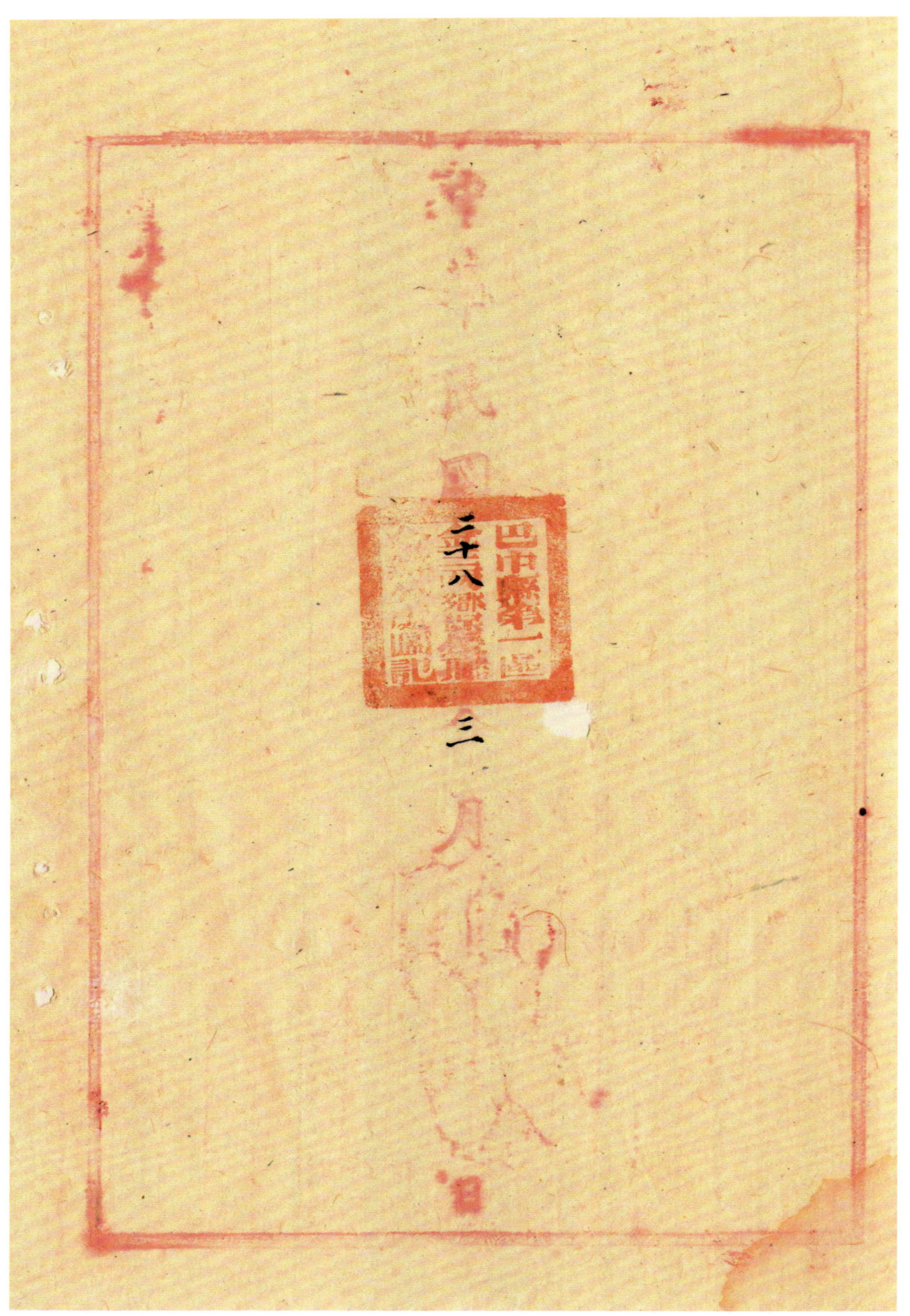

巴中县出征抗敌军人家属优待委员会关于转发优待出征壮丁家属代耕办法致各区联保优待委员会的训令
（一九三九年三月十二日）

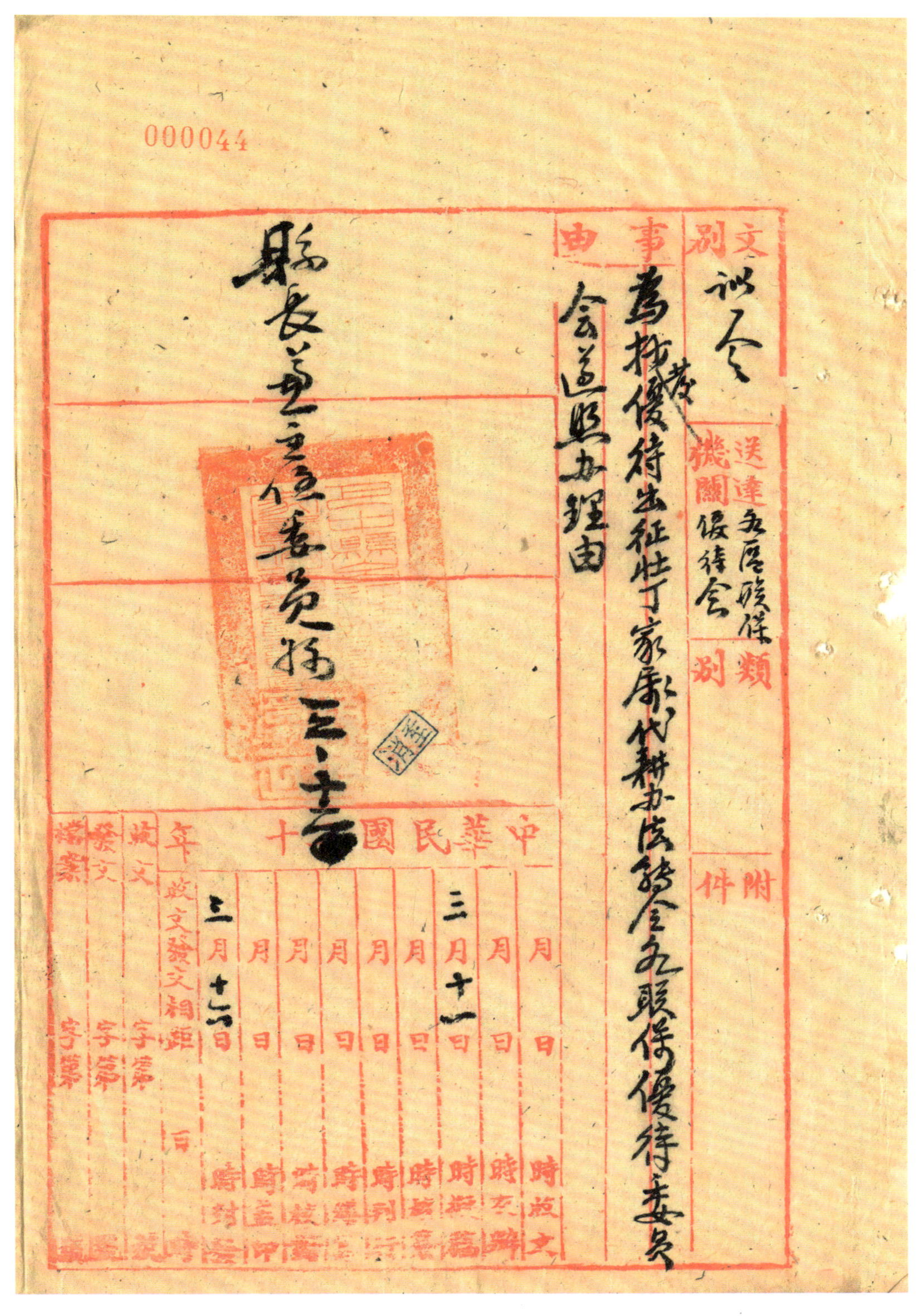

000044

文别：训令

事由：为转发优待出征壮丁家属代耕办法令各联保优待委员会遵照办理由

送达机关：各区联保优待会

类别

附件

县长兼主任委员 杨 三、十二

中华民国 年 月 日

三月十一日

三月十二日

巴中县出征抗敌军人家属优待委员会训令　优字第　号

令第　区　联保优待委员会

二十八年二月蒿日案准

巴中县政府二十八年民字第七一三号公函开

「二十八年二月八日案奉

四川省政府二十八年民字第三〇二七号训令开：案

据云云。相应抄送原办法，函请贵会烦为知照」

等由，计抄送原办法一份。准此，除分令外，合行抄发原办法，

令仰该会即便遵照，参酌办理为要。此令。

计抄发原办法一份

县长兼主任委员　孙〇〇

巴中县政府关于奉令转送切实执行优待抗敌军人家属法令致县出征抗敌军人家属优待委员会的公函（一九三九年三月二十日）

附：国民参政会关于切实执行优待抗敌家属法令的建议案

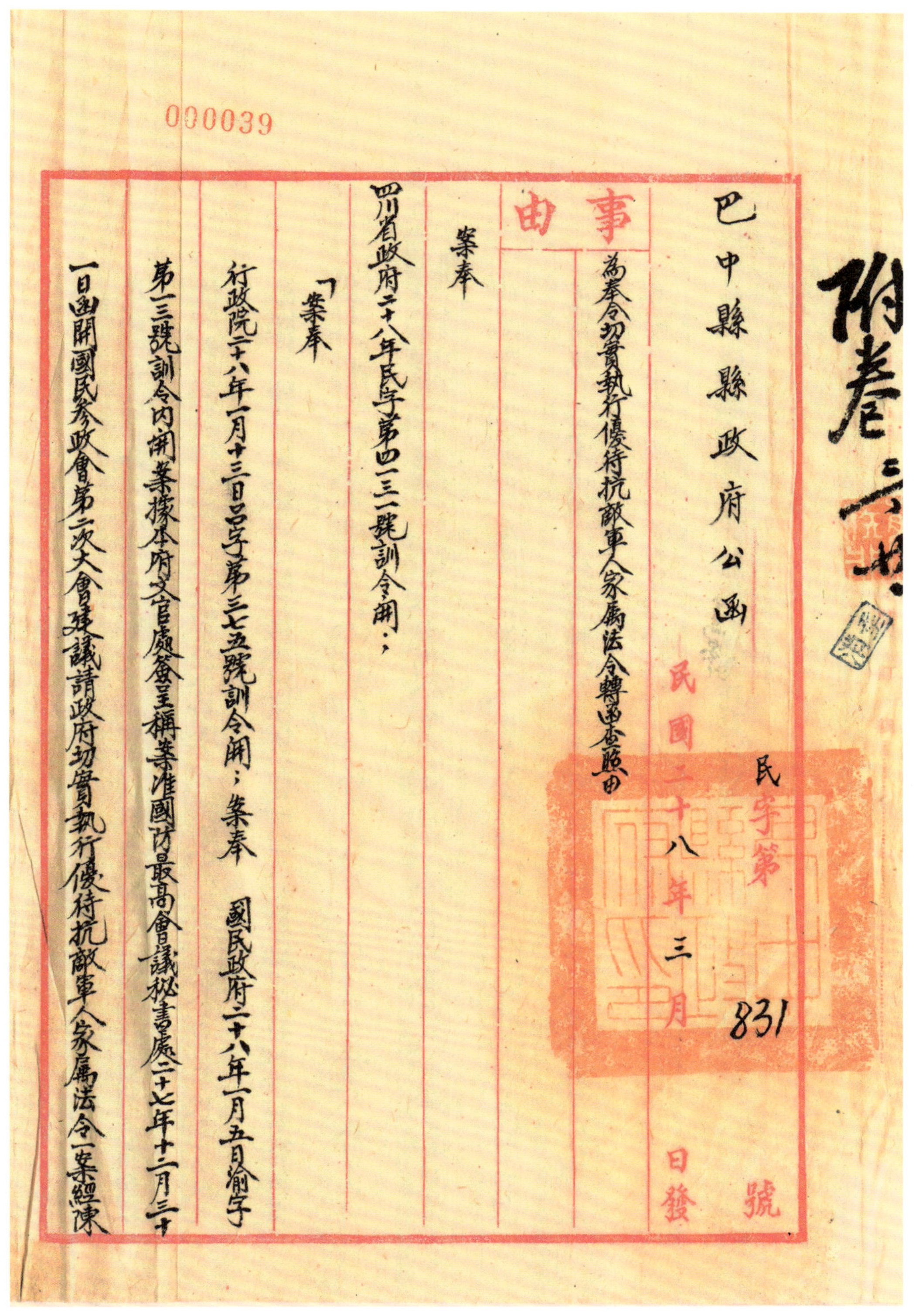

000039

巴中縣縣政府公函

民字第　　號

民國二十八年三月　　日發

831

事由：為奉令切實執行優待抗敵軍人家屬法令轉函查照由

案奉

四川省政府二十八年民字第四一三一號訓令開：

「案奉

行政院二十八年一月十三日呂字第三七五號訓令開：案奉

國民政府二十八年一月五日渝字

第一三號訓令內開：案據本府文官處簽呈稱：案准國防最高會議秘書處二十七年十二月三十

一日函開：國民參政會第二次大會建議請政府切實執行優待抗敵軍人家屬法令一案，經陳

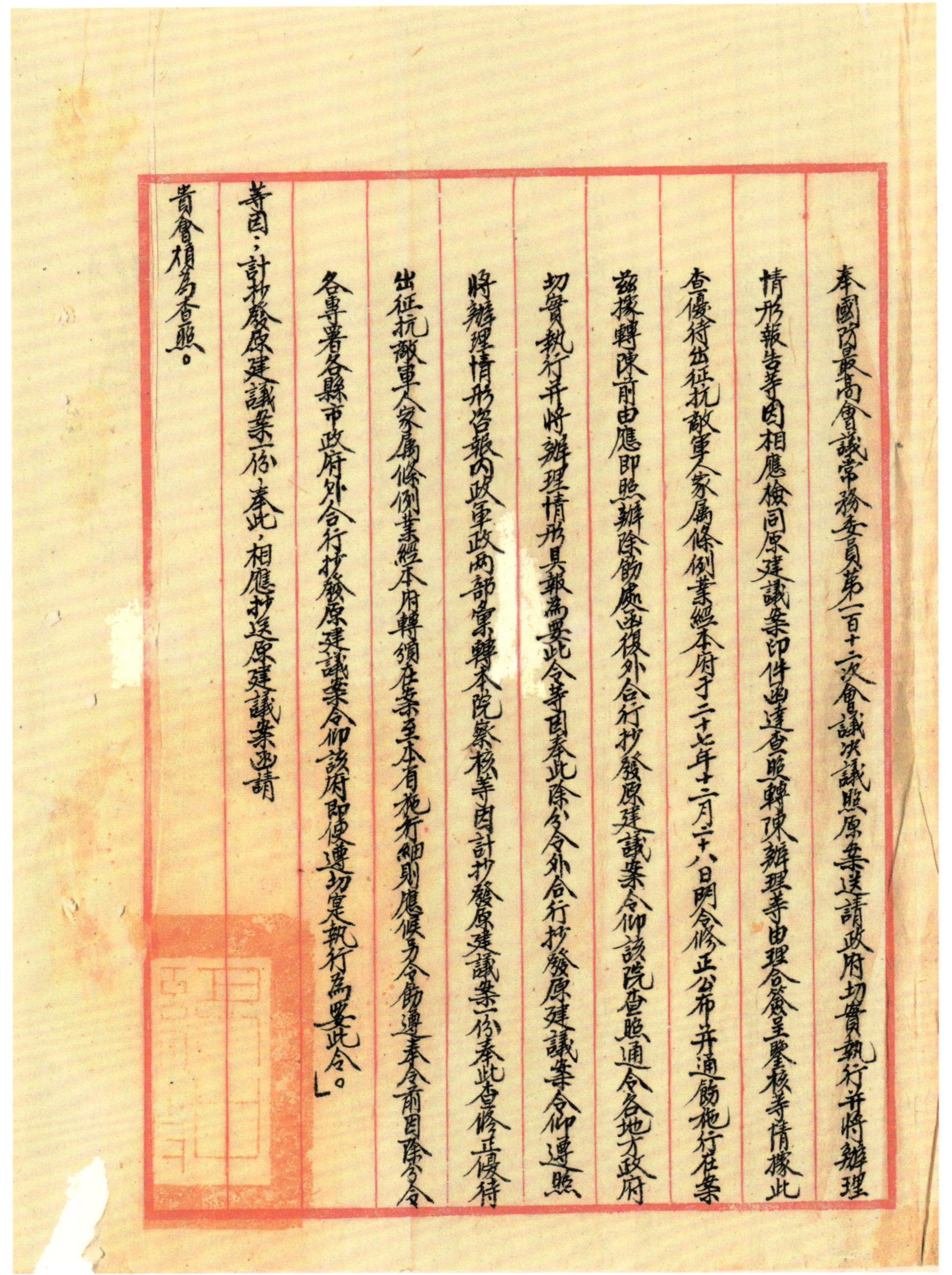

奉國防最高會議常務委員會第一百十二次會議決議照原案送請政府切實執行并將辦理情形報告等因相應檢同原建議案印件函達查照轉陳辦理等由理合簽呈鑒核等情據此查優待出征抗敵軍人家屬條例業經本府于二十七年十二月二十八日明令修正公布并通飭施行在案茲據轉陳前由應即照辦除飭處函復外合行抄發原建議案令仰該院查照通令各地方政府切實執行并將辦理情形具報為要此令等因奉此除分令外合行抄發原建議案令仰遵照將辦理情形咨報內政軍政兩部彙轉本院察核等因計抄發原建議案一份奉此查修正優待出征抗敵軍人家屬條例業經本府轉飭在案至本省施行細則應候另令飭遵奉令前因除分令各專署各縣市政府外合行抄發原建議案令仰該府即便遵切實執行為要此令。

等因，計抄發原建議案一份，奉此，相應抄送原建議案函請

貴會煩為查照。

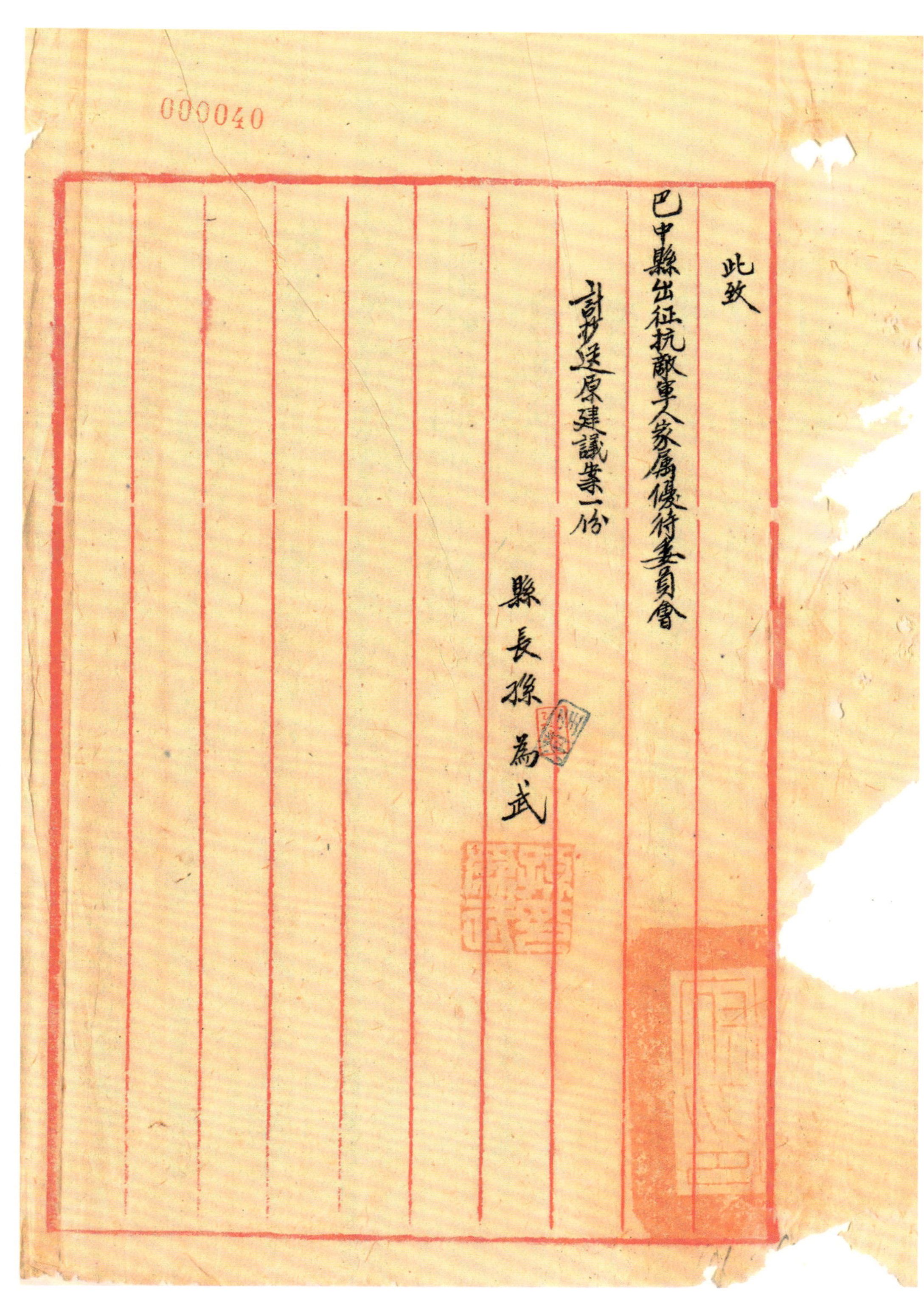
000040

此致

巴中縣出征抗敵軍人家屬優待委員會

計抄送原建議案一份

縣長孫爲武

000041

請政府切實執行優待抗敵軍人家屬法令以使人民安心服兵役案

（提案第八十三號）

自抗敵以來政府即于廿七年二月廿七日公佈「優待抗敵軍人家屬辦法」以勵人民服兵役但迄今已逾八月各地尚未切實執行以致兵役者有家庭內顧之憂更不能將整個身心貢獻國家甚且想盡種種方法逃避兵役于抗戰前途大有影响務請中央將該項辦法通令各地方政府切實執行以使人民安心服兵役

提案人史良

連署人沈鈞儒 褚輔成 溯仲良 李洽

陶行知 朱之洪 冷遹 韋卓民 張一麐 林虎

楊子毅 榮[illegible] 王造時 陳裕光 房振驛 李元鼎

鄒韜奮 王幼僑 程希孟 馬亮 吳貽芳 鄧穎超

劉蘅靜

（國民參政會第二次大會決議原案通過送請政府切實執行）

42

巴中县政府奉令抄发四川省民政厅视察员彭善承关于各县市优待出征抗敌军人家属情况报告总评及意见致县出征抗敌军人家属优待委员会的公函（一九三九年三月二十三日）

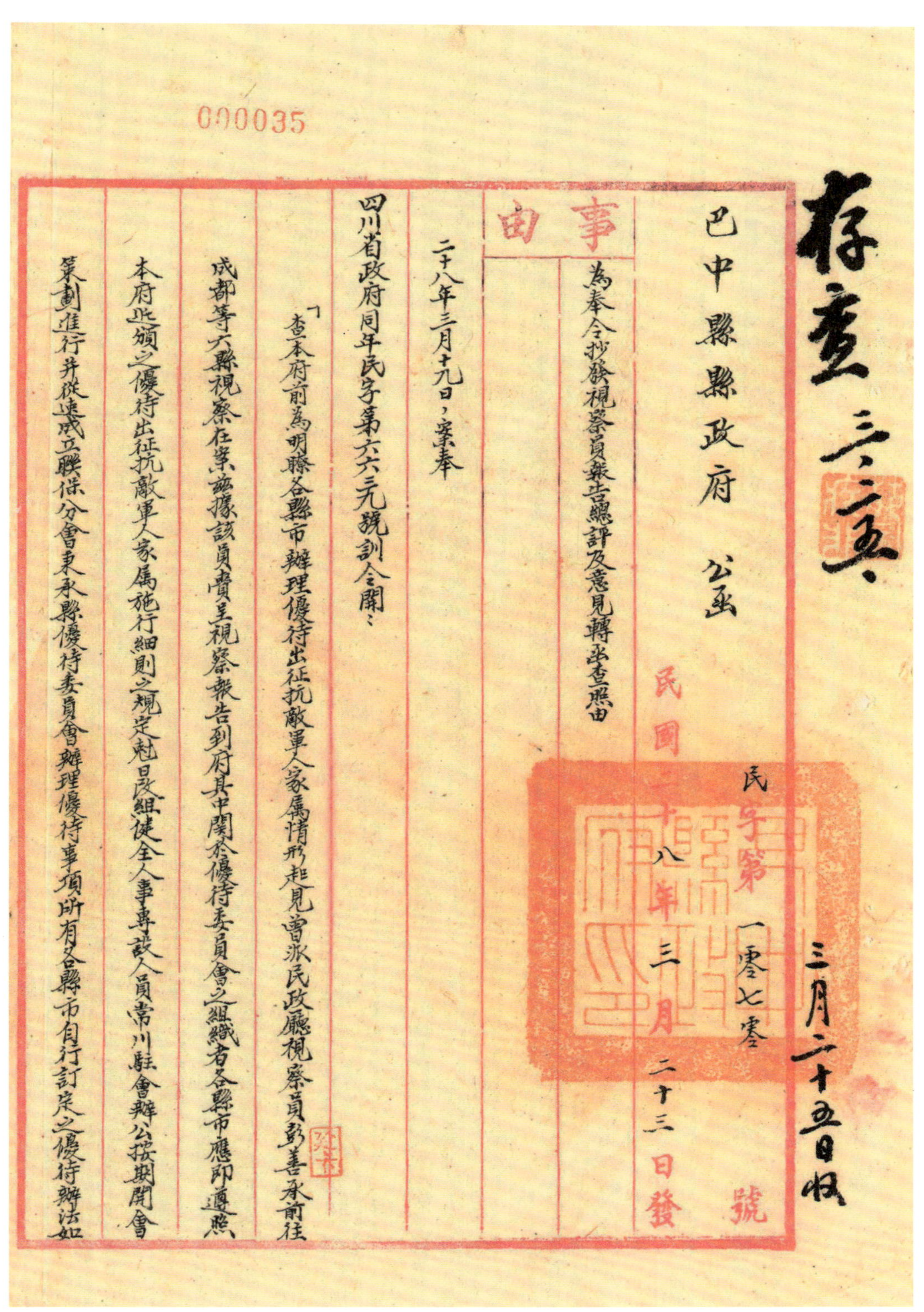

存查 三.二五

巴中縣縣政府 公函

事由：為奉令抄發視察員彭善承總評及意見轉函查照由

民字第一零七零號

民國二十八年三月二十三日發

三月二十五日收

二十八年三月十九日，案奉
四川省政府同年民字第六六三九號訓令開：
「查本府前為明瞭各縣市辦理優待出征抗敵軍人家屬情形起見，曾派民政廳視察員彭善承前往
成都等六縣視察在案。茲據該員賫呈視察報告到府，其中關於優待委員會之組織者，各縣市應即遵照
本府近頒之優待出征抗敵軍人家屬施行細則之規定，剋日改組，健全人事，專設人員常川駐會辦公，按期開會，
策劃進行，并從速成立聯保分會，秉承縣優待委員會辦理優待事項。所有各縣市自行訂定之優待辦法如

有與　國府公布之優待條例及本省施行細則相牴觸者應即停止適用至第一次發給優待谷或優待金時期并不得逾驗收後三十日其他建議事項前項施行細則內均有規定該縣應即切實遵照規定辦理又據稱郫縣士紳劉澤周對於調查、壯丁家屬情況必親赴各鄉探詢不假手於保甲人員並曾查覺區聯保甲竟有虛偽証明情事其熱心服務殊堪嘉尚應予傳令嘉獎用昭激勸至虛偽證明之保甲人員已飭郫縣縣府查明依法究辦除分令外合行抄發視察員報告總評及意見令仰該府即便參照分別改善為要。」

等因，計抄發視察員報告總評及意見一紙，奉此，相應抄附原件函達

貴會查照為荷。此致。

巴中縣優待委員會

計抄送視察員報告總評及意見一份

縣長孫　為　武

000036

摘评及意见

此次奉派视察成都、华阳、新都、郫县、温江、双流六县办理优待出征军人家属情形，兹将该县情况已分别陈述并加批评于上，其中尚有若干缺点，有通病，且为急须彻底纠正者，特综合予以摘评，同时提出改进意见三要点如左：

一、优委会组织亟求健全　各县优委会组织皆极欠健全，且情形各不一律，所聘有委员之有名但不开会议，并无专人驻会办公，会务全由县府兵役科或第一科兼办，其中有成都、新都两县优委会有驻会专任人员，而会务推进非经会议决定，全由县府第一科或兵役科兼办，其中有华阳、郫县、温江三县优委会尚能举行会议策划会务，而无专任人驻会办公，会务全由县府第一科及兵役科办理，其中有双流一县，故工作推动迟缓，收效不宏。以后各县优委会一律须雇专人驻会办公，藉之优委会得聘文书一人（月支五千元为度），委员务须开会，以策划并推进会务，且须立会议纪录，以资稽考。又下属联保优待委员会仅新都、华阳两县成立，其余各县迄且缺如，应一律成立，以便协助县优待会办理优待事项。此外各县县级优委会委员多系该县各级兵役监查委员会委员，应切实负责联络，以收辅助之效。至地方士绅充任优待委员而能热心为务者，如郫县士绅刘演周先

生死特存恳予嘉勉并可呈请 省府褒扬以资激励

二、办法应求统一 出征军人家属优待积谷数量省有统一规定惟各县多以新斗量过少优待过厚或则比规定略予增加给予如成都双流县呈准发给次数不宜如双流随便变更且须呈省请示或则除发给积谷之外另由保甲就地募款捐粮以示优厚惟捐粮数目各不齐一稍有厚薄且未加统制监督各属不当似宜规定凡地方民众有由保甲自动募款捐粮出征壮丁家属者须交优委会参加监督并拟订统制办法统制之且全款以示公允俾结一次分发家属亦尤为妥限定优待之法双流则已举办计划未来应通令全县仿照双流办送布旌宗誉旌之法出于役政之推进大有辅助也下饬联保优委会应通令切仿成都办法代写书信报告消息派员升访此外凡各县有新订办法与规定稍有出入者须呈经省府核准方可举办

三、工作应求积极 各县办理优待出征军人及壮丁家属工作毫不积极就所咨之各县受优待家属数与县送壮丁数之比例而论如成都县由送壮丁一千九百余人而实际受优待之家属仅二百八十名资阳县由送壮丁五千余人而实际受优待家属

不及五百名，秭归县则自称受优待家属数约当申送壮丁数之三分之一，即该县出征壮丁逾二千人，而实际受优待家属仅一百九十余名。[illegible]县申送壮丁约二千人，而实际受优待家属据称仅五百余户人（未见其发给口粮命令存根），惟潜江县虽遍普发给优待金，业已得先，惟又因办理极不周密，弊端丛生，已属骇人，贫苦家属已在申送壮丁军用置于无法。各县出征壮丁非全属各该县本籍，或为本籍而无家属，然其数绝不能如是之巨，更见各县优委会积压之家属调查表未调查，或未审核者极多，未能迅速调查、迅速审核，早办优待，皆足以表示工作之不紧张。各地方人士亦以优待抗政为政府厚惠，并係初办，不甚注意，而各县亦多以例行公事目之，要知对日抗战已至紧要关头，最后胜利端赖兵员补充，而欲役政推行顺利，兵员易集，必出征壮丁家属享受优待，地方机关办理切实，庶可造成风气，激励从征。故职等对于办理优待出征军人家属工作原则方面提出意见二点：（一）办理须求积极。各县优委会应以各该县所有之出征军人家属无一人不受优待为准，剀切自动查出，应受优待之家属办理优待，至办理手续务求迅速，不可迟延；（二）调查务求切实认真，万不能仅凭区联保保甲之「官样」证明，而不

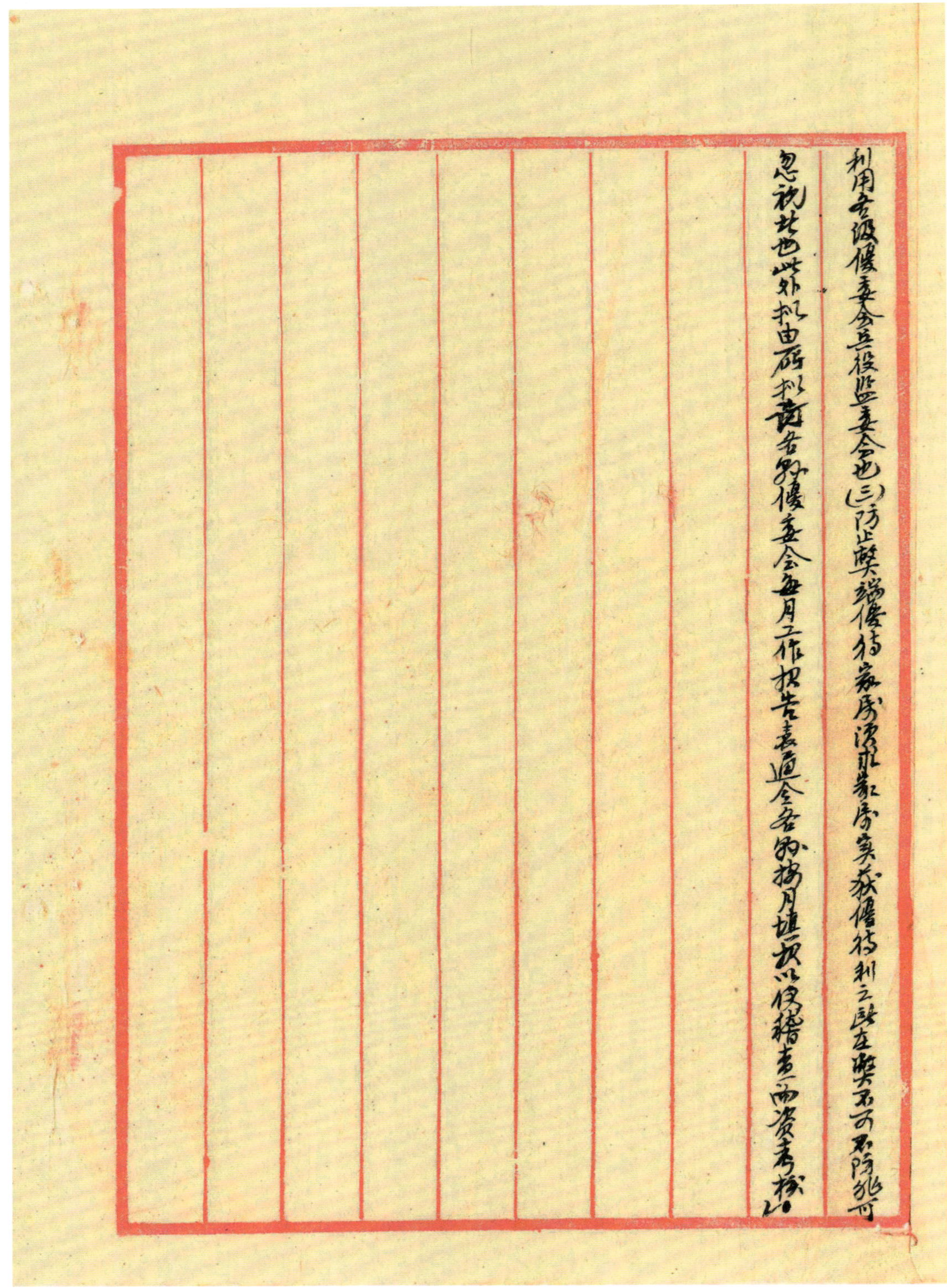

利用县级优委会兵役监委会也。(三)防止弊端 优待家属须求家属实获优待利之所在弊不可不防能否

忽视者也。此外拟由县拟订各乡优委会每月工作报告表通令各乡按月填报以便稽查而资考核以

巴中县出征抗敌军人家属优待委员会、四川县政府等关于处理出征抗敌军人家属黎体泉与张百思债务纠纷的一组文件

巴中县出征抗敌军人家属优待委员会致四川省政府的呈（一九三九年三月二十七日）

000038

文别：呈

送达机关：省府

事由：为请示出征抗敌军人家属黎体泉与张百思债务纠纷应如何处理一案由

类别

附件

县长华
主任委员孙
三月廿八

中华民国　　年
三月廿六日
三月廿八日

竊查本城南區黎醴泉與本城廂區張百思因債務糾紛被百思控准本縣司法處立案，醴泉當以逆受赤禍，債帳累深，無力付還，陳請轉請援例緩催，以維生計，而示優待等情到會。正核辦間，復據債權人張百思以生活窘迫，懇祈轉請嚴追，以維債務，而示優待等詞具指前來。當即查因出征抗敵軍人之家屬直系親屬所當係出征抗敵軍人家屬狀況三聯證明表，該黎醴泉之子黎良及張百思之子張九富，均屬早已出征前線，擔任抗戰工作。惟查黎良之父醴泉確於民廿一年義借張九富之父百思名下市錢叁百元，今以受赤禍困確無力償還，茲二案實情，尊遵四川省各市縣優待出征抗敵軍人家屬實施細則第十四條之規定，及民卅七年十二月廿一日修正公布之優

000039

待出征抗敵軍人家屬條例第九條之規定辦理，即應緩期催收，不得強
制執行。經查該張九高之家長呂恩園受赤福之後，家庭生活亦屬
艱窘，急待收討舊債，以資維繫。今既雙方均為出征抗敵軍人之家屬，
而家庭生活又復情形相同，此種債務糾紛，究應如何處理，方稱適當，尚
無明文規定，實難擬辦，並為辦理優待之際難生情事，恐亦不乏
前。為免除困難而息訟累起見，特據情轉請
鈞府鑒核，俯予迅將出征抗敵軍人家屬關於債務糾紛如遇
債務與債權人均為出征抗敵軍人之家屬應該如何持平處理，請即
詳密明文規定飭遵，以便辦理而利優政，實為公便。謹呈
主席王

縣長兼主任委員孫○○

中華民國　年　月　日

巴中县政府致县出征抗敌军人家属优待委员会的训令（一九三九年五月十三日收）

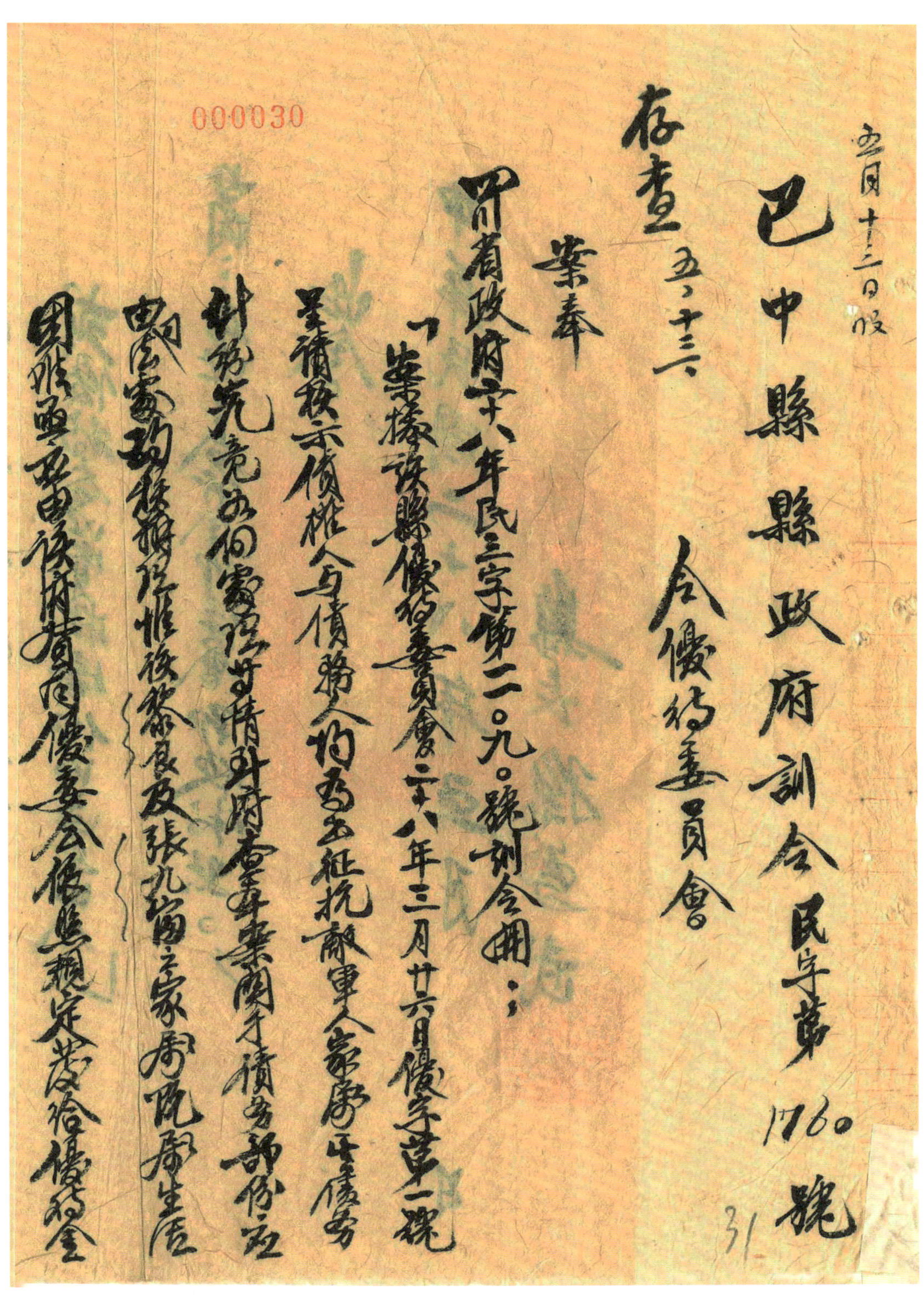

五月十三日收

巴中縣縣政府訓令　民字第1760號

令優待委員會

存查　五、十三

案奉

四川省政府二十八年民三字第二一〇九號訓令開：

「案據該縣優待委員會二十八年三月廿六日優字第一號

呈請核示債權人與債務人均為出征抗敵軍人家屬，其債務

糾紛究應如何處理，等情到府。查本案關于債務部份，應

由該會勸導雙方讓步和解；惟該蔡良及張九瑞之家屬既屬生活

困難，亟應由該縣府責成優委會依照規定從優發給優待金

31

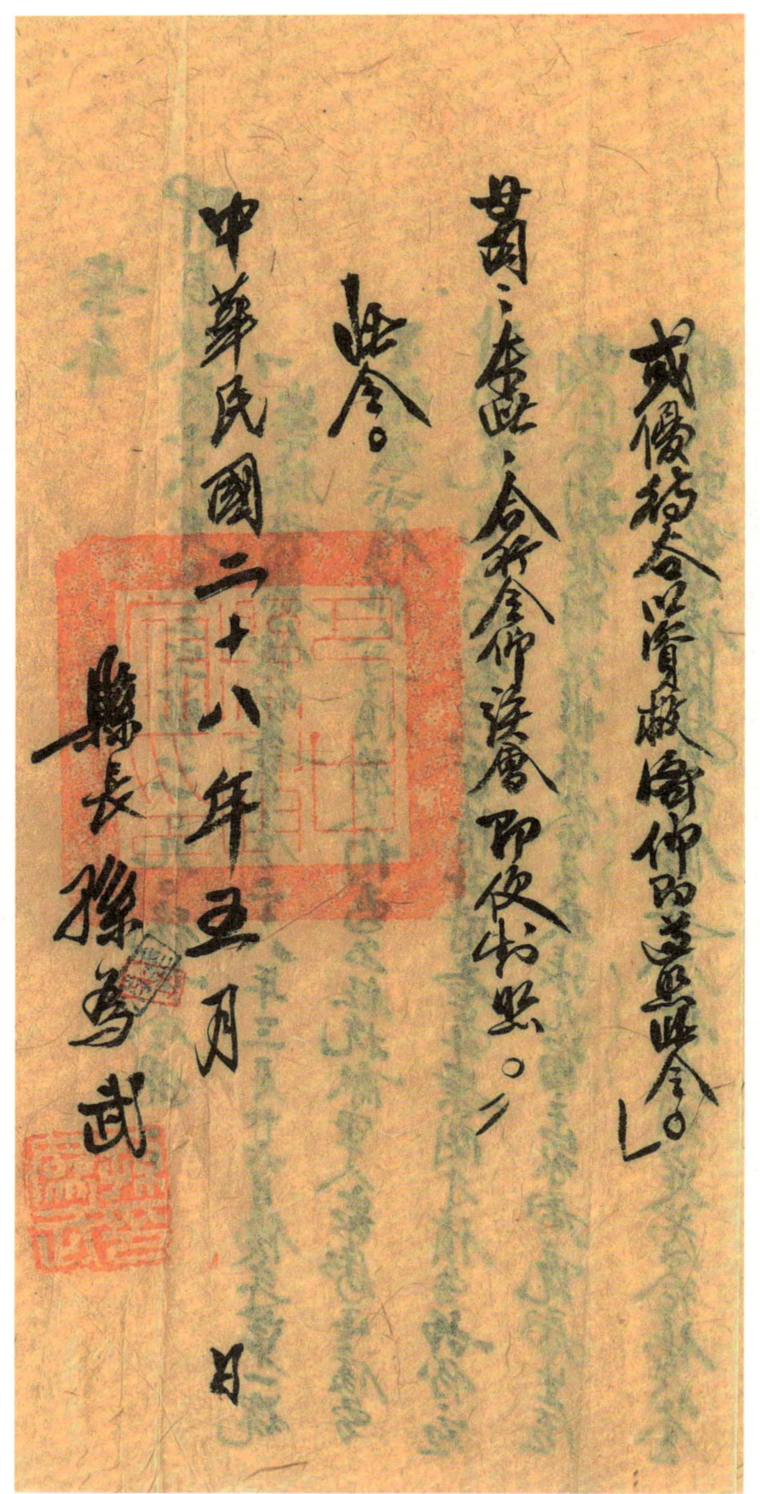

成優待令，以資激勵，仰即遵照。此令。」

等因。奉此，合行令仰該會即便知照。

此令。

中華民國二十八年五月　日

縣長　孫爲武

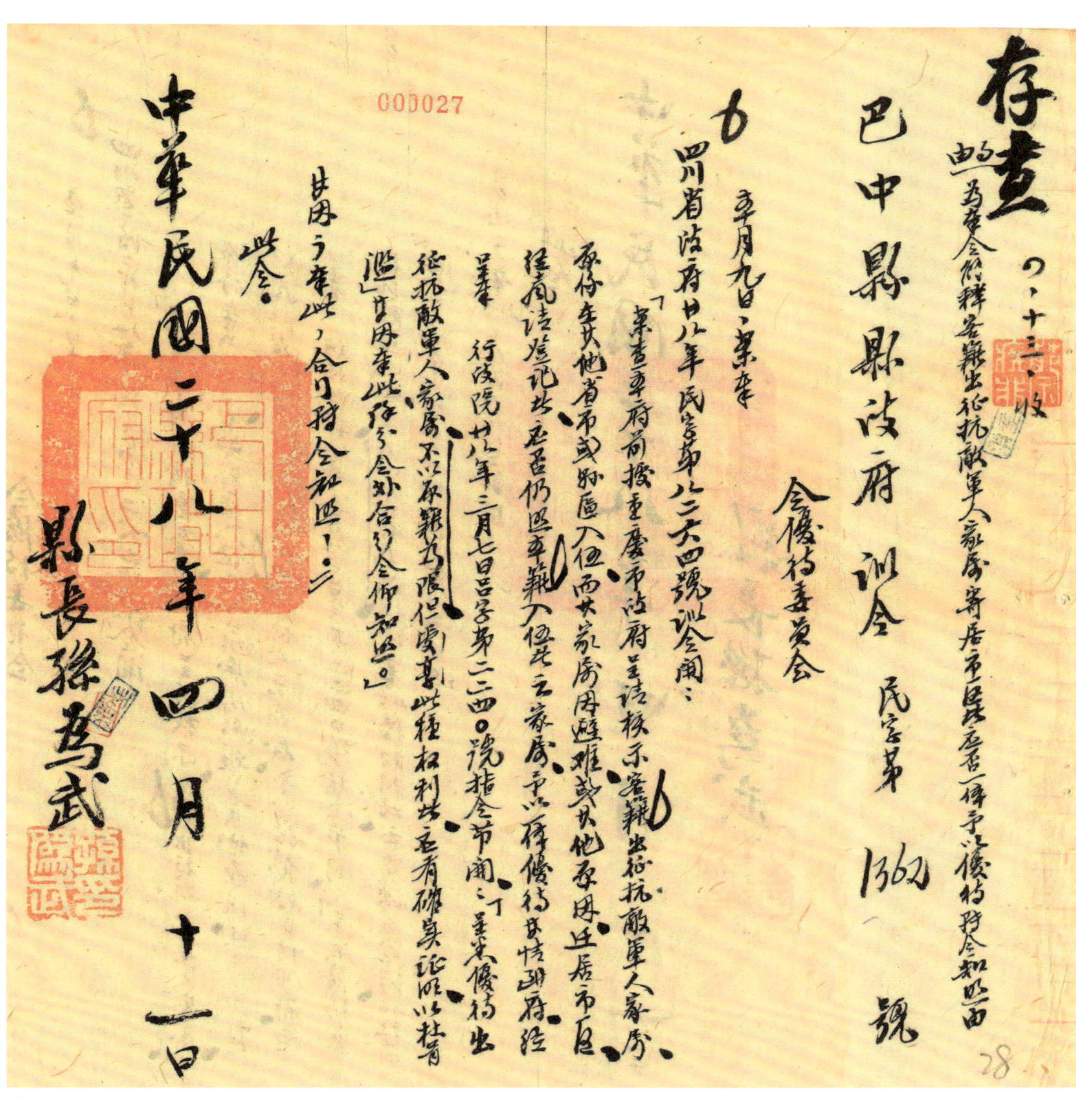

存查

四、十三、收

由 爲奉令解釋客籍出征抗敵軍人家屬寄居市區者應否一體予以優待，轉令知照由

巴中縣縣政府訓令 民字第1362號

令優待委員會

本年三月九日案奉

四川省政府廿八年民字第八二六四號訓令開：

「案查本府前據重慶市政府呈請核示客籍出征抗敵軍人家屬，原係在其他省市或戰區入伍，而其家屬因避難或其他原因遷居市區，經咨請核示，迭記在案。至若仍照本籍入伍者之家屬，予以優待，其情形府經呈奉

行政院廿八年三月七日呂字第二二四〇號指令節開：「呈悉。優待出征抗敵軍人家屬，不以原籍爲限，但慮發生此種權利之有礙，真僞以杜冒濫。」等因，奉此，除分令外，合行令仰知照。」

等因，奉此，合行轉令知照！

此令。

中華民國二十八年四月十一日

縣長孫爲武

巴中县政府关于转知客籍出征抗敌军人家属寄居市区者应否一体予以优待之解释致县出征抗敌军人家属优待委员会的训令（一九三九年四月十一日）

巴中县第二区插仙望乡一百八十六保出征抗敌军人赵国民关于地址变更恳请登记致县出征抗敌军人家属优待委员会的呈（一九三九年四月十二日收）

附：夔绥师管区补充一团二营九连证明书（一九三九年二月二十日）

000012

事由	擬辦	批示	備攷
呈為懇准登記俾便優待抗敵家屬以備存查一案由	呈悉准予登記　證明書存此批　四、十六		

附件

呈　字第　號　年　月　日　時到

收文　字第　號

呈　字第　號　年　月　日　時到

情氏趙劉氏撫子趙國民祖籍巴中第二區住插仙望鄉屬銅寶山本管保長戚王天

喜昨二十七年第一次遵　令選丁將趙國民舉送試驗及格在夔綏師管區補充一團

二營九連服役現有羅連長王顯盖章印證書氏劉氏手收存實現經編查本管保

甲改為第一百廿六保趙國明仍報舊第十三保九甲又報住古之小地名熊家鄉實為悮報氏

趙劉氏邀保甲長証明叩懇

鈞會准予登記俾趙國民之母及家屬德便優待如沐鈞允頂祝不忘謹乞

巴中縣出征抗敵軍人家屬優待委員會

巴中第二區插仙望鄉住銅寶山懇恩人趙劉氏

証明人本管第一百廿六保保長王天喜

甲長李仁榮

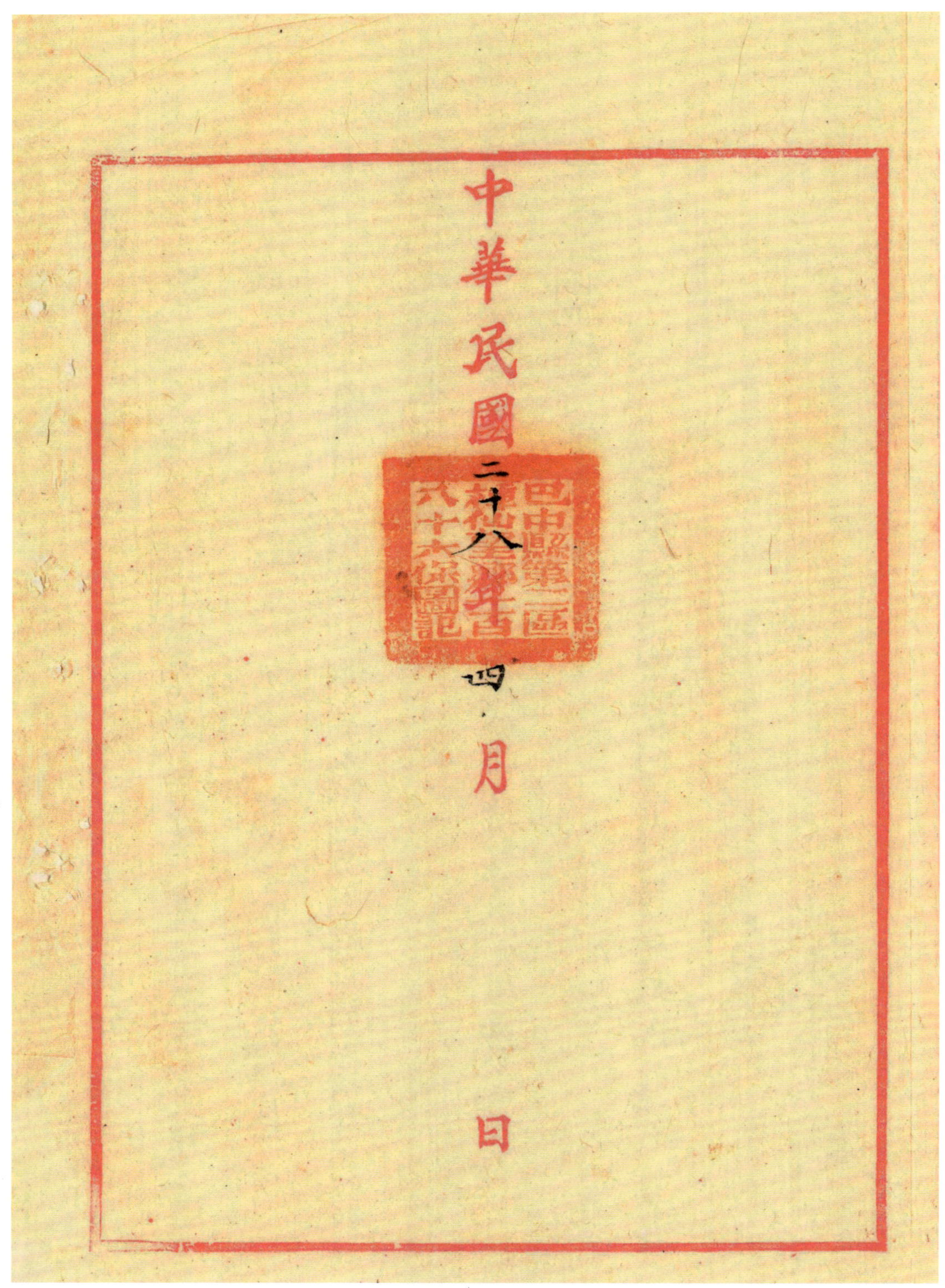

中華民國二十八年四月　日

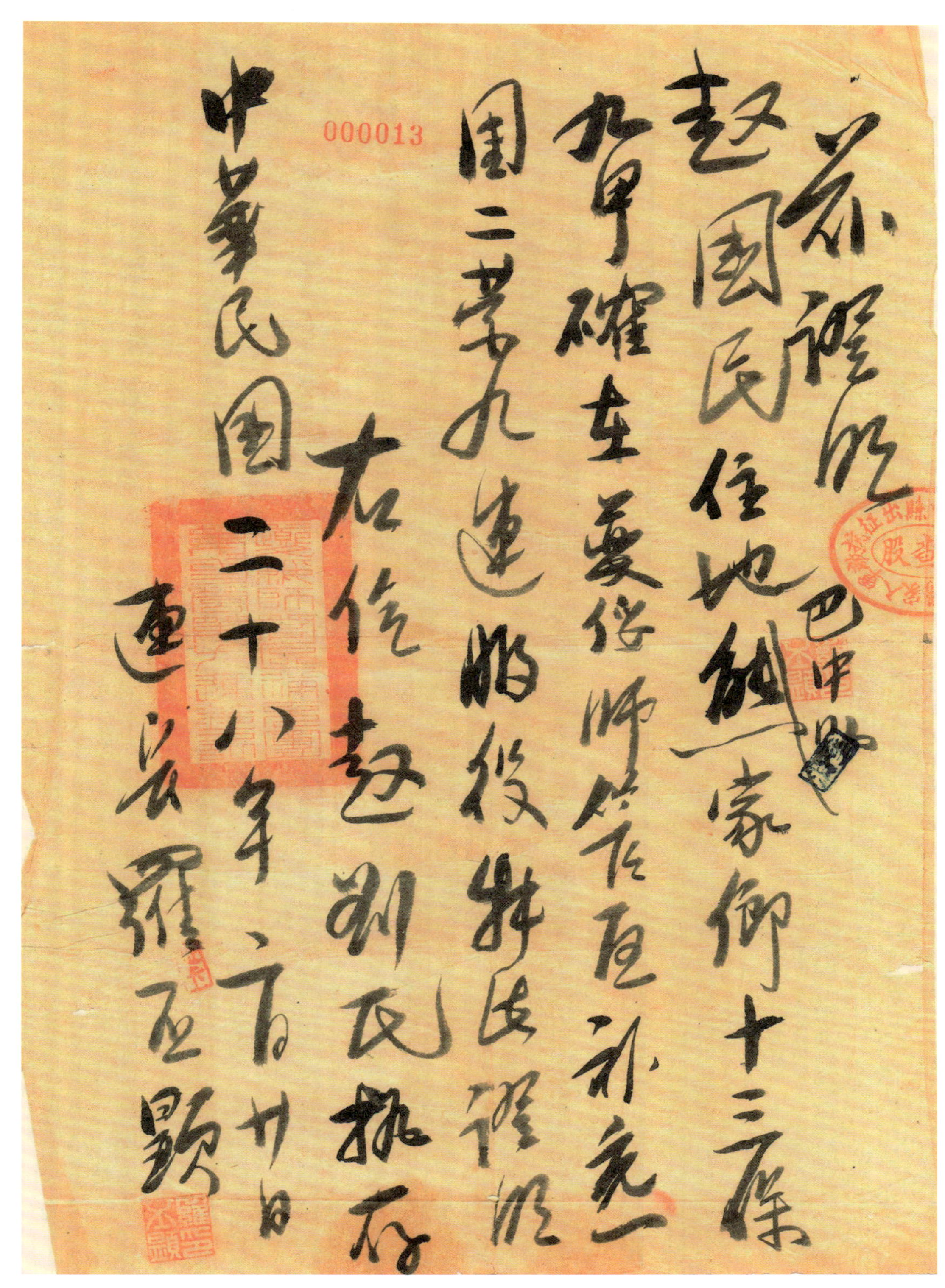

茲證明

趙國民住地址巴中縣家鄉十三保

九甲確在[illegible]從師管區補充一

團二營九連的役新兵證明

右給趙劉氏執存

中華民國二十八年六月廿日

連長羅正顯

000013

夔绥师管区巴中团管区司令部关于转知本籍与非本籍出征军人家属享受优待之解释致巴中县县长孙为武的训令

（一九三九年四月二十一日）

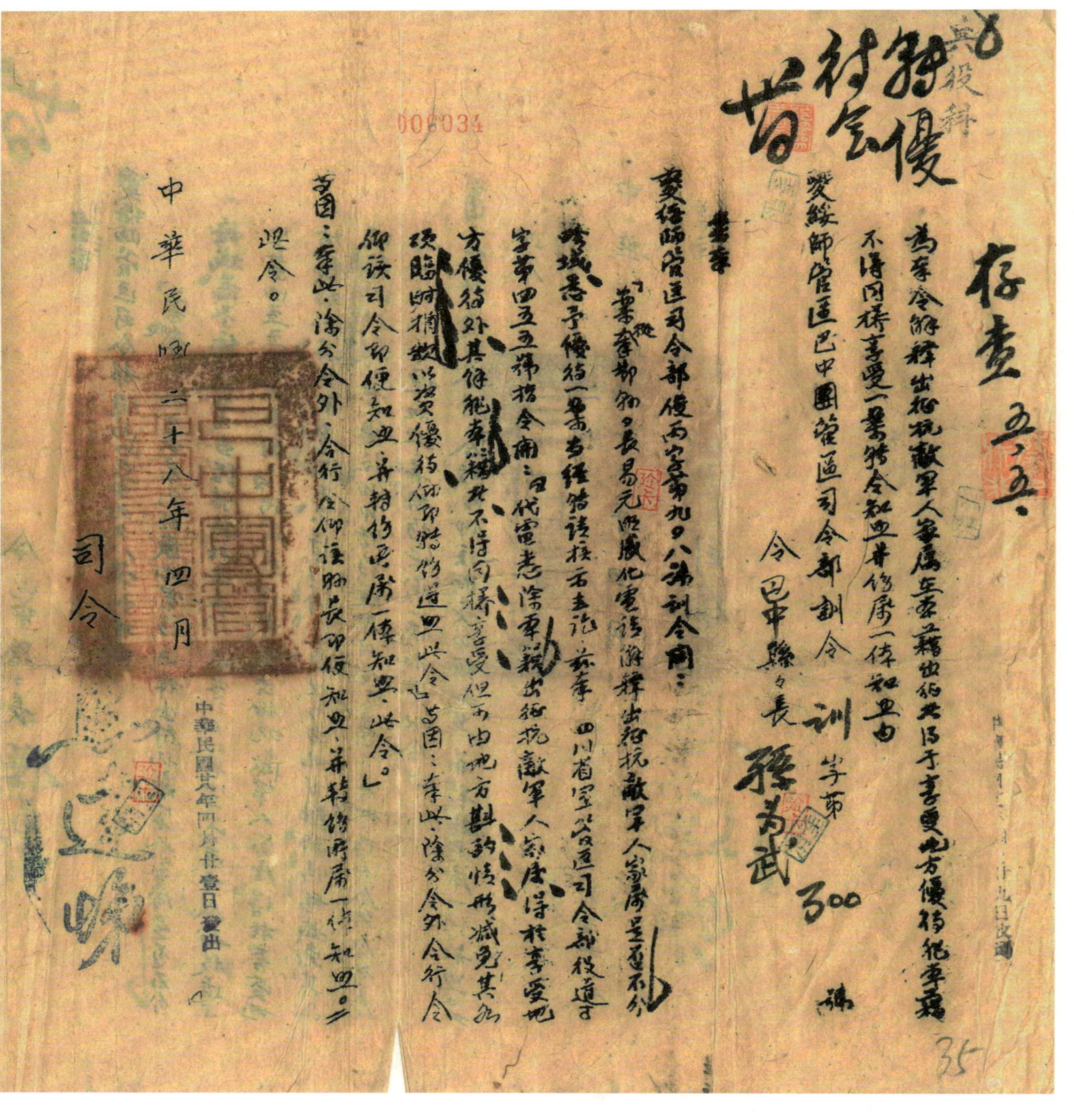
存查 五.五

為奉令解釋出征抗敵軍人家屬在本籍出征者得于本籍享受地方優待，非本籍不得同樣享受一案，轉令知照由

夔綏師管區巴中團管區司令部訓令 字第 號

令巴中縣縣長孫為武

案奉

夔綏師管區司令部優丙字第九〇八號訓令開：「案奉 [illegible]化電請解釋出征抗敵軍人家屬是否不分省域，應予優待一案，當經轉請核示去訖。茲奉 四川省軍管區司令部役道字第四五五號指令開：『代電悉。除本籍出征抗敵軍人家屬得於享受地方優待外，其餘非本籍者不得同樣享受，但可由地方斟酌情形，減免其負擔，臨時補救，以資優待。仰即轉飭遵照。此令。』等因。奉此，除分令外，合行令仰該司令即便知照，並轉飭所屬一體知照。此令。」等因。奉此，除分令外，合行令仰該縣長即便知照，並轉飭所屬一體知照。

此令。

中華民國二十八年四月 日

司令

中華民國廿八年四月廿壹日發出

巴中县政府关于奉转申送验收入营之壮丁因病或意外死亡抚恤办法致县出征抗敌军人家属优待委员会的训令
（一九三九年四月二十五日）

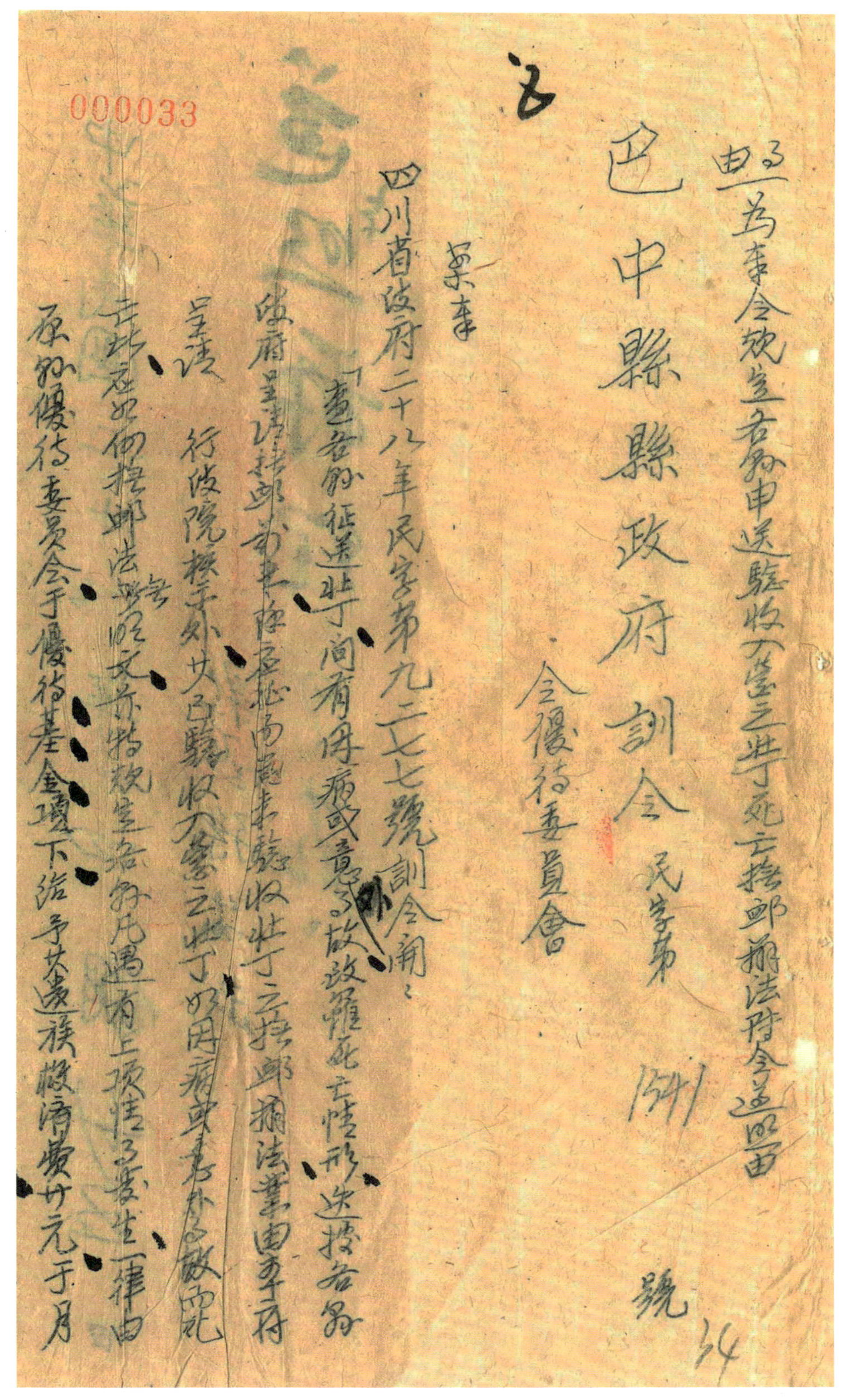

000033

由：為奉令飭查各縣申送驗收入營之壯丁死亡撫卹辦法附令遵照由

巴中縣政府訓令　民字第　號

令優待委員會

案奉

四川省政府二十八年民字第九二七七號訓令開：

「查各縣征送壯丁，間有因病或意外事故致罹死亡情形，迭據各縣

政府呈請撫卹前來。除尚未驗收壯丁之撫卹辦法業由本府

呈請

行政院核示外，其已驗收入營之壯丁如因病或意外致死

亡者，如何撫卹辦法，茲特規定各縣凡遇有上項情事發生，一律由

原縣優待委員會于優待基金項下給予其遺族撫濟費廿元，于月

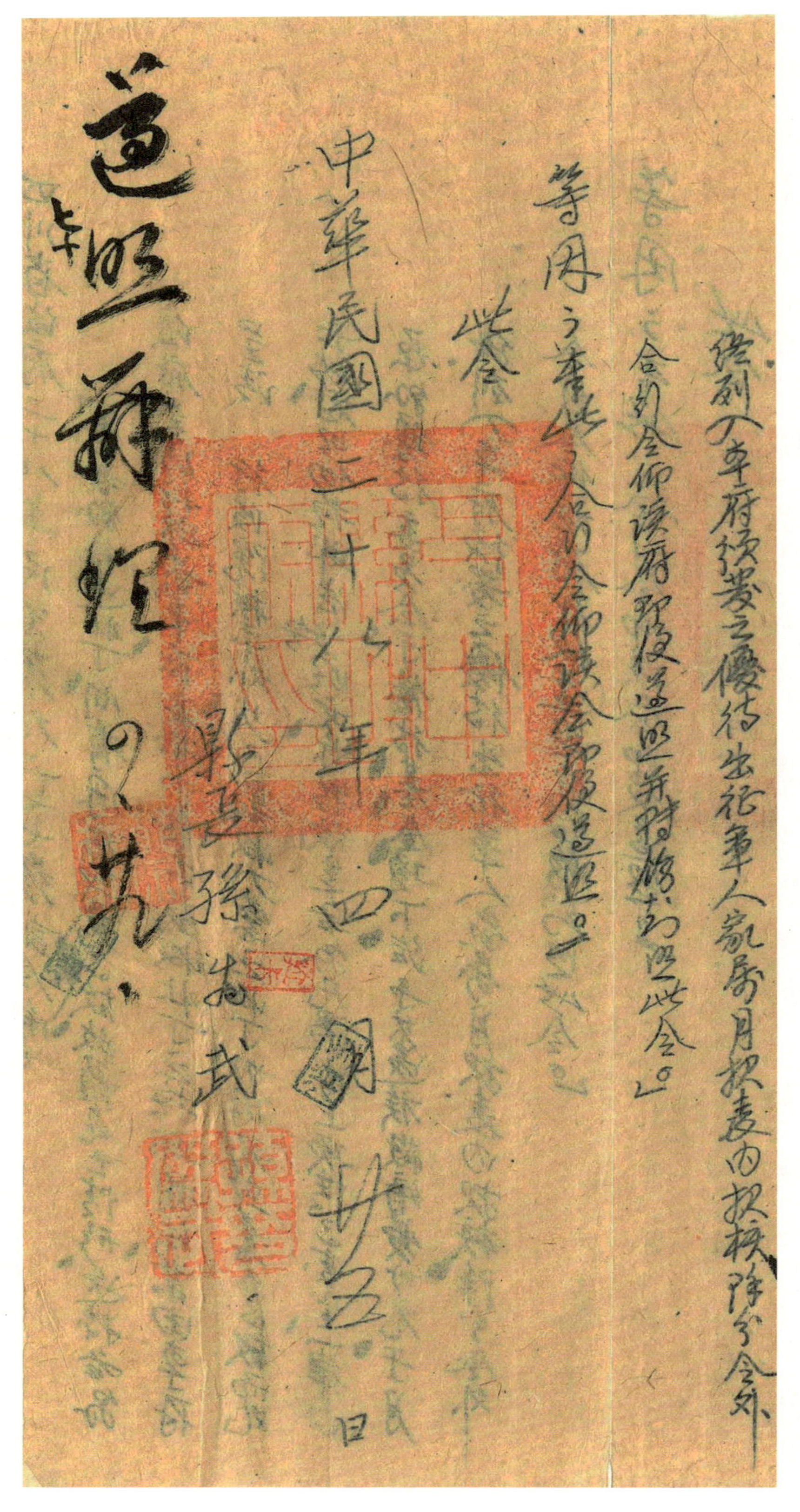

除列入本府核發之優待出征軍人家屬月報表內報核除分令外，合行令仰該府即便遵照，并轉飭遵照。此令。

等因；奉此，合行令仰該會即便遵照。

此令

中華民國三十一年四月廿五日

縣長 孫爲武

遵照辦理 四、廿九

巴中县部分出征抗敌军人证明表及函件

第二十九集团军总司令部参谋处关于检送出征抗敌军医处上尉股员冯良证明表的公函

（一九三九年四月二十五日）

000017

第二十九集團軍總司令部參謀處公函　二十八年四月廿五日　函字第一〇五號

案奉

川康綏靖主任公署二十七年綏務考字第五一九號訓令開：

「查優待出征抗敵軍人家屬辦法，早經　中央規定，須行通飭辦理在案。本署以優待出征家屬，即以安定作戰軍心，復為鼓勵後防兵員之徵集，計非實行辦理不可。除已函請四川省政府通飭各市縣限期切實施行　中央頒布條例優待救濟外，並為確查出征軍人家屬俾無遺漏起見，特製定抗敵軍人家屬狀況互聯證明表式，另附說明，令發該部，仰即遵照製印，轉發所屬，依照說明填清各表，分別轉寄家屬及呈由主辦機關，彙寄原籍市縣優待委員會，嗣後各縣委員會即憑此項表式與家屬執存者查對無訛，始能給予優待救濟，毋得延忽貽誤，是為至要！此令」

等因，計發三聯証明表式一份，附說明，奉此，除呈復并分令各部遵照外，所有本部各級官佐士兵，亟應填發，以資救濟，茲由 敝處依式印就該三聯証明表，填發本部軍需處上尉股員鴻良，除第一联由該員逕寄其家屬執存憑驗，第三联由本部存查外，相應檢送第二聯証明表，函請

貴會查照，一俟該員家屬執此項表式來會登記時，如查對無訛，即希予以優待救濟，以勵士氣，為荷！

此致

巴中縣優待委員會 公鑒

附三聯証明第二聯表

第十六

陆军五十军第一四五师四三五旅八七零团团部关于检送出川抗敌军人戴玉清证明表的公函（一九三九年四月）

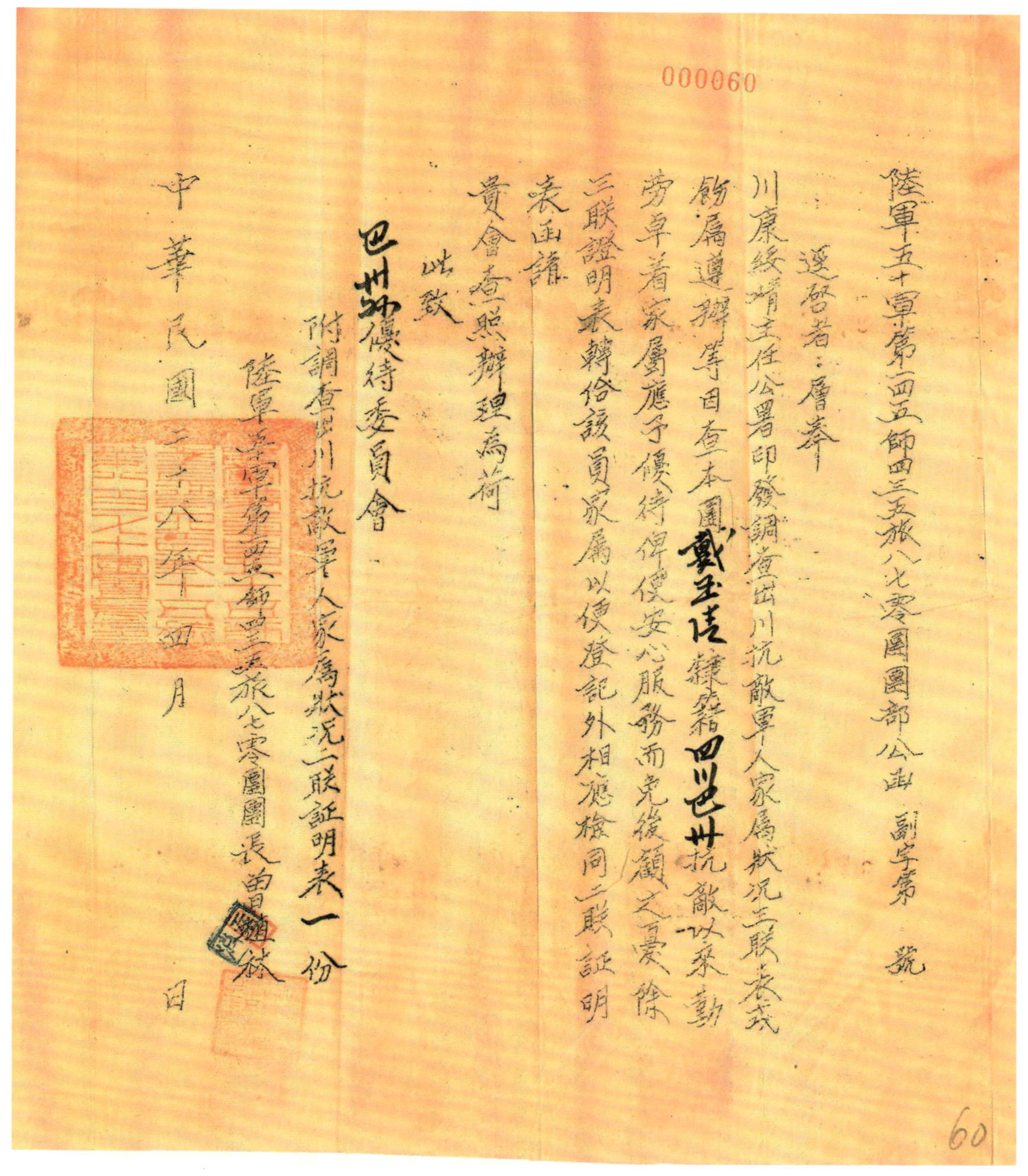

000060

陸軍五十軍第一四五師四三五旅八七零團團部公函　副字第　號

逕啓者：案奉

川康綏靖主任公署印發調查出川抗敵軍人家屬狀況三聯表式飭屬遵辦等因，查本團戴玉清籍四川巴州抗敵以來勳勞卓著，家屬應予優待，俾便安心服務而免後顧之憂，除三聯證明表轉給該員家屬以便登記外，相應檢同二聯證明表函請

貴會查照辦理為荷

此致

巴州縣優待委員會

附調查出川抗敵軍人家屬狀況二聯証明表一份

陸軍五十軍第一四五師四三五旅八七零團團長

中華民國二十八年四月　日

60

陆军第五十军第一四五师司令部关于检送通信连炊事兵杨广清证明表的公函（一九三九年四月）

000001

陸軍第五十軍第一百四十五師司令部公函　副字第8號

逕啟者：案奉

第二十二集團軍總司令部轉發

川康綏靖主任公署，調查出川抗敵軍人家屬狀況三聯證明表式，飭屬

遵辦。業經本部照式印製，轉飭遵照辦理在案。茲查本師通信連炊事兵楊廣清

籍隸巴中，抗敵以來，勤勞卓著，家屬應予優待，俾便安心服務，而

免後顧之憂。除三聯證明表，轉給該員家屬，以便登記外，相應檢

同二聯證明表，函請

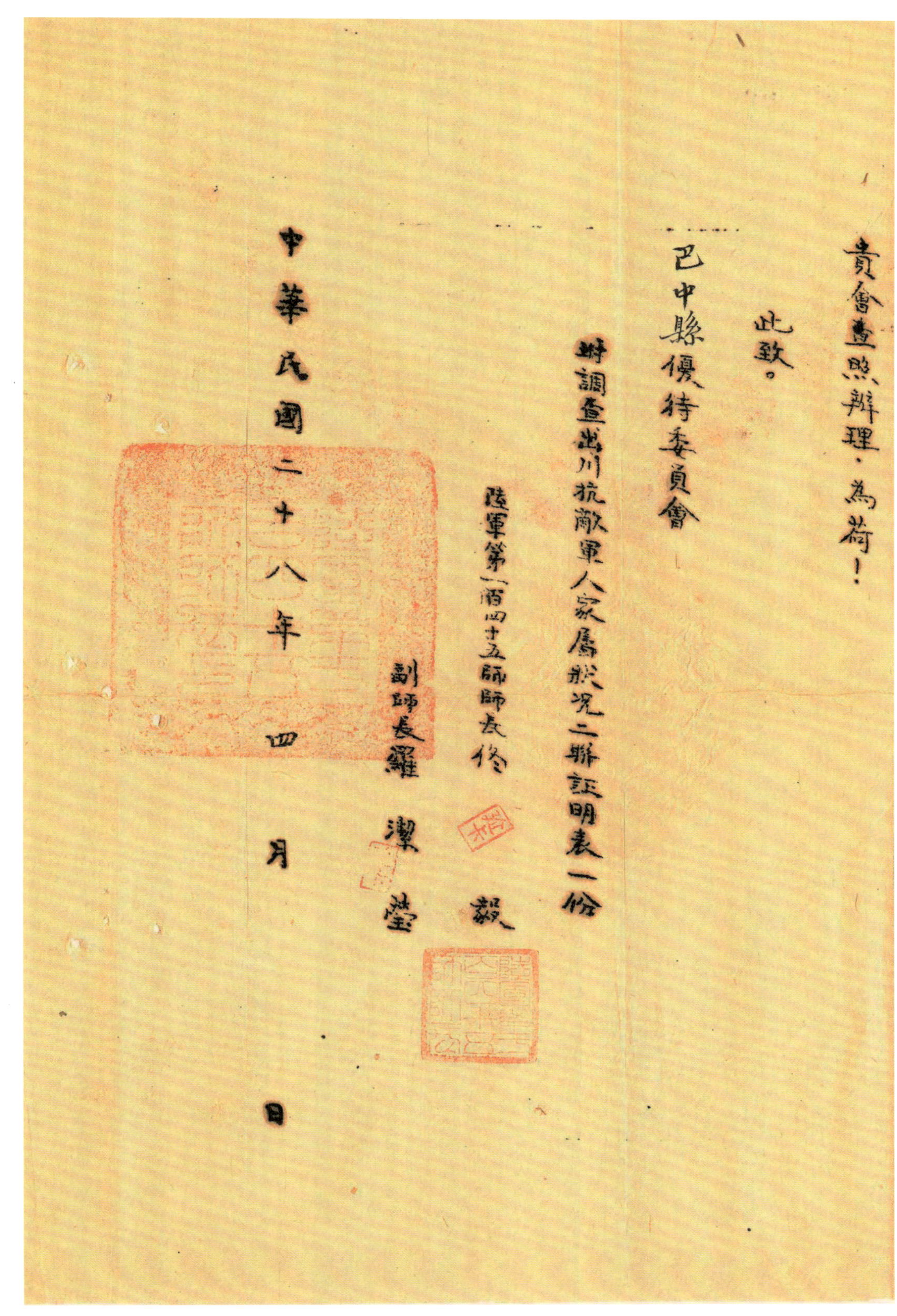

貴會查照辦理，為荷！

此致

巴中縣優待委員會

附調查出川抗敵軍人家屬狀況二聯証明表一份

陸軍第一四五師師長佟毅

副師長羅潔瑩

中華民國二十八年四月日

第二十九集团军总司令部参谋处关于检送兵站支部上尉库员冯良证明表的公函（一九三九年五月）

000005

第二十九集團軍總司令部參謀處公函　二十八年五月　日　函字第一三八號

逕啟者案奉

川康綏靖主任公署二十七年綏務考字第一五一九號訓令開：

「查優出征抗敵軍人家屬辦法早經

中央規定，須行通飭辦理在案。本署以優待出征家屬，即以安定作戰軍心，復為鼓勵後防兵員之徵集，詎非實行辦理不可。除已函請四川省政府通飭各市縣，限期切實施行

中央頒佈條例優待救濟外，并為確查出征軍人家屬，俾無遺漏貽誤起見，特制定抗敵軍人家屬狀況三聯證明表式另附說明，令發該部，仰即遵照製印轉發所屬，依照說明填清分送川轉寄家屬及呈向主辦機關，彙寄原籍市縣優待委員會，嗣後

5

各縣委員會即憑此項表式，與家屬執存者查對無訛，始能給
予優待救濟，毋得延忽貽誤，是為至要。此令。等因，計發三聯
証明表式一份附說明。奉此，除呈復并分令各部遵照外，所
有本部各級官佐士兵，亟應填發，以資救濟。茲由 敝處依式
即就該三聯証明表填發本部兵站支部上尉庫員馮良，除第一
聯由該員逕寄其家屬執存憑驗，第三聯由本部存查外，相應
檢送第二聯証明表，函請
貴會查照，一俟該員家屬執此項表式來會登記時，如查對無訛，
即希予以優待救濟，以勵士氣為荷！

此致

四川省巴中縣優待委員會

附三聯証明表式一份

第二十九集团军总司令部特务营关于检送二连七班上士李玉明证明表的公函（一九三九年六月十日）

第二十九集團軍總司令部特務營公函 二十八年六月十日 函字第 號

案奉

第二十九集團軍總司令部恭字第四六五號代電開轉奉

川康綏靖主任公署二十八年綏務考字第一五一九號訓令開：

「查優待出征抗敵軍人家屬辦法早經 中央規定頒行通飭辦理在案。本署以優待出征家屬 即以安定作戰軍心，復為鼓勵後防兵員之徵集計，非實行辦理不可。除以函請四川省政府通飭各市縣，限期切實施行，中央頒布條例優待救濟外，并為確查出征軍人家屬，俾無遺漏起見，特製定抗敵軍人家屬狀況三聯証明表式，令發該部仰即遵照製印轉發所屬依照說明，填清各表，分別轉寄家屬及呈由主辦機關，彙寄原籍市縣優待委員會，嗣後各縣委員會即憑此項表式與家屬執存者，查

3

對無訛，始能給予優待救濟，毋得延忽貽悞，是為至要」。此令。

等因；計發三聯証明表式一份，附説明。奉此，除呈復并分令各部遵照外，所有本部各級官佐士兵亟應填發，以資救濟，茲由敝部依式印就該三聯証明表，填發二連七班上士李玉旺，除第三聯由該兵逕寄其家屬執存憑驗，第一聯由本部存查外，相應檢送第二聯証明表，函請

貴會查照。一俟該兵家屬執此項表式來會登記時，如查對無訛，即希予以優待救濟，以勵士氣為荷。

此致

巴中縣優待委員會 公鑒

「附三聯証明第二聯表」

營長 杜 芳

陆军第二十一军第一四八师第四四四旅司令部关于检送出征军人马贵武证明表的公函（一九三九年六月）

000011

陸軍第二十一軍第一四八師四四四旅司令部公函　劉字第一四〇號

逕啟者：層奉

川康綏靖主任公署發下優待出征軍人家屬證明表，飭即遵照

中央頒佈優待辦法分別填寄，俾官兵得減後顧之憂，而收出征抗戰之利

等因。查敝旅　馬貴武　籍隸

貴縣，除將第五聯交其本人寄回報名登記外，相應檢同第二聯函達

貴會，請煩查照

中央頒佈條例優待，并希函復辦理經過，至紉公誼！

此致

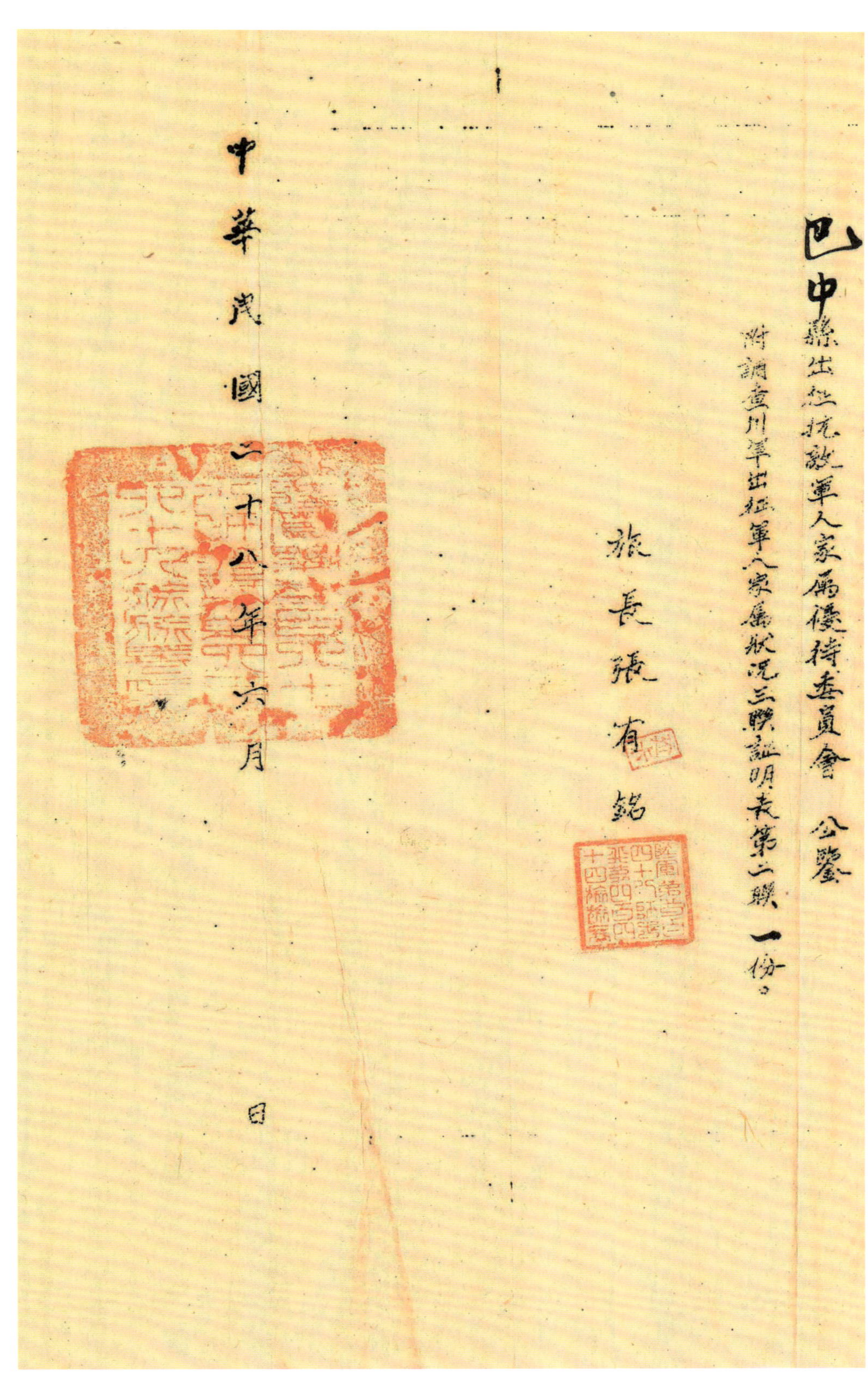

巴中縣出征抗敵軍人家屬優待委員會　公鑒

附調查川軍出征軍人家屬狀況三聯證明表第二聯一份。

旅長張有銘

中華民國二十八年六月　日

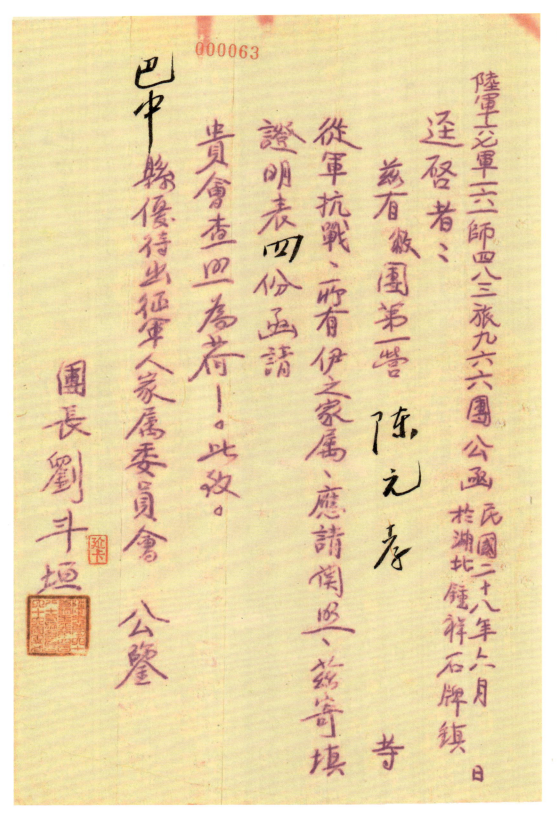

陆军六七军一六一师四八三旅九六六团关于检送第一营出征军人陈元孝证明表的公函（一九三九年六月）

000063

陆军六七军一六一师四八三旅九六六团公函　民国二十八年六月　日
于湖北钟祥石牌镇

迳启者：兹有敝团第一营陈元孝等从军抗战，所有伊之家属，应请关照，兹寄填证明表四份，函请贵会查照为荷！此致

巴中县优待出征军人家属委员会　公鉴

团长　刘斗垣

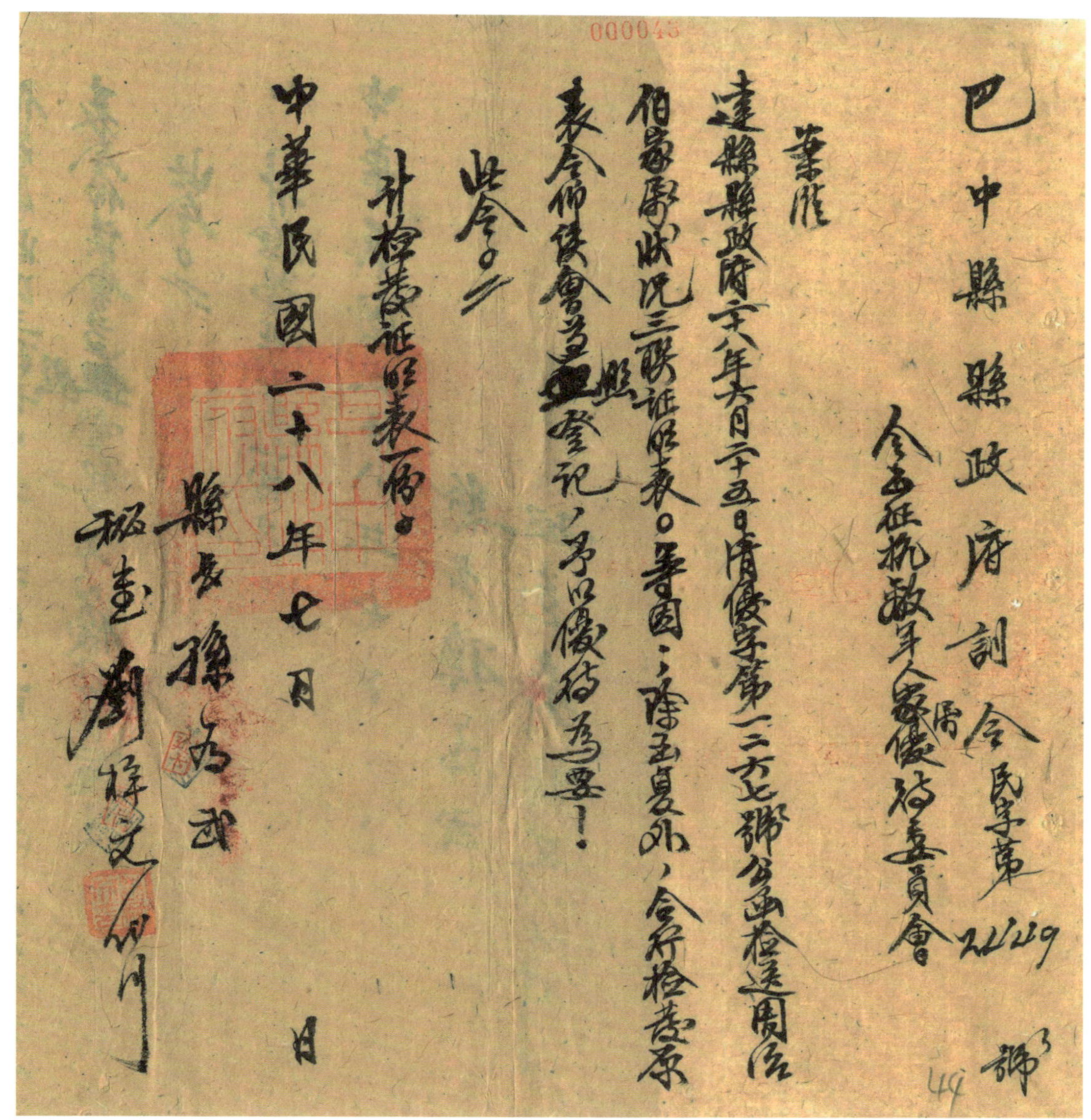

巴中縣政府訓令 民字第22129號

令出征抗敵軍人家屬優待委員會

案准

達縣縣政府二十八年六月二十五日渝優字第一二六七號公函檢送周治伯家屬狀況三聯證明表。等因。除函復外，合行檢發原表，令仰該會照查登記，予以優待為要！

此令。

計檢發證明表一份。

縣長 孫為武

秘書 劉梓文

中華民國二十八年七月 日

巴中县政府关于检发出征军人周治伯证明表的训令（一九三九年七月）

巴中县政府关于检发陆军二十一军一四六师四三八旅八七六团出征抗敌兵朱家凤、乔怀臣等证明表的训令（一九三九年七月）

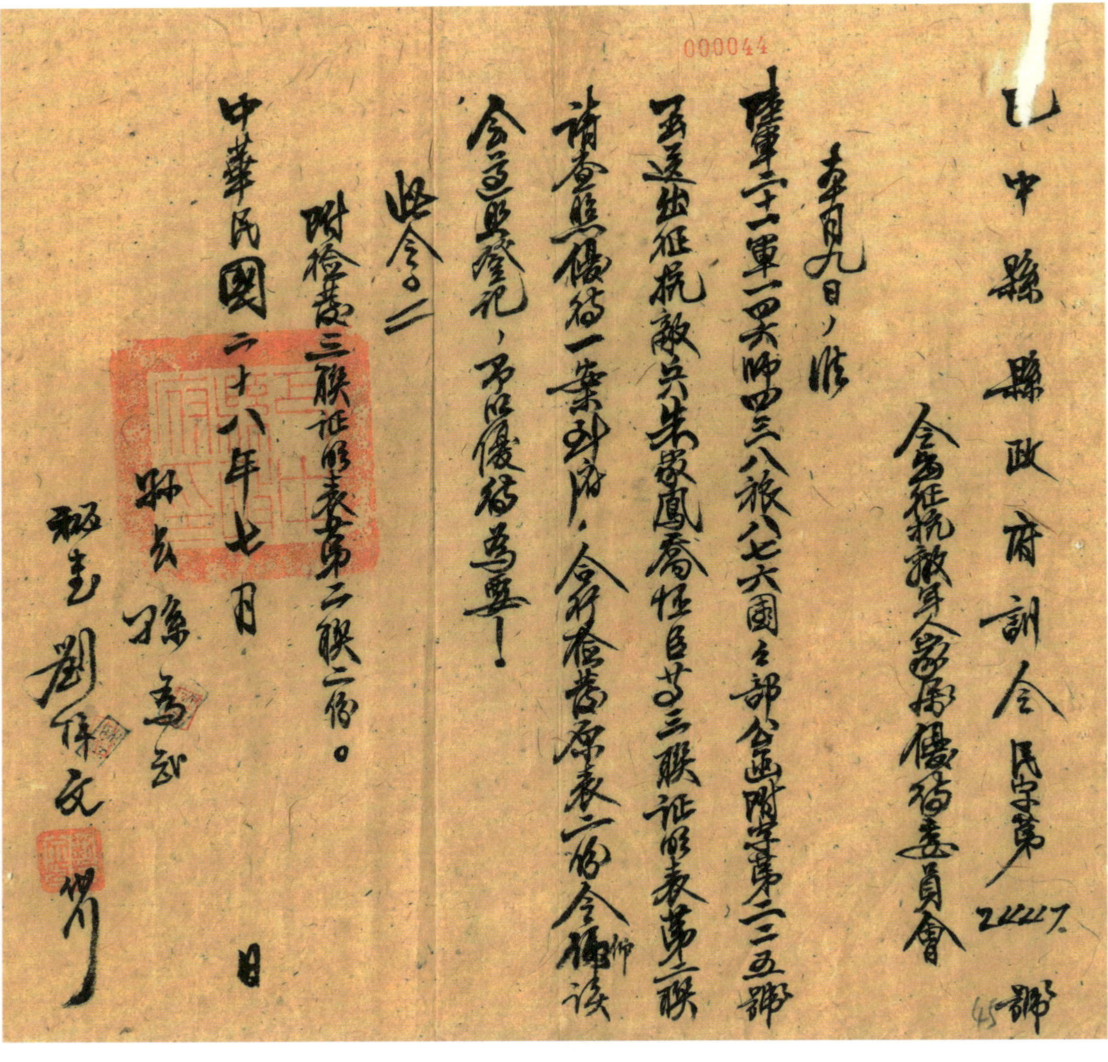

000044

巴中县县政府训令　民字第2447号

令出征抗敌军人家属优待委员会

本月九日准

陆军二十一军一四六师四三八旅八七六团团部公函附字第一二三五号函送出征抗敌兵朱家凤、乔怀臣等三联证明表第二联请查照优待一案到府。合行检发原表二份，令仰该会遵照登记，并照优待为要！

此令。

附检发三联证明表第二联二份。

中华民国二十八年七月　日

县长　孙为弘

秘书　刘保文

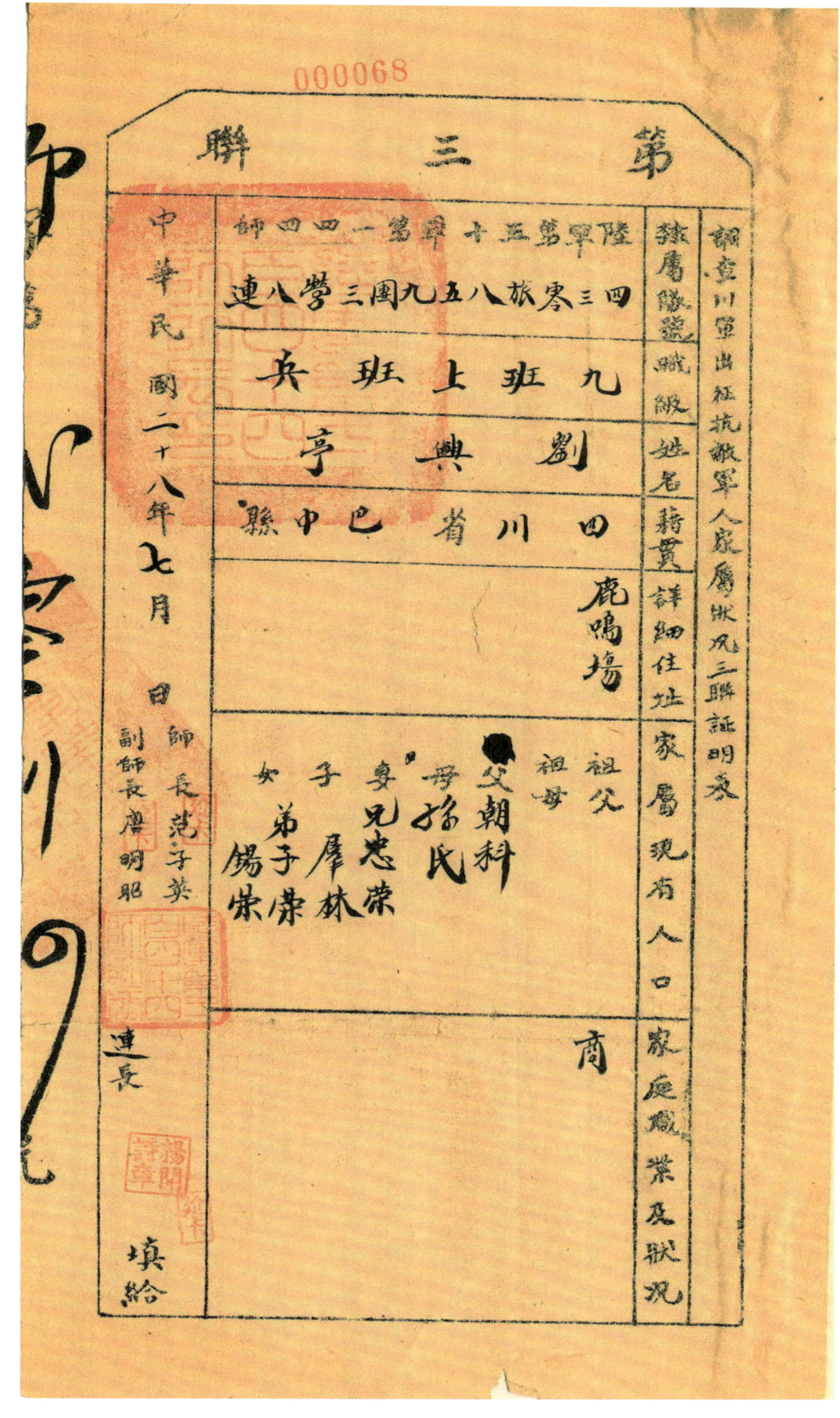
000068

第三聯

調查川軍出征抗敵軍人家屬狀況三聯證明表

隸屬隊號	陸軍第三十軍第一四四師四三零旅八五九團三營八連
職級	九班上班兵
姓名	劉興亭
籍貫	四川省巴中縣
詳細住址	鹿鳴場
家屬現有人口	祖父 祖母 父朝科 母孫氏 妻 兄忠榮 子 弟子榮 女 廖林 錫榮
家庭職業及狀況	商

中華民國二十八年七月　日

師長范子英

副師長唐明昭

連長　填給

陸军第三十军第一四四师四三零旅八五九团三营八连九班上班兵刘兴亭三联证明表（一九三九年七月）

第二十九集团军总司令部特务营关于检送总部重机枪连上士王惠安证明表的公函（一九三九年）

000004

第二十九集團軍總司令部特務營公函 二十八年 月 日 函字第 號

案奉

第二十九集團軍總司令部參字第四六五號代電開轉奉

川康綏靖主任公署二十七年綏務考字第一五一九號訓令開：

「查優待出征抗敵軍人家屬辦法早經 中央規定須行通飭辦理在案：本署以優待出征家屬 即以安定作戰軍心復為鼓勵後防兵員之徵集計非實行辦理不可。除以函請四川省政府通飭各市縣，限期切實施行，中央頒布條例優待救濟外，并為雖查出征軍人家屬俾無遺漏起見，特製定抗敵軍人家屬狀況三聯証明表式令發該部仰即遵照製印轉發所屬依照說明，填清各表，分別轉寄家屬及呈由主辦機關，彙寄原籍市縣優待委員會，嗣後各縣委員會即憑此項表式與家屬執存者，查

4

對無訛，始能給予優待救濟，毋得延忽貽悞，是為至要！此令。

等因，計發三聯証明表式一份，附説明，奉此，除呈復并分令各部遵照外，所有本部各級官佐士兵亟應填發，以資救濟。茲由敝部依式印就該三聯証明表，填發總部重機槍連上士王惠安，除第一聯由該員逕寄其家屬執存憑驗，第三聯由本部存查外，相應檢送第二聯証明表，函請

貴會查照，一俟該員家屬執此項表式來會登記時，如查對無訛，即希予以優待救濟，以勵士氣，為荷。

此致

縣優待委員會　公鑒

附三聯証明第二聯表

營長杜　芳

巴中县政府关于转知切实实施抗敌出征军人家属优待办法及实施细则并七项注意事项致县出征抗敌军人家属优待委员会的训令（一九三九年五月五日）

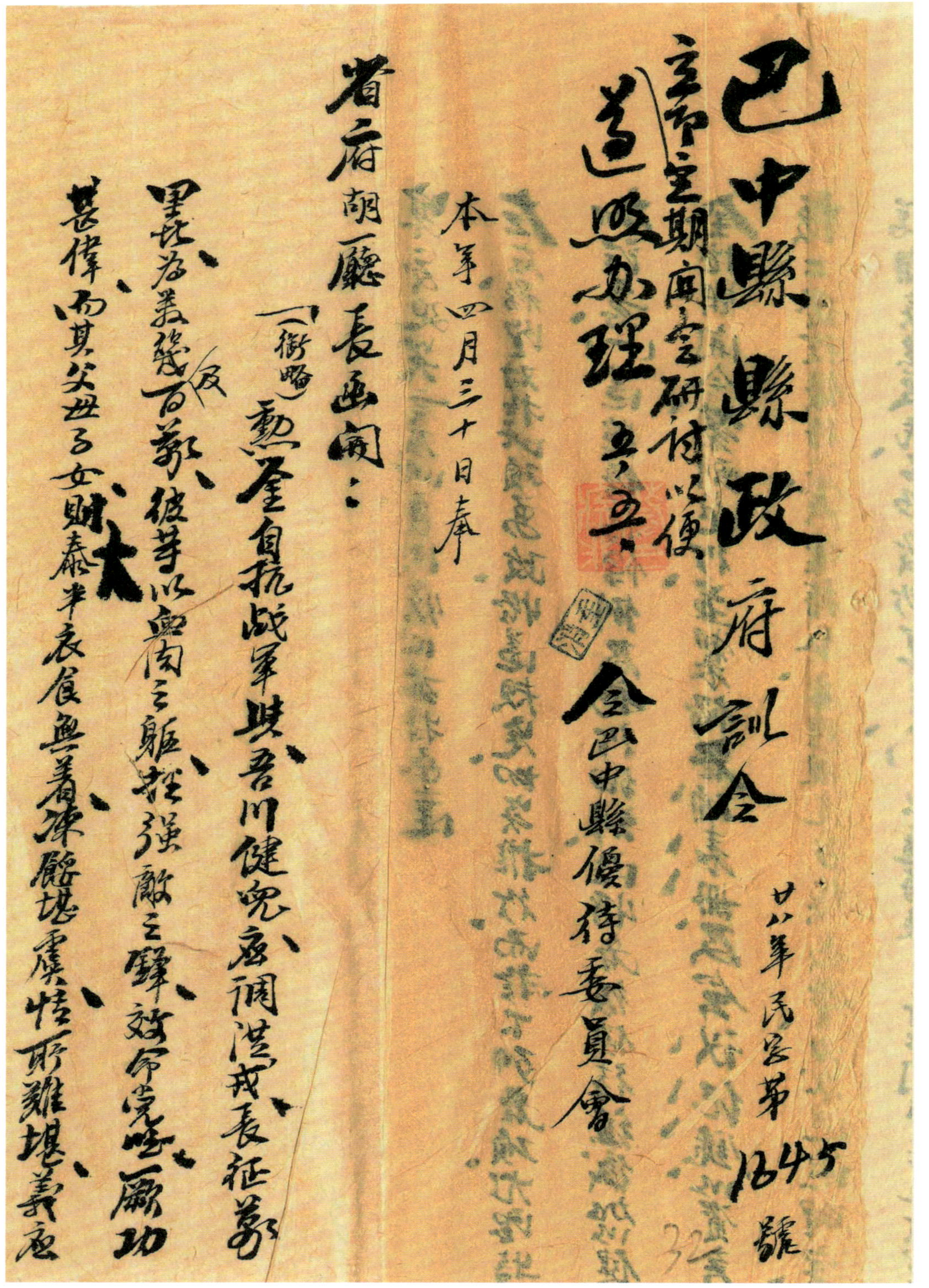

巴中縣政府訓令

廿八年民字第1845號

交第三期閱會研討以便遵照辦理 五、五

令巴中縣優待委員會

本年四月三十日奉

省府胡廳長函開：

（銜略）勳鑒：自抗戰軍興，吾川健兒應調從戎，長征萬里，犧牲尤[illegible]百萬，彼等以血肉之軀，捍強敵之鋒，效命疆場，厥功甚偉，而其父母子女，財產衣食無着，凍餓堪虞，情形難堪，義應

救濟、以是優待出征抗敵軍人家屬、實屬刻不容緩、查是項優
待條例暨施行細則業經省府分別制定明令實施、按法令方面
已屬完備、而經費來源亦無問題、各縣應如何策劃督促認真執行用
副斯期、乃近據考查所得、各縣辦理優待尚難認為滿意、或則誤
視法令、並未遵辦、或則敷衍因循、祇圖應付、其無名款既不
別謀籌劃、即使有錢有穀、亦多不能充分運用、漫至征人家屬飢
寒交迫、言之及此、良用疚心、茲特函達
左右、務望對於此項要政恪遵規定、切實推行、而於下列各項、尤望特
加注意、一、遵照優待條例及施行細則、迅將各級優待組織加以健
全、按期開會策劃進行、並製備各項表冊、及會議紀錄、以資考

核，（二）發給優待穀或優待金，應照規定分鎮丈量，力求迅速確實，
總期實惠及民，不得敷衍塞責；（三）應隨時派員慰問出征抗敵軍
人家屬，如遇有困難消息，並詢其已否領得優待穀或優待金，如查明
經辦人員有舞弊情事，應即依法嚴懲，以儆效尤；（四）月報表應照規
定按期填報，以憑考核彙轉；（五）在未積穀或緩役金及初選若干縣之
縣，應依照規定擬具籌募優待基金辦法，呈府核定施行；（六）地方民
眾以及保甲長等，自動募集款項捐贈出征敵抗軍人家屬，以示優遇，自
無不可，惟各縣之政府及優待機關，應加監督並予統籌辦理；
（七）家資富裕之被征壯丁，其家屬無須發給優待穀或救濟金

故似應豐給榮譽證，以資鼓勵。且之抗戰已入嚴重階段，務求軍事之勝利，實有賴於兵員之補充，而優待之實施，非僅堅定前方將士殺敵之決心，並可策勵後方健兒從戎之勇氣，辦理如有不善，征募必感困難，影響抗戰，不難識解。此理至明，固無待贅之喋喋也。

等因，除函覆外，查清收積谷作為優待，曾於本年春季行政會議詢謀僉同，函應趕速督屬清釐歸倉，辦理優待，至於各種優待辦法，亦經本府奉特飭遵在案。茲奉前因，合亟令仰該會，遵即

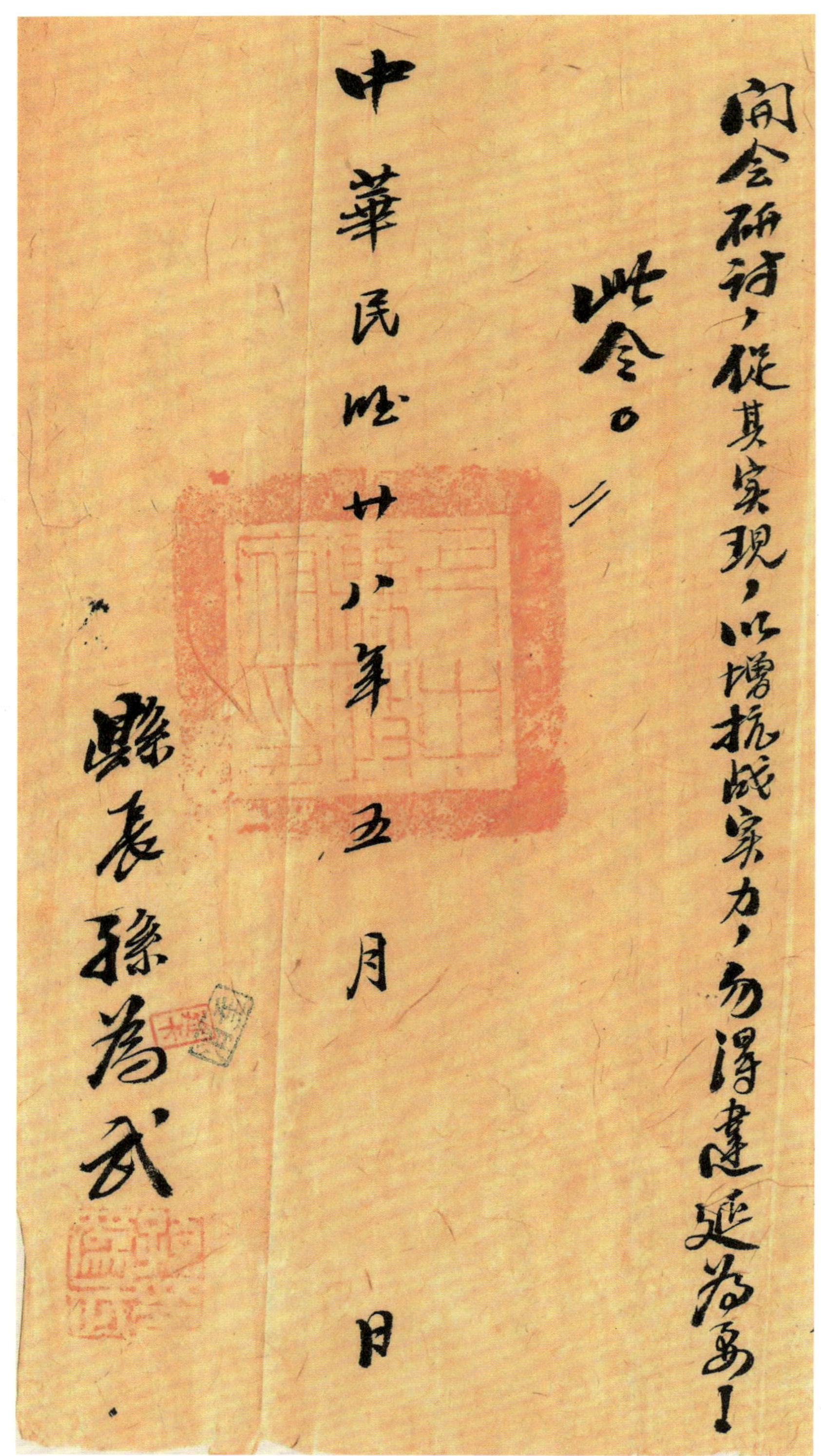

開會研討，從其實現，以增抗戰實力，而得達延為要！

此令。

縣長孫為武

中華民國廿八年五月　　日

夔绥师管区巴中团管区司令部关于奉令转发补充部队现役兵与其家属通信办法致巴中县政府的训令（一九三九年五月二十六日）

附：补充部队现役兵与其家属通信办法

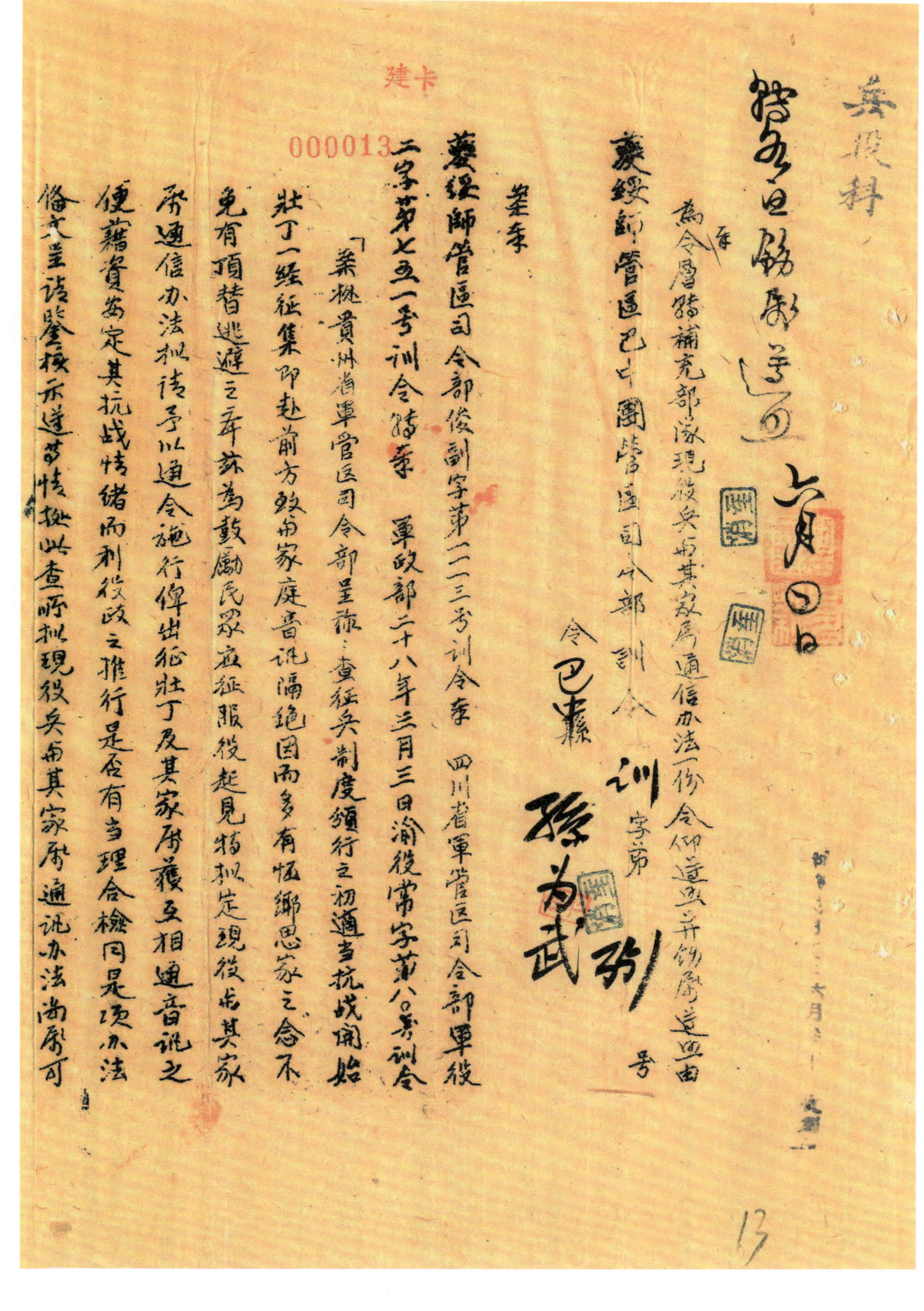

兵役科

夔綏師管區巴中團管區司令部訓令　字第　號

為令飭補充部隊現役兵與其家屬通信辦法一份，令仰遵照並轉飭所屬遵照由

令巴中縣縣長

案奉

夔綏師管區司令部役副字第一一一三號訓令：「案奉四川省軍管區司令部軍役二字第七五一號訓令開：『案准軍政部二十八年三月三日渝役常字第八〇號訓令：「案據貴州省軍管區司令部呈稱：查征兵制度頒行之初，適當抗戰開始，壯丁一經征集即赴前方，致與家庭音訊隔絕，因而多有懷鄉思家之念，不免有頂替逃避之弊。茲為鼓勵民眾應征服役起見，特擬定現役兵與其家屬通信辦法，擬請予以通令施行，俾出征壯丁及其家屬獲互相通音訊之便，藉資安定其抗戰情緒，而利役政之推行。是否有當，理合檢同是項辦法，備文呈請鑒核示遵等情。據此，查所擬現役兵與其家屬通訊辦法尚屬可

孫為武

行除指令將原辦法改為補充部隊現役兵與其家屬通訊辦法並酌予修正暨分行外合行印發該項辦法一份令仰遵照並轉飭所屬一體遵照此令等因附發補充部隊現役兵與其家屬通訊辦法一份奉此除分令外合行抄發原辦法一份令仰遵照此令等因附抄發補充部隊現役兵與其家屬通信辦法一份奉此除分令外合行令仰遵照並轉飭所屬一體遵照為要此令等因附抄發補充部隊現役兵與其家屬通信辦法一份奉此除分令外合行令仰該縣長遵照並轉飭所屬一體遵照為要。

此令。

附抄發補充部隊現役兵與其家屬通信辦法一份

中華民國二十八年五月　日

中華民國廿八年五月廿六日發出

司令

000014

~~000013~~

補充部隊現役兵與其家屬通信辦法

一、為鼓勵民眾應征服役并激發其抗战情緒制定本办法凡補充部隊現役在營兵（以下稱补充兵）與其家屬之通信悉依本办法办理。

二、補充兵與其家屬之互相通信由補充部隊或机關及原管縣兵役科暨其居住地之保甲代為办理之。

三、補充兵與其家屬互相通信每月最少各一次遇有特別事故不在此限。

四、通信之工具及郵票等由補充兵（得在月餉內扣除）及其家屬各自担負。

五、補充兵于被征入營时該原管縣政府应分別将其編入何種部隊及駐在地調查清楚立冊登記并轉知各保甲通知各家屬。

六、各保甲長每月应代本保甲內各補充兵家屬寫信寄給各補充兵如信件投遞不到时应由各保甲長設法將此信交由縣兵役科轉發。

七、各縣兵役科於接到各保甲長送來補充兵家屬之家信时应立簿登

14

記後隨即轉交郵寄該兵直屬各營連及机關轉交。

八、補充兵直屬部隊之長官應飭令文書人員或指定粗通文字之士兵代替各士兵書寫家信并轉釋信中之詞意。

九、各補充兵寄回之家信如投遞不到時可由各縣兵役科轉為保甲轉交其家屬。

十、縣兵役科接到补充兵寄來之家信應立簿將發信人姓名地址部隊及收信人姓名等分別登記後隨即發由各該兵原管保甲長轉發其家屬同時各保甲長亦應立簿詳為登記以憑查考。

十一、各保甲長及其部屬人員對於各補充兵家屬有代為書寫收轉信件及解釋信件詞意之義務。

十二、本办法對於由募集入營之補充兵亦適用之。

十三、本办法自令到之日起施行。

巴中县政府关于办理发放夔绥师管区补充第一团二营九连张文远优待谷致县出征抗敌军人家属优待委员会的训令

（一九三九年五月）

巴中縣縣政府訓令 二十八年民字第1845號

令本縣出征抗敵軍人家屬優待委員會

案准

夔綏師管區補充第一團團部書字第一號公函：

「逕啓者查本團二營九連張文遠隸籍四川省巴中縣貴治二區城廂六保四甲五戶自入伍以來嚴守紀律尚堪造就相應函請

貴府煩爲查照優待出征軍人家屬條例將該兵應領優待積谷盡數給發俾該兵得以安心服役盡忠黨國至紉公誼」

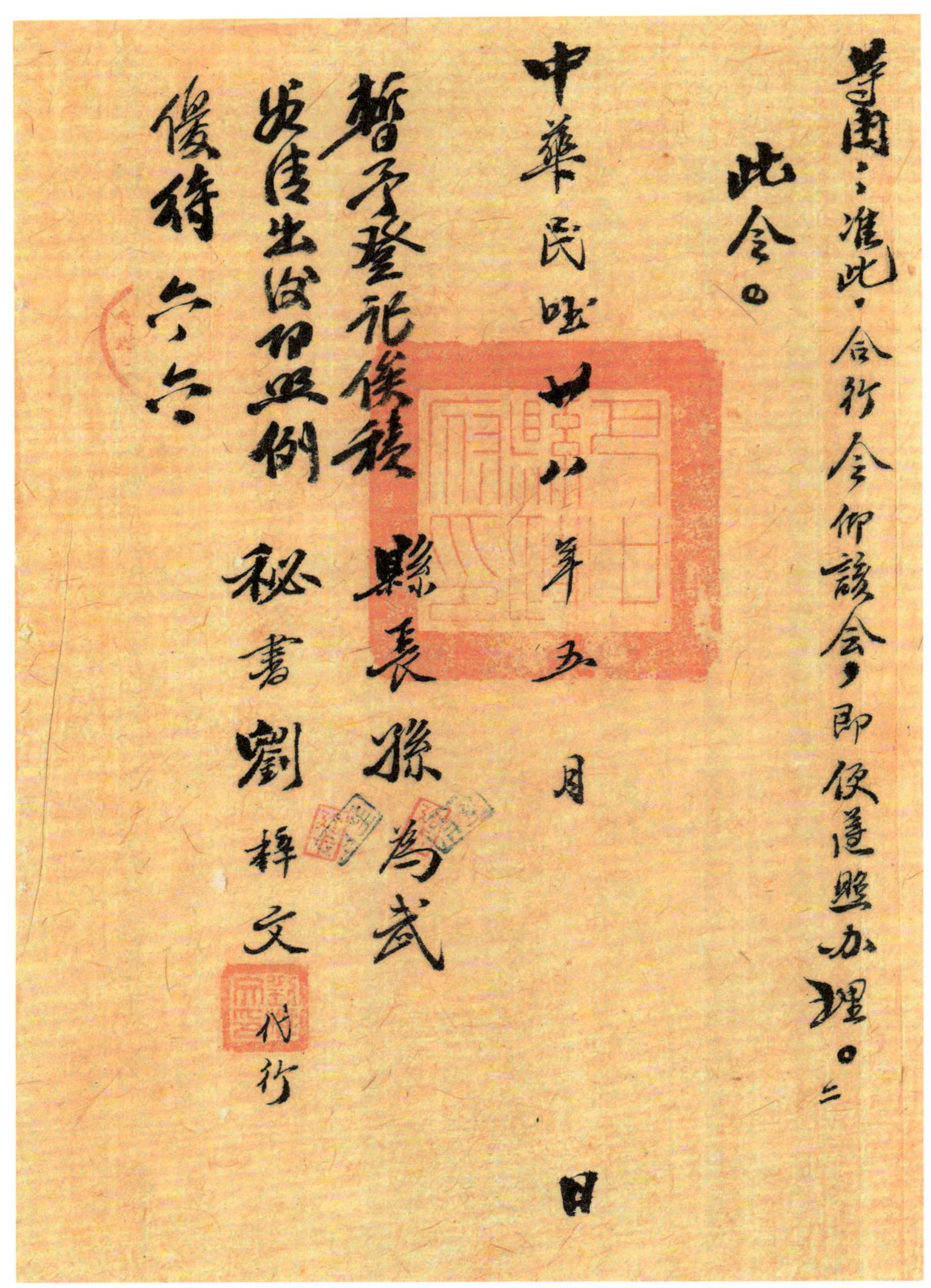

等因；准此，合行令仰该会，即便遵照办理。二

此令。四

中华民国卅八年五月　日

暂予登记候积
发优生活谷例
优待　〔〕〔〕

县长　孙为武
秘书　刘梓文　代行

巴中县武庙街六保一甲吴李氏关于申明次子吴传文免役致县兵役监察委员会的呈（一九三九年六月一日收）

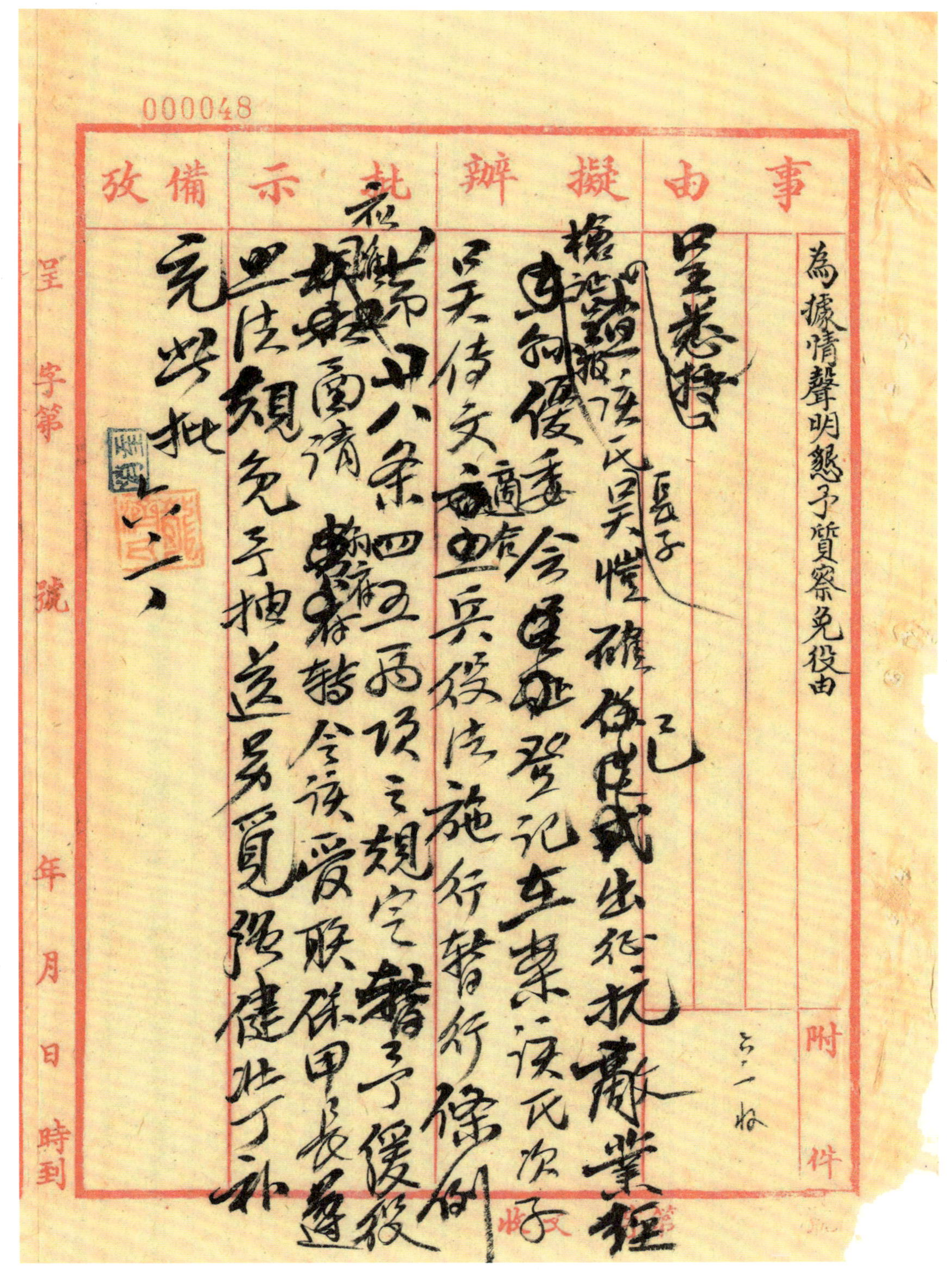

000048

事由：為據情聲明懇予質察免役由

擬辦：呈悉。據述該氏長子吳愷確係已出征抗敵，業經奉飭優待會呈准登記在案。該氏次子吳傳文適合兵役法施行暫行條例第廿八條四五兩項之規定，准予緩役，擬函請聯保轉令該聯保甲長遵照法規免予抽簽，另覓殷健壯丁補充。要批

批示：

備攷：

附件：六、一收

呈　字第　號　年　月　日　時到

收文　第

呈　字第　號　年　月　日　時到

竊氏所育長子吴愷，早已出任陸軍八十八軍新編二十一師補充團第二營六連士兵，赴敵抗日，疆場兵战，家惟次子傳文，侍氏承歡，備進菽水，不妨又被保甲，抽派兵役，殊氏長子，早已憑信函像片登記優待在案，應沐優待，次子免役，為此據情聲明，俯懇

鈞會詳察，查驗証件，應免再役，留置承歡，深感德便。二

謹呈。

巴中縣兵役監察委員會　鈞鑒

具聲明人吴李氏十　年五十六住本城武廟街六保一甲已店

中華民國二十八年六月　　日

巴中县政府关于奉转切实执行出征军人家属优待条例及施行细则之规定并将月报表按月呈核致县优待委员会的训令（一九三九年六月）

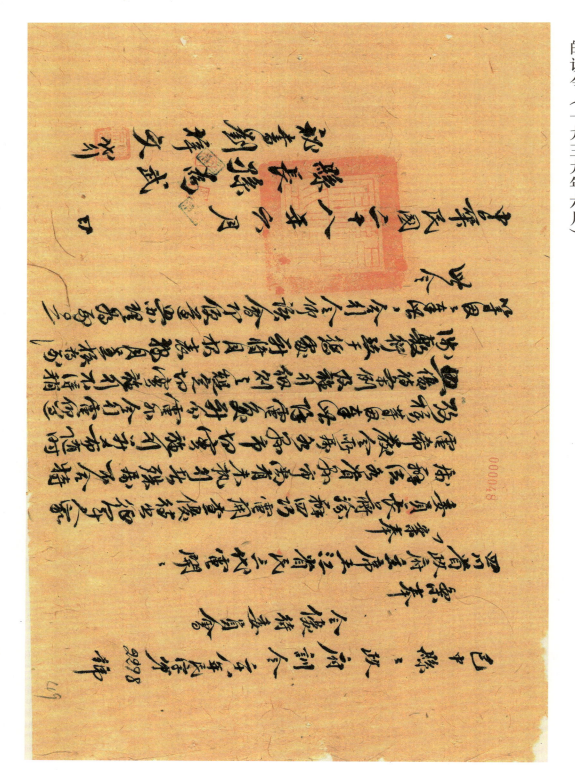

巴中县政府关于奉令转发如何发给出征壮丁优待金或积谷规定致县出征抗敌军人家属优待委员会的公函（一九三九年六月）

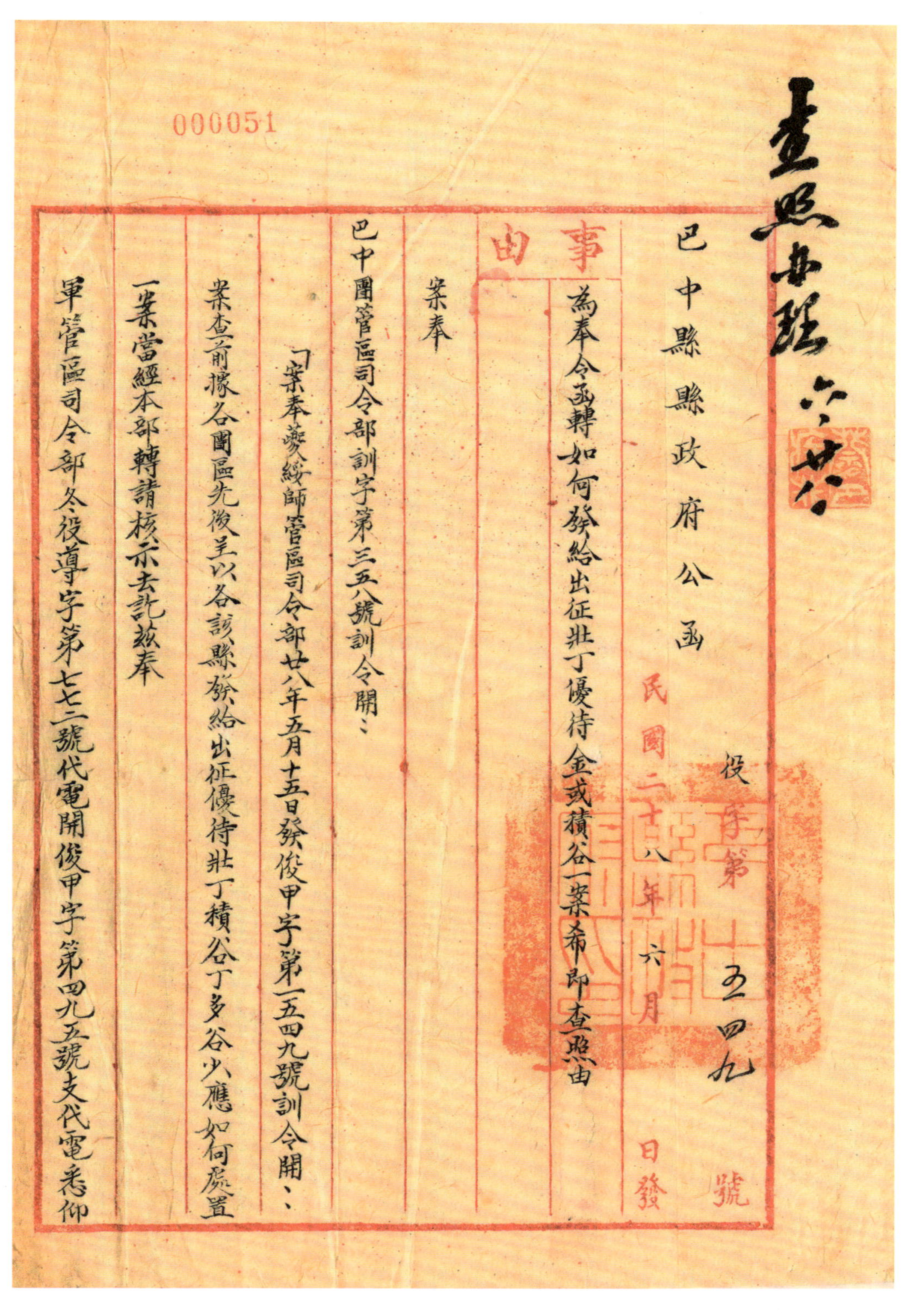
000051

查照存 六·廿六

巴中縣縣政府公函　役字第五四九號

民國二十八年六月　日發

事由　為奉令函轉如何發給出征壯丁優待金或積谷一案希即查照由

案奉

巴中團管區司令部訓字第三五八號訓令開：

「案奉夔綏師管區司令部廿八年五月十五日發役甲字第一五四九號訓令開：

『案查前據各團區先後呈以各該縣發給出征優待壯丁積谷丁多谷少應如何處置

一案當經本部轉請核示去訖茲奉

軍管區司令部冬役導字第七七二號代電開俊甲字第四九五號支代電悉仰

遵照優待出征抗敵軍人家屬條例第十二條之規定設法籌募優待基金并

依照同條例第八條分别予以救濟等因奉此除分令外合行令仰轉飭知照此令等

因奉此除分令外合行令仰該縣長遵照并轉飭所屬知照爲要此令」

等因，奉此。除分令外，相應函達，即希

查照爲荷！。

此致

優待委員會

縣長孫爲武

秘書劉梓文代行

巴中县出征抗敌军人家属优待委员会关于停收出征军人家属李忠洲联防费致断回南乡联保主任的训令

（一九三九年七月四日）

附：出征抗敌军人家属李忠洲致县出征抗敌家属优待委员会的报告

（一九三九年六月二十六日）

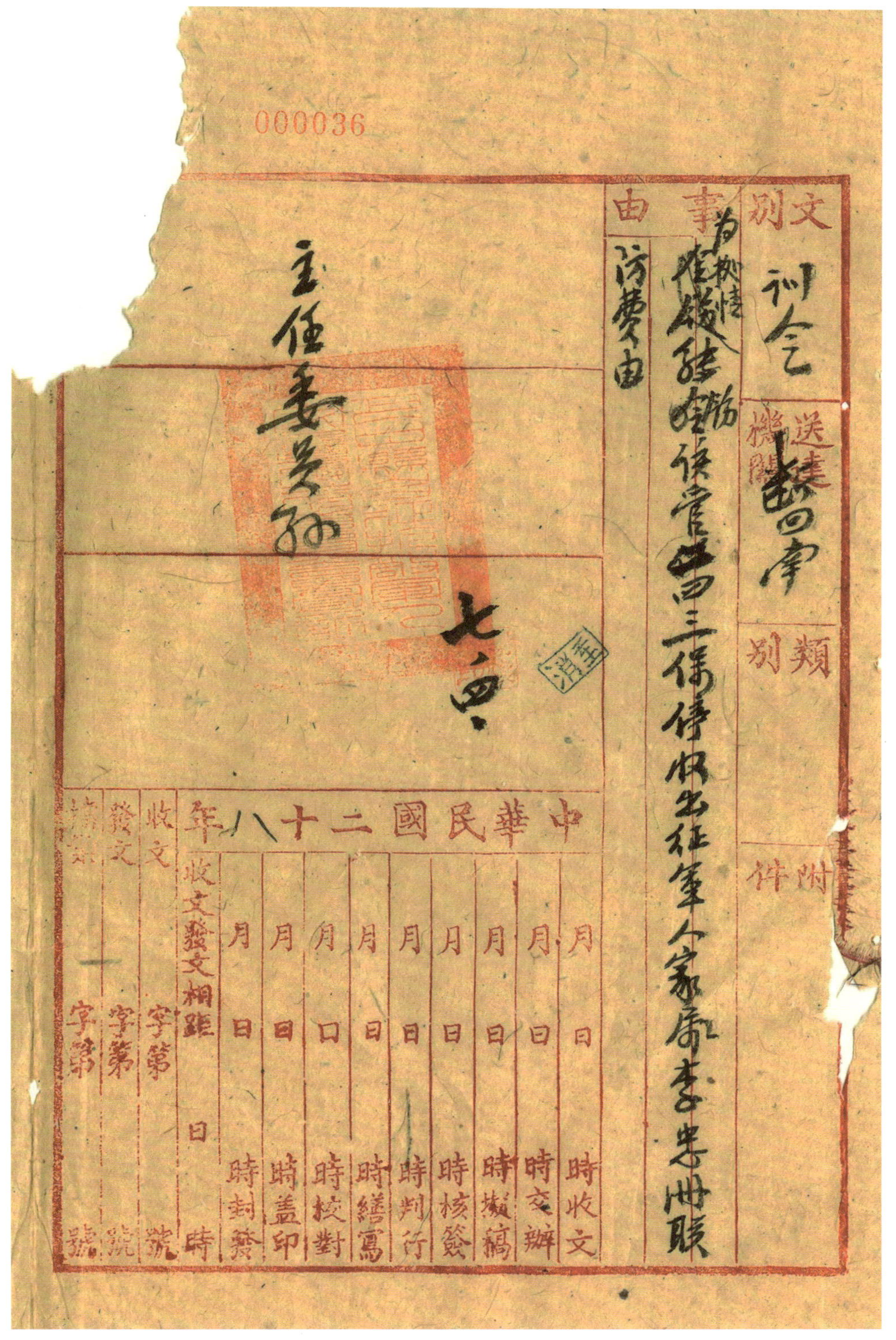

000036

文别：训令

送达机关：

类别：

附件：

事由：

主任委员孙

七、四

中华民国二十八年

收文	交辦	擬稿	核簽	判行	繕寫	校對	蓋印	封發	收文發文相距
月 日 時	月 日 時	月 日 時	月 日 時	月 日 時	月 日 時	月 日 時	月 日 時	月 日 時	日 時

收文 字第 號

發文 字第 號

擬辦 字第 號

衔训令　傍字第　号

令断渠南乡联保主任

案查本年六月二十八日案据断渠南乡西三保第二甲民李忠册呈称：

窃民世居　云云

云云

等情。据此，查该管保甲派收联防费是否奉令办理，本会自不过问，惟该民李忠册经由本会登记，查系出征军人李元书家属是实，应享遵照国府二十七年十二月三十一日修正公布之优待出征抗敌军人家属条例第五条之规定，免除此项临时捐款，准据示外，合行令仰该主任即便遵照，转饬该管保长立免催收，以示优待为要。此令。

000037

中縣抗敵將士家屬用箋

報告

民二十八年六月二十六日

于斷迴南鄉二四三保二甲

竊民世居斷迴南鄉二四三保第二甲檔鼓寨，民子李元雲於十年前即自願入伍，在四七軍一〇四師六一二團一營三連任上等兵，現駐防山西茅津鎮，當取得該師三七七號證明書，并於六月十一日呈請鈞會登記在案，惟地方保甲人員不諳優待條例，致民應受優待各点并未履行，強再抽民子入伍，查民僅二子，幼者僅八歲，一已從戎，設再將此長男抽去，民家生活即無辦法，此應懇請轉令糾正者一，又據優待條例，除遝糧及保甲經

黎委員

核呈來查抽丁時爲縣兵役會直接辦理之事，仰即逕向該會呈請。該保甲派收服防費一層，東鄉不免，着由本會令飭免收。此批

六廿八

中縣宜誠區小學新運勞動服務團贈

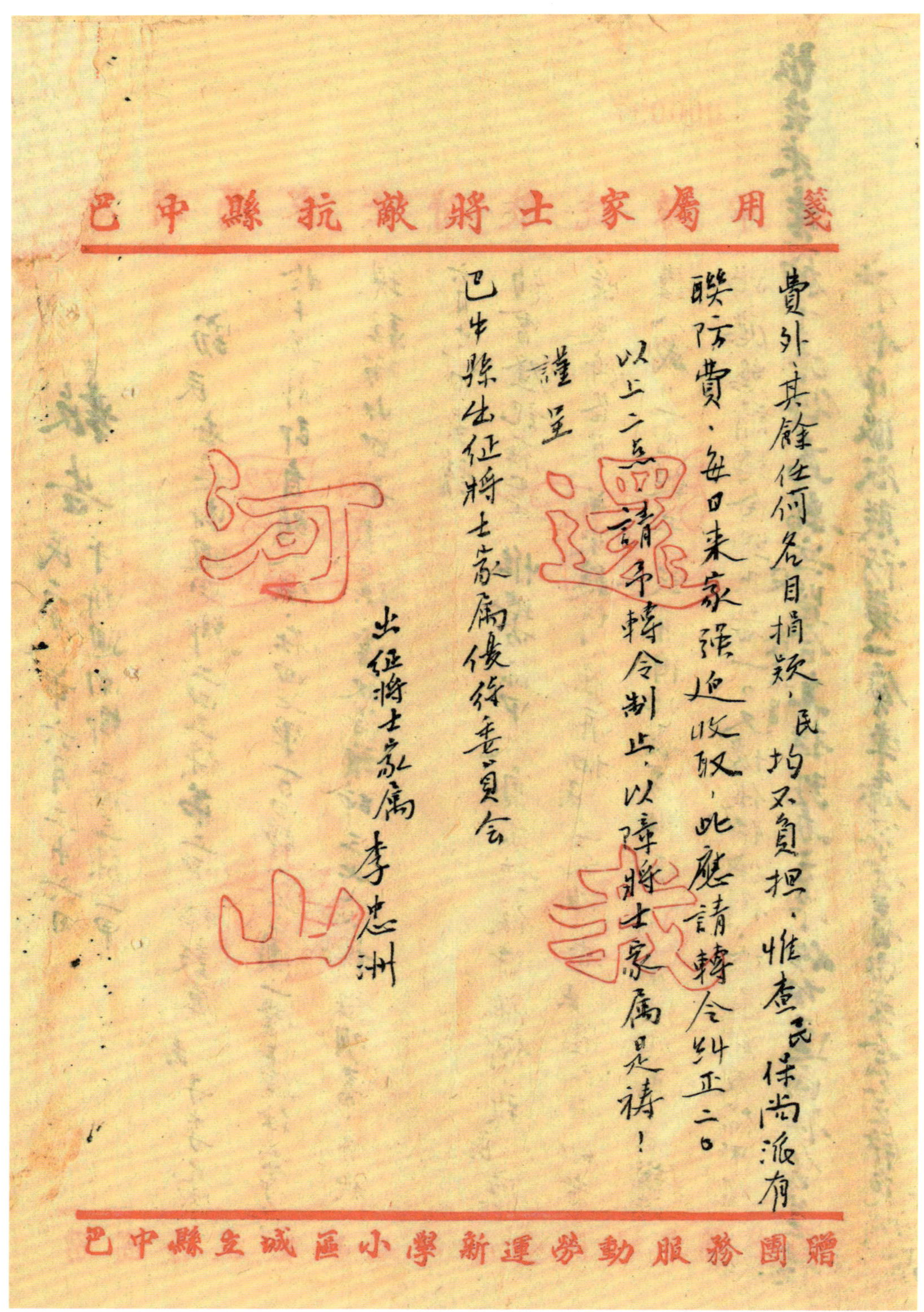

巴中縣抗敵將士家屬用箋

貴外，其餘任何名目捐欵，民均不負担，惟查民保尚派有聯防費，每日來家强迫收取，此應請轉令糾正二。

以上二點，請予轉令制止，以障將士家屬是禱！

謹呈

巴中縣出征將士家屬優待委員會

出征將士家屬 李忠洲

巴中縣立城區小學新運勞動服務團贈

四川省动员委员会农村巡回工作团第三团关于召开动员座谈会等事项致县兵役监查委员会的公函（一九三九年七月九日）

附：巴中县动员座谈会讨论题目纲要

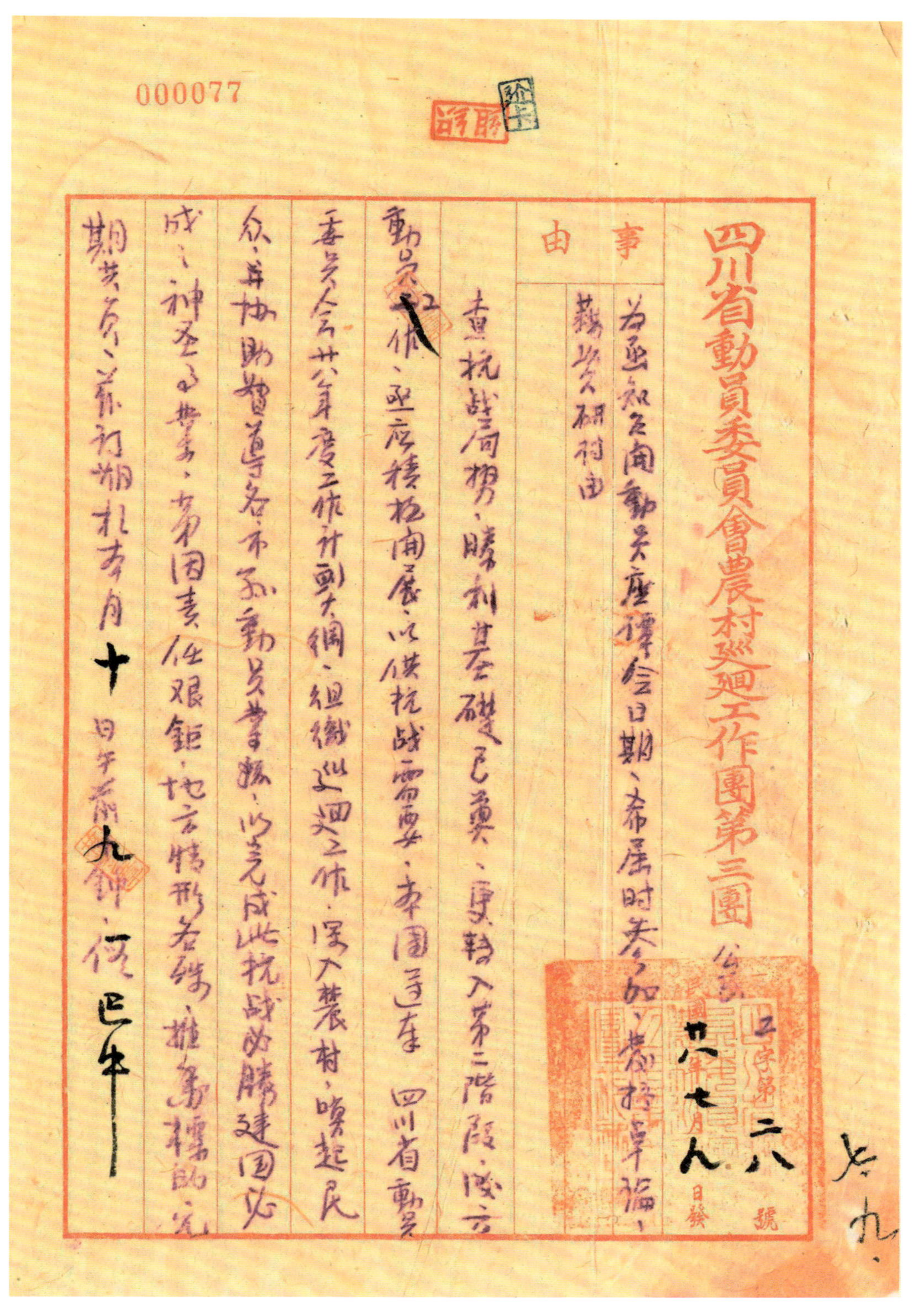
000077

四川省動員委員會農村巡迴工作團第三團 公函 工字第六八號

民國廿八年七月九日發

事由：為函知召開動員座談會日期、希屆時參加、並希轉飭參加研討由

查抗戰局勢、勝利基礎已奠、現轉入第二階段、際玆動員工作、亟應積極開展、以供抗戰需要、本團奉 四川省動員委員會廿八年度工作計劃大綱、組織巡迴工作、深入農村、喚起民眾、並協助督導各市縣動員業務、以完成此抗戰必勝建國必成之神聖事業、本團責任艱鉅、地方情形各殊、推動標的究期共商、藉謀研討、擬於本月十日午前九鐘、假巴中

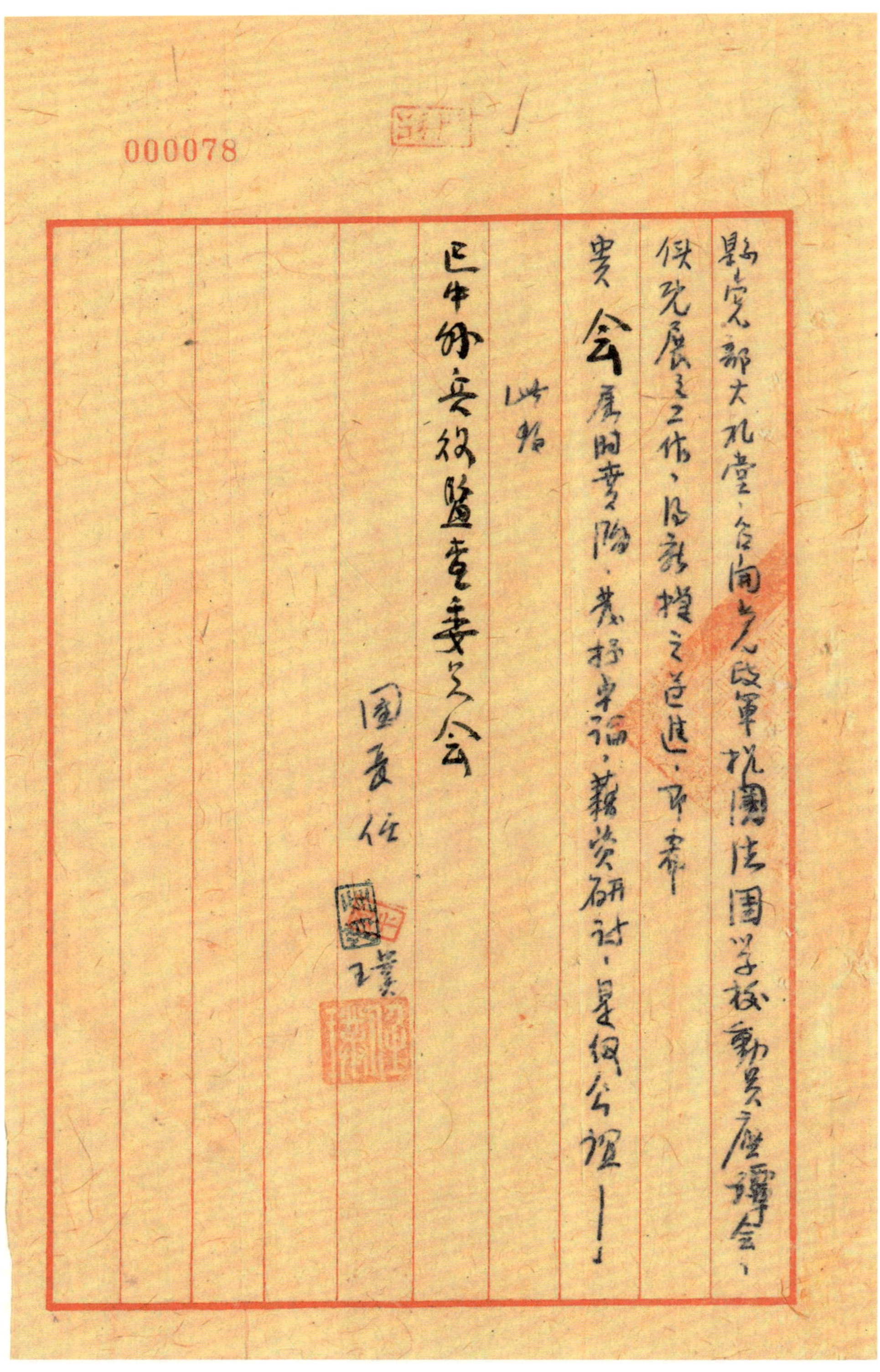

000078

縣党部大礼堂，召開縣党政軍機關法团学校動员座谈会，

俾兵役之工作，得易推之進行，即希

貴會屆時莅临，参加座谈，藉资研讨，是所公谊——

此致

巴中縣兵役監察委员会

團長任 王璞

巴中縣動員座談會討論題目提要　七、一六

一、健全動員委員會問題：甲、調整機構，乙、確定經費，（一）募集（二）捐助（三）地方補助費，丙、中心工作——遵照廿八年度工作計劃按步實施

二、組織抗敵後援會問題：甲、健全機構——遵照法令組織，慎重人選，乙、確定經費，（一）會金（二）募集（三）捐助（四）地方補助費，丙、中心工作（一）協助辦理兵役，優待、慰問、歡送、代耕、肅奸、肅貨、禁絕煙賭各事項，（二）發起徵募寒衣、藥品、獻金、慰勞書信等運動事項。

三、組織青年抗敵座談會問題：甲、各級學校應舉行青年抗敵座談會，師範初中每班為一小組，組長由級任教員兌任之，各完初小校以兩班為一組或該班員為一小組，組長由級任教員或校長兌任之，每週星期六開會一次，討論題材由組長決定之。乙、縣中各機關法團每週開第一次集會時，應定有關抗戰題目，以為座談資料，題材由縣動委會擬定之。

四、推進民眾抗戰教育問題：甲、由縣府動委會切實督促各區聯保甲每月舉行國民月會、國勢報告，并餘兵兵報告書，未舉行者，得遵照規定處罰之。乙、由縣動委會發起各學校員生於每期（或每月）聯合舉行音樂歌詠、繪畫、游藝等抗敵宣傳大會。丙、由縣動委會督促抗敵後援會聯合

部民教館教育視導室合作指導室各級學校組織農村流動宣傳團，並隨時開赴鄉工作。一、團員由參加抗團學校職員教師學生調充，請黨部書記長為團長，副團長由動委會宣傳組組長充任之，二、經費由參加之抗團學校負擔，不足時由[illegible]籌共分之。

五、肅清漢奸絕貨與禁絕煙賭娼問題：甲、肅奸（一）由縣府動委會限期督促各抗團聯團學校依法組織鋤奸隊，二、各區聯保亦遵照規定組織鄉村鋤奸隊，其組織法由縣府負責轉令之，三、鋤奸隊各隊員每週以三人至五人輪番担任調查漢奸工作，鄉村以甚一日，四、縣府動員委会每月督促鋤奸隊限於縣屬區域內，舉行肅奸總檢查一次，乙、肅仇貨（一）由縣府動委會轉令各級學校商会組織仇貨檢查隊，與城區鋤奸隊同時工作，二、每月（或一季）舉行總檢查二次，丙、禁絕煙賭娼一遵照法令切實施行。

六、組織出征軍人家屬慰問隊及劝征隊問題：甲、由縣動委会令飭各聯保兵役会優待会各管会小学教師社訓隊長發起地方紳耆組慰問隊及劝征隊，乙、城區則督促抗敌会優待会聯絡各級学校組織之。

七、組織婦女会問題：甲、由縣府黨部動委会指定学校女教職員發起各界婦女組織婦女会，并呈請黨部登記成立，協助抗敌会一切工作，乙、各區聯保婦女会，亦次第分别組織之。

八、防止反動宣傳問題：甲、由縣動委會會同党政軍機關依法檢查書報郵電。乙、查禁各種迷信團体，由縣動委會隨時發起破除迷信之擴大宣傳。

巴中县政府关于检送第二十三集团军出征抗敌军人姓名册等致县出征抗敌军人家属优待委员会的训令

（一九三九年七月十一日收）

附：第二十三集团军出征抗敌军人姓名册

000042

存查 七、十二

准廿三集团军宪送抗敌出征军人家属证明表令饬查照由

巴中县政府训令 民字第2883号

令出征抗敌军人家属优待委员会

二十八年七月二日 准

第二十三集团军总司令部二十八年五月艳副总字第五四二号代电

检送出征官兵证明表第二联九份，每一份请转发县优待

委员会备存，饬令随时派员慰问，并予优待为要，因。

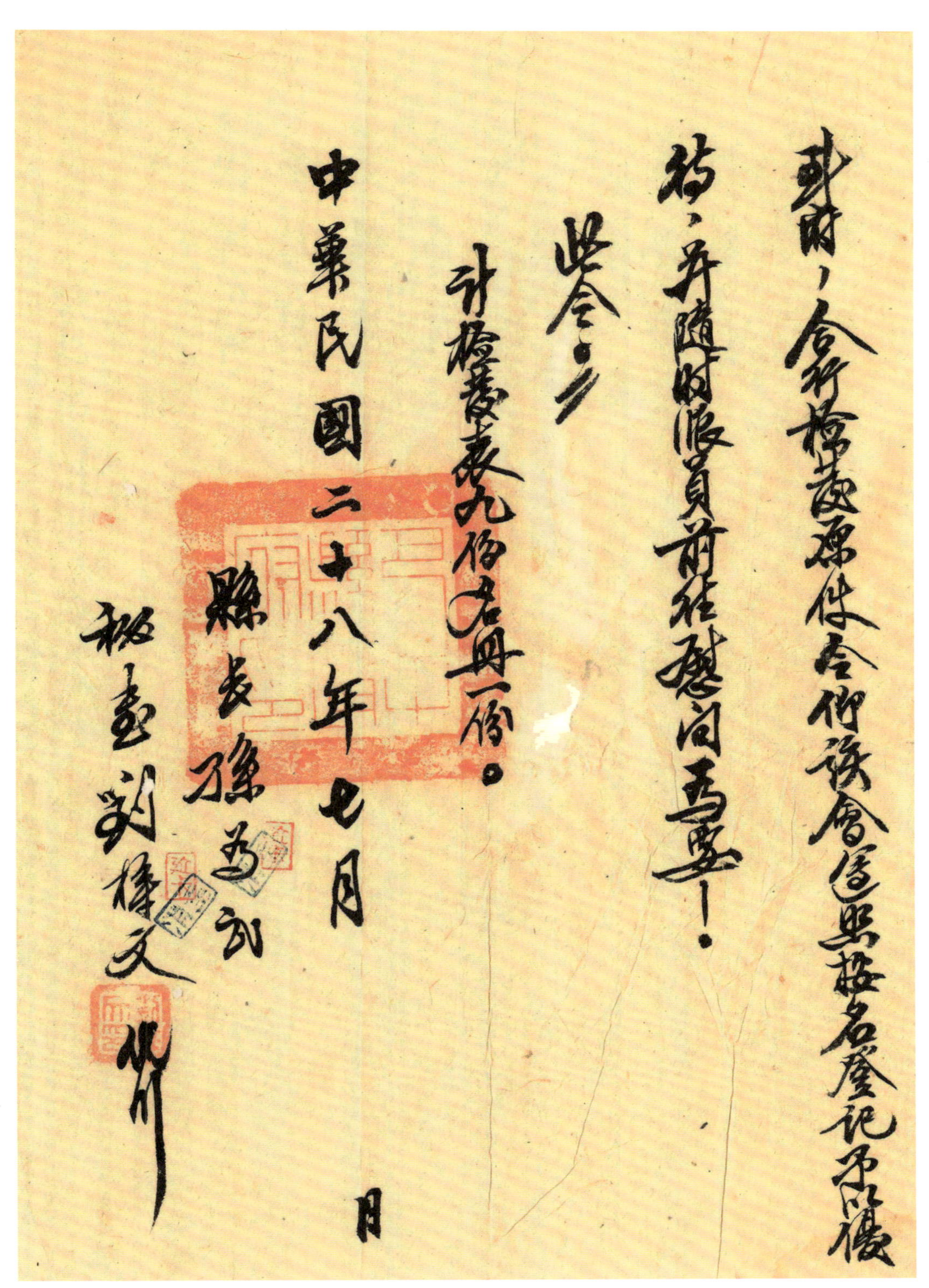

戰時，令行橋鎮原任各街談會逕與按名登記，以便

稽，並隨時派員前往慰問為要！

此令。

計檢發表九份名冊一份。

中華民國二十八年七月　日

縣長孫為剛

秘書劉樟文

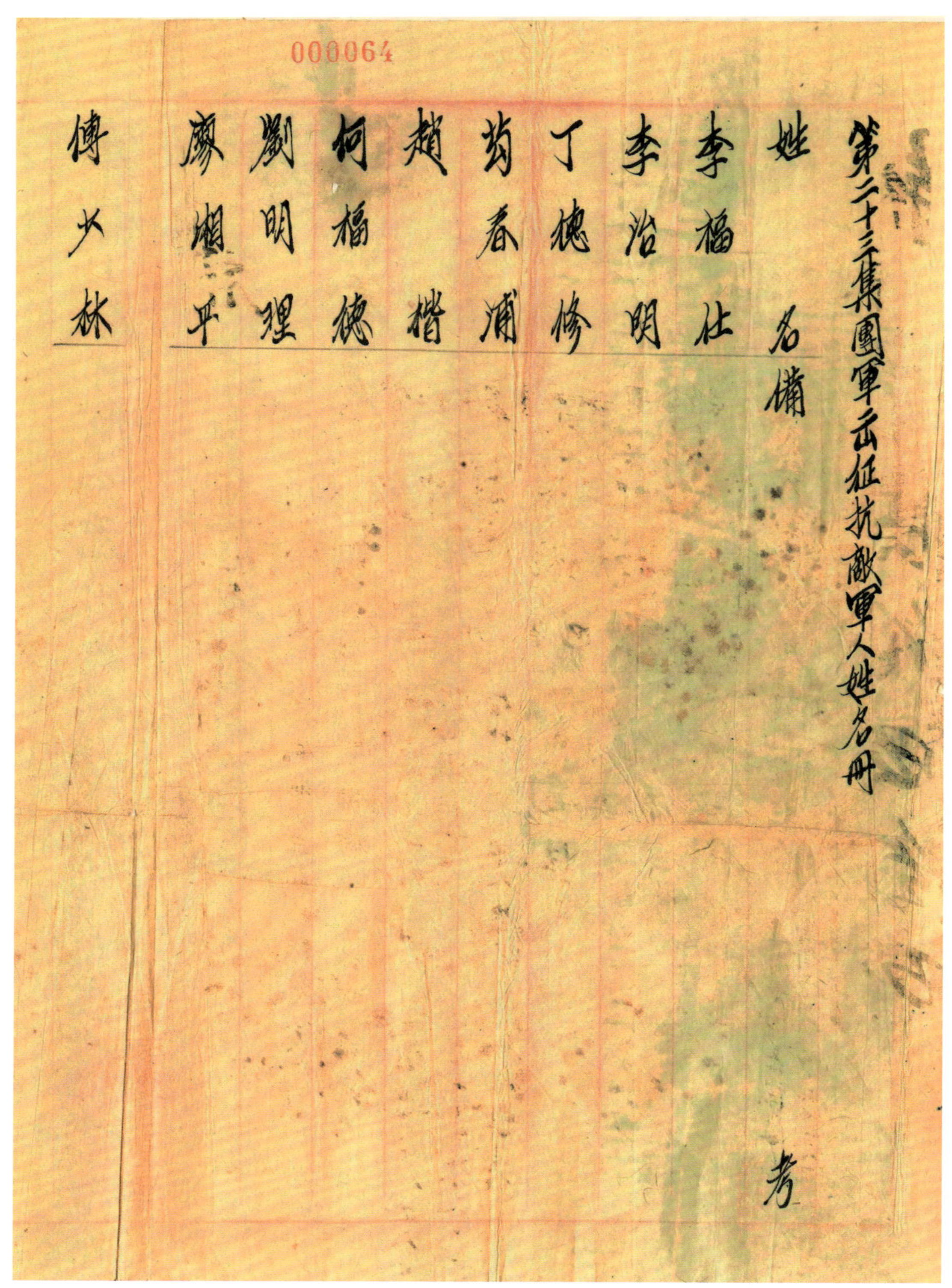

000064

第二十三集團軍出征抗敵軍人姓名冊

姓名	備考
李福仕	
李治明	
丁德修	
苟春浦	
趙楷	
何福德	
劉明理	
廖烟平	
傅火林	

巴中县出征抗敌军人家属优待委员会关于出征军人家属凭可靠证件登记的布告（一九三九年七月十八日）

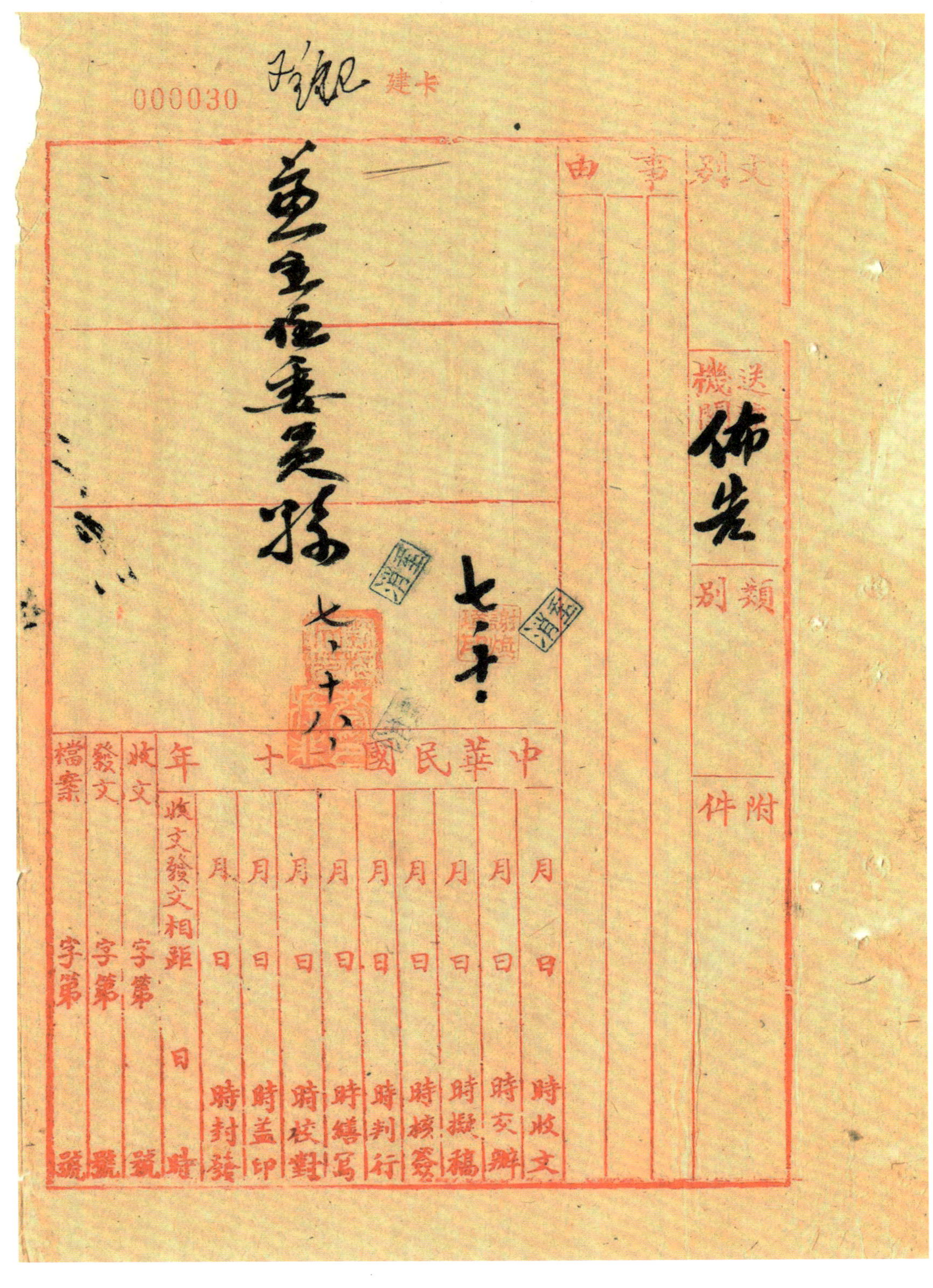
000030

卡建

文別

事由

送達機關 佈告

類別

附件

七月十八

七月十

中華民國 年 十

收文 月 日 時

交辦 月 日 時

擬稿 月 日 時

核發 月 日 時

判行 月 日 時

繕寫 月 日 時

校對 月 日 時

蓋印 月 日 時

封發 月 日 時

收文發文相距 日 時

收文 字第 號

發文 字第 號

檔案 字第 號

全衔布告　优字第　号

照得登记出征军人家属，早经本会通令各区乡保甲暨联保优待委员会随时查报，以凭审核予以优待在案。惟查全县各出征军人家属，据呈请书表或相当证件自行来城迳报请登记者，仅附城各地带，其他窎远区乡则仍寥寥，其中屡迟滞未报者，不外因途程遥远，往返苦於旅费艰难，抑或保甲不力，不肯转请登记，甚至间有不肖之徒从中藉故索取登记费用，致使各该家属存执证件不能享受应得之利益，似此情形殊堪痛恨，亟为免除一切困难，俾得随时登记，以便本会按照条例

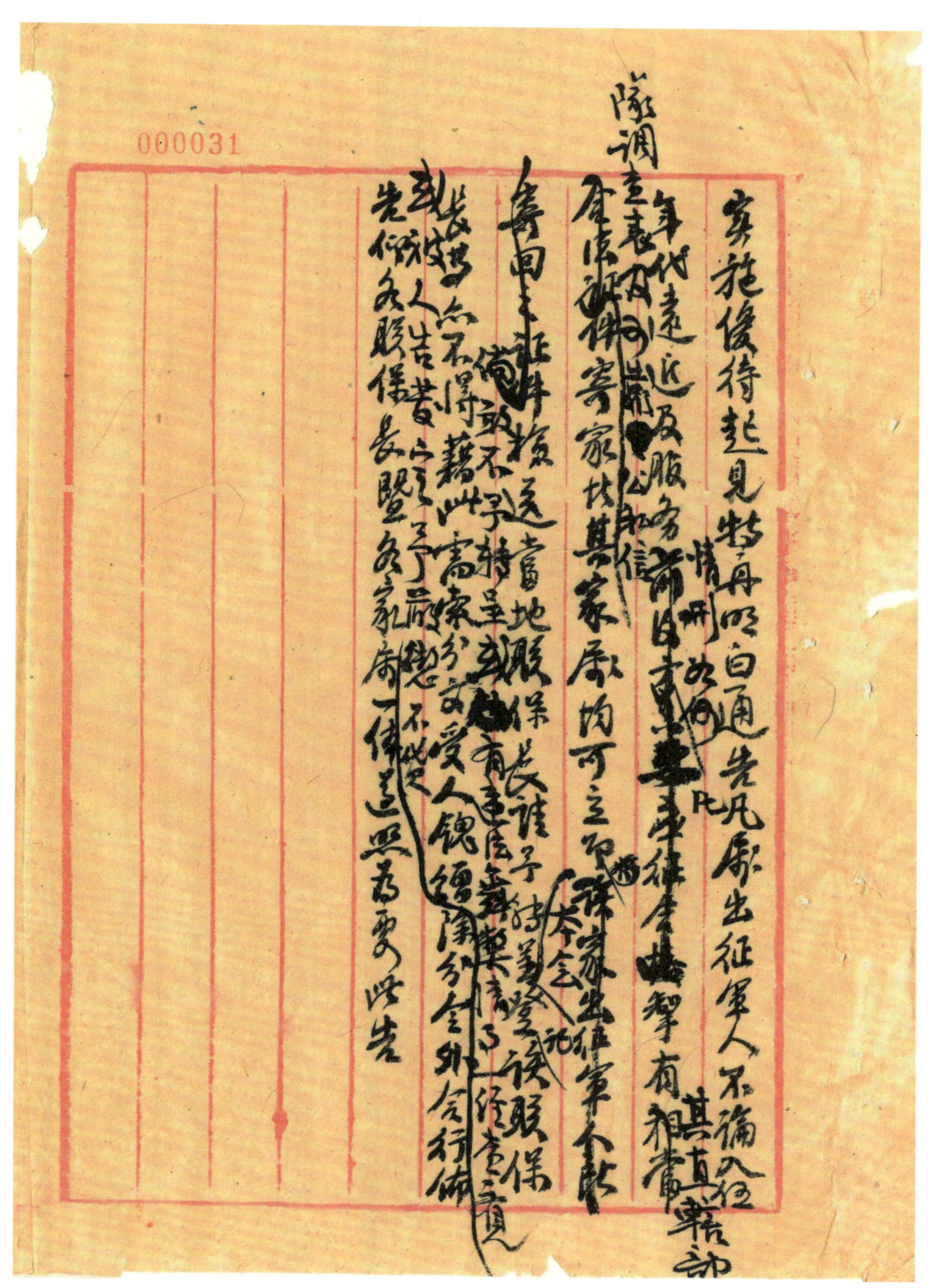

000031

實施後待匪退見特再明白通告凡屬出征軍人不論入伍年代遠近及服務部隊調查表內所載情形如何[illegible]其直系親屬[illegible]有相當[illegible]

全縣新保審家族其家屬均可立即[illegible]將家族出征軍人家屬

為由主任將領送當地聯保主任長請予詳登記[illegible]救濟[illegible]經費[illegible]

備致不予特呈[illegible]有[illegible]

長特為不得藉此需索分文受人饋贈[illegible]

或人告發[illegible]定予嚴懲不貸

先飭各聯保長暨各家屬一體遵照為要此告

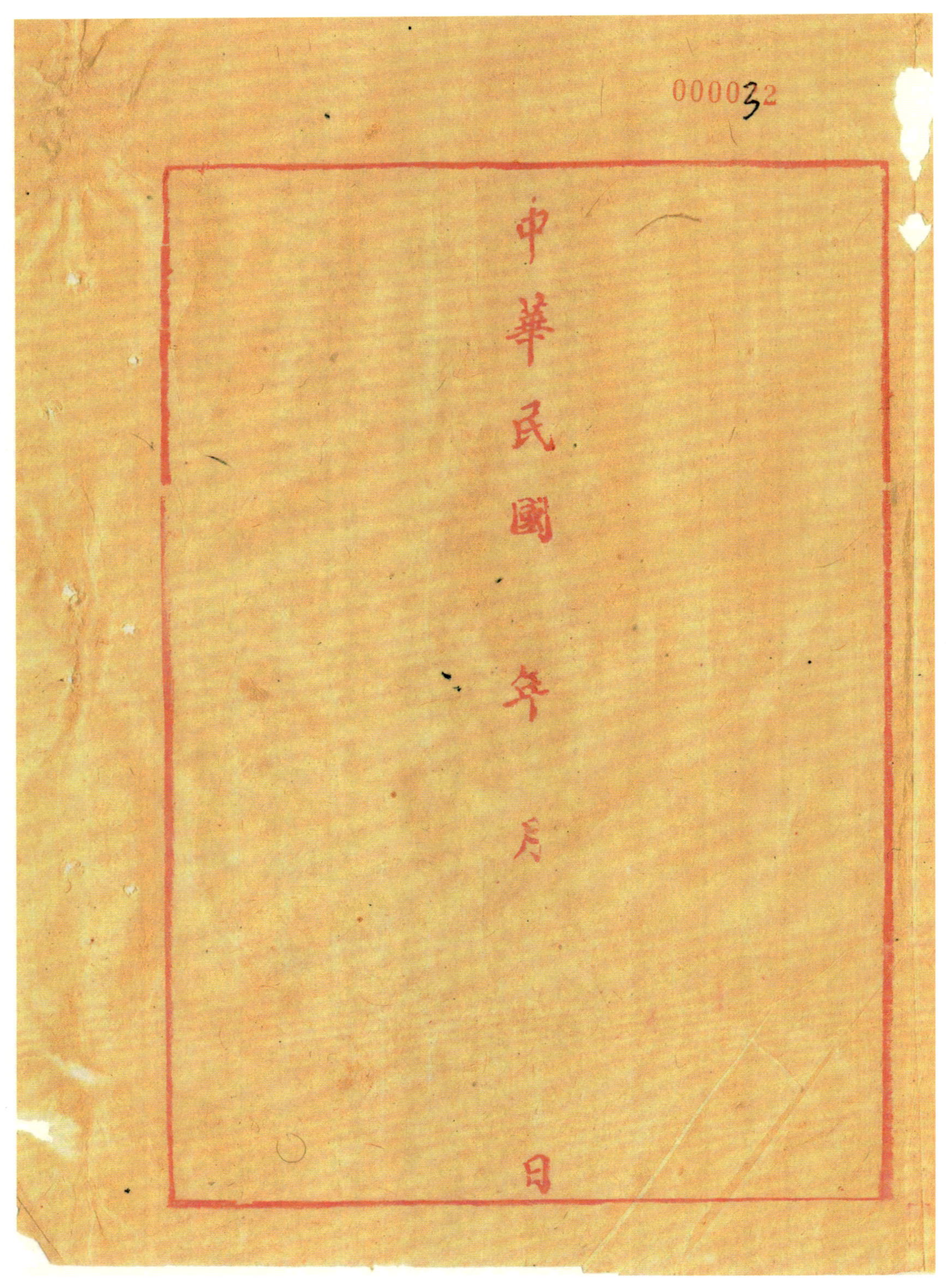

000032

中華民國　　年　　月　　日

巴中县第一区第一联保第一保第一甲户长苟禄序关于其子苟仕青服兵役报请登记优待免派壮丁钱财致县出征抗敌军人家属优待委员会的呈（一九三九年七月二十四日）

附：苟仕青出征抗敌军人证明书（一九三八年十一月二十二日）

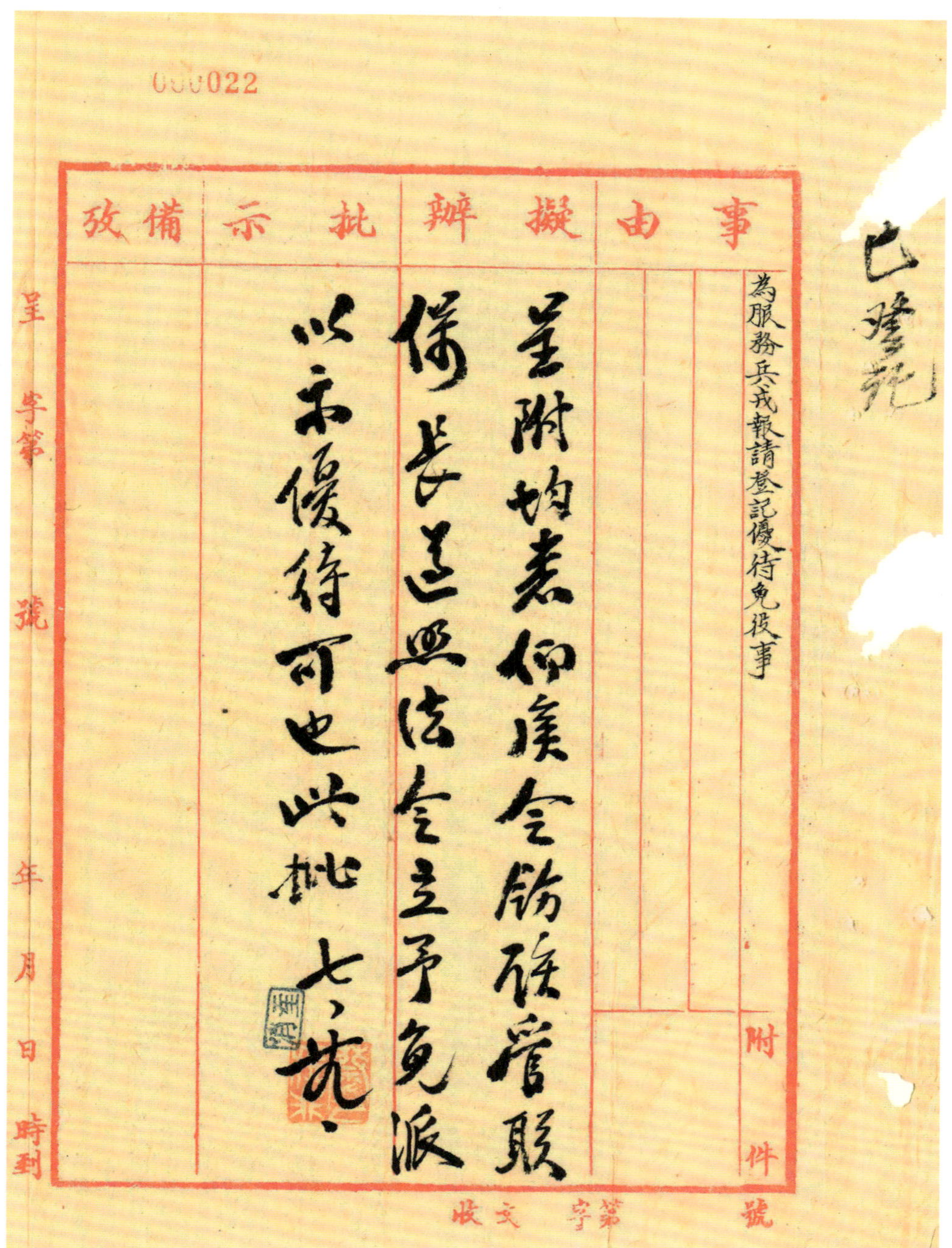

000022

事由	擬辦	批示	備攷
為服務兵戎報請登記優待免役事		呈附均悉仰候令飭聯保保長遵照法令予免派以示優待可也此批 七、廿九	

附件

呈　字第　號　年　月　日　時到

收文　字第　號

呈 字第 號 年 月 日 時到

情因民子苟仕清於抗戰開始即已應募從戎去年明令各縣成立優待委員會仕清曾由受訓之幹訓班發寄証明書一份彼時本縣此會尚未成立無從登記近因月派各保壯丁民保保甲各長每次仍前向民索丁索財雖告以有子從戎要求免緩保甲互推未奉明令不遽邀准竊以日寇内侵同屬匹夫有責但仕清既已從戎家中別無僕兒又無恒產若非實行優待不第民家生活日艱且恐不能激勸將來除分呈區署及联保辦公處請予登記備查外理合抄粘証明書呈請

鈞會俯賜核示登記令飭本保免派民家丁財實沾德便謹呈

優待委員會

計抄粘証明書一份

巴中縣第一區第一联保第一保第一甲戶長苟祿序

000023

苟仕清年十八歲籍隸四川巴中縣恩陽河第一區場第一聯保

第一保第一甲現在本班學兵隊受訓特此證明

保長李志

甲長馮啟益

關防

中華民國二十七年十一月二十二日

陸軍第四十一軍幹部訓練班教育長王石生 章

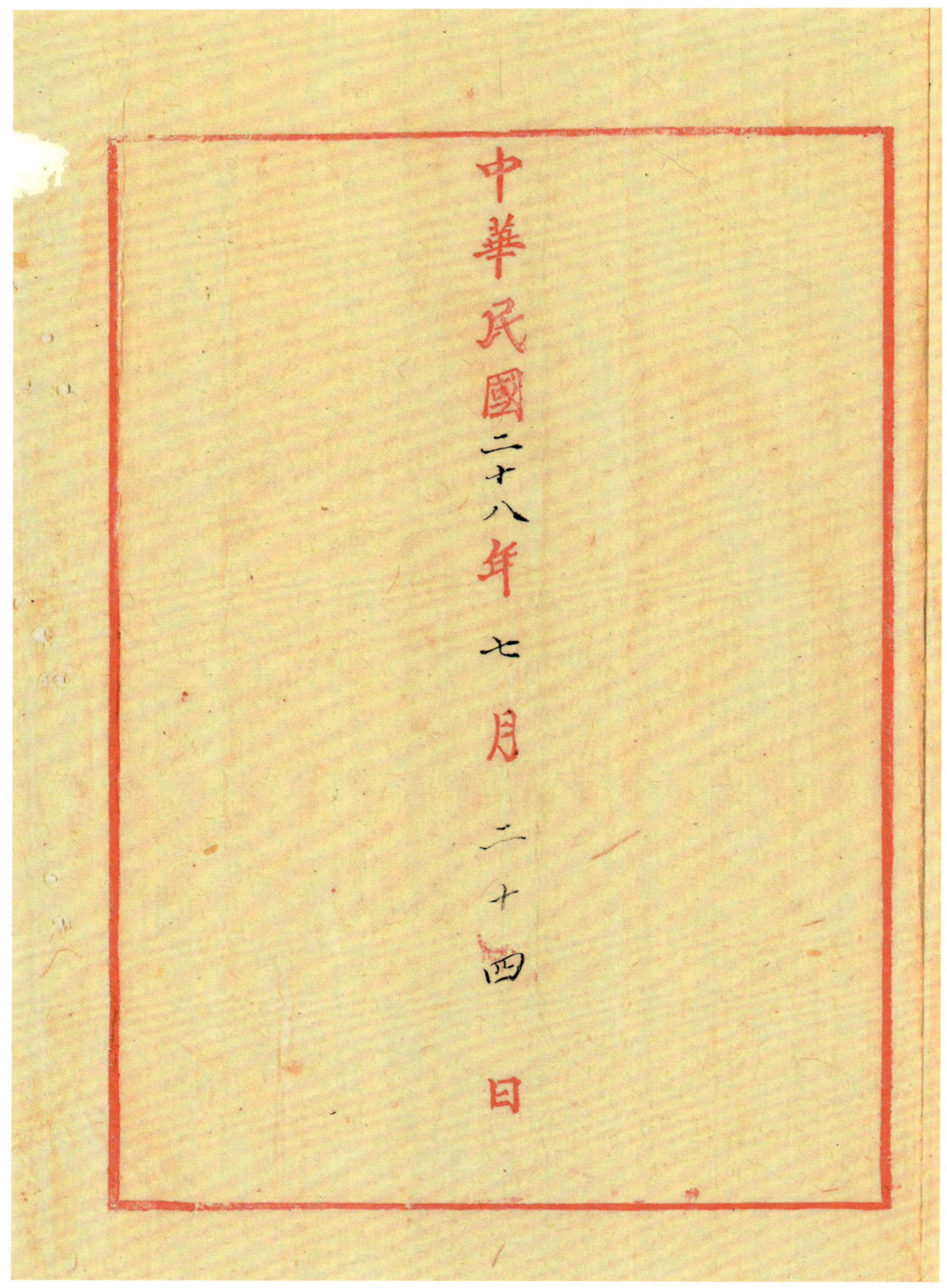
中華民國二十八年七月二十四日

巴中县政府关于秋节期间发动社会力量组织劝募致各区署的电令（一九三九年九月二十一日）

附：劝募办法四则

000025

文別：電令

送達機關：各區署

類別

附件

事由

中華民國二十八年

收文	擬稿	核發	判行	繕寫	校對	蓋印	封發
月　日　時	九月廿一日午后三時	月　日　時	月　日　時	月　日　時	月　日　時	月　日　時	月　日　時

收文發文相距　日　時

收文　字第　號

發文　字第　號

檔案　字第　號

13

各区区长览：查优待及慰问出征军人家属，早经奉府通令饬遵在案。值兹秋节伊迩，亟应发动社会力量，督促实现。本府于九月廿一日召集机关法团于兵协会开会讨论实施办法，除城区各家属由兵协会组织劝募慰劳团，分向各机关法团及公务人员士绅等劝募资金，办备礼品，按户分别馈送外，各区所在地，即由各该区长发动劝募，照后列办法，切实举办，并飞令各联保一体切实办理，仍将办理情形，报县兵协会备查。事关要政，期间迫促，仰即遵照办理，本府赓续派员明密考察，幸勿疏玩干咎。此令。县长

二三四　函　已发

已发　各函

000026

孙为武之印

附办法四则

一、各区联保于秋节前四五日就所在地召集各当地士绅向所属富绅公务人员及慈善团体尽量劝募不得摊筹

一、募得资金即以三分之二（或二分之一）购备肉食礼品视其家庭之生活为礼品之分配

一、家庭稍裕者即送肉食贫穷者加送国币壹元

一、如有馀款交存公正士绅拨作年关慰劳之用

巴中县兵役协会关于派员发给出征军人向三元家属应领积谷致巴中县第二区清洪大联保兵协会的训令（一九三九年十月二十二日）

附：出征军人向三元致巴中县县长的报告（一九三九年九月二十四日）

000040

文别	训令
事由	为令发道照由
送达机关	第二区清洪大联保兵协会
类别	
附件	

主任委员 十、廿二

中華民國二十八年 十月廿二日午前十時

收文	發文	檔案
字第 號	字第 號	字第 號

收文發文相距 日 時

收文	交辦	擬稿	核簽	判行	繕寫	校對	蓋印	封發
月 日 時	月 日 時	十月廿二日午前十時	月 日 時	月 日 時	月 日 時	月 日 時	月 日 時	月 日 時

案準

國民政府發下請願出征軍人向三元函件內稱：

「為呈請發給優待物品」云云

等情，下會。據此，

查該府以據告各節，已令飭兵役協會照章優待，仰即分照等語批發郵寄外，并附函批諭，交兵役協會照辦等因。本會遵令飭該主管委員，即便遵照，會同該縣府服照放員張歐，將該出征軍人家屬，酌領積穀，提前發給一次，以示優待，仍將遵照情形，具報備案，會以便呈覆通知為要！

此令

年　月　日

主任委員 孫○○

副主任委員 蕭○○

令該管鄉保主任蕭元勳查酌優待 十、廿一

具報告人陸軍一二七師三八一旅七六二團三營八連軍士向三元

為呈請發給優待物品 民自去歲被征入伍出征抗戰國民政府規定無論各

省各縣所有抗戰軍人家屬由該地保甲長呈報縣府登記調查確實

以好優待家屬前次國民政府暨優待委員會調查各部抗戰軍人只在前線抗

戰無論官兵給發證明書一份今以寄回為何家庭還不知道但在我們本師各

軍人回信都說每年在縣府領谷數次去年國民政府之所規定不是個

人所興以免抗戰軍人無後顧家庭

40

再者軍請 鈞府辦理優待家屬物品如若無優待物品准許向國民政府

軍事委員会呈報但發給與不發請 鈞府批示

令飭該聯保照放張歐暫予照章

發給稻谷一次 十一、

謹呈

巴中縣縣長 孫

鑒

呈悉已飭兵役協会照章優待案仰即知照

此批 十二日

區長苟元興 第三保〻長李世利 八甲〻長張亭祥 戶民畢士向三元 內代 苟代

兵役協会照辦 十二日

民國二十八年九月二十四日

寄批示地點 巴中縣化城春鄉家郵轉寄 具

巴中县出征抗敌军人家属优待委员会关于转饬遵照施行优待条例不得稍涉敷衍致各联保兵役协会的训令（一九三九年十一月三十日）

附：巴中县政府致县兵役协会的训令（一九三九年十一月）

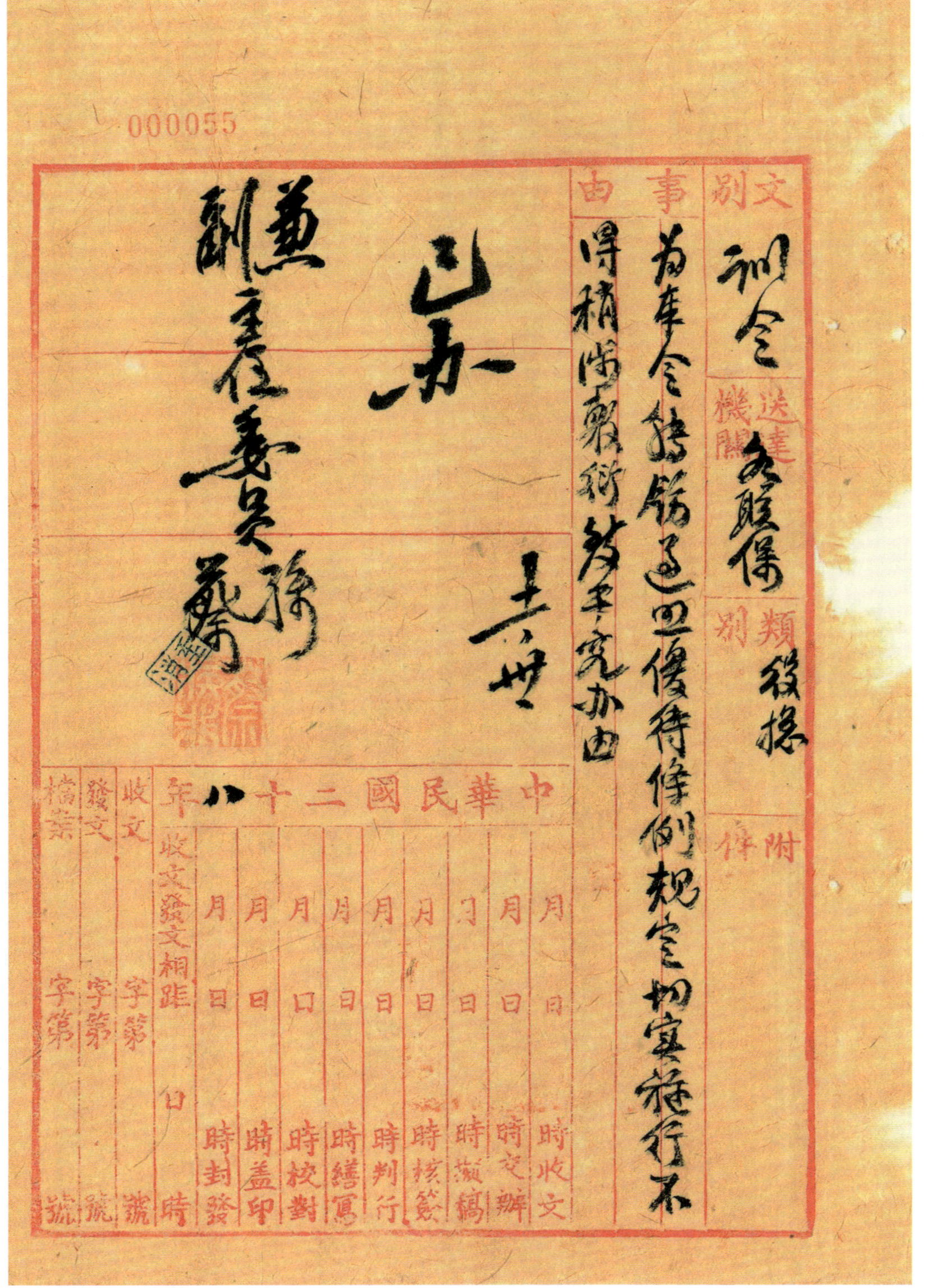
000055

文别	训令
送達機關	各联保
類別	[illegible]
事由	为奉令转饬遵照优待条例规定切实施行不得稍涉敷衍致干究办由
附件	

已办

十一　卅

董
副主任委员孙[illegible]

中華民國二十八年

收文	交辦	擬稿	核簽	判行	繕寫	校對	蓋印	封發	收文發文相距
月　日　時	月　日　時	月　日　時	月　日　時	月　日　時	月　日　時	月　日　時	月　日　時	月　日　時	日　時

收文　字第　號
發文　字第　號
檔案　字第　號

全銜 訓令 役優字第 號

令○○縣傷兵役協會

本年十一月二十六日案奉

巴中縣縣政府役字第一零三五號訓令開

案奉四川省政府 云云 云云

等因奉此查優出征抗敵軍人家屬迭奉層峯

電令飭認真施行在案茲奉前因除分令外合

行令仰該會遵照優待條例規定切實施行勿得

稍涉敷衍致干究辦為要此令

兼主任委員 孫○○

副主任委員 蘇○○

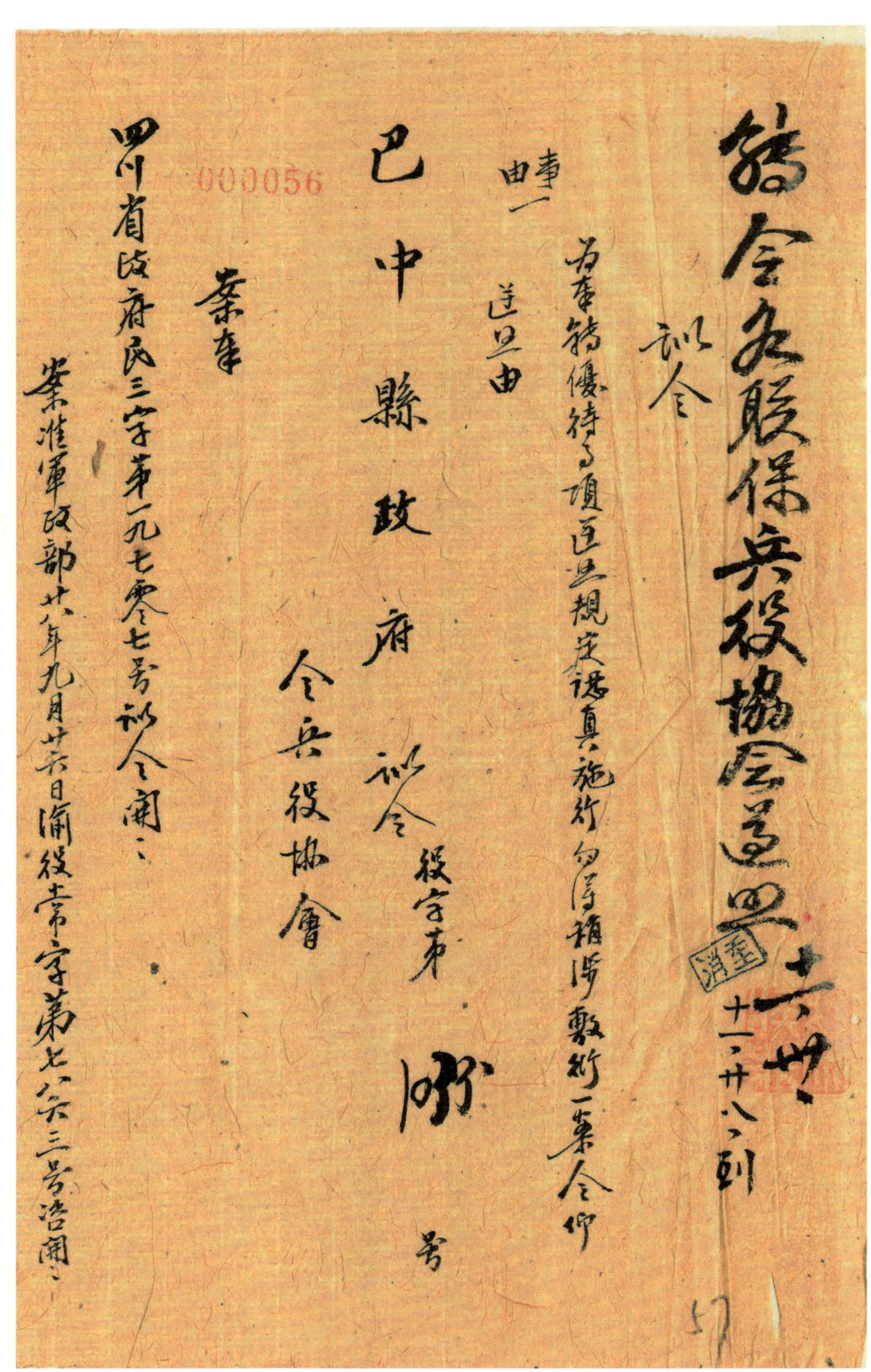

飭令各縣保兵役協會遵照 十六卅

十二、廿八、到

訓令

事由　為奉飭優待各項遵照規定認真施行仰即轉飭遵行一案令仰遵照由

巴中縣政府訓令　役字第　　號

令兵役協會

郷

案奉

四川省政府民三字第一九七零七號訓令開：

案准軍政部卅六年九月廿六日渝役常字第七八六三二號咨開：

000056

57

查優待出征軍人家屬之本旨係在安定前方將士使無後顧之憂
而堅強其抗戰衛國之觀念法至良善惟據各縣市對於此種優待
事項努力推行者固多而敷衍將事或竟置之不理或假借此種名義
在地方攤派品物以自肥或竟對於出征軍人家屬因在鄉鎮保甲之不
睦藉事以勒索及種種壓迫欺負者比比皆是似此情形不惟有違法令干
犯刑章而激起民眾反感影響抗戰前途尤為國家民族之憂況該
等忠勇將士浴血戰爭其救國衛民之志氣舉國同欽所有該人員
尤應予以深切熱烈之同情對於其家屬自當予以優待或以精神上之安
慰或以物質之贈與務俾出征軍人家屬得以安定而前方將士咸
奮努力共殲倭寇光復我河山除分咨及通令各軍管區轉飭督促切
實施行外相應咨請貴省府查照轉飭各縣市切實施行藉以完成

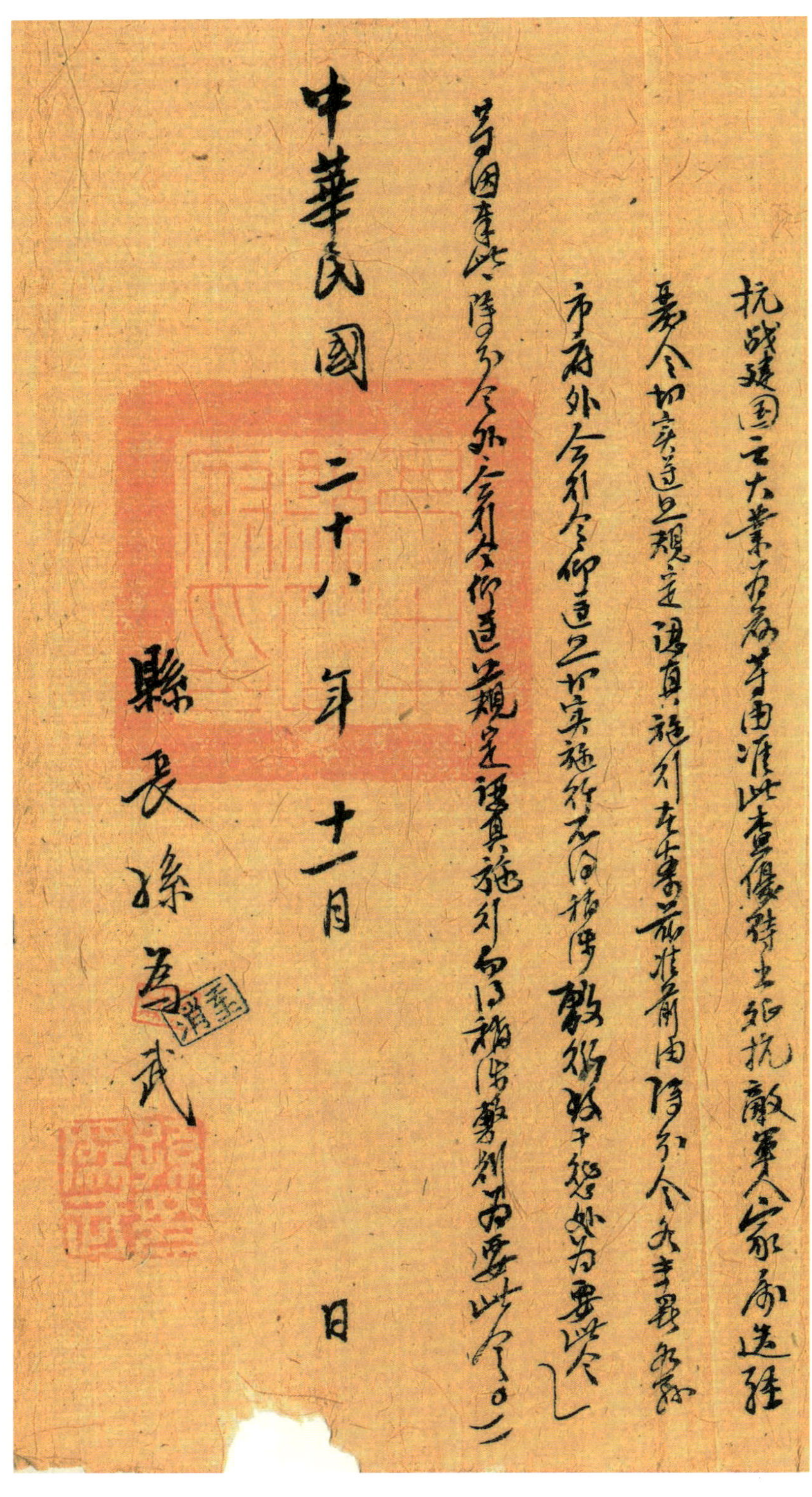

抗战建国之大業，本府業由准此，查優待出征抗敵軍人家屬送經

著令切實遵照規定認真施行在案。茲准前由，除分令各鄉鎮

市府外，合行令仰遵照切實施行，不得稍有敷衍，致干懲处爲要。此令。

等因，奉此，除分令外，合行令仰遵照規定認真施行，勿得稍有敷衍爲要。此令。〇二

中華民國二十八年十一月　日

縣長孫爲武

渭玺

巴中县第一区渔溪乡第十一保关于据实申明出征抗战军人全芸廷家属耗卖优待谷导致其子衣食俱无致县兵役协会的呈（一九四一年四月）

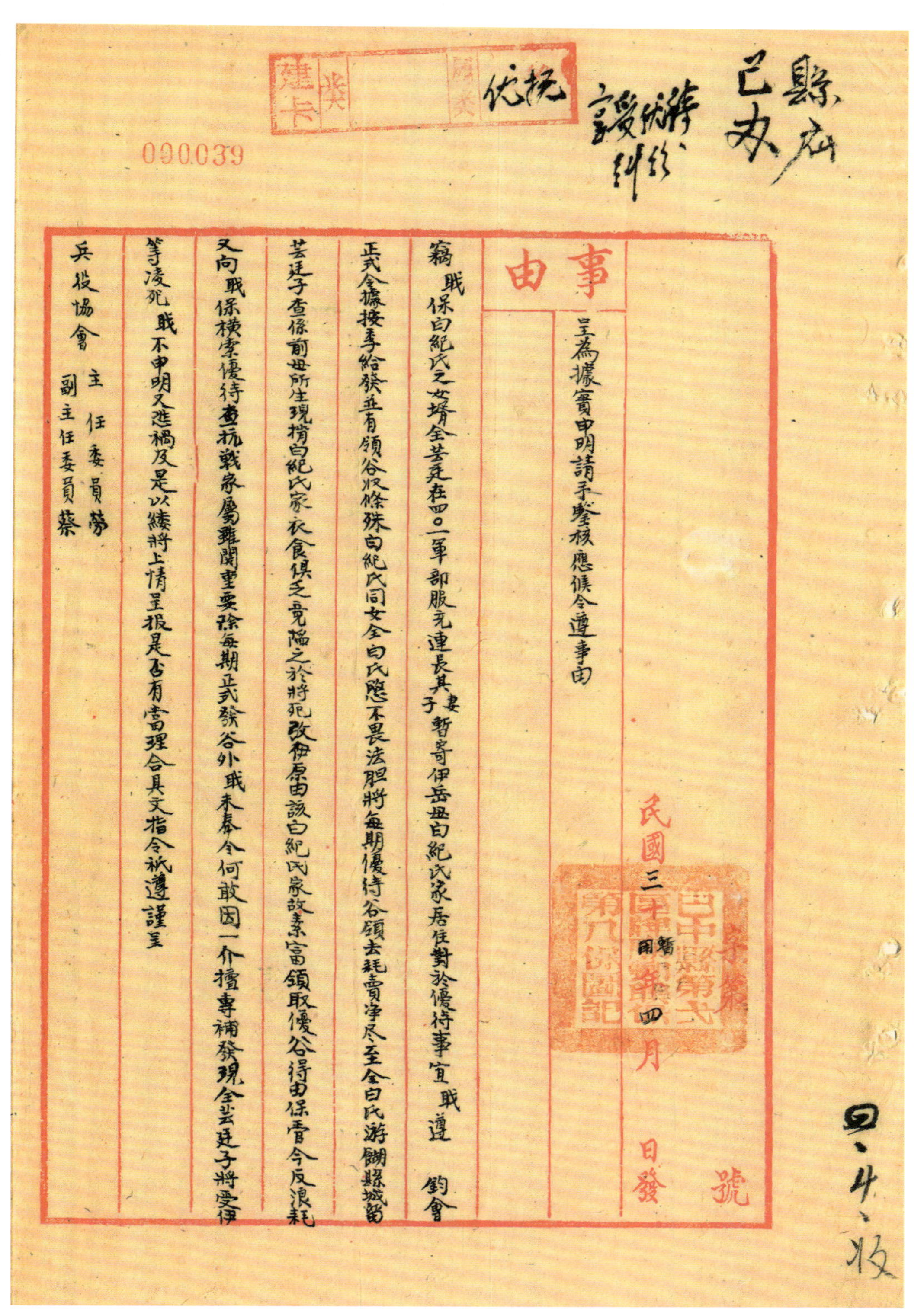
090039

事由：呈爲據實申明請予鑒核應候令遵事由

竊職保白紀氏之女婿全芸廷在四〇一軍部服充連長，其妻子暫寄伊岳母白紀氏家居住。對於優待事宜，職遵鈞會正式令據按季給發，並有領谷收條。殊白紀氏同女全白氏愍不畏法，膽將每期優待谷領去耗賣淨盡，至全白氏遊[illegible]縣城，留芸廷子查係前母所生，現揹白紀氏家衣食俱乏，竟臨之於將死。致伊原由該白紀氏家故素富，領取優谷，得由保責令，反浪耗，又向職保橫索優待。查抗戰家屬雖關重要，除每期正式發谷外，職未奉令，何敢因一介擅專補發？現全芸廷子將受伊等凌死，職不申明，又進禍及。是以縷將上情呈報，是否有當，理合具文指令祗遵。謹呈

兵役協會 主任委員蒙

副主任委員蔡

民國三十年四月 日發

巴中縣第一區漁溪鄉第十一保保長白吉安
保書記員白治安

巴中县部分出征抗敌军人家属证明书

陆军新编第十三师第三十八团炮兵连三排上等兵蒋青云出征抗敌军人家属证明书（一九四一年六月一日）

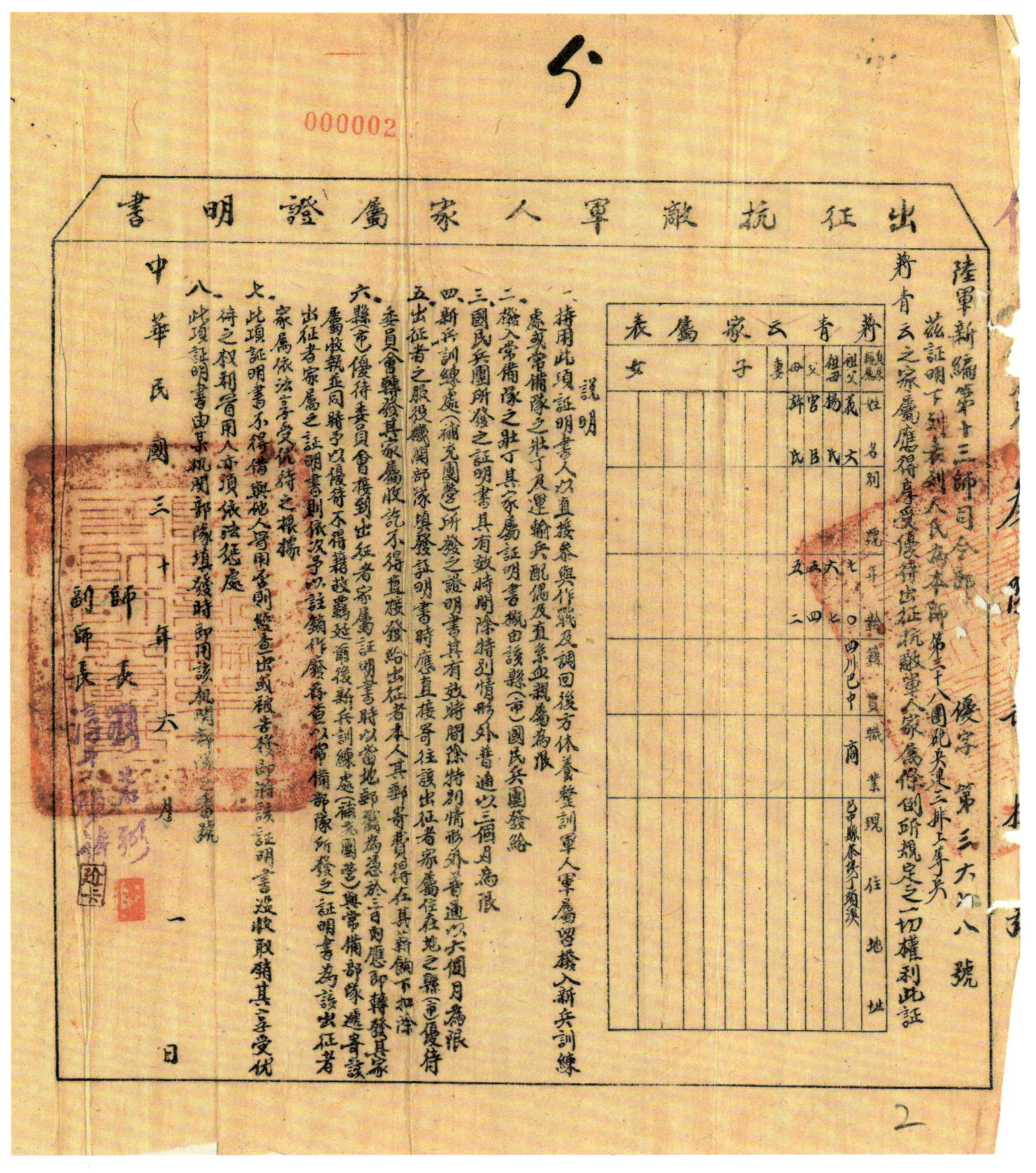

000002

出征抗敵軍人家屬證明書

陸軍新編第十三師司令部　優字第三六〇八號

茲証明下列表列人民爲本師第三十八團砲兵連三排上等兵蔣青云之家屬應得享受優待出征抗敵軍人家屬條例所規定之一切權利此証

蔣青云家屬表

稱謂	姓名別號	年齡	籍貫	職業	現住地址
祖父	義大	七〇	四川巴中	商	巴中縣[illegible]鄉[illegible]溪
祖母	楊氏	六七			
父	官臣	五四			
母	許氏	五二			
妻					
子					
女					

說明

一、持用此項証明書人以直接參與作戰及調回後方休養整訓軍人軍屬暨撥入新兵訓練處或常備隊之壯丁及運輸兵配偶及直系血親屬爲限

二、撥入常備隊之壯丁其家屬証明書概由該縣（市）國民兵團發給

三、國民兵團所發之証明書其有效時間除特別情形外普通以三個月爲限

四、新兵訓練處（補充團營）所發之證明書其有效時間除特別情形外普通以六個月爲限

五、出征者之服役機關部隊填發証明書時應直接寄往該出征者家屬住在地之縣（市）優待委員會轉發其家屬收訖不得直接發給出征者本人其郵寄費得在其薪餉下扣除

六、縣（市）優待委員會接到出征者家屬証明書時以當地郵戳爲憑於三日內應即轉發其家屬收執並同時予以優待不得藉故羈延爾後新兵訓練處（補充團營）與常備部隊遞寄該出征者家屬之証明書則依次予以註銷作廢存查以常備部隊所發之証明書爲該出征者家屬依法享受優待之根據

七、此項証明書不得借與他人冒用冒則經查出或被告發即將該証明書沒收取銷其享受優待之權利冒用人亦須依法懲處

八、此項証明書由某機關部隊填發時即用該機關部隊之番號

師長

副師長

中華民國三十年六月一日

2

優待出征抗敵軍人家屬條例

二十九年六月修正公佈

第一條 出征抗敵軍人家屬應由所在地之縣市政府及自治團體或法團依本條例之規定予以優待

第二條 本條例所稱之出征抗敵軍人家屬直接參與作戰軍人家屬之配偶及其直系血親屬為限

第三條 對於出征抗敵軍人家屬之優待事宜由各縣市政府組織出征抗敵軍人家屬優待委員會辦理之各縣市長為主任委員各自治團體或法團之負責人及當地公正之人為委員

第四條 前條優待委員會對於本縣市出征抗敵軍人家屬狀況應詳加調查列具表册

第五條 出征抗敵軍人家屬除擔負法定賦稅外得減免臨時各項捐款

第六條 出征抗敵軍人家屬得免服勞役並儘先享受一切公益設施

第七條 出征抗敵軍人家屬有左列情形之一者得由保長甲長或逕向優待委員會請求救濟

甲、生活不能維持者 乙、疾病無力治療者 丙、死亡不能埋葬者

丁、子女無力教養者 戊、遭遇異外災害者

第八條 優待委員會於前條請求應迅速查明酌予金錢物品或其他之救濟

第九條 出征抗敵軍人在應征召前所負之債務無力清償者得展至服役期滿後第二年內清償之其因作戰陣亡或因公積勞成疾或受重傷致成殘廢或因傷病請假回籍而死亡者得自陣亡或停役請假之日起滿第三年後於二年內清償之出征抗敵軍人在服役期內其家屬賴以維持生活之財産債權人不得請求強制執行

第十條　出征抗敵軍人或其家屬承租耕作之地或自住之房屋在服役期內出租人不得收回或改租與他人

第十一條　出征抗敵軍人因作戰陣亡或受重傷致成殘廢時除依法令呈請撫卹及褒揚外其家屬得繼續享受本條例所規定之優待至其子女成年為止無子女者至其配偶死亡為止無配偶及子女者至其直系血親屬死亡為止

第十二條　關於救濟所需經費得由優待委員會按地方情形酌量捐募負責保管不足時由縣市政府籌集呈由省政府核准施行

第十三條　出征抗敵軍人或其家屬經褫奪公權者不得享受本條例之優待

第十四條　假冒出征抗敵軍人家屬希圖規避勞役減少負擔或請求救濟者應依法懲罰之

第十五條　各縣市政府辦理本條例所規定事項應按月列表報由省政府彙報內政部軍政部查核

第十六條　本條例施行細則由省政府定之並報內政部軍政部備案

第十七條　直隸於行政院之市辦理出征抗敵軍人家屬優待事項准用本條例之規定

第十八條　本條例自公佈日施行

陆军第七十五军第四预备师第十团输送连上等兵罗金福、袁仕贤出征抗敌军人家属证明书

（一九四一年七月一日）

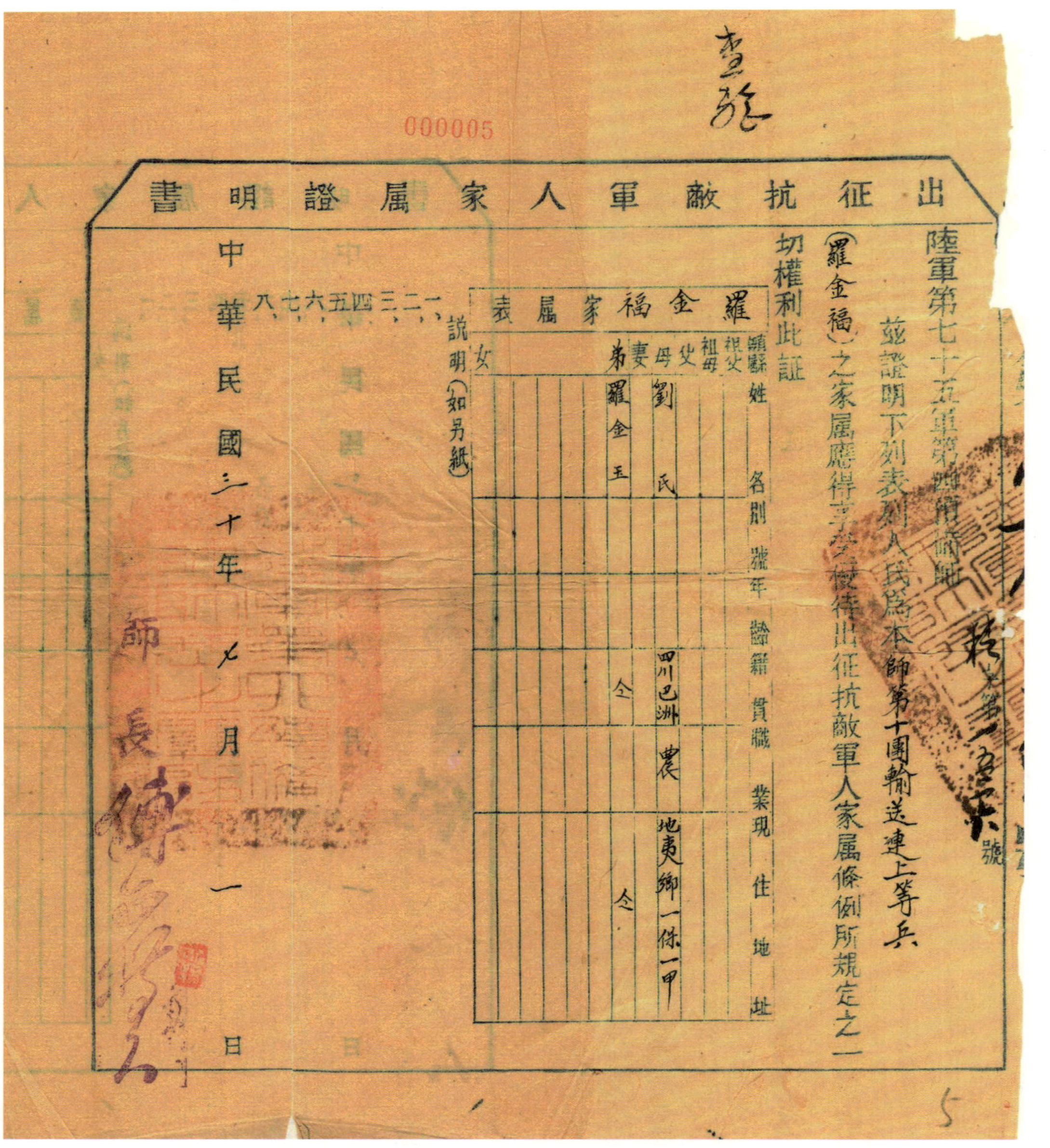

出征抗敵軍人家屬證明書

陸軍第七十五軍第四預備師

茲證明下列表列人民為本師第十團輸送連上等兵（羅金福）之家屬應得享受優待出征抗敵軍人家屬條例所規定之一切權利此証

羅金福家屬表

	姓	名	別號	年齡	籍貫	職業	現住地址
祖父							
祖母							
父							
母	劉	氏			四川巴洲	農	地吏鄉一保一甲
妻							
弟	羅	金玉			仝		仝
女							

說明（如另紙）

一、二、三、四、五、六、七、八

師長

中華民國三十年七月一日

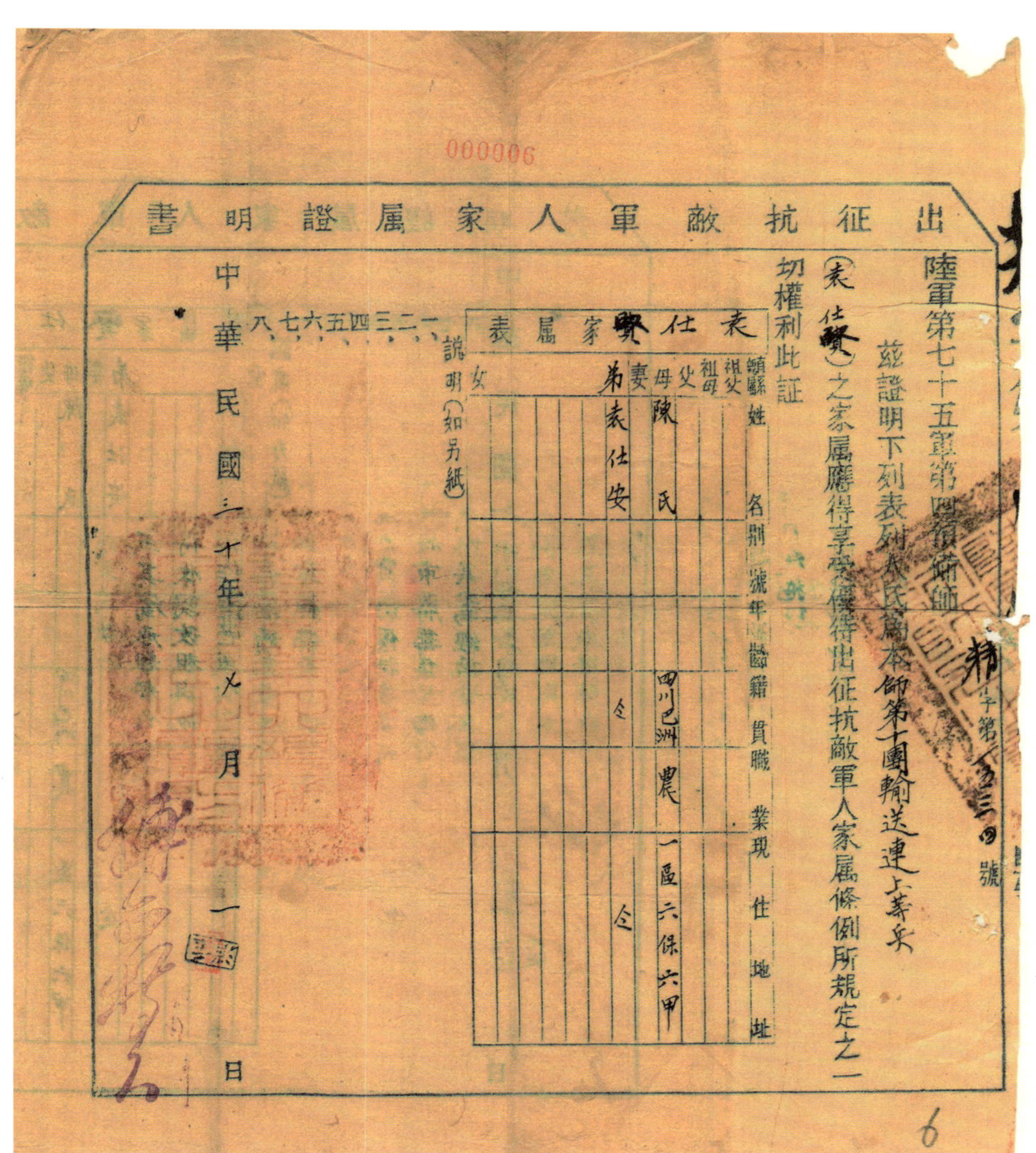

000006

出征抗敵軍人家屬證明書

陸軍第七十五軍第四預備師精字第三〇號

茲證明下列表列人民為本師第十團輸送連上等兵

表仕賢之家屬應得享受優待出征抗敵軍人家屬條例所規定之一切權利此証

表仕賢家屬表	姓名	別號	年齡	籍貫	職業	現住地址
祖父						
祖母						
父						
母	陳氏			四川巴州	農	一區六保六甲
妻						
弟	表仕安			仝		仝
女						

說明（如另紙）一、二、三、四、五、六、七、八、

中華民國三十年七月一日

陆军第四十一军第一二三师卫生队担架中士郑国有出征抗敌军人家属证明书（一九四一年七月）

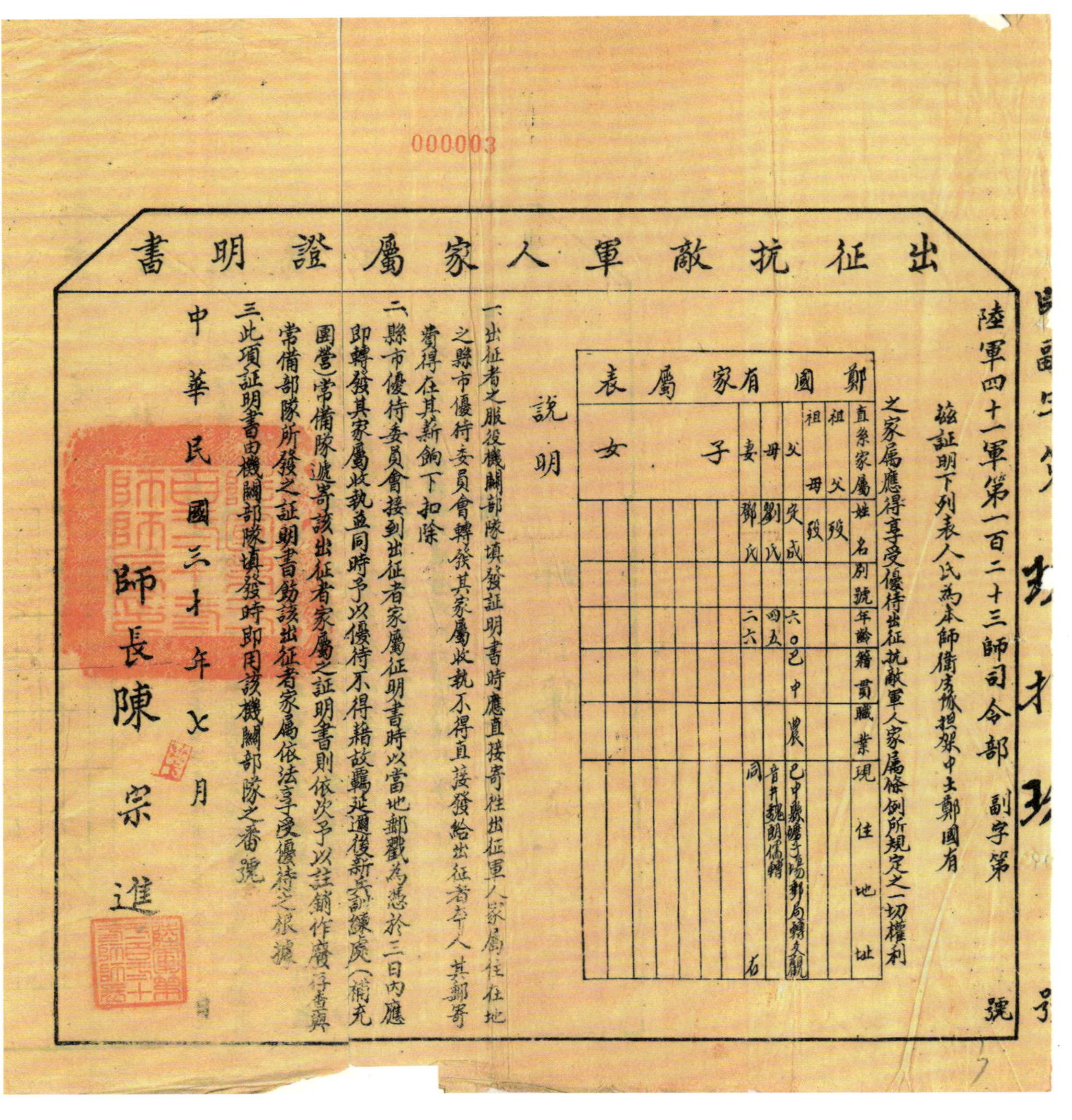

000003

出征抗敵軍人家屬證明書

陸軍四十一軍第一百二十三師司令部　副字第　號

茲証明下列表人民為本師衛生隊担架中士鄭國有之家屬應得享受優待出征抗敵軍人家屬條例所規定之一切權利

鄭國有家屬表

直系家屬	姓名別號	年齡	籍貫	職業	現住地址
祖父	段				
祖母	段				
父	定成	六〇	巴中	農	巴中縣蟾子场郵局轉交觀
母	劉氏	四五			音井魏朗儒轉
妻	鄭氏	二六			同右
子					
女					

說明

一、出征者之服役機關部隊填發証明書時應直接寄往出征軍人家屬住在地之縣市優待委員會轉發其家屬收執不得直接發給出征者本人其郵寄費得在其薪餉下扣除

二、縣市優待委員會接到出征者家屬征明書時以當地郵戳為憑於三日內應即轉發其家屬收執並同時予以優待不得藉故羈延遇後新兵訓練處（補充團營）常備隊遞寄該出征者家屬之証明書則依次予以註銷作廢（存查）與常備部隊所發之証明書飭該出征者家屬依法享受優待之根據

三、此項証明書由機關部隊填發時即用該機關部隊之番號

師長陳宗進

中華民國三十年七月

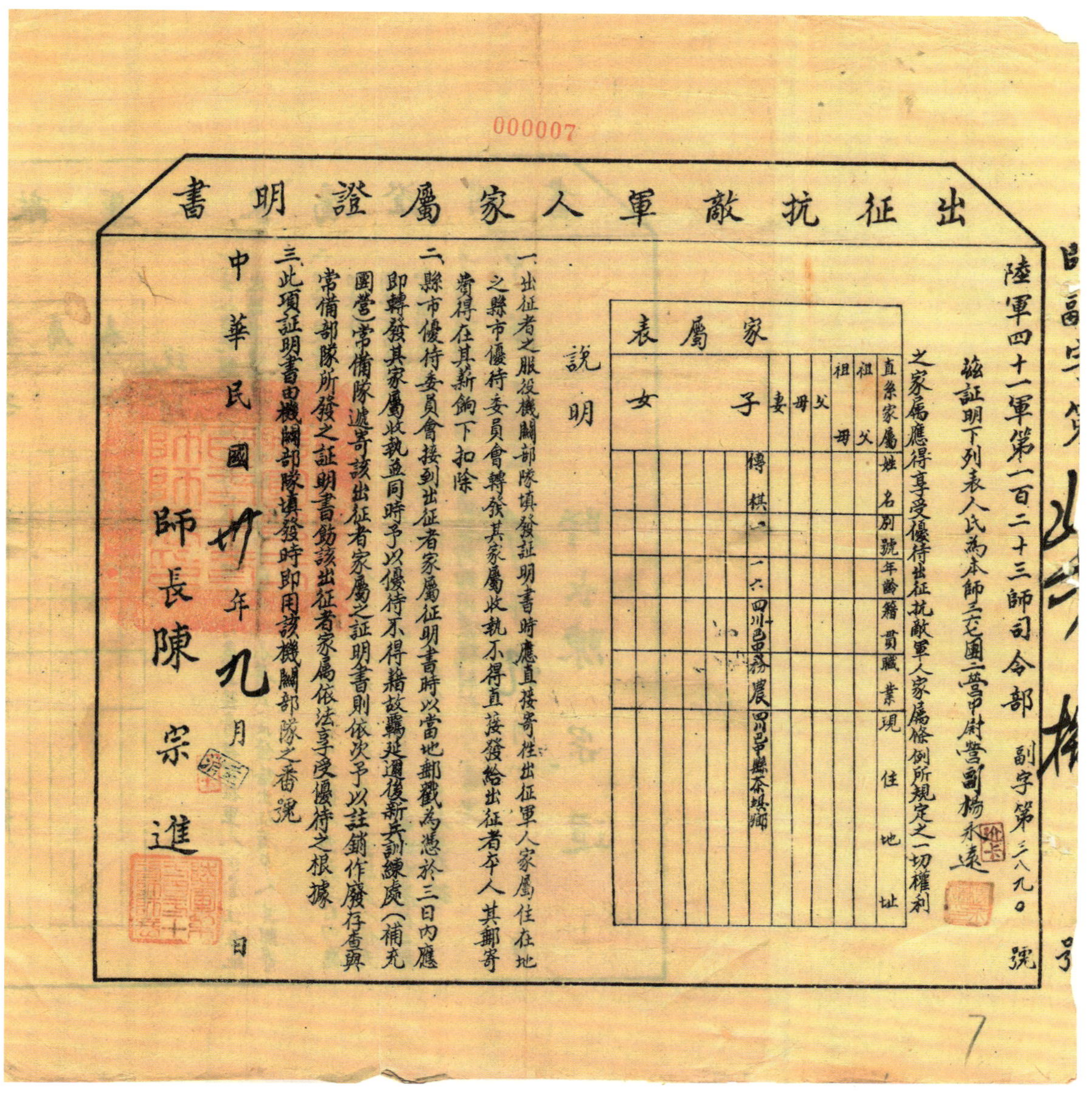

000007

出征抗敵軍人家屬證明書

陸軍四十一軍第一百二十三師司令部　副字第三八九〇號

茲証明下列表人氏為本師三六七團二營中尉營副楊永遠之家屬應得享受優待出征抗敵軍人家屬條例所規定之一切權利

家屬表

直系家屬	姓名別號	年齡	籍貫	職業	現住地址
祖父					
祖母					
父					
母					
妻					
子	傅棋一	一六	四川巴中	務農	四川巴中縣茶垻鄉
女					

說明

一、出征者之服役機關部隊填發証明書時應直接寄往出征軍人家屬住在地之縣市優待委員會轉發其家屬收執不得直接發給出征者本人其郵寄費得在其薪餉下扣除

二、縣市優待委員會接到出征者家屬征明書時以當地郵戳為憑於三日內應即轉發其家屬收執並同時予以優待不得藉故羈延遇後新兵訓練處（補充團營）常備隊遞寄該出征者家屬之証明書則依次予以註銷作廢存查與常備部隊所發之証明書飭該出征者家屬依法享受優待之根據

三、此項証明書由機關部隊填發時即用該機關部隊之番號

中華民國卅年九月　日

師長陳宗進

7

陆军第四十一军第一二三师三六七团二营中尉营副杨永远出征抗敌军人家属证明书（一九四一年九月）

陆军第五十五师第一六三团第一营营部连上等兵朱有田出征抗敌军人家属证明书（一九四一年十二月）

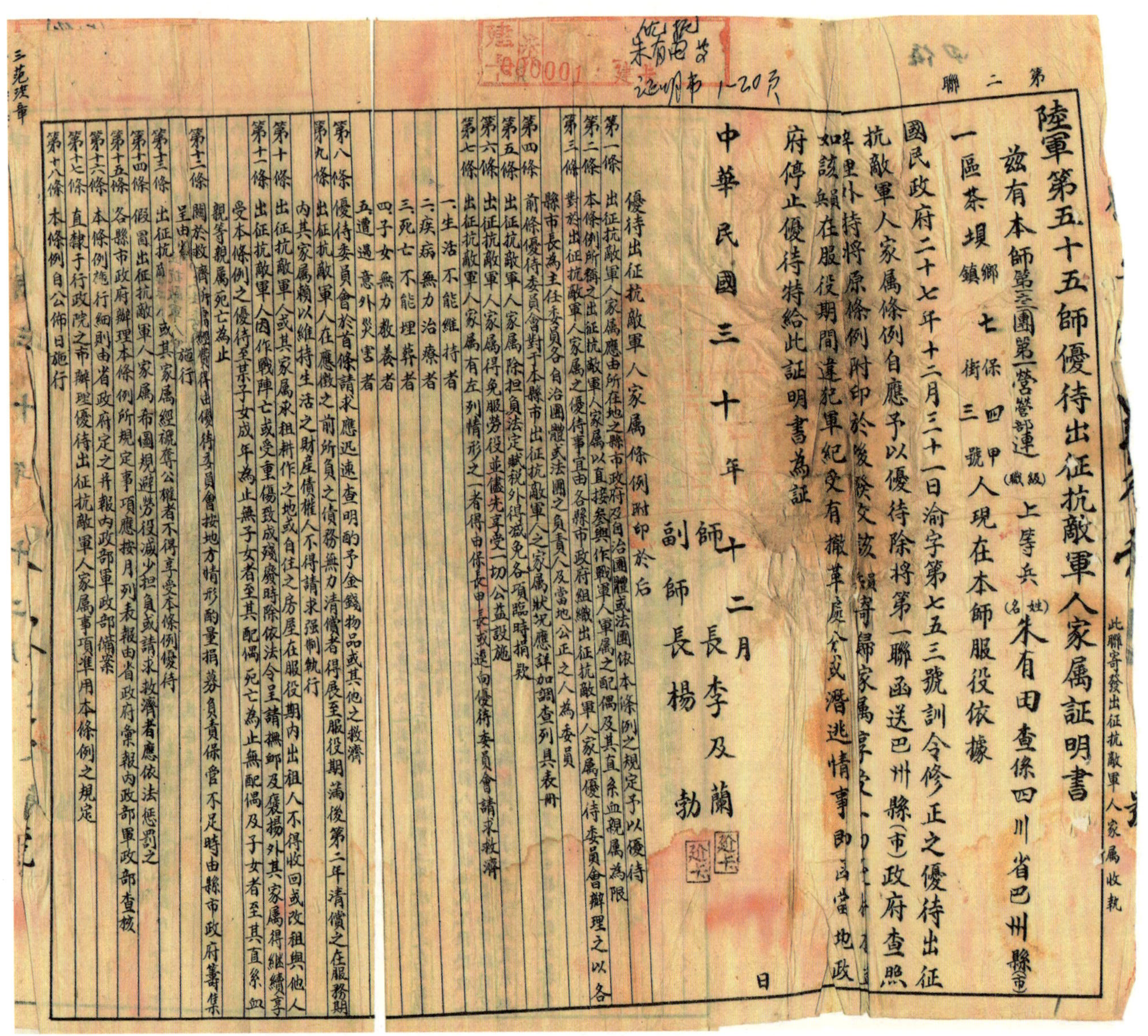

第二聯

此聯寄發出征抗敵軍人家屬收執

陸軍第五十五師優待出征抗敵軍人家屬証明書

茲有本師第一六三團第一營營部連（職級）上等兵（姓名）朱有田查係四川省巴州縣（市）一區茶壩鄉鎮七保四甲街三號人現在本師服役依據國民政府二十七年十二月三十一日渝字第七五三號訓令修正之優待出征抗敵軍人家屬條例自應予以優待除將第一聯函送巴州縣（市）政府查照外特將原條例附印於後發交該員寄歸家屬收執如該員在服役期間違犯軍紀受有撤革處分或潛逃情事即函當地政府停止優待特給此証明書為証

師長 李及蘭

副師長 楊勃

中華民國三十年十二月　日

優待出征抗敵軍人家屬條例附印於后

第一條　出征抗敵軍人家屬應由所在地之縣市政府及自治團體或法團依本條例之規定予以優待

第二條　本條例所稱之出征抗敵軍人家屬以直接參與作戰軍人軍屬之配偶及其直系血親屬為限

第三條　對於出征抗敵軍人家屬之優待事宜由各縣市政府組織出征抗敵軍人家屬優待委員會辦理之以各縣市長為主任委員各自治團體或法團之負責人及當地公正之人為委員

第四條　前條優待委員會對于本縣市出征抗敵軍人之家屬狀況應詳加調查列具表冊

第五條　出征抗敵軍人家屬除担負法定賦稅外得減免各項臨時捐款

第六條　出征抗敵軍人家屬得免服勞役並優先享受一切公益設施

第七條　出征抗敵軍人家屬有左列情形之一者得由保長甲長或逕向優待委員會請求救濟

一、生活不能維持者

二、疾病無力治療者

三、死亡不能埋葬者

四、子女無力教養者

五、遭遇意外災害者

第八條　優待委員會於首條請求應迅速查明酌予金錢物品或其他之救濟

第九條　出征抗敵軍人在應徵之前所負之債務無力清償者得展至服役期滿後第二年清償之在服務期內其家屬賴以維持生活之財產債權人不得請求強制執行

第十條　出征抗敵軍人或其家屬承租耕作之地或自住之房屋在服役期內出租人不得收回或改租與他人

第十一條　出征抗敵軍人因作戰陣亡或受重傷致成殘廢時除依法令呈請撫卹及褒揚外其家屬得繼續享受本條例之優待至某子女成年為止無子女者至其配偶死亡為止無配偶及子女者至其直系血親等親屬死亡為止

第十二條　關於救濟所需經費得由優待委員會按地方情形酌量捐募負責保管不足時由縣市政府籌集呈由[illegible]施行

第十三條　出征抗敵軍人或其家屬經褫奪公權者不得享受本條例優待

第十四條　假冒出征抗敵軍人家屬希圖規避勞役減少捐負或請求救濟者應依法懲罰之

第十五條　各縣市政府辦理本條例所規定事項應按月列表報由省政府彙報內政部軍政部查核

第十六條　本條例施行細則由省政府定之并報內政部軍政部備案

第十七條　直隸于行政院之市辦理優待出征抗敵軍人家屬事項準用本條例之規定

第十八條　本條例自公佈日施行

出征抗戰軍人家屬證明書

東字第　　號

陸軍第一二三師司令部

茲證下列表人因為本師三六九團輸送連上等兵 民二三年七月一日入伍

鄭國有之家屬應得享受優待出征抗戰軍人家屬條例所規定之一切權利此證

鄭國有家屬							
直系親屬	祖父	祖母	父	母	妻	子	女
姓名			定成	劉氏	鄧氏		
年齡			六一	四五	二七		
籍貫			四川巴中				
職業			農				
現住地址			觀音井柯家店濱				

說明

一 持用此項證明書人以直接參與作戰及調回後方休養整訓軍人軍屬與撥入新兵訓練處或常備隊之壯丁運輸配偶及其條血親屬為限

二 撥入常備隊之壯丁其家屬證明書統由該某縣（市）國民兵團發給

三 國民兵團所發之證明書其有效時間除特別情形外普通以三個月為限

四 新兵訓練處（補充團營）所發之證明書其有效時間除特別情形外通以六個月為限

五 出征者之服役機關部隊填發證明書時應在接寄往出征者家屬住在地之縣（市）優待委員會轉發其家屬收執不得直接發給出征者之本人其郵寄費在其薪餉項下扣除

六 縣（市）優待委員會接到出征者家屬證明書以當地郵戳為憑于三日內應即轉發其家屬收執並同時予以優待不得藉故羈延遁擾新兵訓練處（補充團營）與常備部隊該出征者家屬依法享受優待之根據

七 此項證明書不得供為他人冒用則一經查出或被人告發即將該證明書沒收取銷其享受優待之權利冒用人亦須依法懲辦

八 此項證明書某機關部隊填發用該機關部隊之番號

中華民國三十一年一月　日

師長陳宗進

副師長汪朝濂

陆军第一二三师三六九团输送连上等兵郑国有出征抗敌军人家属证明书（一九四二年一月）

巴中县政府关于县出征抗敌军人家属优待委员会成立日期及印模转报事宜致四川省政府、四川省军管区司令部等的呈文签稿（一九四二年十二月七日）

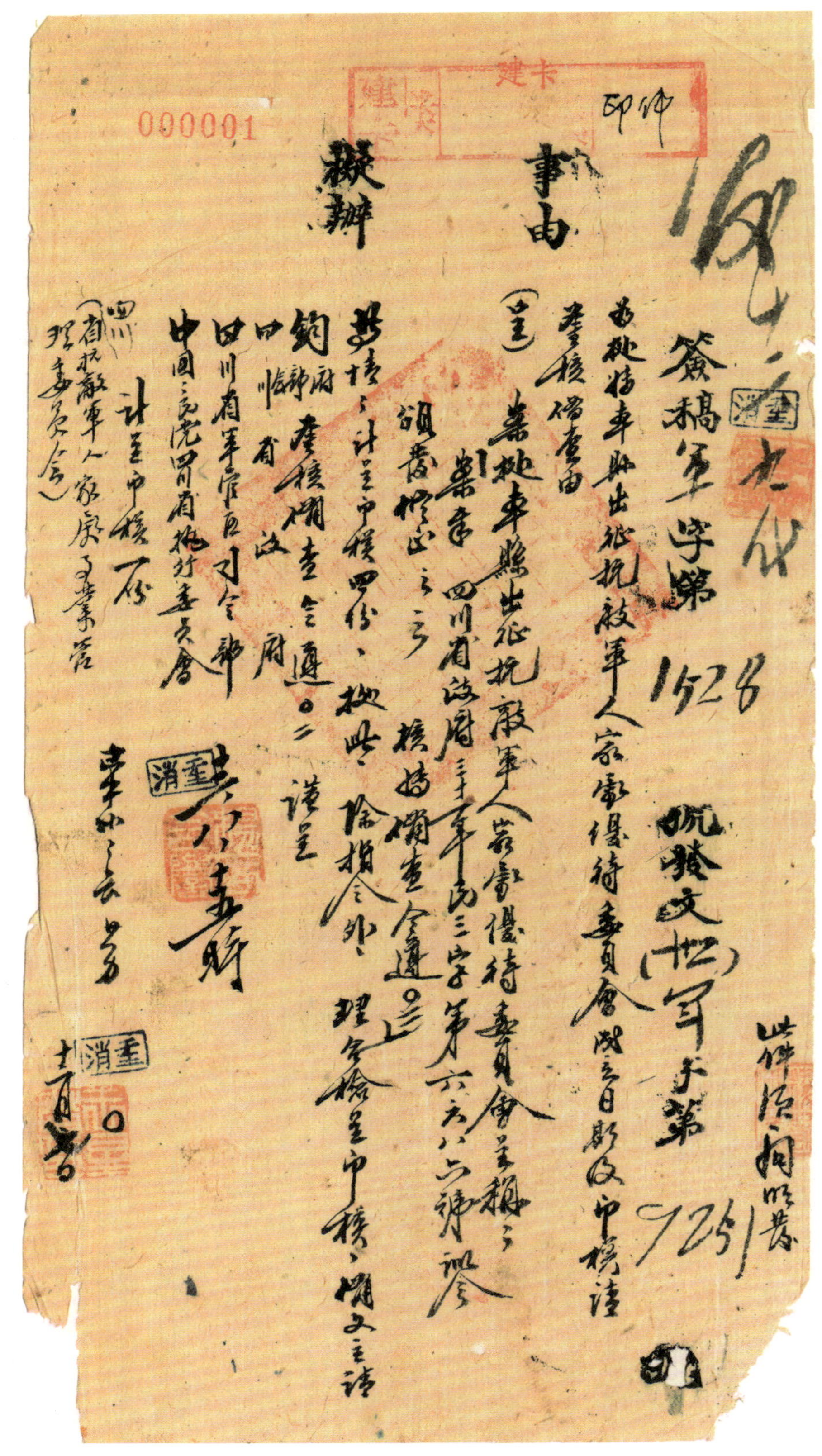

附（一）巴中县政府致县出征抗敌军人家属优待委员会的指令签稿（一九四二年十二月三日）

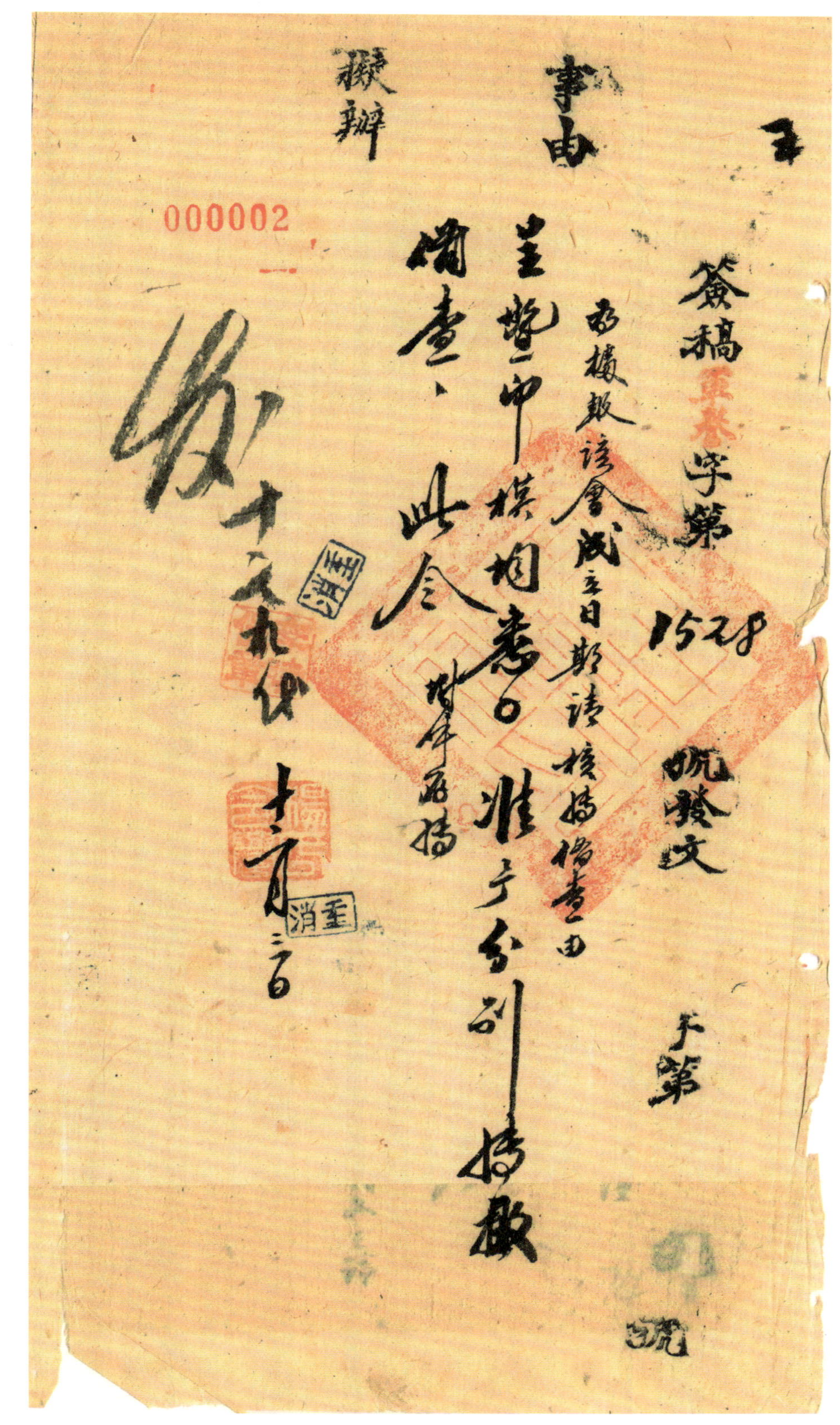

事由

擬辦

000002

簽稿　字第1528號　發文　字第　號

為據報該會成立日期請核備由

呈暨冊均悉，准予分别核備，此令。

附（二）巴中县出征抗敌军人家属优待委员会致县政府的呈（一九四二年十二月）

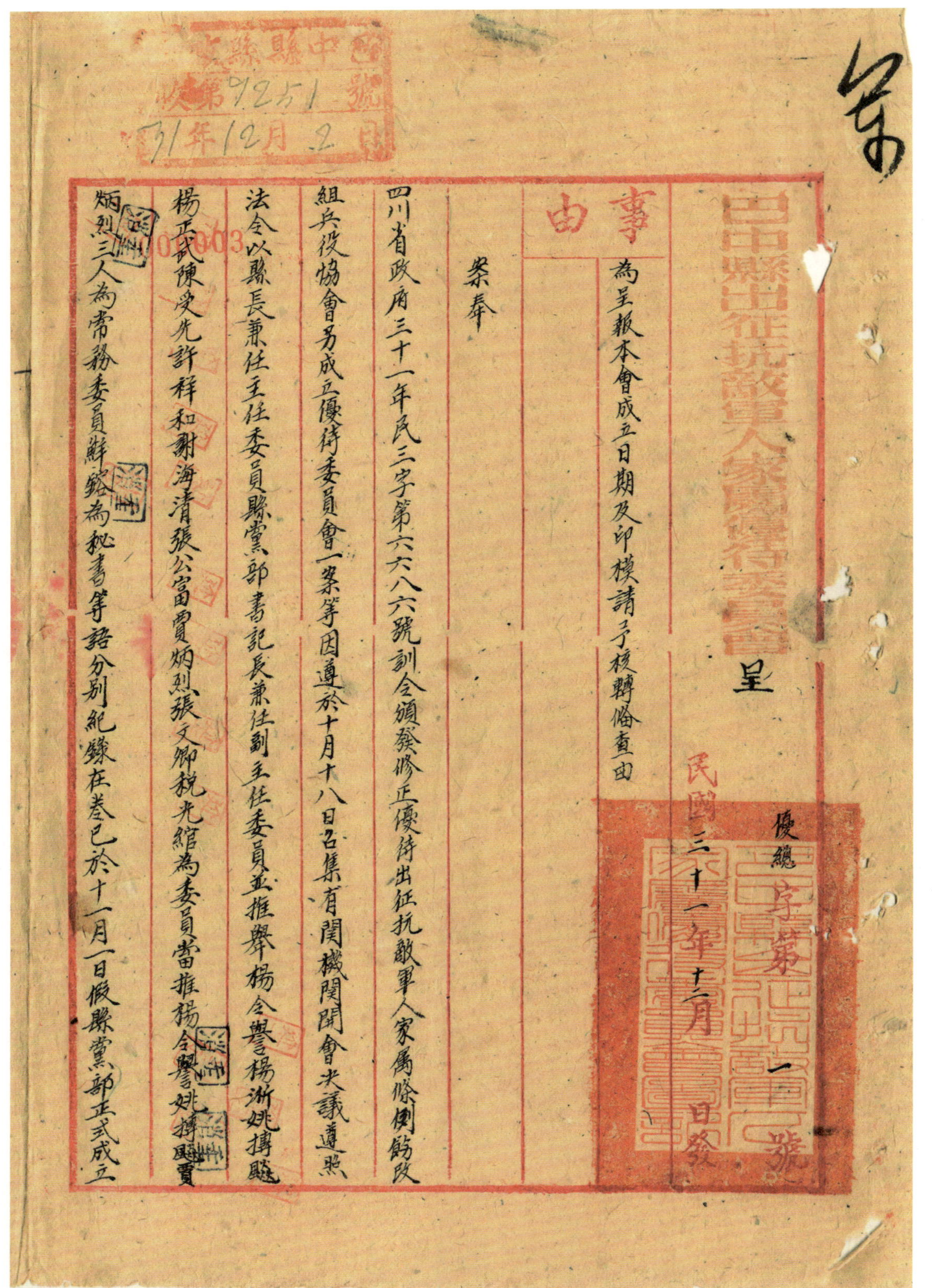

案

巴中縣收文第7251號
31年12月2日

巴中縣出征抗敵軍人家屬優待委員會 呈

優總字第一號

民國三十一年十二月 日發

事由：為呈報本會成立日期及印模請予核轉備查由

案奉

四川省政府三十一年民三字第六六八六號訓令頒發修正優待出征抗敵軍人家屬條例飭設組兵役協會另成立優待委員會一案等因遵於十月十八日召集有關機關開會決議遵照法令以縣長兼任主任委員縣黨部書記長兼任副主任委員並推舉楊全譽楊浙姚搏颺楊正武陳受先許稱和謝海清張公當賈炳烈張文卿税光綰為委員當推楊全譽姚搏颺賈炳烈三人為常務委員鮮鎔為秘書等語分別紀錄在卷已於十一月一日假縣黨部正式成立

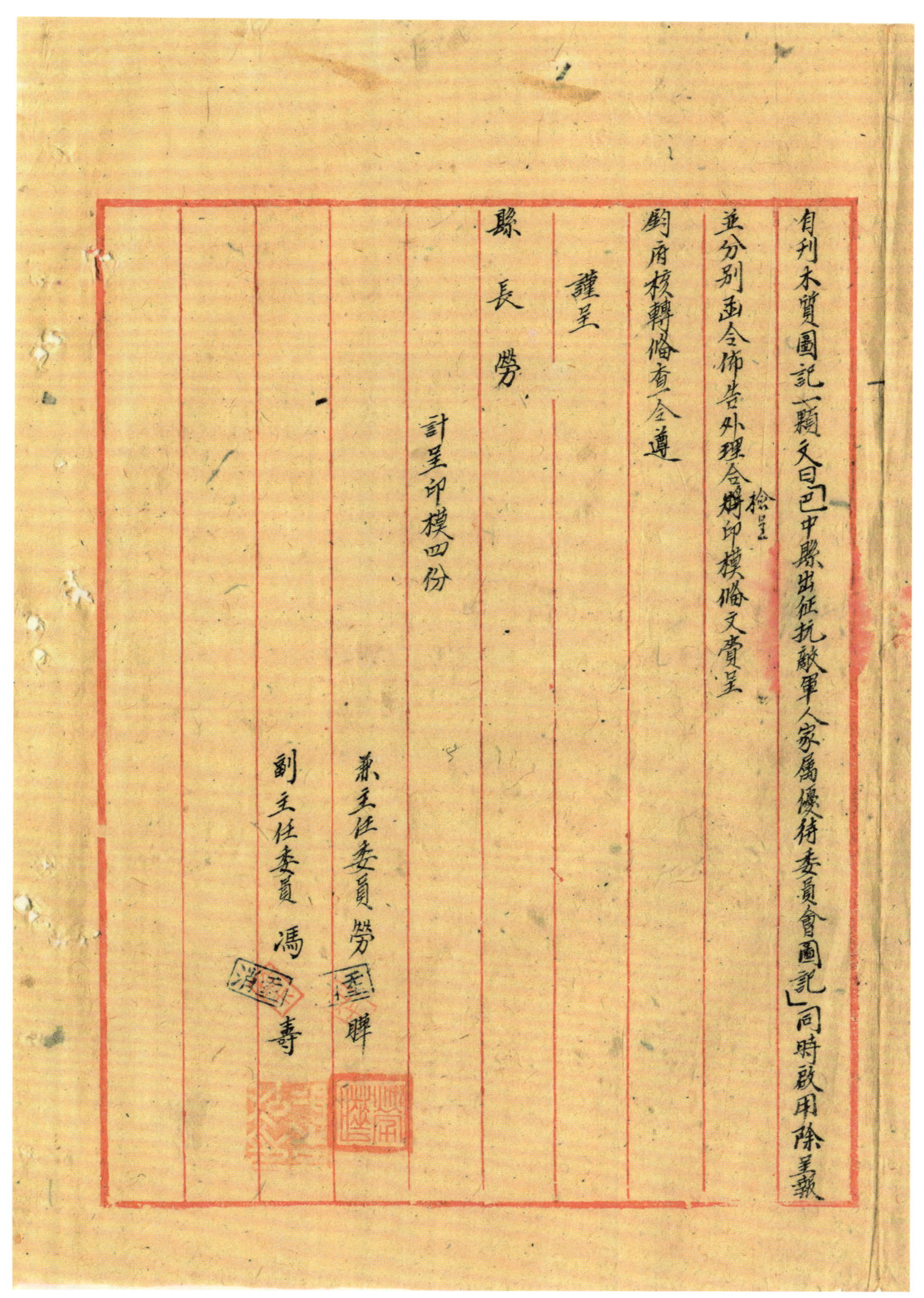

自刊木質圖記一顆文曰「巴中縣出征抗敵軍人家屬優待委員會圖記」同時啟用除呈報

並分別函令佈告外理合檢呈印模備文賫呈

鈞府核轉備查一令遵

謹呈

縣長勞

計呈印模四份

兼主任委員勞騂

副主任委員馮壽

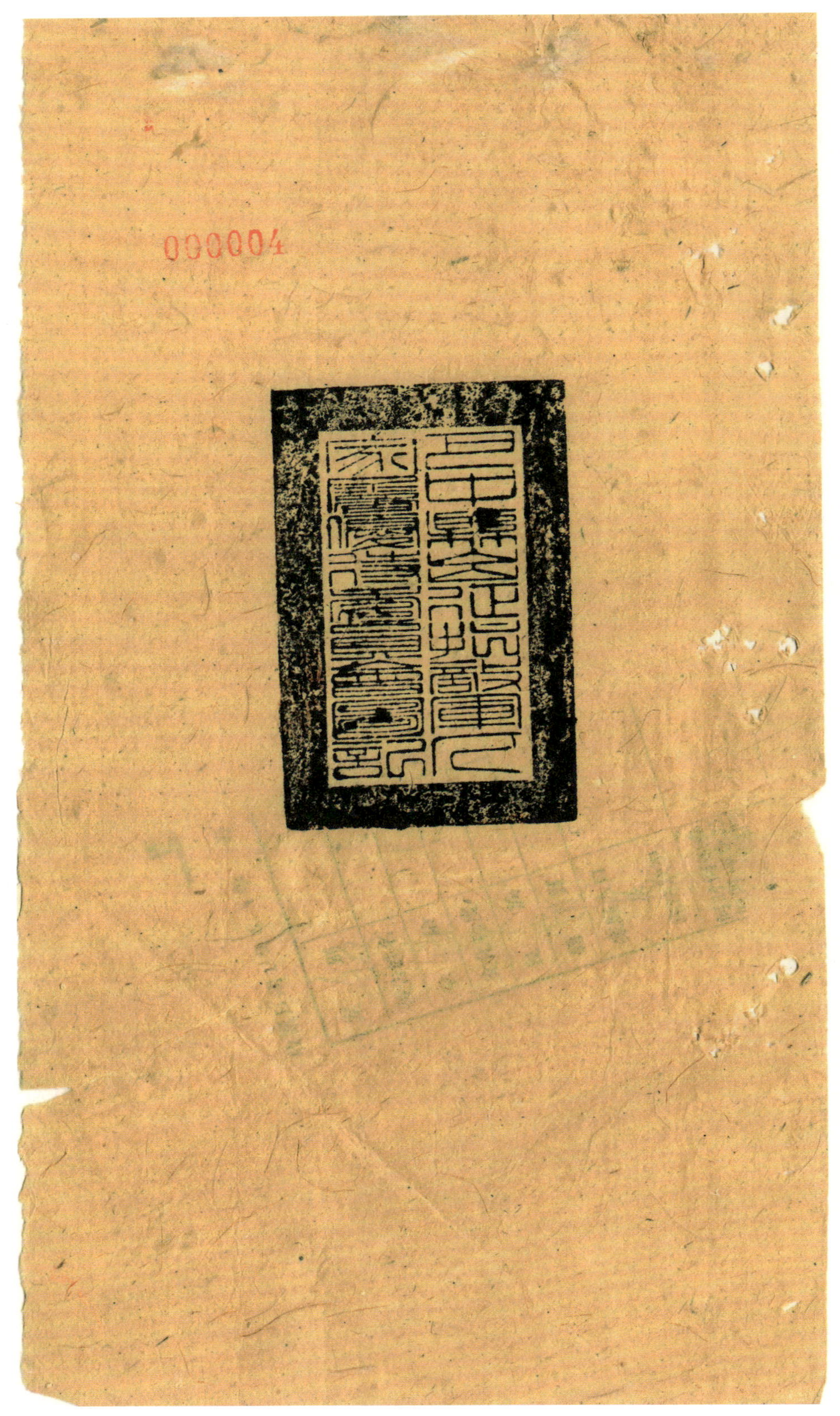
000004

巴中县政府关于转饬发放优待出征军人家属证书致县出征抗敌军人家属优待委员会的训令（一九四三年十二月）

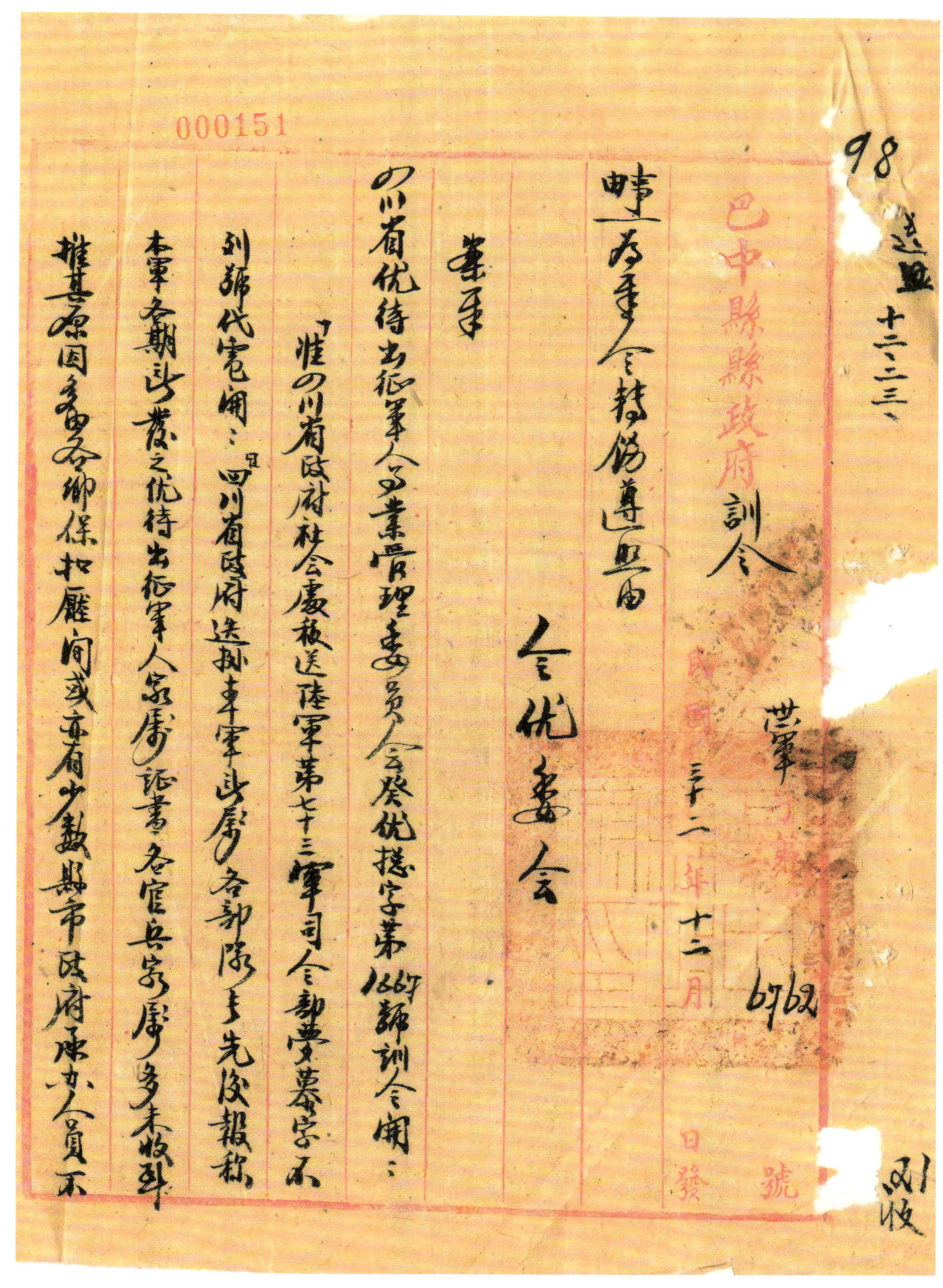

000151

98

送监 十二、二三、

巴中縣政府訓令 卅二年社字第6762號

民國三十二年十二月 日發

事由：為奉令轉飭遵照由

令優委會

案奉

四川省優待出征軍人家屬管理委員會發優撫字第1667號訓令開：

「准四川省政府社會處移送陸軍第七十三軍司令部咨募字不列號代電開：『四川省政府：遂據本軍政治部、各部隊呈先後報稱：本軍各期出發之優待出征軍人家屬證書，各官兵家屬多未收到，推其原因，多由各鄉保扣壓，間或亦有少數縣市政府承辦人員不

剛收

此期特发著手，此以往宣传动摇军心，间接有碍役政，影响抗战莫此为甚”各等情。据此，查国民政府卅年二月廿日颁发之优待出征军人家属证书说明第六条之规定，县市优待委员会接到出征军人家属证明书时，以当地动员为急，于三日内应即转发其家属收执，并同时予以优待，不得藉故羁延，迭经各级政府及役政机关会转公布在案。现值填发本年下期优待证书之期，用特摘录说明原文，电请查照转饬各承办人员及乡保等，依遵政令办理，以慰抗属而安军心，并将办理情形赐覆为荷。此等由。准此，除分令并电复外，合行令仰该府即便遵照办理为要。此令。

等因。奉此，合行令仰该会遵照办理为要！

000153

此令

縣長

龍

巴中县玉山乡公所关于照市价变卖一九四三年积谷办理散发出征军人家属优待致县政府的呈及县政府回复（一九四三年十二月）

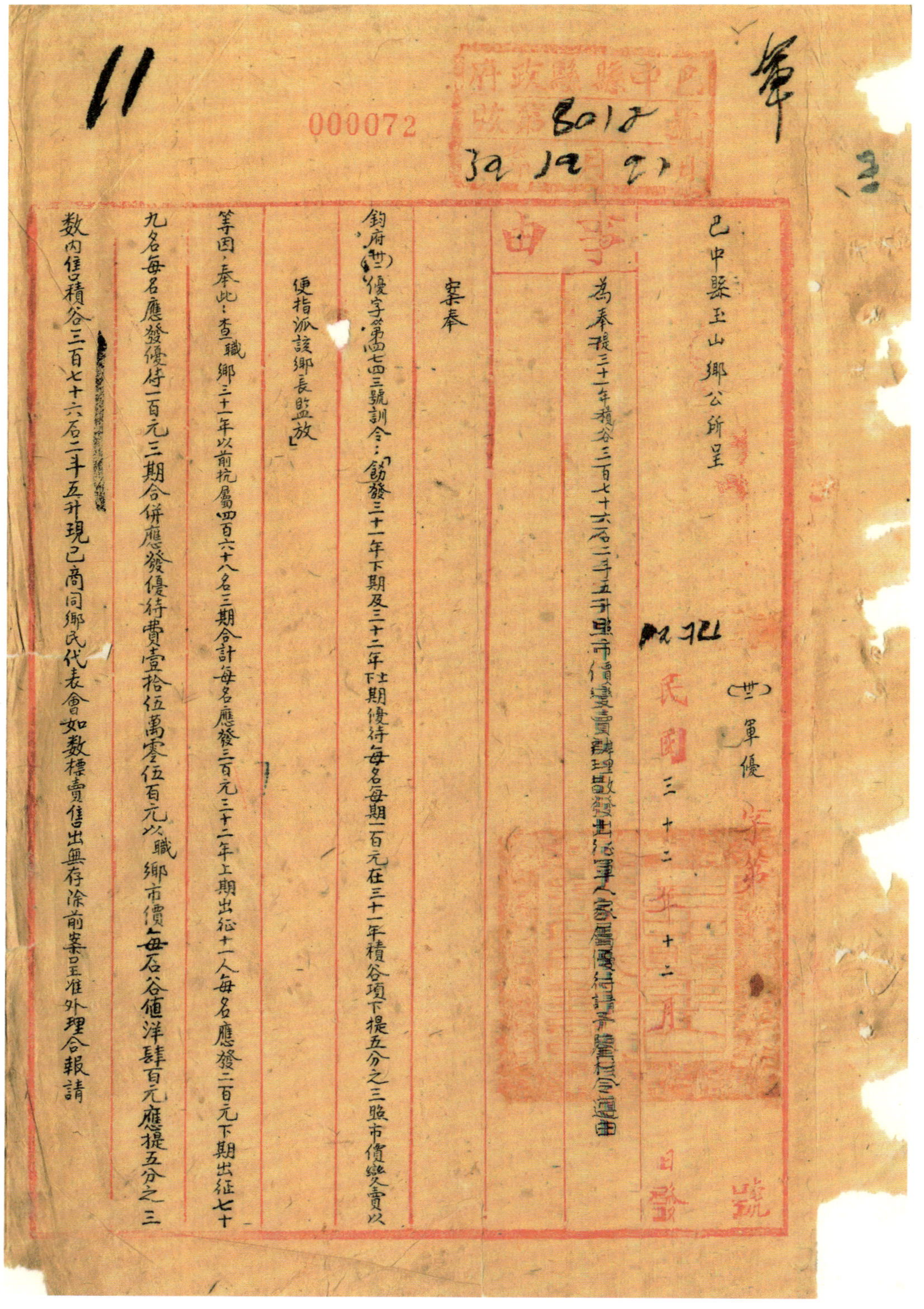

巴中縣玉山鄉公所呈

（卅）軍優字第　號

民國三十二年十二月　日發

事由：為奉提三十一年積谷三百七十六石二斗五升照市價變賣辦理散發出征軍人家屬優待請予備查由

案奉

鈞府（卅）優字第四七四三號訓令：「飭發三十一年下期及三十二年上期優待每名每期一百元在三十一年積谷項下提五分之三照市價變賣以便指派該鄉長監放」等因，奉此，查職鄉三十一年以前抗屬四百六十八名三期合計每名應發三百元，三十二年上期出征十一人每名應發二百元，下期出征七十九名每名應發優待一百元，三期合併應發優待費壹拾伍萬零伍百元，以職鄉市價每石谷值洋肆百元，應提五分之三数内住積谷三百七十六石二斗五升現已商同鄉民代表會如数標賣售出無存除前案呈准外理合報請

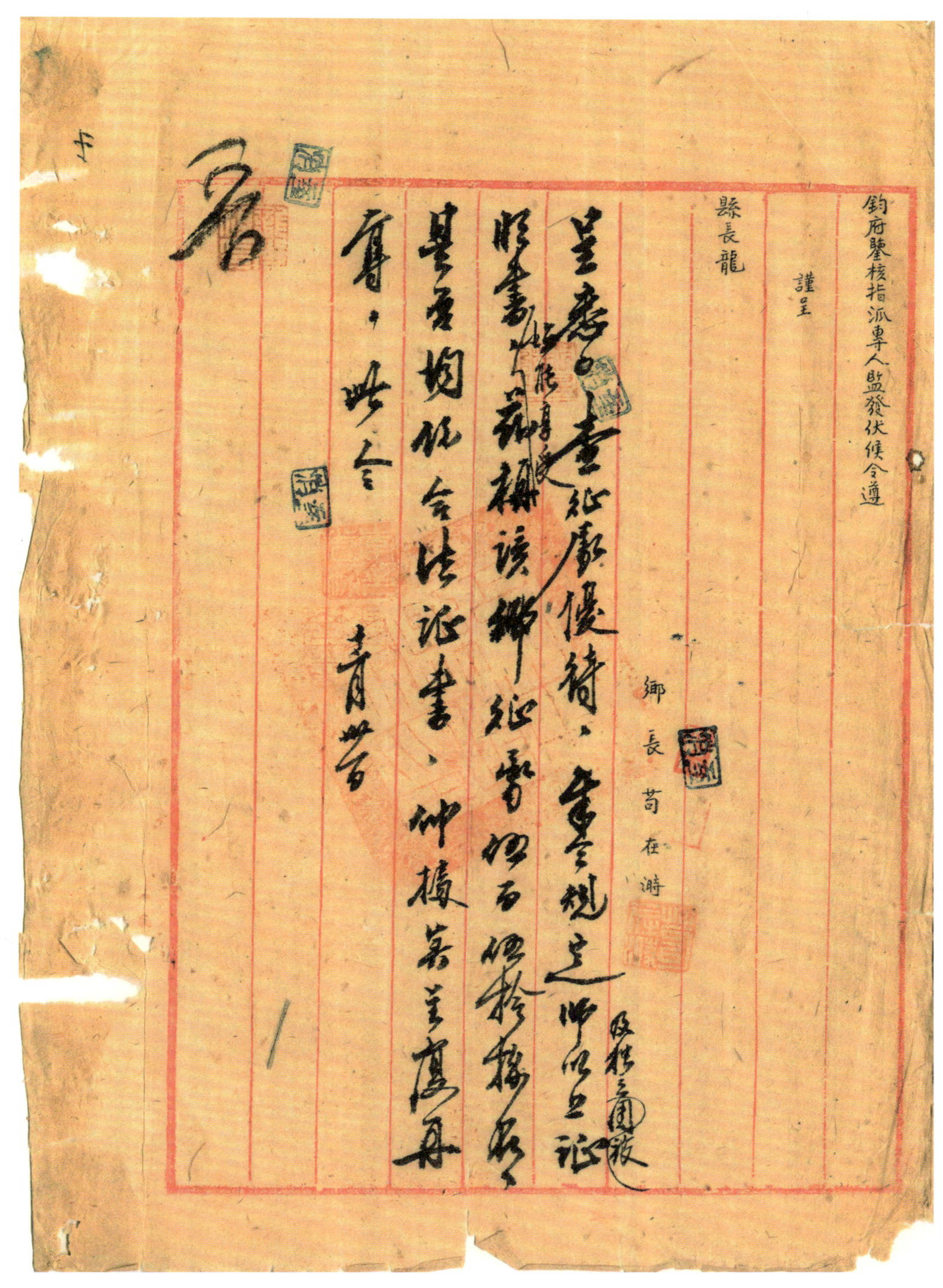
鈞府鑒核指派專人監發伏候令遵

謹呈

縣長龍

鄉長苟在游

巴中县第二区中兴乡乡公所关于拨发积谷散发一九四二年下期及一九四三年全年壮丁优待致县政府的呈

（一九四四年一月二十八日）

附：巴中县第二区中兴乡造具一九四二年下期及一九四三年全年优待出征军人家属数目箕斗清册

巴中縣第二區中興鄉鄉公所呈

軍役字第二二四號

民國三十三年一月二十八日發

事由：為遵令散發三十一年下期及三十二年全年壯丁優待報請備查撥發積谷一案由

案奉

鈞府軍字第四七四三號訓令開：三十一年上期奉令規定每名每期壹百元曾經令飭各鄉遵照籌發未經籌募仰即遵辦三十一年下期三十二年上下期每征屬仍發壹百元併規定在三十一年度攤募積谷內和提五分之三轉售粮局撥款散發業經呈准照市價就地售賣茲由府規定表式限文到一週內照式填報來府以便委派該管區長親赴各鄉監放各征屬証明書應遵照規定辦理所有營連信件及在營服役証一律停發以上各項除分令外合行檢發表

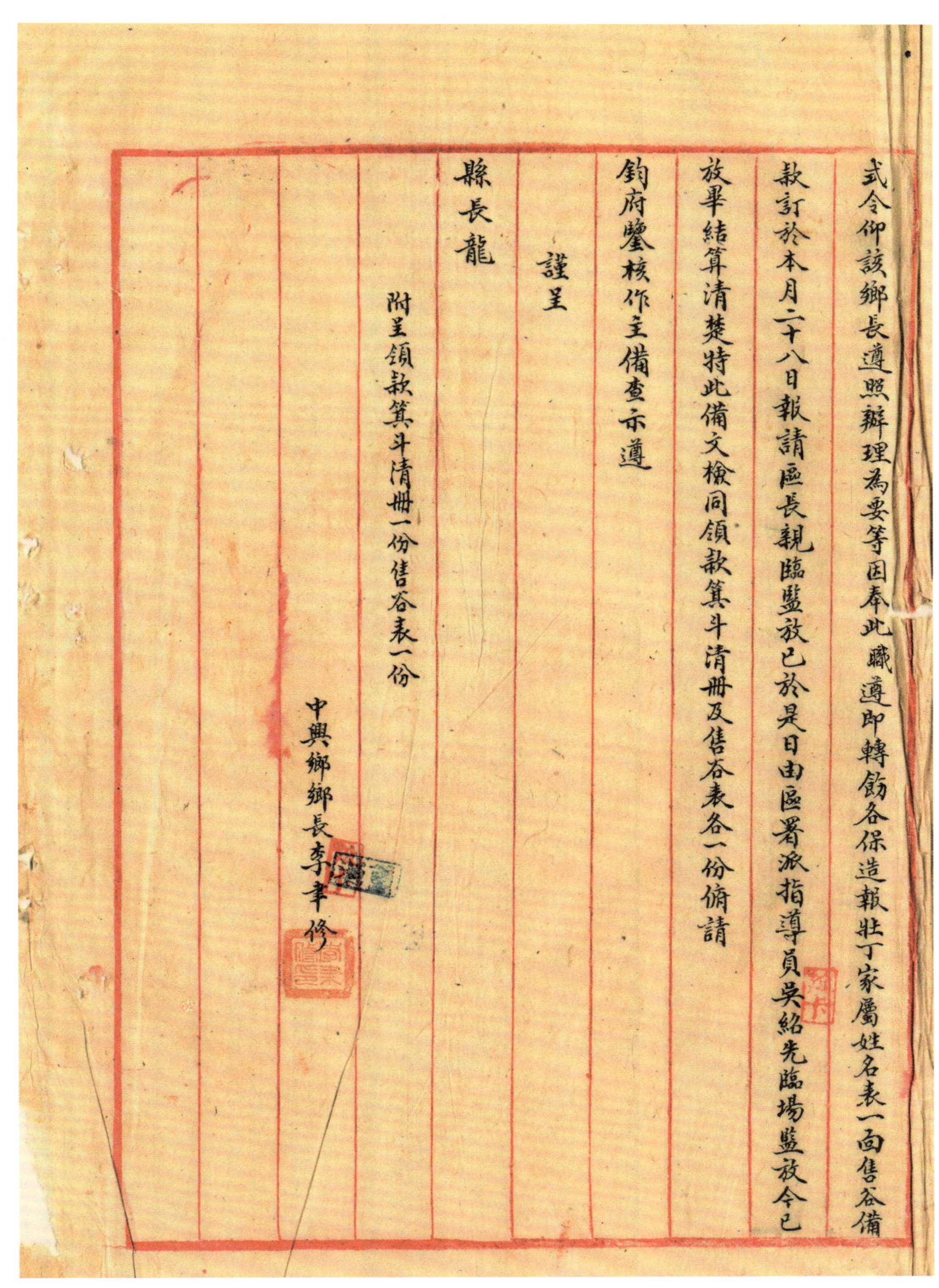
式令仰該鄉長遵照辦理爲要等因奉此職遵即轉飭各保造報壯丁家屬姓名表一面售谷備
款訂於本月二十八日報請區長親臨監放已於是日由區署派指導員吳紹先臨場監放今已
放畢結算清楚特此備文檢同領款箕斗清冊及售谷表各一份備請
鈞府鑒核作主備查示遵
謹呈
縣長龍
附呈領款箕斗清冊一份售谷表一份
中興鄉鄉長李聿修

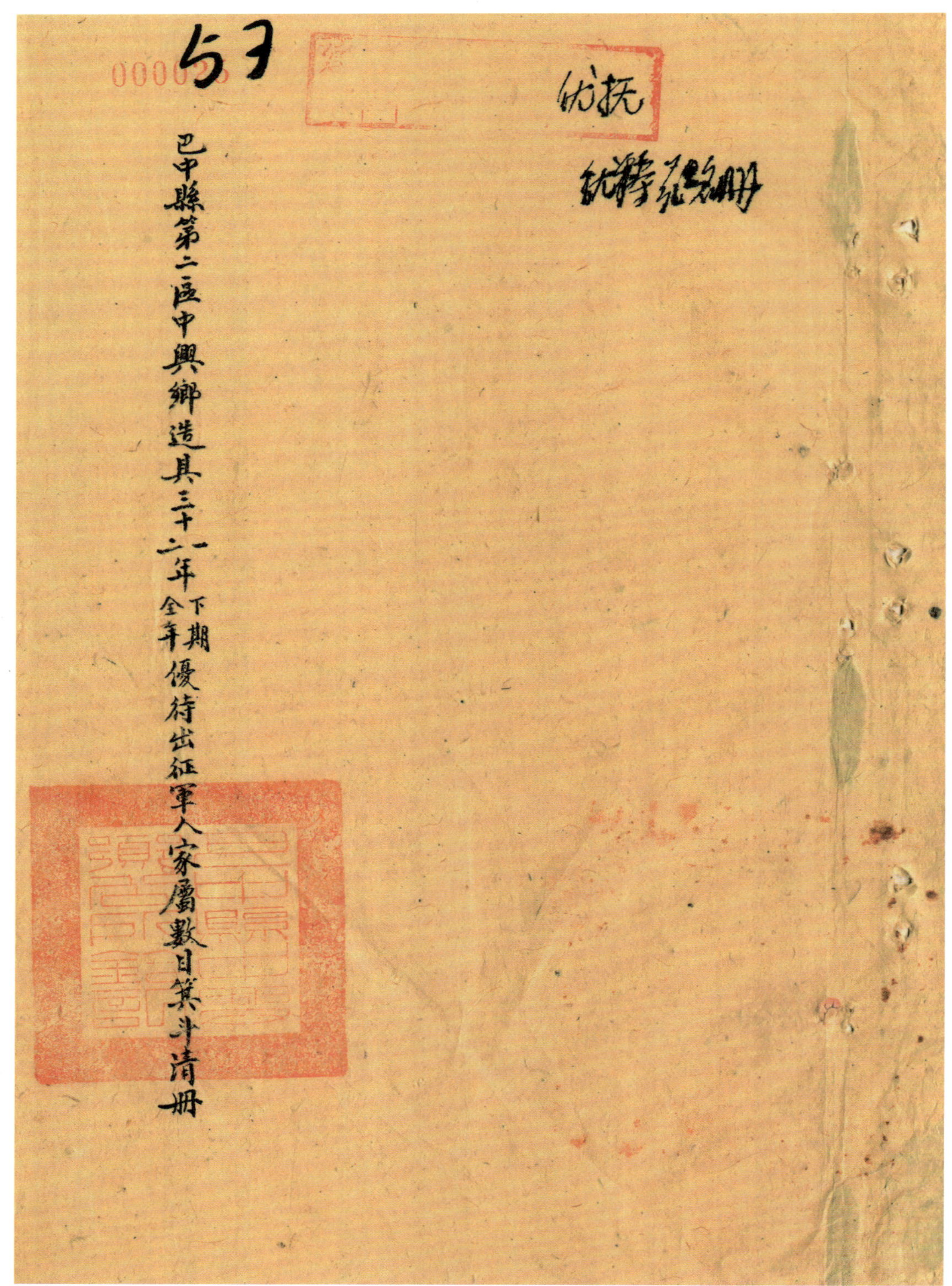
53

优抚

优待名册

巴中縣第二區中興鄉造具三十二年下期全年優待出征軍人家屬數目箕斗清册

58

巴中縣第二區中興鄉鄉公所造具三十二年下期全年優待出征軍人家屬數目箕斗清册

鄉別	保別	出征軍人姓名	家屬姓名	優待數目	箕斗	備考
中興鄉	第一保	王周武	祖父映俸	三〇〇〇〇		
		盧清文	父仁元	三〇〇〇〇		
		王富林	父世明	三〇〇〇〇		
		曾月朗	父日晶	三〇〇〇〇		
		李春芳	父庚培	三〇〇〇〇		
		王正秀	母劉氏	三〇〇〇〇		
		文興元	父世譚	三〇〇〇〇		
		鄒傳興	弟傳書	三〇〇〇〇		

姓名	家属	金额	指印
徐仲奎	母李氏	三〇〇〇〇	
文世才	母李氏	三〇〇〇〇	
傅明瑩	父大中	三〇〇〇〇	
王興恩	父廸明	三〇〇〇〇	
李昌喜	母陳氏	三〇〇〇〇	
趙興發	妻文氏	三〇〇〇〇	
謝長興	父玉遠	三〇〇〇〇	
陳連芳	父兆煥	三〇〇〇〇	
王澤元	妻周氏	三〇〇〇〇	
曾月孟	父日晶	三〇〇〇〇	

159

鄒傳發 父國連 三〇〇〇〇

李元方 父培第 三〇〇〇〇

鄒傳家 母曾氏 三〇〇〇〇

諱顯榮 妻陳氏 三〇〇〇〇

鄒　澤 母劉氏 三〇〇〇〇

文興焙 父世譚 三〇〇〇〇

李章明 兄章恩 三〇〇〇〇

鄒學成 父傳華 三〇〇〇〇

鄒傳保 父國福 三〇〇〇〇

文世富 弟世奇 三〇〇〇〇

	張國仁	父治澤	三○○	○○
	余開義	母孫氏	三○○	○○
	徐映平	母陳氏	三○○	○○
	周友賢	妻王氏	三○○	○○
	陳其吉	母李氏	三○○	○○
	曾仕舉	月精	三○○	○○
	王　立	父映學	三○○	○○
	王澤先	妻田氏	三○○	○○
第二保	文仕富	妻鄒氏	三○○	○○
	王澤沾	兄澤林	三○○	○○

60

王本興 父重太 三〇〇〇〇

劉成先 母李氏 三〇〇〇〇

劉益先 叔紹易 三〇〇〇〇

王子仁 父成宗 三〇〇〇〇

劉　俊 母張氏 三〇〇〇〇

周金賢 母苟氏 三〇〇〇〇

彭適國 妻傅氏 三〇〇〇〇

施濟富 母余氏 三〇〇〇〇

施能開 父全貞 三〇〇〇〇

李高全 父李元 三〇〇〇〇

姓名	亲属	金额
蔡紅元	父達道	三〇〇〇〇
蔡中道	母黄氏	三〇〇〇〇
蔡粹道	父大有	三〇〇〇〇
蔡其元	父崇道	三〇〇〇〇
蔡有元	父倫道	三〇〇〇〇
彭遵定	父克木	三〇〇〇〇
彭華典	父遵政	三〇〇〇〇
田宗玉	母劉氏	三〇〇〇〇
施能友	母龐氏	三〇〇〇〇
劉恩義	母田氏	三〇〇〇〇

61

彭　南	母鮮氏	三〇〇	〇〇
施能品	父全洪	三〇〇	〇〇
龎坤元	母李氏	三〇〇	〇〇
王考文	母李氏	三〇〇	〇〇
王育文	母施氏	三〇〇	〇〇
張明洪	父學舉	三〇〇	〇〇
王學道	父文平	三〇〇	〇〇
鄒學貴	父傳理	三〇〇	〇〇
張清富	父家保	三〇〇	〇〇
郭宗槐	母施氏	三〇〇	〇〇

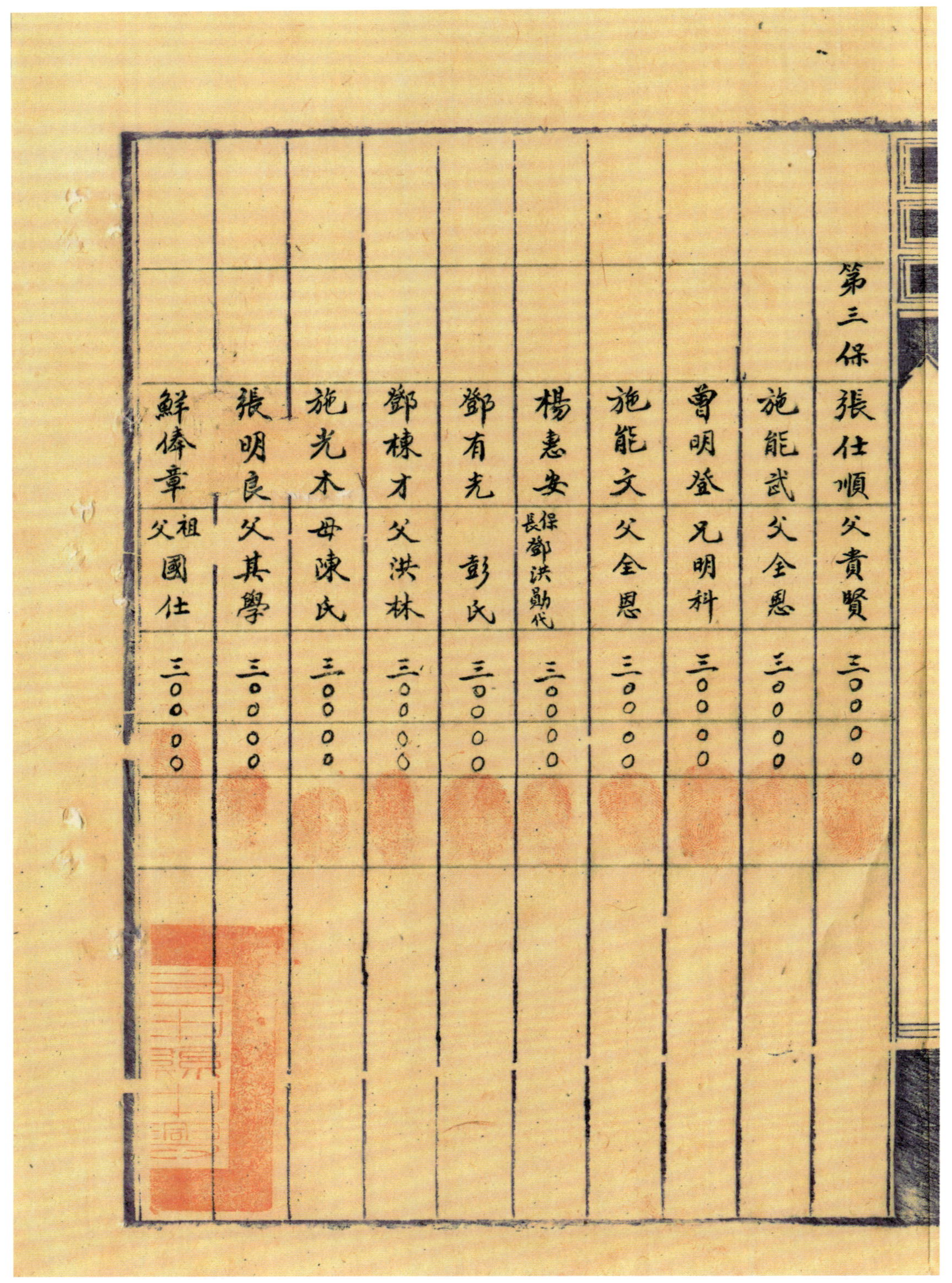

第三保	張仕順	父貴賢	三〇〇〇〇
	施能武	父全恩	三〇〇〇〇
	曾明登	兄明科	三〇〇〇〇
	施能文	父全恩	三〇〇〇〇
	楊惠安	保長鄧洪勛代	三〇〇〇〇
	鄧有光	彭氏	三〇〇〇〇
	鄧棟才	父洪林	三〇〇〇〇
	施光木	母陳氏	三〇〇〇〇
	張明良	父其學	三〇〇〇〇
	鮮俸章	祖父國仕	三〇〇〇〇

62
000030

第四保

程家奉 母王氏 三〇〇〇〇

閻守澤 父汝明 三〇〇〇〇

王述全 母楊氏 三〇〇〇〇

劉明淵 父文哲 三〇〇〇〇

何朝理 妻張氏 三〇〇〇〇

李崇香 父章成 三〇〇〇〇

彭瑞清 母張氏 三〇〇〇〇

王文玉 母閻氏 三〇〇〇〇

王文福 母張氏 三〇〇〇〇

程忠義 兄忠晏 三〇〇〇〇

賈高林	母李氏	三〇〇〇〇	
李文華	母何氏	三〇〇〇〇	
劉步志	母嚴氏	三〇〇〇〇	
劉明倫	父文運	三〇〇〇〇	
何崇壽	父朝德	三〇〇〇〇	
程惠榮	父家仁	三〇〇〇〇	
劉文端	父步早	三〇〇〇〇	
劉文海	父步鰲	三〇〇〇〇	
盧于章	兄玉章	三〇〇〇〇	
李培華	父揚德	三〇〇〇〇	

63

第五保

姓名	親屬	數目
張星橋	父文詩	三〇〇〇〇
羅永吉	母李氏	三〇〇〇〇
閻文倫	妹代	三〇〇〇〇
徐映生	母李氏	三〇〇〇〇
饒正富	父申祥	三〇〇〇〇
張全光	母劉氏	三〇〇〇〇
張通才	父承華	三〇〇〇〇
李明德	父文珍	三〇〇〇〇
李天云	兄天富	三〇〇〇〇
殷吉中	父訓品	三〇〇〇〇

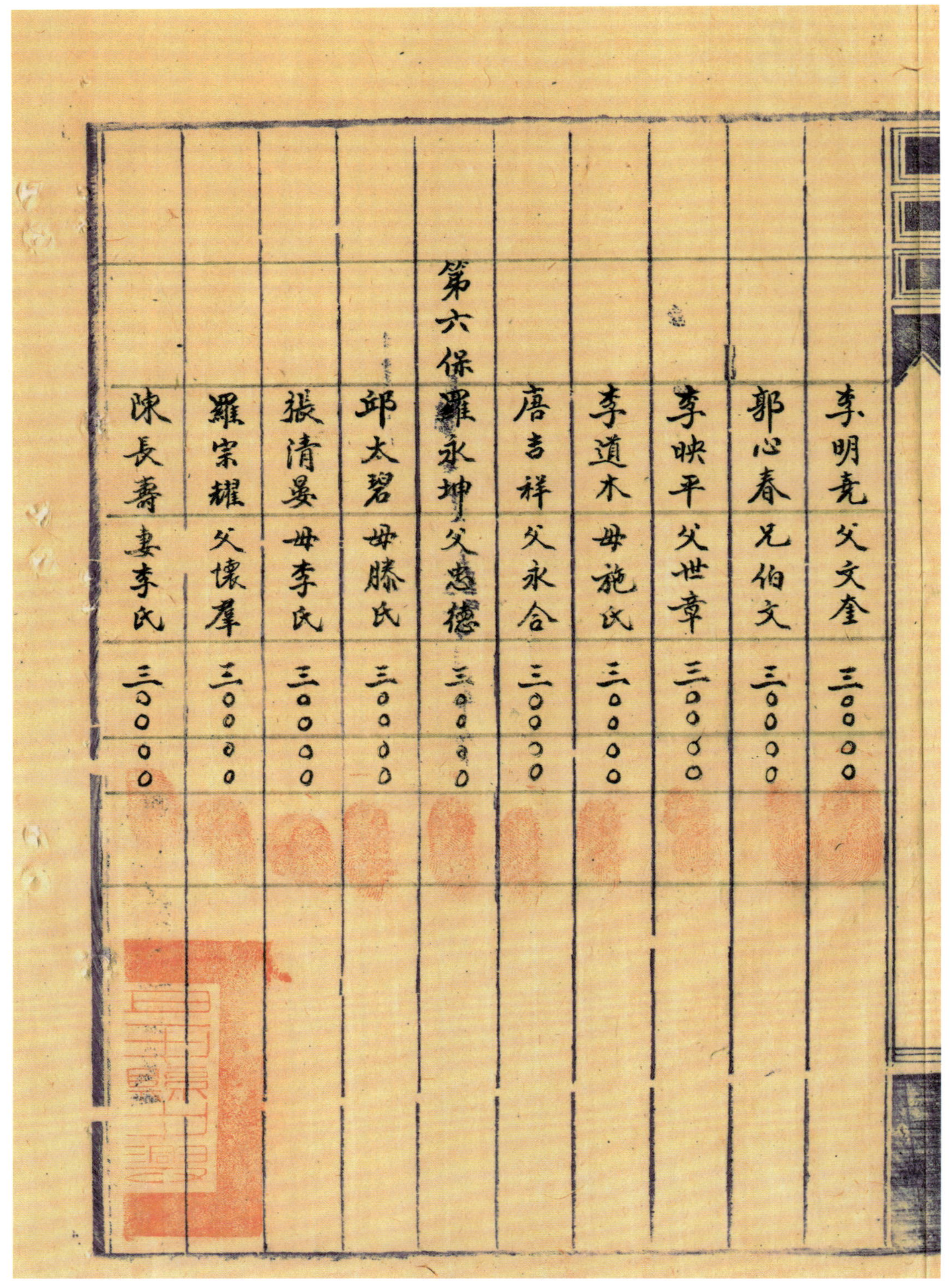

李明堯　父文奎　三〇〇〇〇
郭心春　兄伯文　三〇〇〇〇
李映平　父世章　三〇〇〇〇
李道木　母施氏　三〇〇〇〇
唐吉祥　父永合　三〇〇〇〇
第六保
羅永坤　父忠德　三〇〇〇〇
邱太碧　母滕氏　三〇〇〇〇
張清晏　母李氏　三〇〇〇〇
羅宗耀　父懷犀　三〇〇〇〇
陳長壽　妻李氏　三〇〇〇〇

64

000032

羅懷耀	父永精	三〇〇〇〇
李永法	父恩益	三〇〇〇〇
李如龍	妻謝氏	三〇〇〇〇
李明良	父文夔	三〇〇〇〇
李正月	妻苟氏	三〇〇〇〇
李天堯	父正星	三〇〇〇〇
李射南	母唐氏	三〇〇〇〇
羅念爵	父永官	三〇〇〇〇
李元志	嫂王氏	三〇〇〇〇
唐永華	父富國	三〇〇〇〇

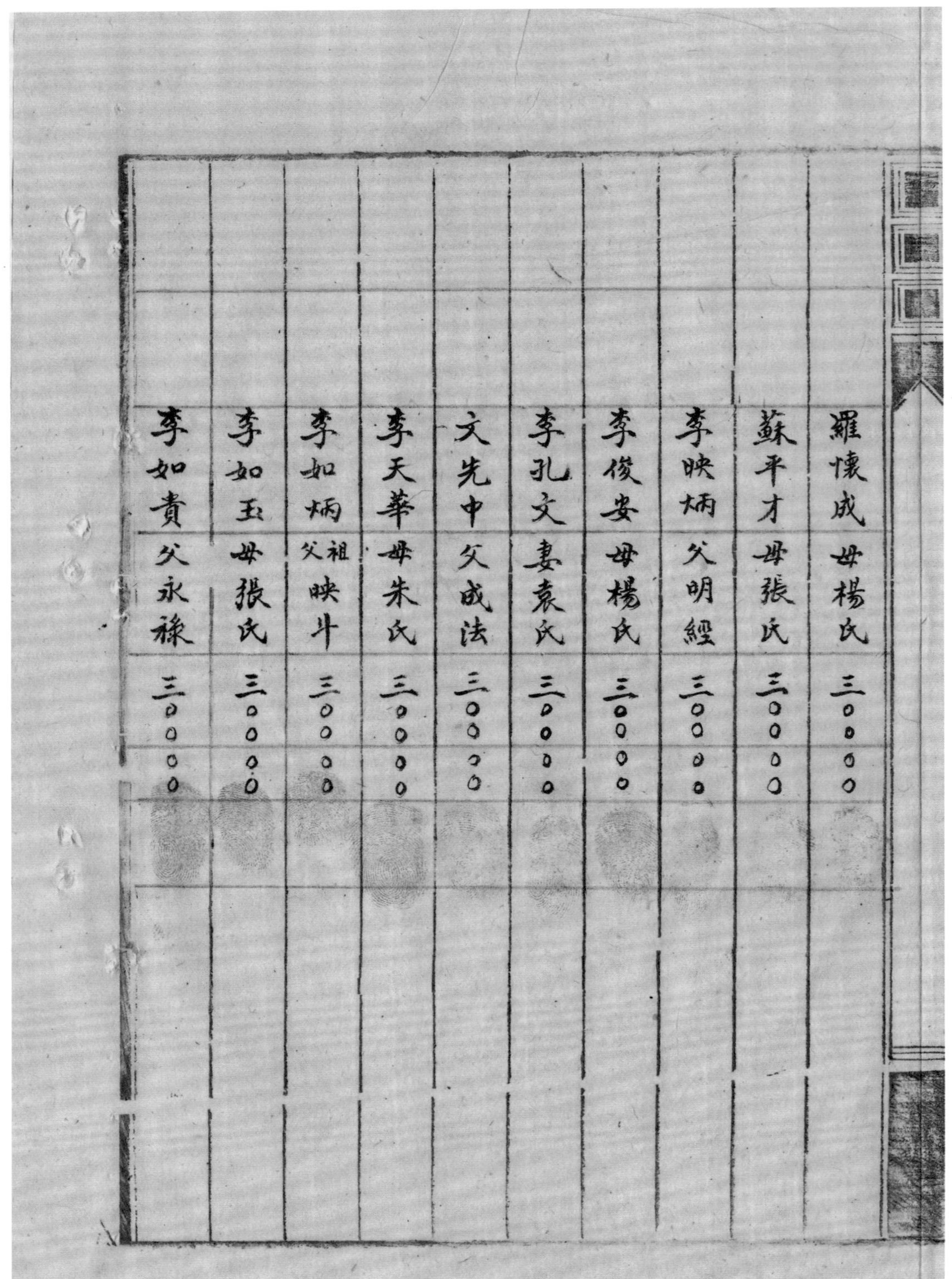

羅懷成	母楊氏	三〇〇〇〇
蘇平才	母張氏	三〇〇〇〇
李映炳	父明經	三〇〇〇〇
李俊安	母楊氏	三〇〇〇〇
李孔文	妻袁氏	三〇〇〇〇
文先中	父成法	三〇〇〇〇
李天華	母朱氏	三〇〇〇〇
李如炳	祖父映斗	三〇〇〇〇
李如玉	母張氏	三〇〇〇〇
李如貴	父永祿	三〇〇〇〇

李明官 母彭氏 三〇〇〇〇〇

王澤興 母李氏 三〇〇〇〇〇

袁子文 母張氏 三〇〇〇〇〇

施光睦 父明恩 三〇〇〇〇〇

第七保

蕭年榮 父友朋 三〇〇〇〇〇

劉彥明 父甫成 三〇〇〇〇〇

劉兆雲 父興隆 三〇〇〇〇〇

曾中第 父明書 三〇〇〇〇〇

龐大生 父明鰲 三〇〇〇〇〇

龐奎元 父梯云 三〇〇〇〇〇

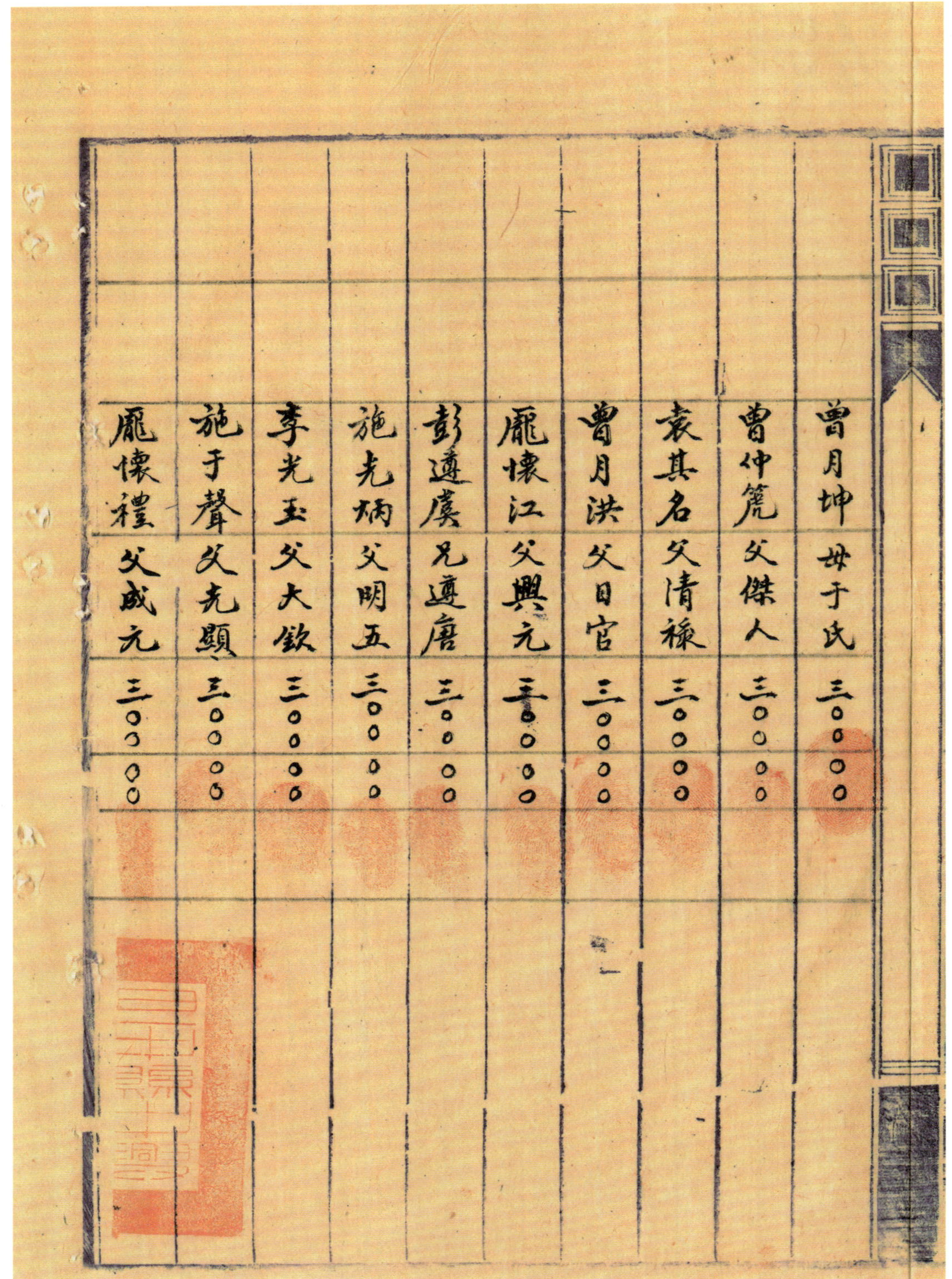

曾月坤	母于氏	三〇〇〇〇
曾仲篪	父傑人	三〇〇〇〇
袁其名	父清禄	三〇〇〇〇
曾月洪	父日官	三〇〇〇〇
龐懷江	父興元	三〇〇〇〇
彭遵虞	兄遵唐	三〇〇〇〇
施先炳	父明五	三〇〇〇〇
李光玉	父大欽	三〇〇〇〇
施于聲	父先顯	三〇〇〇〇
龐懷禮	父成元	三〇〇〇〇

66

龐書元 母任氏 三〇〇〇

龐華元 父治云 三〇〇〇

文士園 母周氏 三〇〇〇

王述田 兄述才 三〇〇〇

龐孝元 兄首元 三〇〇〇

龐懷如 祖父攀云 三〇〇〇

龐攀元 叔湖云 三〇〇〇

龐記元 父梯云 三〇〇〇

張金壽 母周氏 三〇〇〇

彭墺文 叔克金 三〇〇〇

保	姓名	家属	金额
	龐從云	妻王氏	三〇〇〇
第八保	陳　琳	母傅氏	三〇〇〇
	李家棟	父曉元	三〇〇〇
	施于民	母鍾氏	三〇〇〇
	施先第	父明械	三〇〇〇
	李俊臣	父若龍	三〇〇〇
	張福清	父天恩	三〇〇〇
	傅大先	母彭氏	三〇〇〇
	陳兆彩	母萬氏	三〇〇〇
	陳兆培	父崇漢	三〇〇〇

63

姓名	親屬	數目
施光孝	父明端	三〇〇〇〇
施光信	父明聰	三〇〇〇〇
李培忍	父易德	三〇〇〇〇
吳映忠	父顯文	三〇〇〇〇
曾月鏡	母譚氏	三〇〇〇〇
黃仁芝	兄仁周	三〇〇〇〇
傅大彦	父正川	三〇〇〇〇
傅明禹	父大吉	三〇〇〇〇
李培華	母謝氏	三〇〇〇〇
李培任	母蓬氏	三〇〇〇〇

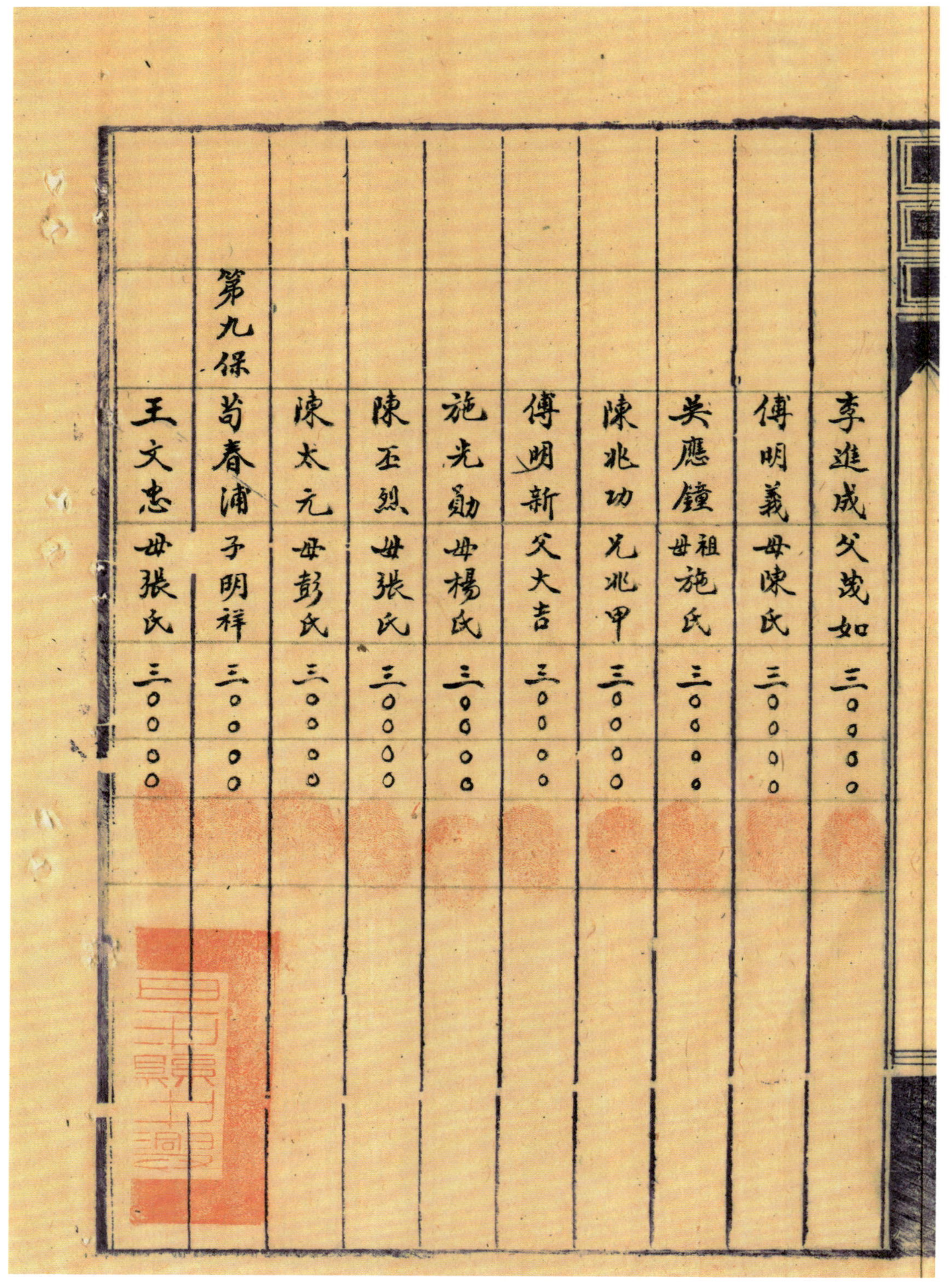

保	姓名	家属	金额
	李進成	父峩如	三〇〇〇〇
	傅明義	母陳氏	三〇〇〇〇
	吳應鐘	祖母施氏	三〇〇〇〇
	陳兆功	兄兆甲	三〇〇〇〇
	傅明新	父大吉	三〇〇〇〇
	施光勛	母楊氏	三〇〇〇〇
	陳丕烈	母張氏	三〇〇〇〇
	陳太元	母彭氏	三〇〇〇〇
第九保	苟春浦	子明祥	三〇〇〇〇
	王文忠	母張氏	三〇〇〇〇

68

盧圓礼	父升文	三○○○○
吳安德	兄安敬	三○○○○
向均成	兄加成	三○○○○
屈敬思	女寅香	三○○○○
陳加榮	父其全	三○○○○
屈科信	子官保	三○○○○
楊見福	兄見志	三○○○○
屈智統	父歆五	三○○○○
屈智海	母李氏	三○○○○
陳　愷	父其元	三○○○○

王文仁 母石氏 三〇〇〇〇

吳定釗 妻蔡氏 三〇〇〇〇

苟學富 兄學云 三〇〇〇〇

向明成 兄 佳 三〇〇〇〇

曾義成 父其中 三〇〇〇〇

陳其通 父兆於 三〇〇〇〇

苟樹生 父國斗 三〇〇〇〇

第十保

李裕德 弟前德 三〇〇〇〇

王仕國 母陳氏 五〇〇〇〇

李樹雲 母吳氏 三〇〇〇〇

鮮多文 母 三〇〇〇〇

鮮紹田 母石氏 三〇〇〇〇

鮮宣文 母王氏 三〇〇〇〇

李福士 母吳氏 三〇〇〇〇

劉成春 母王氏 三〇〇〇〇

鮮木文 兄子敬 三〇〇〇〇

郭清平 母楊氏 三〇〇〇〇

劉成俊 母張氏 三〇〇〇〇

第十一保

鮮俊文 父欽仕 三〇〇〇〇

鮮明文 父全仕 三〇〇〇〇

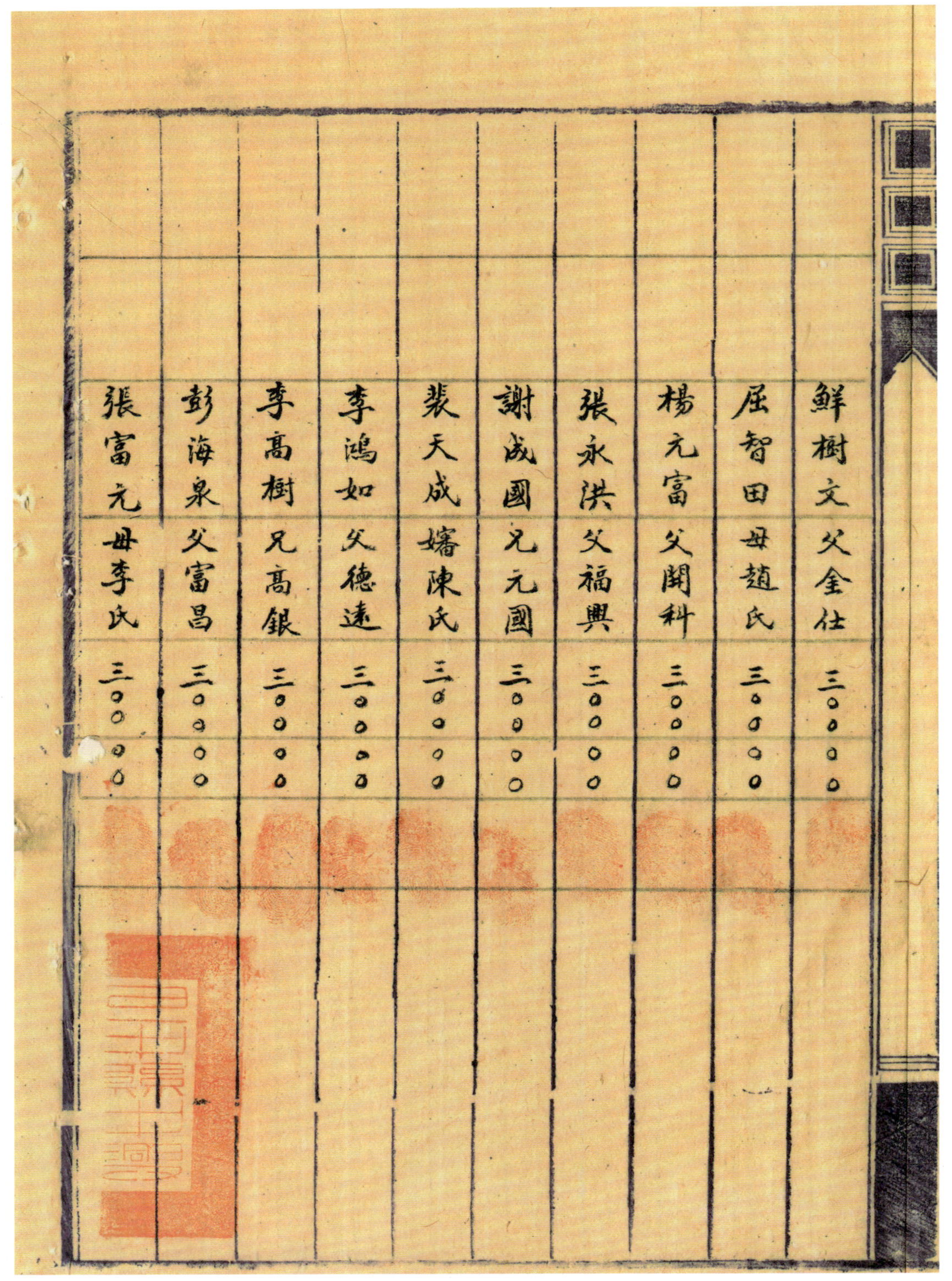

姓名	親屬	數額
鮮樹文	父金仕	三○○○○
屈智田	母趙氏	三○○○○
楊元富	父開科	三○○○○
張永洪	父福興	三○○○○
謝成國	兄元國	三○○○○
裴天成	孀陳氏	三○○○○
李鴻如	父德遠	三○○○○
李高樹	兄高银	三○○○○
彭海泉	父富昌	三○○○○
張富元	母李氏	三○○○○

70

000038

曾立隆　兄立興　三〇〇〇〇

謝宇遠　母艳氏　三〇〇〇〇

謝相遠　父文昌　三〇〇〇〇

謝玉成　父元國　三〇〇〇〇

李俊書　父公如　立興代　三〇〇〇〇

李興順　父宣一　三〇〇〇〇

李開福　父于兆　三〇〇〇〇

彭洪木　母鮮氏　三〇〇〇〇

彭月昌　父元成　三〇〇〇〇

李華祥　兄國祥　三〇〇〇〇

第十二保

陳甲民	父其燕	三〇〇〇〇
歐士珍	兄士坤	三〇〇〇〇
謝献遠	父暹昌	三〇〇〇〇
李金德	母施氏	三〇〇〇〇
尹映升	兄映富	三〇〇〇〇
謝保昌	兄步昌	三〇〇〇〇
謝會昌	父國令	三〇〇〇〇
謝品昌	母王氏	三〇〇〇〇
陳其俊	父兆潤	三〇〇〇〇
洪長興	母鮮氏	三〇〇〇〇

37 000039

保	姓名	親屬	數目
	王文忠	兄文元	三〇〇〇〇
	張賓奎	母劉氏	三〇〇〇〇
	吴顯壽	母李氏	三〇〇〇〇
	石永祥	父兆平	三〇〇〇〇
	謝國許	兄國生	三〇〇〇〇
	陳兆平	孫加猷	三〇〇〇〇
	張寶全	父伯勛	三〇〇〇〇
第十三保	向永順	父廷銓	三〇〇〇〇
	吴顯壽	妻張氏	三〇〇〇〇
	楊朝双	父在林	三〇〇〇〇

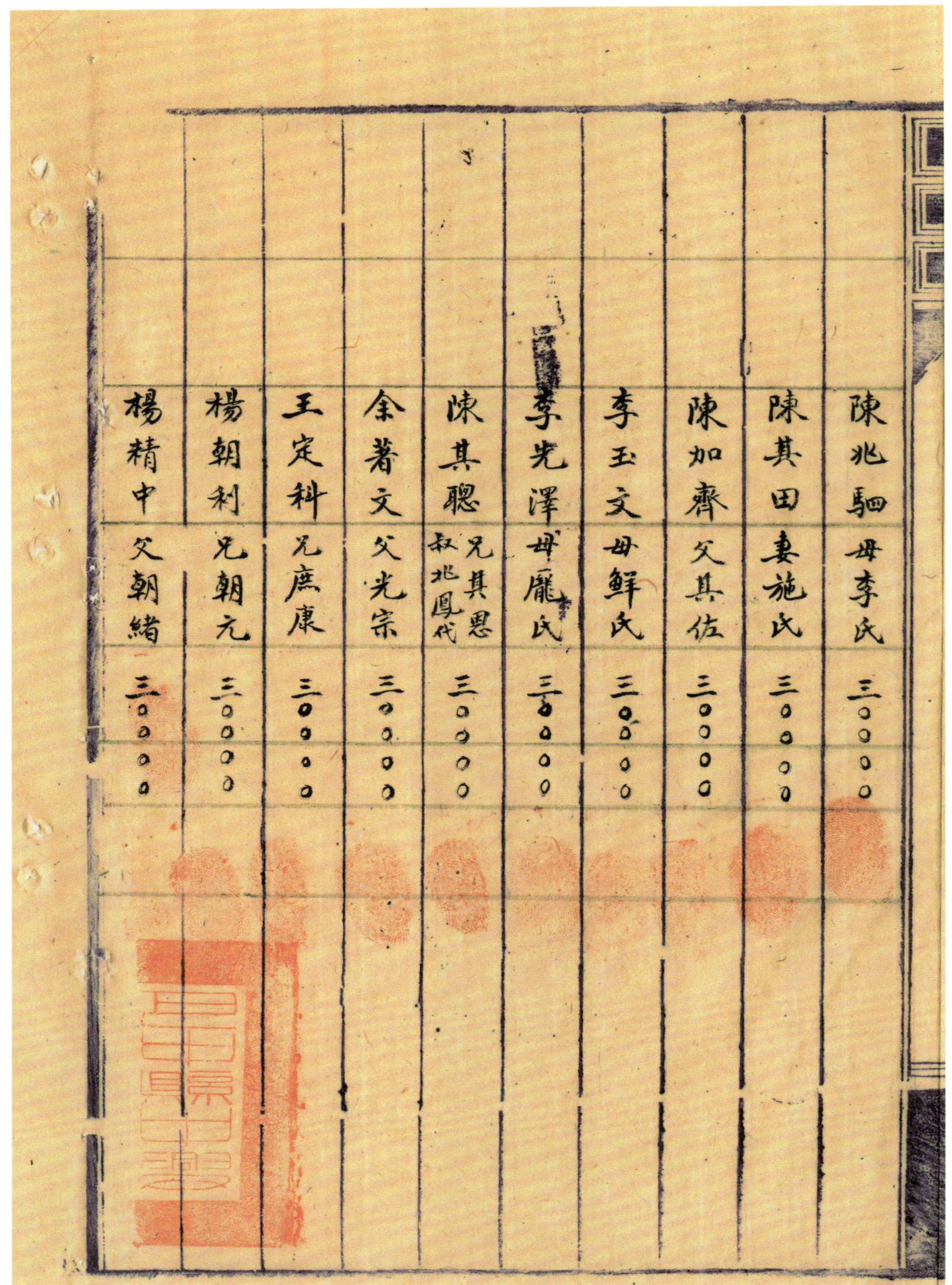

姓名	親屬	金額
陳兆駰	母李氏	三〇〇〇〇
陳其田	妻施氏	三〇〇〇〇
陳加齊	父其佐	三〇〇〇〇
李玉文	母鮮氏	三〇〇〇〇
李先澤	母龐氏	三〇〇〇〇
陳其聰	兄其恩 叔兆鳳代	三〇〇〇〇
余著文	父光宗	三〇〇〇〇
王定科	兄庶康	三〇〇〇〇
楊朝利	兄朝元	三〇〇〇〇
楊精中	父朝緒	三〇〇〇〇

72

	楊朝貴	父伯軒	三〇〇〇〇
	楊朝星	兄朝武	三〇〇〇〇
	楊朝欽	兄朝碧	三〇〇〇〇
	張明俊	叔聘成	三〇〇〇〇
第十四保	李松柏	父永芳	三〇〇〇〇
	李明友	父文倫	三〇〇〇〇
	李明喜	母張氏	三〇〇〇〇
	李高紀	妻向氏	三〇〇〇〇
	陳其榮	妻楊氏	三〇〇〇〇
	李元澤	母陳氏	三〇〇〇〇

		李文漢	兄文格	三〇〇	〇〇
		鄭連榮	妻鮮氏	三〇〇	〇〇
		王明成	妻陳氏	三〇〇	〇〇
		郭天明	父清貴	三〇〇	〇〇
		李高顯	父澤培	三〇〇	〇〇
		張元林	父天台	三〇〇	〇〇
		曹心華	母費氏	三〇〇	〇〇
		李天爵	母龐氏	三〇〇	〇〇
		李成林	兄成訓	三〇〇	〇〇
		陳其均	兄其見	三〇〇	〇〇

李永風 妻馬氏 三〇〇〇〇

李明芹 父文緒 三〇〇〇〇

陳其秀 妻羅氏 三〇〇〇〇

陳加爵 父其澤 三〇〇〇〇

李文洪 妻張氏 三〇〇〇〇

曹心武 兄心文 三〇〇〇〇

王明義 父映友 三〇〇〇〇

盧仲富 母曹氏 三〇〇〇〇

曹心富 父代金 三〇〇〇〇

張元心 母施氏 三〇〇〇〇

保	姓名	家属	金额
	李金金	父富文	三〇〇〇〇
第十五保	李祚朝	母張氏	三〇〇〇〇
	蒲春明	母余氏	三〇〇〇〇
	王萬福	祖母李氏	三〇〇〇〇
	王華祿	父福咸	三〇〇〇〇
	王正昇	父國昕	三〇〇〇〇
	王億文	父正孝	三〇〇〇〇
	蒲文明	父太宗	三〇〇〇〇
	張明貴	兄明賢	三〇〇〇〇
	王正華	母張氏	三〇〇〇〇

任祥壽	父樹田	三〇〇	〇〇
于紹明	母趙氏	三〇〇	〇〇
岳岡陵	母李氏	三〇〇	〇〇
李開必	父洪保	三〇〇	〇〇
陳從喜	父達三	三〇〇	〇〇
曾榮華	母陳氏	三〇〇	〇〇
彭鴻才	父清昌	三〇〇	〇〇
裴錦江	父元炳	三〇〇	〇〇
李祥國	母劉氏	三〇〇	〇〇
李華福	父仕宣	三〇〇	〇〇

姓名	亲属	数额
彭凡昌	母陳氏	三〇〇〇〇
謝松昌	母王氏	三〇〇〇〇
張先周	母施氏	三〇〇〇〇
陳其濤	妻張氏	三〇〇〇〇
陳兆立	妻黄氏	三〇〇〇〇
岳明俊	父法國	三〇〇〇〇
李國章	兄國保	三〇〇〇〇
施光勛	妻李氏	三〇〇〇〇
岳明文	妻施氏	三〇〇〇〇
施光發	父明裕	三〇〇〇〇

75

姓名	親屬	數
張福清	父天恩	三〇〇〇〇
吳映興	父顯孝	三〇〇〇〇
王紹述	母饒氏	三〇〇〇〇
施先孝	兄先坤	三〇〇〇〇
王學禮	兄學華	三〇〇〇〇
徐映生	父清華	三〇〇〇〇
黃連洪	母施氏	三〇〇〇〇
饒映祥	母彭氏	三〇〇〇〇
李文通	母楊氏	三〇〇〇〇

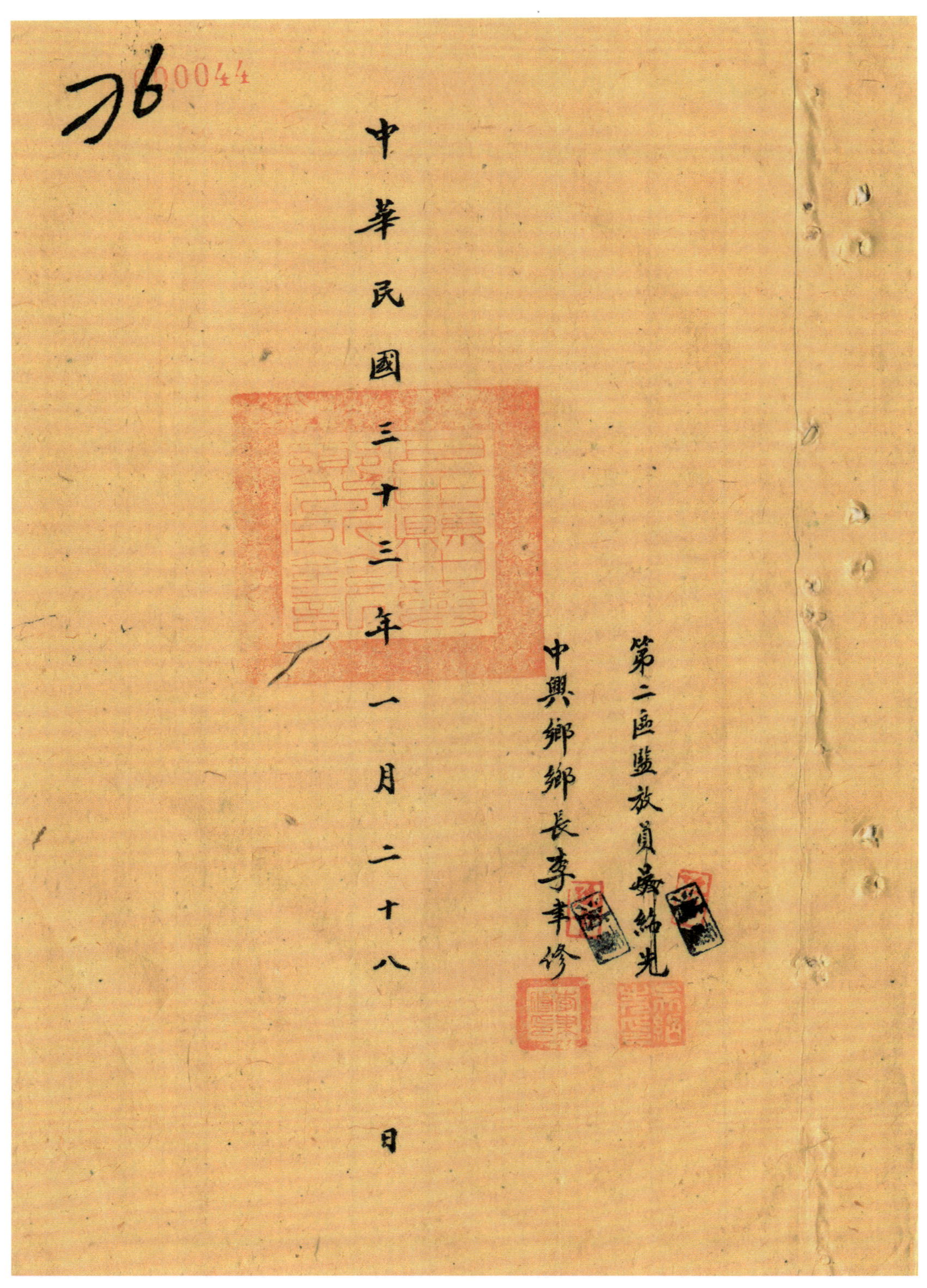

中華民國三十三年一月二十八日

第二區監放員蟻綿光

中興鄉鄉長李聿修

优抚

巴中县花丛乡造呈发放优待售卖积谷数目表

三十一年摊募积谷数	征属数	三期应发数（元角仙）	应售积谷数（石斗升）	下存积谷数（石斗升）	备攷
七五四石	一〇五名	二一〇〇〇〇〇	四二〇〇	七一二〇〇	

附记：三十一年度奉摊募积谷七百五十四石，奉拨公教人员食米一百一十一石八斗七升七合，发放优待售卖积谷四十二石，下实存积谷六百石零一斗二升三合。

花丛乡长杜兰华

民国三十三年二月　日

巴中县花丛乡造呈发放优待售卖积谷数目表（一九四四年二月）

巴中县清江乡造呈发放优待售卖积谷数目表（一九四四年）

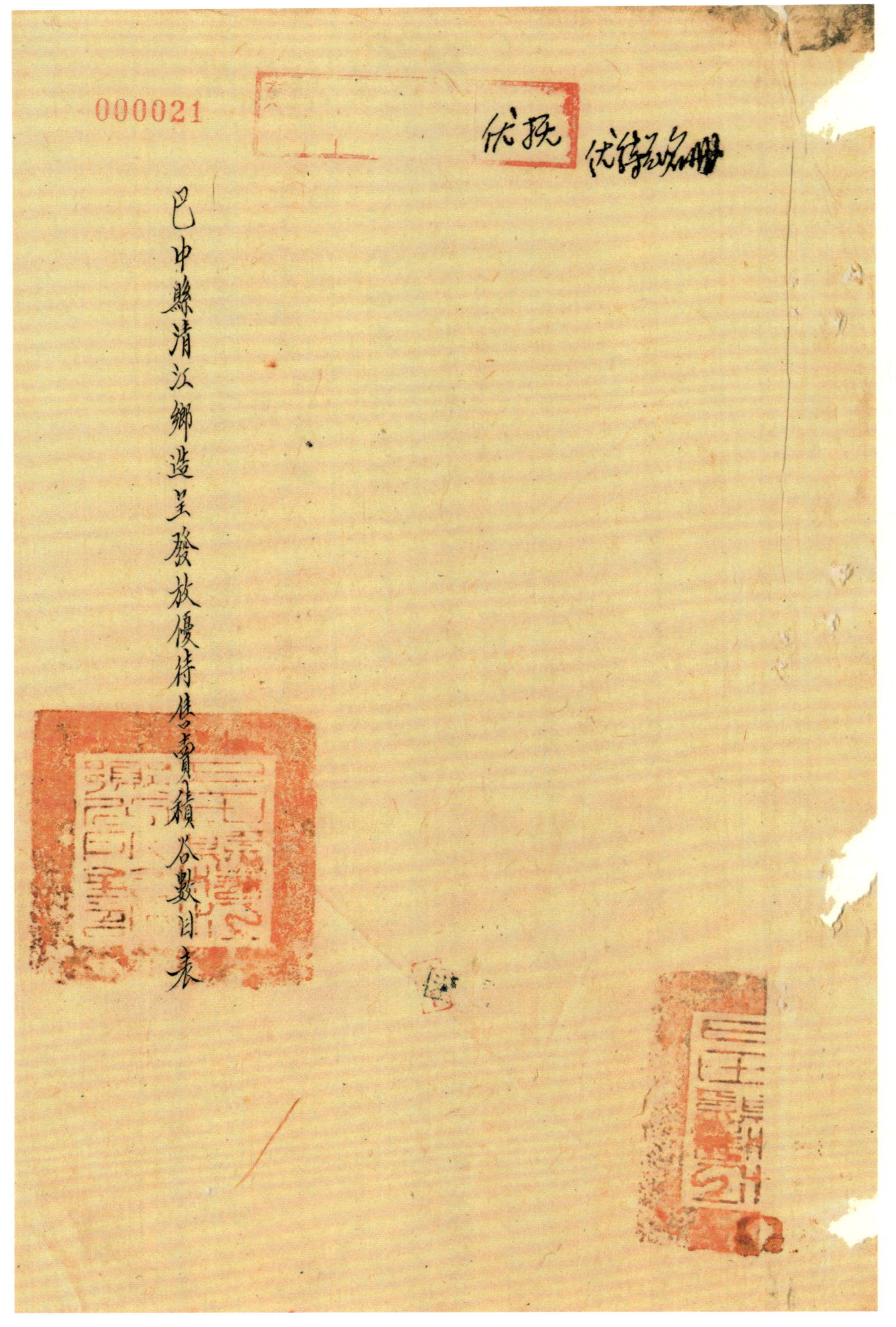
000021

优抚

优待谷名册

巴中縣清江鄉造呈發放優待售賣積谷數目表

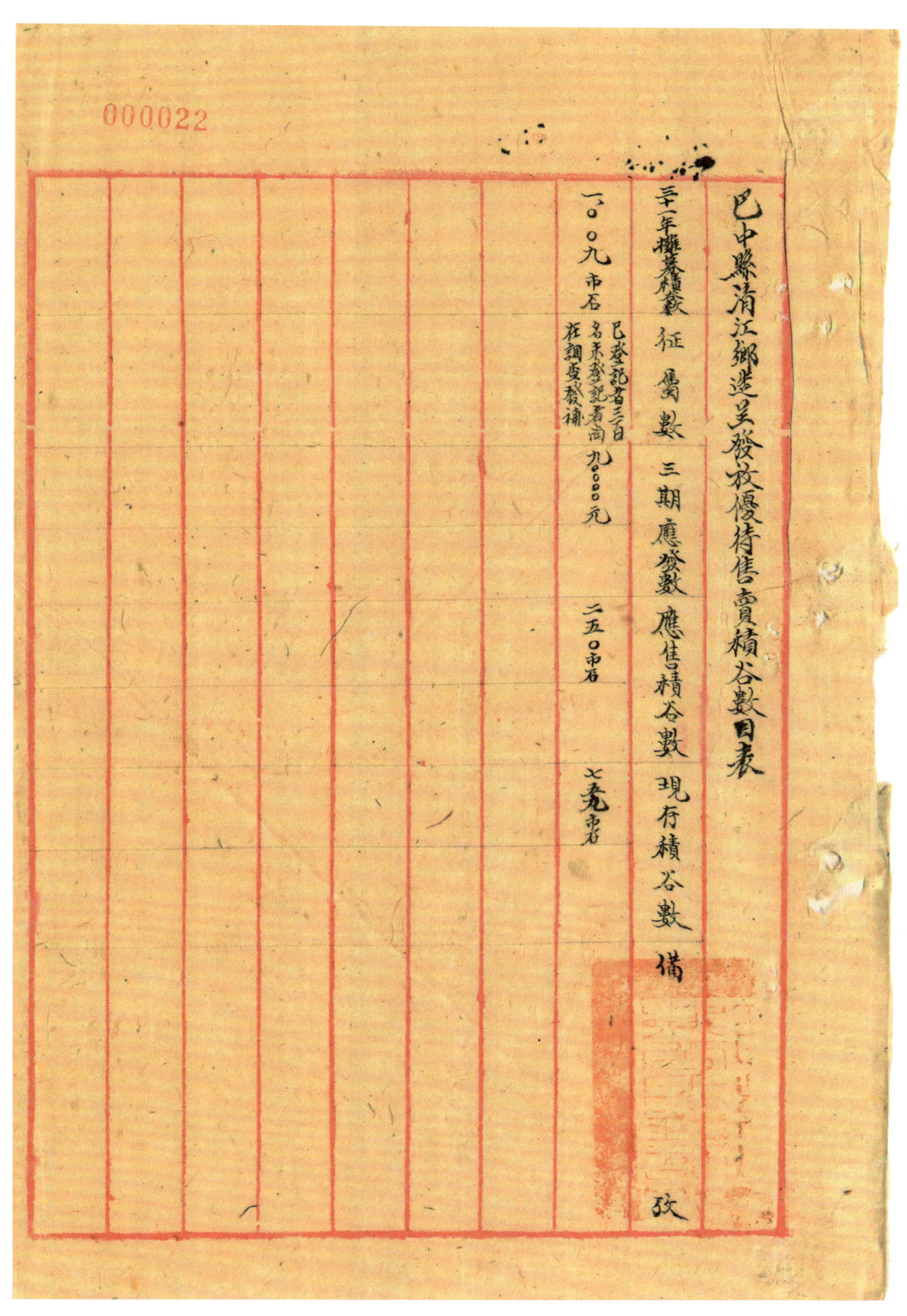

巴中縣清江鄉造呈發放優待售賣積谷數目表

三十一年攤募積穀	征屬數	三期應發數	應售積谷數	現存積谷數	備攷
一〇〇九市石	已登記者三一戶 名未登記者尚在調查發補	九〇〇〇〇元	二五〇市石	七五九市石	

000023

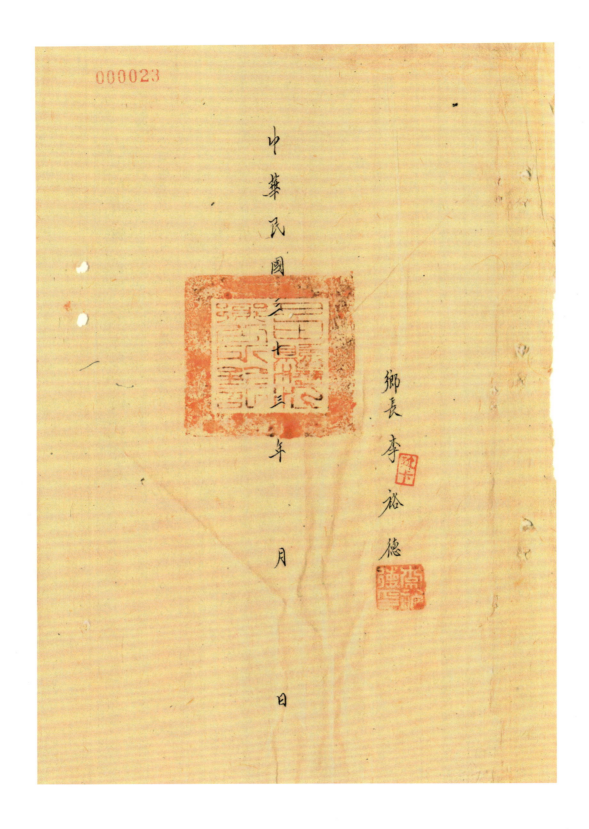

中華民國三十三年　月　日

鄉長李裕德

巴中县化成乡公所造报奉发一九四二年下期，一九四三年上、下期出征壮丁优待金姓名册（一九四四年）

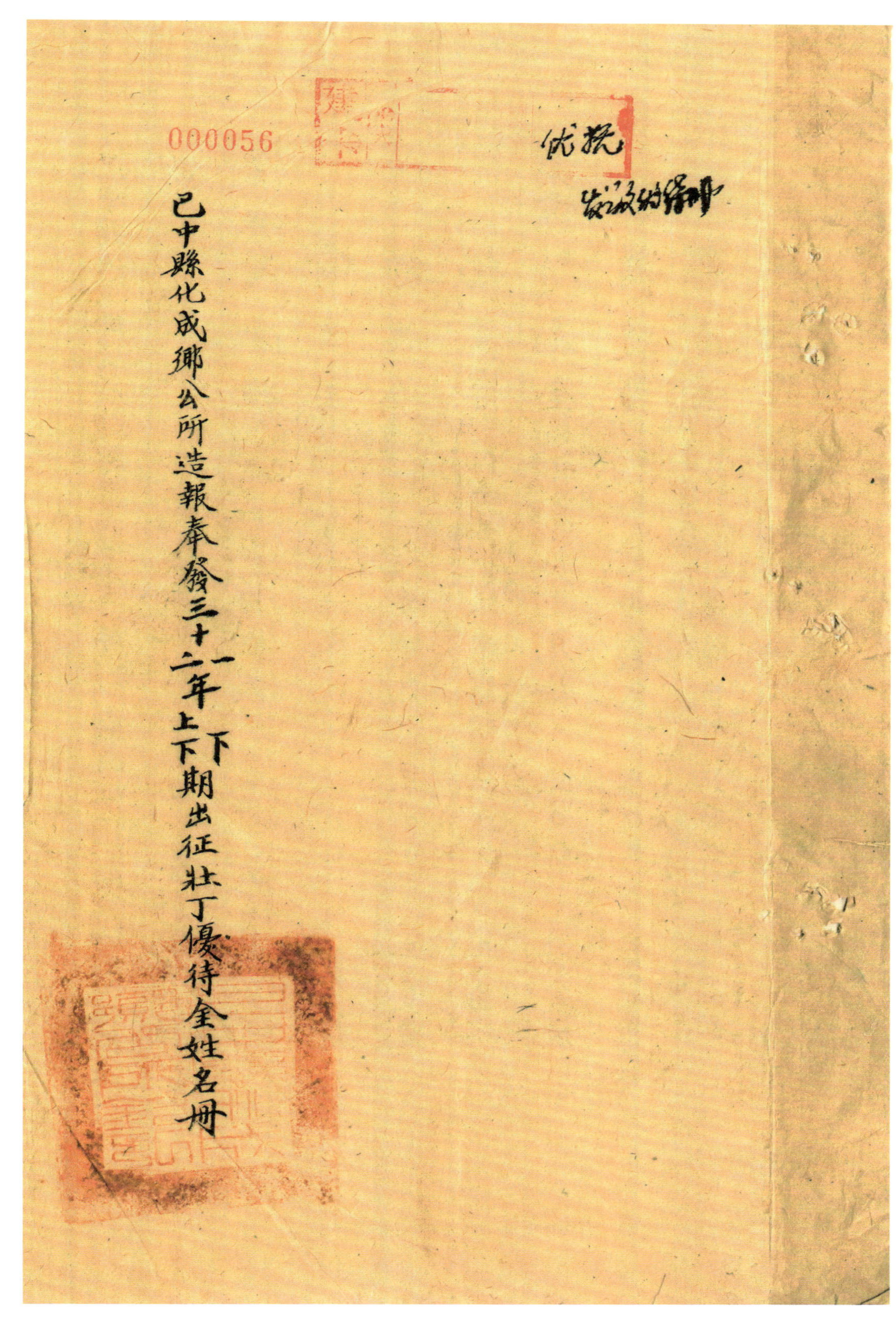
000056

优抚

巴中縣化成鄉公所造報奉發三十一二年上下下期出征壯丁優待金姓名册

巴中縣化成鄉公所造報奉發三十一（二）年下（上下）期出征壯丁優待金姓名册

保別	出征壯丁姓名	部隊番號及職級	領款家屬姓名	共領金額	領款四聯單字號	備攷
第一保	趙永槐	陸軍第五五師一六四團二營四連下士	母樊氏	三百〇〇	巴優字三〇〇一號	
	喻世良	陸軍四七軍一零四師三二團二營桃槍連上等兵	母李氏	三〇〇	三〇〇二號	
	楊興裕	陸軍四一軍一三三師三六四團部上尉副官	母趙氏	三〇〇	三〇〇三號	
	楊于厚	任江西陸軍新編一三師三八團炮上等兵	父建貴	三〇〇	三〇〇四號	
第二保	趙克全	第五集團軍總部特務營一連上等兵	兄克倫	三〇〇	三〇〇五號	
	趙遵賢	陸軍新編十一旅二團二營五連下士	母劉氏	三〇〇	三〇〇六號	
	羅甫正	陸軍七五軍六師十六團二營二連下士	妻喻氏	三〇〇	三〇〇七號	
	唐榮貴	陸軍七五軍第四預備師十團三營七連一等兵	母溫氏	三〇〇	三〇〇八號	

第三保

姓名	部隊職級	家屬	金額	號數
李大興	陸軍四五軍一三五師三七五團一營机槍連一等兵	父世令	三〇〇	三〇〇九號
羅占雲	陸軍一〇三師三〇九團二營四連上等兵	母楊氏	三〇〇	三〇一〇號
高文貴	陸軍一三師三八團二營六連上等兵	妻洪氏	三〇〇	三〇一一號
趙芳	陸軍四一軍一二二師三六六團三營八連上士	父進修	三〇〇	三〇一二號
王紹武	軍政部十五補訓處迫炮連二等兵	母鍾氏	三〇〇	三〇一三號
石才祥	陸軍第一九師第五十六團二營机槍連	父兆安	三〇〇	三〇一四號
石繼祥	陸軍七六軍輜重團三營十連上等兵	父兆友	三〇〇	三〇一五號
石銀祥	陸軍第七六軍司令部輜重兵團三營六連二等兵	父兆義	三〇〇	三〇一六號
李才德	陸軍第五師一四九團二連一等兵	母謝氏	三〇〇	三〇一七號
周慶恩	陸軍第七六軍司令部	母向氏	三〇〇	三〇一八號

000058

周啟月	軍政部第一五補充團訓練處	父	宗陽	三〇〇	三〇一九號
張紀堯	陸軍第五十師司令部衛生隊二等兵	父	全倫	三〇〇	三〇二〇號
曾月常	陸軍第九四軍一二一師三六一團一營炮排上等兵	母	李氏	三〇〇	三〇二一號
張紀信	陸軍第三二軍一三九師參謀處中士	父	友倫	三〇〇	三〇二二號
張楷	第二七集團軍總司令部衛兵連列兵	母	諶氏	三〇〇	三〇二三號
趙興宋	陸軍第一八軍一九九師司令部五九五團衛生隊文書	兄	從周	三〇〇	三〇二四號
趙應春	陸軍第一七八師一〇六七團八連下士	父	克彥	三〇〇	三〇二五號
趙德	陸軍四師步十團一營三連一等兵	父	克嘉	三〇〇	三〇二六號
周映賢	陸軍四一軍軍司令部特務連上等兵	父	相才	三〇〇	三〇二七號
黄宣文	陸軍第五十師司令部	兄	炳文	三〇〇	三〇二八號

何世清 陸軍一二三師三六九旅七三八團三連二等兵 父天碧 三〇〇 三〇二九號

周作定 陸軍八三師三四九團通信排下士 父仕禮 三〇〇 三〇三〇號

石德友 陸軍四一軍一二四師三七〇旅七三九團三營八連一等兵 父呈祥 三〇〇 三〇三一號

第四保

石發祥 陸軍一八師五三團一營三連一等兵 母李氏 三〇〇 三〇三二號

石賡昌 一二三師七三八團迫擊炮連列兵 子賡娃 三〇〇 三〇三三號

王澤 陸軍一四四師三一〇旅六九團二營五連中士 妻趙氏 三〇〇 三〇三四號

石應才 陸軍一〇四師三一〇旅六二〇團一營一連一等兵 兄兆聰 三〇〇 三〇三五號

趙永敬 陸軍第三十集團軍野戰補充第四營一連二等兵 妻陳氏 三〇〇 三〇三六號

唐良臣 陸軍第四師十團迫擊炮連一等兵 父中貴 三〇〇 三〇三七號

趙永太 陸軍七九軍九八師騎兵連列兵 母唐氏 三〇〇 三〇三八號

000059

保別	姓名	部別職級	親屬	姓名	金額	號數	備考
第五保	朱中壽	陸軍一二三師三六七團二營六連中士	父	于仲	三〇〇	三〇三九號	現住湖北襄陽
	郭富金	陸軍第四師輜重營一連一等兵	父	登貴	三〇〇	三〇四〇號	
	李定明	陸軍一八三師五四八團二營五連一等兵	父	克相	三〇〇	三〇四一號	
	李克楠	第八軍榮譽一師三團衛隊上士	父	銀宗	三〇〇	三〇四二號	現住貴州
	李定祿	陸軍十一旅二團二營六連排長	父	克全	三〇〇	三〇四三號	現住陝北
	李定如	陸軍七六軍醫院處看護上士	母	馮氏	三〇〇	三〇四四號	現住重慶
	謝廣仁	陸軍第四師輜重營一連二等兵	父	文章	三〇〇	三〇四五號	
	苟新仕	陸軍第四師十一團三營九連一等兵	母	劉氏	三〇〇	三〇四六號	
第六保	侯其德	陸軍九八師二營五連二等兵	母	馮氏	三〇〇	三〇四七號	
	鄔澤榮	陸軍第十八集團軍第二兵站醫院三所	父	先貴	三〇〇	三〇四八號	

姓名	部隊	親屬	金額	號數
嚴興家	陸軍四一軍一二四師三七〇團二營四連上等兵	母李氏	三〇〇	三〇四九號
楊紹學	陸軍四一軍獨立團二連中士	父建閣	三〇〇	三〇五〇號
楊建貴	陸軍第五軍九六師輜重營三連上等兵	父芳月	三〇〇	三〇五一號
楊建發	陸軍一二三師二六七團傳達上等兵	父芳荅	三〇〇	三〇五二號
陳順祥	陸軍一二六師三七八團二營六連一等兵	母苟氏	三〇〇	三〇五三號
魏忠坤	陸軍廿九集團軍總司令部教導總隊二中隊學員	妻夏氏	三〇〇	三〇五四號
陳大貴	陸軍第七六軍司令部搜索營第一連二等兵	母吳氏	三〇〇	三〇五五號
第七保 王文龍	一八軍一八師五三團輸送連上等輸卒兵	父思新	三〇〇	三〇五六號
蒲正元	陸軍新編一六師四六團衛生隊中士	父曰政	三〇〇	三〇五七號
郭全瑞	陸軍四師十一團三營九連	母陳氏	三〇〇	三〇五八號

張福榮	陸軍第二軍新三十三師九八團一營二連一等兵	母賀氏	三〇〇	三〇五九號
吳義之	陸軍七五軍第四預備師十團三營七連一等兵	兄仁文	三〇〇	三〇六〇號
吳上連	陸軍第五軍九六師六六團衛生隊上等兵	母晏氏	三〇〇	三〇六一號
羅伯榮	陸軍四一軍司令部軍部運送連班長	父光斗	三〇〇	三〇六二號
張坤	陸軍第廿三師七三七團二營三連上等兵	兄健武	三〇〇	三〇六三號
何群	陸軍七九師補充團第二營四連中尉排長	父宗魯	三〇〇	三〇六四號
第八保 楊子烈	陸軍第四預備師工兵一連二等兵	父光棟	三〇〇	三〇六五號
李世武	陸軍四四軍一四九師四四七旅八九三團三營八連一等兵	母雷氏	三〇〇	三〇六六號
楊建開	駐印軍新三師本部特務連二等兵	父芳柱	三〇〇	三〇六七號
王開興	陸軍五十師三團二營六連上等兵	母楊氏	三〇〇	三〇六八號

保	姓名	部隊及職别	家屬	金額	號數
	梁大喜	陸軍新編第十三師二團通信排架設班上等兵	兄大福	三〇〇	三〇六九號
	梁大發	陸軍第一百廿三師三六八團三營七連排長	兄大賢	三〇〇	三〇七〇號
第九保	劉得勝	陸軍新編第一軍二十旅第一團第一連中士	父天倫	三〇〇	三〇七一號
	唐大孝	陸軍一二七師三七九團一營一連一等兵	母楊氏	三〇〇	三〇七二號
	米家壽	軍政部第二十六補充兵訓練第一團二營四連班長	母陳氏	三〇〇	三〇七三號
	陳登連	陸軍第一軍二十旅步兵第一團第二營八連上等兵	兄登料	三〇〇	三〇七四號
	宋言海	陸軍第一軍二十旅步兵第一團第三營第八連上等兵	父澤坤	三〇〇	三〇七五號
	梁天理	陸軍四一軍一二三師三六七團一營三連排長	母宋氏	三〇〇	三〇七六號
第十保	何良臣	陸軍新編十四師司令部一等兵	母李氏	三〇〇	三〇七七號
	劉記銳	陸軍四一軍一二師三六五團機槍部上等兵	父運光	三〇〇	三〇七八號

劉明志	陸軍四一軍一二一師三六五團机槍部上等兵	母陳氏	三〇〇	三〇七九號
周金宗	陸軍十四師司令部上士	父開碧	三〇〇	三〇八〇號
趙登華	陸軍第九十七師二九團上等兵	父連宗	三〇〇	三〇八一號
侯潤祥	陸軍四師司令部一等兵	母伍氏	三〇〇	三〇八二號
胡德榮	航空會特務旅司令部上等兵	父大建	三〇〇	三〇八三號
王麟宗	第三十集團軍總司令部收發處隊長	父漢堂	三〇〇	三〇八四號
高元桂	陸軍新編十四師四十二團上等兵	母唐氏	三〇〇	三〇八五號
冷開余	陸軍一九一師三五團一等兵	母蔡氏	三〇〇	三〇八六號
唐正才	陸軍四一軍一二四師司令部上等兵	母黃氏	三〇〇	三〇八七號
劉記江	陸軍七五軍第四預備師十二團三營八連上等兵	母張氏	三〇〇	三〇八八號

周開緒 陸軍五十四師一五〇團九連上等兵 父新良 三〇〇 三〇八九號

李紹武 陸軍新編一五師司令部上等兵 母江氏 三〇〇 三〇九〇號

周華宗 陸軍八十二軍司令部上等兵 母王氏 三〇〇 三〇九一號

蔡大發 航空副總司令部三團上等兵 父三元 三〇〇 三〇九二號

李斐然 陸軍四十三軍二十六師司令部上等兵 父景友 三〇〇 三〇九三號

第一保 陳銀傳 通南師管區司令部模範隊班長 父良仕 三〇〇 三〇九四號

劉明德 陸軍炮兵第五一團一營三連上等兵 兄靜德 三〇〇 三〇九五號

翁仕讀 第五戰區司令長官部指揮部少尉組員 父炳朝 三〇〇 三〇九六號

劉光信 陸軍四五軍一二七師三八〇團二營五連下士 母趙氏 三〇〇 三〇九七號

第二保 李子兆 陸軍四一軍一三二師工兵連排長 母吳氏 三〇〇 三〇九八號

保	姓名	部別職級	親屬	金額	號數
	黃仁光	陸軍新編第十三師三八團特務排排附上士	父貴地	三〇〇	三〇九九號
	楊學模	陸軍第九三軍暫編第二師衛生隊看護兵	母黃氏	三〇〇	三一〇〇號
第十三保	陳茂材	陸軍第四十軍第一三三師三六七團第三營營長	兄輝如	三〇〇	三一〇一號
第十四保	周興昌	陸軍第四師第十一團一營三連一等兵	父宗連	三〇〇	三一〇二號
	陳登基	陸軍第四師特務連上等兵	母賈氏	三〇〇	三一〇三號
	何光文	陸軍第五師一五團八連一等兵	父一富	三百〇〇	三一〇四號
	合計一百零四名			三一二〇〇元〇〇	

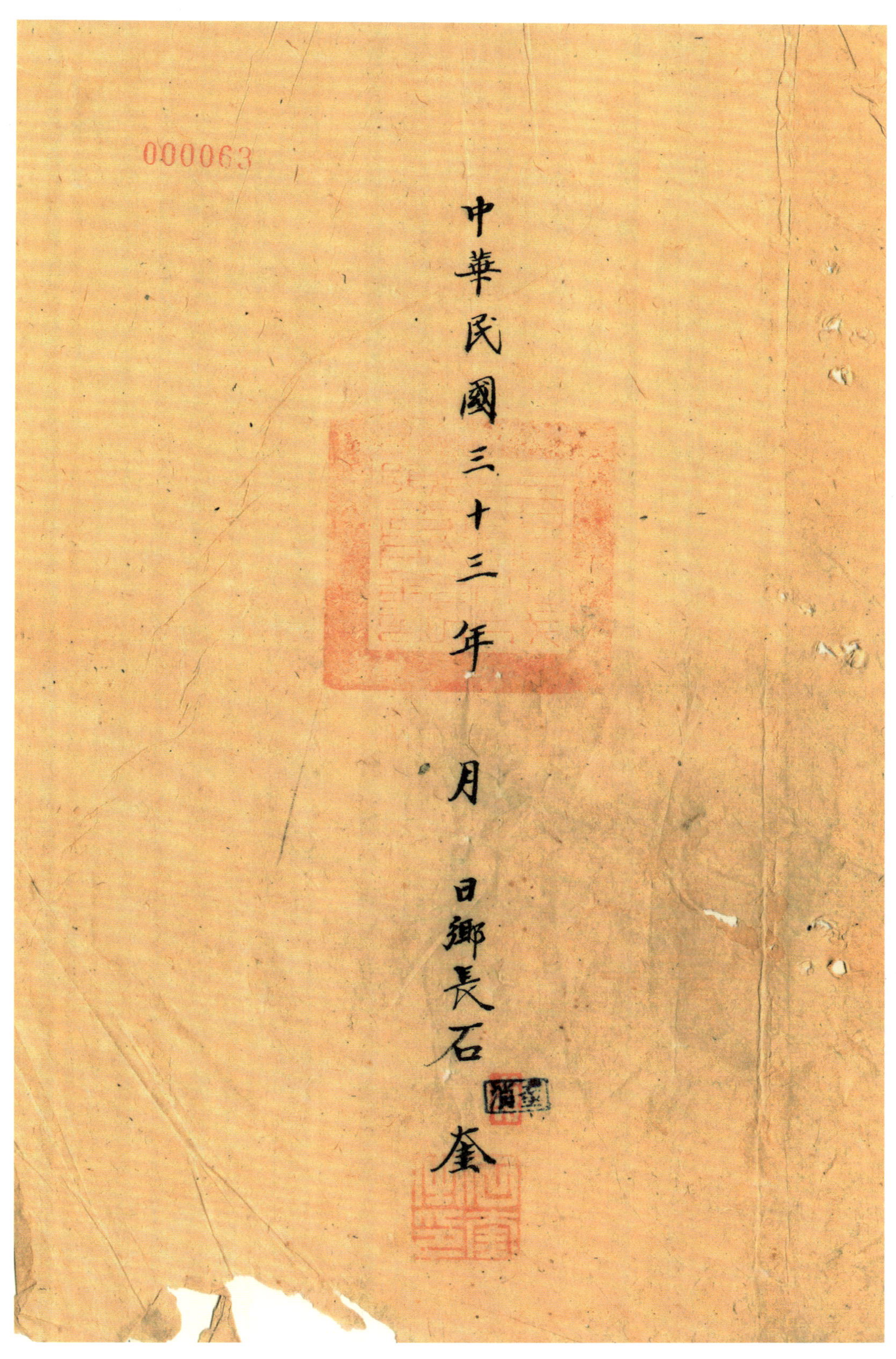
000063

中華民國三十三年　月　日鄉長石奎

巴中县「七七」抗战纪念及「七九」革命军北伐誓师纪念公祭阵亡将士筹备会会议记录（一九四五年七月三日）

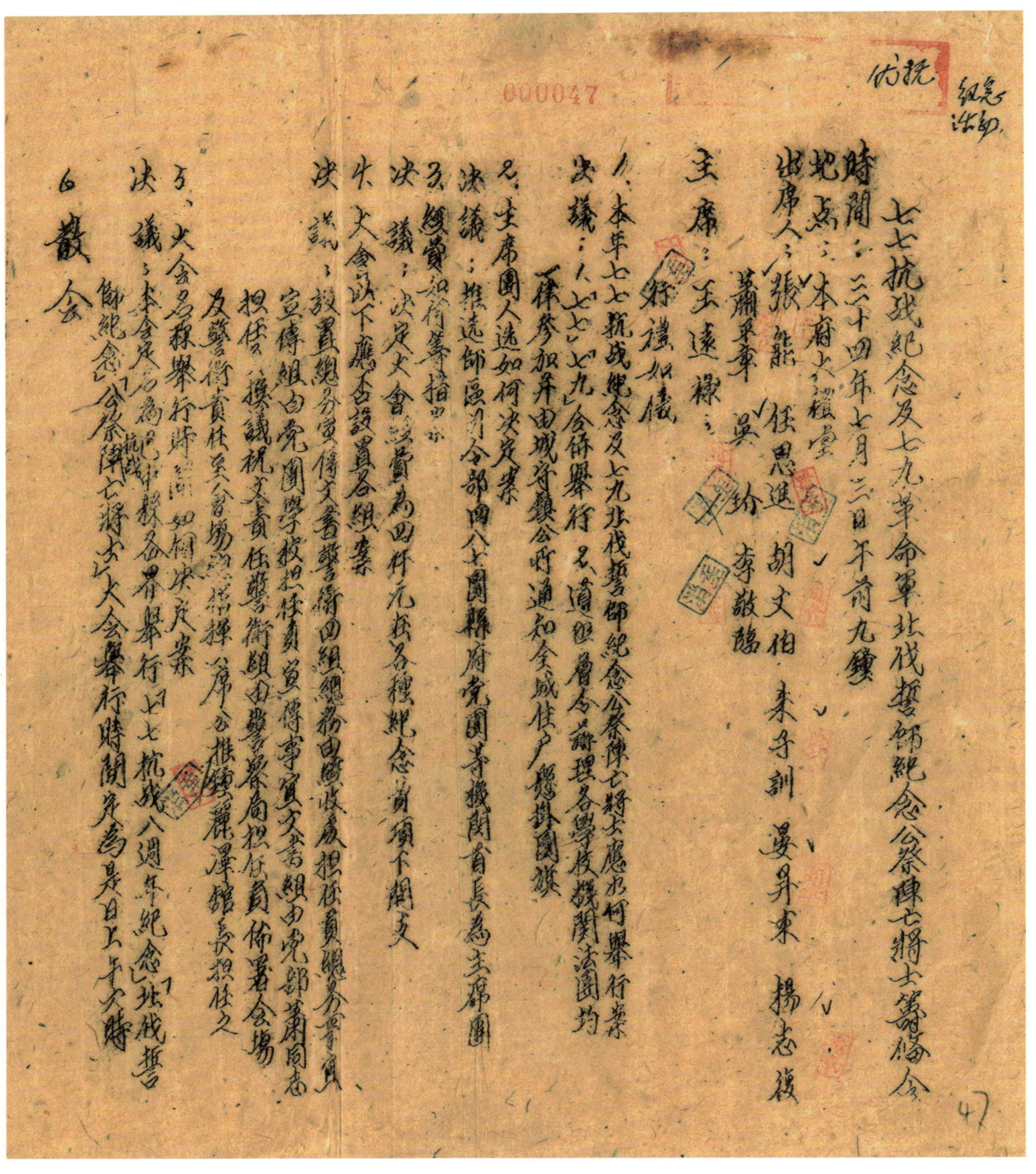

优抚

七七抗战纪念及七九革命军北伐誓师纪念公祭阵亡将士筹备会

時間：三十四年七月三日午前九鐘

地点：本府大禮堂

出席人：張能 任思進 胡文伯 朱子訓 晏昇東 楊志復

蕭秉華 吳玠 李敬臨

主席：王遠禄

行禮如儀

1、本年七七抗戰紀念及七九北伐誓師紀念公祭陣亡將士應如何舉行案

決議：1、七七七九兩会係舉行 2、道經會令辦理各學校機關法團均一律參加并由城守鎮公所通知全城住户懸掛國旗

2、主席團人選如何決定案

決議：推選師區司令部四八七團縣府党團等機關首長為主席團

3、經費如何籌措案

決議：決定大會經費為四仟元在各種紀念費項下開支

4、大會以下應否設置各組案

決議：設置總務宣傳文書警衛四組，總務由縣收發處擔任負總務責任，宣傳組由党團學校擔任負責宣傳事宜，文書組由党部蕭同志擔任擬議祝文責任，警衛組由警察局擔任負責佈置會場及警衛責任，又會場總指揮公推師管區羅澤錦長擔任之

5、大会名稱舉行時間如何決定案

決議：本会定名為巴中縣各界舉行「七七抗戰八週年紀念」「七九北伐誓師紀念」公祭陣亡將士大会，舉行時間定為是日上午六時

6、散会

巴中县国民兵团巴中县出征军人家属优待委员会移交接收公物文卷清册（一九四五年八月）

000214

巴中縣國民兵團造具奉令移交公物文卷清冊

巴中縣出征軍人家屬優待委員會接收公物文卷清冊

存優委員

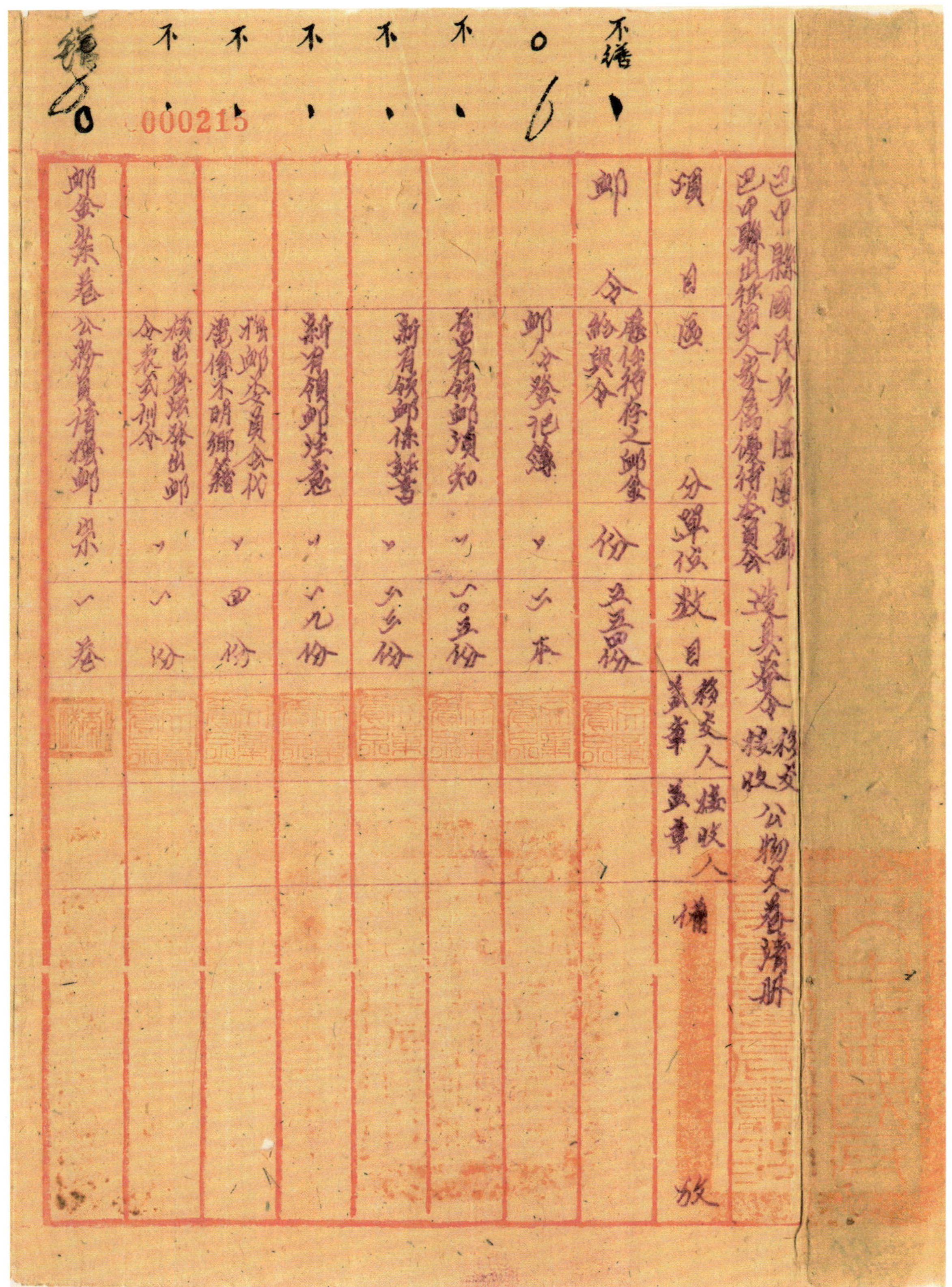

000215

巴中县国民兵团团部
巴中县出征军人家属优待委员会 造具奉令移交接收公物文卷清册

项目	区分	单位	数目	移交人盖章	接收人盖章	备放
邮令	奉优待会之邮令给与令	份	五五份			
	邮令登记簿	〃	六本			
	旧有领邮须知	〃	一〇五份			
	新有领邮保证书	〃	六六份			
	新有领邮注意	〃	一九份			
	欠邮委员会代寄像不明乡籍	〃	四份			
	核出征抗敌出邮令表式训令	〃	一份			
邮令案卷	公务员借领邮	宗	一卷			

案卷名稱	宗	卷	備考
郵金案卷 奉發陣亡官兵郵令	宗	九卷	內一宗附備郵條例 內一宗附發郵
請郵法令事項	〃	八卷	
撥郵條例	〃	八卷	
郵令	〃	三卷	
轉發郵金	〃	八卷	
陣亡官兵撥郵表	〃	八卷	
陣亡官兵郵金	〃	八卷	
郵金糾紛	〃	八卷	
奉發郵金暫行辦法	〃	八卷	
轉發郵金附卷	〃	八卷	

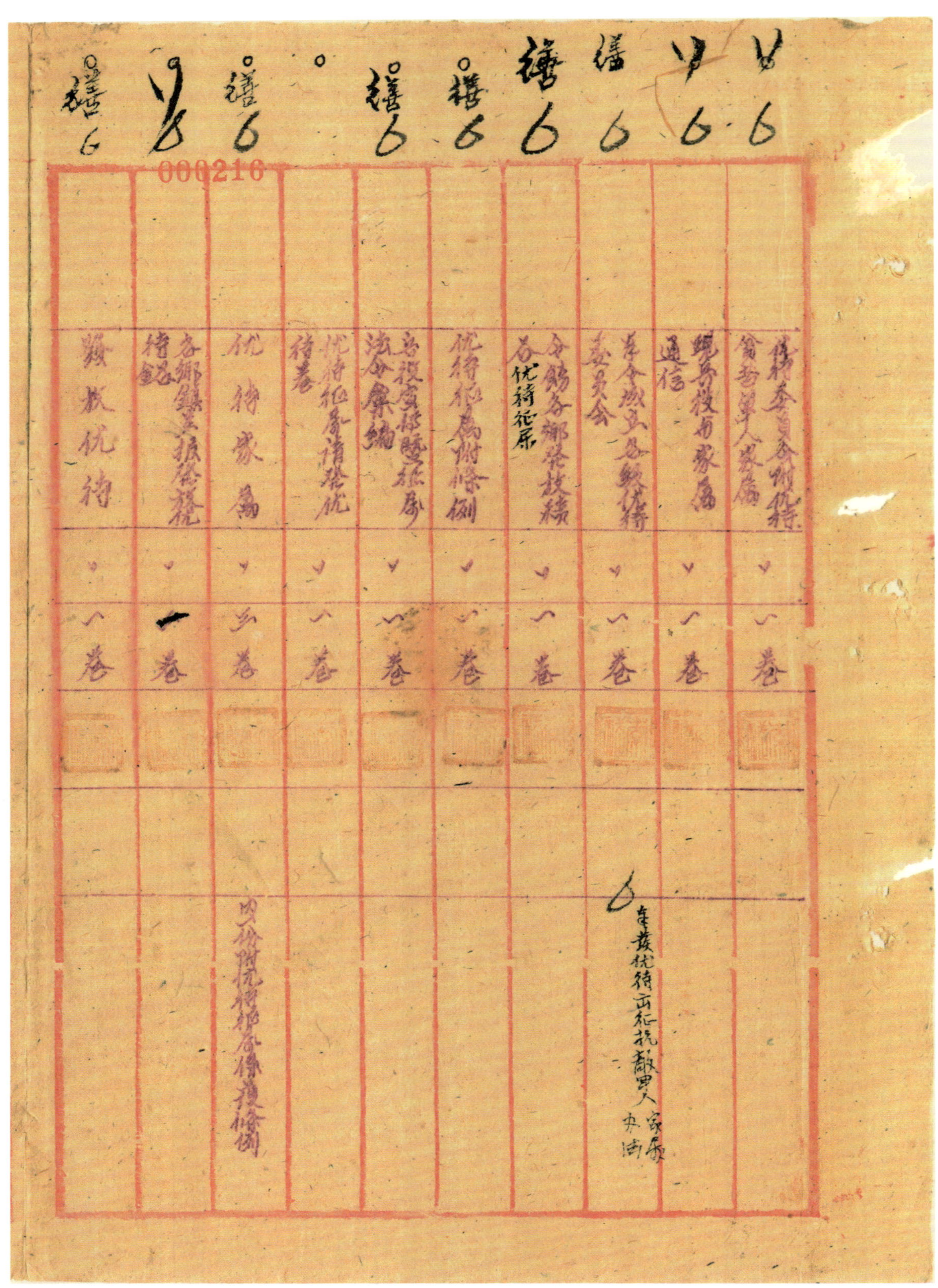

000216

发放优待	各乡镇呈报发放优待金卷	优待家属	优待征属清发优待卷	各级发放征属流动编	优待征属附条例	令饬各乡镇造报优待征属	县令城区各级优待委员会	饬各机关有家属通信	优待委员会附优待[illegible]军人家属
一卷	一卷	二卷	一卷	一卷	一卷	一卷	一卷	一卷	一卷
		以上份附优待征属条例					奉发优待出征抗敌军人家属办法		

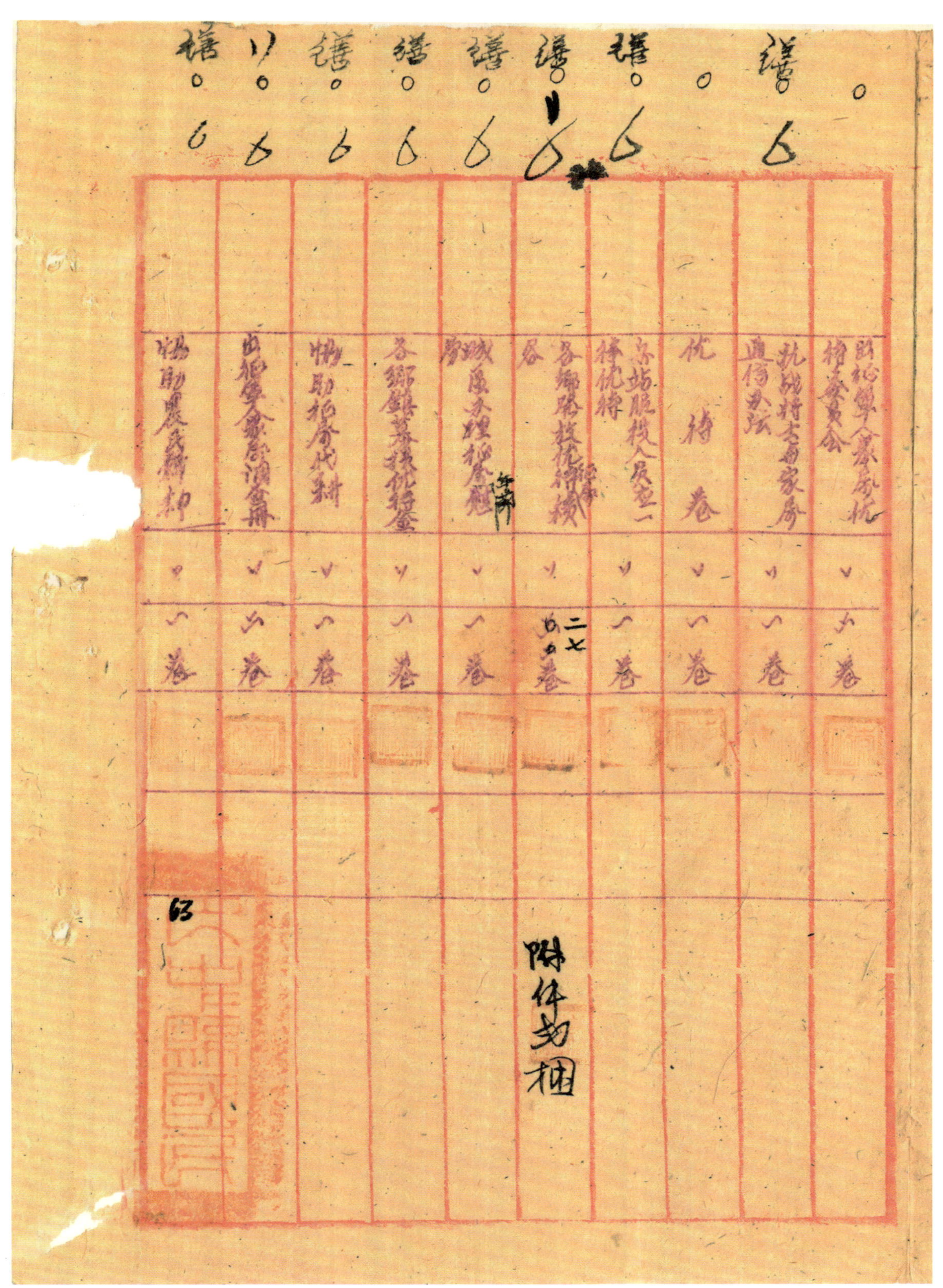

縣征軍人家屬優待委員會	√	[illegible]卷
抗戰將士家屬通信辦法	√	[illegible]卷
優待卷	√	[illegible]卷
兵站服役人民登一律優待	√	[illegible]卷
各鄉聯保優待辦法 各	√	[illegible] 二七 卷
職員辦理優屬懲獎	√	[illegible]卷
各鄉鎮募捐優待金	√	[illegible]卷
協助優屬代耕	√	[illegible]卷
出征軍人家屬領金冊	√	[illegible]卷
協助農民耕種	√	[illegible]卷

附件如捆

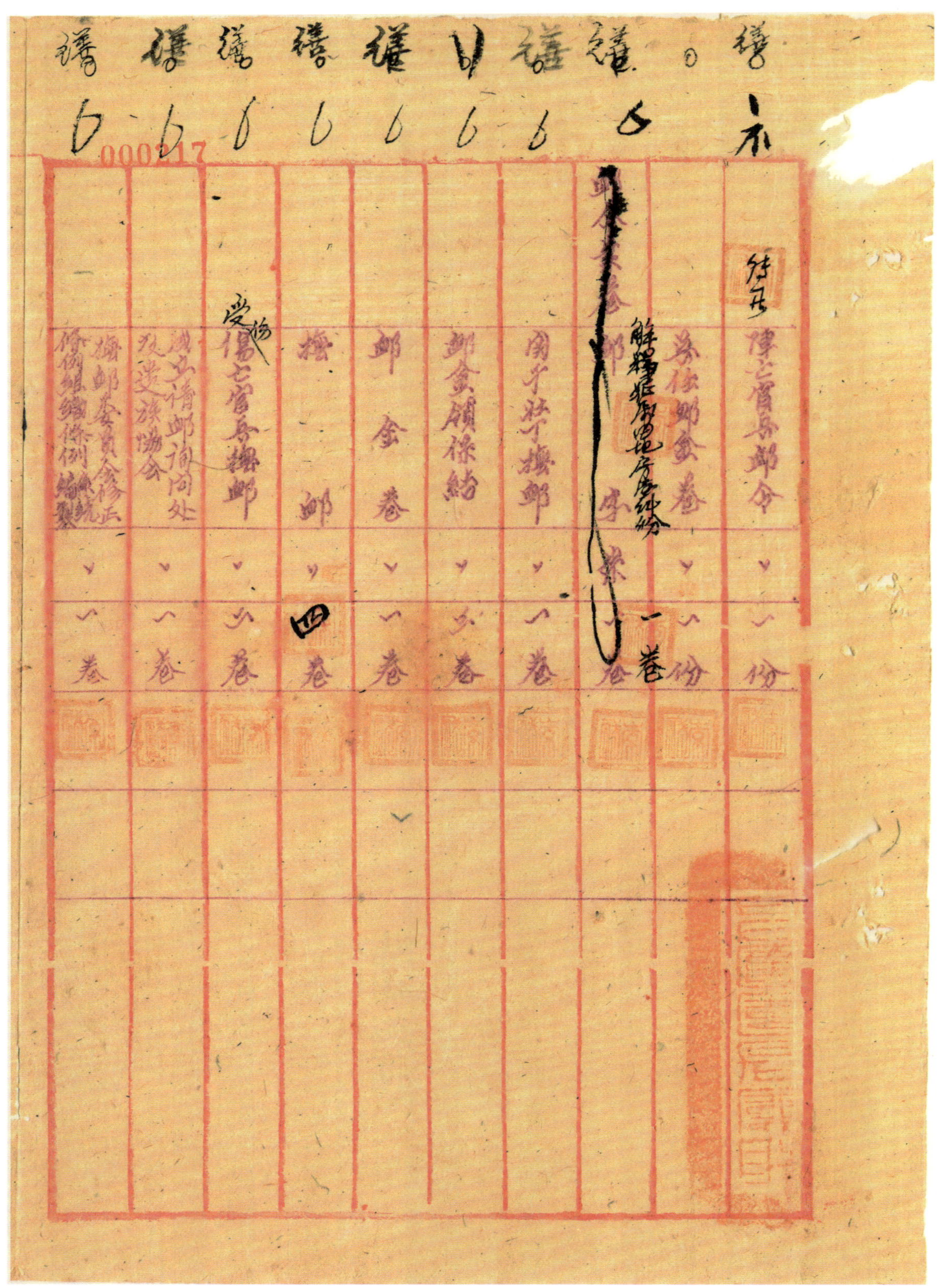

類別	案卷名稱	卷數
	陣亡將士公墓籌備委員會	一卷
	抗戰陣亡將士忠烈祠	一卷
	抗戰將士通知單	一卷
	軍領撫卹行政系統聯繫辦法	一卷
	調查陣亡官兵遺族	五卷
優待案卷	出征軍人優待卷	一卷
	補發征屬優待（請發各征屬証書）	一卷
	審覈優待	一卷
	出征軍人家屬各案管理	五卷
	優待征屬辦法條例	一卷

43

共卷壹百零陸宗

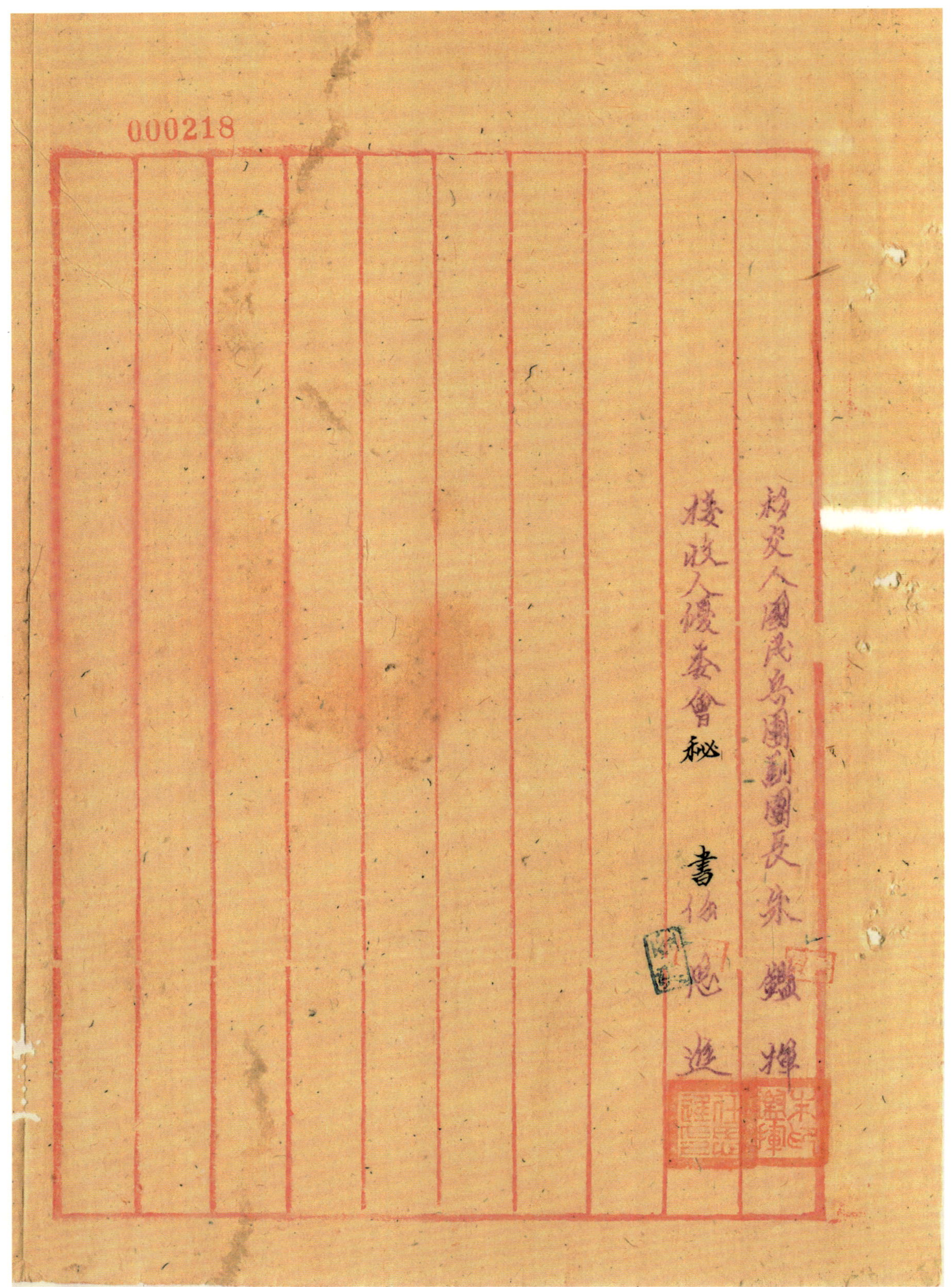
000218

移交人国民兵团副团长宋鑽煇

接收人优委会秘书伍恩进

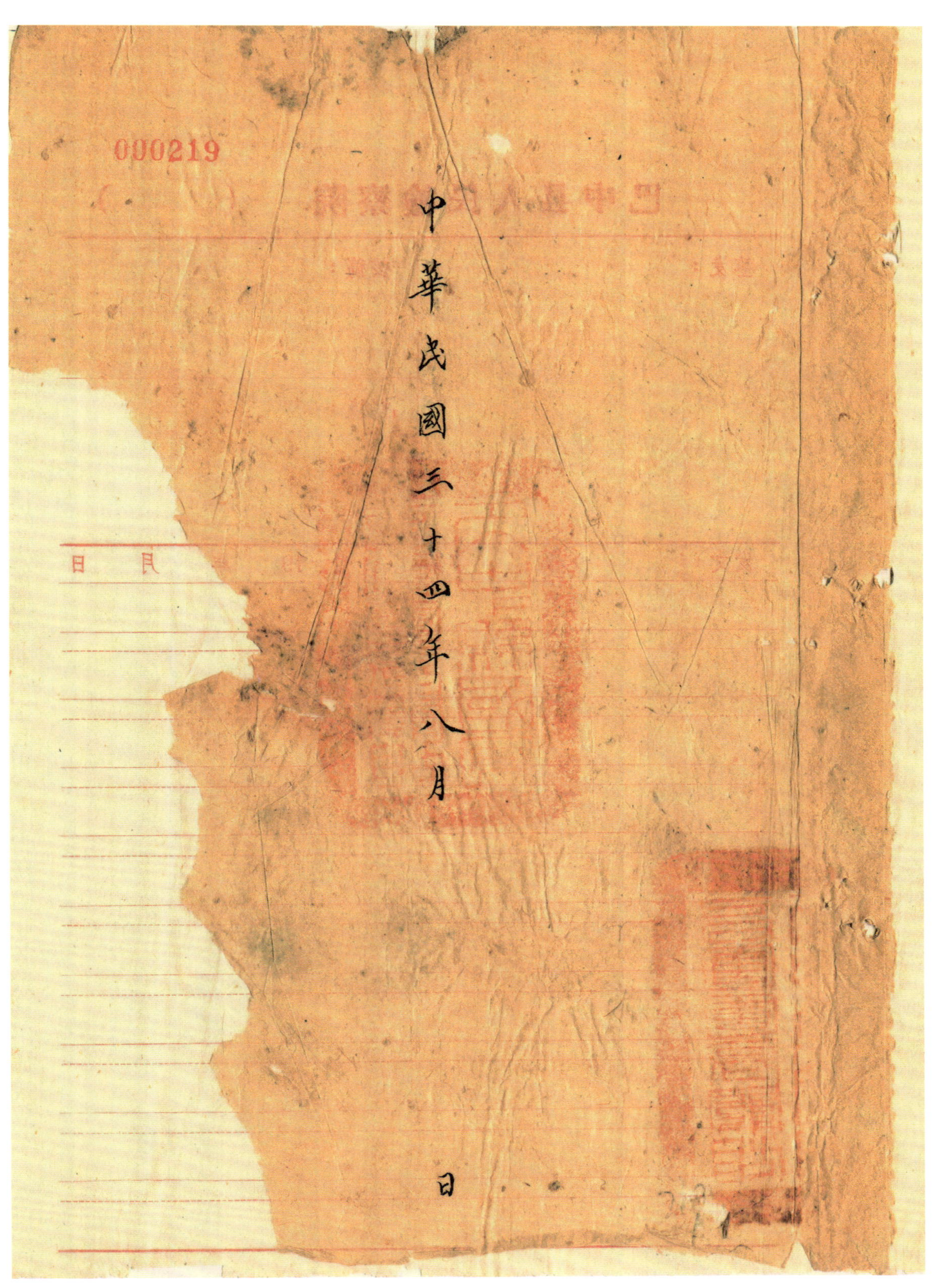
000219

中華民國三十四年八月　日

巴中县政府关于抚恤委员会派官鼎良担任驻川抚恤处处长接收川康两省抚恤业务致县出征抗敌军人家属优待委员会的训令（一九四六年一月十九日）

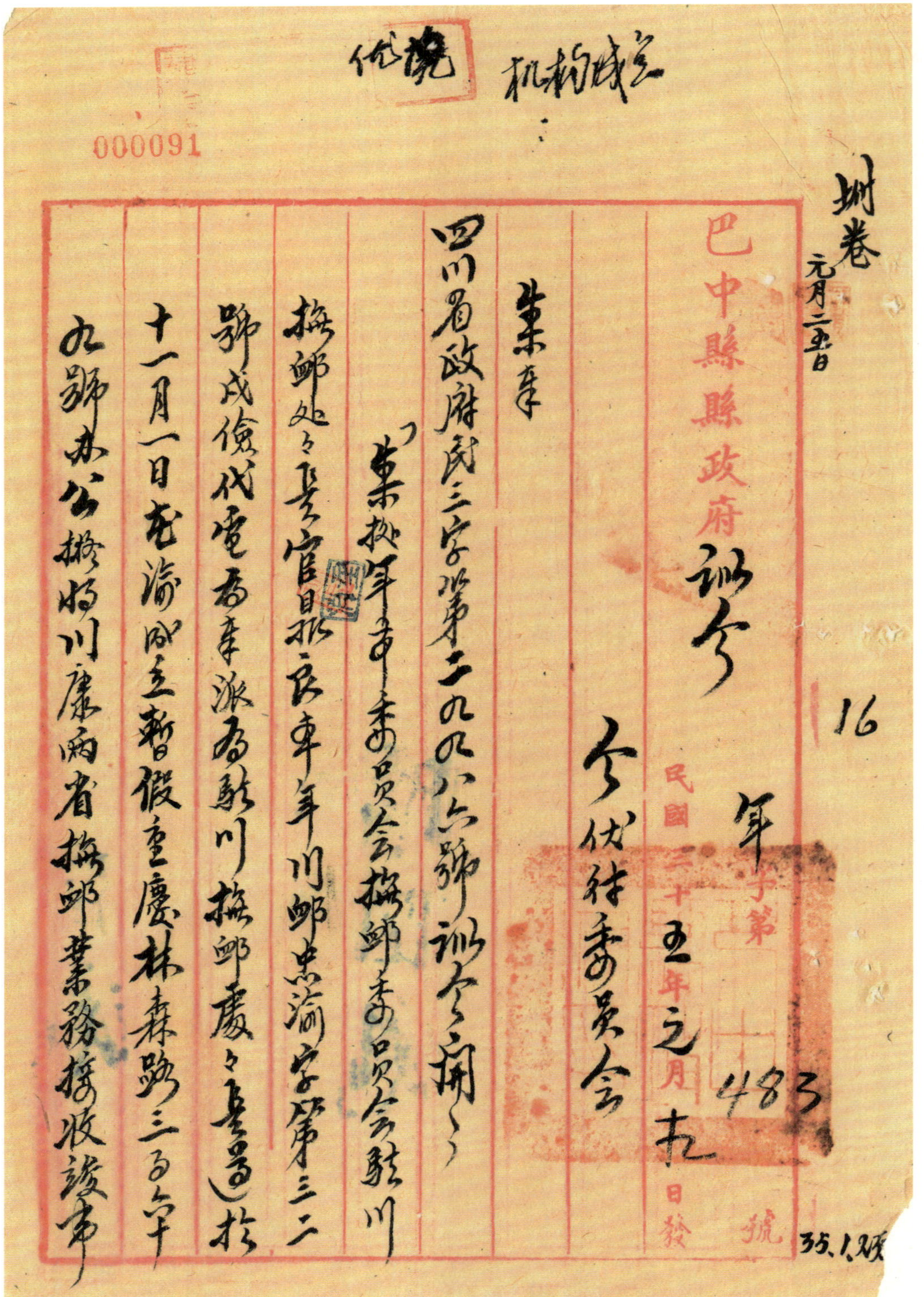

优待機構戰

巴中縣政府訓令

民國三十五年元月十九日發　字第483號

令優待委員會

案奉

四川省政府民三字第二九九八六號訓令開：

「案據軍事委員會撫卹委員會駐川撫卹處處長官鼎良本年川卹忠渝字第三二號戌儉代電：為奉派為駐川撫卹處處長，當於十一月一日在渝成立，暫假重慶林森路三五八號辦公，接收川康兩省撫卹業務，接收該……

000092

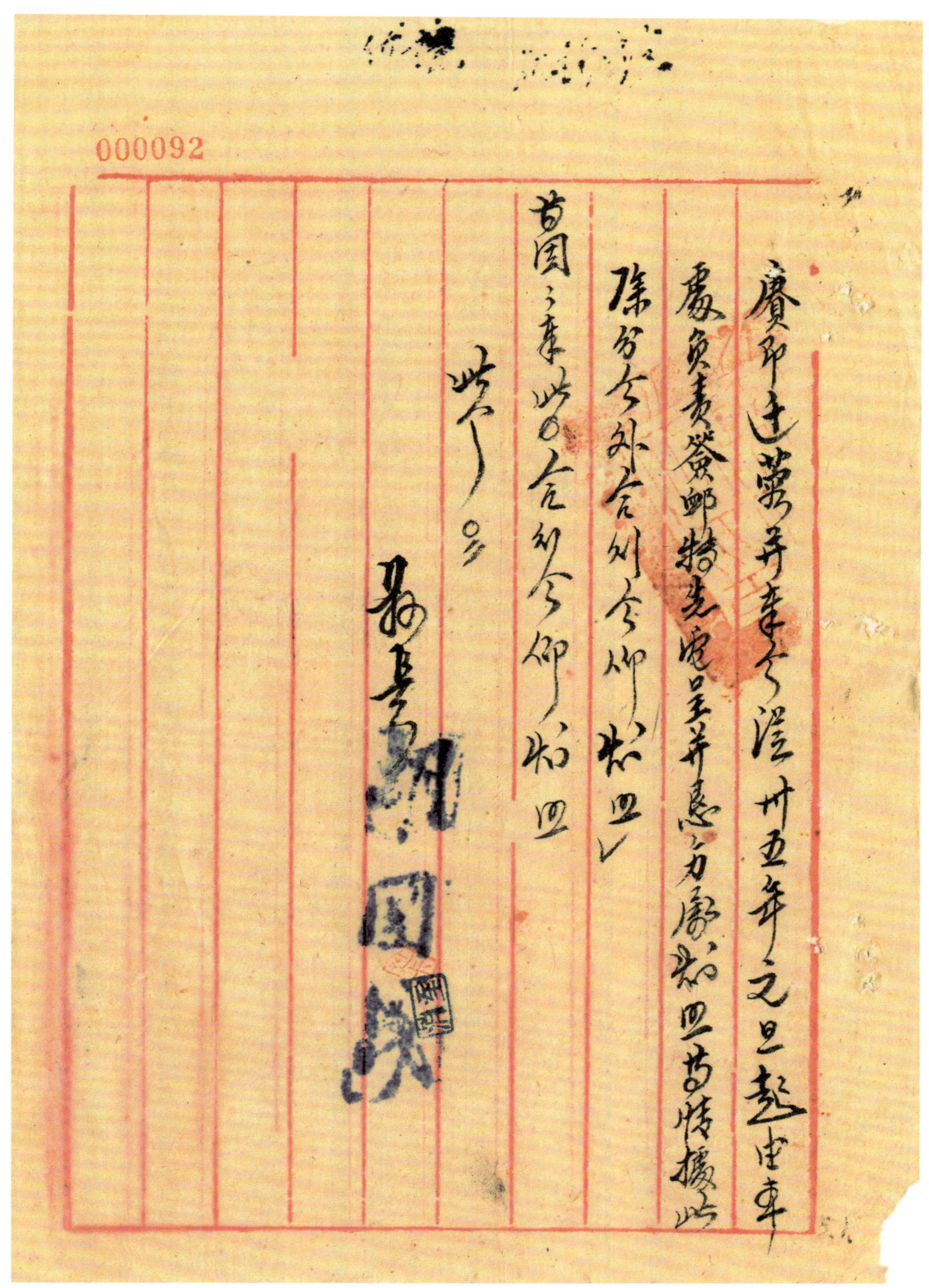

賡印述蒙并奉令准卅五年元旦起由本處負責營郵，特先電呈并懇分屬知照等情。據此，除分令外，合行令仰知照。

等因，奉此，合行令仰知照。

此令。

局長 胡國[illegible]

巴中县政府、巴中县东兴乡等关于发放一九四五年家属优待的一组文件

巴中县东兴乡关于发放一九四五年上期家属优待办法的保长会议记录（一九四六年二月二十七日）

000020

民國三十五年二月二十七日發放优待家属會議紀録

地点　東興鄉公所

時間　二月二十七日

出席人數　全鄉保長

主席　章茂如

紀録　楊俊章

提議發放優待辦法

理由　查本鄉征屬頗多，惟証書有時間較遠不能承領者，有經征送未得証書者，究應如何根據核發，請會公决。

决議　一、跟據黄前鄉長核發三十四年上期征屬証書發給

2、不論時間遠近遵照　縣令發給五制斗以免爭執

3、經保長征送未歸者無証書而執有征丁条拟者亦遵

縣令發給五制斗全體通過

散會發谷

保長馬萬興、黃永名、李鍾坤　陳以珍　曾子儀

蕭鼎新　李璧軒　馬義全　彭公安　劉仕龍

任國卿　張開隆　黎　榮　何漢臣　張厚德

巴中县东兴乡乡公所致县政府的呈（一九四六年四月十九日）

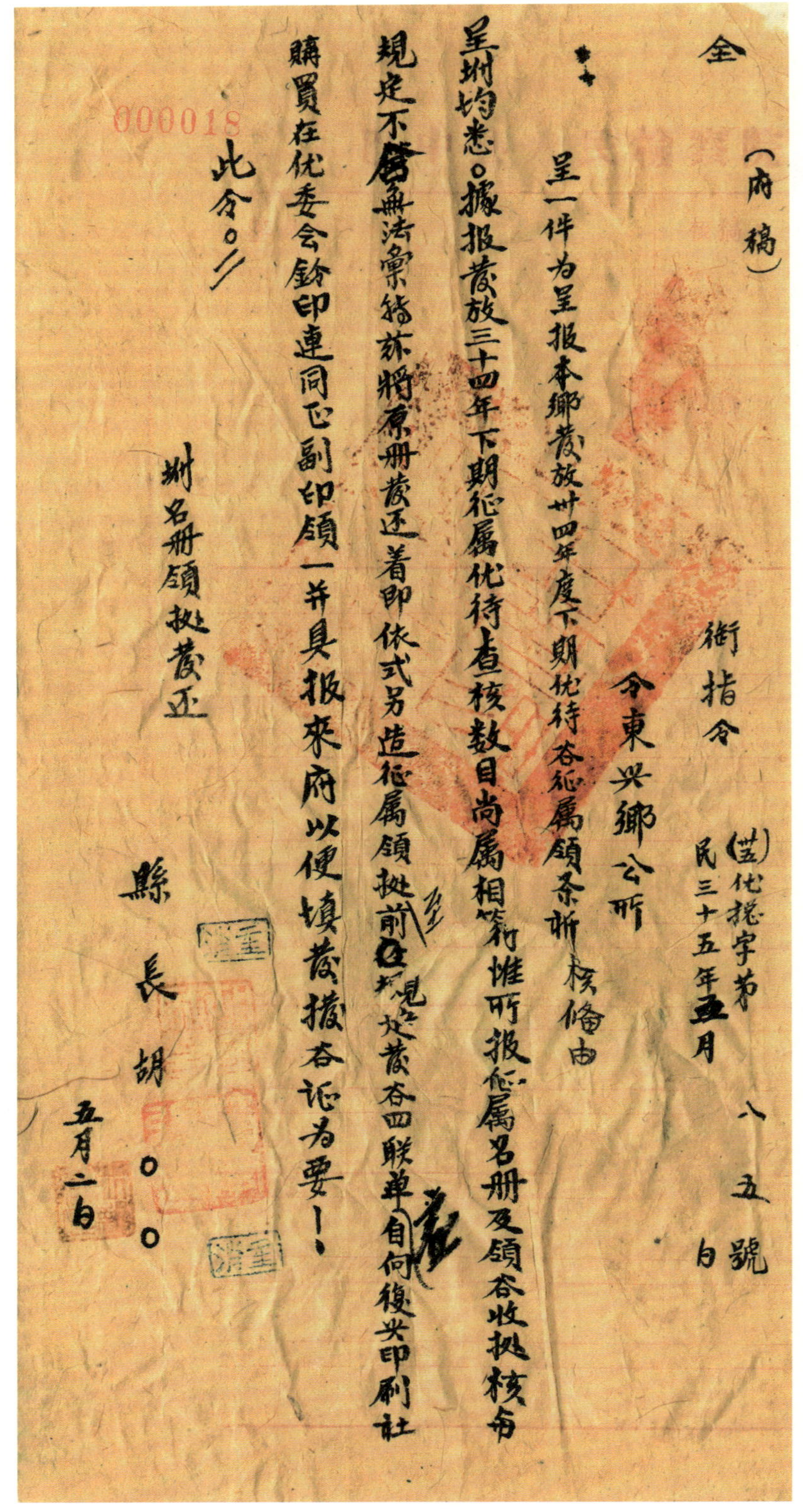

（府稿）

衔 指令 （卅）优抚字第 八五 号

民三十五年五月 日

令东兴乡公所

呈一件为呈报本乡发放卅四年度下期优待谷征属领条祈核备由

呈册均悉。据报发放三十四年下期征属优待查核数目尚属相符，惟所报征属名册及领谷收据核与规定不合，无法汇转，亦将原册发还，着即依式另造征属领据，前在规定发谷四联单自向复兴印刷社购买，在优委会钤印，连同正副印领一并具报来府，以便填发拨谷，仰为要！

此令。

册名册领据发还

县长 胡〇〇

五月二日

000018

巴中县政府致东兴乡公所的指令（一九四六年五月二日）

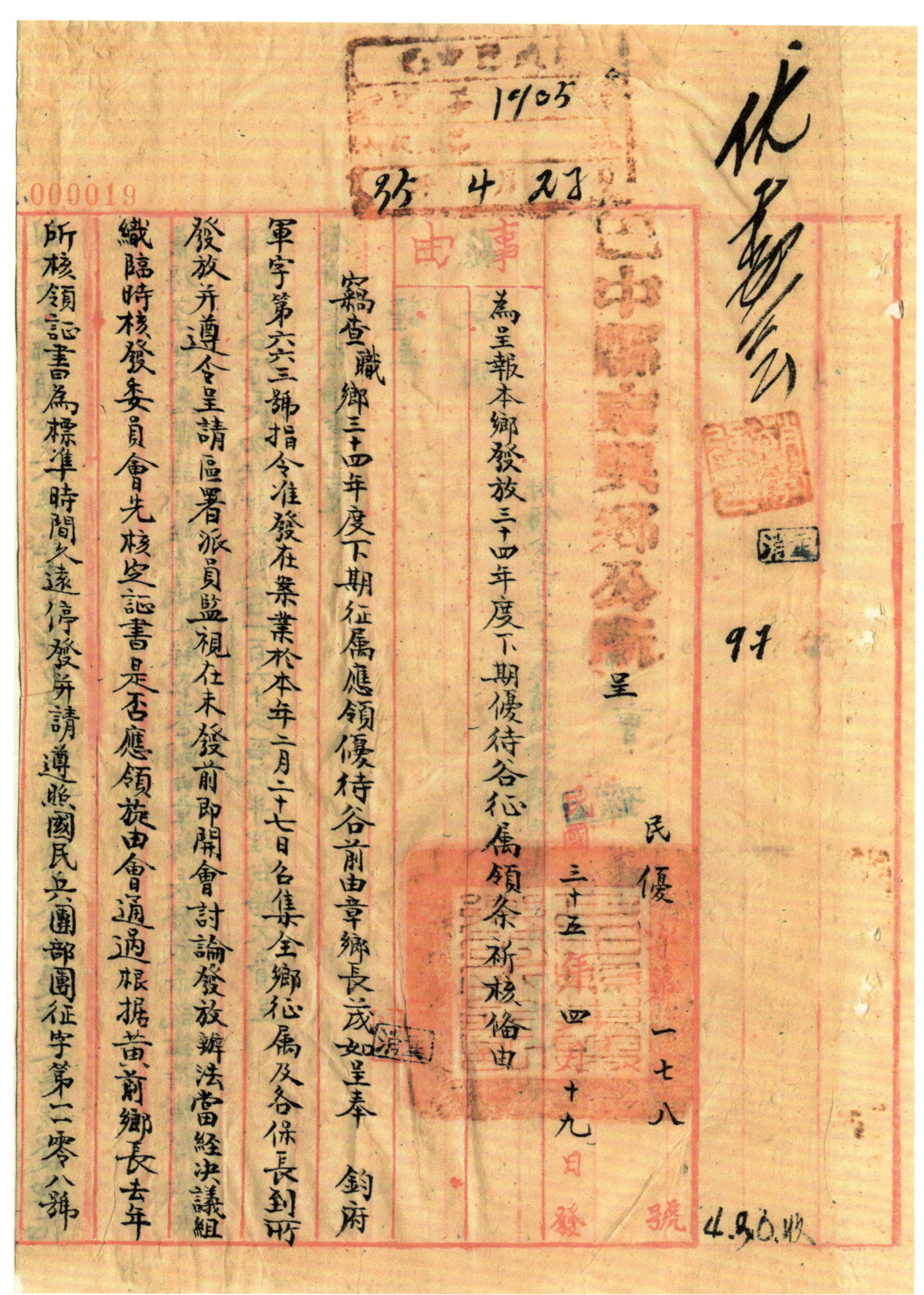

000019

巴中縣東興鄉公所 呈

民優 一七八 號

民國三十五年四月十九日發

事由：為呈報本鄉發放三十四年度下期優待谷征屬領条祈核備由

竊查職鄉三十四年度下期征屬應領優待谷前由章鄉長茂如呈奉 鈞府軍字第六六三號指令准發在案業於本年二月二十七日召集全鄉征屬及各保長到所發放并遵令呈請區署派員監視在未發前即開會討論發放辦法當經決議組織臨時核發委員會先核定証書是否應領旋由會通過根据苗前鄉長去年所核領証書為標準時間久遠停發并請遵照國民兵團部團征字第一零八號

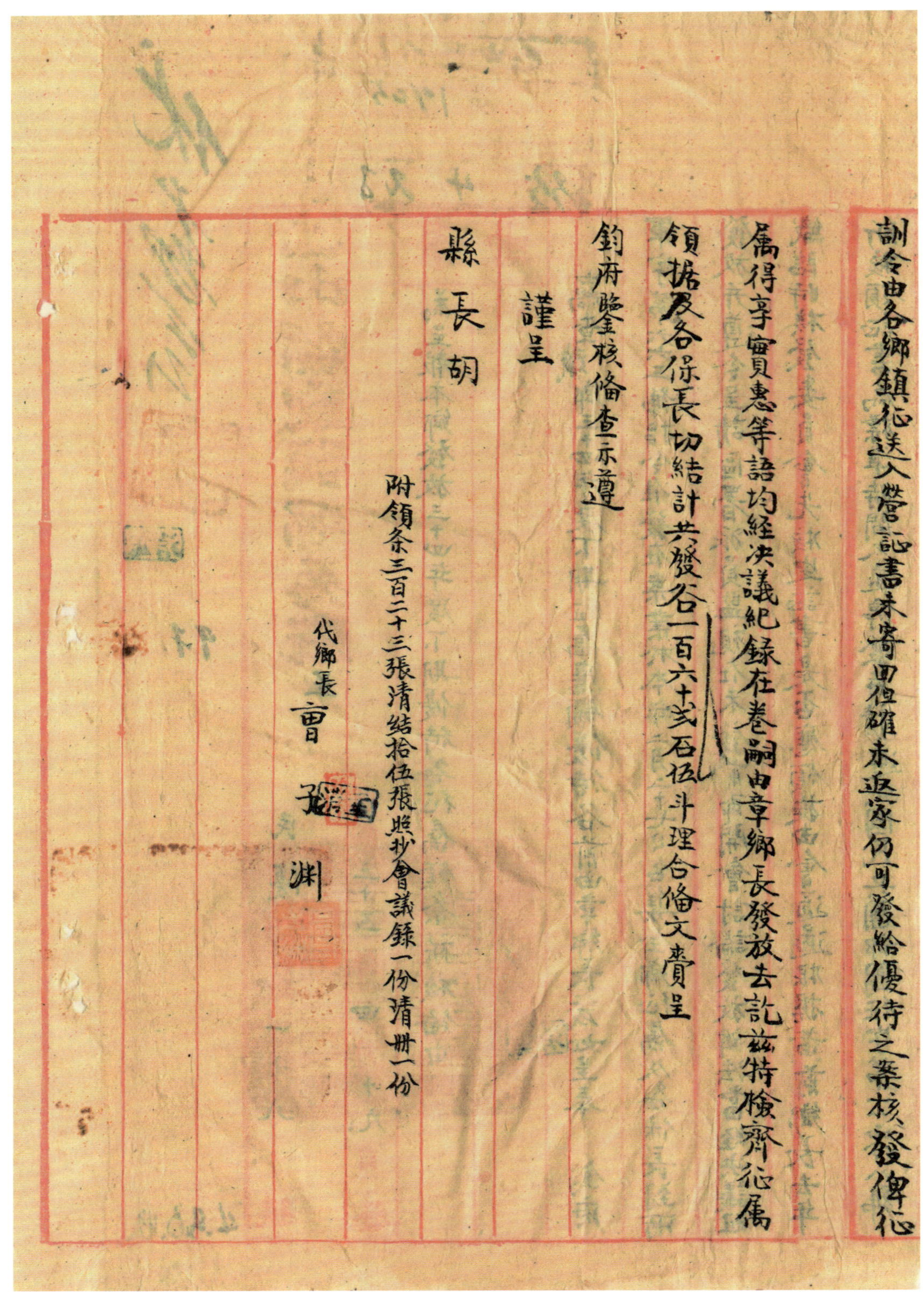

訓令由各鄉鎮徵送入營証書未寄回但確未返家仍可發給優待之案核發俾徵屬得享實惠等語均經決議紀録在卷嗣由章鄉長發放去訖茲特檢齊徵屬領據及各保長切結計共發谷一百六十玖石伍斗理合備文賫呈

鈞府鑒核備查示遵

謹呈

縣長胡

附領条三百二十三張清結拾伍張照抄會議録一份清册一份

代鄉長曾子淵

巴中县政府关于奉转应指定妥员负责办理抚恤事宜致县出征抗敌军人家属优待委员会的训令（一九四六年三月十八日）

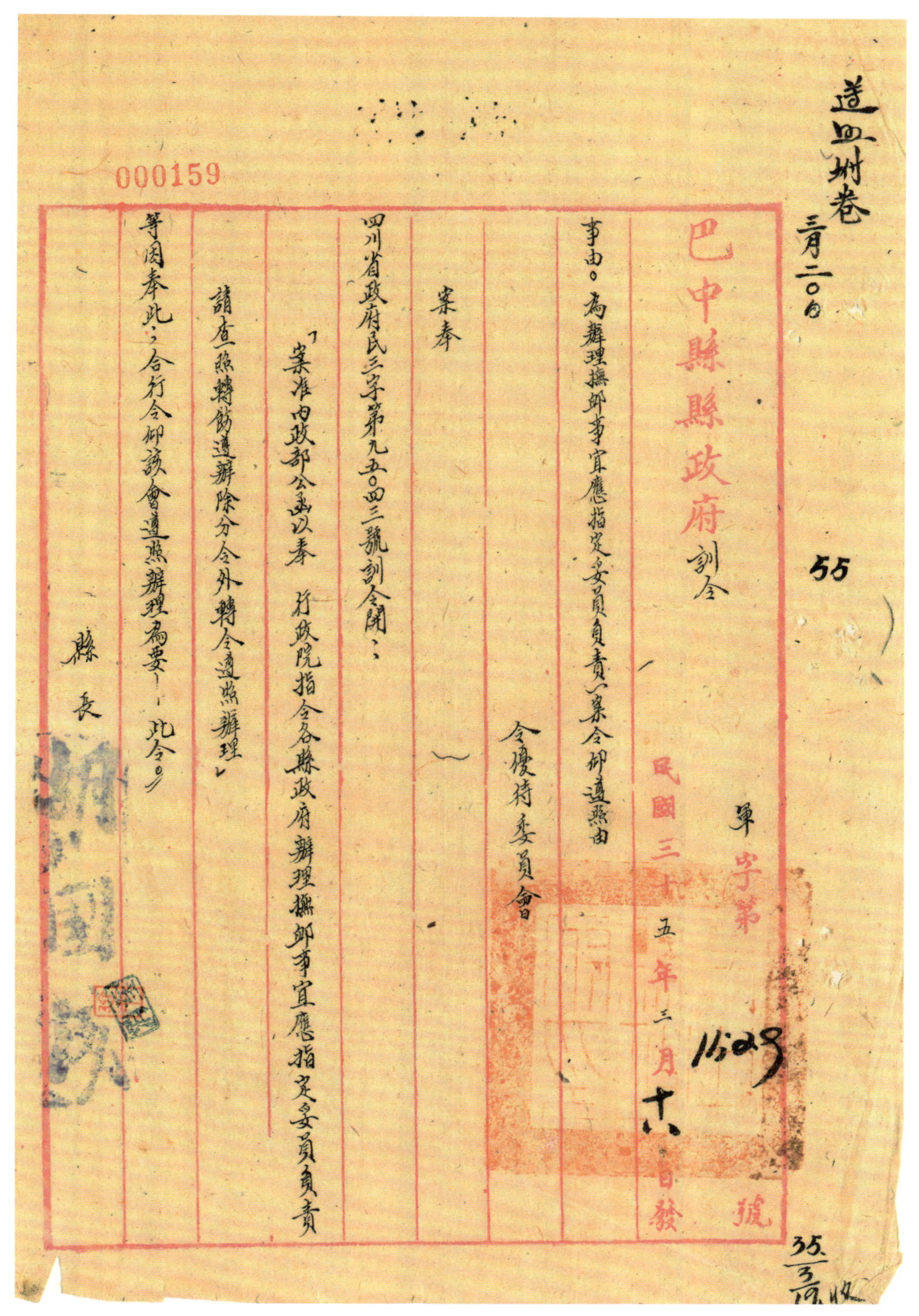
道四卅卷
三月二〇日
55
000159
巴中縣縣政府訓令
軍字第　　號
民國三十五年三月十八日發
事由：為辦理撫卹事宜應指定妥員負責一案令仰遵照由
令優待委員會
案奉
四川省政府民三字第九五〇四三號訓令開：
「案准内政部公函以奉行政院指令各縣政府辦理撫卹事宜應指定妥員負責
請查照轉飭遵辦除分令外轉令遵照辦理」
等因奉此，合行令仰該會遵照辦理為要！此令。
縣長
15028
35/3/20收

巴中县政府关于奉转划分优待业务并指定承办单位致县出征抗敌军人家属优待委员会的训令

（一九四六年五月十七日）

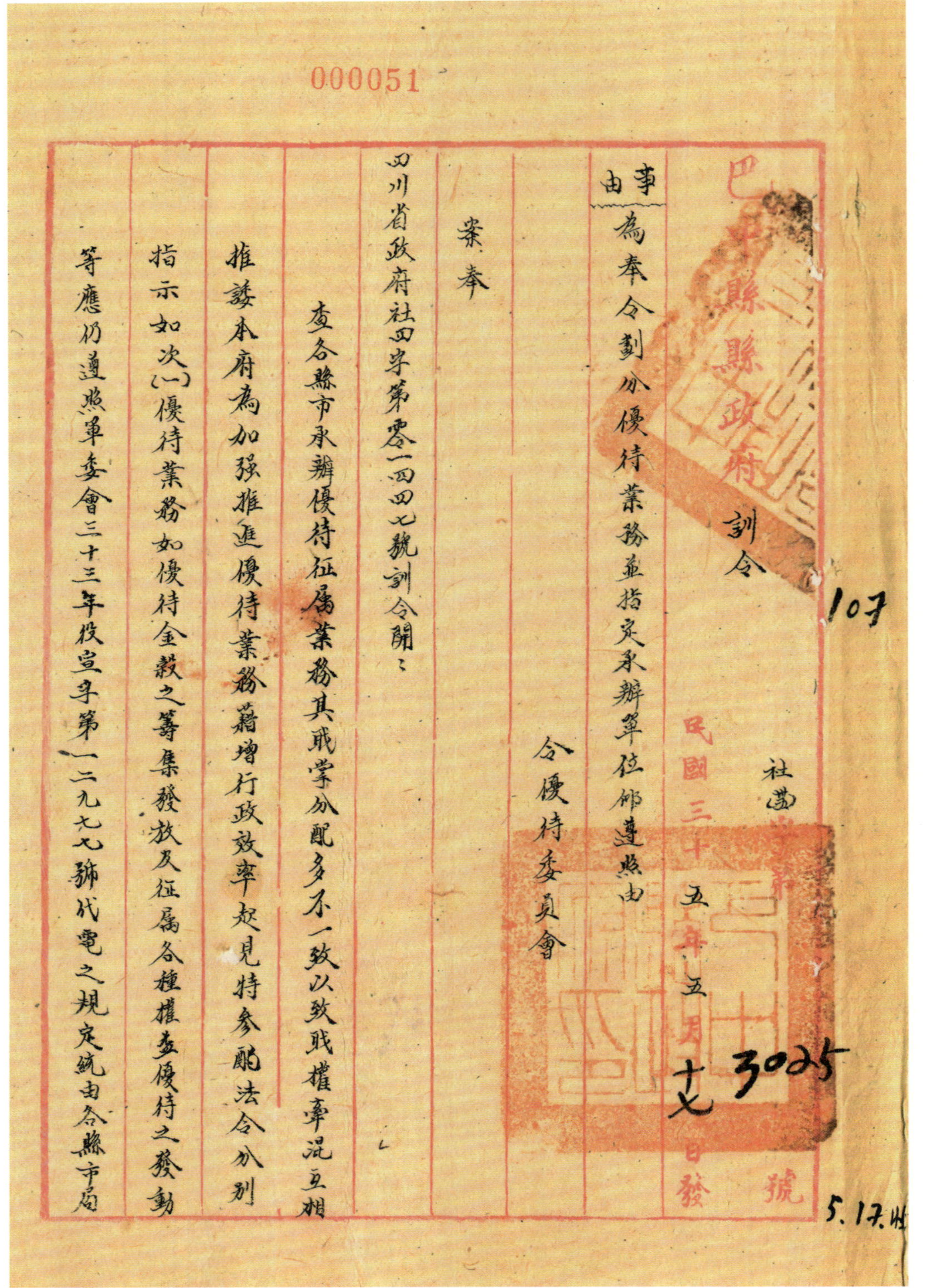
000051

巴中縣政府訓令　社字第　　號

民國三十五年五月十七日發

事由：為奉令劃分優待業務並指定承辦單位仰遵照由

令優待委員會

案奉

四川省政府社四字第零一四四七號訓令開：

查各縣市承辦優待征屬業務其職掌分配多不一致以致職權牽混互相推諉本府為加强推進優待業務藉增行政效率起見特參酌法令分别指示如次（一）優待業務如優待金穀之籌集發放及征屬各種權益優待之發動等應仍遵照軍委會三十三年役宣字第一二九七七號代電之規定統由各縣市局

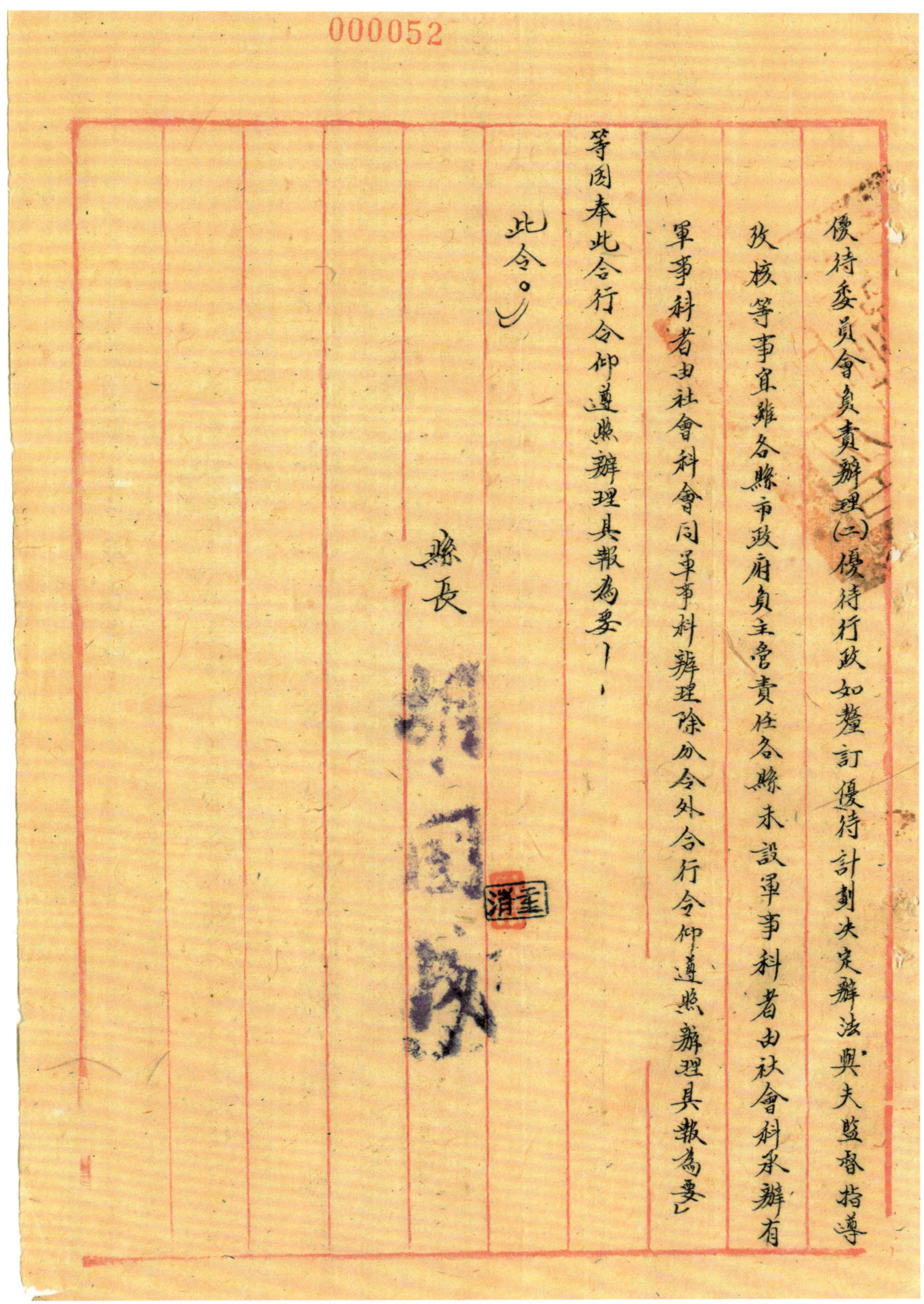

000052

優待委員會負責辦理(二)優待行政如釐訂優待計劃決定辦法與夫監督指導攷核等事宜雖各縣市政府負主管責任各縣未設軍事科者由社會科承辦有軍事科者由社會科會同軍事科辦理除分令外合行令仰遵照辦理具報為要」

等因奉此合行令仰遵照辦理具報為要！

此令。

縣長

抗战复员士兵马腾云还乡报告（到）书（一九四六年十二月三十日）

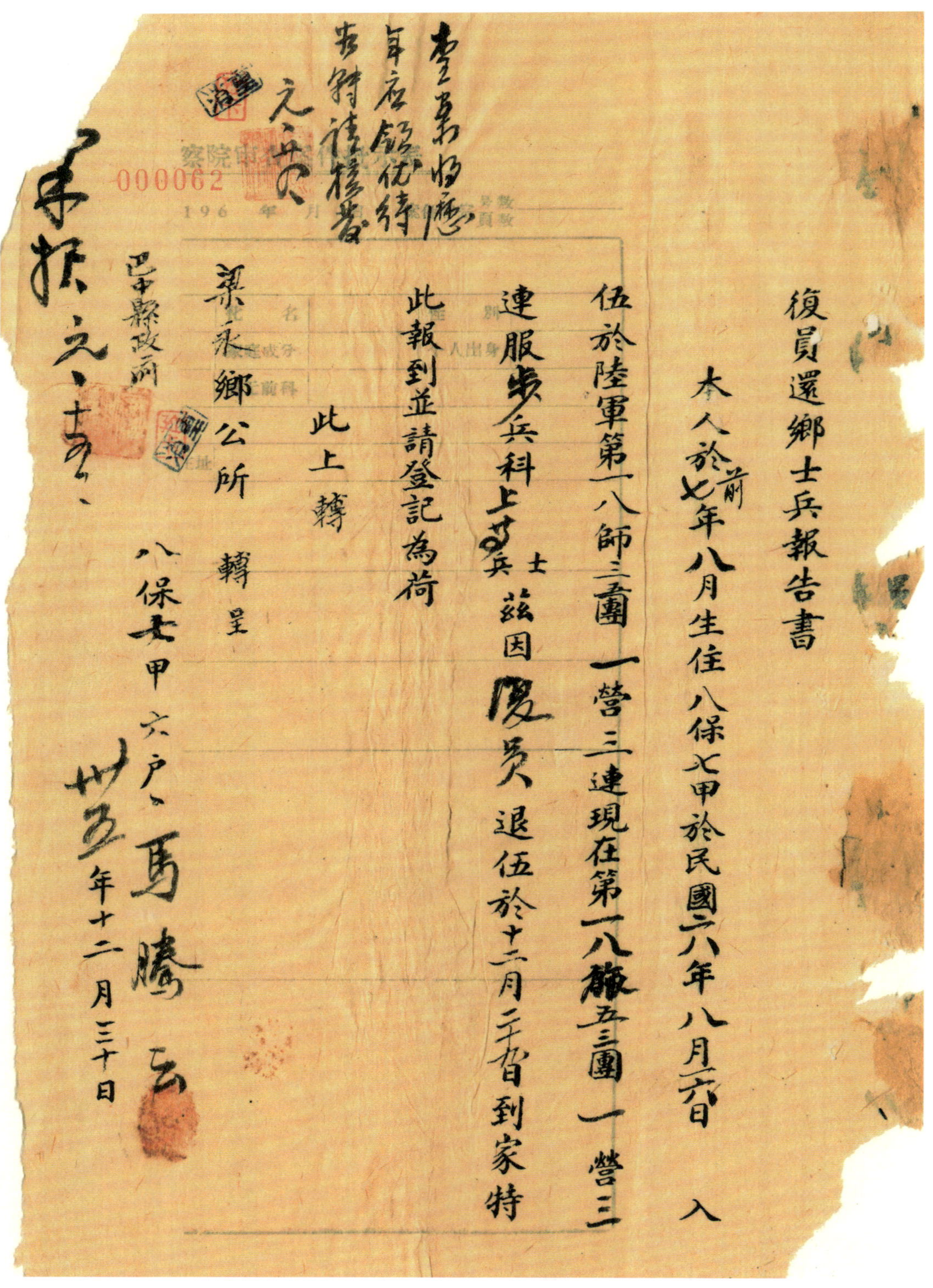

復員還鄉士兵報告書

本人於前七年八月生住八保七甲於民國二八年八月六日入伍於陸軍第一八師三團一營三連現在第一八旅五三團一營三連服步兵科上士兵兹因復員退伍於十二月二十日到家特此報到並請登記為荷

此上轉

梁永鄉公所轉呈

巴中縣政府

八保七甲六戶馬騰云

卅五年十二月三十日

巴中县政府关于查明三江乡第四、五、八保抗战家属蒲廷才等控告保长何连城等侵吞优待谷案致三江乡长刘月如的训令（一九四七年二月二十四日）

附：蒲廷才等致县出征抗敌军人家属优待委员会的呈（一九四七年一月）

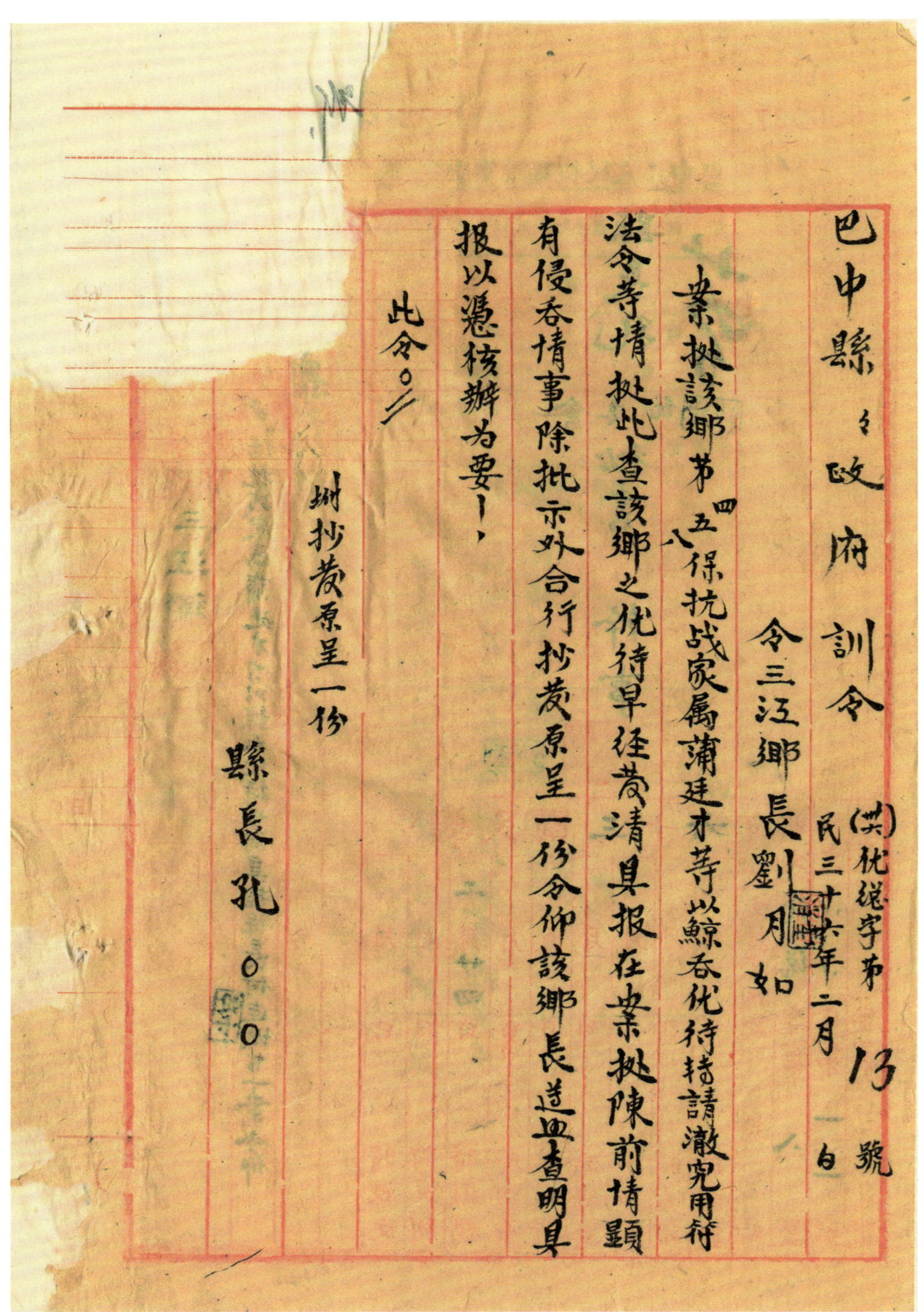

巴中縣政府訓令

（卅）優總字第13號

民三十六年二月一日

令三江鄉長劉月如

案據該鄉第四五八保抗战家屬蒲廷才等以鯨吞優待特請澈究用符法令等情據此查該鄉之優待早經發清具報在案據陳前情顯有侵吞情事除批示外合行抄發原呈一份令仰該鄉長遵照查明具報以憑核辦為要！

此令。

附抄發原呈一份

縣長孔〇〇

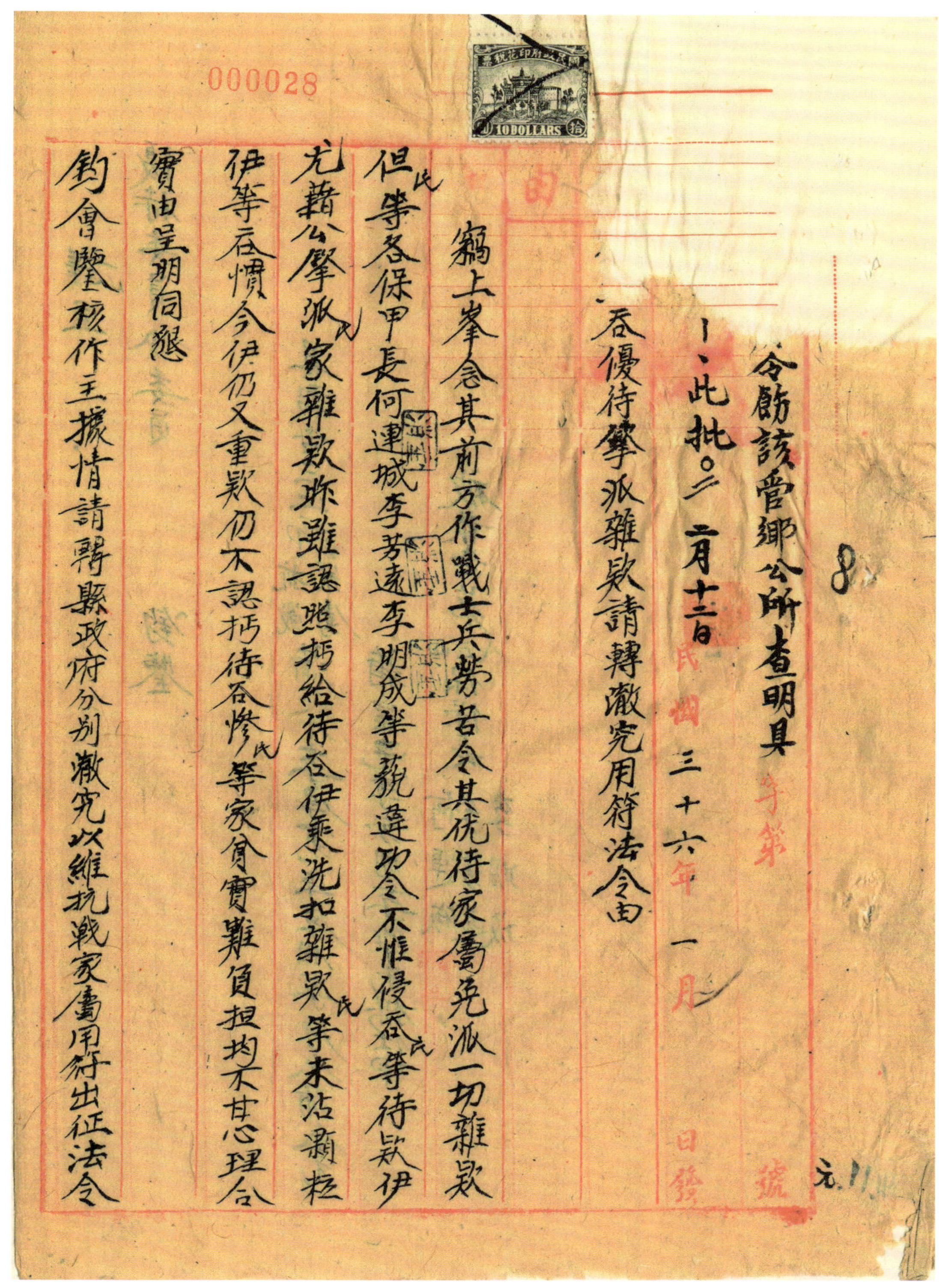

000028

令飭該管鄉公所查明具

一、此批。二月十二日

字第　　號

民國三十六年一月　　日發

吞優待孳派雜款請轉徵究用符法令由

竊上峯念其前方作戰士兵勞苦令其優待家屬免派一切雜款
但民等各保甲長何建城李芳遠李明成等藐違功令不惟侵吞民等待款伊
尤藉公攤派民家雜款亦難認照拆給待吞伊乘洗扣雜款民等未沾涓粒
伊等吞慣今伊仍又重款仍不認拆待吞慘民等家貧實難負担均不甘心理合
實由呈明同懇
鈞會鑒核作主據情請轉縣政府分別徵究以維抗戰家屬用符出征法令

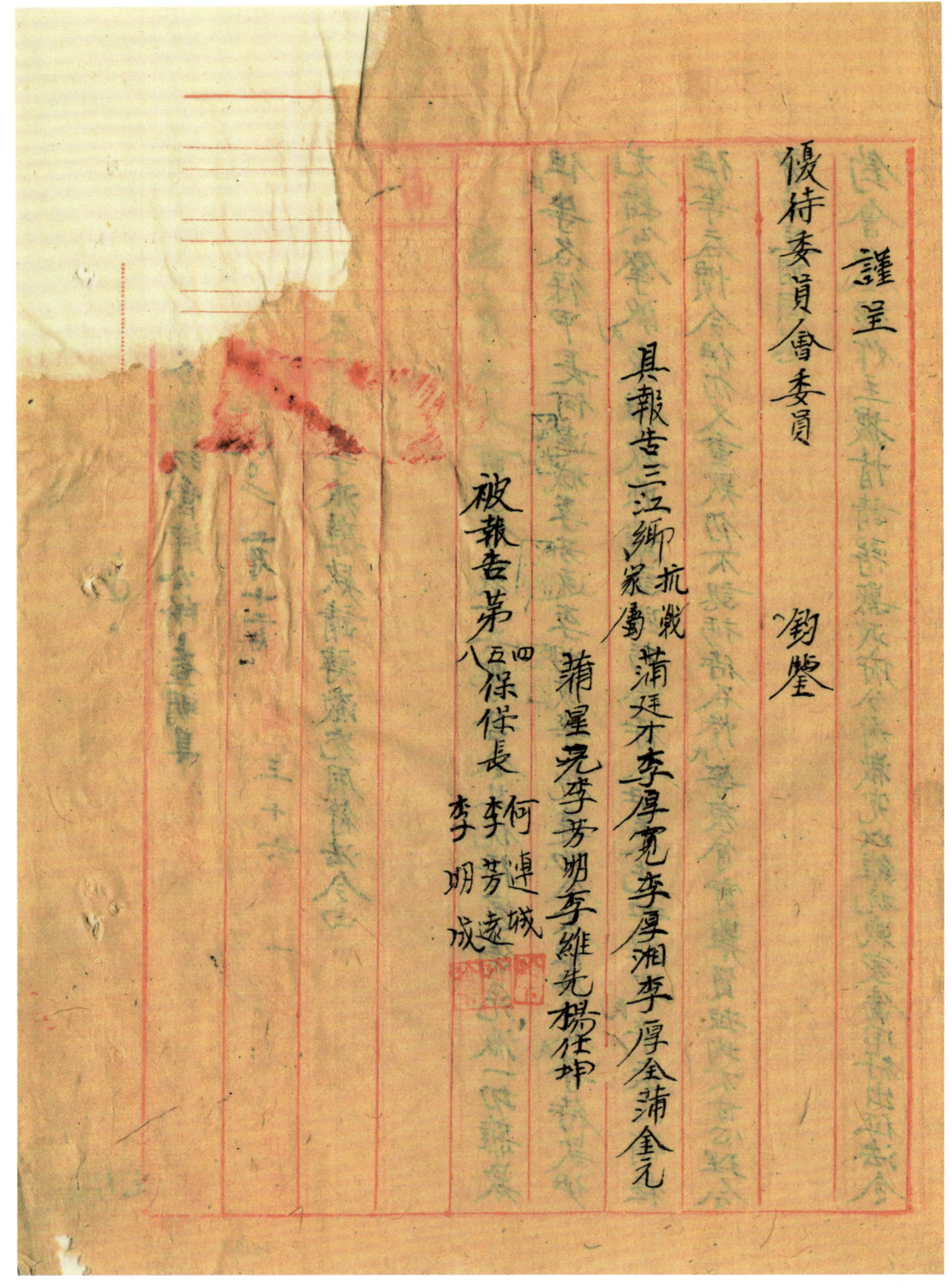

謹呈

優待委員會委員 劉鑒

具報告三江鄉抗戰家屬蒲廷才、李厚寬、李厚湘、李厚全、蒲金元、蒲星元、李芳明、李維先、楊仕坤

被報告第四、五、八保保長 何連城 李芳遠 李明成

巴中县兴文乡乡民荀荣文控告荀明文霸占出征军人产业的诉状与撤回申诉的呈

荀荣文致县出征抗敌军人家属优待委员会的诉状（一九四七年二月）

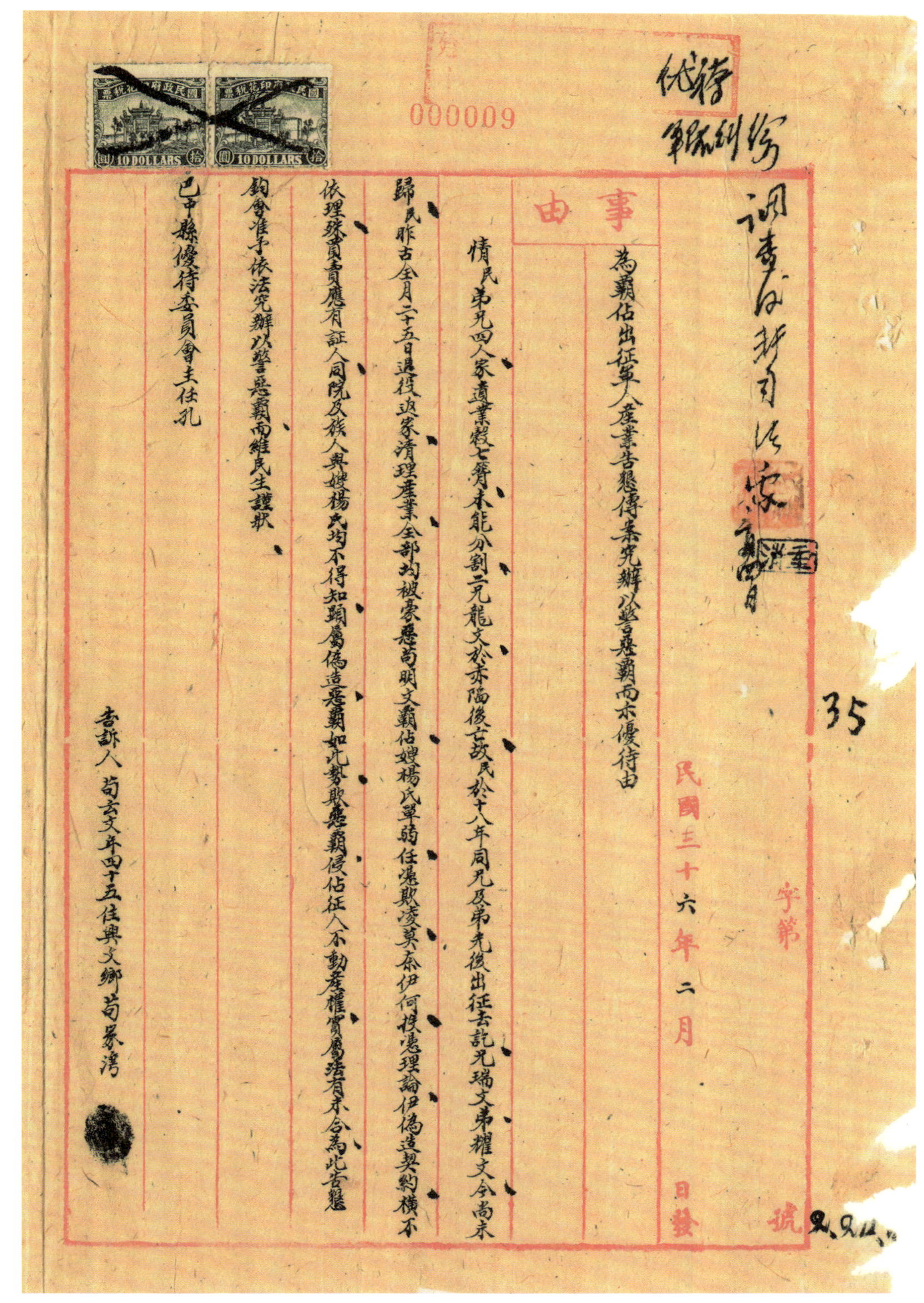

事由：為霸佔出征軍人產業告懇傳案究辦以警惡霸而示優待由

情民弟兄四人，家遺業穀七石，未能分割，二兄龍文於赤陽後亡故，民於十八年同兄及弟先後出征，去訖兄瑞文、弟耀文今尚未歸。民昨古全月二十五日退役返家清理產業，全部均被豪惡荀明文霸佔，嫂楊氏單弱，任憑欺凌，莫奈伊何。按憑理論，伊偽造契約，横不依理，殊貫責應有證人同院及族人與嫂楊氏均不得知，顯屬偽造。惡霸如此，勢欺惡霸侵佔征人不動產權，實屬法有不合。為此告懇

鈞會准予依法究辦，以警惡霸而維民生。謹狀

巴中縣優待委員會主任孔

告訴人 荀榮文 年四十五 住興文鄉荀家灣

民國三十六年二月 日發

字第 號

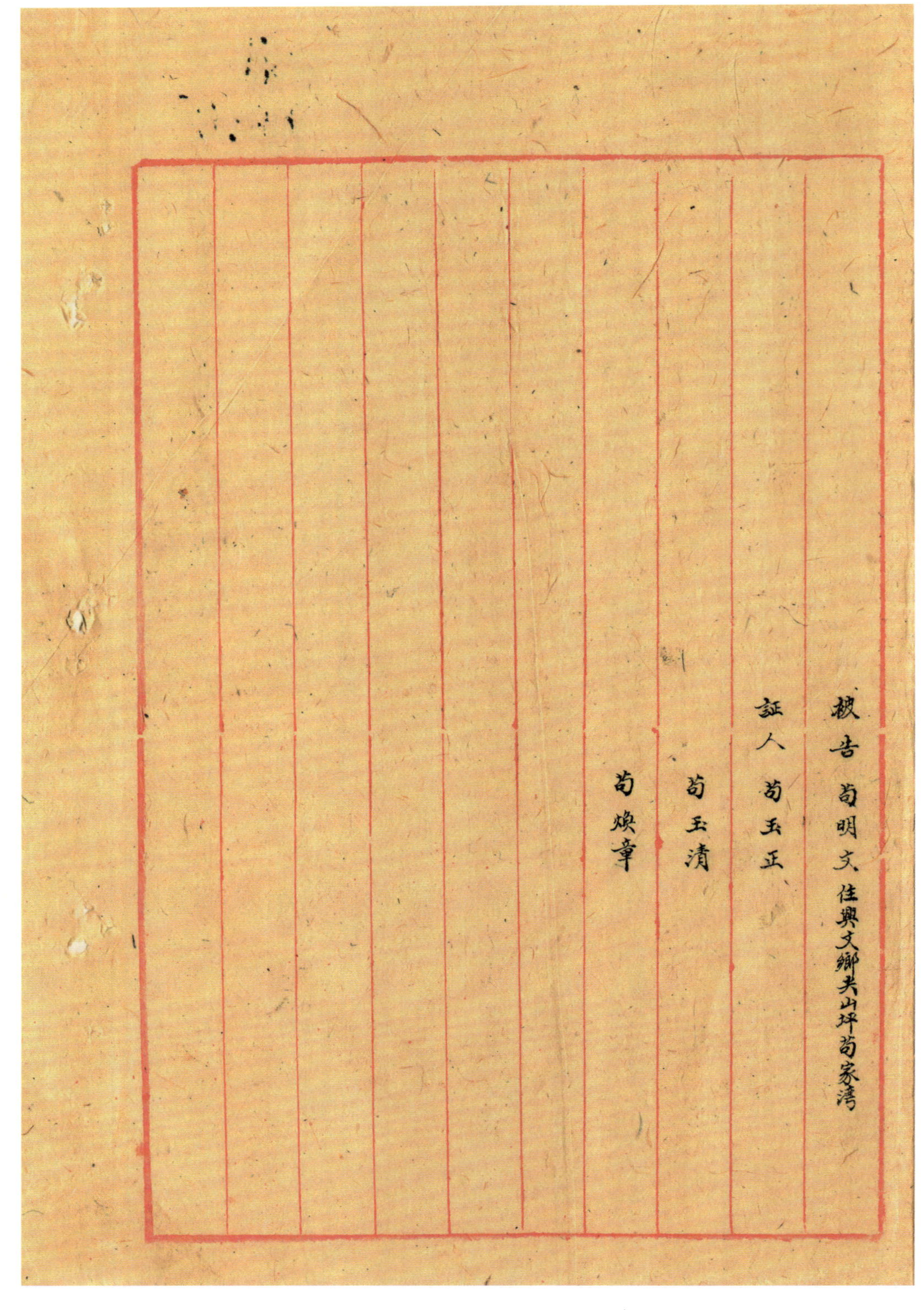
被告　苟明文　住興文鄉夬山坪苟家灣
証人　苟玉正
苟玉清
苟焕章

荀荣文关于撤回原诉致县出征抗敌军人家属优待委员会的呈（一九四七年三月十三日收）

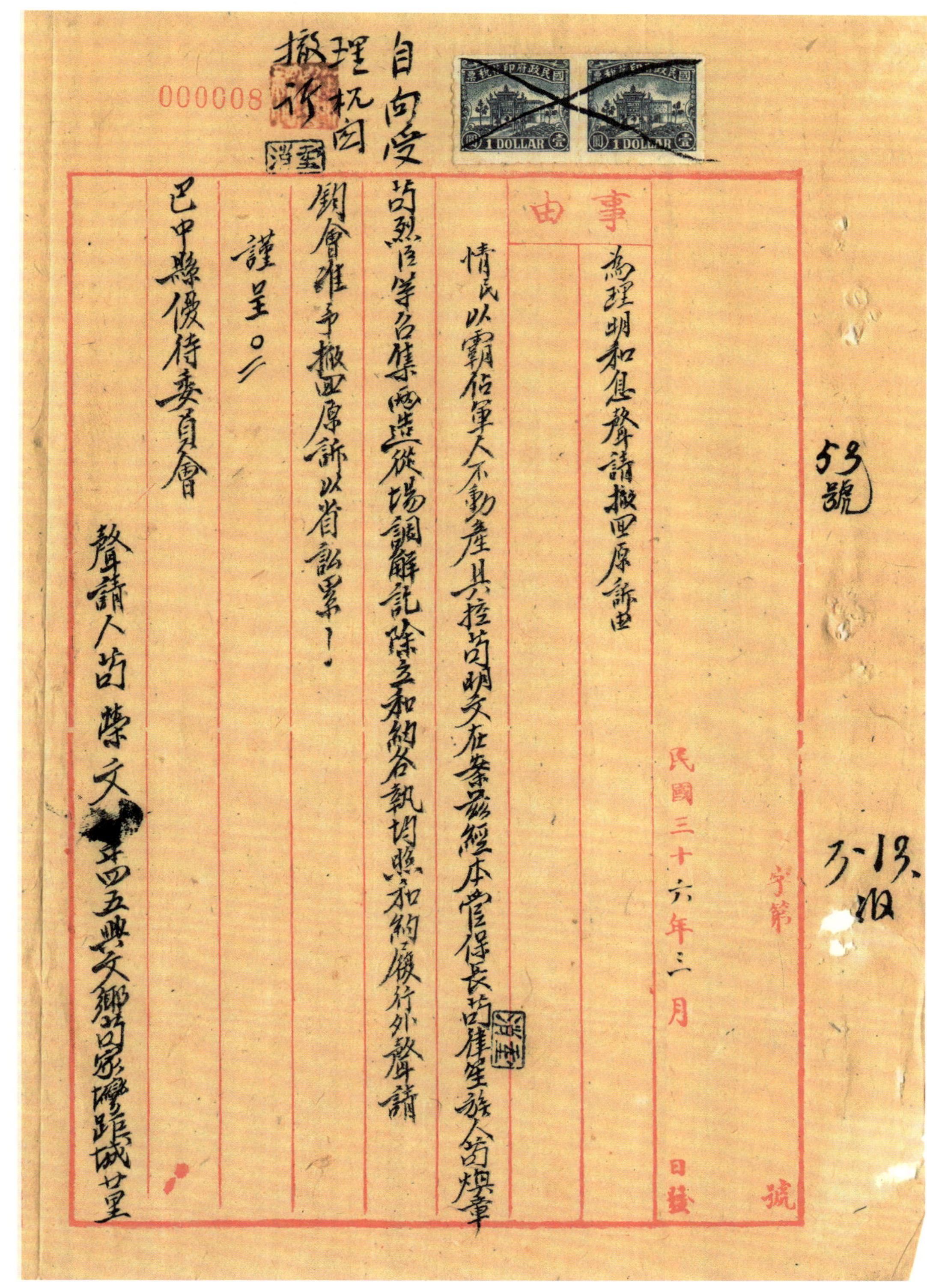

自向受理机关撤诉

000008

事由：为理明和息声请撤回原诉由

情民以霸佔军人不动产具控荀明文在案，兹经本管保长荀肇笙族人荀焕章、荀烈臣等召集两造从场调解，说除立和约各执，均照和约履行外，声请钧会准予撤回原诉，以省讼累！

谨呈○○

巴中县优待委员会

声请人荀荣文

年四五〔岁〕，业文，乡兴文乡荀家垭，距城廿里

民国三十六年三月　日发

字第　号

53号

3-13收

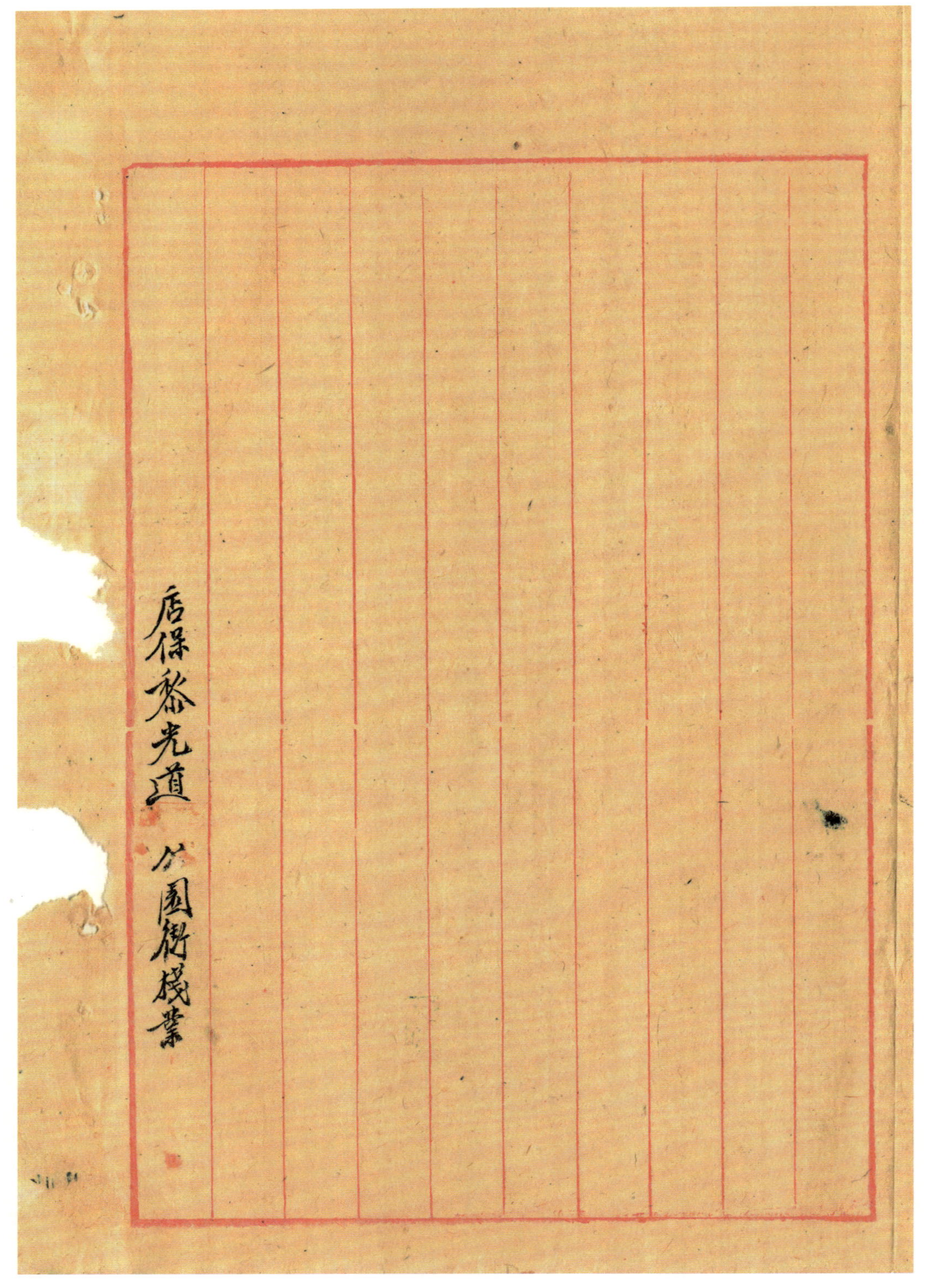

店保黎光道　公園街棧業

巴中县出征军人家属优待委员会关于发放优待费、购置器具及领谷联单的提案（一九四七年二月）

巴中縣優待委員會擬具提案如次　　三十六年二月　　日

關於發放優待案

一、查各鄉發放優待事項先將合法證件及最近信函檢呈核符再行派員監發并考察各鄉鎮有發放而未報案者有報案而未發者參差不齊無從稽考務希未發之鄉鎮及未報案之鄉鎮請予從速補發清楚報案備查

關於本會應購置器具及領谷聯單案

一、本會文卷日益漸多對于往來文卷零亂不整亟應購置文卷櫃一架掛牌一個并購製發放優待之三聯領谷券全年上下期應需一萬零四百張但本會辦公費每月柒千元現以百物高漲不敷甚鉅

请予决议在积谷项下提卖以便购置

巴中县政府关于抄发寄递请恤领恤信件优待办法致县出征抗敌军人家属优待委员会的训令（一九四七年三月二十日）

附：照抄办法二条

巴中縣政府訓令　鎰大字第1331號

民國三十六年三月廿日發

事由：為令發陣亡將士遺族及傷殘員兵請郵領卹信件優待辦法一案令仰知照由

令優待委員會

案奉

四川省政府三十六年二月禁字第元〇三號訓令開：

案准國防部聯勤總司令部三十五年十二月十五日郵郵字第三〇二〇號公函開：查本部為謀抗戰陣亡將士遺族及傷殘員兵請（領）卹便利起見，所有寄發本部撫卹處請領卹信件請郵局免費寄遞

000066

一案，茲准郵政總局視字第八九五一號函開：以限於法令，寔歉難照辦，為特示優待，請鄉鎮鄉信件可准視為公用軍事郵件，得納掛號郵資而仍按快信交寄，除通令該鄉鎮遵照外，即希查照等由。准此，茲擬訂請（鎮）鄉郵寄信件優待辦法一案，除分函外，相應函請貴府查照，轉飭各縣府佈告週知，以惠遺族為荷等由，附辦法一案。准此，除分令各區專員、各縣市局遵照外，合行令仰該府即便遵照，佈告週知為要。此令。

等因，附原辦法一案。奉此，除佈告外，合行抄發原辦法

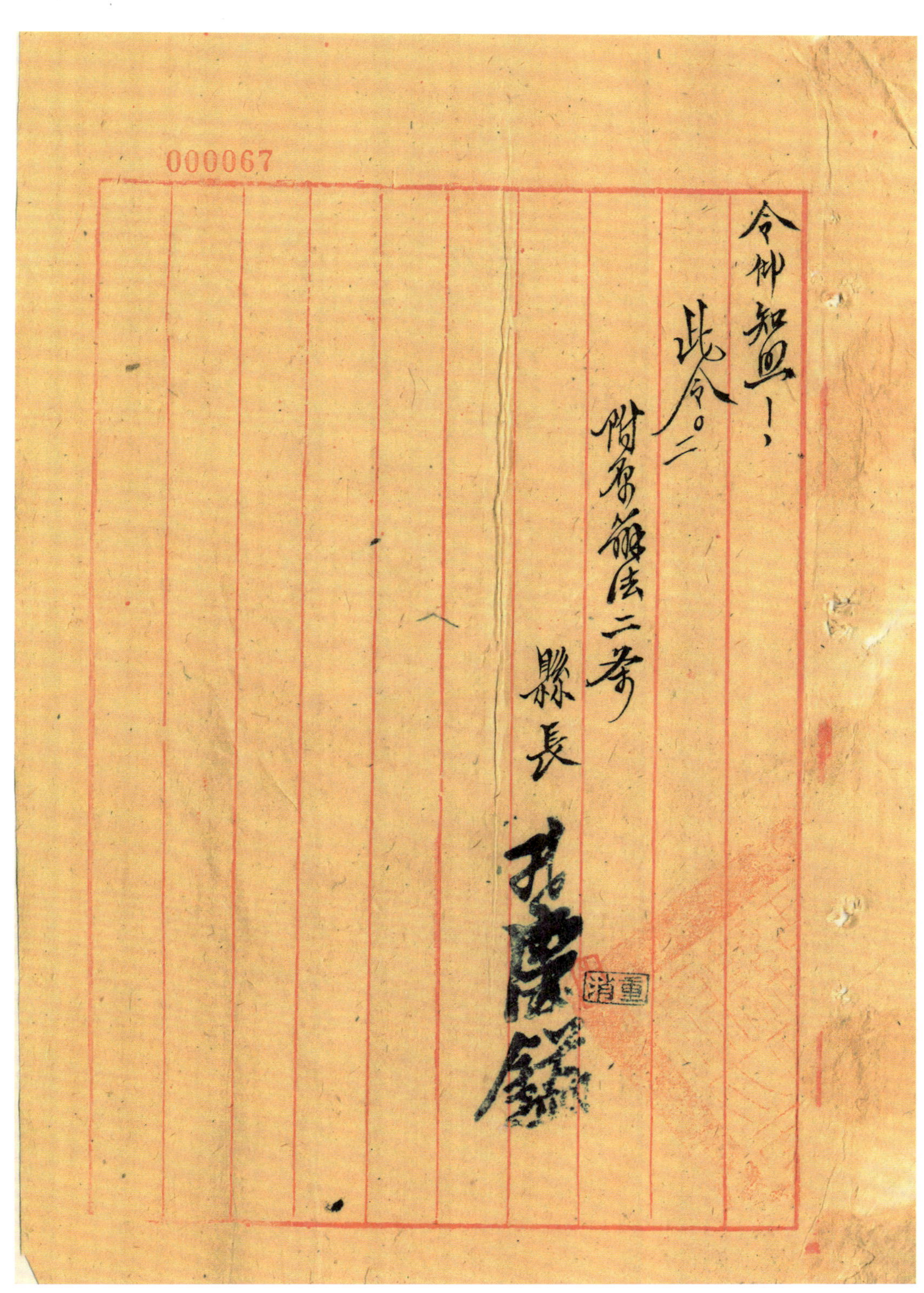
000067

令仰知照！

此令。

附原辦法二份

縣長　張康鑫

000068

郵務[illegible]法之寄

一、存信封上之下款必須書明故員兵〇〇〇遺族〇〇〇（職或常员兵〇〇〇職）上款必須書明南京小營聯合勤務總司令部撫卹處公路字樣，俾郵局便於識別以杜流弊。

二、依照前者寫法計有寄至本部撫卹處之一切信件，均可單掛號，不必再納郵資，即能享受此信交寄之權利。

巴中县出征军人家属优待委员会造列应购置器具及制发领谷联单预算书（一九四七年三月）

巴中县优待委员会造列应购置器具及制发领谷联单预算书　卅六年叁月　日

经常门临时部份

款	项	目	科目	应支预算数	说明
一			购置费	六八三〇8〇〇	
	一		制发三联单	六三〇〇8〇〇	本县共有出征军人壹万零贰百三十五户，每年分上下期，共需贰万零四百七十本，每本价洋三千元，应支如上数
	二		购置文卷柜	三五8〇〇〇	计购文卷柜一架，价洋三万伍千元，计如上数
	三		挂牌	五8〇〇〇	计购挂牌一个，价洋伍千元，计如上数
	四		增加邮费	一三〇8〇〇	寄各乡公文及延寄，每月应增加壹万三千元，计如上数

巴中县兵役概况报告书（节选内容）

巴中县兵役概况报告（节选之一）（一九四七年三月）

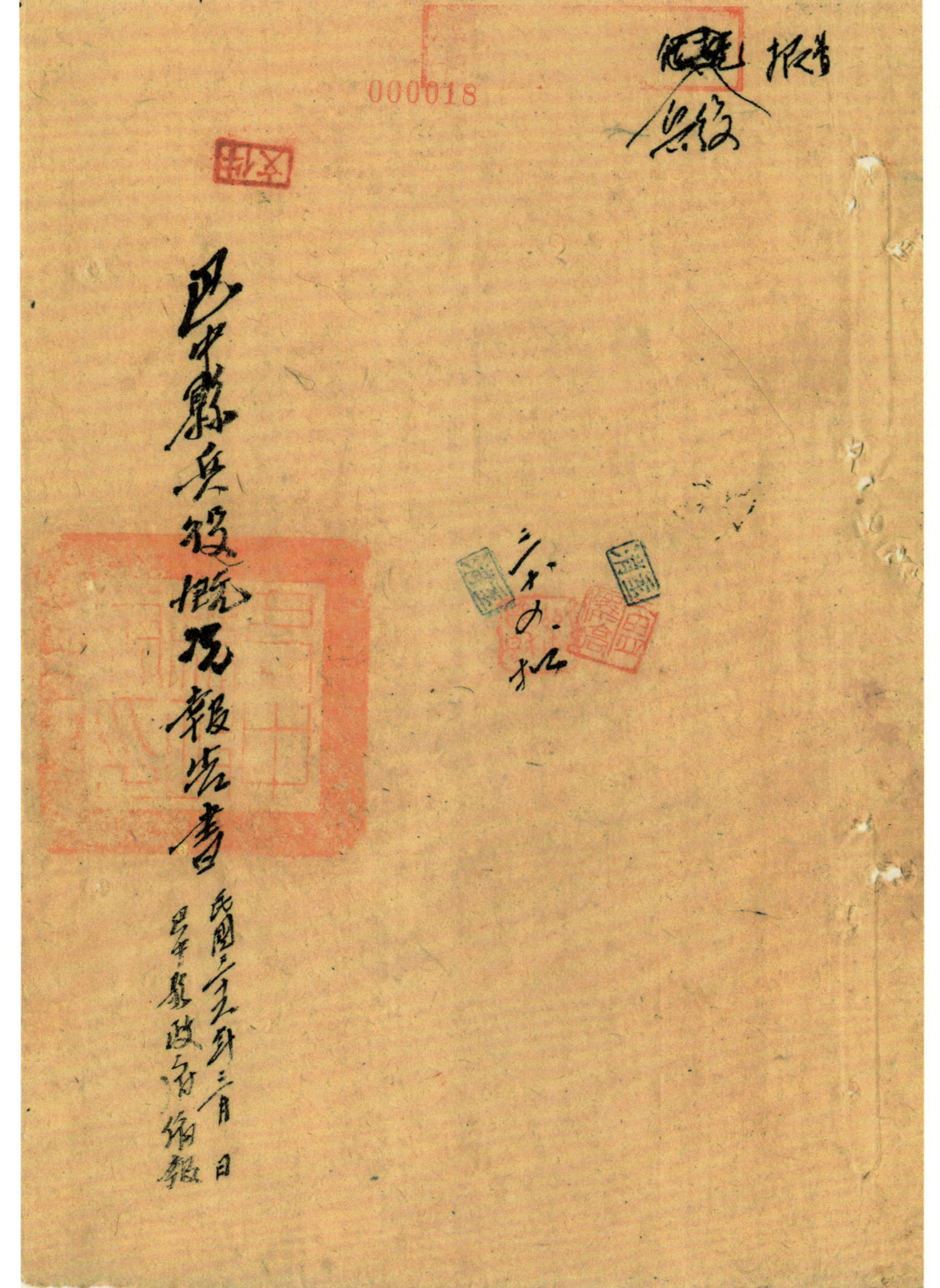
巴中縣兵役概况報告書

民國三十六年三月　日

巴中縣政府編報

000019

巴中縣兵役概況報告書目錄

中華民國卅六年二月　日編報

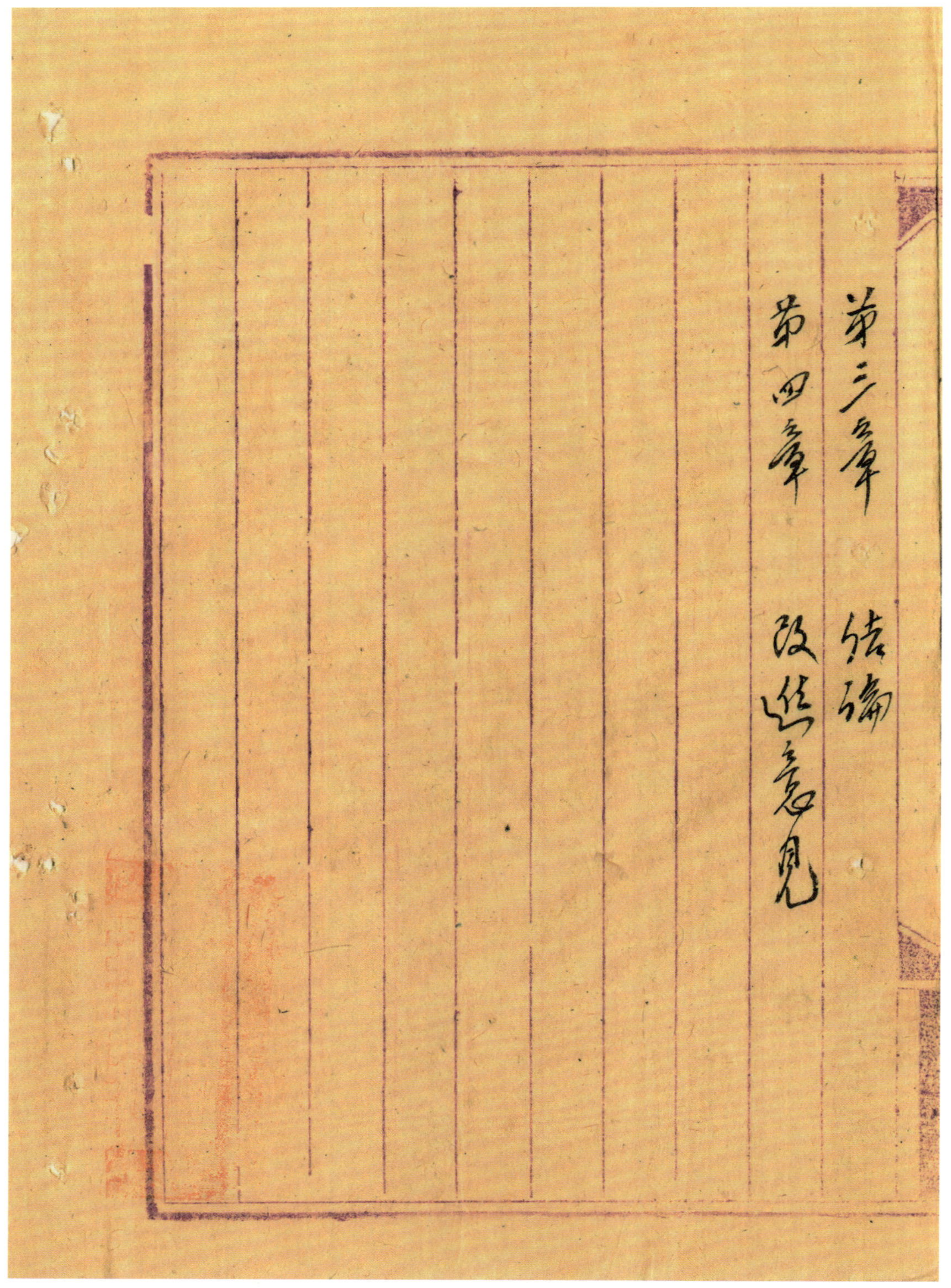
第三章　结论
第四章　改进意见

第一章　前言

稽但吾國徵兵制度，始於三代，兵賦出於井田，兵民未分。漢唐时，雖有变更，而府兵制度，仍含徵兵遺意，所以顯著國勢，威振四夷。迨自宋時，改行募兵制度，國勢日衰，幾遭覆滅，已足見徵兵制度，關係國家安危民族盛衰，至深且鉅。迺自抗戰軍興，國家需要大量兵員補充，我政府乃決然施行徵兵制度，下令徵召兵員，無如倉猝創辦，於宣傳言人，尚有未逮，兼以施行徵兵各種客觀條件之不够，一切雖若困難，然所難免，尤以本縣地處邊陲，數遭

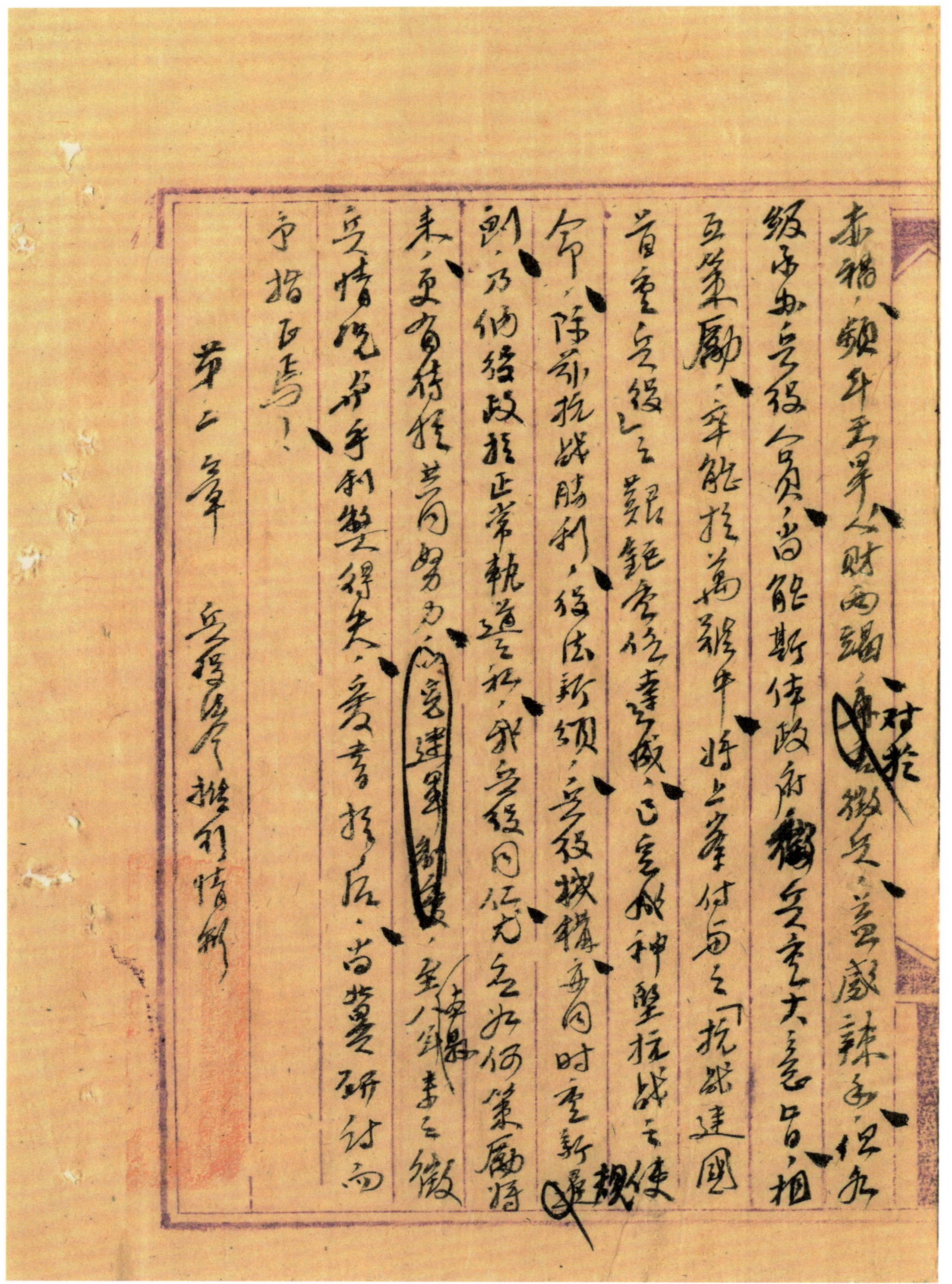
未稍，頻年來各界公財兩絀，對於徵兵，益感棘手，但各級政府兵役人員，當能斯體政府徵兵之大意旨，植立策勵，本能於萬難中，將上峯付與之「抗戰建國首重兵役」之艱鉅重任達成，已完成神聖抗戰之使命，際茲抗戰勝利，役法新頒，兵役機構亦同時重新調整規劃，乃俾役政於正常軌道之推行，我兵役同仁，究應如何策勵將來，更有待於共同努力，以完建軍新猷，至人錢事之徵兵情況，前手利弊得失，參考數據，尚冀研討而予指正焉！

第二章 兵役及辦理情形

000021

第一節　兵役機構之嬗變與徵兵之實施概況

本縣於民國元年奉令設置兵役科，辦理補徵業務，另設義勇常備隊，專司壯丁之管訓及交接事宜。廿六年義勇常備隊裁撤，兵役科業務繁重，機構簡單，同年九月始奉令增設國民兵團，負國民兵之調查、組織、管訓，及常備兵之撥交，與清剿匪徒之責。廿九年兵役科奉令改為軍事科，除掌管原有業務外，再加上防空、治安等任務。卅一年國民兵團裁撤，所有兵役業務，交軍事科辦理，迄至卅三年軍事科奉令裁撤，恢復國民兵團，兵役業務，又移交國民兵團承辦。卅四年又奉令裁撤兵團，恢復軍事科，仍接辦國民兵團業務。卅五年奉令調整縣府组织，将军事科裁撤，兵役业务，併入县府第一科兼办，同年十二月二日，遵奉省府民一字第二八六五四号训令，县府增设第六科，即恢复前军事科之组织，继续办理兵役业务。此乃八年来县兵役机构之嬗变详情也。

至于八年来之征兵，悉遵奉颁法令办理，先由调查，检查，抽签，征集等程序次第实施，在本县[illegible]阶段内，可谓尽依法令办理[illegible]，无如乡镇保甲，对于兵役法令及征兵手法，此等阶段，多年来之未尽善[illegible]，即前后由所谓兵役之实现，條件之不够完美也，因此起违法错误等事件之发生，在所难免，本府对于上项事件，除

000022

徵兵事件上之錯誤，應予酌情處分外，並於海安兵役貪污案件，
決對不法總局自縣以及和縣之徵兵秩序，着堪嘉慰，
以卅五年度撥歸征兵，事於卅五年十二月十二日始奉
令籌設第五科，十二月廿日奉令配徵壯丁六○三名，當以區為單
位給關係，本縣已奉令劃出十二鄉鎮，計人口一二三五○七人，遂
呈層峰轉，本縣人地既經移轉，即電請核減壯丁配賦額
並成二區縣聯征兵之準備工作，旋於十二月廿四日始奉達
團管區司令部卯年字第壹四〇號代電，將本縣配額
核減為四三八名，自前配額始得確定，即於同日（廿四）召
集有關機關，依法舉行壯丁抽籤，卅六年元旦下令徵集，

因壯丁數差遣，掃解限期迫促，兼本縣多系山地，幅員遼濶，交通梗阻，不便，為期掃解計，乃發動本府各級職員，分赴各鄉協征，並依地方習慣，參照歷年節有內十九年未徵一三五名，計自元月四日起，三月末止，已將本年配定額の三八名，徵交壯丁の二三名，查本縣將本年配定額の三八名確定後，除本府負責外，又將本縣第屬青龍鄉第一二三の五個保，計八七七の七の八，劃歸軍四六師管轄，仍遵照本年一·三五五比例規定計算，配本縣原配壯丁の三八名內，應移撥壯丁九名，由軍四六師接收，則本縣應徵交壯丁の二九名，核與已交額の二三名計，尚欠壯丁七名，自四月份分別清，並於縣鄉保甲徵兵情形，此項辦理徵兵業，未能盡如理想，惟據冊觀，較諸歷年成績尤佳。

第二節　撥補情形

本縣於民國二十七年奉令開始徵兵，截自當年十一月起至十二月止，配賦本縣壯丁五〇三名，具報征足。近年節，趕辦未及，該年四尚未徵交，即欠交壯丁五〇三名。廿八年配壯丁一八五七名，徵交一六〇七名，該年實欠壯丁二一〇名。廿九年年配壯丁二八八〇名，經徵交二〇〇六名，該年實欠壯丁〇三〇名。三十年年配壯丁二五六八名，該年五至七月奉准停徵，核減五三五名，實配徵二〇三三名，經

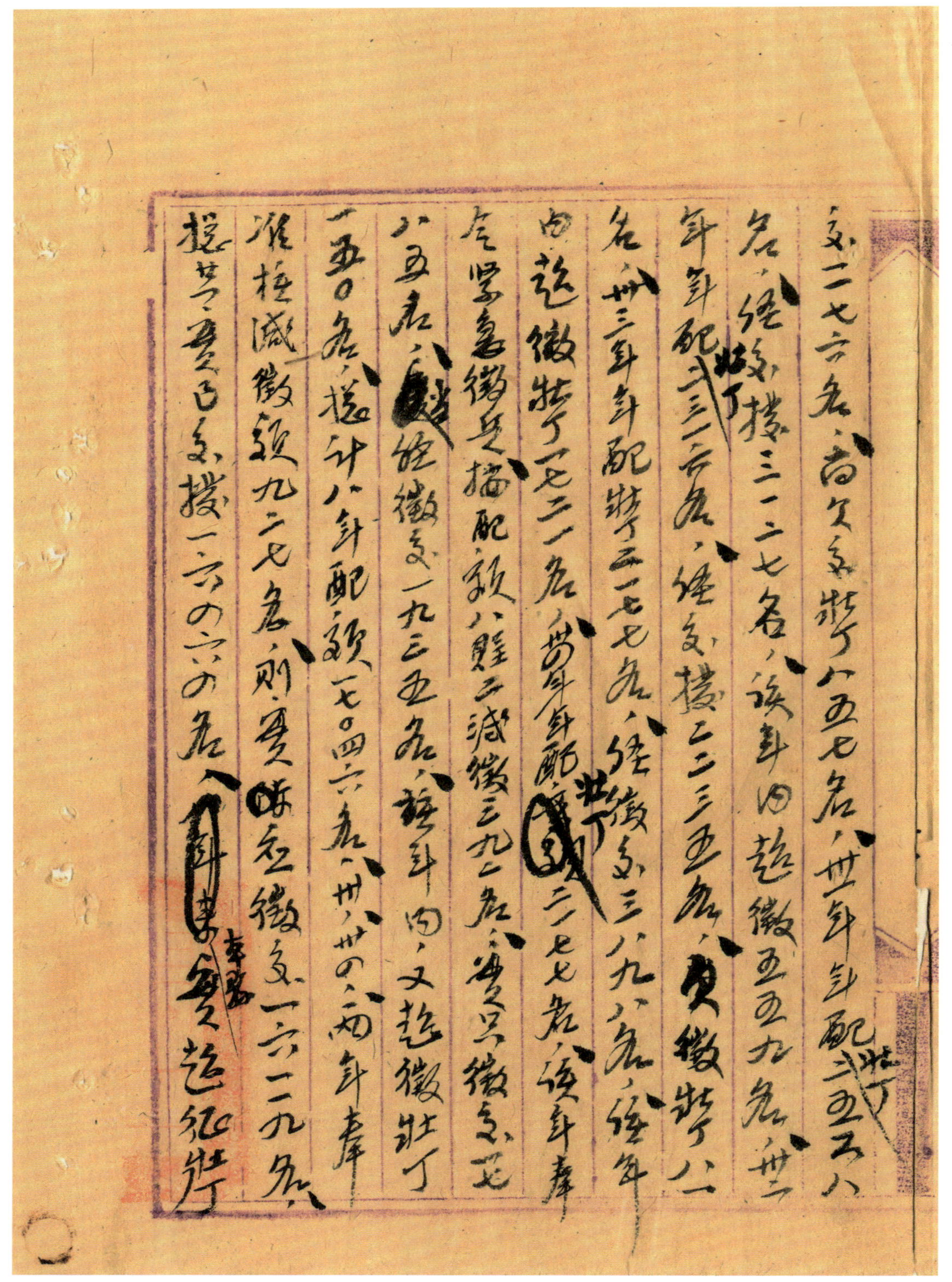

交二七六名，尚欠交壮丁八五七名，卅年配壮丁三五二八名，经交拨三一二七名，该年内应征五五九名，卅二年配壮丁三一六名，经交拨二二三五名，欠征壮丁八一名，卅三年配壮丁二一七七名，经征交三八九八名，该年内应征壮丁一七二一名，卅四年配壮丁二一七七名，该年奉令紧急征兵播配额，八县已减征三九二名，实只征交花八五名，经征交一九二五名，按年内，又应征壮丁廿五四名，总计八年配额一七〇四六名，卅八卅四两年奉准核减征额九二七名，则实际应征交一六一二九名，总共实已交拨一六〇六〇名，实应征壮丁

未將年次編組表送呈

000024

三〇五

三四五名（內平昌十六鄉鎮在內）、此次卅五年度臨時徵兵，截止卅六年首半止，又選徵壯丁九名，連同應徵計共撥交壯丁十二名。

第三節　國民兵組訓

查國民兵編組，前由壯丁調查入手，本縣遵照奉頒冊表格式，翻印發交縣屬各鄉保，指定調查填報，全縣共計壯丁一七六六六九名，遂依地區編組訓練，依法以區鄉（鎮）保甲編為區隊、鄉（鎮）隊、保隊、甲班，本縣於卅五年度，共編為三區隊，二十七鄉（鎮）隊，六五五保隊，三〇六一甲班，各區隊長、區隊附、鄉鎮隊長鄉鎮長兼鄉鎮隊長，另設鄉鎮隊附，保長兼保隊長，另設保隊附，甲設甲班長，分別負訓練管理之責，并由本府派員輪番指導。每屆隊員分區召集於校開，迄今已訓國民兵八六三六名，尚餘九〇三二名未訓，擬於本年內分期訓練完畢。

第四節　幹部組訓

本縣依照地方編組，除甲班長不計外，依法設有鄉鎮兵役幹部五七員，保幹部五九〇員，於民國廿九年將全縣鄉鎮隊附送由前川南師區經三個月之訓練，保隊附亦經訓練二五七員，其餘未訓幹部於卅二、三兩年全兩分期調の財政幹部訓練所，逐一訓練完畢，至於甲班長，雖經等例數度，而最近以人事之變遷，尚有多數甲班長未經訓練。

第五節 徵屬優待

本縣卅五年度徵屬，經登記發放物質優待有案者，卅有徵屬九七八〇戶，遵照部頒規定分上下兩期發給優待金穀，本縣每徵屬一戶，全年發給黃穀一制石，該年內計發放優待穀九七八〇制石，至因徵屬優待證件延誤，未領者，刻正趕辦，呈經核補發中，除以上項規定優待外，向無遺漏中

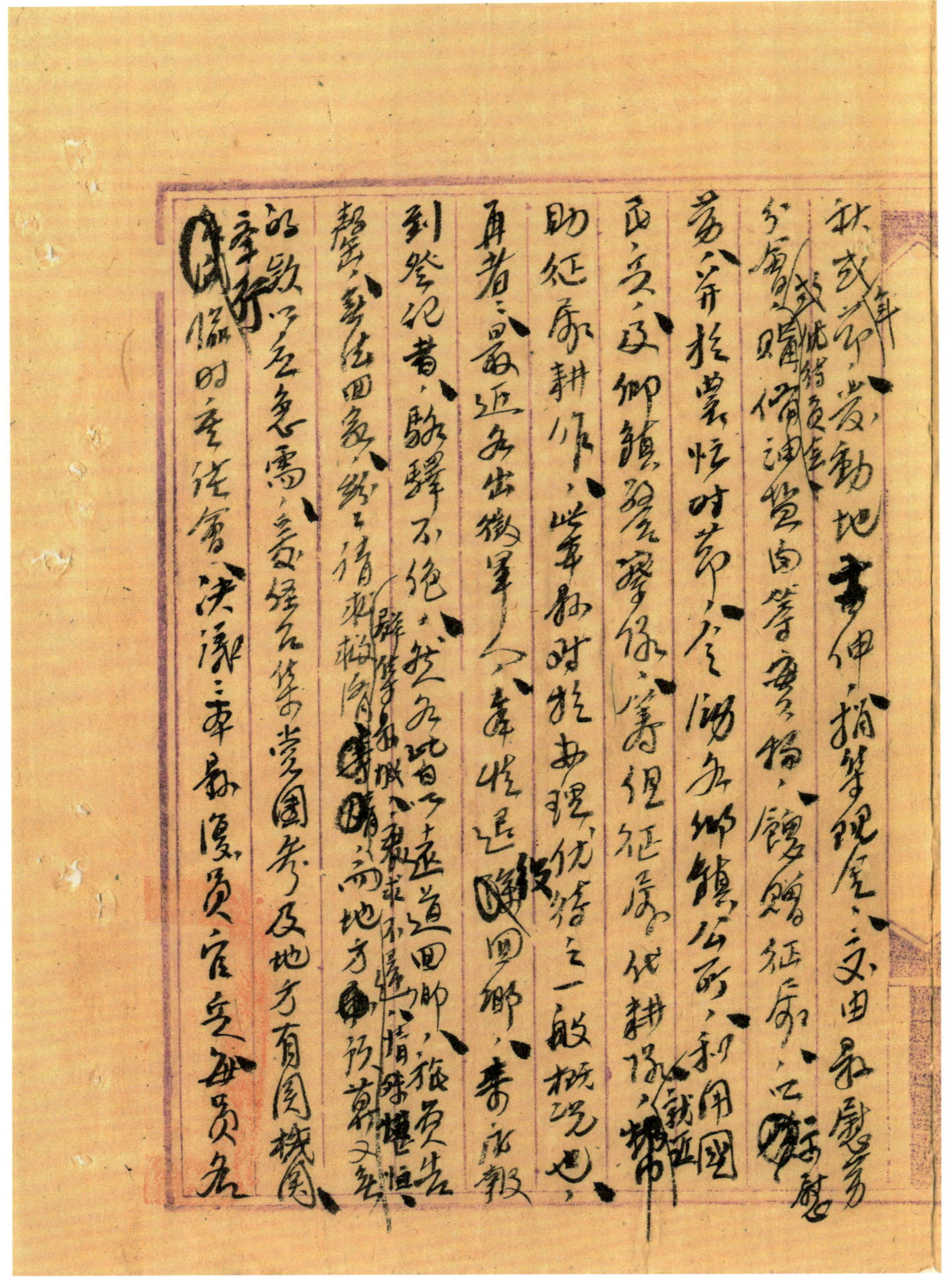

秋收节，发动地方士绅，捐集现金，交由县慰劳分会购备油、盐、肉等食品，馈赠征属，以示慰劳；并于农忙时节，令饬各乡镇公所，利用国民兵、乡镇联保，筹组征属代耕队，帮助征属耕作，此本县对于办理优待之一般概况也。再者，最近各出征军人，奉准退伍回乡，本府敦到登记者，络绎不绝，然各地皆未返道回乡，旅费告罄，无法回家，纷请救济，而地方的款，以应急需，当经召集党团及地方有关机关临时会议，决议：本县复员官兵每员发给

發給國幣壹萬元，外籍過境僑民官兵，發給五千元，以示慰勞，而資救濟。是項給費經提付本府卅五年第六十三次縣政會議決議，由縣長出據在縣稅捐稽徵處暫借支付，並已呈請省府備案。縣經募備預備金項下動支遣送費。自卅五年十二月間開始發給發放，迄今，已發遣復員官兵一千〇餘員名，計已發國幣一五百餘萬元，現仍陸續發給發放中。

第七節　兵役宣傳

兵役宣傳，為兵役行政中最重要之施設，兵役前途之唯一要务，本县每逢纪念日，即当动员各级宣传工作，事前由本府拟订各级宣传要旨，印发各机关学校、各乡镇公所，并指定机关团体分别派高级人员到各小学校，讲解宣传办法及宣传要旨，使各校学生均能了解，再由小学生分担实施宣传，并于寒暑假期内，饬学生回家，仍作各级宣传族邻亲戚，务使乡村无知民众教育程度不高，而征兵制度又系新创，一般民众尚未养成当兵习惯，宣传结果，虽收甚微。

000027

第六節　聯鄉軍人會之組織與管理

本縣聯鄉軍人會分會，早經於卅年八月依照規定組織成立，當時共登記會員二三五人，經呈請敵華南師團司令部卅一年十月巴總組字第六六二號函奉代電，轉飭四邑憲兵司令部仁字第二三八〇號代電核准備案在案，時經數年以經費不敷，以及事變動，該會僅擁虛名，並無實際工作表現，以本[illegible]恢復正鄉軍人分會，刻正從事調查登記中，依法將會員登記冊數[illegible]呈報後，再重行組織

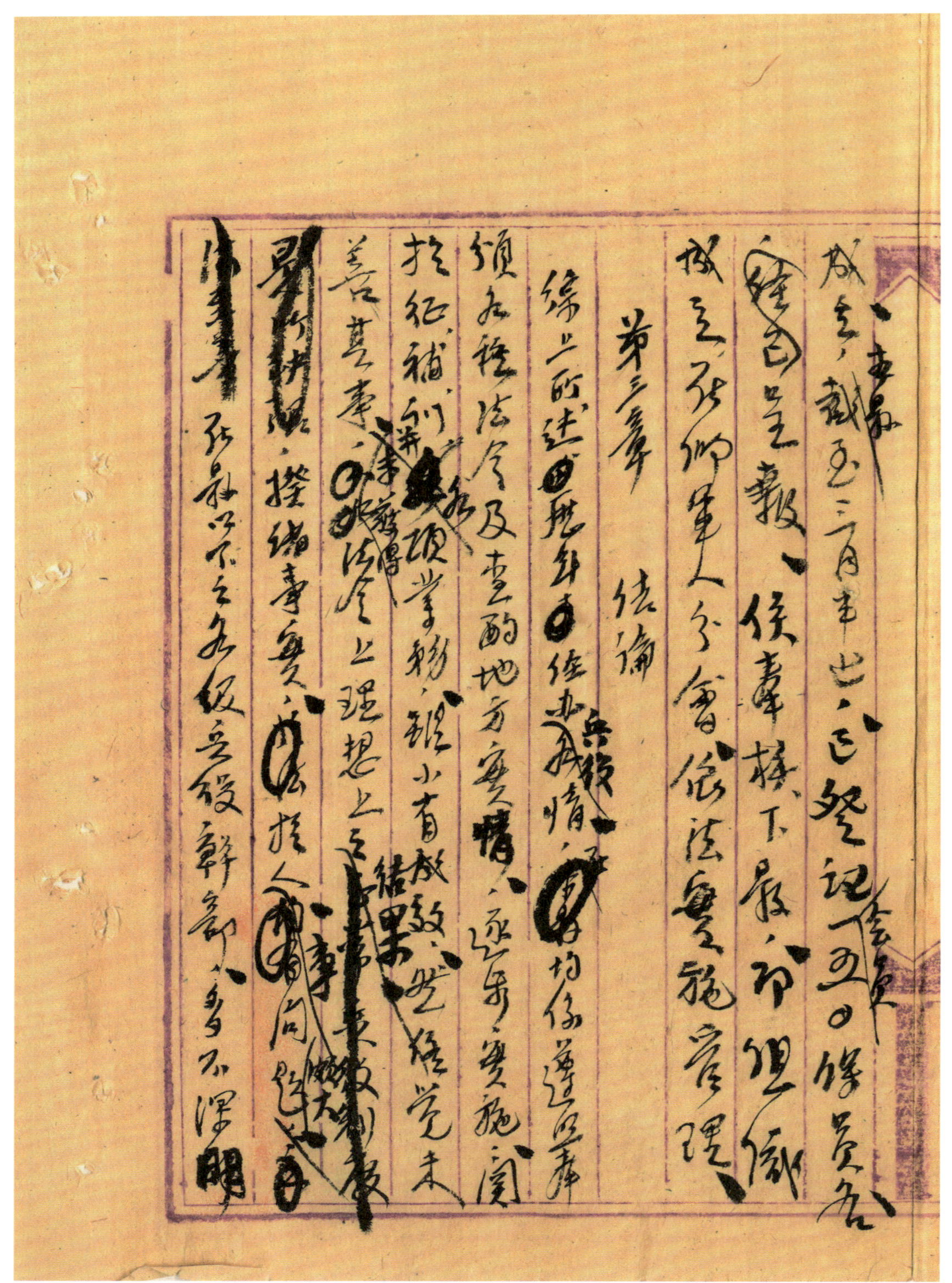

成立，截至三月末止，已登記[illegible]保員名
[illegible]呈報，依章撥下[illegible]組織
成立抗戰軍人家屬優待會，依法實施管理
第三章 結論
綜上所述，四年來[illegible]兵役情[illegible]，均係遵照章
須各種法令及查酌地方實情，逐步實施，關
於組織補充各項業務，雖小有成效，然總覺未
善其事，[illegible]法令上理想之結果[illegible]
[illegible]經辦事員，[illegible]於人[illegible]
[illegible]所以下各級各級辦事人員，多不深明

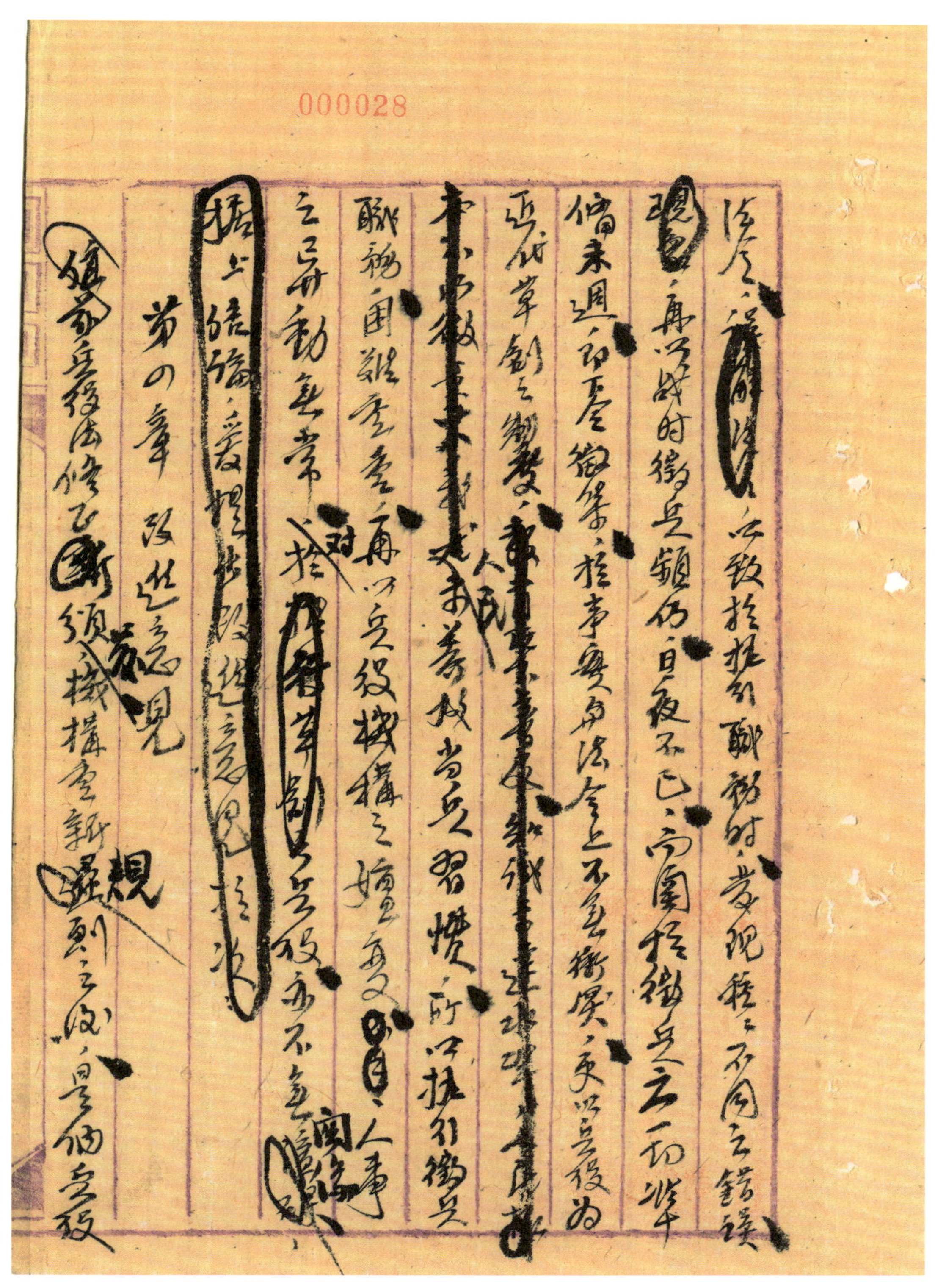

000028

治人之[illegible]，以致於指揮聯絡時，發現種種不同之錯誤現象，再以戰時徵兵之額仍日夜不已，而關於徵兵之一切準備未周，即下至徵兵等，於事實與法令上不無衝突，更以兵役為近代革新之制度，[illegible]人民未養成當兵之習慣，所以推行徵兵聯絡困難甚多，再以兵役機構之擴充更易，人事之不斷動盪常於革新兵役亦不免[illegible]。

據此結論，爰提出改進意見於後：

第四章　改進意見

值前兵役法修正，新頒機構重新規劃之後，目前兵役

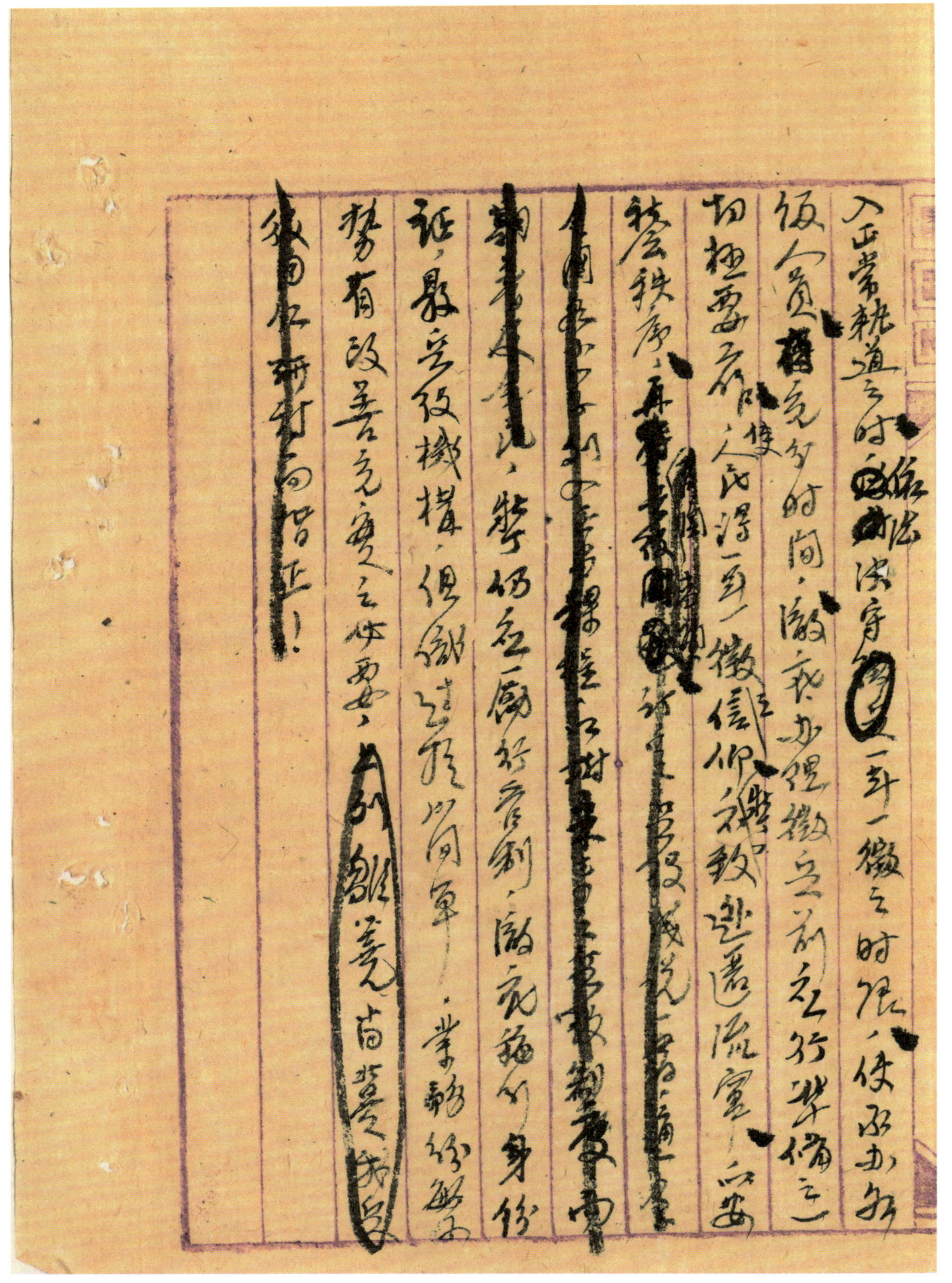

（八）

兵役

適齡壯丁

稿
三十六、

川東師管區達縣團管區巴中縣適齡壯丁年次統計表

年次／別	城守鎮	清江鄉	中興鄉	化成鄉	玲雲鄉	興文鄉	宕罍鄉	曾口鄉
19	50	35	50	40	50	40	30	30
20	60	45	40	30	40	40	30	40
小計	110	80	90	70	90	80	60	70
21	25	10	20	20	20	20	20	20
22	35	30	30	10	10	10	10	10
23	35	20	30	20	20	30	20	20
24	25	10	20	10	10	20	30	20
25	30	20	20	20	20	20	10	20
小計	150	90	120	80	80	100	90	90
26	30	20	30	20	20	20	20	30
27	40	15	20	30	20	30	15	20
28	30	15	50	20	30	20	15	30
29	40	25	20	30	20	20	25	20
30	40	25	20	50	30	20	25	20
小計	180	100	140	150	120	110	100	120
31	50	30	30	20	20	20	20	20
32	40	15	20	30	50	10	10	30
33	60	15	30	40	20	30	20	20
34	30	30	20	20	35	15	20	30
35	30	20	50	10	15	15	10	60
小計	210	110	150	120	140	90	80	160
36	60	10	50	20	20	20	15	30
37	50	15	40	25	10	30	10	40
38	40	20	60	25	20	20	15	30
39	90	15	80	30	10	30	20	40
40	100	30	120	30	20	40	10	40
小計	340	90	350	130	80	140	70	180
41	40	15	40	20	10	30	5	20
42	30	20	30	30	5	40	4	17
43	30	10	30	20	10	30	1	30
44	40	30	50	30	15	50	4	20
45	44	20	39	124	4	89	4	30
小計	184	95	189	224	44	239	18	117
總計								
備考								

花叢鄉	玉山鄉	鼎山鄉	大峯鄉	龍鳳鄉	梁永鄉	三江鄉	石城鄉	茶壩鄉	花溪鄉
40	30	30	20	15	30	30	20	40	20
50	50	30	20	15	20	30	20	40	20
90	80	60	40	30	50	60	40	80	40
20	20	20	20	10	20	20	20	20	20
30	10	10	10	10	10	10	30	30	10
20	20	20	15	5	10	20	20	20	20
30	10	10	15	10	5	20	10	30	5
20	10	20	10	5	15	30	20	20	5
120	70	80	70	40	60	100	110	120	60
20	20	20	20	20	10	20	20	30	20
30	10	30	10	10	10	30	15	20	15
40	15	20	10	10	15	20	15	50	15
10	15	30	30	20	15	30	20	20	20
40	40	20	20	10	30	40	30	20	20
140	100	120	90	70	80	140	100	140	90
20	30	20	20	5	20	20	20	20	5
30	20	15	10	10	10	50	15	30	15
50	10	15	15	5	30	30	20	20	10
40	30	25	15	5	20	20	15	50	5
100	30	25	30	5	40	30	50	40	5
240	120	100	90	30	120	150	120	160	40
20	20	20	20	10	20	20	20	20	5
30	30	10	10	10	30	30	10	30	5
20	20	20	10	5	20	20	20	50	2
30	30	20	20	5	30	30	10	30	3
70	60	20	20	10	40	60	20	40	5
170	160	90	80	40	140	160	80	170	20
20	50	20	20	20	20	20	30	50	5
30	40	10	10	10	19	50	40	30	4
40	60	15	20	20	20	30	30	50	5
30	50	15	10	10	10	50	20	50	3
114	44	38	19	20	20	103	28	59	5
234	244	98	79	80	89	273	148	239	22

恩陽鎮	東興鄉	三滙鄉	漁溪鄉	來龍鄉	柳林鄉	麥林鄉	八廟鄉	興隆鄉
30	20	15	30	35	15	30	30	15
30	20	15	20	25	15	20	50	15
60	40	30	50	60	30	50	80	30
20	15	20	20	20	10	20	20	20
10	20	10	10	13	15	10	30	5
20	15	15	10	17	15	25	40	10
10	10	10	10	20	5	25	20	5
20	10	5	10	30	5	20	10	10
80	70	60	60	100	50	100	120	50
20	20	10	20	30	20	30	30	20
30	30	15	20	20	30	10	10	30
30	10	10	15	25	10	20	20	10
20	15	30	15	25	20	30	30	30
20	25	15	30	20	20	20	50	10
120	100	80	100	120	100	170	140	100
30	25	10	20	20	10	30	30	30
25	35	5	30	20	15	20	20	20
25	20	10	20	25	10	15	30	10
30	20	5	30	25	15	25	30	30
40	10	10	20	40	30	30	20	30
150	110	40	100	140	80	120	150	120
20	10	20	30	40	10	20	30	30
10	10	15	10	30	20	10	40	20
30	15	15	20	30	10	20	30	25
15	10	20	15	20	10	30	30	35
25	15	30	45	40	10	20	40	30
100	60	100	120	160	60	100	140	140
30	10	70	30	20	20	20	21	35
50	15	20	20	50	10	10	10	25
80	10	10	30	30	20	15	19	40
40	15	30	50	30	24	35	6	20
41	17	24	106	30	20	50	6	38
241	167	104	236	167	94	130	62	158

巴中县兵役概况报告（节选之三）（一九四七年三月）

征兵超欠数.

（二六）

000036

稿

川東師管區達縣團管區巴中縣歷年征撥兵額及超欠數目表

年度	項目	人數	保別	合計
二十六年	應征年人數			
	實交年人數			
	比較超欠數			
二十七年	應征年人數	503		
	實交年人數			
	比較超欠數	503		
二十八年	應征年人數	1853		
	實交年人數	1643		
	比較超欠數	210		
二十九年	應征年人數	2880		
	實交年人數	2446		
	比較超欠數	434		
三十年	應征年人數	2033		
	實交年人數	1176		
	比較超欠數	857		
三十一年	應征年人數	2568		
	實交年人數	3127		
	比較超欠數	559		
三十二年	應征年人數	2316		
	實交年人數	2235		
	比較超欠數	81		
三十三年	應征年人數	2177		
	實交年人數	3898		
	比較超欠數	1721		
三十四年	應征年人數	1785		
	實交年人數	1935		
	比較超欠數	150		
三十五年	應征年人數			
	實交年人數			
	比較超欠數			
合計	應征年人數	16119		16119
	實交年人數	16464		16464
	比較超欠數	345		345

備攷

(6)

000038

川東師管區達縣團管區巴中縣國民兵年次統計表 卅五年 月 日

年次＼鄉鎮別	城守鎮	清江鄉	中興鄉	化成鄉	玲富鄉	興文鄉	岩崇鄉	曾口鄉
19	50	35	50	40	50	40	30	30
20	60	45	40	30	40	40	30	40
小計	110	80	90	70	90	80	60	70
21	25	10	20	20	20	20	20	20
22	35	30	30	10	10	10	10	10
23	35	20	30	20	20	30	20	20
24	25	10	20	10	10	20	30	20
25	30	20	20	20	20	20	10	20
小計	150	90	120	80	80	100	90	90
26	30	20	30	20	20	20	20	30
27	40	15	20	30	20	30	15	20
28	30	15	50	20	30	20	15	30
29	40	25	20	30	20	20	25	20
30	40	25	20	50	30	20	25	20
小計	180	100	120	150	120	110	100	120
31	50	30	30	20	20	20	20	20
32	40	15	20	30	50	10	10	30
33	60	15	30	40	20	30	20	30
34	30	30	20	20	35	15	20	30
35	30	20	50	10	15	15	10	60
小計	210	110	150	120	140	90	80	160
36	60	10	50	20	20	20	15	30
37	50	15	40	25	10	30	10	40
38	40	20	60	25	20	20	15	30
39	90	15	80	30	10	30	20	40
40	100	30	120	30	20	40	10	40
小計	320	90	350	130	80	140	70	180
41	40	15	40	20	10	30	5	20
42	30	20	30	30	5	40	4	17
43	30	10	30	20	10	30	1	30
44	40	30	50	30	15	50	4	20
45	44	20	39	124	4	89	4	30
小計	184	95	189	224	44	239	18	117
總計	1174	565	1039	774	584	759	418	737

花叢鄉	玉山鄉	鼎山鄉	大羊鄉	龍鳳鄉	梁永鄉	三江鄉	石城鄉	茶垻鄉	花溪鄉
40	30	30	20	15	30	30	20	40	20
50	50	30	20	15	20	30	20	40	20
90	80	60	40	30	50	60	40	80	40
20	20	20	20	10	20	20	20	20	20
30	10	10	10	10	10	10	30	30	10
20	20	20	15	5	10	20	20	20	20
30	10	10	15	10	5	20	20	30	5
20	10	20	10	5	15	30	20	20	5
120	70	80	70	40	60	100	110	120	60
20	20	20	20	20	10	20	20	30	20
30	10	30	10	10	10	30	15	20	15
40	15	20	10	10	15	20	15	50	15
10	15	30	30	20	15	30	20	20	20
40	40	20	20	10	30	40	30	20	20
140	100	120	90	70	80	140	100	140	90
20	30	20	20	5	20	20	20	20	5
30	20	15	10	10	10	50	15	30	15
50	10	15	15	5	30	30	20	20	10
40	30	25	15	5	20	20	15	50	5
100	30	25	30	5	40	30	50	40	5
240	120	100	90	30	120	150	120	160	40
20	20	20	20	10	20	20	20	20	5
30	30	10	10	10	30	30	10	30	5
20	20	20	10	5	20	20	20	50	2
30	30	20	20	5	30	30	10	30	3
70	60	20	20	10	40	60	20	40	5
170	160	90	80	40	140	160	80	170	20
20	50	20	20	20	20	20	30	50	5
30	40	10	10	10	19	50	40	30	4
40	60	15	20	20	20	30	30	50	5
30	50	15	10	10	10	50	20	50	3
1[illegible]4	44	38	19	22	20	123	28	59	5
274	244	98	79	82	89	273	148	239	22
1034	774	548	449	292	539	883	598	909	272

000039

	思陽鎮	東興鄉	三溪鄉	漁溪鄉	來龍鄉	桃林鄉	參林鄉	八廟鄉	興隆鄉	總共
17	30	20	15	30	35	15	30	30	15	820
20	30	20	15	20	25	15	20	50	15	830
(計小)	60	40	30	50	60	30	50	80	30	1650
21	20	15	20	20	20	10	20	20	20	510
22	10	[illegible]0	10	10	15	15	10	30	5	418
23	20	15	15	10	17	15	25	40	10	532
24	10	10	10	10	20	5	25	20	5	415
25	20	10	5	10	30	5	20	10	10	435
(計小)	80	[illegible]0	60	60	100	50	100	100	50	2330
26	20	20	10	20	30	20	30	30	20	590
27	30	30	15	20	20	30	10	10	30	565
28	30	10	10	15	25	10	20	20	10	570
29	20	15	30	15	25	20	30	30	30	625
30	20	25	15	30	20	20	20	50	10	710
(計小)	100	100	80	100	100	100	110	140	100	3060
31	30	25	10	20	30	10	30	30	30	605
32	25	25	5	30	20	15	20	20	20	590
33	25	20	10	20	25	10	15	30	10	605
34	30	20	5	30	25	15	25	30	30	635
35	40	10	10	20	40	30	30	20	30	745
(計小)	150	100	40	100	140	80	100	130	100	3223
36	20	10	20	30	40	10	20	30	30	410
37	10	10	15	10	30	20	10	40	20	580
38	30	15	15	20	30	10	20	30	25	6126 [illegible]
39	15	10	20	15	20	10	30	30	35	708
40	25	15	30	45	40	10	20	40	30	990
(計小)	100	60	100	120	160	60	100	170	140	3500
41	30	10	20	30	20	20	20	21	35	641
42	50	15	20	20	50	10	10	19	25	629
43	80	10	10	30	30	20	15	19	40	705
44	40	15	30	50	30	24	35	6	20	737 ~~449~~
45	41	17	24	106	[illegible]	20	52	6	38	1207 ~~[illegible]~~
(計小)	241	67	104	336	169	94	130	60	158	3919
	751	407	414	686	747	414	642	702	598	17669

6162

同上

20岁（2320名）

21岁（510名）

22岁（1228名）

23岁（532名）

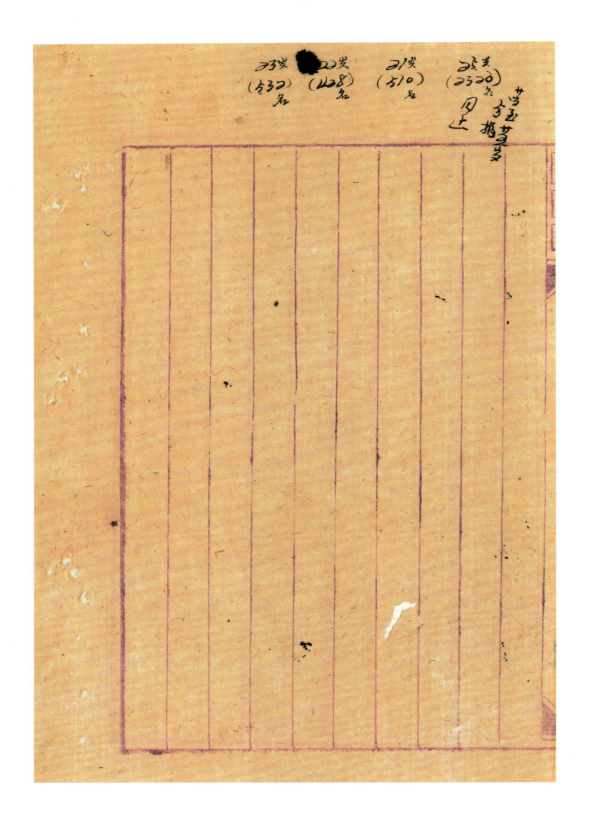

巴中县部分乡公所支领退役军人优待金谷的领条

石城乡公所领条（一九四七年三月）

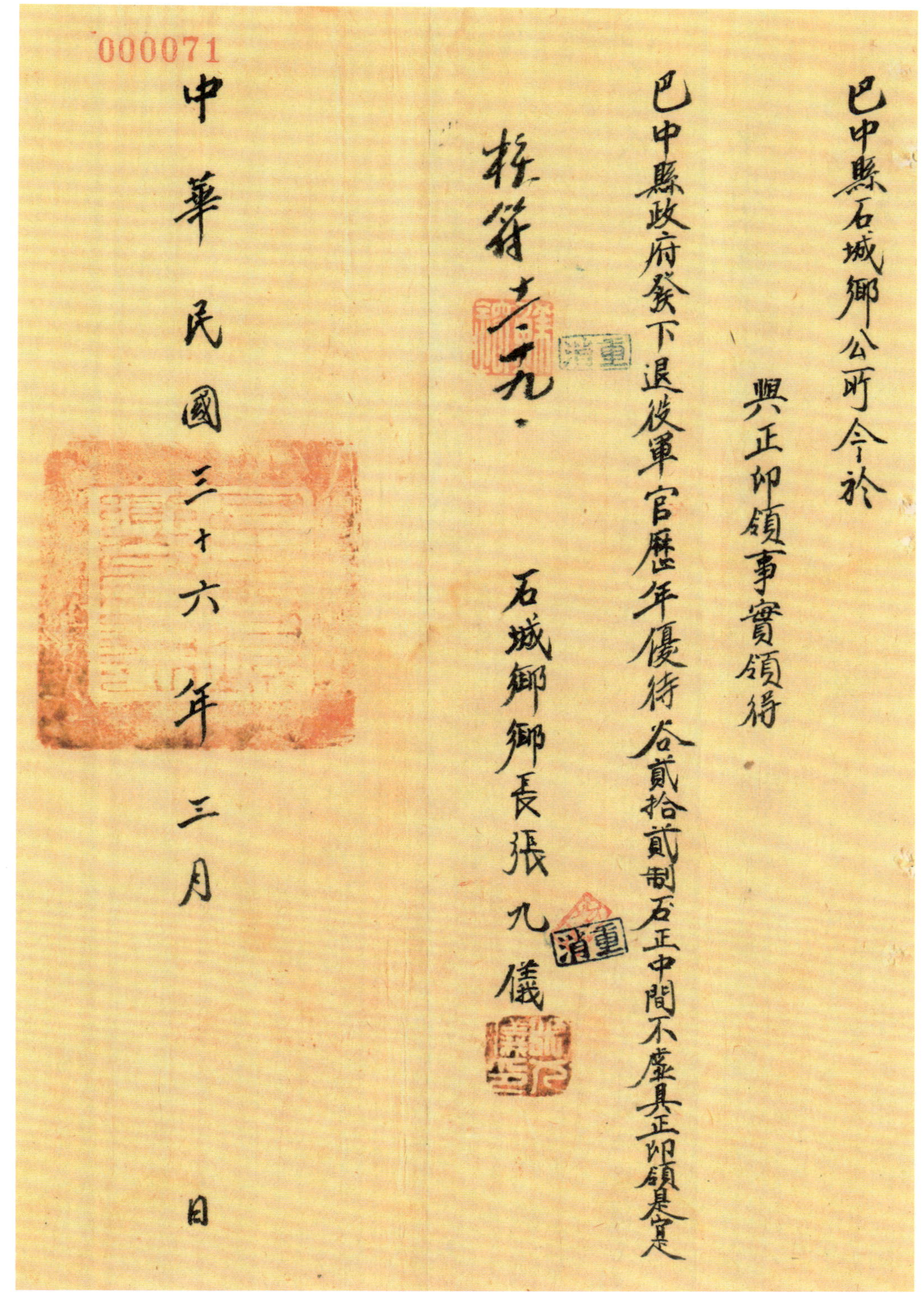

000071

巴中縣石城鄉公所今於

與正印領事實領得

巴中縣政府發下退役軍官歷年優待谷貳拾貳市石正中間不虛具正印領是實

核符 十二、十九

石城鄉鄉長張九儀

中華民國三十六年三月　日

龙凤乡公所领条（一九四七年十月）

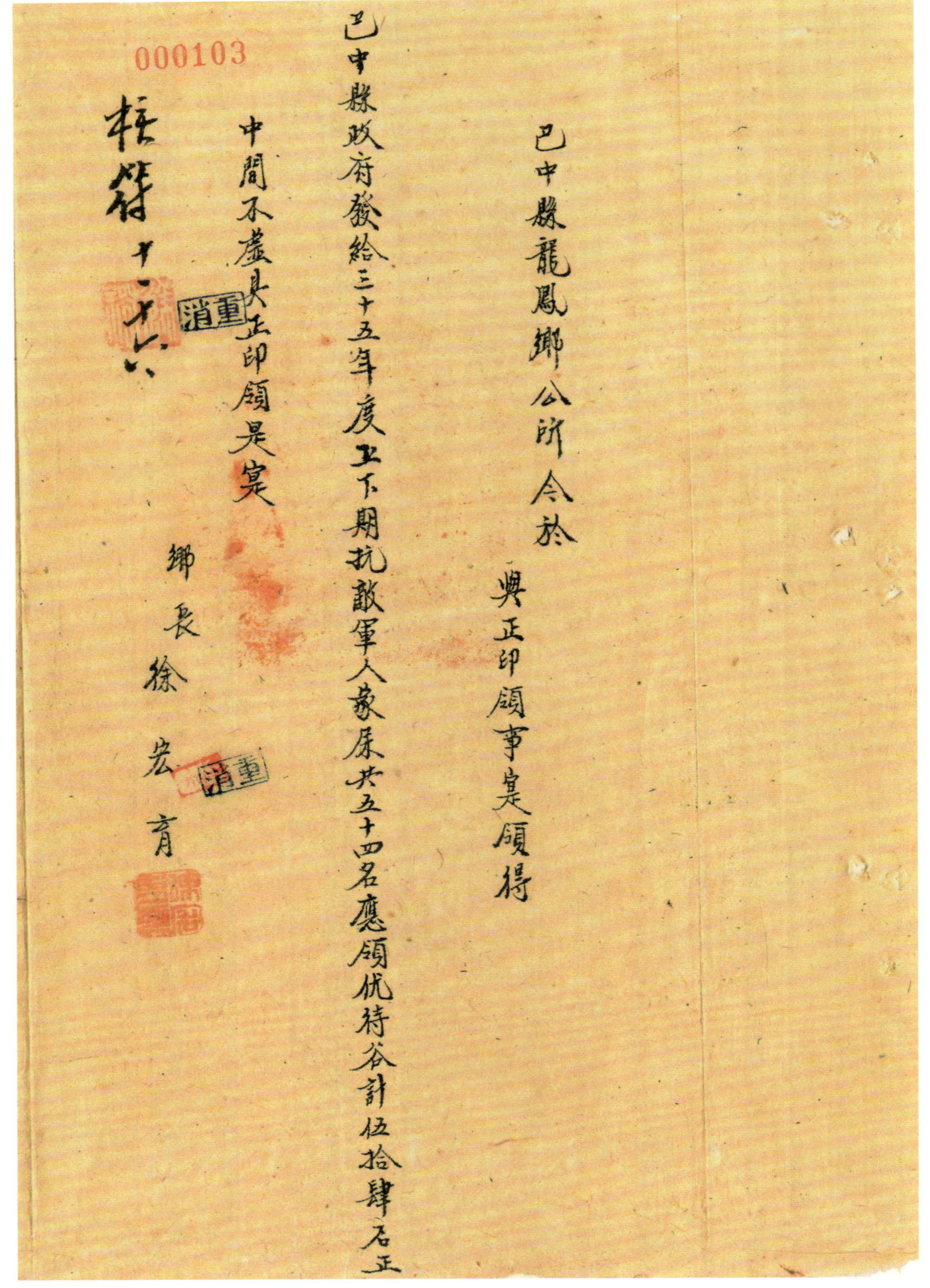
000103

巴中縣龍鳳鄉公所今於

與正印領事寔領得

巴中縣政府發給三十五年度上下期抗敵軍人家屬共五十四名應領優待谷計伍拾肆石正

中間不虛具正印領是寔

鄉長徐宏育

核符 十一、廿六

消重

消重

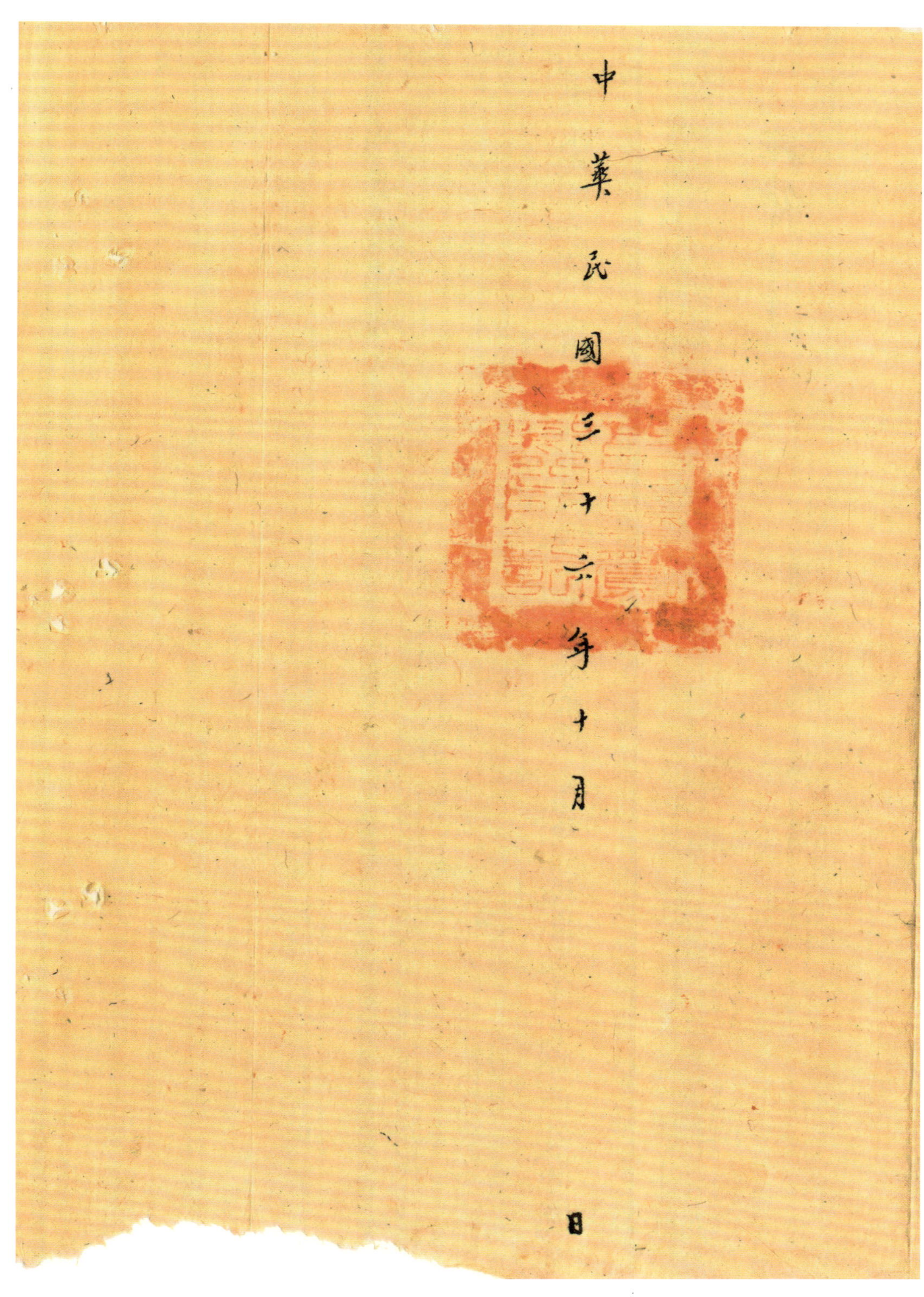

中華民國三十六年十月　日

龙凤乡公所领条（一九四七年十月）

000104

巴中縣龍鳳鄉公所今於

與正印領事實領得

巴中縣政府發給三十四年度下期抗敵軍人家屬七十名應領優待谷計叁拾伍石正中間不

虛具正印領是實

鄉長 徐宏育

經辦 十一十六

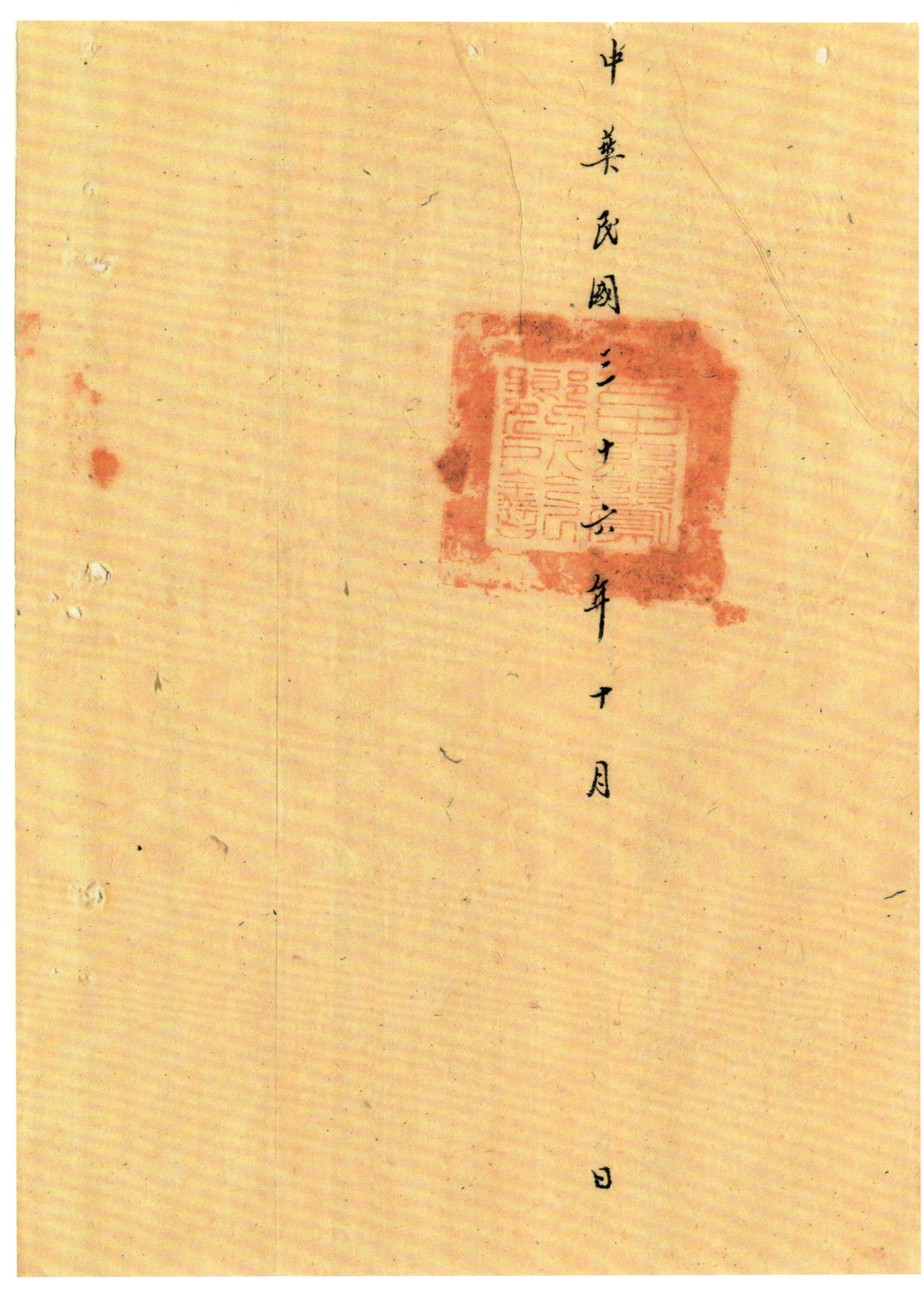
中華民國三十六年十月　　日

三江乡乡公所领条（一九四七年十月）

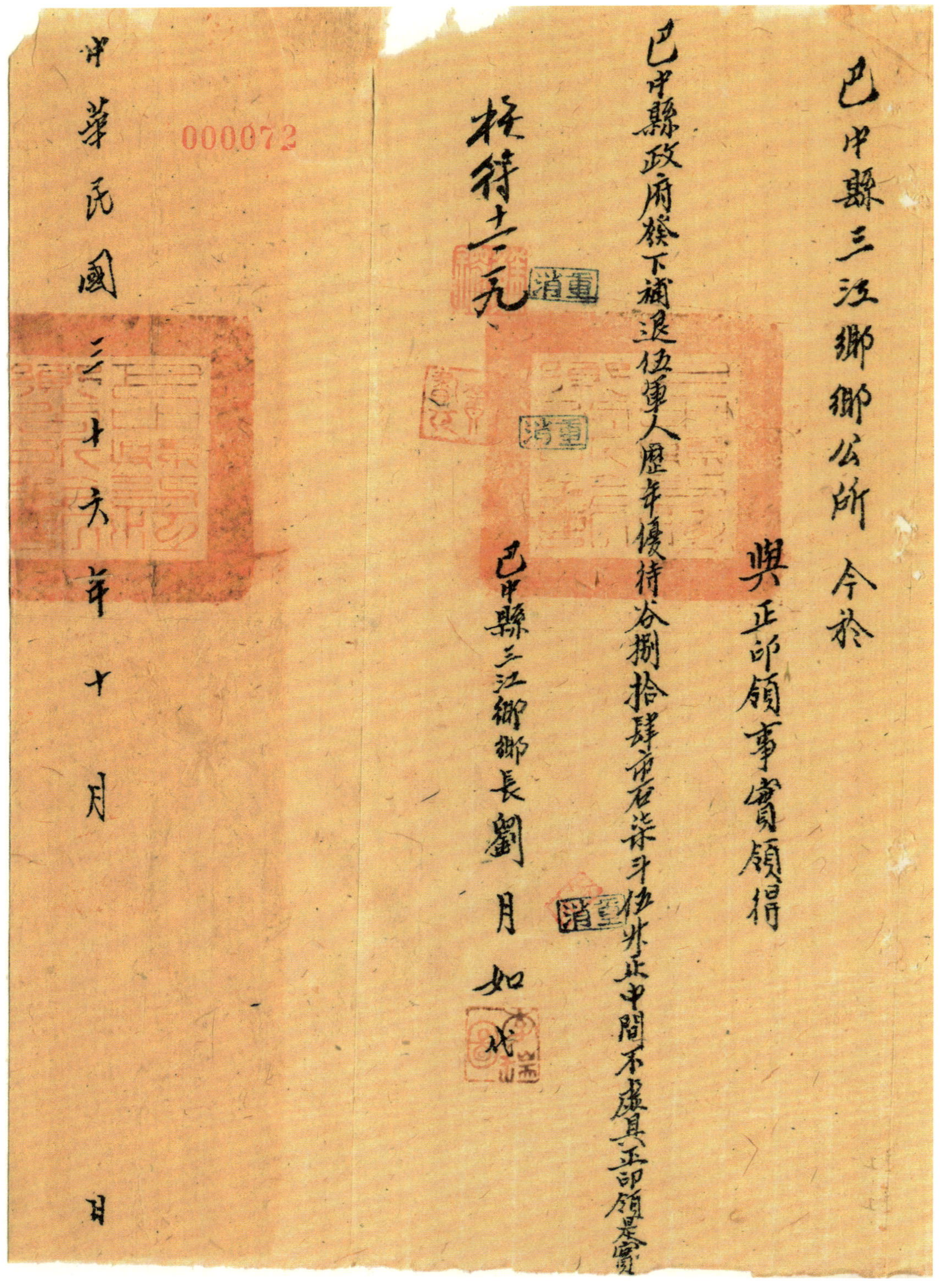
巴中縣三江鄉鄉公所　今於

與正印領事實領得

巴中縣政府發下補退伍軍人歷年優待谷捌拾肆市石柒斗伍升正中間不虚具正印領是實

核符十二元

巴中縣三江鄉鄉長劉月如

中華民國三十六年十月　日

000072

巴中县梁永乡乡公所与县政府关于补发退役军人王友三、傅少林优待谷的来往文书

巴中县梁永乡乡公所致县政府呈（一九四七年二月）

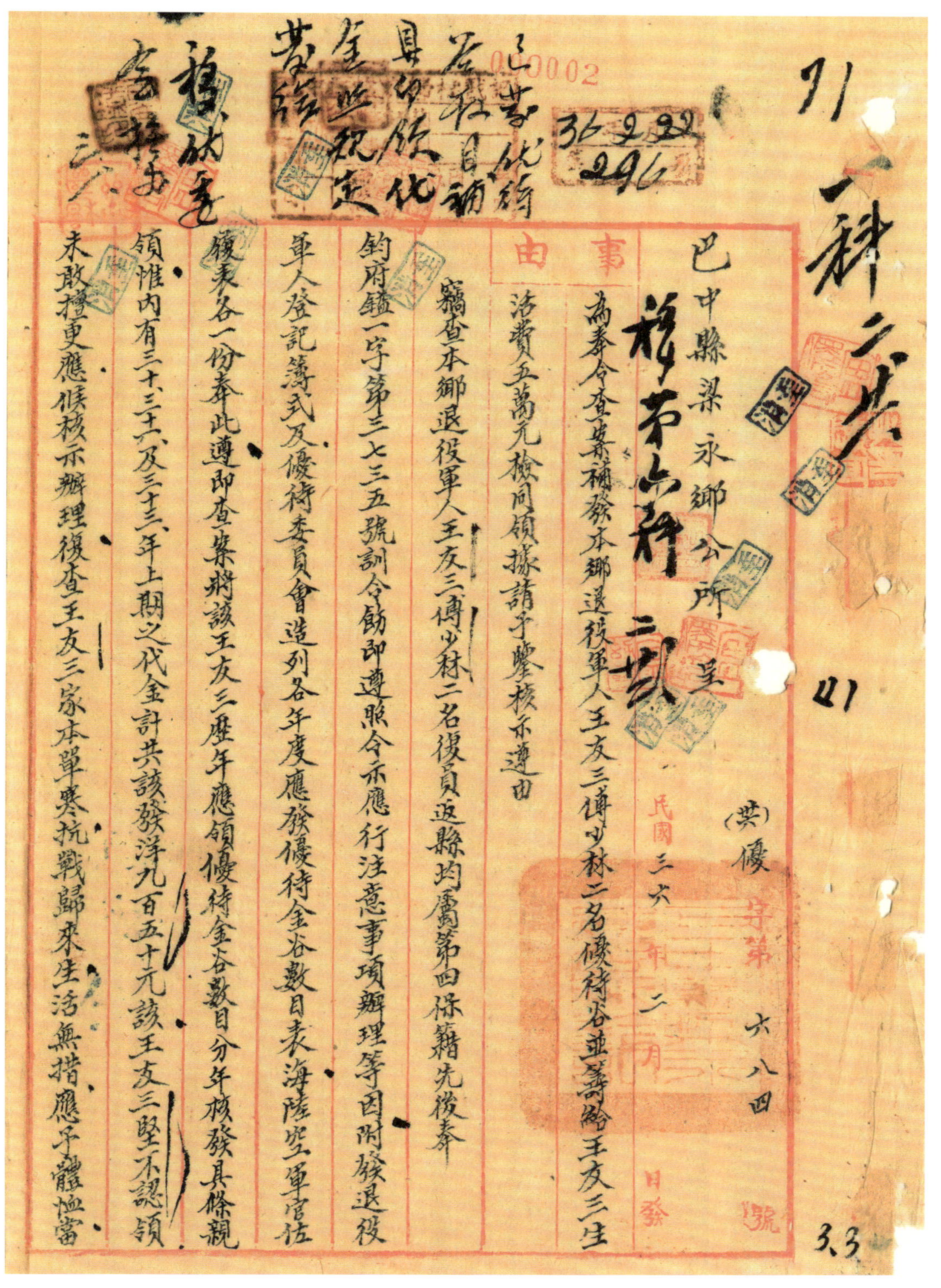
巴中縣梁永鄉公所呈

事由：為奉令查案補發本鄉退役軍人王友三傅少林二名優待谷並籌給王友三生活費五萬元檢同領據請予鑒核示遵由

（卅六）優字第六八四號

民國三六年二月　日發

竊查本鄉退役軍人王友三傅少林二名復員返縣均屬第四保籍，先後奉鈞府鐘一字第三七三五號訓令飭即遵照令示應行注意事項辦理等因，附發退役軍人登記簿式及優待委員會造列各年度應發優待金谷數目表海陸空軍官佐簿表各一份，奉此遵即查案將該王友三歷年應領優待金谷數目分年核發具條親領，惟內有三十、三十一及三十三年上期之代金計共該發洋九百五十元，該王友三堅不認領，未敢擅更，應候核示辦理。復查王友三家本單寒，抗戰歸來生活無措，應予體恤，當

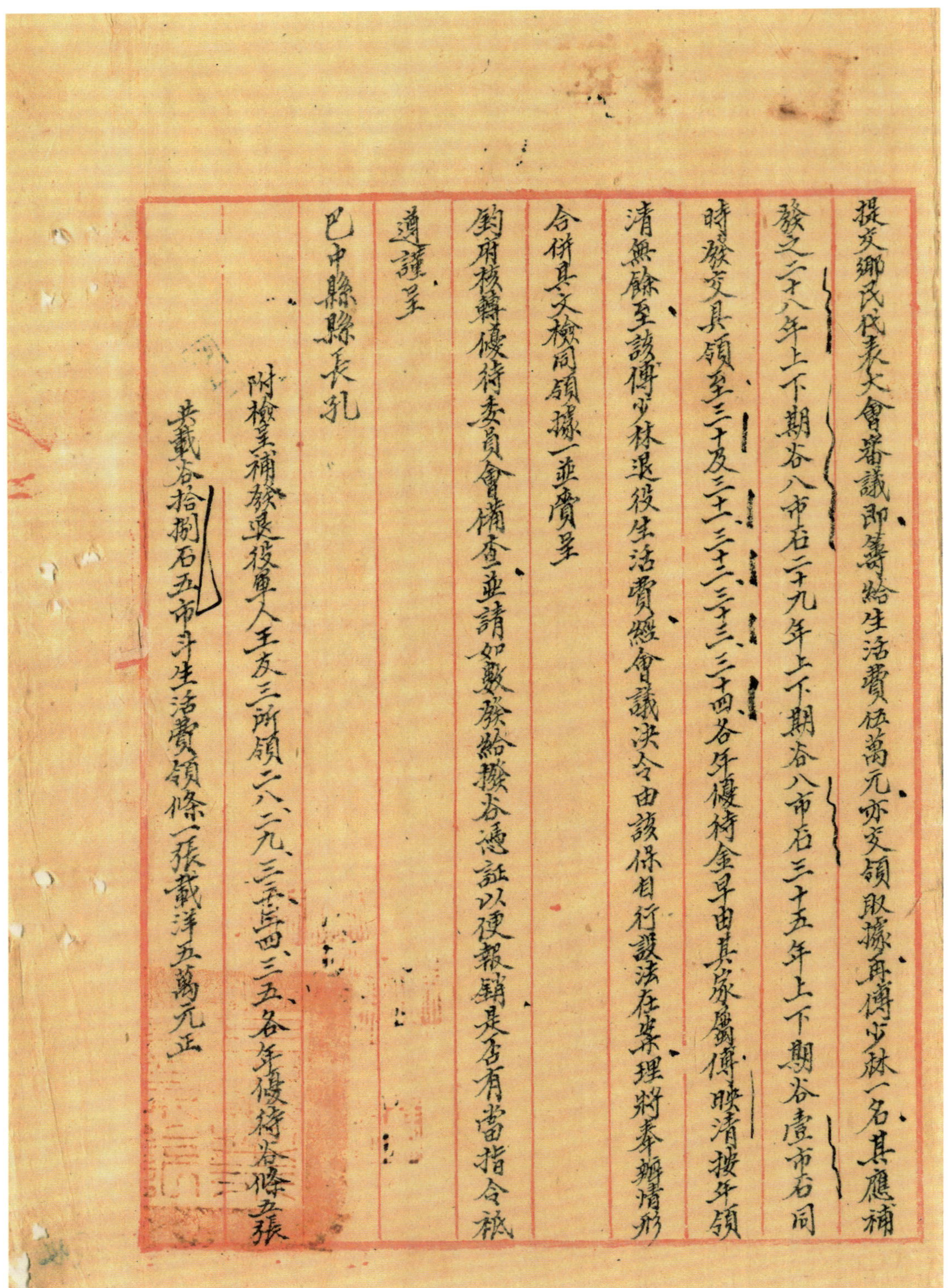

提交鄉民代表大會審議即籌給生活費伍萬元亦交領取據再傅少林一名其應補發之二十八年上下期谷八市石二十九年上下期谷八市石三十五年上下期谷壹市石同時發交具領至三十及三十一、三十二、三十三、三十四各年優待金早由其家屬傅映清按年領清無餘至該傅少林退役生活費經會議決令由該保自行設法在案理將奉辦情形合併具文檢同領據一並賫呈

鈞府核轉優待委員會備查並請如數發給撥谷憑証以便報銷是否有當指令祗遵謹呈

巴中縣縣長孔

附檢呈補發退役軍人王友三所領二八、二九、三十、三四、三五各年優待谷條五張

共載谷拾捌石五市斗生活費領條一張載洋五萬元正

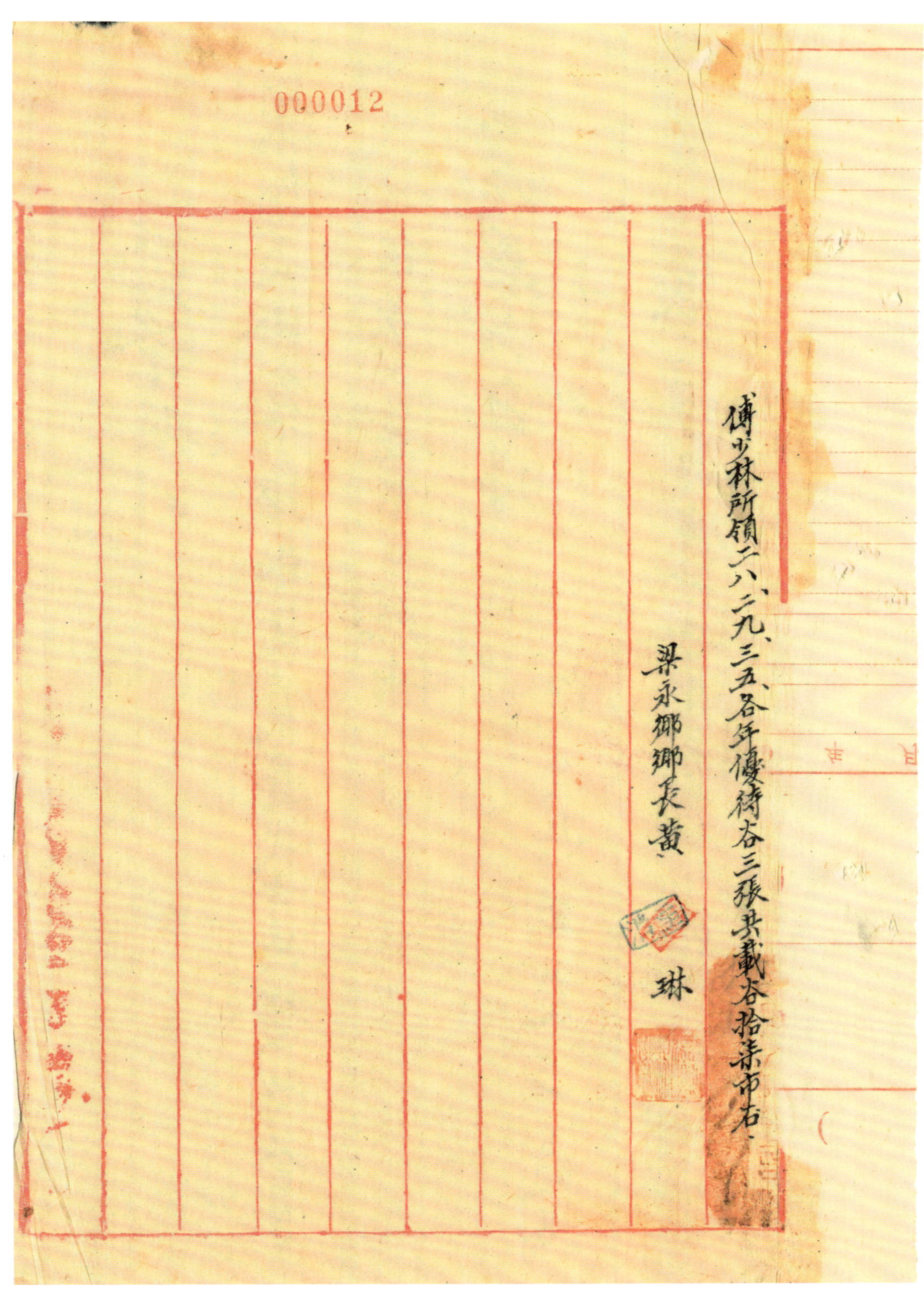
000012

傅少林所領二八、二九、三五、各年優待谷三張共貳谷拾柒市石。

梁永鄉鄉長黄琳

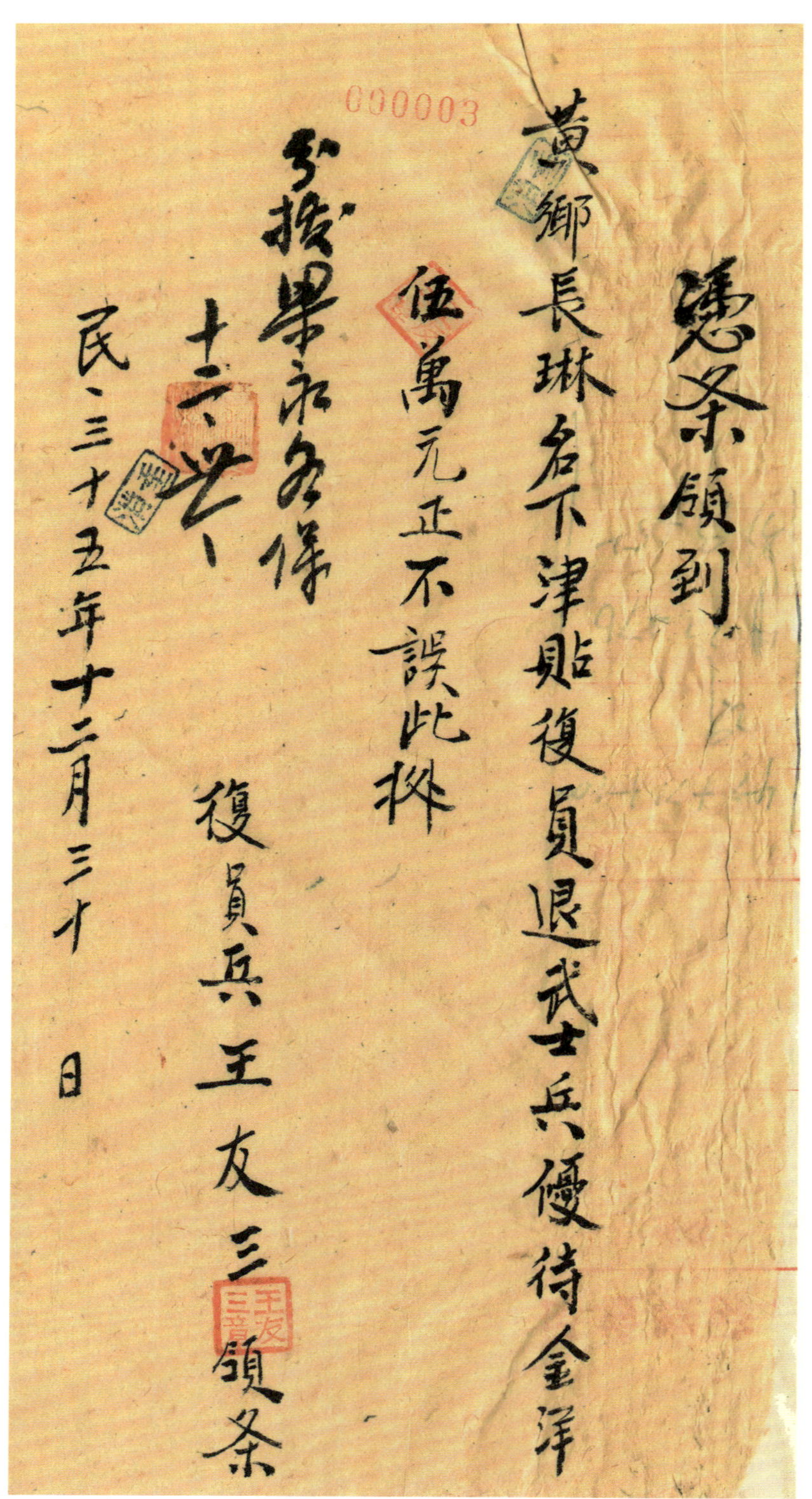
000003

憑条領到

黄鄉長琳名下津貼復員退武士兵優待金洋

伍萬元正不誤此據

復員兵王友三領条

民、三十五年十二月三十日

手續畢示各保

十二、卅一

000004

巴中縣出征抗敵軍人家屬優待委員會

第二聯優待給谷執照
茲有本鄉依征軍人王友三蒙屬王宗賢應慰領一千八年度上谷○年陸填給執據异報存外謹此備行

鄉（鎮）長
保　長
甲　長

中華民國三十八年　　　月　十　日

中華民國　　年　　月　十　日

王宗賢應領谷一千八年度不期優待谷○年度一千八年度已領實查訖王友三

出征抗敵軍人家屬優待委員會
鄉（鎮）長
副主任委員
主任委員

糧拜○鄉（鎮）回　保　甲

鄉（鎮）長
保　長
甲　長

中華民國　　年　　月　十　日

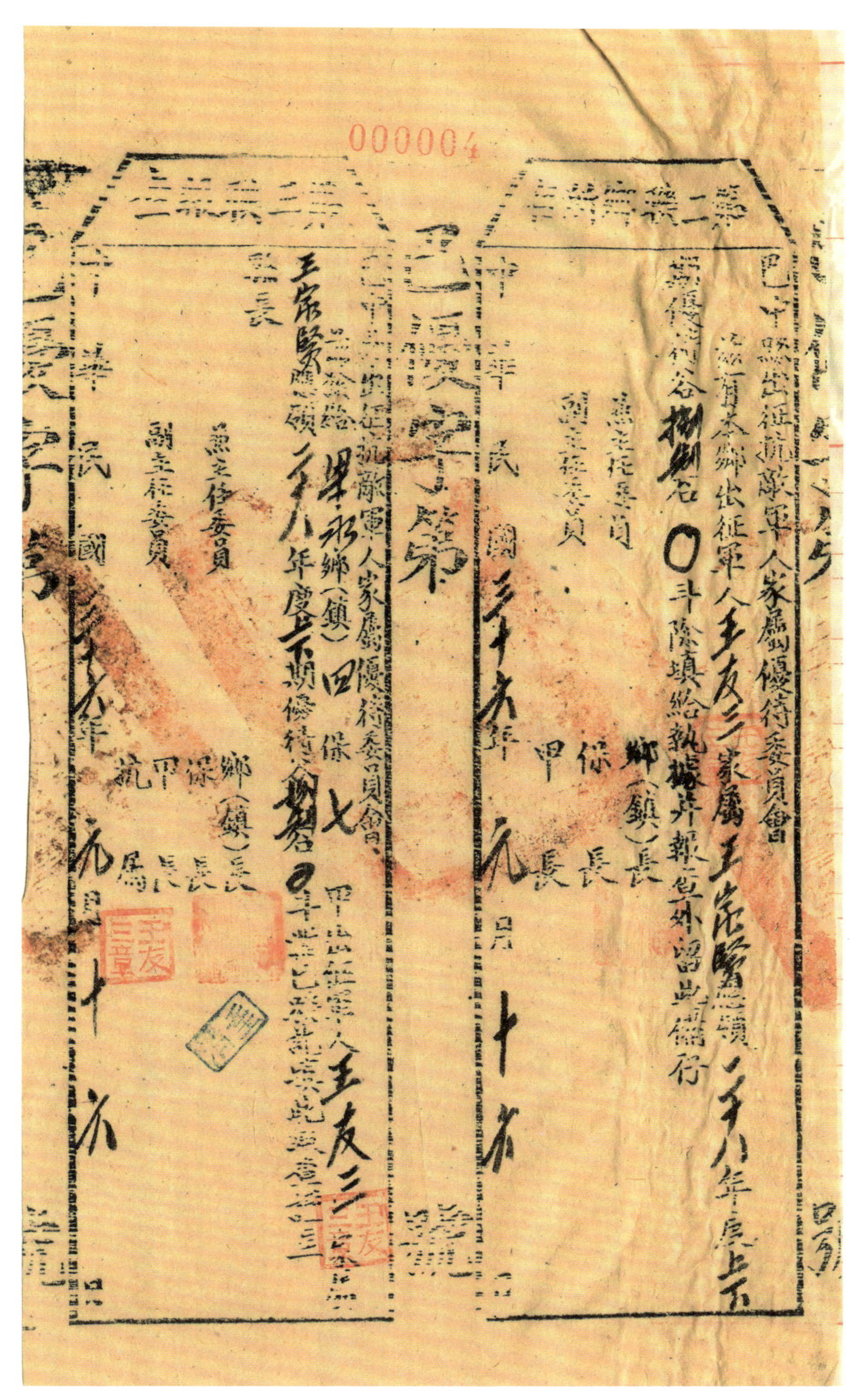

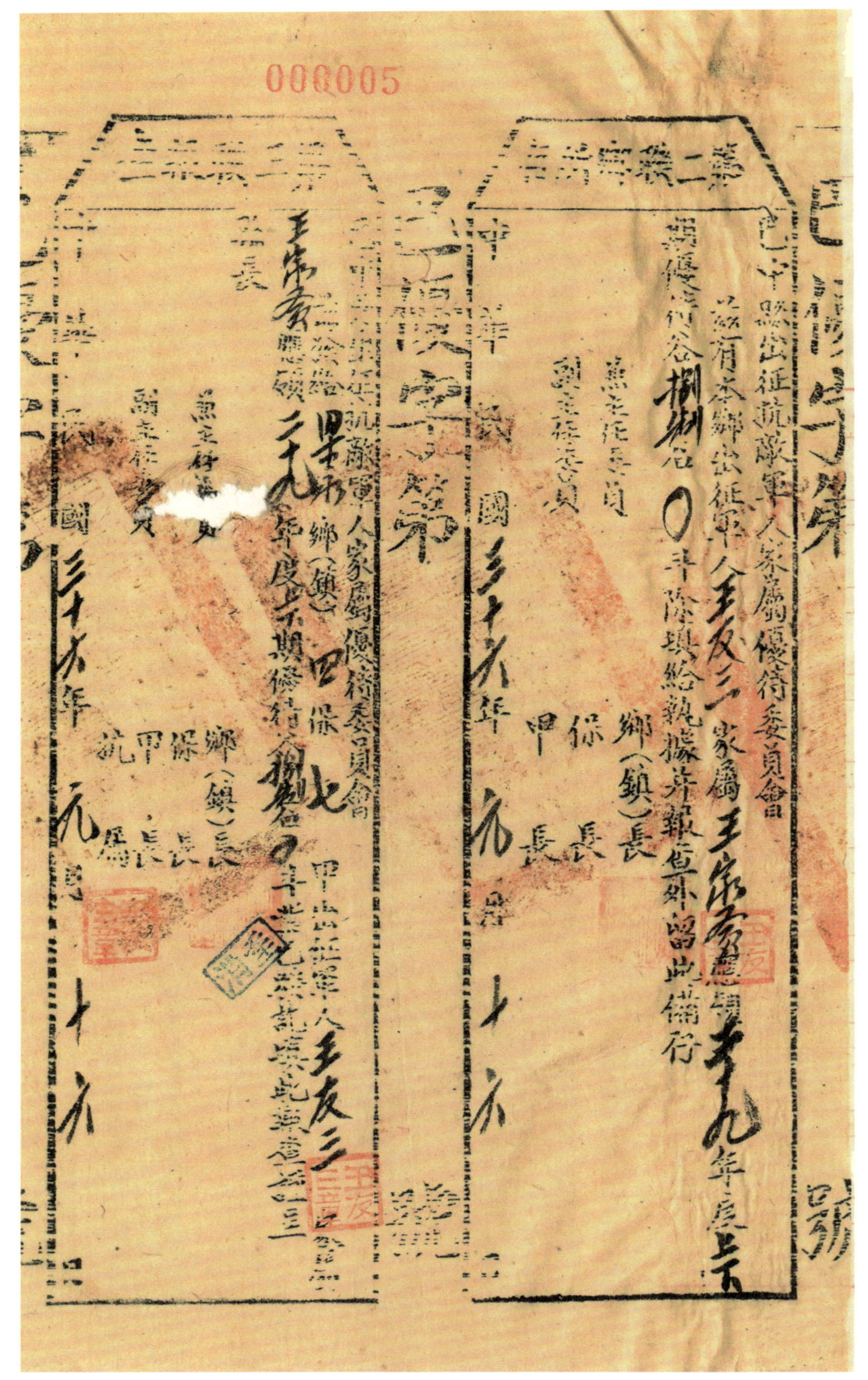

000005

第二联存查

巴中县出征抗敌军人家属优待委员会
为通知事：兹有本乡出征军人家属王家秀应领三十九年度上期优待谷捌石〇斗，除填给执据并报查外，留此备存。

乡（镇）长
保长
甲长

中华民国三十九年十月

第一联执据

巴中县出征抗敌军人家属优待委员会
为给领事：兹有本乡出征军人王友三家属王家秀应领三十九年度上期优待谷捌石〇斗，除填给执据并报查外，合行给此为据。

乡（镇）长
保长
甲长

中华民国三十九年十月

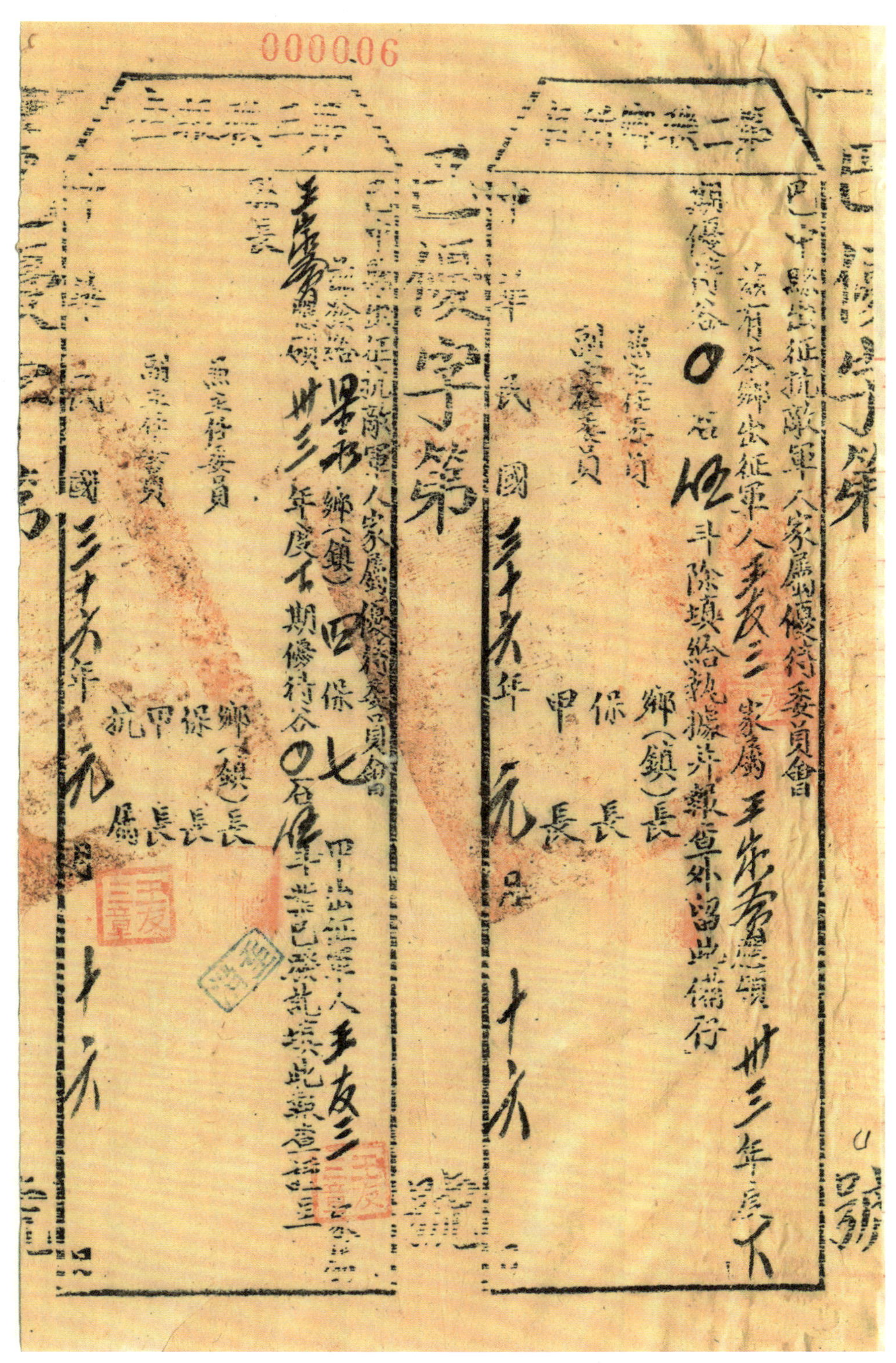

000006

第二聯存根

巴中縣出征抗敵軍人家屬優待委員會

茲有本鄉出征軍人王友三家屬王朱氏應領卅三年度下期優待谷〇石伍斗除填給執據并報查外留此備存

正主任委員

副主任委員

鄉（鎮）長

保長

甲長

中華民國三十五年元月十六日

巴福優字第　號

第三聯執據

巴福優字第　號

巴中縣出征抗敵軍人家屬優待委員會

王朱氏應領墨林鄉（鎮）四保七甲出征軍人王友三卅三年度下期優待谷〇石伍斗業已照數收訖[illegible]

正主任委員

副主任委員

鄉（鎮）長

保長

甲長

抗屬

中華民國三十五年元月十六日

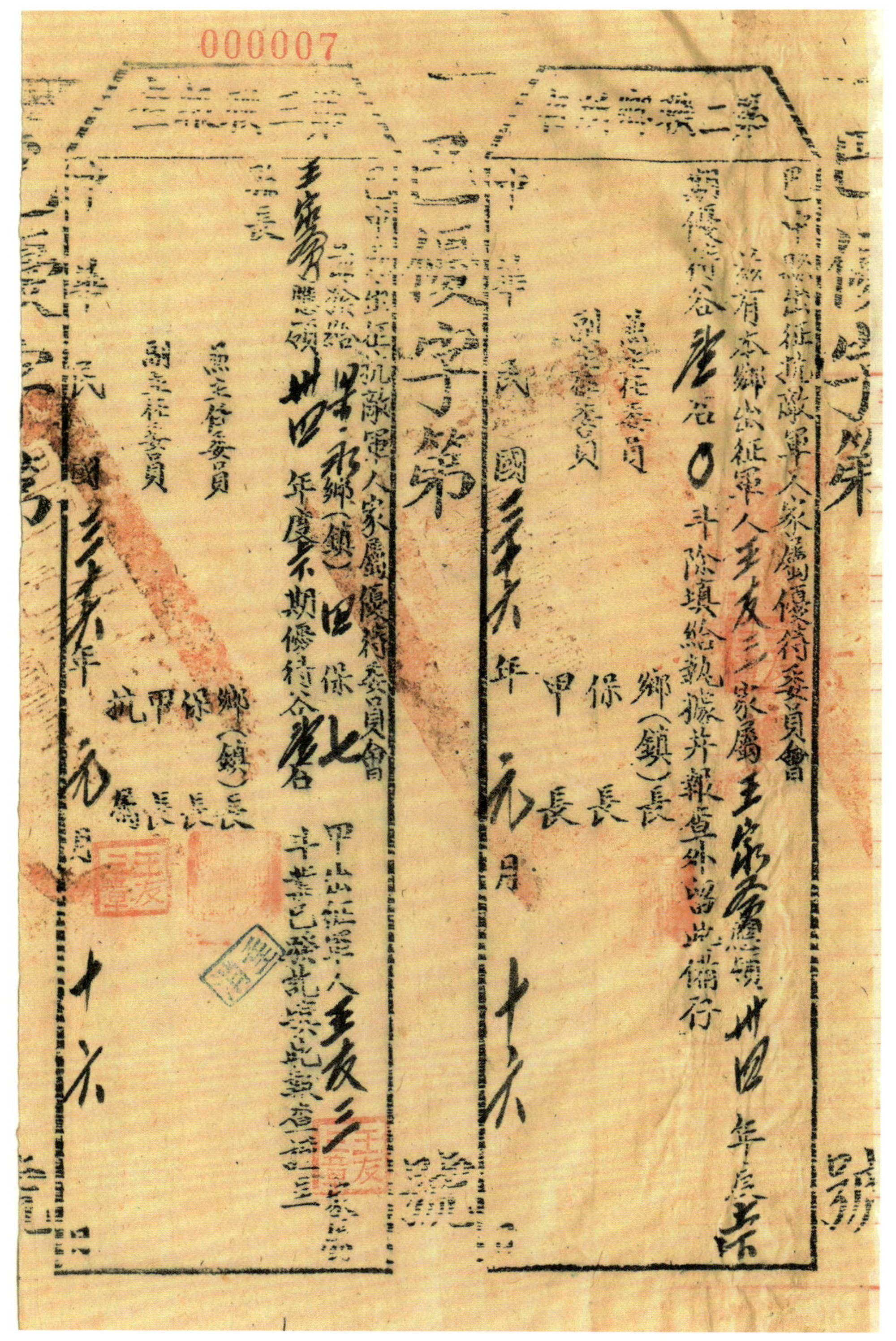

000007

巴中縣出征抗敵軍人家屬優待委員會
茲有本鄉出征軍人王友三家屬王家鑫應領卅四年度期優待谷壹石〇斗除填給執據并報查外留此備存
主任委員
副主任委員
鄉（鎮）長
保長
甲長
中華民國三十六年元月十六日

巴中縣出征抗敵軍人家屬優待委員會
今收到
王家鑫應領卅四年度第 期優待谷壹石
鄉（鎮）四保 甲出征軍人王友三
主任委員
副主任委員
鄉（鎮）長
保長
甲長
中華民國三十六年元月十六日

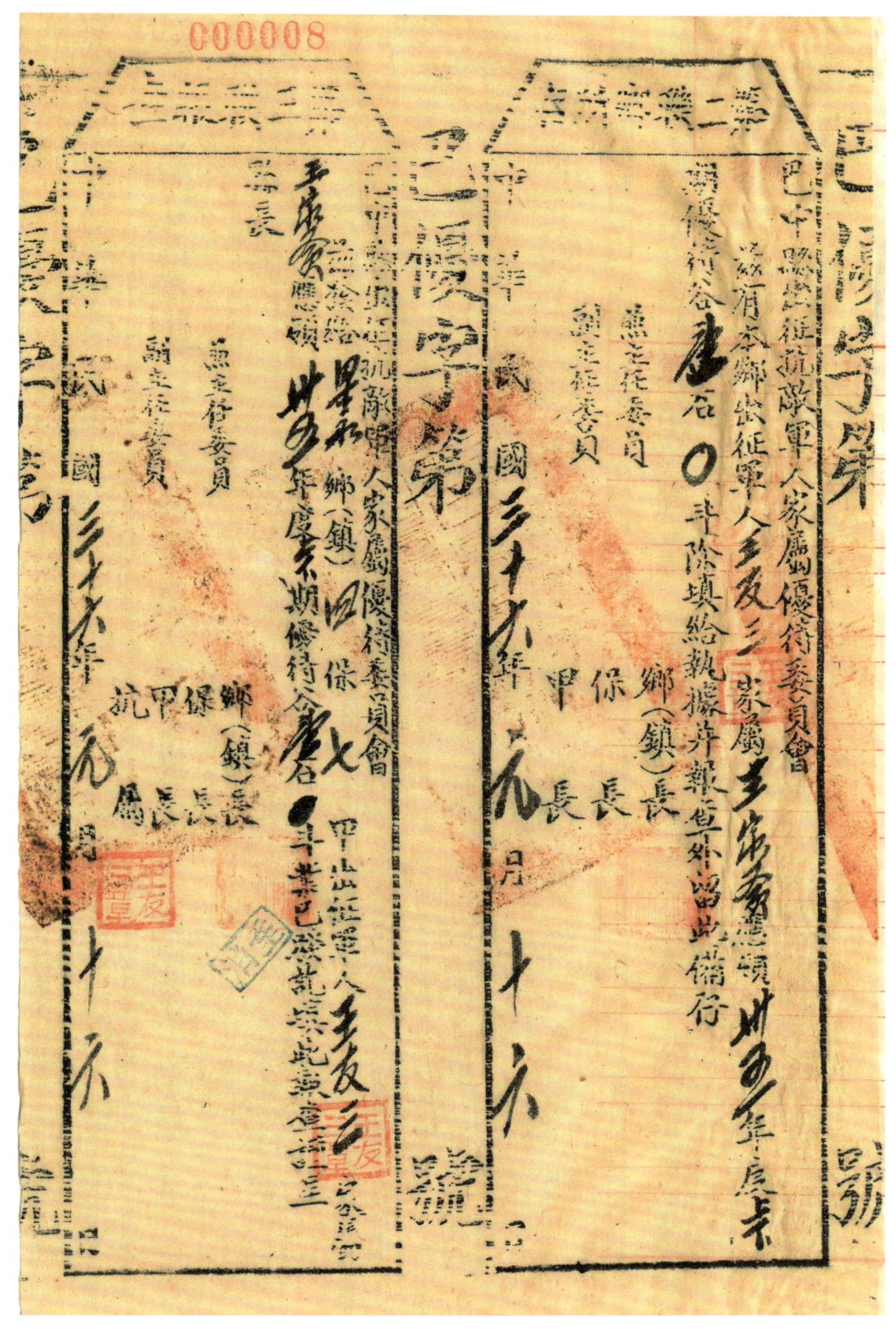

000008

巴中縣出征抗敵軍人家屬優待委員會

茲有本鄉出征軍人王友三之家屬王宗[illegible]領卅五年度[illegible]期優待谷[illegible]石〇斗，除填給執據并報查外，留此備存。

主任委員

副主任委員

鄉（鎮）長

保長

甲長

中華民國三十六年元月十六日

巴中縣出征抗敵軍人家屬優待委員會

茲發給[illegible]鄉（鎮）四保七甲出征軍人王友三之家屬王宗[illegible]領卅五年度[illegible]期優待谷[illegible]石〇斗，業已發訖，此據存查。

縣長

主任委員

副主任委員

鄉（鎮）長

保長

甲長

抗屬

中華民國三十六年元月十六日

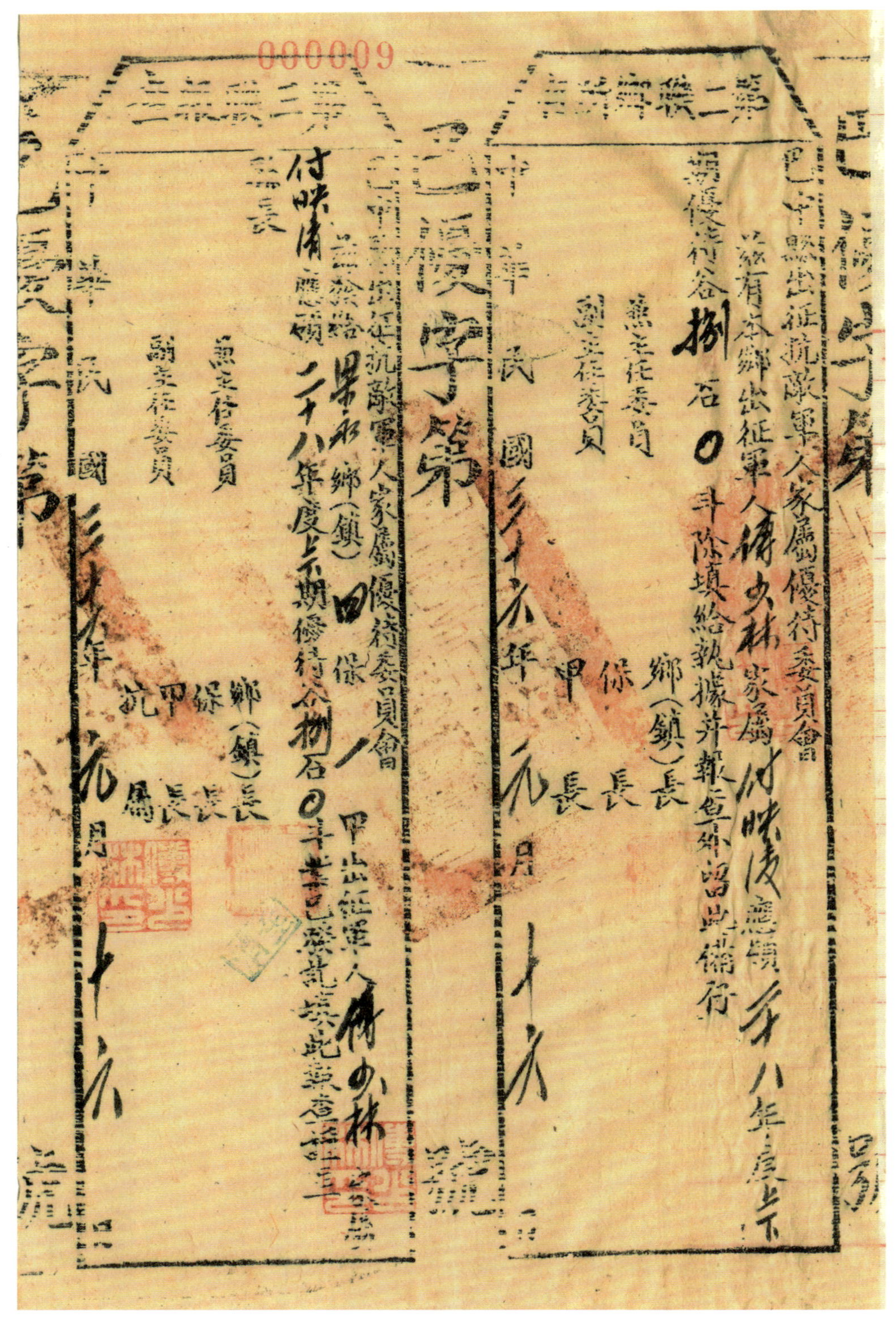

000009

第二联存根

巴字第　号

巴中县出征抗敌军人家属优待委员会

兹有本乡出征军人傅玉林家属付映凌应领二十八年度上下期优待谷捌石〇斗除填给执据并报查外留此备付

总主任委员

副主任委员

中华民国二十八年九月十六日

乡（镇）长

保长

甲长

第三联执据

巴优字第　号

巴中县出征抗敌军人家属优待委员会

兹发给果永乡（镇）四保一甲出征军人傅玉林家属

付映凌应领二十八年度上下期优待谷捌石〇斗正业已发讫此据

总主任委员

副主任委员

乡（镇）长

保长

甲长

家属

中华民国二十八年九月十六日

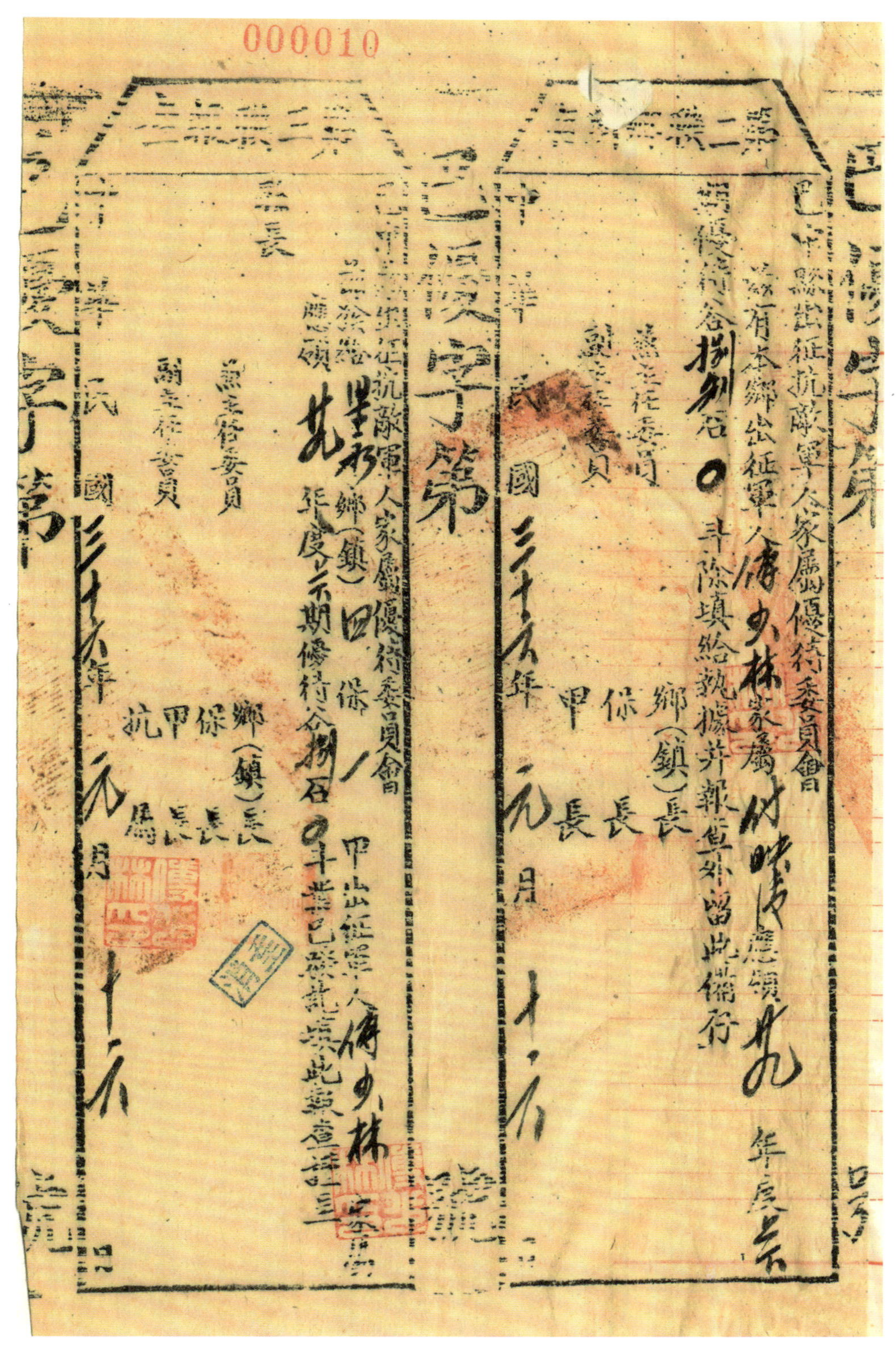

000010

第二聯存根

巴字第　號

巴中縣出征抗敵軍人家屬優待委員會

茲有本鄉出征軍人傅大林家屬付映清應領卅九年度上期優待谷捌石〇斗除填給執據并報查外留此備存

主任委員

副主任委員

鄉(鎮)長

保長

甲長

中華民國三十六年九月十一日

第三聯[illegible]

巴優字第　號

巴中縣出征抗敵軍人家屬優待委員會

茲發給[illegible]鄉(鎮)四保一甲出征軍人傅大林家屬應領卅九年度上期優待谷捌石〇斗業已發訖填此[illegible]

縣長

主任委員

副主任委員

鄉(鎮)長

保長

甲長

抗屬

中華民國三十六年九月十一日

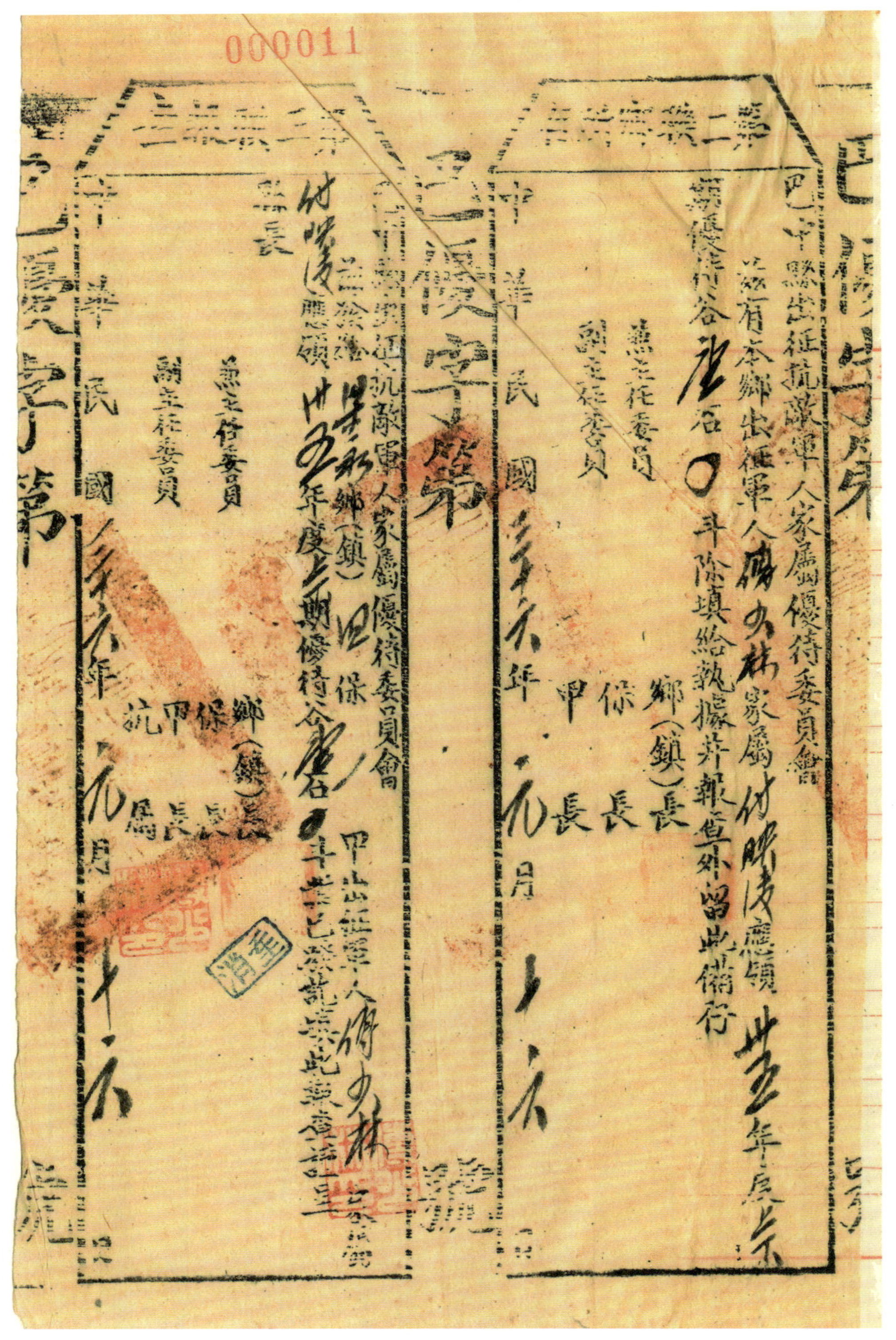

第二联存查

巴中县出征抗敌军人家属优待委员会

兹有本乡出征军人傅久林家属付晓凌应领卅五年度上期

优待谷壹石〇斗除填给执据并报查外留此备存

县主任委员

副主任委员

乡（镇）长

保长

甲长

中华民国三十六年九月十六日

巴优字第　号

第一联执据

巴中县出征抗敌军人家属优待委员会

今发给黑和乡（镇）四保

付晓凌应领卅五年度上期优待谷壹石〇斗

甲出征军人傅久林家属

业已照数领讫此据[illegible]

县长

县主任委员

副主任委员

乡（镇）长

保长

甲长

抗属

中华民国三十六年九月十六日

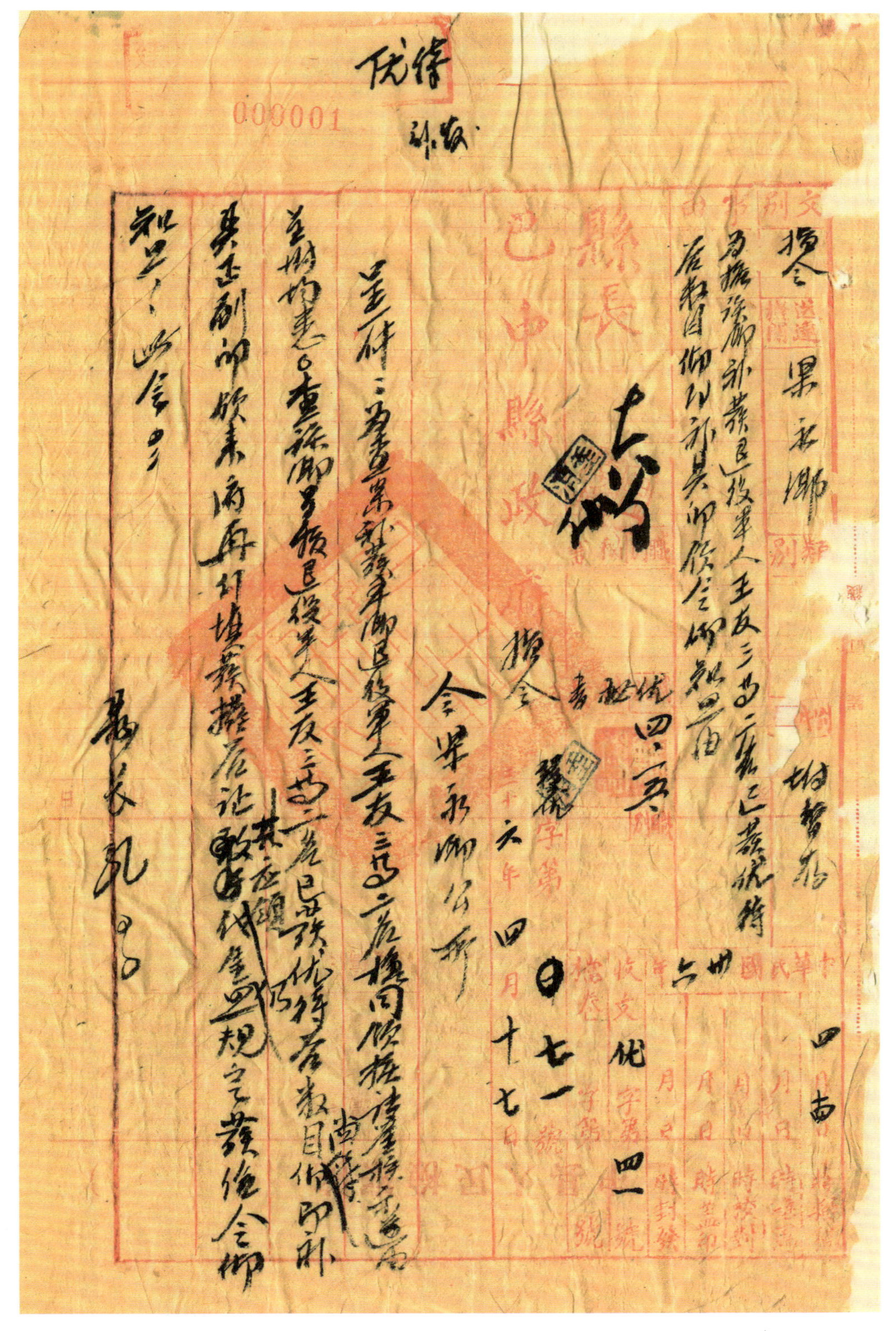

巴中县政府致梁永乡乡公所的指令（一九四七年四月十七日）

乡民张华思、巴中县出征军人家属优待委员会等关于扣押军人服役证的纠纷

乡民张华思致巴中县出征军人家属优待委员会的呈（一九四七年四月）

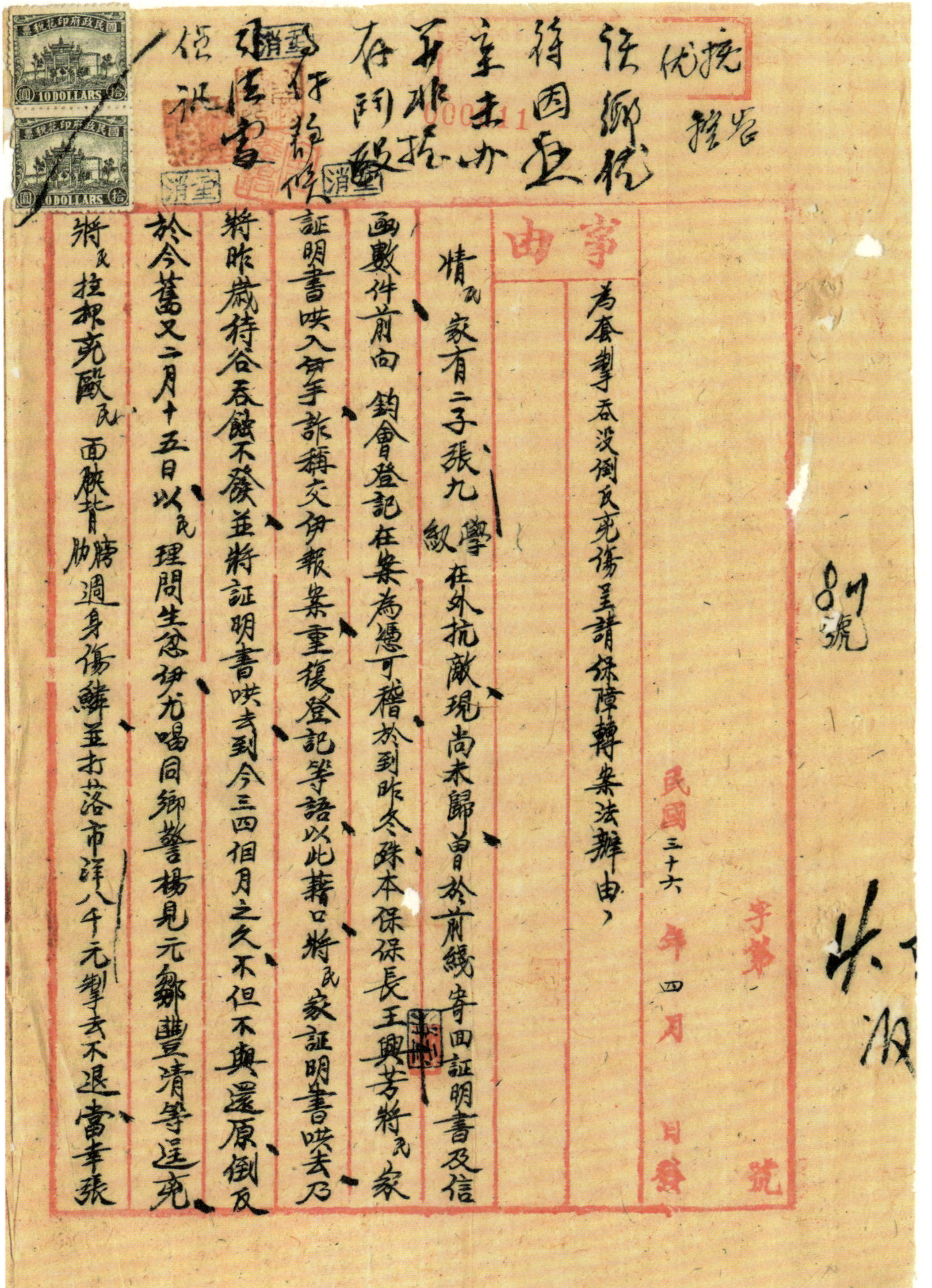

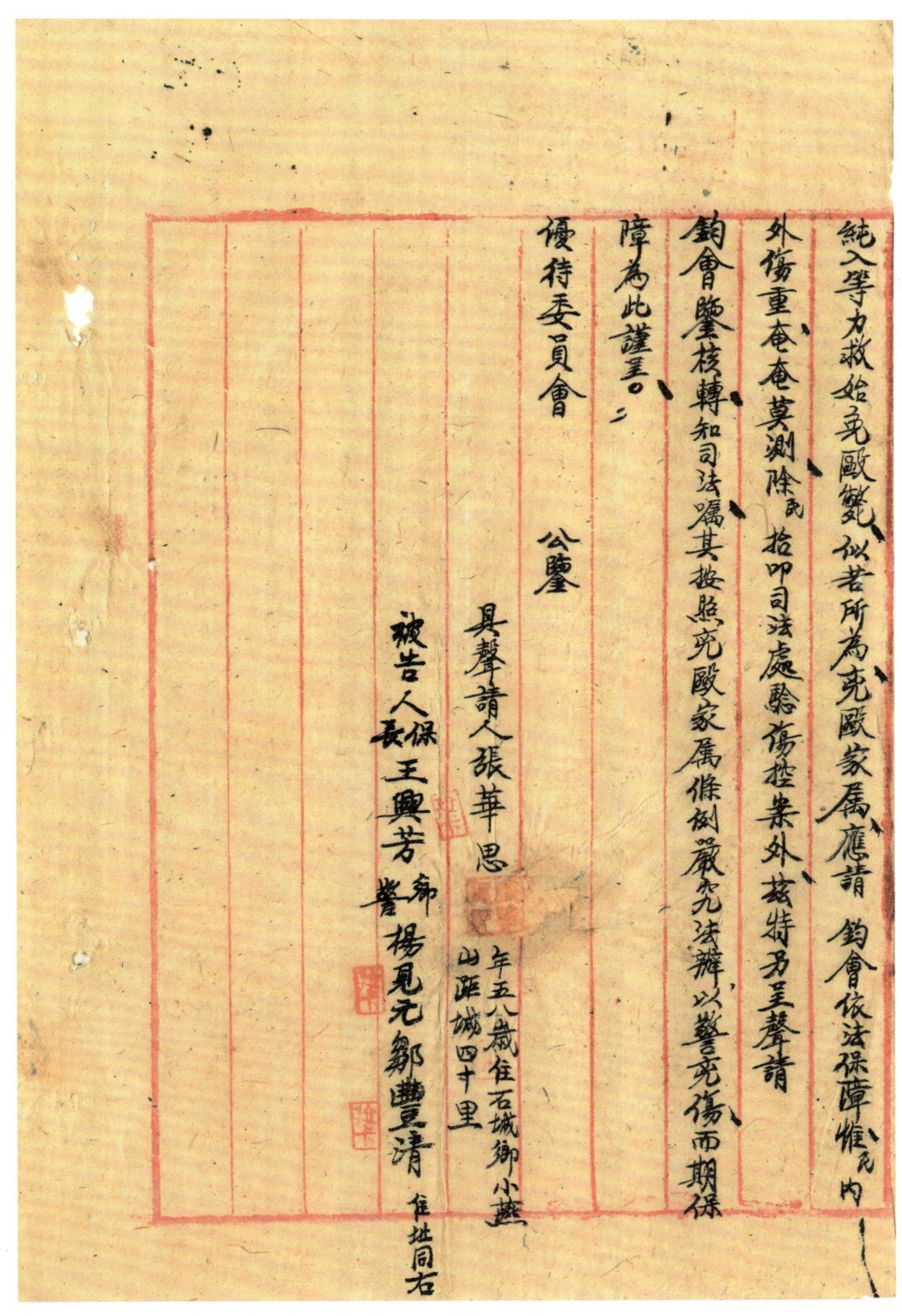
純入等力救始免毆斃，似若所為兇毆家屬，應請 鈞會依法保障。惟民內
外傷重奄奄，莫測，除民 指叩司法處驗傷控案外，茲特另呈聲請
鈞會鑒核，轉知司法，囑其按照兇毆家屬，係依嚴究法辦，以警兇傷而期保
障。為此謹呈
優待委員會 公鑒

具聲請人 張華思 年五八歲，住石城鄉小燕山，距城四十里
被告人 保長王興芳 鄉警楊見元 鄒豐清 住址同右

巴中县石城乡公所关于调查情况致巴中县政府的呈（一九四七年七月十九日）

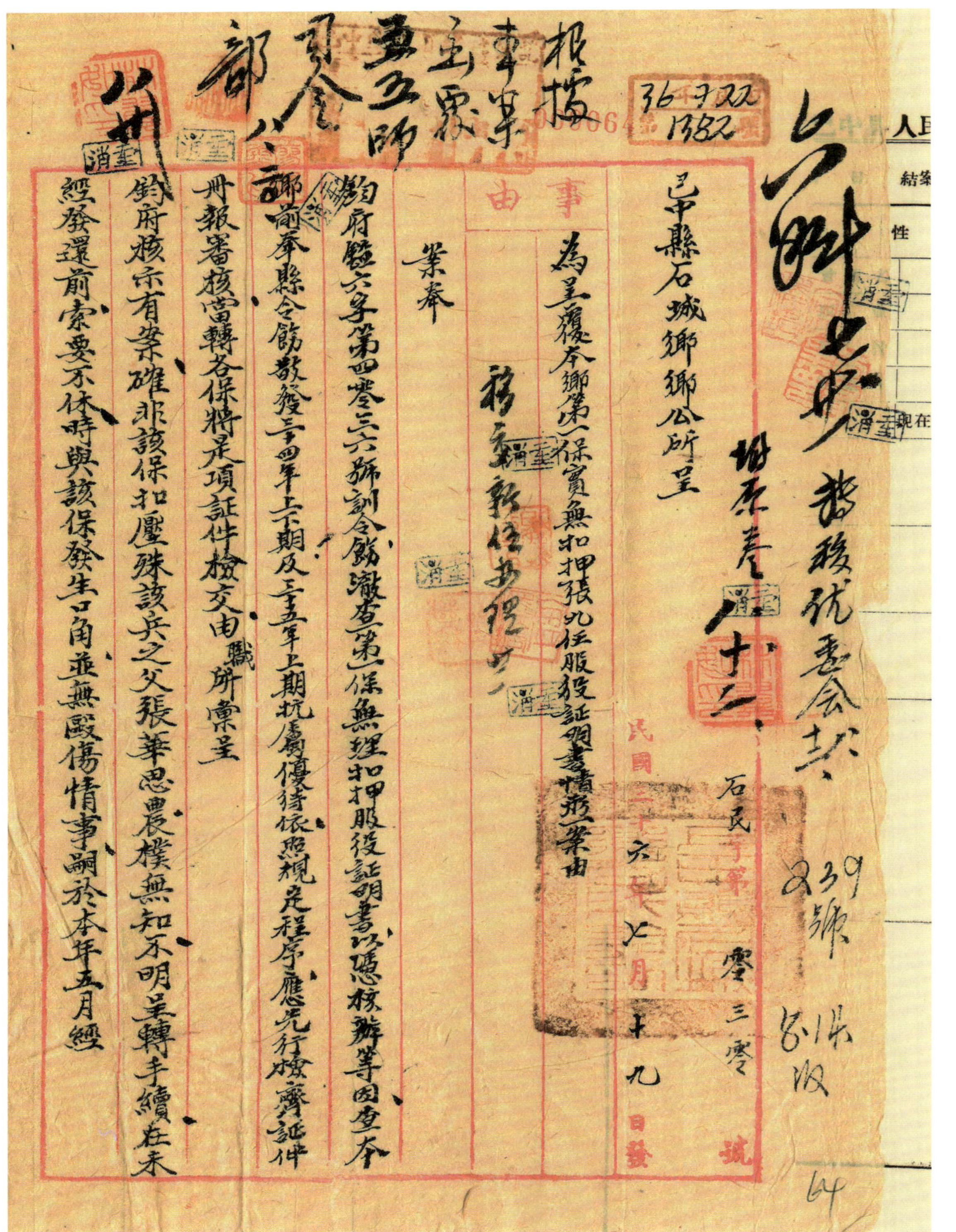

巴中縣石城鄉鄉公所呈

事由：為呈覆本鄉第一保實無扣押張光任服役証明書情形一案由

民國三十六年七月十九日發

石民字第零三零號

案奉

鈞府駿六字第四叁三六號訓令飭澈查第一保無理扣押服役証明書以憑核辦等因查本鄉前奉縣令飭散發三十四年上下期及三十五年上期抗屬優待依照規定程序應先行檢齊証件冊報審核當轉各保將是項証件檢交由職所彙呈

鈞府核示有案確非該保扣壓殊該兵之父張華忠農樸無知不明呈轉手續在未經發還前索要不休時與該保發生口角並無毆傷情事嗣於本年五月經

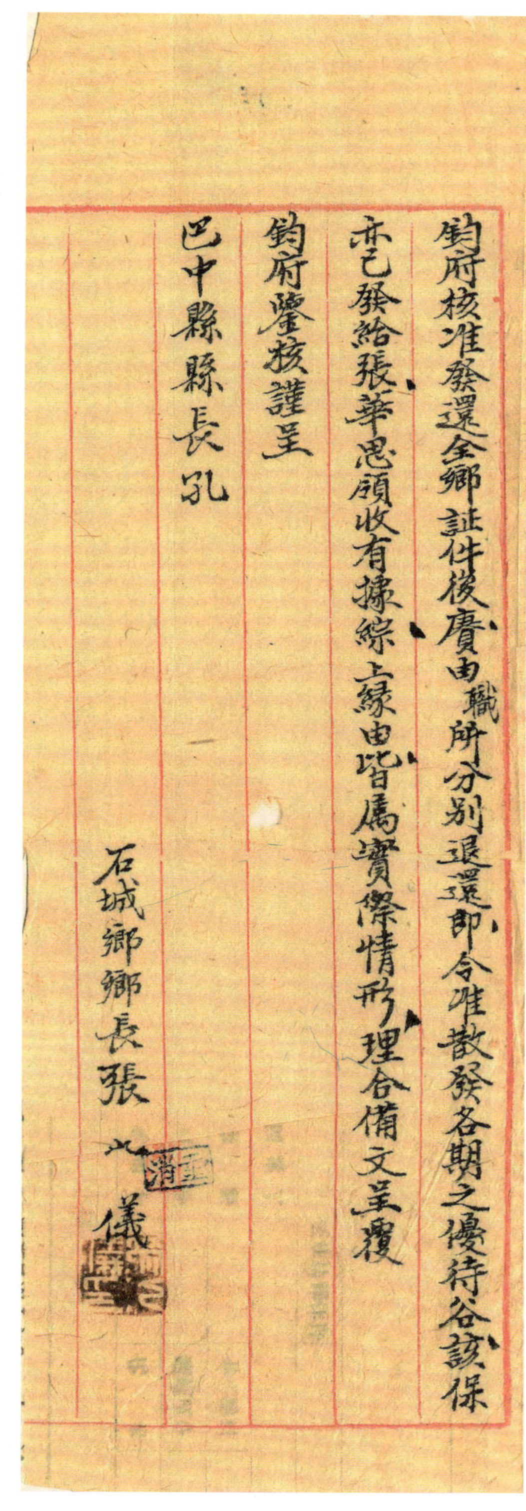
鈞府核准發還全鄉証件後，賡由職所分別退還，即令准散發各期之優待谷，該保亦已發給張華忠領收有據，綜上緣由，皆屬實際情形，理合備文呈覆
鈞府鑒核，謹呈
巴中縣縣長孔
石城鄉鄉長張儀

巴中县司法处、县出征抗敌军人家属优待委员会等关于巴中县中兴乡乡民陈崇果等诉该乡第八保保长施恺裁名改报出征军人名册侵吞优待案的来往函件

巴中县司法处致县出征抗敌军人家属优待委员会公函（一九四七年七月三十日）

附：陈崇果等告施恺原讼词

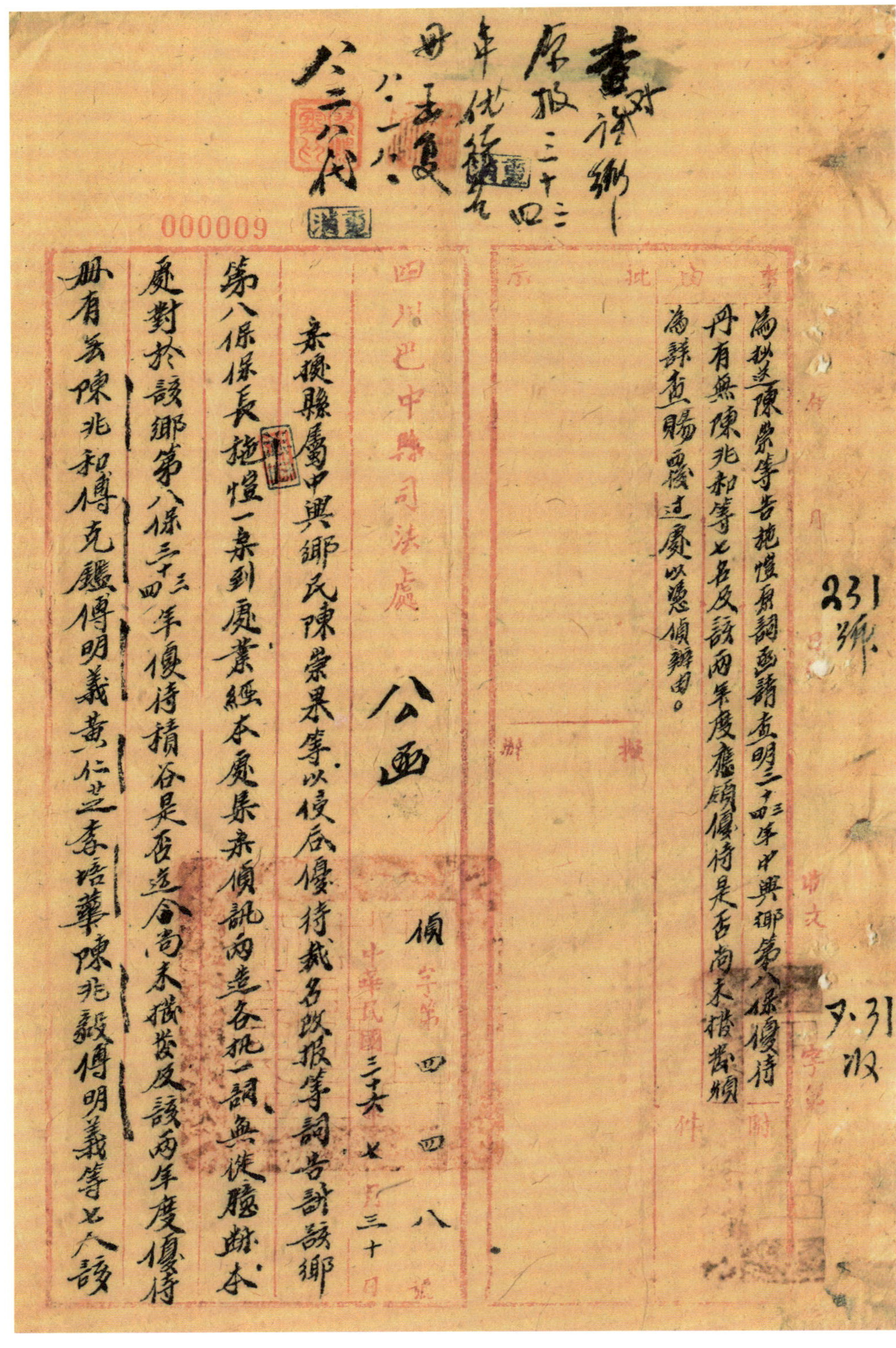

000009

事由：為抄送陳崇等告施愷原詞函請查明三十三、四年中興鄉第八保優待冊有無陳兆和等七名及該兩年度應領優待是否尚未撥發煩為轉查賜函過處以憑偵辦由。

231 鄉

7.31 收

四川巴中縣司法處

公函

偵 字第 四四八 號

中華民國三十六年七月三十日

案據縣屬中興鄉民陳崇果等以侵吞優待裁名改報等詞告訴該鄉第八保保長施愷一案到處，業經本處集案偵訊，兩造各執一詞，無從臆斷。本處對於該鄉第八保三十三、四年優待積谷是否造冊尚未撥發，及該兩年度優待冊有無陳兆和、傅克鑑、傅明義、黄仁芝、李培華、陳兆毅、傅明義等七人，該

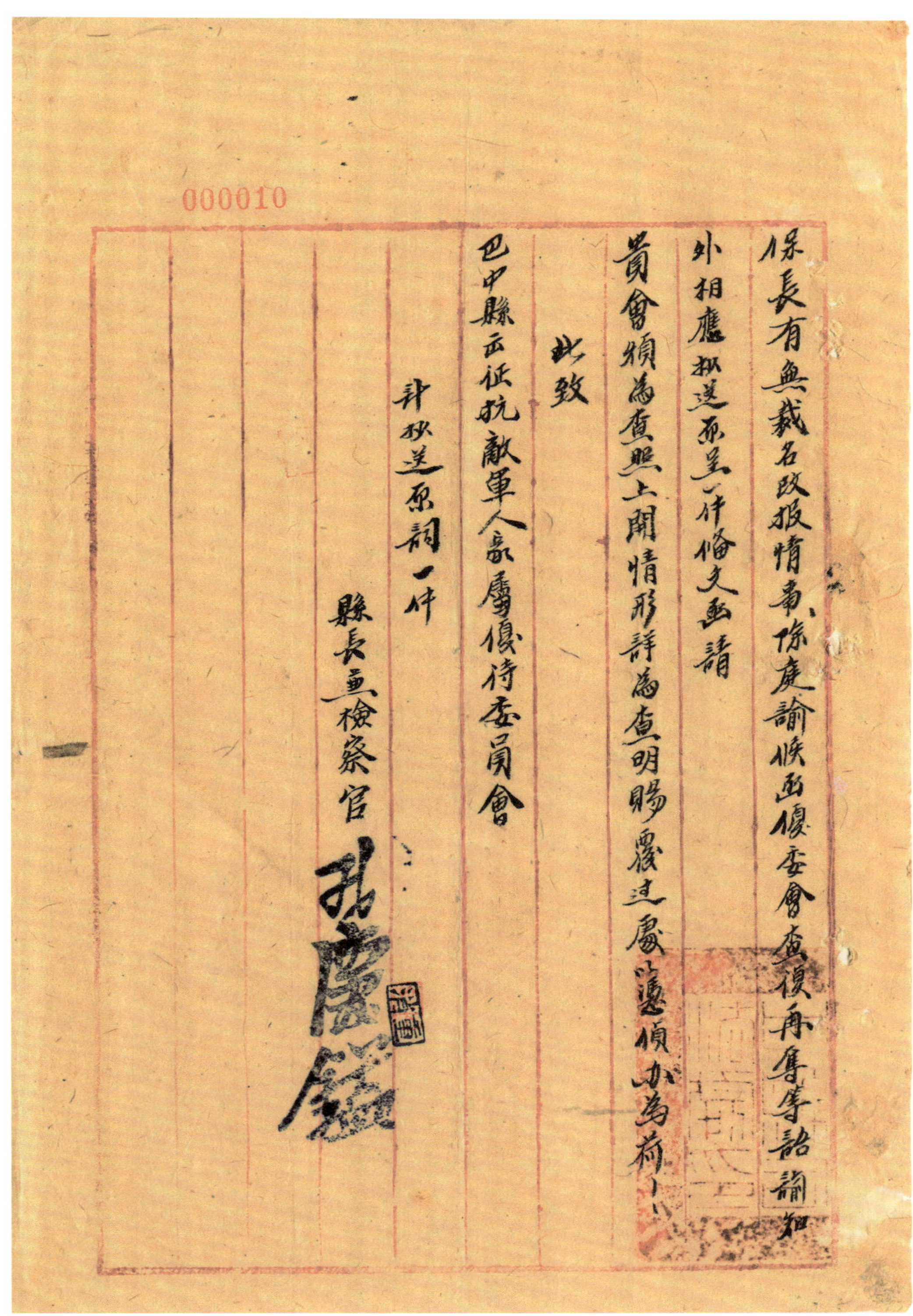
000010

保長有無栽名改報情弊，除庭諭候函復委會查復再集等語諭知外，相應抄送原呈一件備文函請

貴會煩爲查照上開情形，詳爲查明賜覆過處，實紉公誼爲荷！此致

巴中縣出征抗敵軍人家屬優待委員會

計抄送原詞一件

縣長兼檢察官　孫慶鑫

為朦报恳求請予拘案預調縣府由鄉長李聿修轉报三十三四两年來保優待名册賫
对質查訊資清办以除贪污而正国典以昭情 民 等六子夫弟凡系征抗敌為國犧牲乃有
優待大典之頒佈乡保办理概由每第於民三十二年以前多未照發不贊惟民三十五两年
之優待係由乡長轉令保長册报荐頒不訪 民 保〻長施燦遇公私吞食竟橫巧設機謀
蓄意吞盗將全保抗屬证書翻篡册报三十六名將谷私頒吞吞不發顆粒且將証書[illegible]據
存不还飾言报上核示尚不致伏無從追究時延年餘迫 民 等無如指甯派人赴縣府
抄出原报名册尤多妙想騙術方知以 民 陳業果之子陳兆和及軍人傅克鐵傅炳义
黄以之李培華陳兆毅傅炳義等七人實有证書者故不上报而以實系抗敌自
無証書可驗之王绍祥陳兆歆楊光壽陳其德吳國吳張福貴譚續為等七人督
頂以冒私落更有軍人姓名實报家屬藏名改报詭謀騙吞以 民 施光炳之子施于

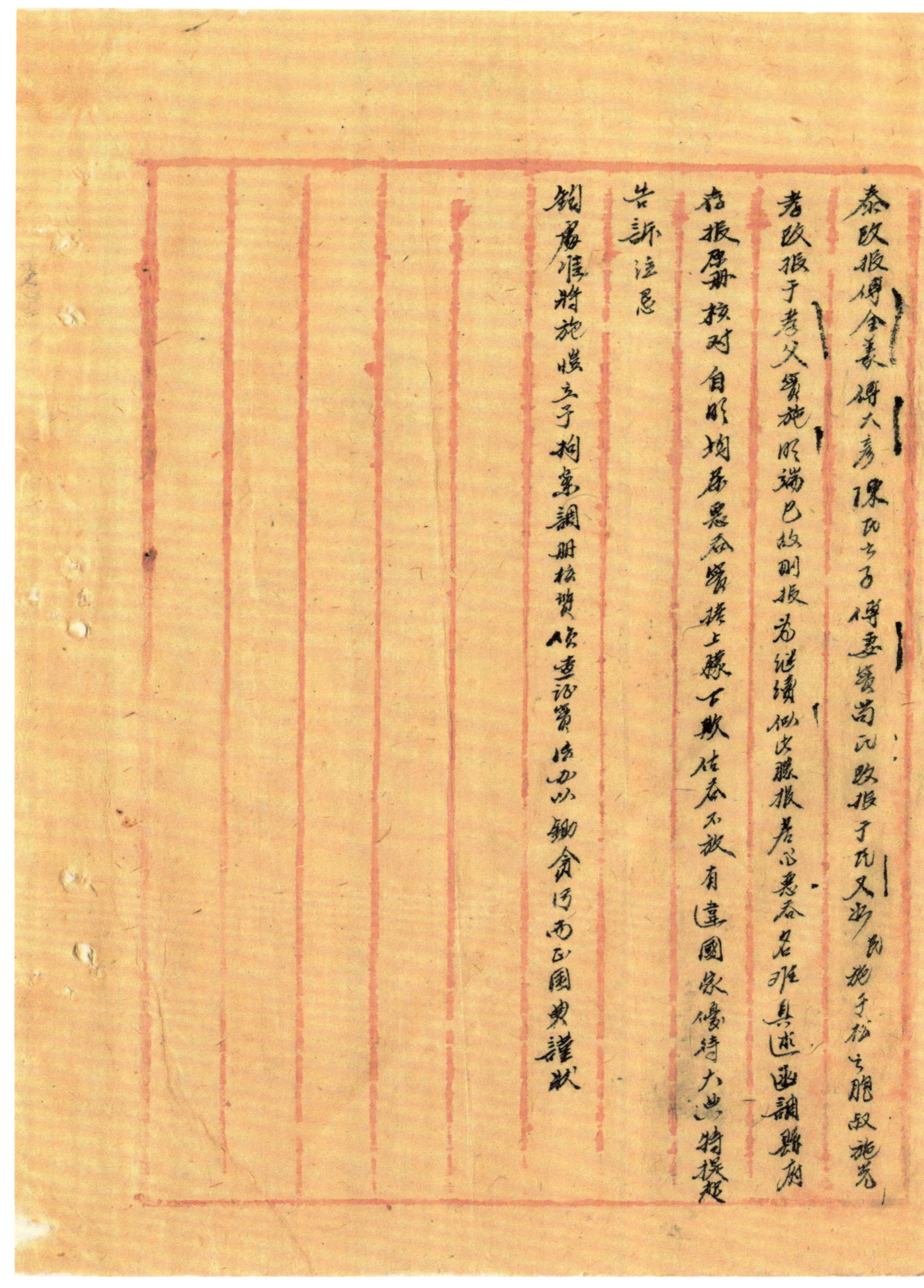
泰攻振傳金義傳大彥陳氏六子傳惠寶尚氏攻振子氏又出氏施子松六朋叙施光
者攻振于孝父寶施明端已故則振為繼續似次勝振者必愚吞名非具述函謂縣府
存振原冊核对自明均系愚吞寶據上縣下欺估吞不放有違國家優待大典特據起
告訴注恩
銷屬准將施嵩立子拘案調冊核實俾查認實係出以貪污而正國典謹狀

巴中县政府致县司法处公函（一九四七年九月十一日）

附：抗属代表陈崇果等控施恺致县出征抗敌军人家属优待委员会的呈

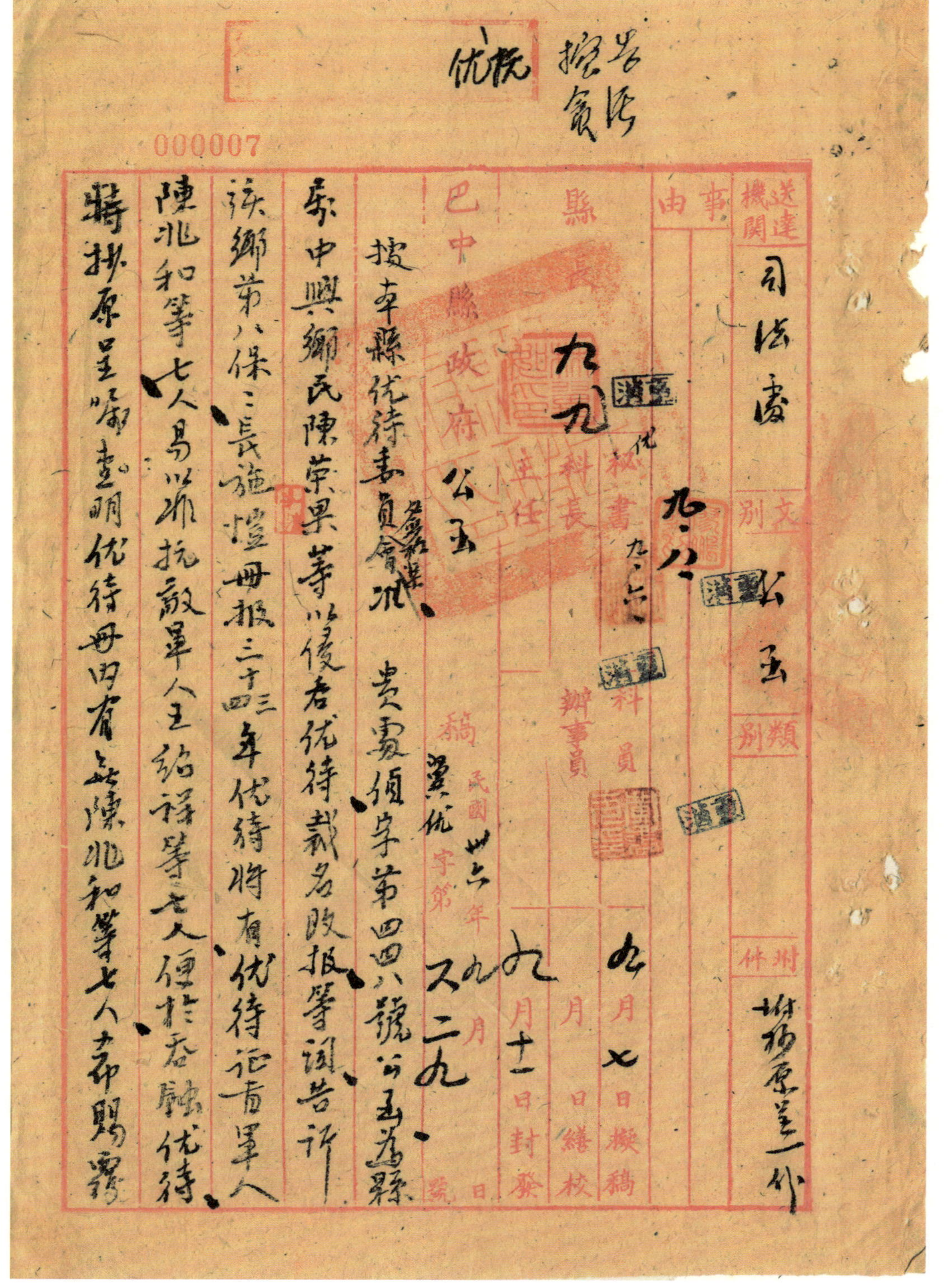
存 控案
優撫
000007
送達機關：司法處
文別：公函
附件：抄原呈一件
巴中縣政府公函
民國卅六年九月 日
巽優字第二九號

據本縣優待委員會代
貴處傾字第四四八號公函為縣
屬中興鄉民陳崇果等以優者優待裁名敗報等詞告訴
該鄉第八保保長施愷冊報三十三、四年優待將有優待証者軍人
陳兆和等七人易以非抗敵軍人王紹祥等七人使於吞蝕優待
轉據原呈囑查明優待冊內有無陳兆和等七人未蒙賜覆

000008

□覓□办等由過會查該鄉三十四年優待冊四依據原呈所称應領優待之陳兆和等七人中僅列有蕭仁芝一人無話可說之王銘祥等七人冊內均有冒文近據該鄉抗家代表陳榮果等呈称該保抗屬再有偽據將十二八兆張興云之妻吳氏偽造李氏經查冊內確係造列李氏惟該鄉發放優待時尚係在胡前任內是否實領本會已無簿書可資稽考茲准前由及據呈前情特將查核情形并附抄原呈隨請轉函司法處併案有關人証訊明真偽等情前來相應函復

貴處煩為查照辦理為荷！此致

巳中縣司法處

附抄原呈一件

縣長林

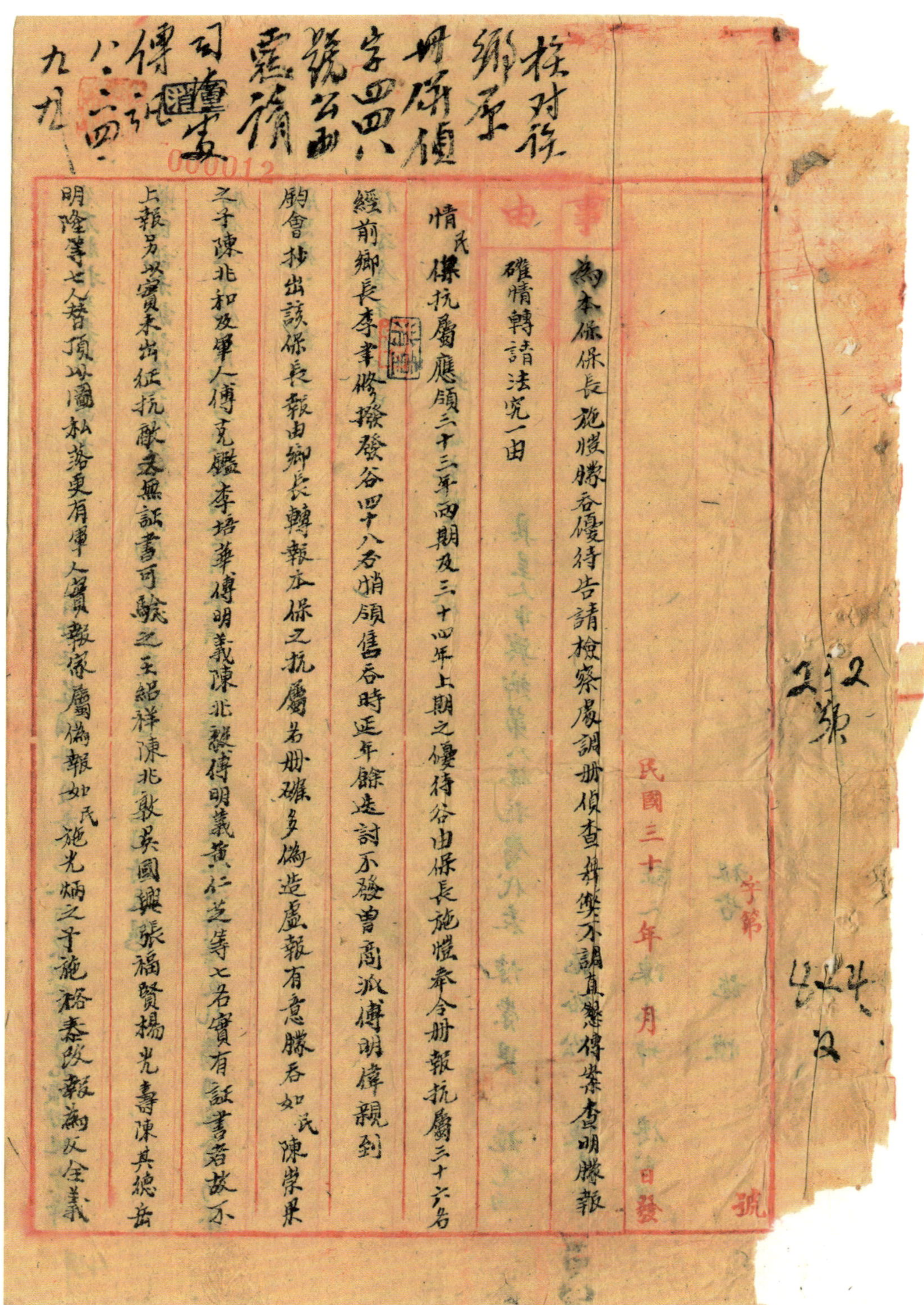

核对该乡原册值字四四八号公函发续查司传讯 八·二四 九·九

000012

事由：為本保保長施慣朦吞優待谷請檢察處調册偵查弊不諱真懲傅崇查明朦報礶情轉請法究一由

民國三十一年　月　日發　字第　號

情民保抗屬應領三十三年兩期及三十四年上期之優待谷由保長施慣奉令册報抗屬三十六名經前鄉長李聿修撥發谷四十八石悄領售吞時延年餘迭討不發曾商派傅明偉親到鄉會抄出該保長報由鄉長轉報本保之抗屬名册雖多僞造虛報有意朦吞如民陳崇果之子陳兆和及軍人傅克鑑李培華傅明義陳兆親傅明義黃仁芝等七名實有証書若故不上報另以實未出征抗敵亦無証書可驗之王紹祥陳兆敦吳國興張福賢楊光壽陳其德岳明隆等七人替頂以圖私落更有軍人質報家屬僞報如民施光炳之子施裕泰改報為仅全義

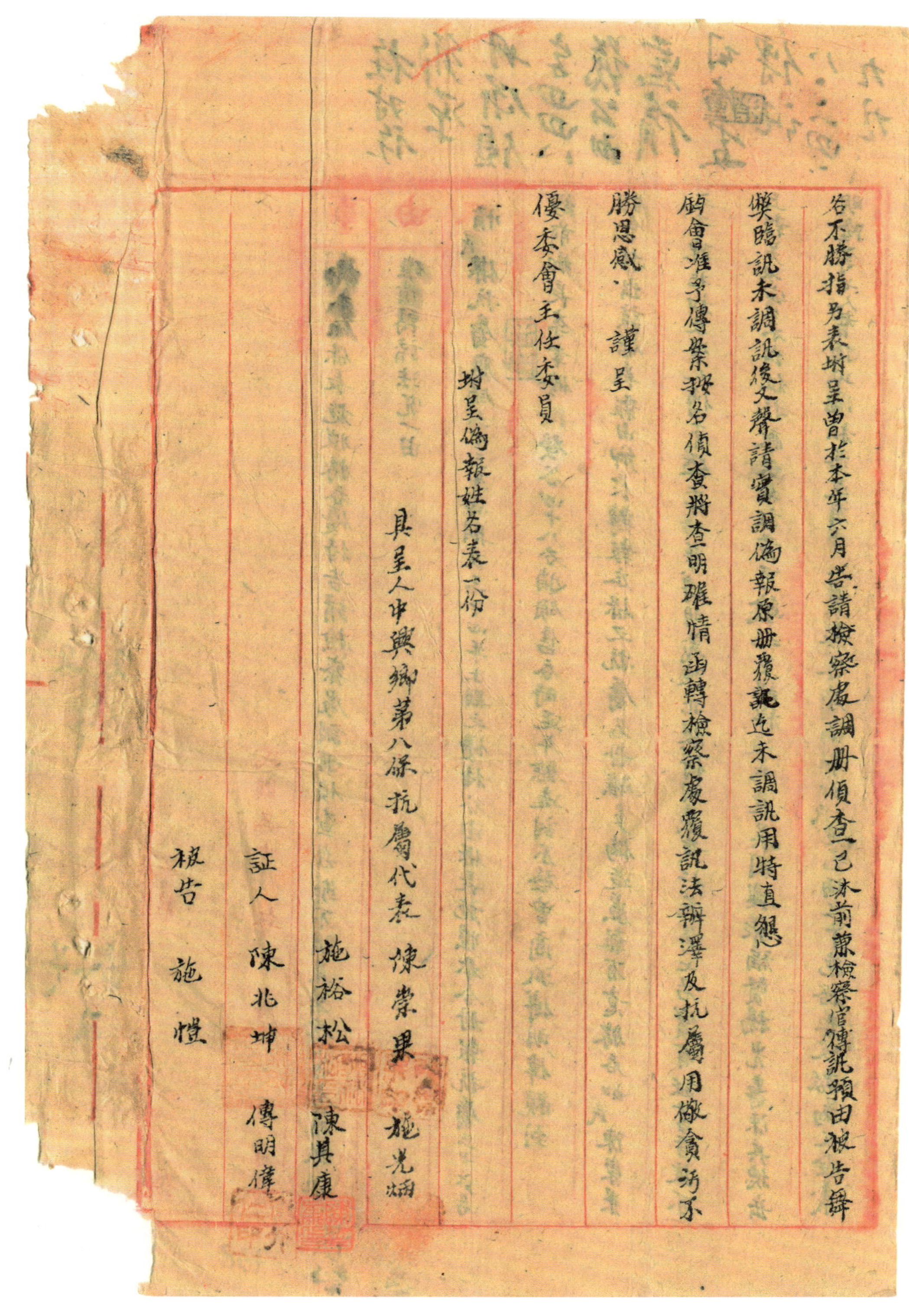

告不勝指另表坿呈曾於本年六月告請檢察處調冊偵查一已沐前蕭檢察官傳訊預由被告辯

變臨訊未調訊後又聲請實調偽報原冊覆訊迄未調訊用特直懇

鈞會准予傳案拘名偵查將查明確情函轉檢察處覆訊法辦澤及抗屬用儆貪汙不

勝恩感　謹呈

優委會主任委員

坿呈偽報姓名表一份

具呈人中興鄉第八保抗屬代表　陳崇果　施光炳

施裕松　陳其康

証人　陳兆坤　傅明偉

被告　施愷

000013

原訴造呈在優委會抄出施愷偽報本保家屬姓名表

計抄

張興云 妻李氏 實吳氏

施裕孝 實光孝 父明端

施裕秦 父全義 實光炳

張福清 母文氏 實李氏

施光第 父明成 實明偉

傅大洵 實大鈞 父正科

諶緒昌 兄緒隆 實緒福

傅大彥 妻于氏 實苟氏

傅克仁 父大志 實明元

施裕氏 母饒氏 實陳氏

傅明高 父大榮 實大吉

陳兆彬 妻苟氏 實母苟氏

外有王紹祥等非軍人七名叙卷免錄飭驗証書

一、再有李前鄉長棠報之優待名册不明有無係别但本保係自施裕林起至李國華止

平昌设治局与巴中县政府关于移交青龙乡所有优待案卷的来往函件

平昌设治局致巴中县政府的公函（一九四七年六月三十日）

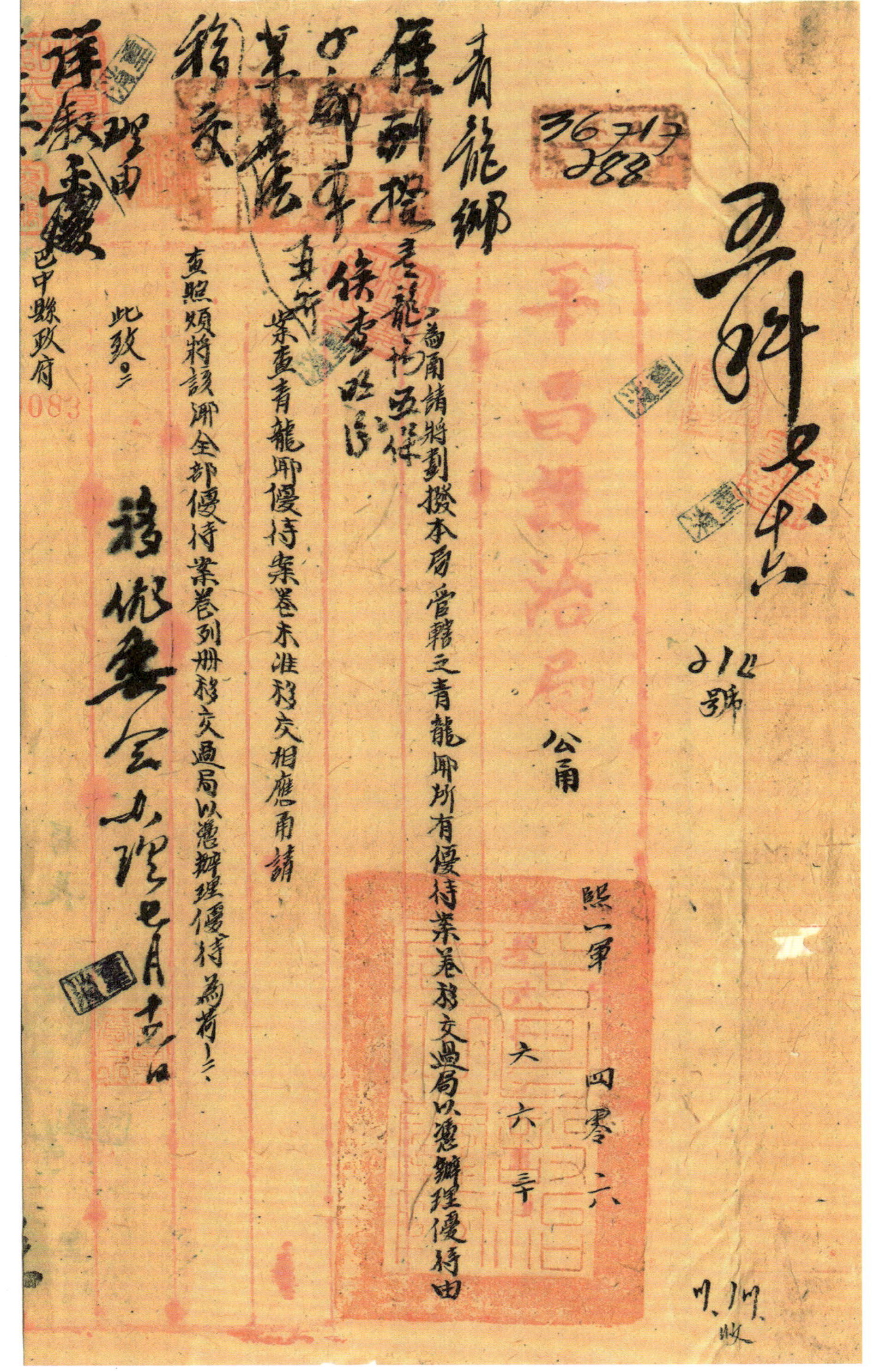

平昌设治局公函

照一字第四零六六二号

为函请将划拨本局管辖之青龙乡所有优待案卷移交过局以凭办理优待由

案查青龙乡优待案卷未准移交，相应函请

查照，烦将该乡全部优待案卷列册移交过局，以凭办理优待为荷！

此致

巴中县政府

平昌设治局致巴中县政府的公函（一九四七年八月十九日）

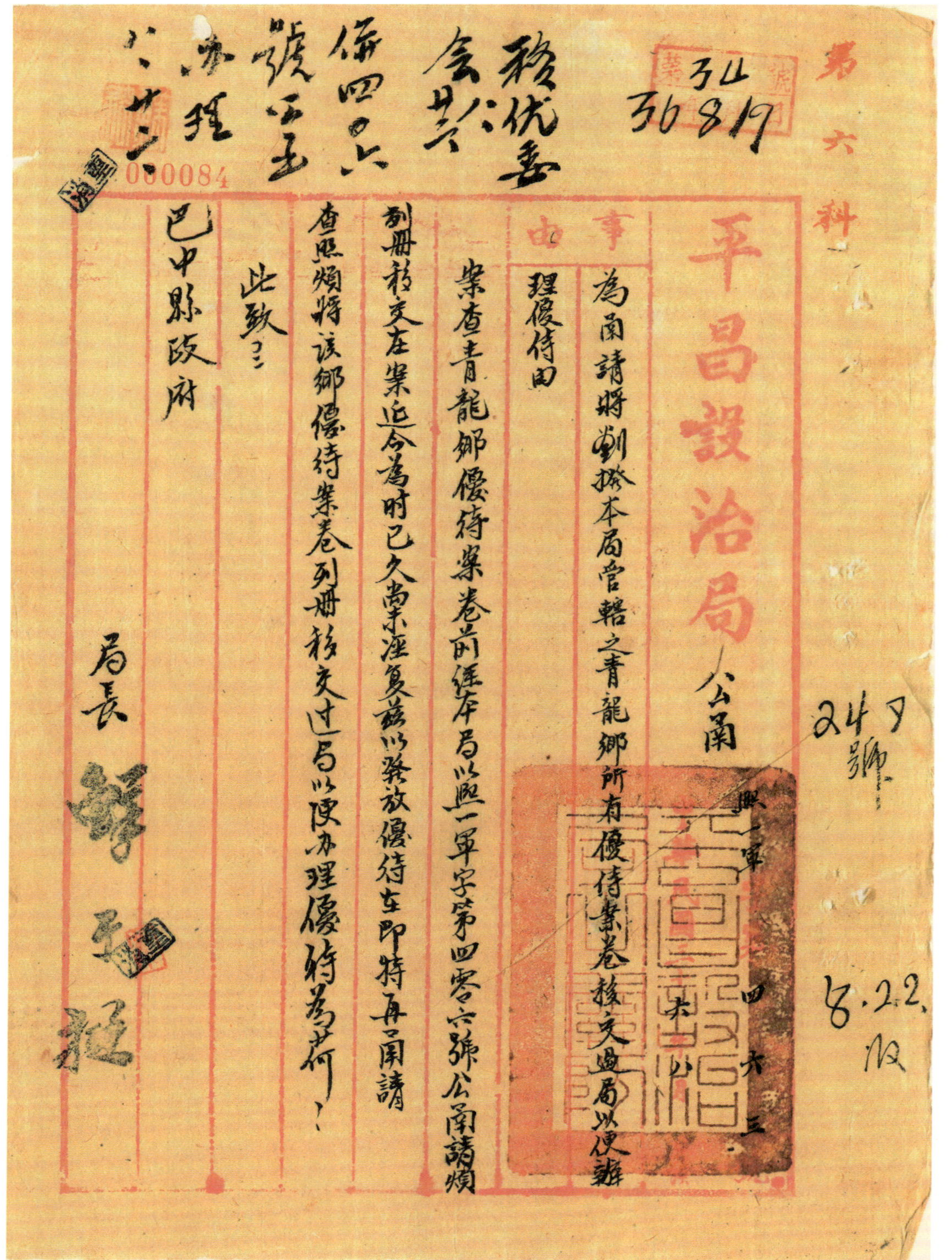
第六科

平昌設治局公函

職一軍字第四六三號

事由：為函請將劃撥本局管轄之青龍鄉所有優待案卷移交過局以便辦理優待由

案查青龍鄉優待案卷，前經本局以職一軍字第四零六號公函請煩列冊移交在案。迄今為时已久，尚未准复。兹以發放優待在即，特再函請查照，煩將該鄉優待案卷列冊移交过局，以便办理優待為荷！

此致

巴中縣政府

局長 解□□

平昌设治局致巴中县政府的公函（一九四七年八月三十日）

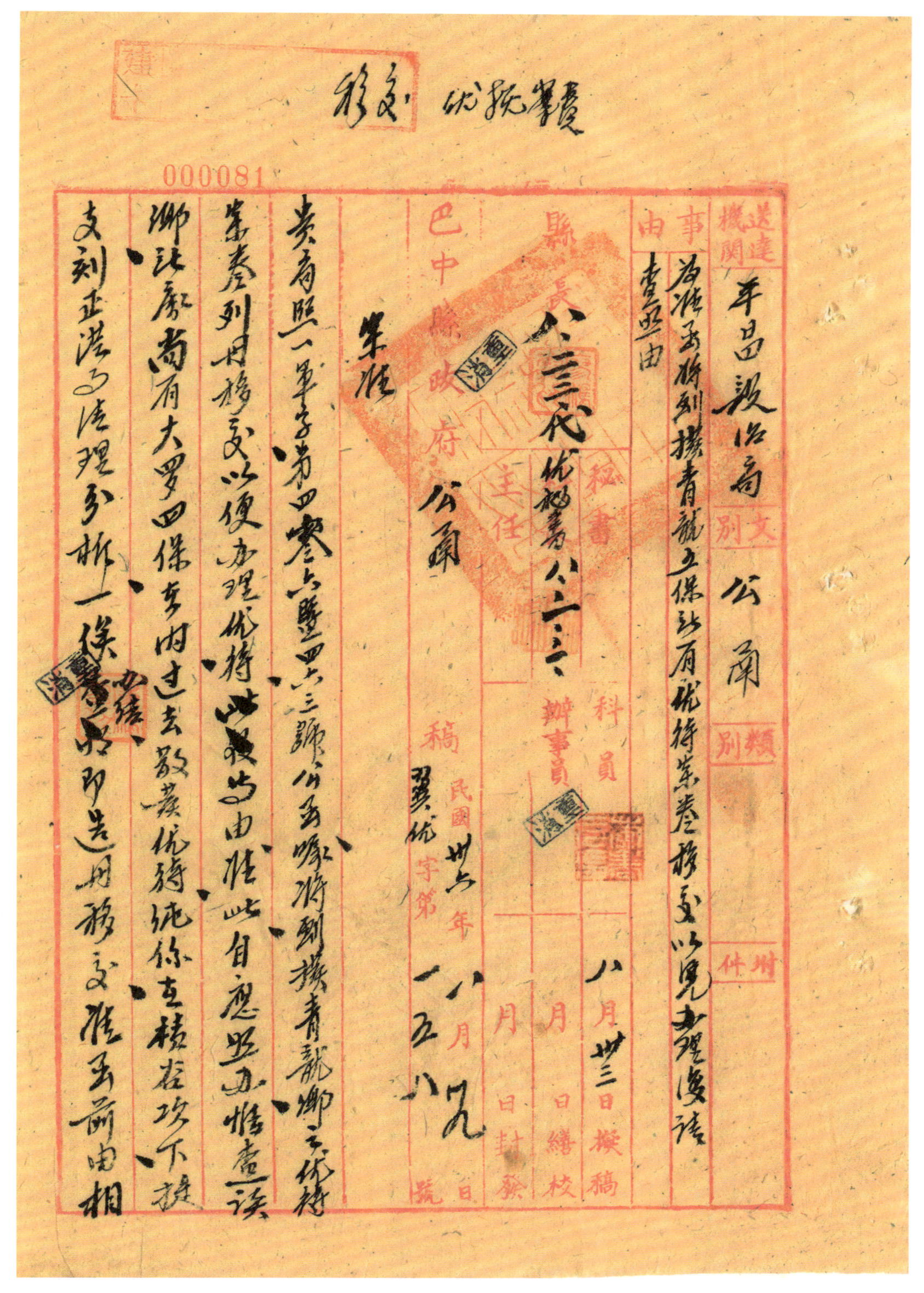

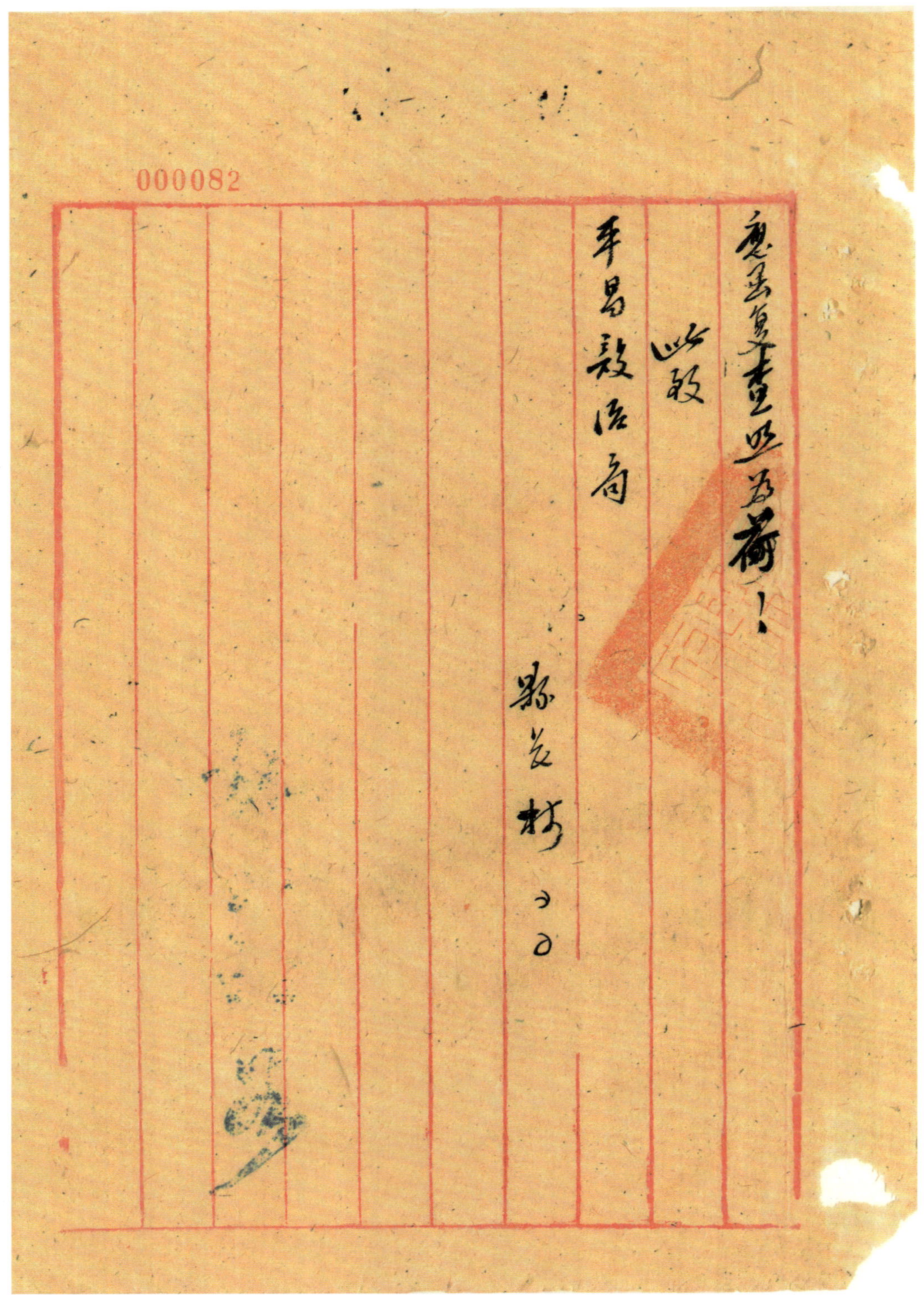

000082

贵县长查照为荷！

此致

平昌县政府

县长　杨〇〇

巴中县政府关于转发抗战殉国将士事迹及遗族情形调查表致县出征抗敌军人家属优待委员会的训令（一九四八年三月二十四日）

附：殉国将士事迹及其遗族情形调查表

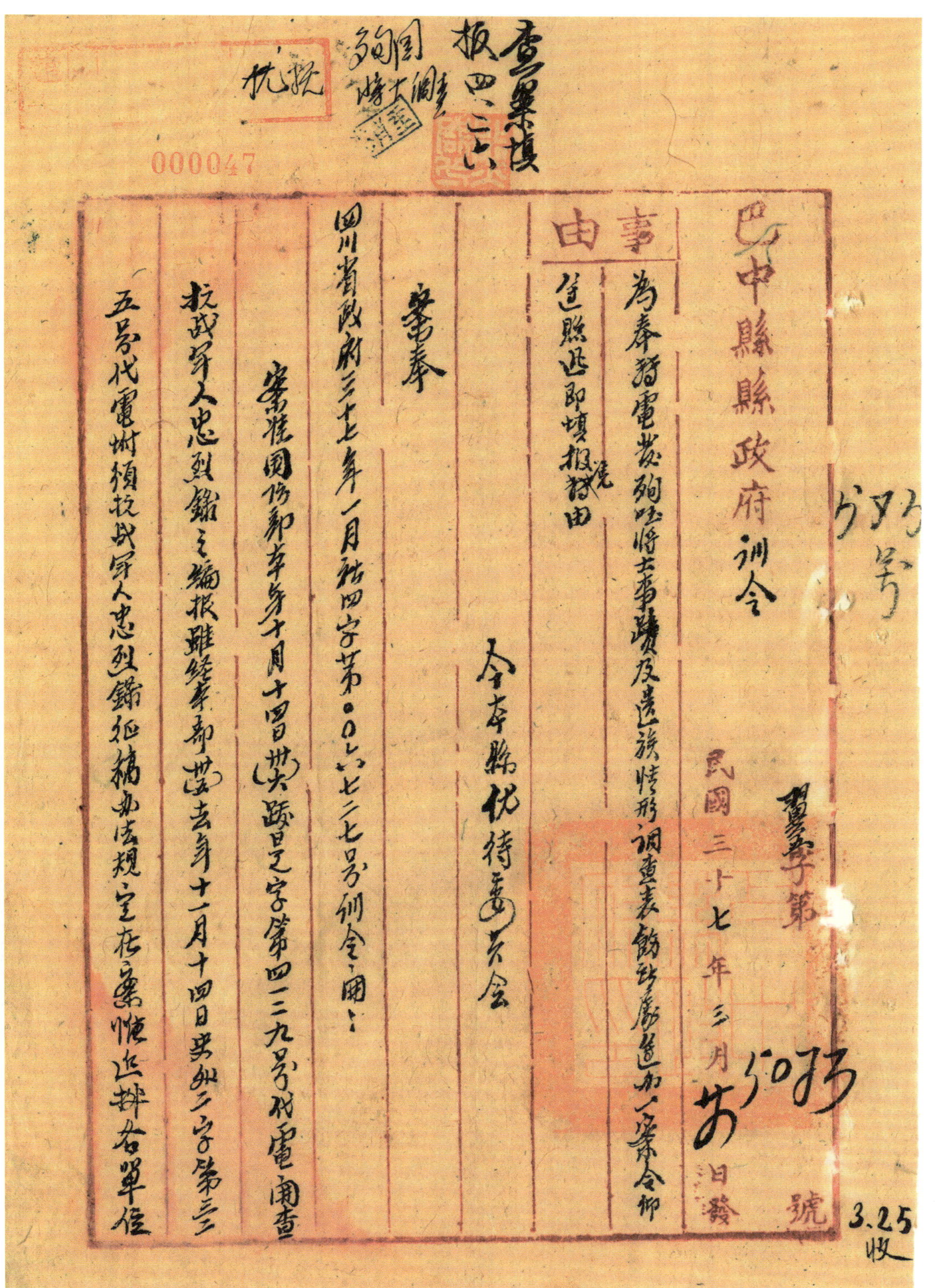

巴中縣縣政府訓令

民國三十七年三月 日發

事由：為奉轉電發殉難將士事蹟及遺族情形調查表飭即分發遺族一案令仰遵照迅即填報核轉由

令本縣優待委員會

案奉

四川省政府三十七年一月秘四字第〇六七二七號訓令開：

案准國防部本年十月十四日典跡甲之字第四一三九號代電開：查抗戰軍人忠烈錄之編輯，雖經本部去年十一月十四日典如二字第三五號代電檢發抗戰軍人忠烈錄編稿辦法規定在案，惟近據各單位

3.25收

000048

该报该项忠烈录有依办法编报亦有填报事迹表格为便利编报
起见特再补行规定如次(一)凡上校以上之殉难将校有较多事迹
需予详较之记载者仍照原颁忠烈录征集办法以文词叙述另照
(二)项规定附一调查表以便斟酌情形采编(二)中校以下之殉难将士即照
附件殉国将士事迹暨其遗族情形调查表填报但如有殊特功
绩须予详记者仍如同(一)项规定办法(三)以上规定对殉难将
士亦同样适用除分电外请查照并转饬该属依原颁办
法或照本表查填报送为荷等由附调查表一份准此除分
令外合行令仰遵照此令
附图：附抄发调查表一份奉此合行抄发原表一份令仰该县遵照

000049

限于三月廿二日以前分别各详填三份来府以凭转报，勿得延误干咎为要！！此令。

附抄发选举调查表及填表须知各一份

县长 林鹗腾

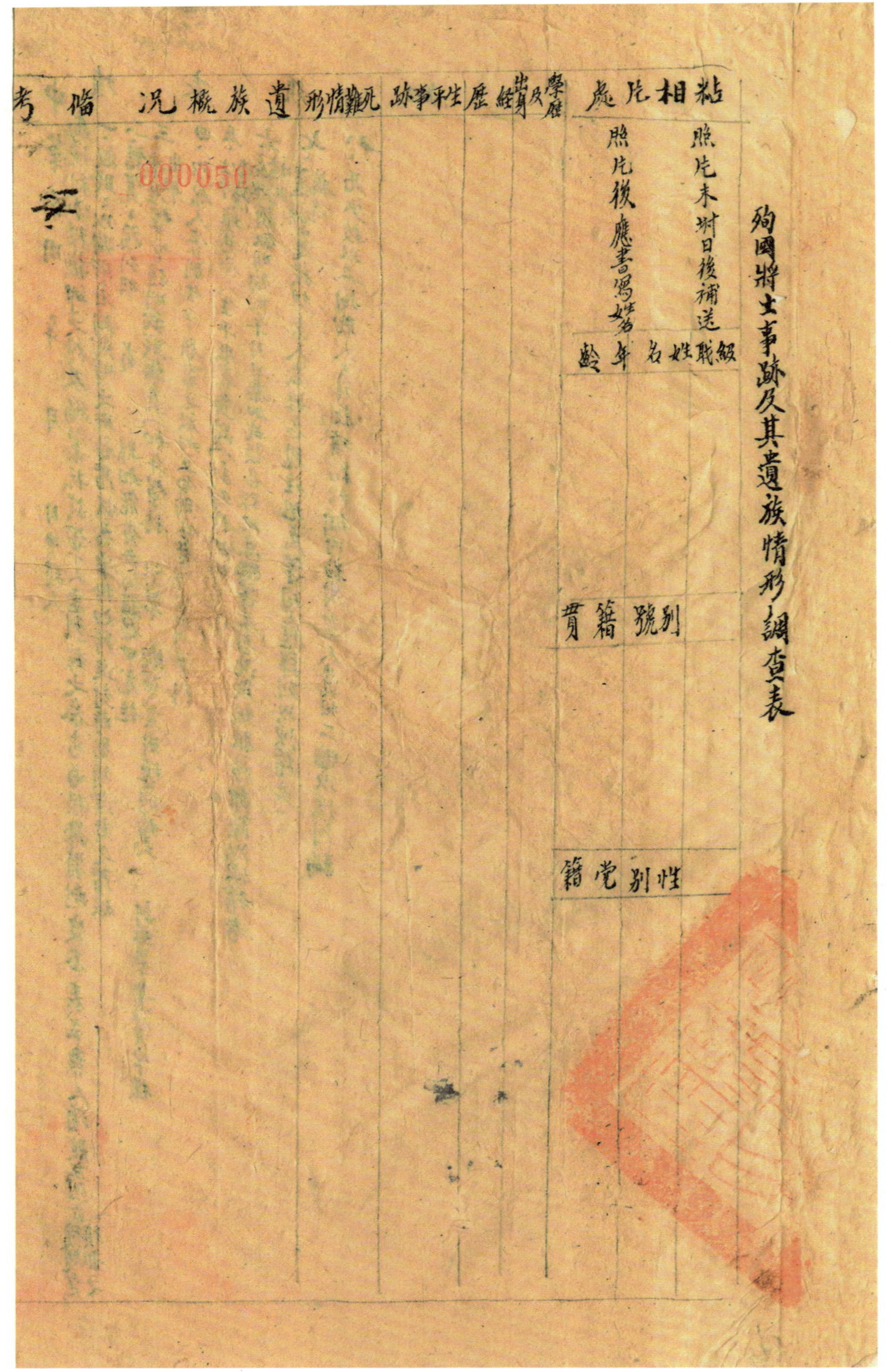
殉國將士事跡及其遺族情形調查表

級職	姓名	年齡	號別	籍貫	性別	黨籍

粘相片處	照片未到日後補送 照片後應書寫姓名
學歷及出身經歷	
生平事跡	
死難情形	
遺族概況	
備考	

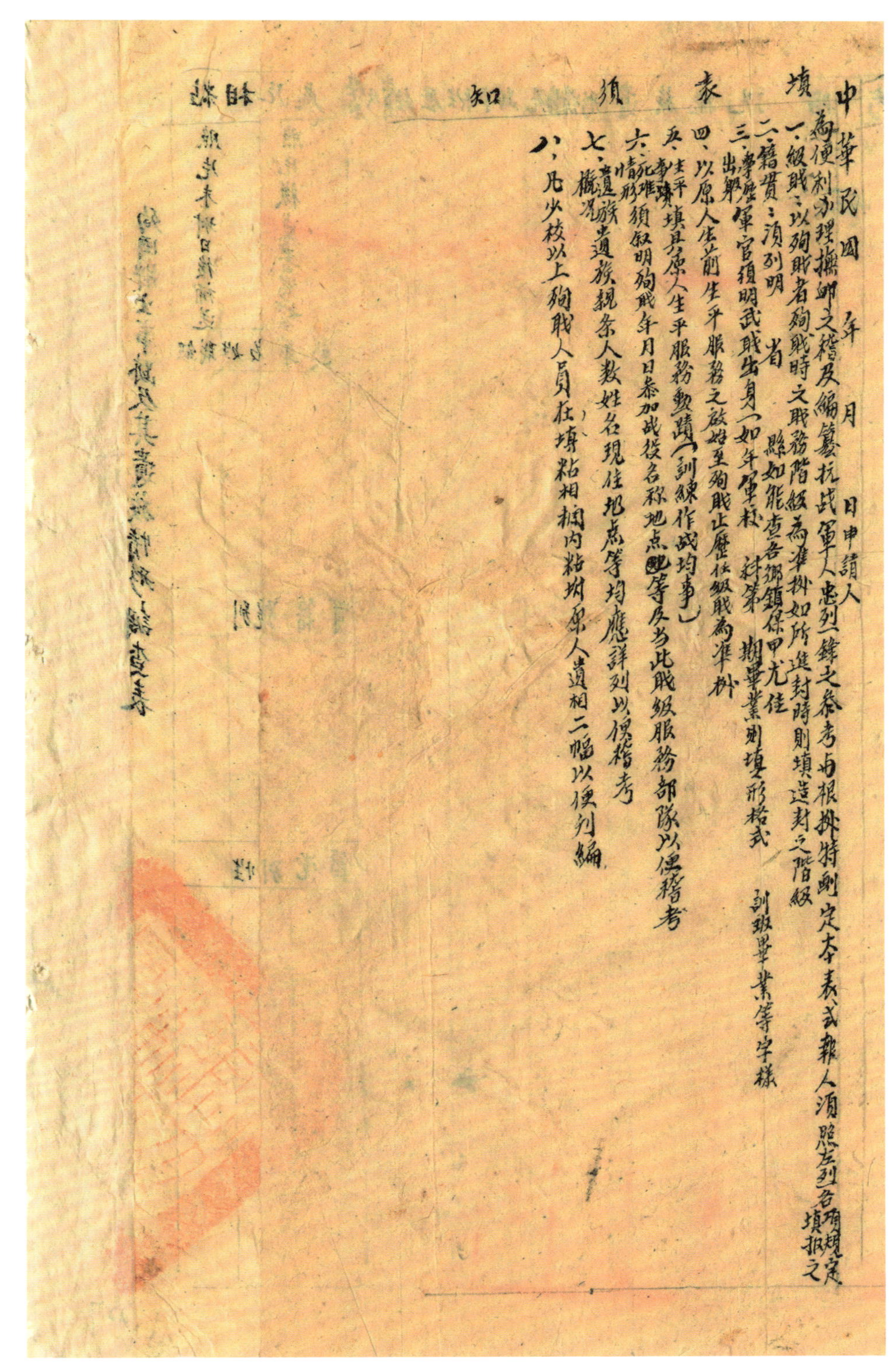

中華民國　　年　　月　　日申請人

填表須知

為便利辦理撫卹之稽及編纂抗戰軍人忠烈錄之參考而根據特制定本表式報人須照左列各項規定填報之

一、級職：以殉職者殉職時之職務階級為準擬如所進封時則填進封之階級

二、籍貫：須列明　　省　　縣如能查名鄉鎮保甲尤佳

三、學歷出身：軍官須明武職出身（如　　年軍校　　科第　　期畢業則填其形格式　　訓班畢業等字樣）

四、以原人生前生平服務之啟始至殉職止歷任級職為準擬

五、生平事蹟：填具原人生平服務動蹟（訓練作戰均事）

六、死難情形：須叙明殉職年月日參加戰役名稱地點等及当此職級服務部隊以便稽考

七、遺族概況：遺族親系人數姓名現住地點等均應詳列以便稽考

八、凡少校以上殉職人員在填粘相欄內粘附原人遺相二幅以便刊編

巴中县政府关于依照规定填报巴中县一九四七年度出征军人优待谷发放概况报告表致川东师管区达县团管区司令部的代电（一九四八年五月十七日）

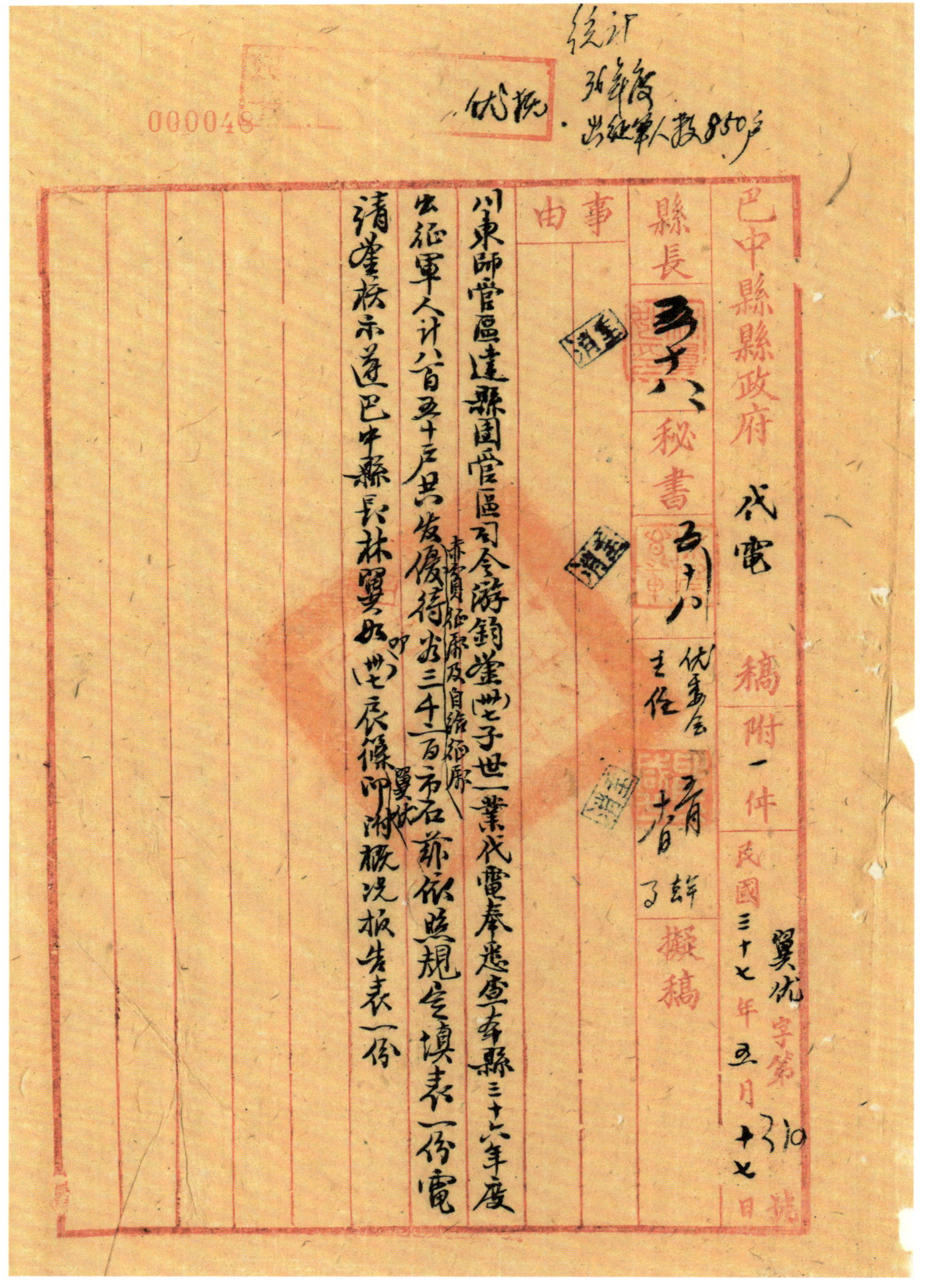

巴中縣政府 代電 稿 附一件

民國三十七年五月十七日 翼优字第310號

事由

川東師管區達縣團管區司令游鈞鑒：（卅七）子世一叢代電奉悉。查本縣三十六年度出征軍人計八百五十戶，共發優待（赤貧征屬及自給征屬）穀三千一百市石，爰依照規定填表一份電請鑒核示遵。巴中縣長林翼如（卅七）辰篠印附概況報告表一份

巴中县政府关于复员军人不分阶级一律补发优待金谷致县出征抗敌军人家属优待委员会的函（一九四八年六月五日）

附：县政府补发抗战复员官兵历年优待谷会议记录（一九四八年六月二日）

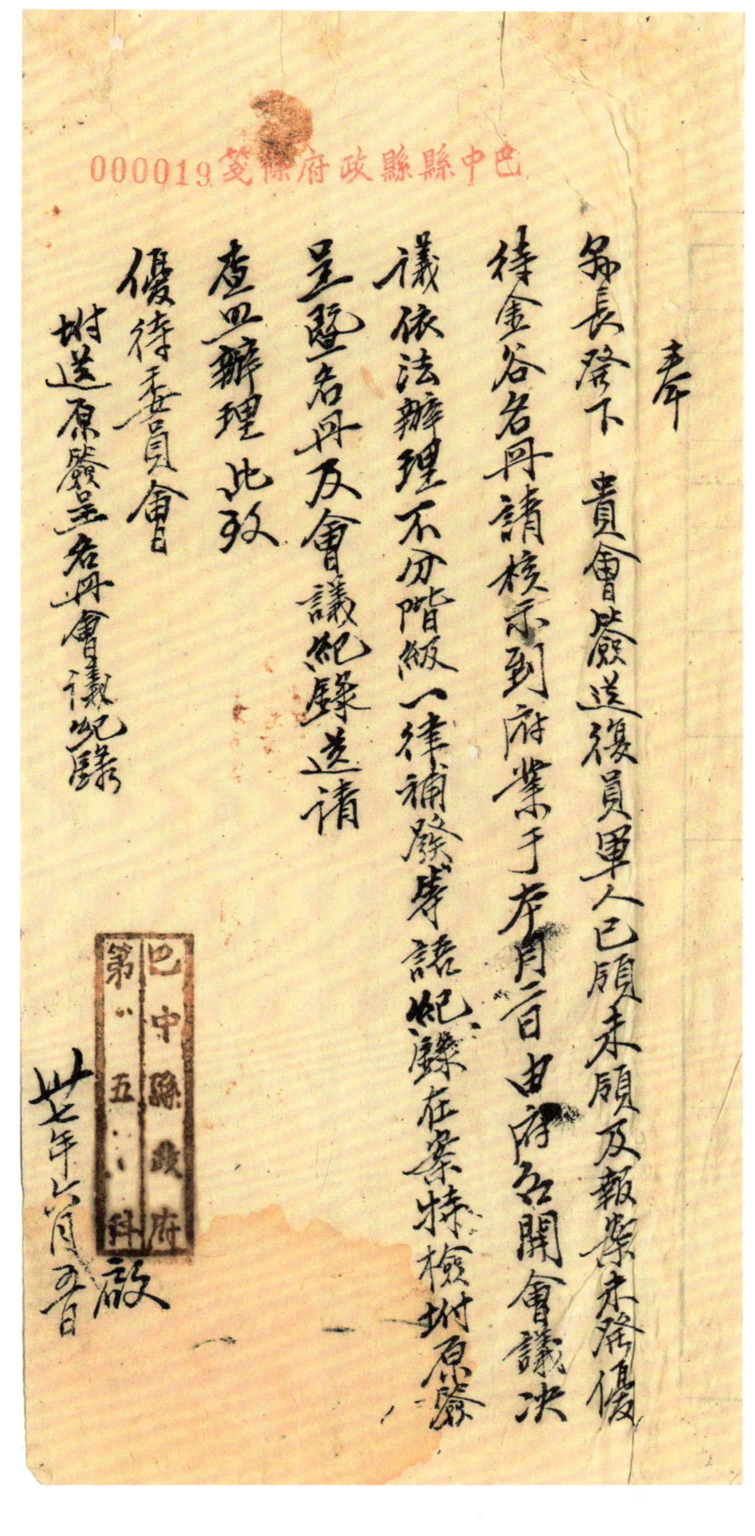
巴中縣政府便箋　000019

奉

部長啓下　貴會發送復員軍人已領未領及報案未領優待金谷名冊請核示到府業于本月二日由府召開會議決議依法辦理不分階級一律補發等語紀錄在案特檢附原發呈暨名冊及會議紀錄送請

查照辦理此致

優待委員會

附送原發呈名冊會議紀錄

巴中縣政府　第五科

卅七年六月五日　啟

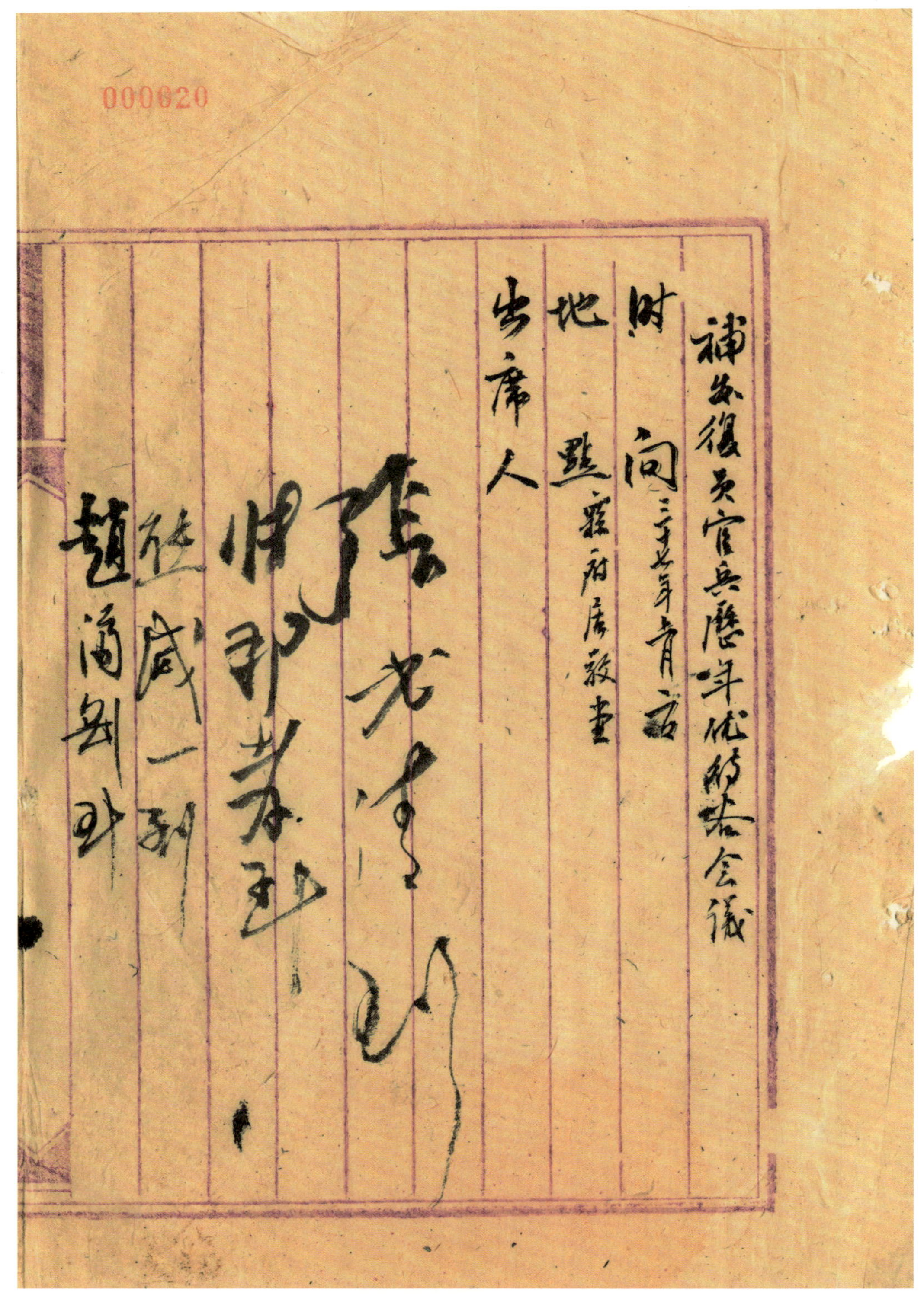

补发复员官兵历年优待谷会议

时　间　三十五年　月　日

地　点　县府广教堂

出席人　张光清到

冉郁芬到

张咸一到

赵涵钊到

審查委員

都省仁到

鄭月波到

蔣君模到

郭鬯園到

張寶彝到

鄧國柱到

王孟陽到

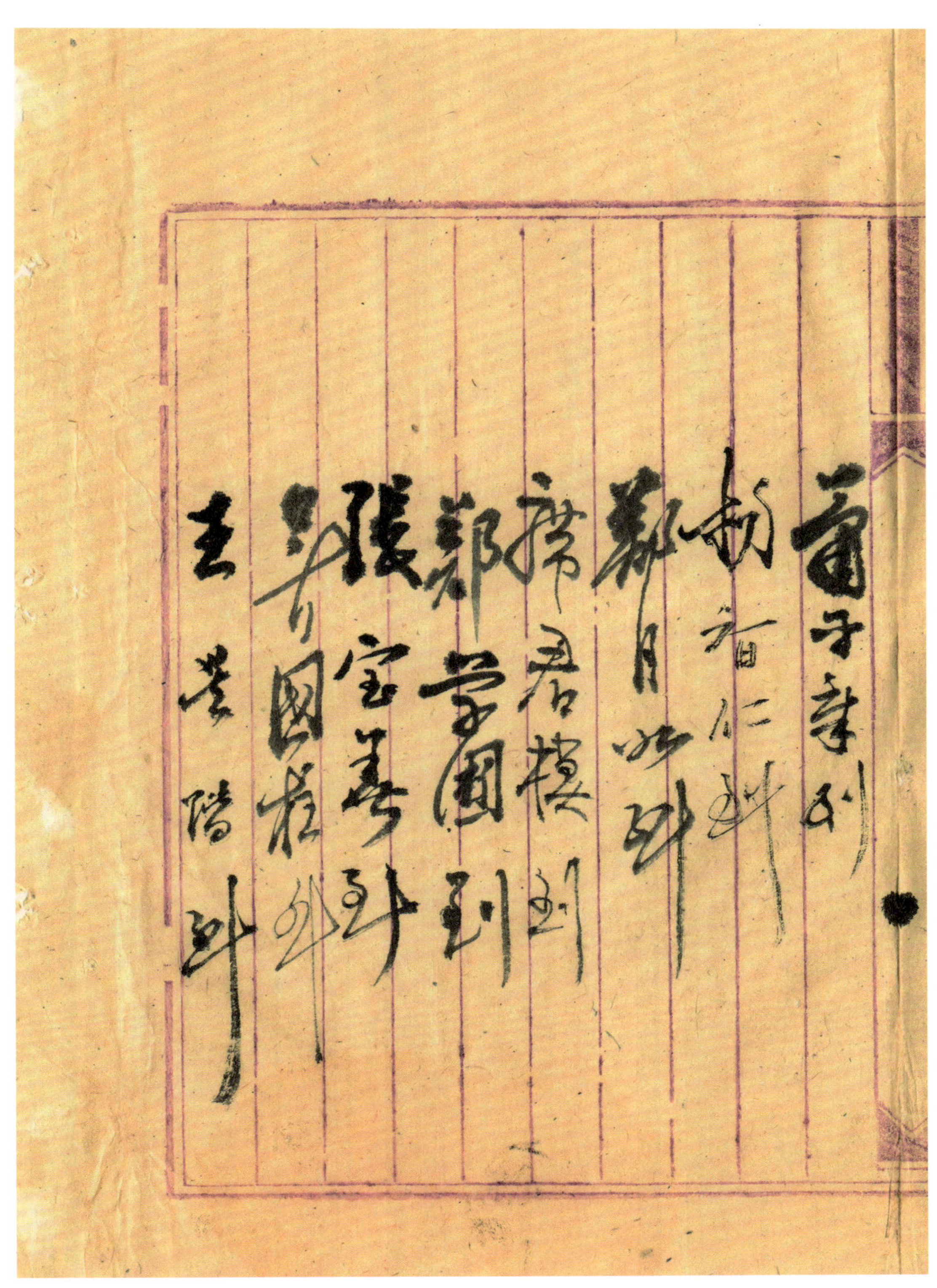

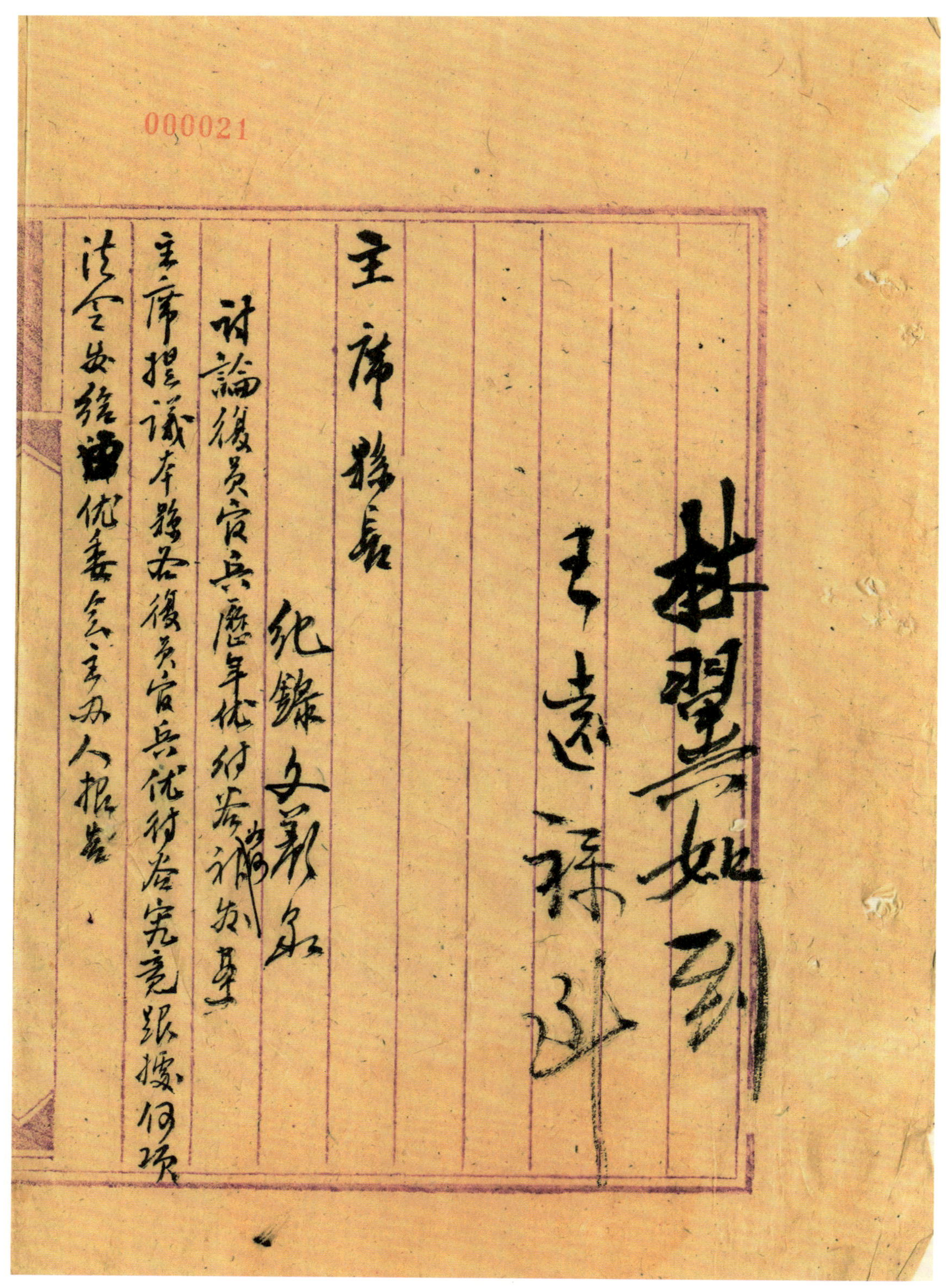

000021

林翼如 到

王遠謀 到

主席 縣長　　紀錄 文鄭名

討論復員官兵歷年優待谷補發案

主席提議本縣各復員官兵優待谷究竟根據何項

請會要結由優委會主辦人報告。

优委会继主任报告：一、三十三年以前每征属给二市石

赤贫小康自给尚未调查结果。二、近奉国防部电三十年以前

不知各物未奉明白指示。三、参加军人呈在补给二十余石呈各

乡镇公所尚未具报，优会无从清理，以上数点请公决。

第五科吴科长补充报告：宣读省府军政指示出征军人

补给优待统一指示两件。

军官会杨副会长报告：优待谷请以补给复员军人历年

优待额以合理数致分赤贫小康自给三等补给新都方便根据

委座指示补给每人二十余石，请主持分阶级补给。

兵协会主委张郭孝报告：根据最后法令补给。二、现在谷

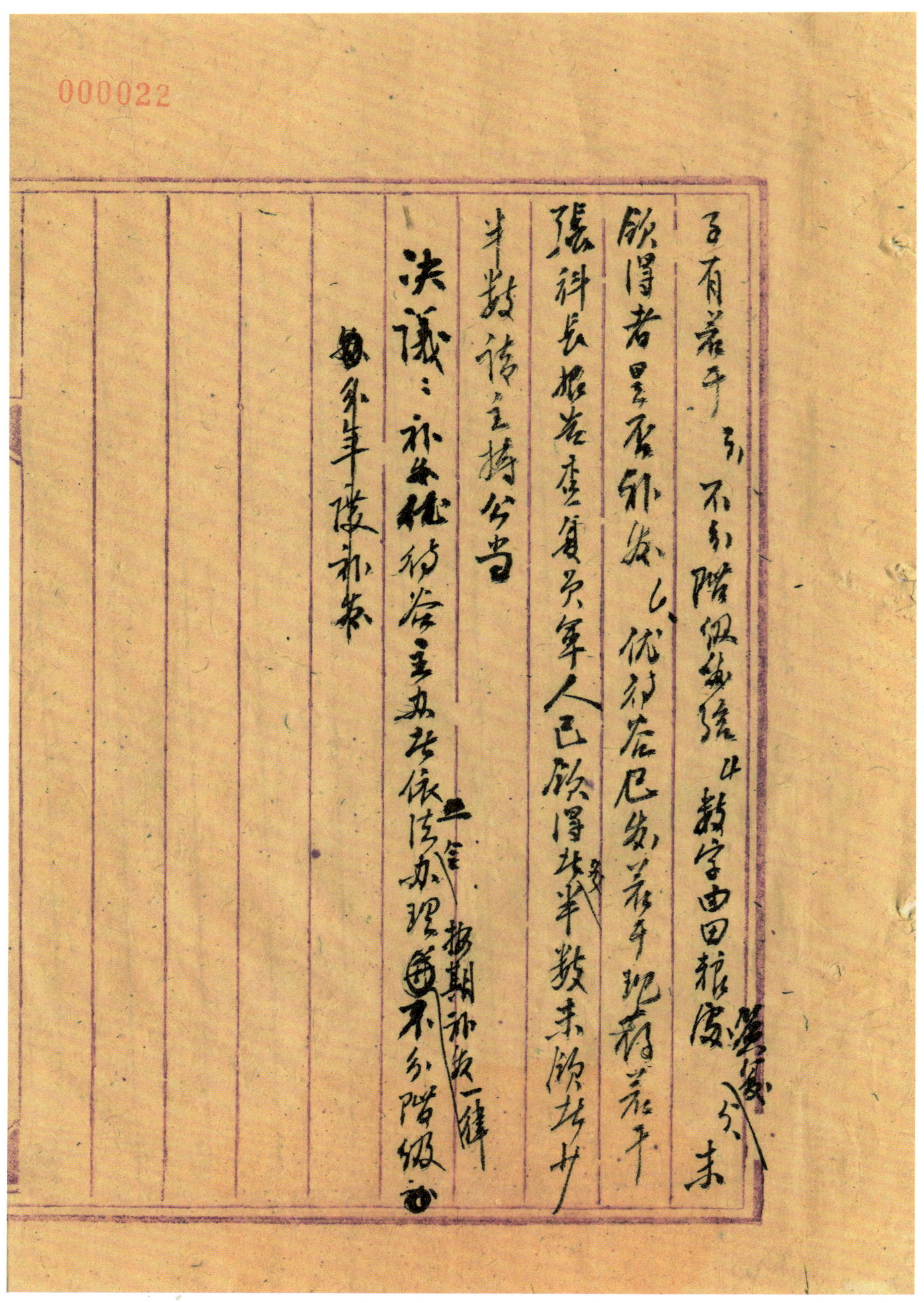

000022

子有若干人，不分階級統計數字由田粮處簽發，分、未領得者是否補發？（2）優待谷已發若干，現存若干。

張科長：據各查賞員：軍人已領得者半數，未領者亦半數，請主持公當。

決議：（1）補發優待谷主政者依法辦理；（2）全按期補發，一律不分階級。

每年度補發

巴中县出征抗敌军人家属优待委员会关于召开商讨散发优待谷会议的通报及座谈会记录

（一九四八年六月五日）

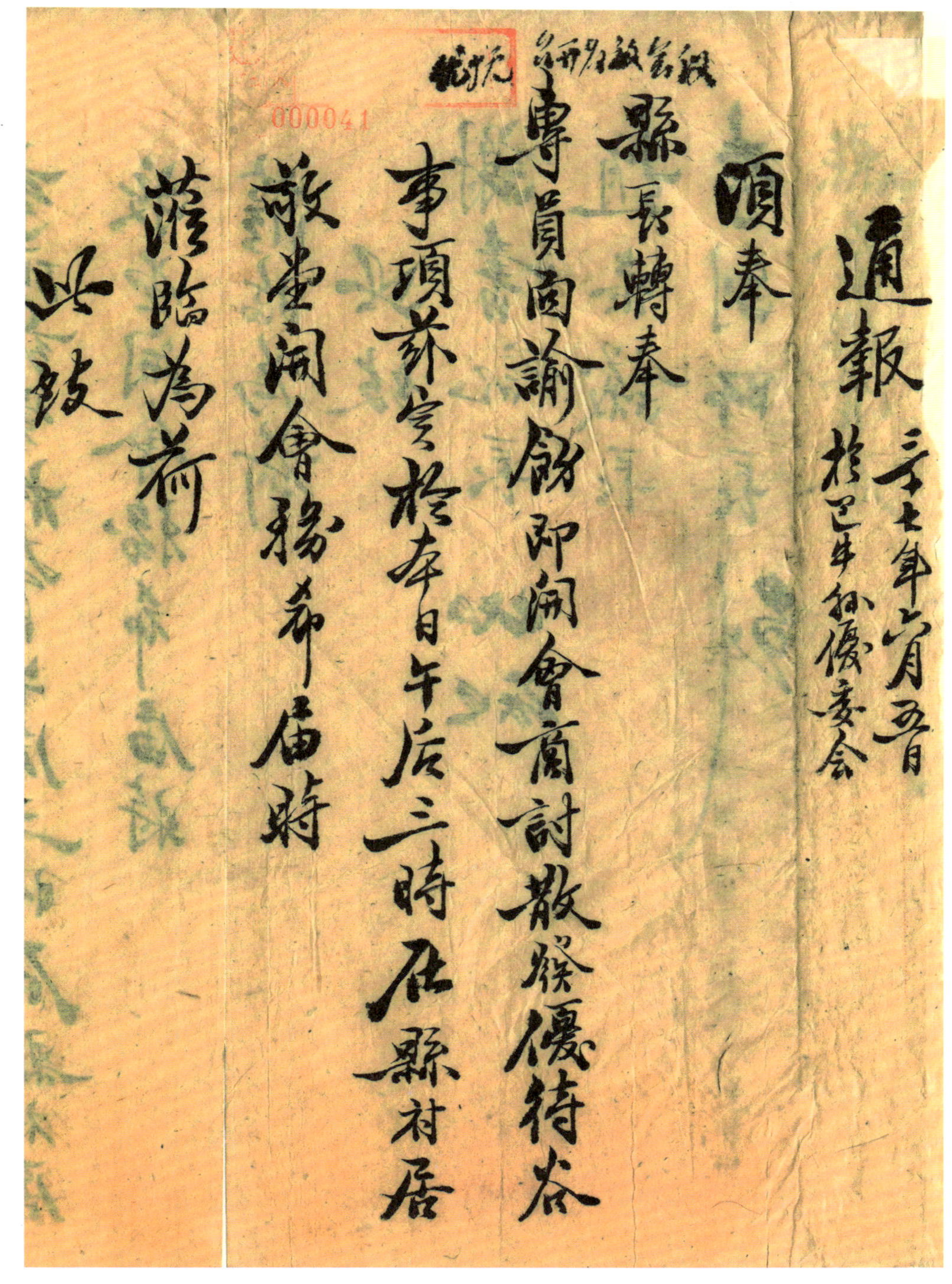
000041

通報　三十七年六月五日　於巴中縣優委會

頃奉

縣長轉奉

專員面諭飭即開會商討散發優待谷

事項茲定於本月日午后三時在縣衬居

敬堂開會務希届時

蒞臨為荷

此致

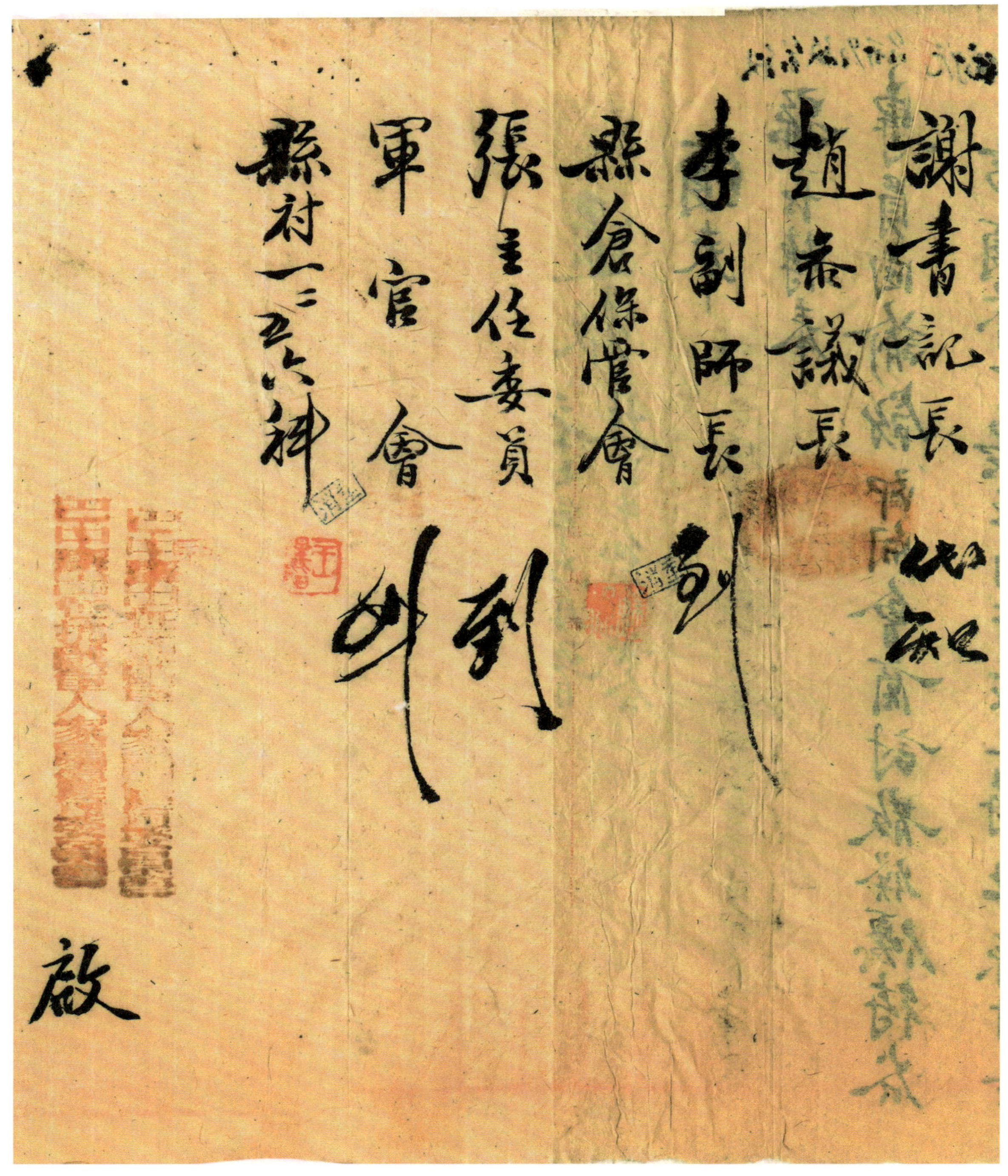
謝書記長

趙參議長

李副師長

縣倉儲管會

張主任委員

軍官會

縣府一二五六科

巴中縣抗敵軍人家屬優待委員會

敬

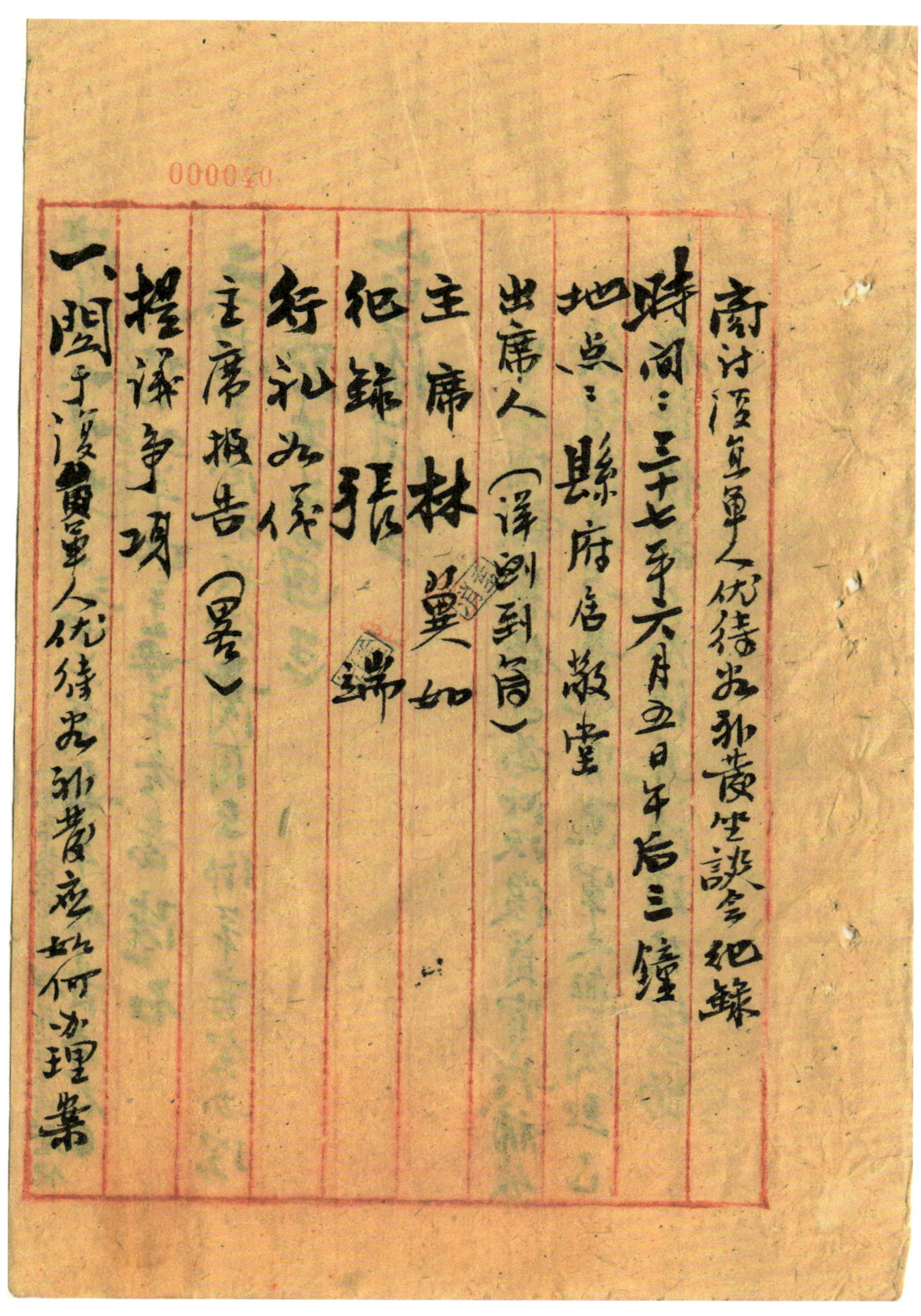
000040

商討復員軍人優待安插費生談會紀錄

時間：三十七年六月五日午後三鐘

地點：縣府后敞堂

出席人（詳另到簿）

主席林冀如

紀録張瑞

行禮如儀

主席報告（略）

提議事項

一、關于復員軍人優待安插費應如何辦理案

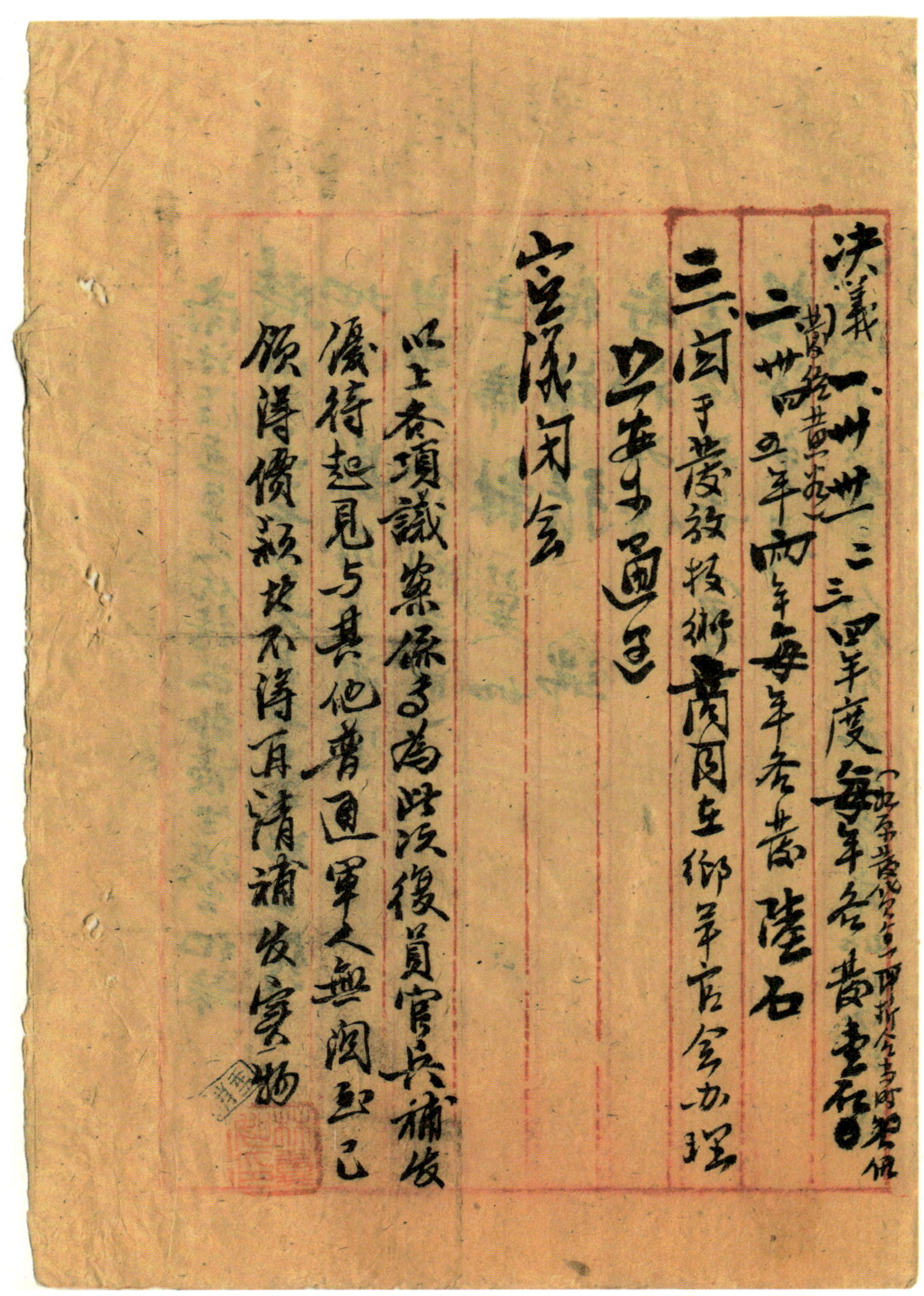

決議：一、卅、卅一、二、三、四年度每年各發壹石谷（如系發代金，即折合當時谷價）

（當年各發壹石）

二、卅四、五年兩年每年各發陸石

三、關于發放撥歸黃田左鄉第官會辦理

以上每條通過

宣議閉會

以上各項議案係專為退伍復員官兵補發優待起見，與其他普通軍人無關，所已領得優待穀者，不得再請補發實物

巴中县政府与巴中田赋粮食管理处关于请予查明一九四一年至一九四四年各年度五月及八月每市石谷价的来往公函

巴中县政府致巴中田赋粮食管理处公函（一九四八年六月九日）

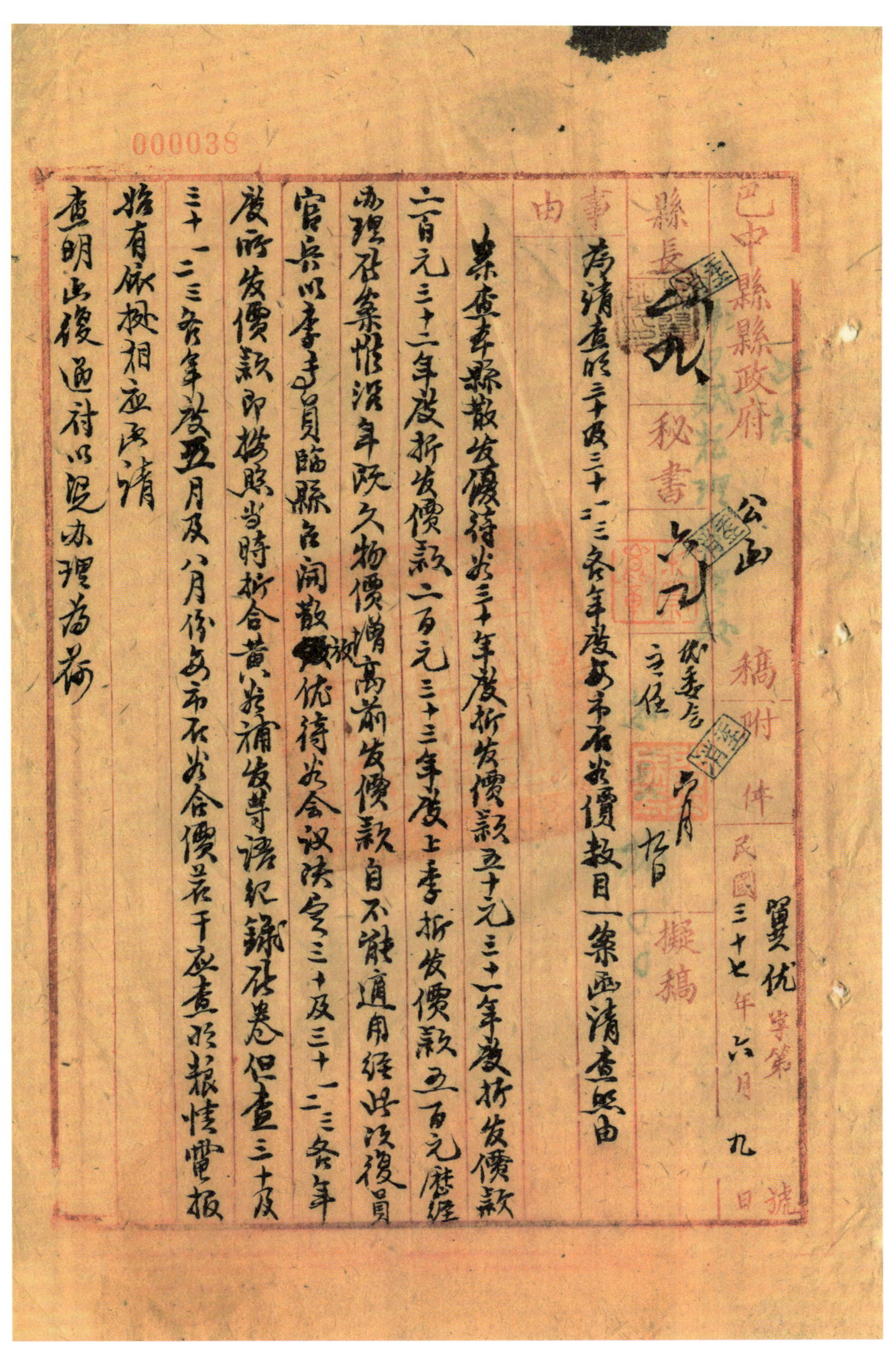
巴中縣政府稿 附件
賦優字第 號
民國三十七年六月九日擬稿
縣長 秘書 主任
公函
代委員 主任 賀智
事由：爲請查明三十及三十一二三各年度每市石谷價數目一案函請查照由

案奉本縣散發優待谷三十年度折發價款五十元，三十一年度折發價款二百元，三十二年度折發價款二百元，三十三年度上季折發價款五百元，歷經辦理在案。惟以年歲久物價增高，前發價款自不敷適用，經此次復員官兵以李專員臨縣召開散放優待谷會議決定，三十及三十一二三各年度所發價款即按照當時折合黃谷補發等語紀錄在卷。但查三十及三十一二三各年度五月及八月份每市石谷價若干，應查明報請當振，始有依據，相應函請查明函復過府，以憑辦理爲荷。

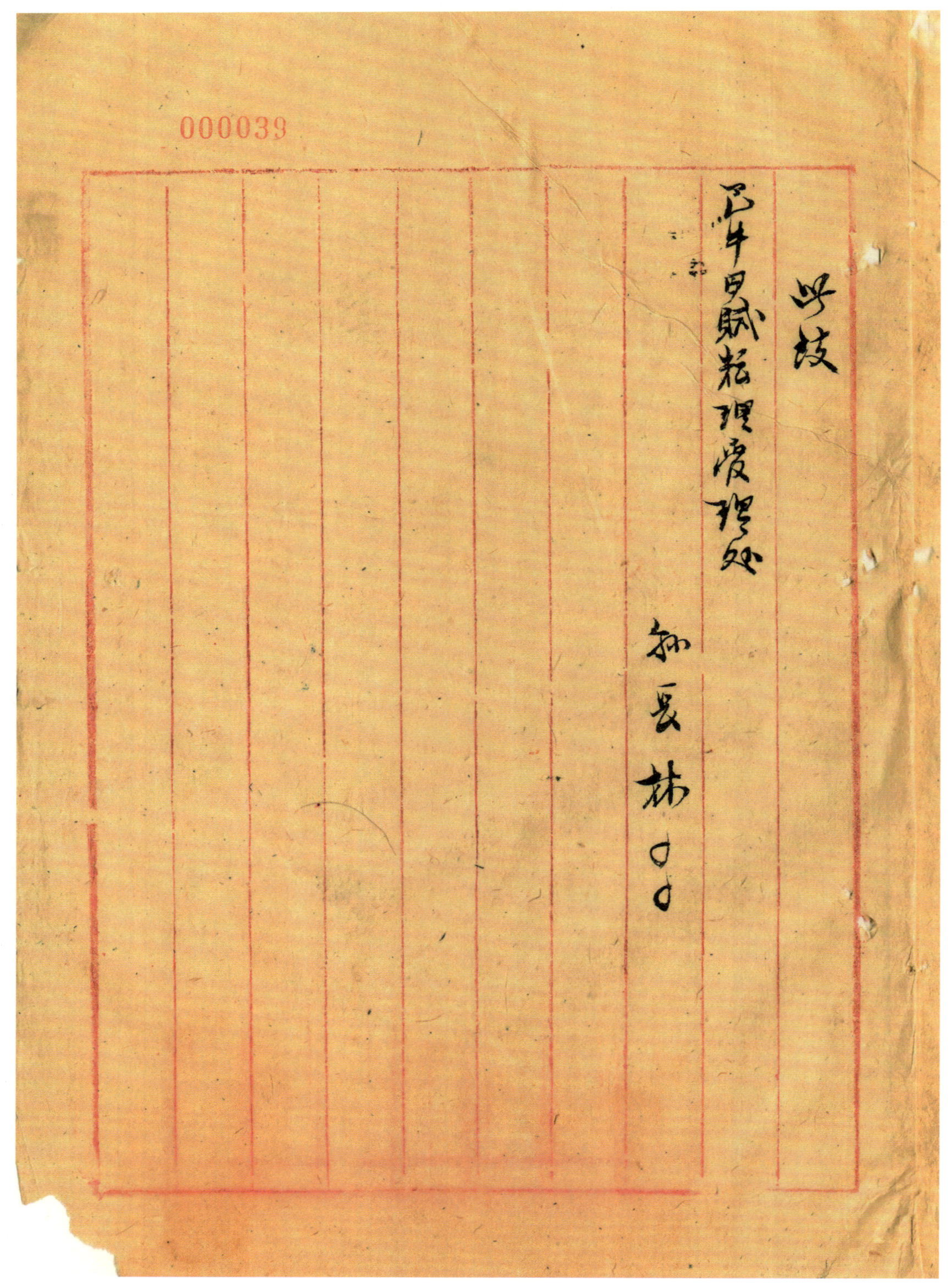
000039

此致

巴中田赋粮理处理处

知长 林○○

巴中田赋粮食管理处致巴中县政府的公函（一九四八年六月十七日）

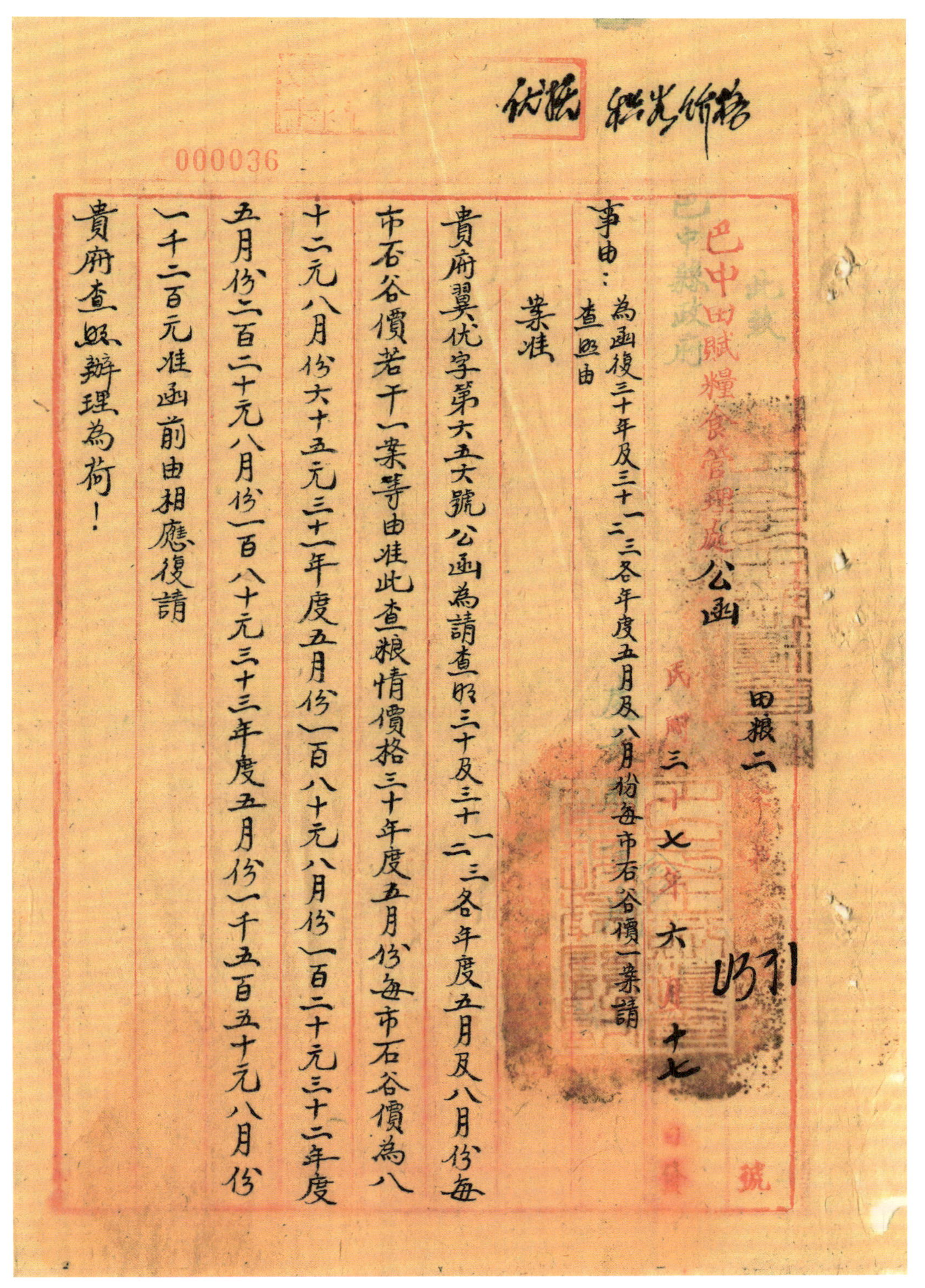

巴中田賦糧食管理處公函　田粮二　字第　　號

民國三十七年六月十七日

事由：為函復三十年及三十一二三各年度五月及八月份每市石谷價一案請查照由

案准

貴府巽优字第六五六號公函為請查照三十及三十一二三各年度五月及八月份每市石谷價若干一案等由准此查糧情價格三十年度五月份每市石谷價為八十二元八月份六十五元三十一年度五月份一百八十元八月份一百二十元三十二年度五月份二百二十元八月份一百八十元三十三年度五月份一千五百五十元八月份一千二百元准函前由相應復請

貴府查照辦理為荷！

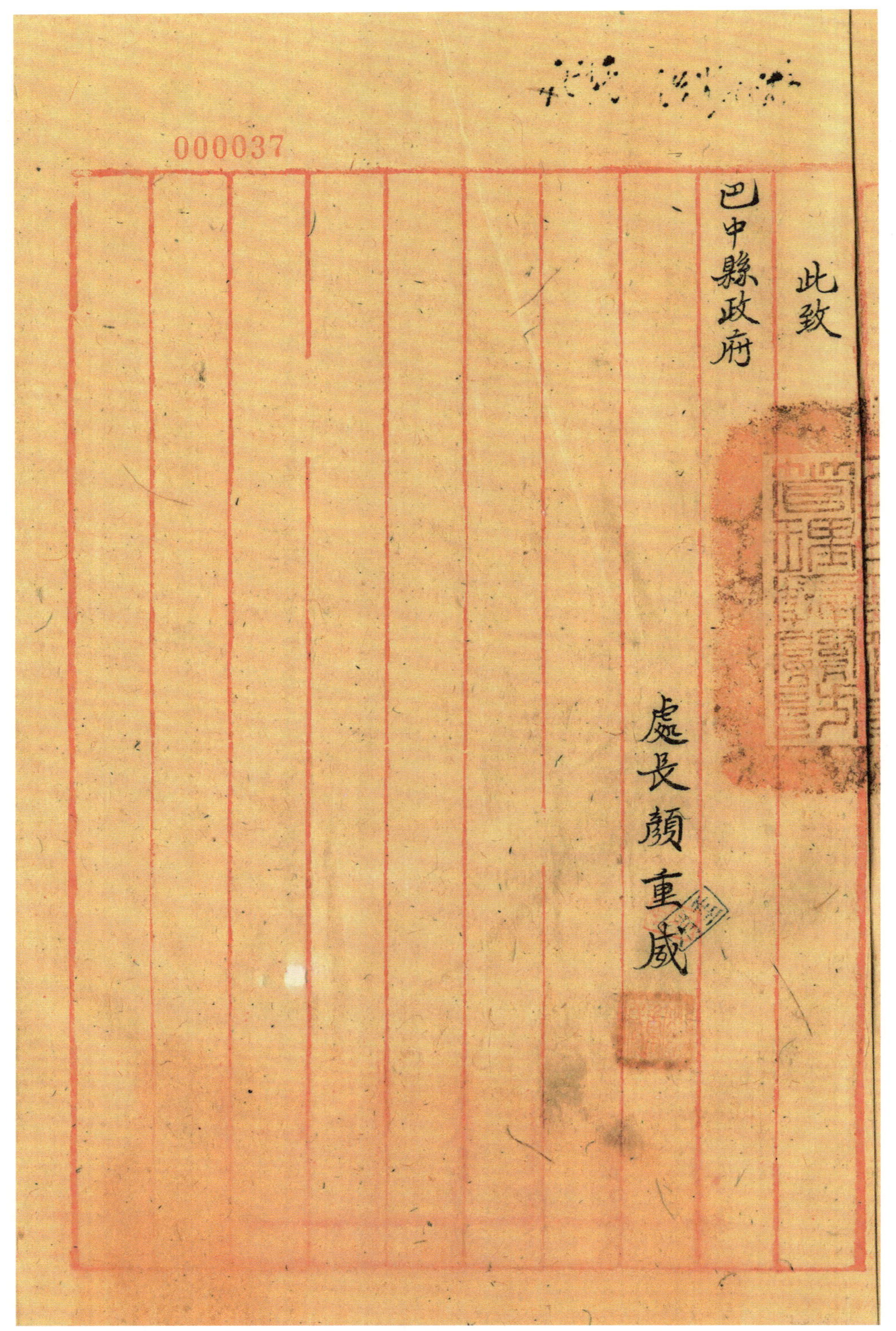
000037

此致

巴中縣政府

處長顔重威

巴中县出征抗敌军人家属优待委员会关于补发复员军人一九四一年至一九四五年各年度优待谷金致县政府的签呈（一九四八年六月十七日）

[illegible]

000046

签呈　民三十七年六月十七日于优待委员会办公室

谨签者：查本年六月五日商讨复员军人救济优待基金会议决案三十及三十一二三年度所发优待款按照当时物价折谷补发，三十四五两年度每发谷六市石等语，兹录存卷，并分别合谷数目如下：（一）三十年度所发优待款五十元，依照田赋征收后三十年度每月份最低粮价每市石六十五元计算，合谷八市斗四升。（二）三十一年度原发优待款二百元，依照田赋征收后三十一年八月份最低粮价每市石一百卅元计算，合谷一石七斗。（三）三十二年度原发优待款二百元，依照田赋征收后三十二年八月份最低粮价每市石一百五十元计算，合谷一石三斗。（四）三十三年度上季优待款五百元，依照田赋征收后三十三年八月份最低粮价每市石一千二百元计算，合谷五市斗。以上四项折合谷物计四石二斗，凡复员官兵持有退役令或请还回三十三年度下季起至三十四五两年度各发谷六市石，共计十六石。

巴中县政府、三江乡乡公所关于退役军官唐友德支领优待谷的一组文件

巴中县三江乡乡公所致县政府的签呈（一九四八年六月二十四日）

0000044

822
876240

移送优委会办理
肖 廿五日

由 為據情轉請核發唐李氏優待谷一案

簽呈

謹簽呈者：案據屬鄉第四保三甲花民唐李氏呈稱：

「竊民子友德於民二十七年從戎二三集團軍四一軍一二四師三七二團二營五連連長出川抗战整有七年前因湖北河口戰役積勞成病請假返家但民子應領歷年優待谷顆粒未得用特呈請鈞所俯予轉請

縣府核發俾民藉作生活如蒙俞允實沾德便」

等情。據此。查核証件屬實應予享受優待以資酬庸理合簽請

民國三十七年六月二十四日發

字第 號

5556号

6.25 川

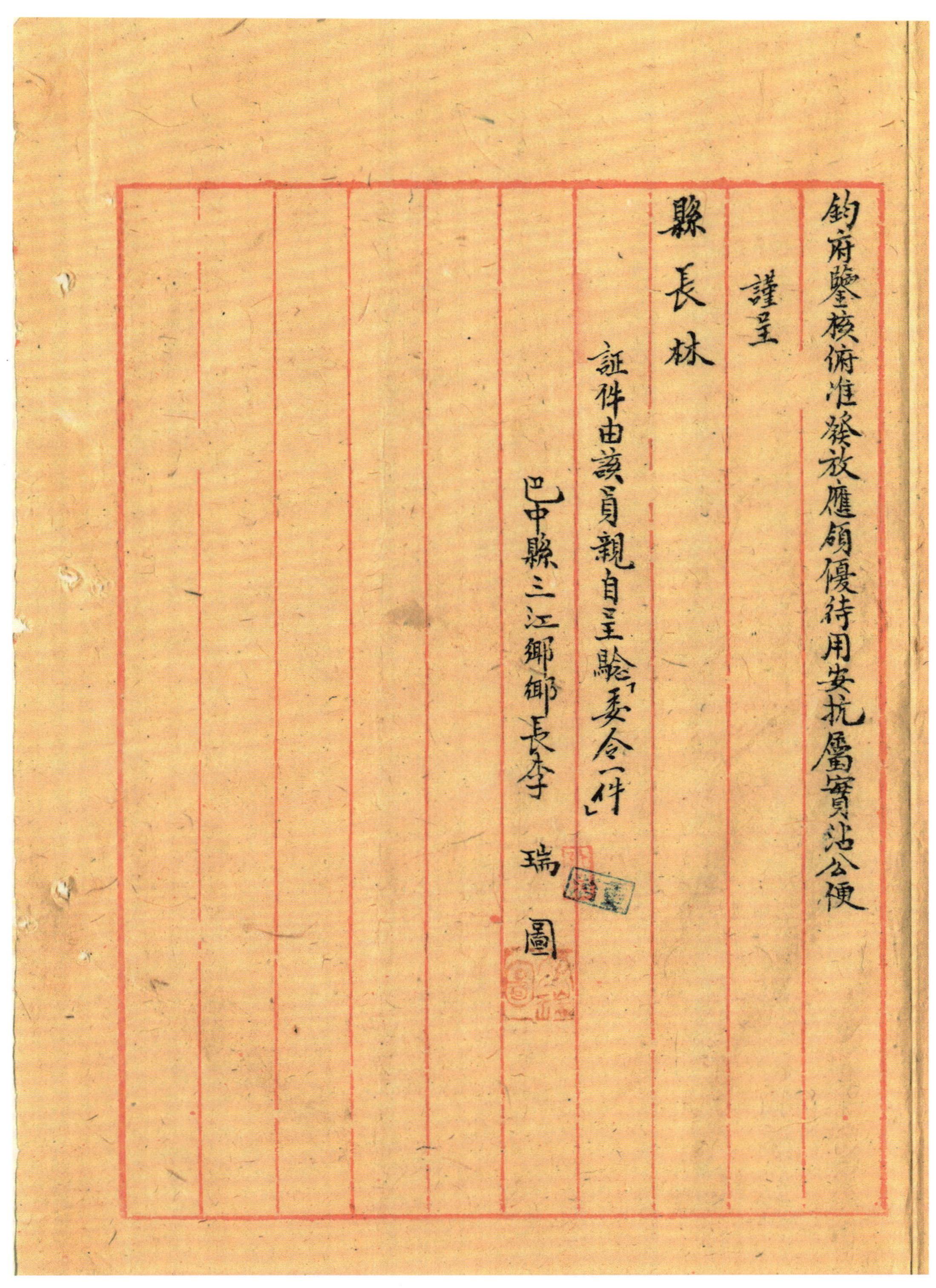

鈞府鑒核俯准發放應領優待用安抗屬實沾公便

謹呈

縣長林

証件由該員親自呈驗，委令一件

巴中縣三江鄉鄉長李瑞圖

巴中县政府致三江乡乡公所的指令（一九四八年七月七日）

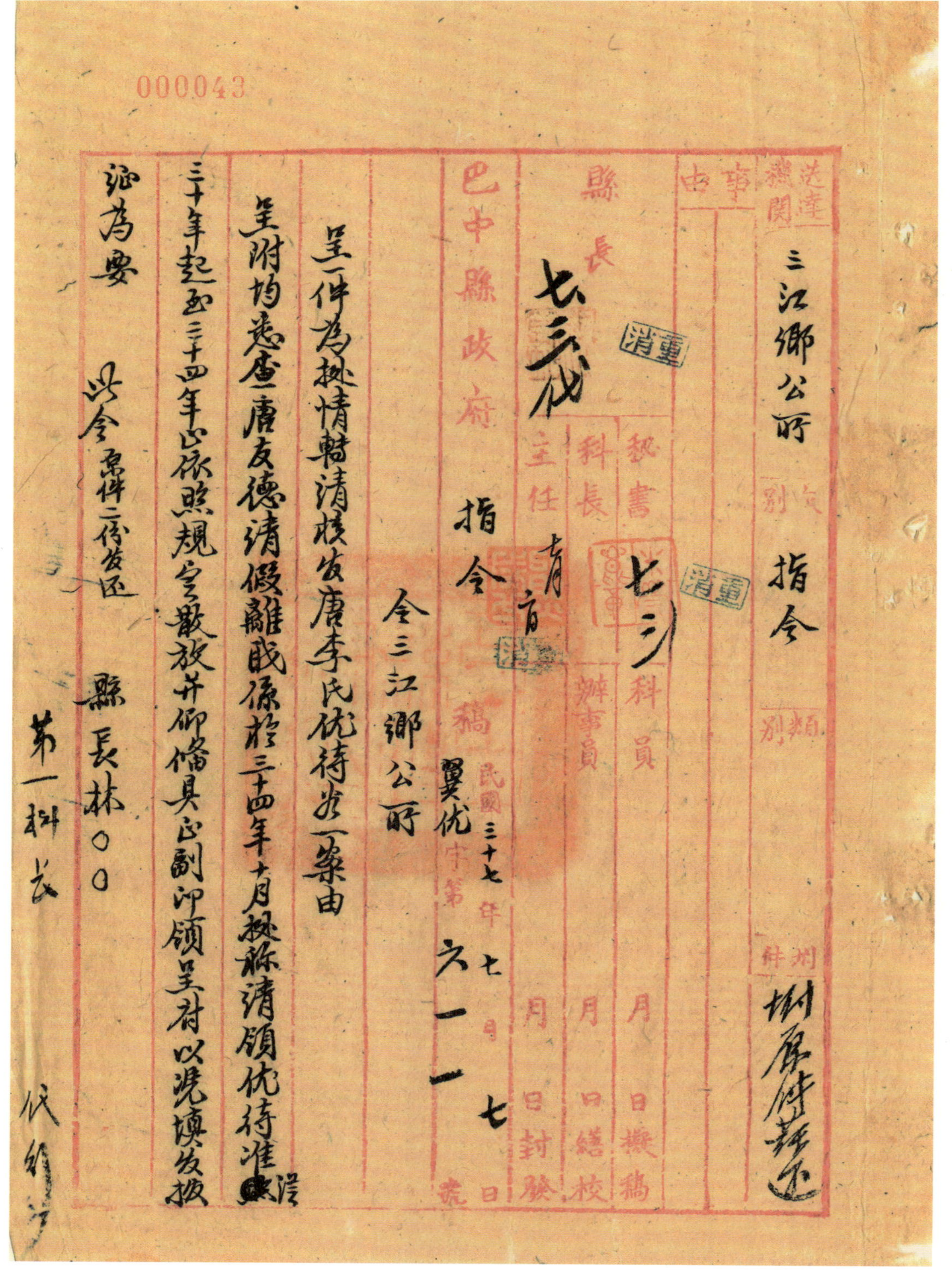

000043

送达机关 三江乡公所 指令

事由

县长 七、三代

巴中县政府 指令

秘书 七、三

令三江乡公所

民国三十七年七月七日 优字第六一一号

呈一件为拟请核发唐李氏优待安家谷由

呈附均悉。查唐友德请假离职系于三十四年十月拟请颁优待准许注销，三十年起至三十四年止依照规定发放，并仰备具正副印领呈府以凭填发核

饬为要。

此令。原件二份发还

县长林〇〇

第一科长

巴中县三江乡公所致县政府的呈（一九四八年九月八日）

附：三江乡公所支领优待谷领条（一九四八年九月八日）

巴中縣三江鄉鄉公所呈　軍優字第　號

民國三十七年九月八日發

事由：為遵令造具退役軍官唐友德應領優待谷正副印領請予填撥證俾便轉發一案由

七月十日案奉

鈞府軍優字第六一一號指令為核證准發退役軍官唐友德自三十年起至三十四年止依照規定散發并備具正副印領以憑轉交等因查該唐友德自三十年起至三十四年止照規定應發優待谷壹拾石零柒斗理合遵令造具正副印領隨文賫呈

鈞府鑒核請予填發撥證俾便轉發實為公便

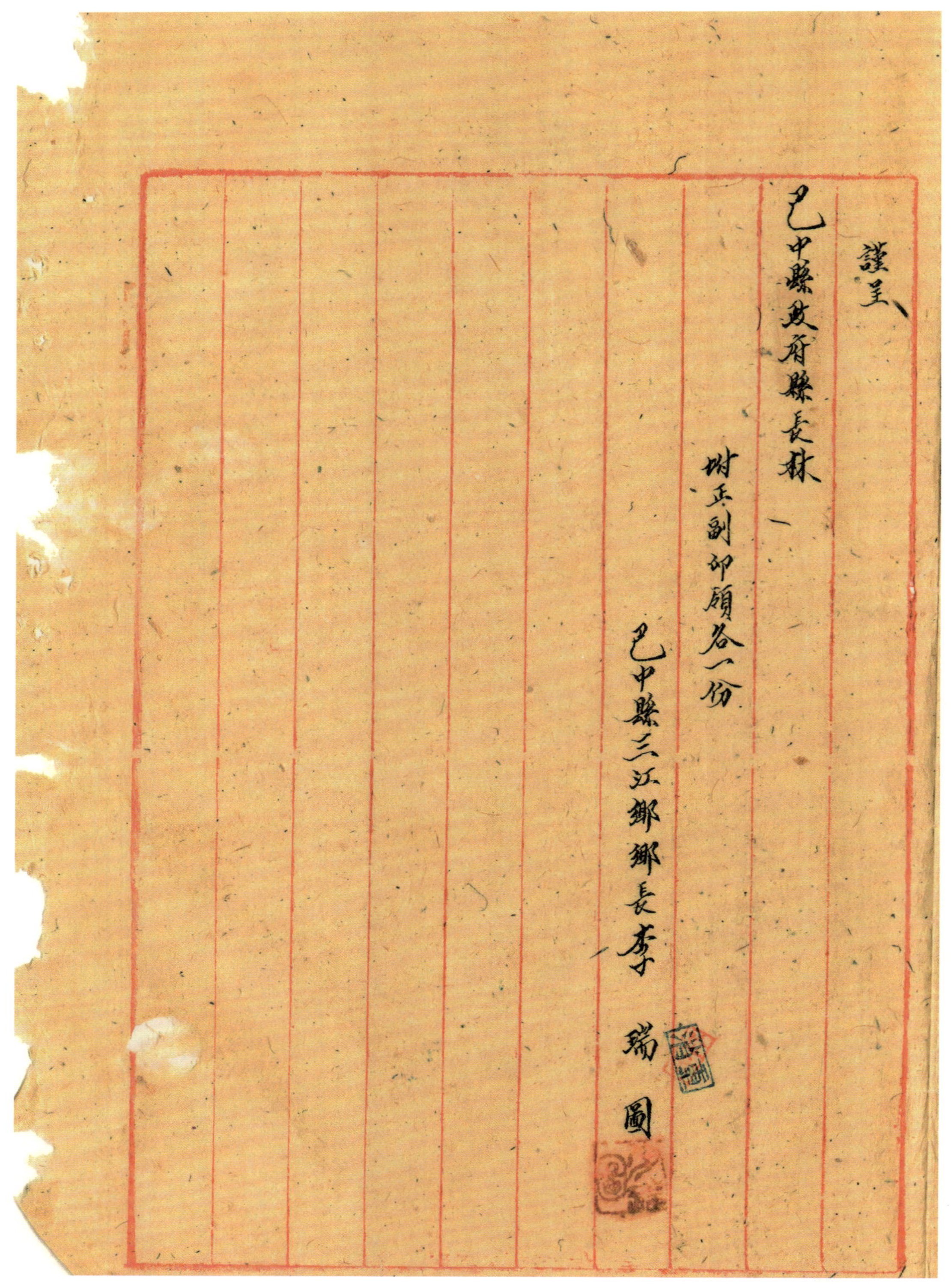
謹呈

巴中縣政府縣長林

附兵副卯頂各一份

巴中縣三江鄉鄉長李瑞圖

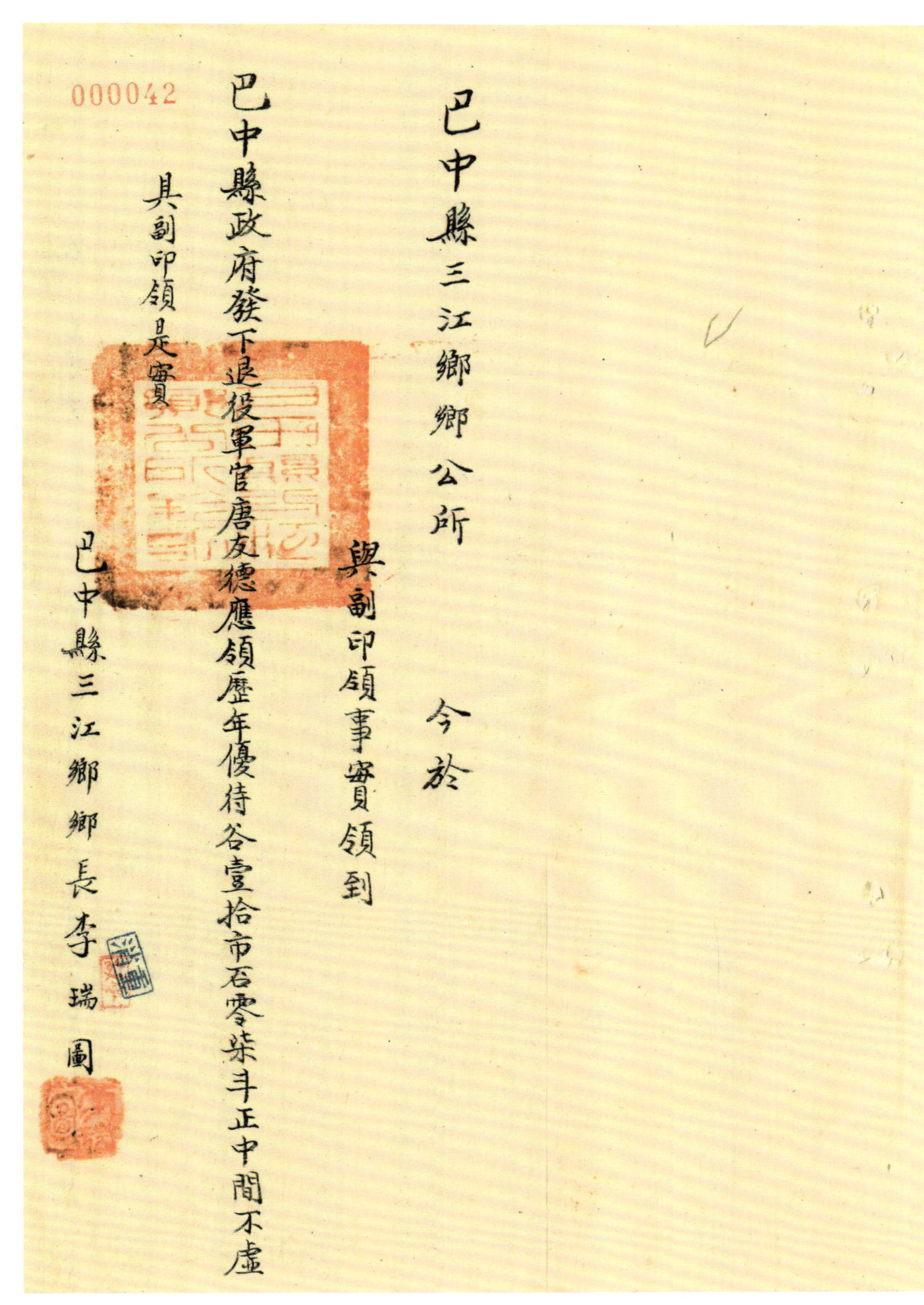
000042

巴中縣三江鄉鄉公所　今於
與副印領事實領到
巴中縣政府發下退役軍官唐友德應領歷年優待谷壹拾市石零柒斗正中間不虛
具副印領是實

巴中縣三江鄉鄉長李瑞圖

存查 芝九 六

中華民國三十七年九月　　日

巴中县政府致三江乡乡公所指令（一九四八年十月十四日）

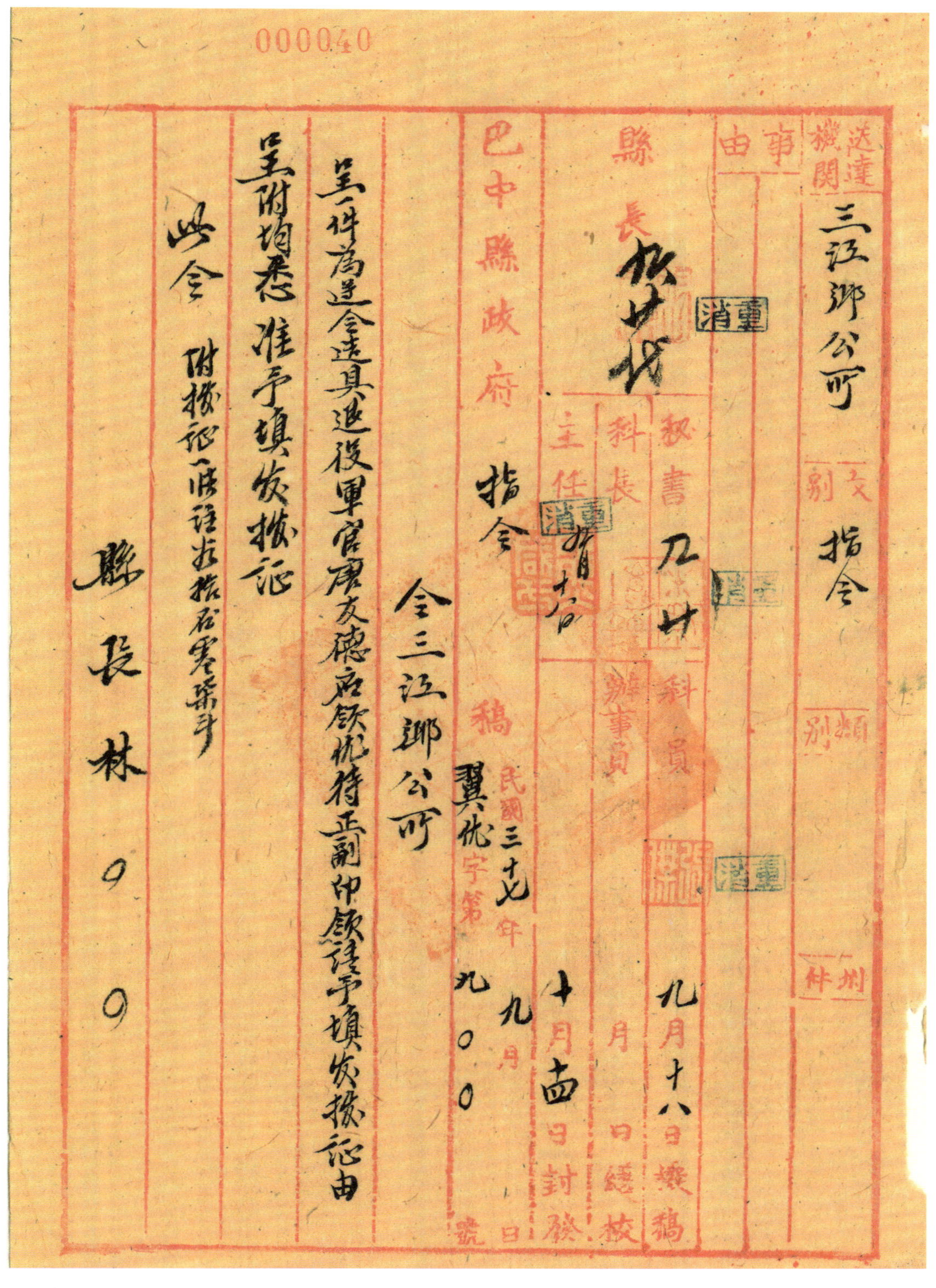

送達機關：三江鄉公所

文別：指令

巴中縣政府指令稿

民國三十七年九月　日翼收字第九〇〇號

令三江鄉公所

呈一件為遵令送具退役軍官康友德應領優待正副印領請予填發據証由

呈附均悉。准予填發據証。

此令

附據証一張註在指右零柒斗

縣長　林○○

巴中县政府关于派警员签追兴隆乡军官杨清荣抗战期间优待谷致县政府警队的签饬（一九四八年八月十七日）

附：杨清荣致县政府的签呈（一九四八年八月十日）

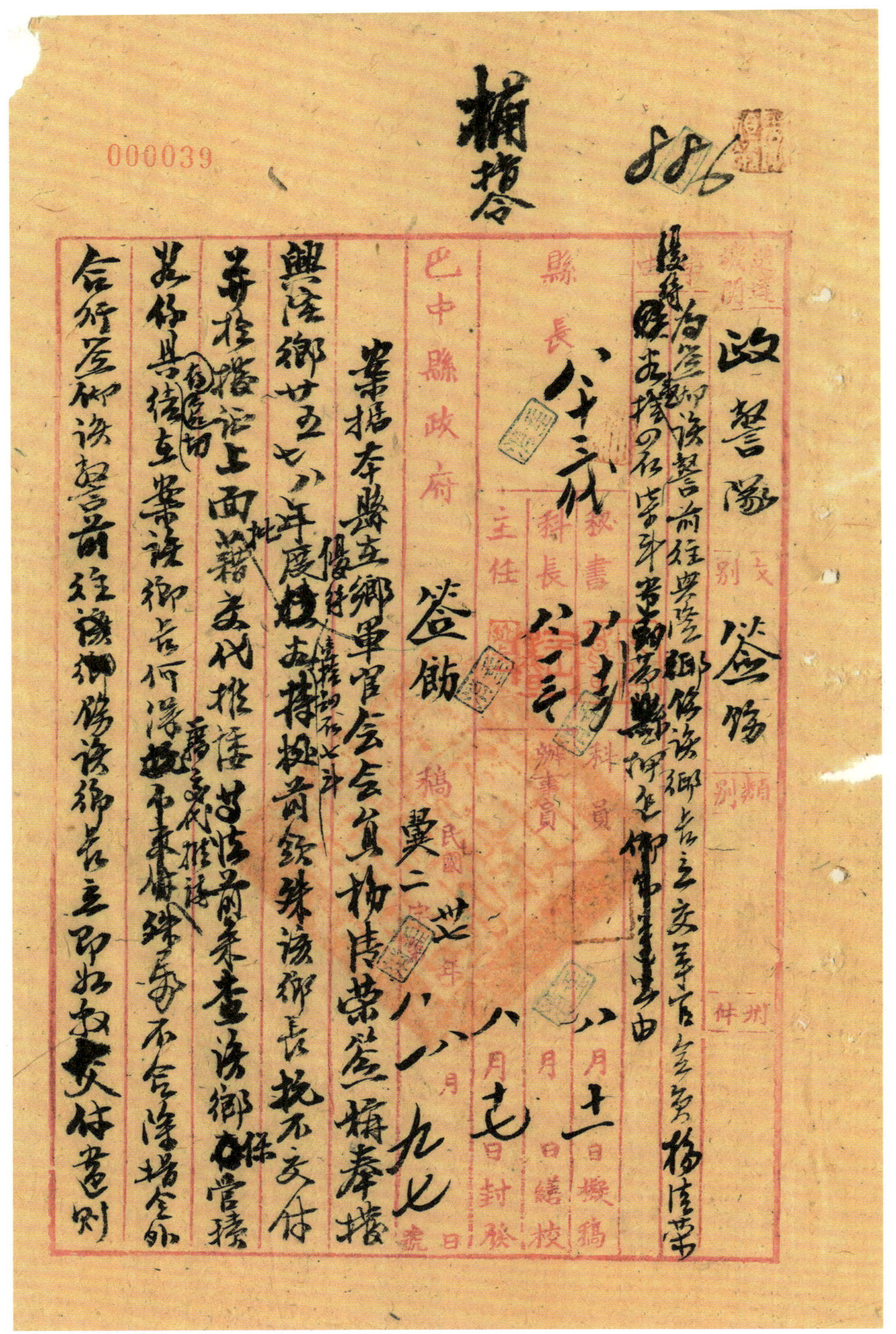

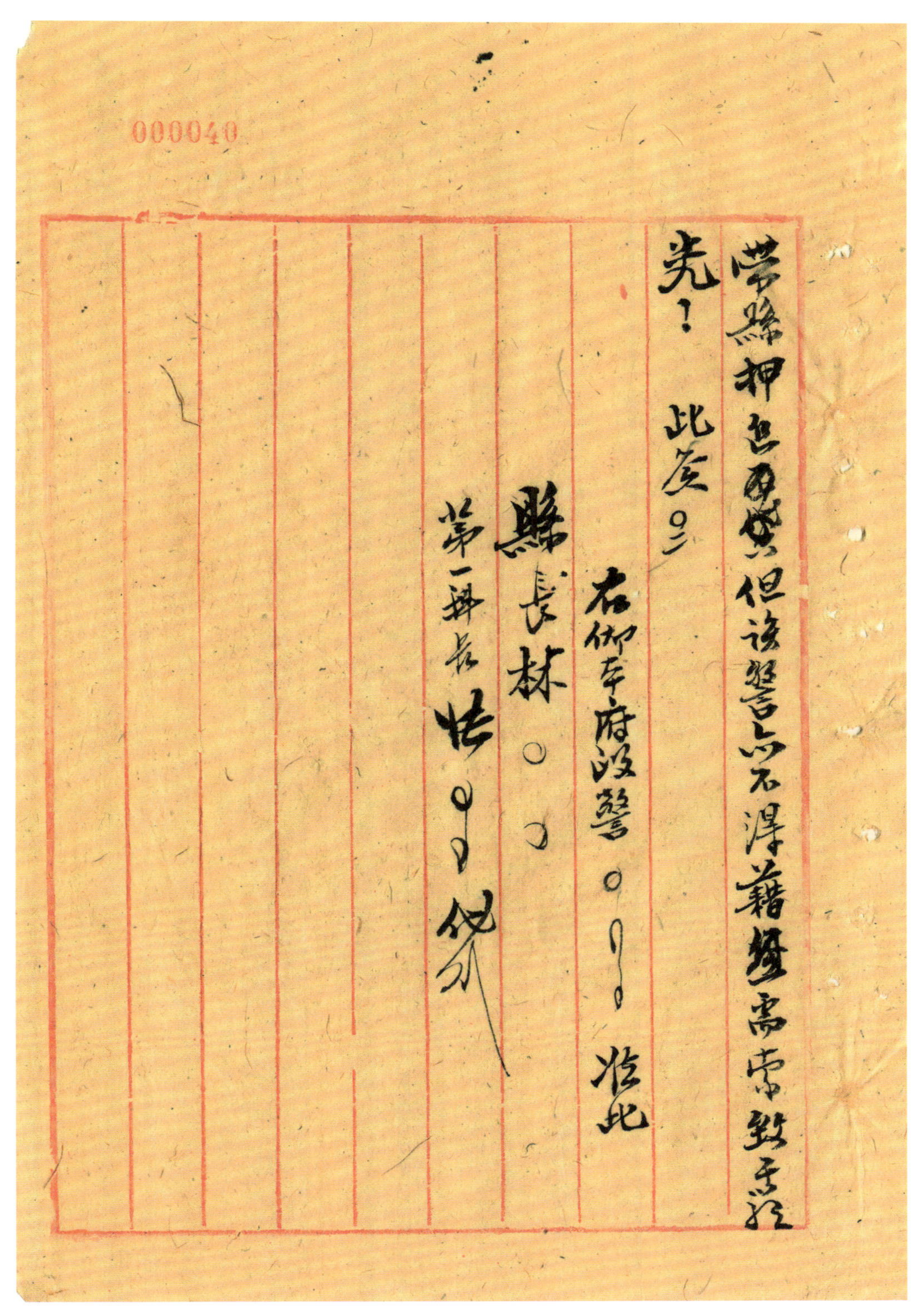

帶縣押追欠款，但該警亦不得藉端需索，致干

究！此令。

右仰本府政警○○○准此

縣長林○○

第一科長徐○○代

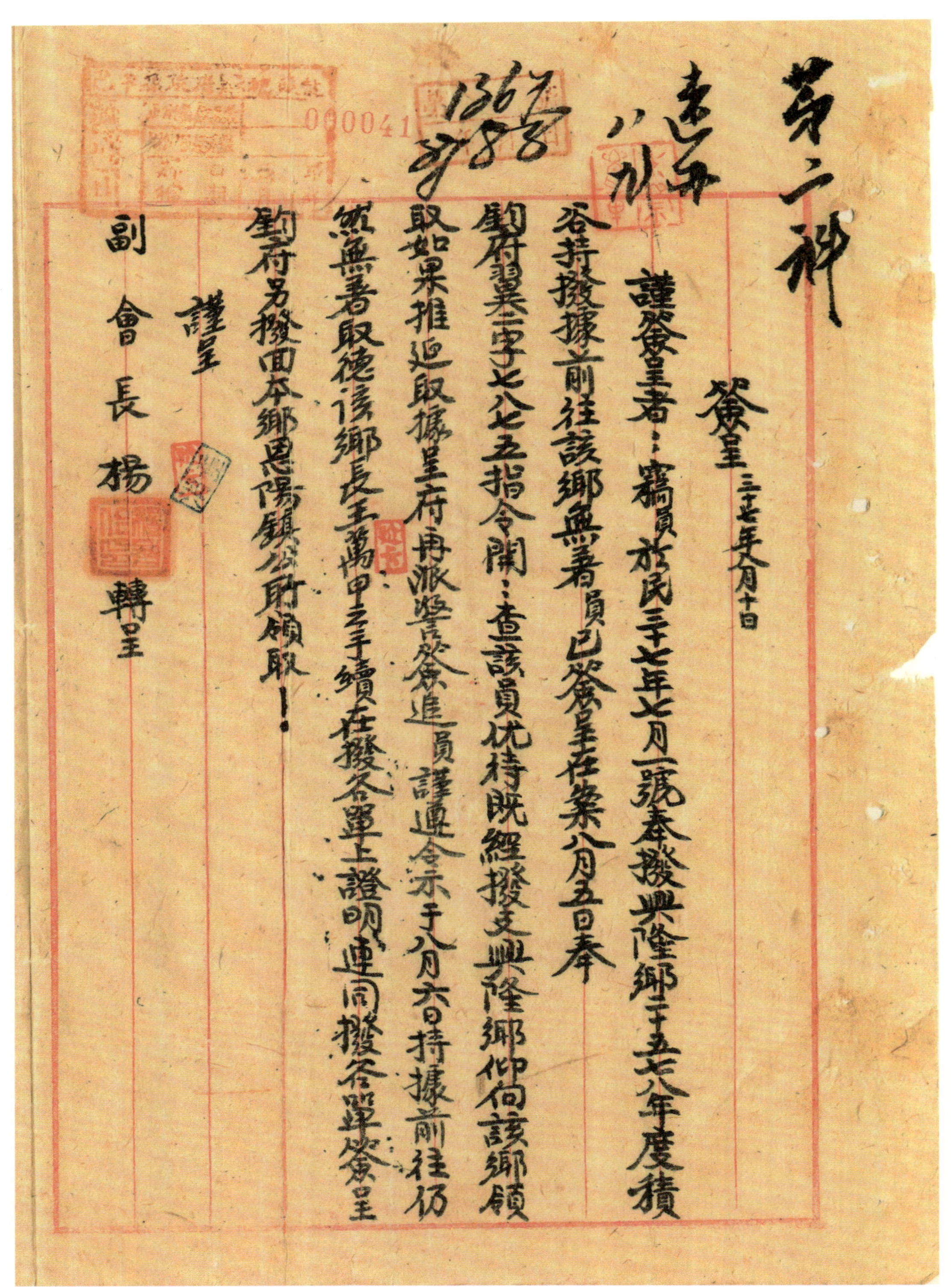

第二科

速辦

謹簽呈者：竊員於民三十七年七月一號奉撥興隆鄉三十五、七八年度積谷，持撥據前往該鄉無着，員已簽呈在案。八月五日奉

鈞府巽字七八七五指令開：「查該員優待既經撥支興隆鄉，仰向該鄉領取。如果推延，取據呈府再派警兵簽條追。」員謹遵令示，于八月六日持據前往，仍然無着。取德該鄉長王萬暢甲三三手續在撥谷單上證明，連同撥谷單簽呈

鈞府另撥西本鄉恩陽鎮公所領取！

謹呈

副會長 楊 轉呈

簽呈 三十七年八月十日

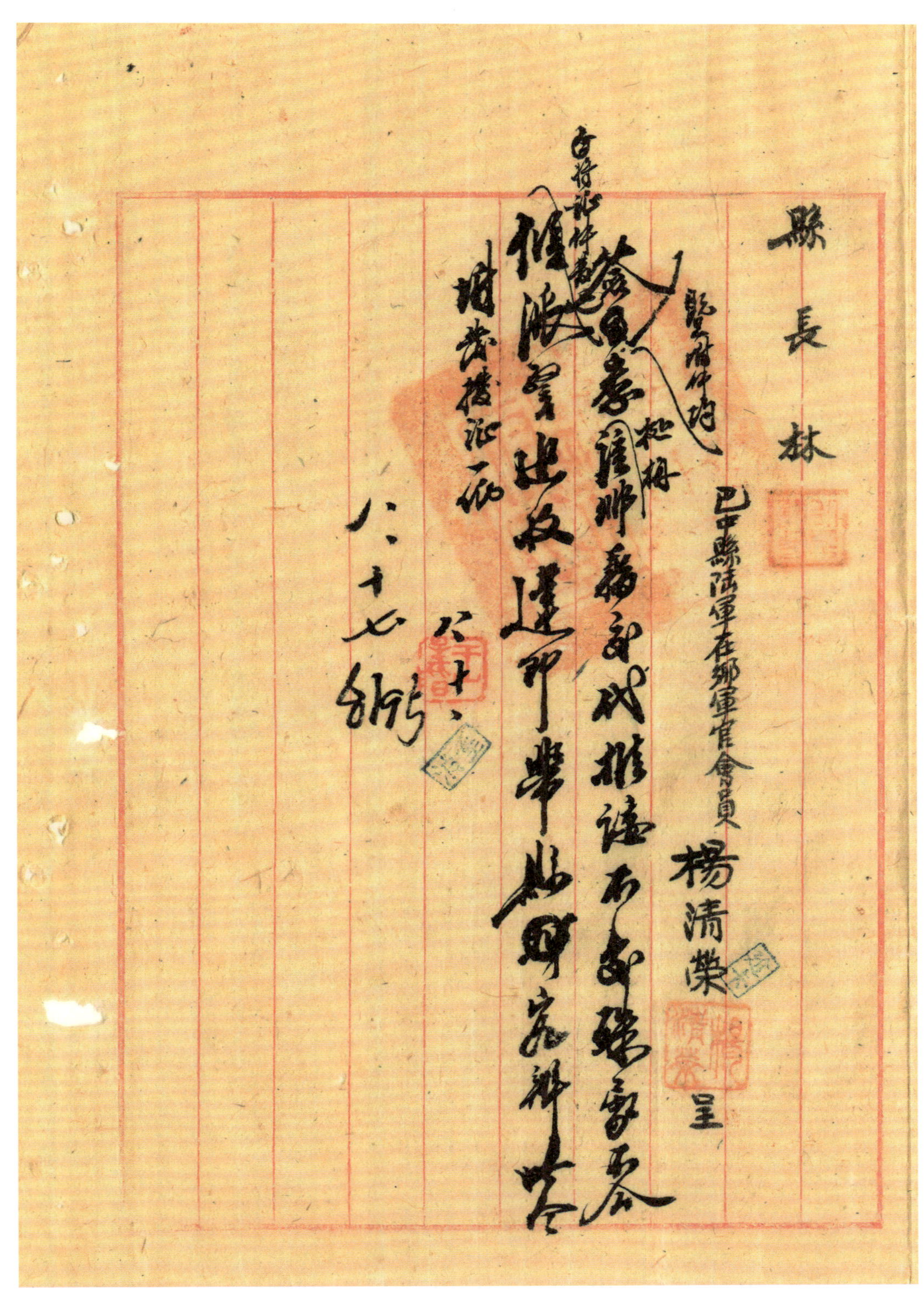

縣長林

巴中縣陸軍在鄉軍官會員　楊清榮　呈

巴中县政府关于补发在乡军官抗战期间家属应领优待谷致县出征抗敌军人优待委员会的训令（一九四八年九月）

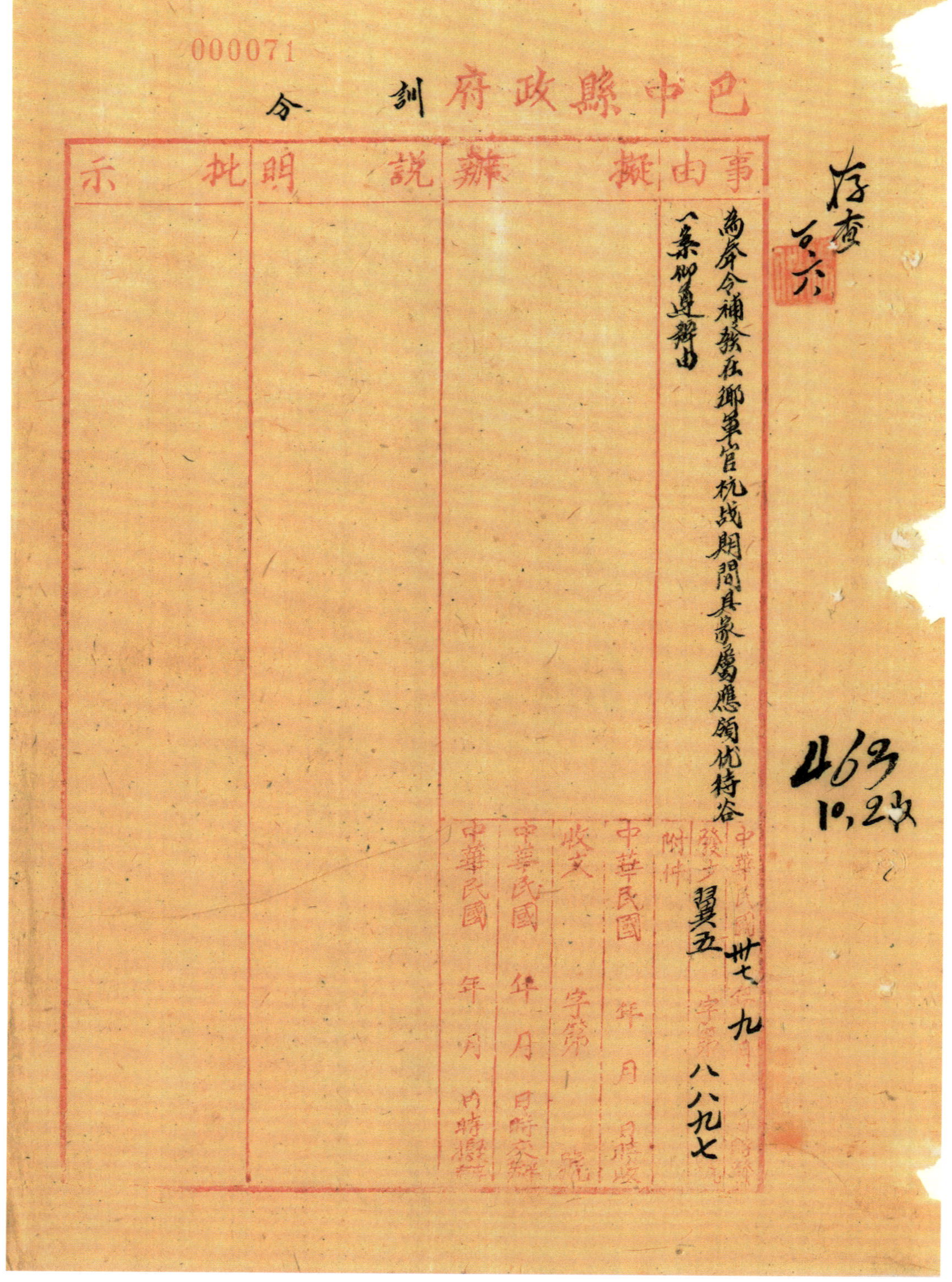
000071

巴中縣政府訓令

事由	擬辦	說明	批示
為奉令補發在鄉軍官抗战期間其家屬應領優待谷一案仰遵辦由			

存查

附件

發文 中華民國卅七年九月 日 時發 巽五字第八八九七號

收文 中華民國 年 月 日 時收 字第 號

令優委會

案奉

四川省政府三十七年八月社四字第五二三三號訓令開：

案據成都市政府本年七月二十日社優字第二六四號呈為據寄籍該市在鄉軍官回籍領取优待谷代表何凱等呈以前嘗發給返籍旅費先後準領各同學返原籍請求補發抗戰期間家屬未領优待谷殊各縣府百般刁難均以未奉有令為辭一再請求援已往成例發給卒無結果懇請通令各縣遵照補發以維生活等情正核辦間復據該在鄉軍官何凱等呈同前情查寄籍成都市在鄉軍官前因補領抗戰期間家屬應領未領之优待谷經本府指示處理辦法七項其中不屬該市籍者應返原籍縣府辦理在案據呈前情兹体察情形特擬訂辦法二項如左（一）各縣市政府歷年

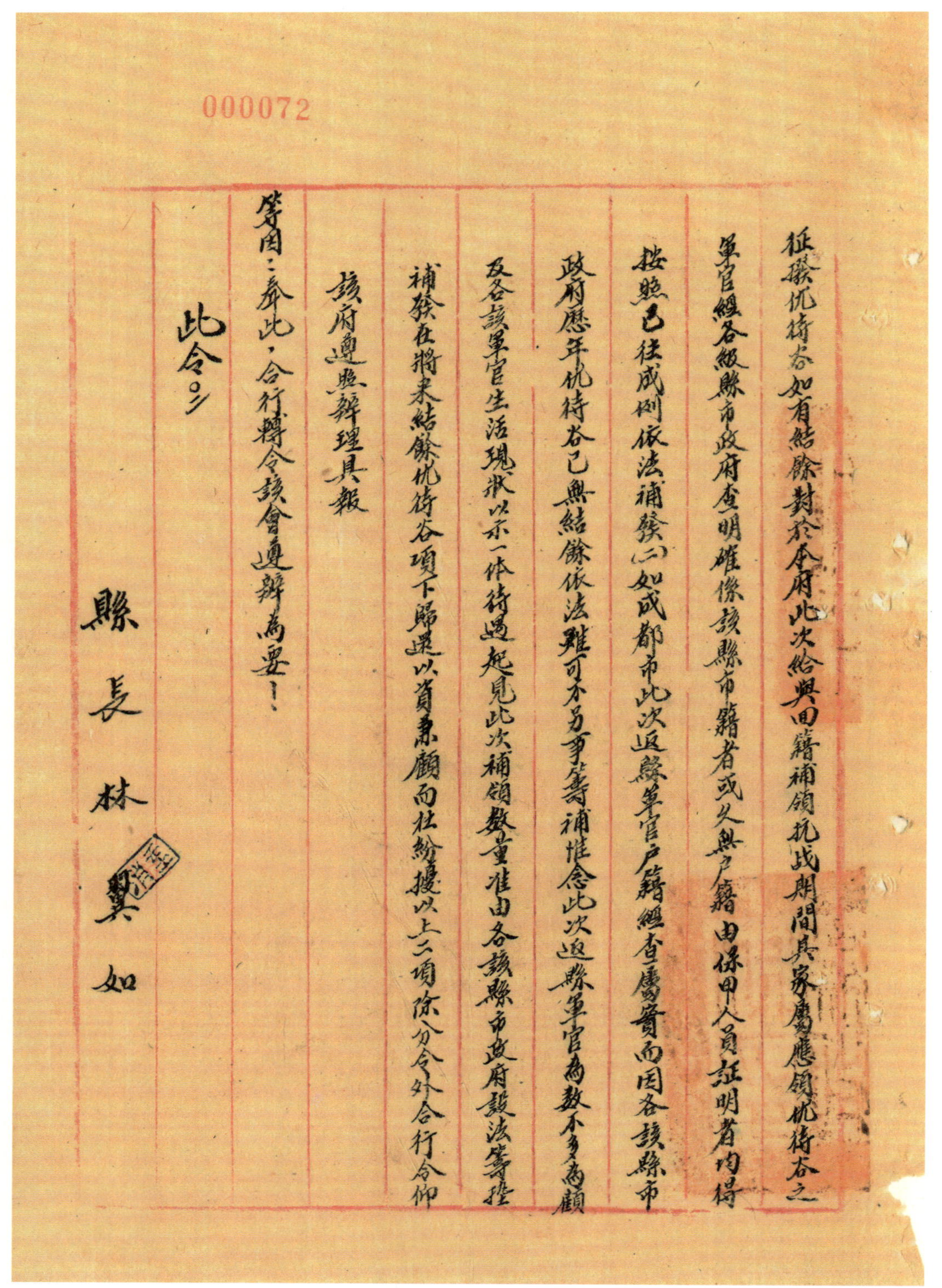

000072

征發優待谷如有結餘對於本府此次給與回籍補領抗戰期間兵家屬應領優待谷之軍官經各級縣市政府查明確係該縣市籍者或久無戶籍由保甲人員証明者均得按照已往成例依法補發(二)如成都市此次返縣軍官戶籍經查屬實而因各該縣市政府歷年優待谷已無結餘依法雖可不另予籌補惟念此次返縣軍官為數不多為顧及各該軍官生活現狀以示一体待遇起見此次補領數量准由各該縣市政府設法籌撥補發在將來結餘優待谷項下歸還以資兼顧而杜紛擾以上二項除分令外合行令仰

該府遵照辦理具報

等因；奉此，合行轉令該會遵辦為要！

此令。

縣長 林翼如

000073

第一科長張錦糺代行

中華民國三十七年九月　日

四川省政府、巴中县政府关于彻查乡长罗列宿、黄琳侵吞优待谷案的往来文件

四川省政府致巴中县政府的训令（一九四八年十二月二十日）

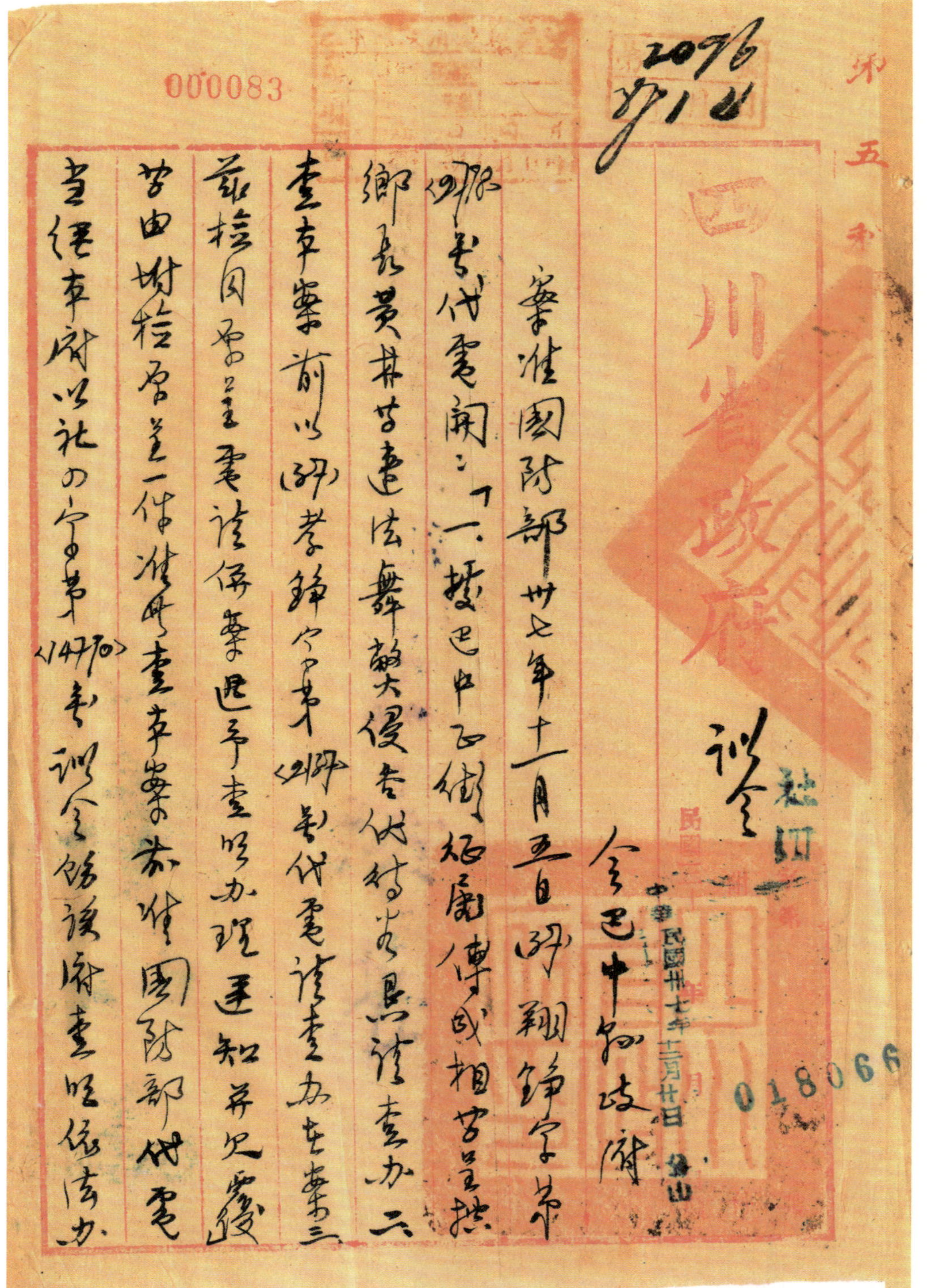
000083

训令

令巴中县政府

案准国防部卅七年十一月五日(卅)翔铮字第(卅)张字代电开：一、据巴中县卫队局傅成相等呈控乡长罗列宿、黄琳等违法舞弊侵吞优待谷，恳请查办。二、查本案前以(卅)孝铮字第(卅)号代电请查办在案。三、兹据同前情，电请依案迅予查明办理，速知并见覆[illegible]等由。此案查本案前准国防部代电，当经本府以社四字第(14780)号训令饬该府查明依法办

民国卅七年十二月廿日

018066

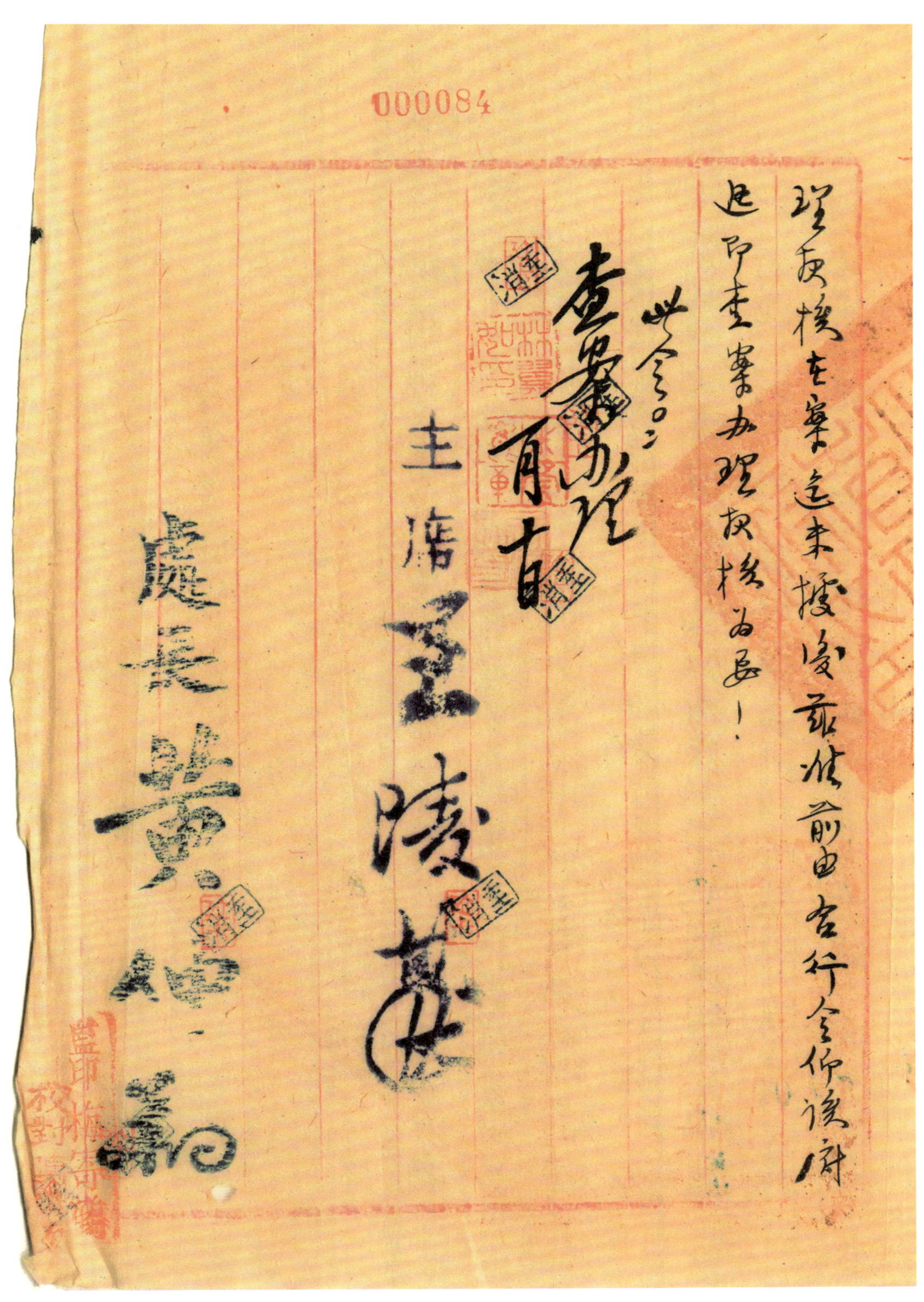

000084

理及檢查案送來援後並准前由合行令仰該府

迅即查案办理具报核为要！

查案办理　卅八、〇二　有古

主席　王陵基

處長　黃仲翔

巴中县政府职员林念宜关于查讯案件情况致县长的签呈（一九四九年一月三日）

签呈　卅八年元月三日　于本府罗办公室
案奉
钧府罗巽亚字第10122号训令饬查　省府府领社四字第
12470号训令案准　国防部考铮字第2137号代电以本县
中正乡征属傅成家等呈控乡长罗致庸、黄琳等
侵吞优待谷一案，饬查于卅七年十二月卅日在东果永乡公所传
齐原被两造到场公开澈查，原呈要告据称於六斤计是
日到场者有傅成家等八名，经职一一询问供词，详查讯录
出具一查阅证件及核对卅五年核发名册时有未经呈报
者有核属已发时该者有已领到卅五年者不一，卅六年起则全

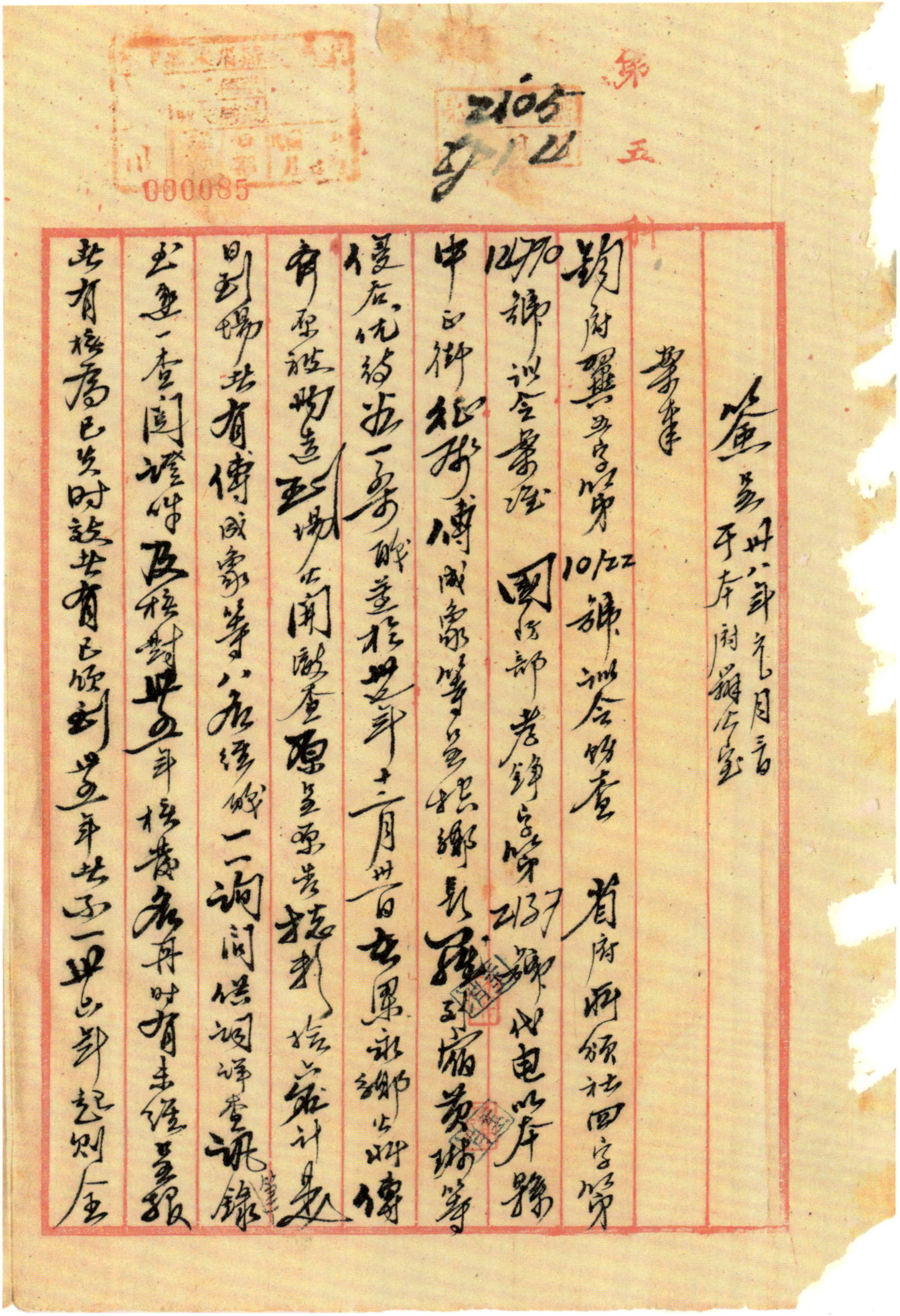

鄉一件，來費貲洪第一被害鍾寄准以新任鄉長汪蘇
敬悉費優待情形，梳悉并所有積欠尚未接收，當堂清
吞悉纂擬第二被害曹瑞孫各一節并處內曾案則附
由處已有詳件及最近信函，其一律普發文入冊，擬有詳細切結，
其均已發給此冊，無須呈報，附核該其方可發給，其中未
經呈報手續，其當然須發給，又曾經優惠會逐一批註，已於時致
核核發各具，其當亦未便發給，已經事核發給，其均已無批發
給本人新告貲優待情形，徵查本案結果，該被訴人鍾
到宿黃瑞琳等其各號優待詳細，至於撫恤有出於第人姓未回
家屬據稱已於時致及未經呈報手續無法照，其家屬已交所該條

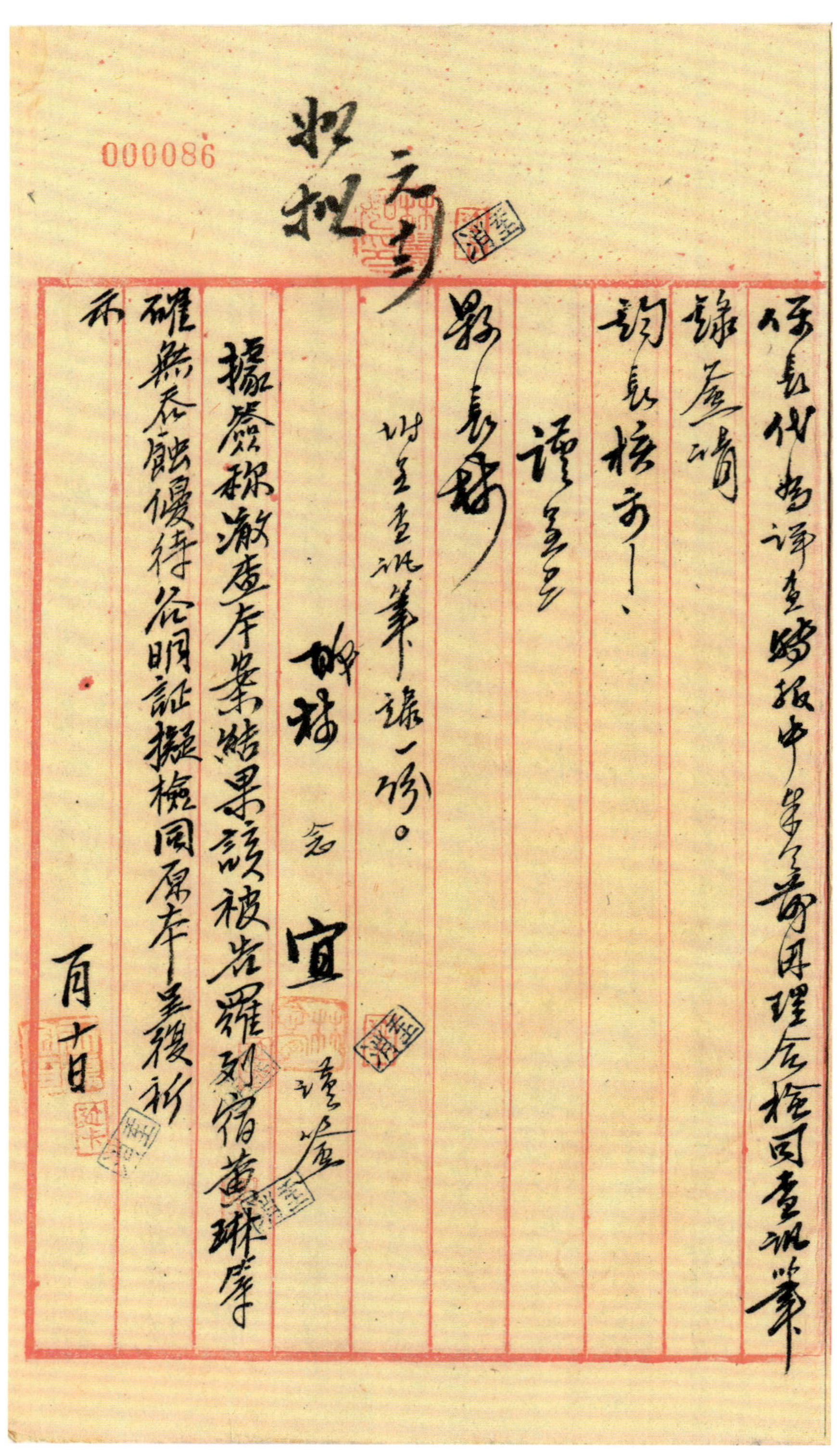

000086

照擬 元

保長代為評查曉報中字第號因理合檢同查訊筆錄簽請

鄉長核示！

謹呈

鄉長

附呈查訊筆錄一份。

助理 林 宜 謹簽

據簽稱澈查本案結果該被告羅列宿黃琳等確無恣餘優待谷明証擬檢同原本呈復祈示

月十日

巴中县政府致四川省政府的呈（一九四九年一月二十三日）

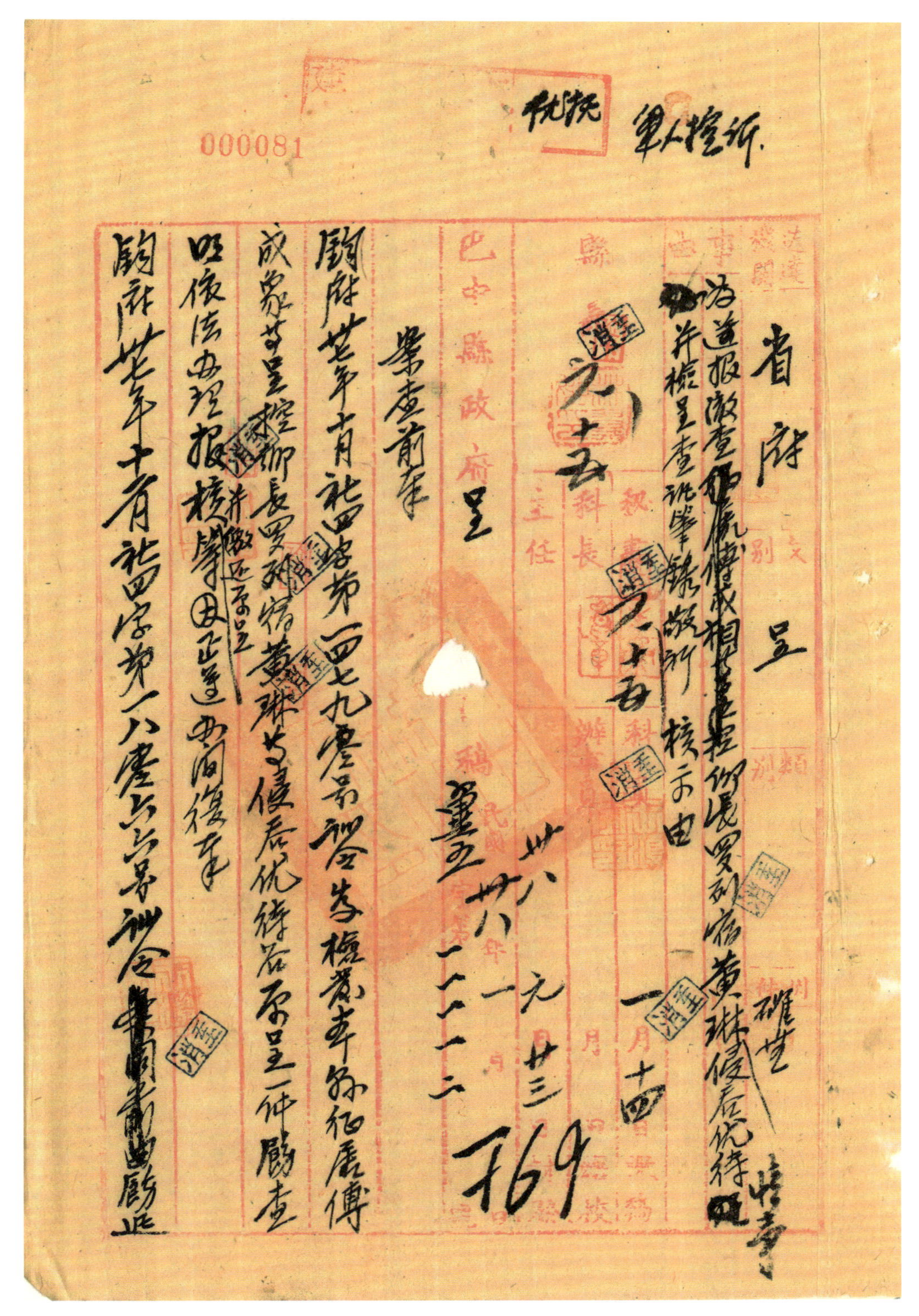

查前據呈報核各屬因辦理查呈

駐區指導員查復去記并擬懇遵指導員林

等元月二十各簽呈稱一辦理關係墨甚多一部⋯

關長核示填附查訊筆錄一份擬此案激遵遵法辦

後被斬犬羅列黃群等

五于化腐有毛化等人確未歸家而

經呈報年億一份查訊筆錄

餉所核手祝道謹呈

四川省政府主席王

巴中縣長林

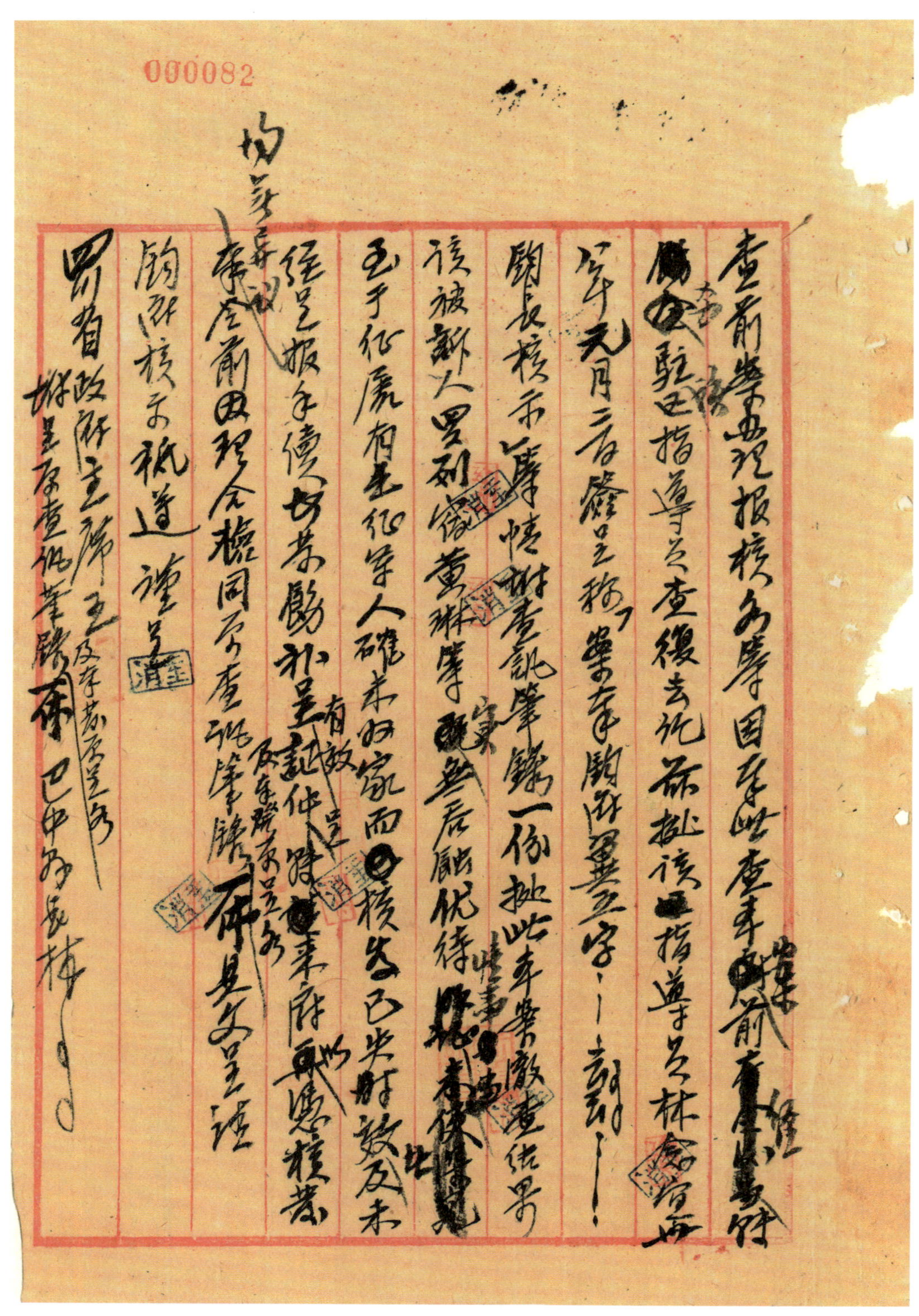

巴中县政府与宕梁乡乡公所关于阵亡遗族晏大清请领抚恤的来往文书

巴中县宕梁乡乡公所致县政府的呈（一九四九年七月二十一日）

巴中縣宕梁鄉公所呈

航優 一〇二

民國三十八年七月二十一日發

事由：為遵令填具正副印領請予撥發陣亡遺族晏大清撥卹費由

七月九日奉

鈞府湘優字第二七〇號訓令略開：「查該遺族晏大清撥呈晏吉林之陣亡卹金給與令核尚相符，准從三十年起至三十七年底止發谷制市石七斗，如歷年已領者應予扣除，仰即照數發填具正副印領呈府以憑填發，

撥證！

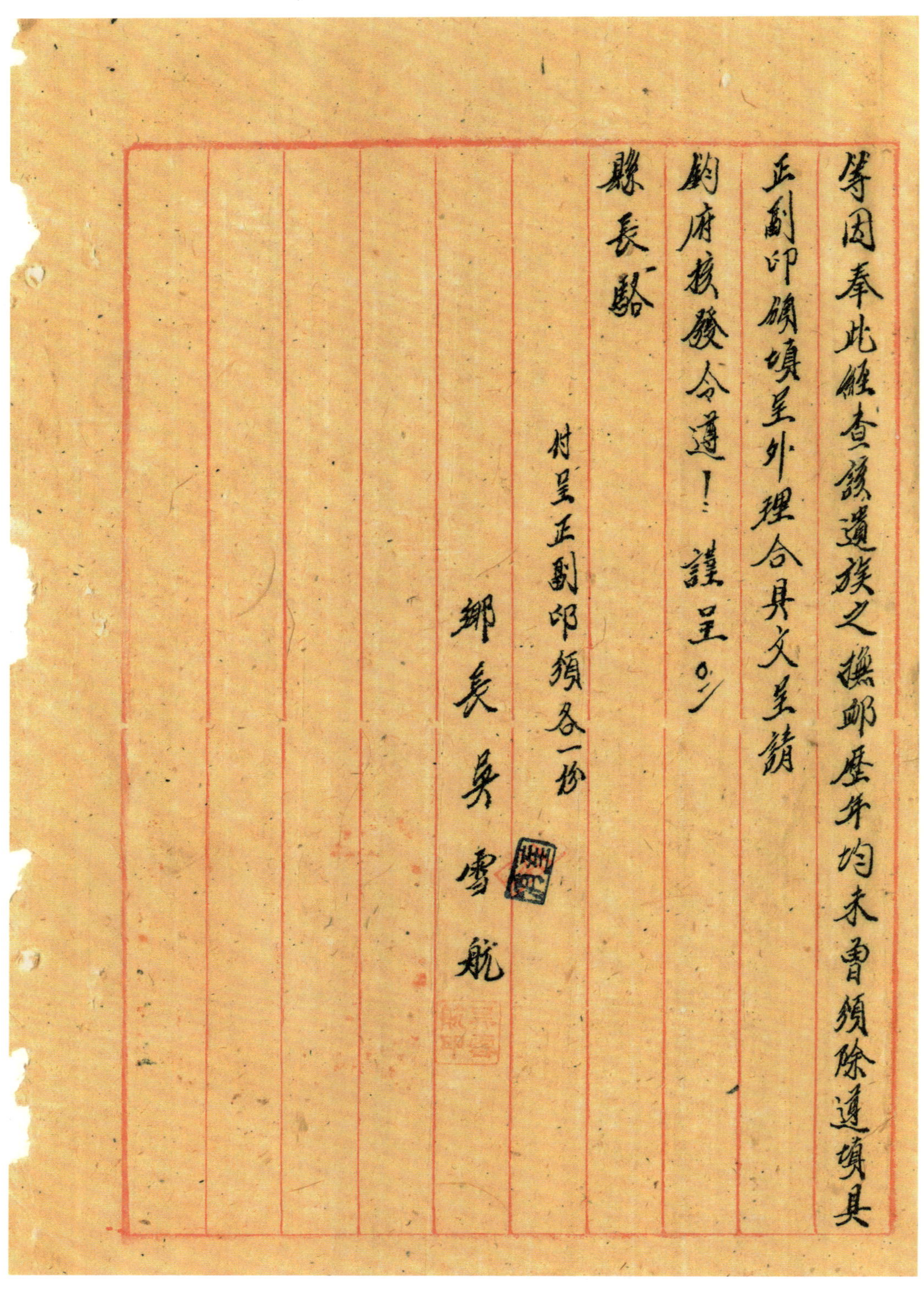

等因奉此經查該遺族之撫卹歷年均未曾領除遺填具正副卹領填呈外理合具文呈請

鈞府核發令遵！謹呈。

縣長駱

附呈正副卹領各一紙

鄉長吳雲航

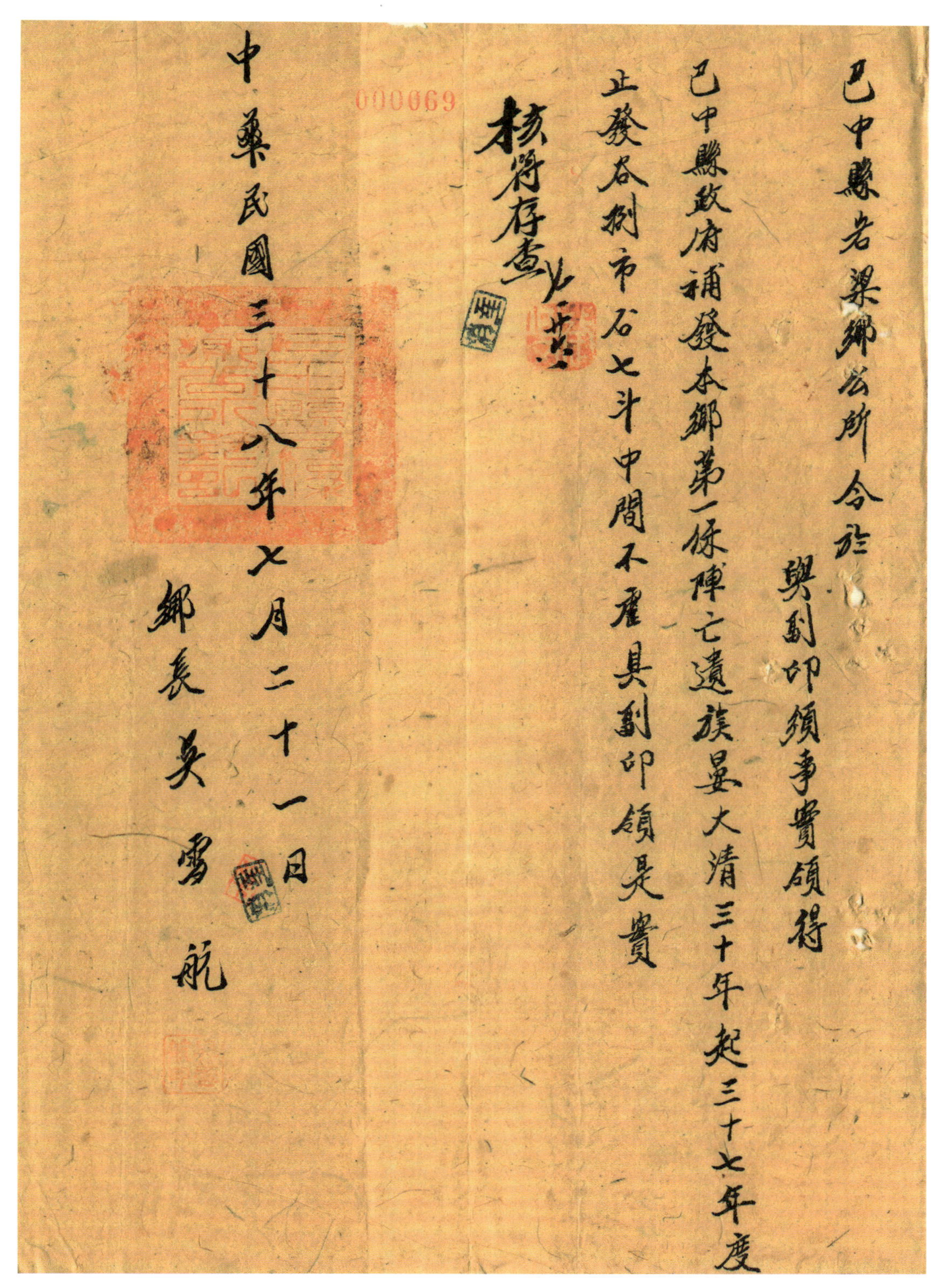

巴中縣呂梁鄉公所今於

與副印領事實領得

巴中縣政府補發本鄉第一保陣亡遺族晏大清三十年起三十七年度

止發谷折市石七斗中間不虛具副印領是實

核將存查

中華民國三十八年七月二十一日

鄉長吳雪航

巴中县政府致宕梁乡乡公所的指令（一九四九年七月二十六日）

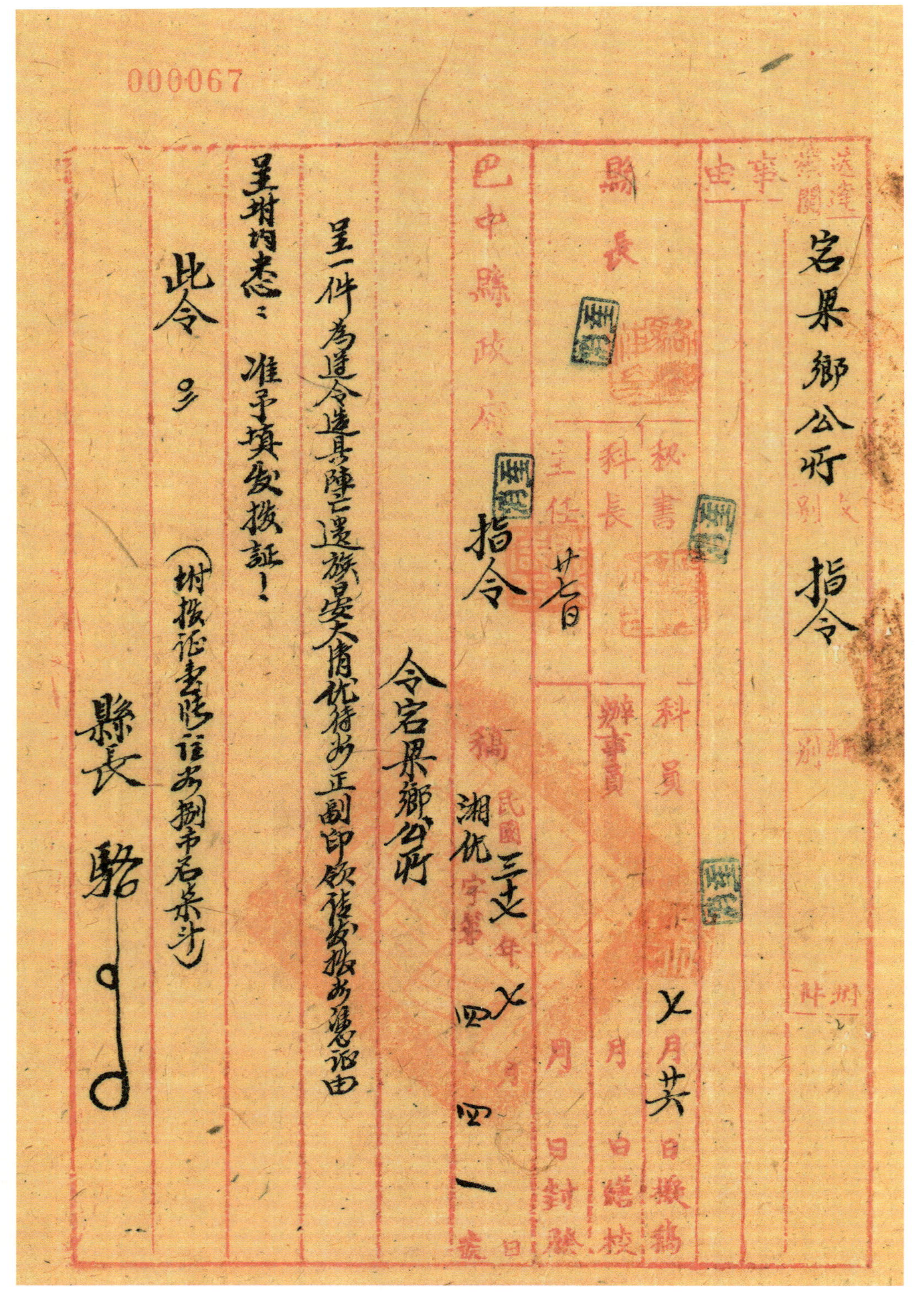

000067

宕梁乡公所

指令

巴中县政府 指令

湘优字第 号

民国三十八年七月廿六日

令宕梁乡公所

呈一件为遵令造具阵亡遗族吴大肖优待为正副印领请发扱款凭证由

呈件均悉。准予填发拨证！

此令

乡

（附拨证壹张，注明拨市石米斗）

县长 骆□

巴中县出征抗敌军人家属优待委员会出征军人家属优待办理情形（时间不详）

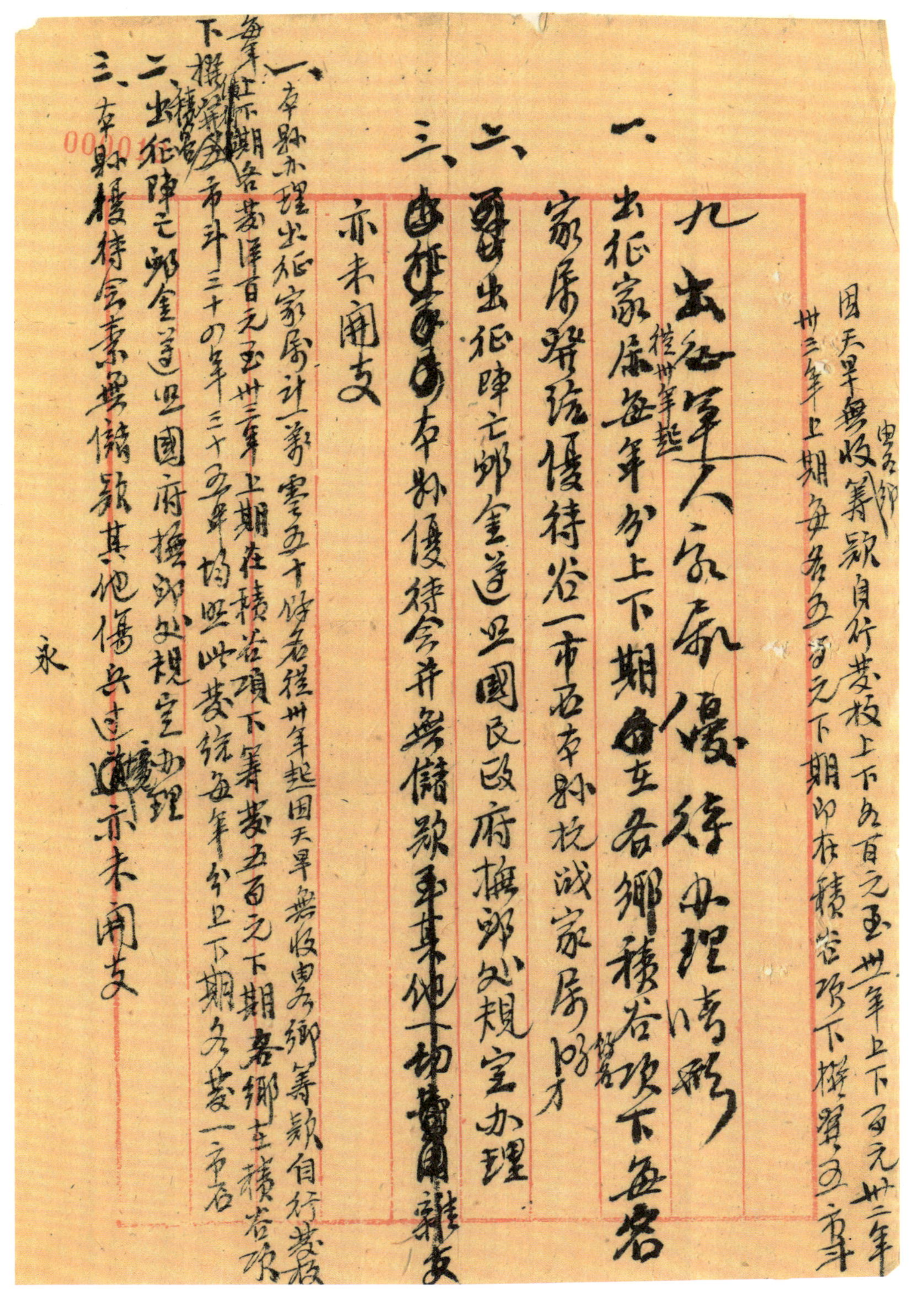

九　出征军人家属优待办理情形

一、出征家属每年分上下期由各乡积谷项下每名家属发给优待谷一市石，本县抗战家属（略）

二、出征阵亡邺金遵照国民政府抚邺处规定办理

三、本县优待会并无储款及其他一切经费，亦未开支

后记

本书编纂工作在《抗日战争档案汇编》编纂出版工作领导小组和编纂委员会的具体领导下进行。

本书编者主要来自巴州区档案馆。

本书在编纂、修改过程中，张定九、杨芸滔等同志参与了编纂服务工作。杜小兵、李宏伟等同志通过不同方式对本书编纂出版工作给予了支持和帮助，中华书局对本书的编纂出版工作给予了鼎力支持，谨向上述同志和单位致以诚挚的感谢！

编者